U0458379

路 德 文 集

路德文集中文版编辑委员会 编

1

上海三联书店

路德文集

第一卷

（改革运动文献）

路德文集中文版编辑委员会 编

总主编　雷雨田　伍渭文

本卷主编　伍渭文

目　录

前言 i

序言 xi

简写表 xvii

圣经经卷 xix

次经目录 xxi

导论：马丁·路德生平 1

1. 驳经院神学论纲/1517 年 53

2. 九十五条论纲（关于赎罪券效能的辩论）/1517 年 63

3. 海德堡辩论/1518 年 74

4. 《德意志神学》（全文）序言/1518 年 107

5. 《九十五条论纲》的解释 111

   （解释《关于赎罪券效能的辩论》）/1518 年

6. 奥格斯堡会晤纪要/1518 年 254

7. 两种公义论/1519 年 287

8. 莱比锡论战/1519 年 296

9. 教会被掳于巴比伦/1520 年 311

10. 基督徒的自由/1520 年 408

11. 焚教宗及其党徒书宣言/1520 年 445

12. 论罗马教宗制度/1520 年 462

13. 为所有信条辩护/1521 年 507

14. 路德在沃尔姆斯国会上/1521 年 591

前　言

　　马丁·路德（Martin Luther）是欧洲中世纪至近代过渡时期的著名改革家。他所发动的改革运动不仅是一场宗教改革，更是一场社会改革运动，几乎涉及社会生活的各个方面，为欧洲和其他地区的精神自由和社会解放开辟了新的道路。自十九世纪中期以来，路德作为近代具有世界意义的巨人之一，引起了中国的神学家、历史学家、教育家和政治思想家的普遍关注，在中国的社会与文化领域持续产生影响。二十世纪八十年代世界性的"路德复兴"运动，同样扩及中国。我们的国际合作专案——中文版《路德文集》翻译出版计划，正是在这种形势下酝酿进行的。

清末中国人对路德的了解

　　早在十九世纪中叶，就有传教士和中国学者将路德介绍到了中国。最早的有关作品有徐继畬的《瀛寰志略》和西方传教士撰写的《外国史略》。徐继畬在其书中说："明初日尔曼人〔日耳曼人〕路得〔路德〕者起而攻其说，谓天主教解耶苏〔耶稣〕之书皆谬误。以刑戮强人入教，乃异端邪说，非耶苏本旨，于是取耶苏之书重加译解，别立教规，称耶苏为救世主，名其教为耶苏教。诸国奉天主教者多翻然从之，教王大怒，令诸王捕杀耶苏教人。然其教已盛行，不可遏止。由是君与民分教相杀，国与国分教相攻，数百年来西土之民肆市朝、膏原野者不知几百万，皆因争教而起也……近泰西人称天主教为公教，路得等教为修教，余谓耶苏之立教以救世也，诸国因分教之故而残杀不已，耶苏而有知也，其谓之何也？"① 这是中国学者第一次对路德作出评价，反映出作

---

① 转引自李长林：《中国学者对马丁·路德的研究综述》，载《世界宗教研究》，北京：中国社会科学院，1995 年第 4 期；本文的许多资料源于此文。

i

者当时对路德模糊的、并不算准确的理解。

《外国史略》一书据说为马礼逊所撰述，出版于 1852 年之前，对路德及其宗教改革进行了粗略的介绍："明成化十七年有贤士曰路得，幼习天主教，贫乏不能自存，及冠，得圣书，遂弃俗入道，伏处三年，虔祷耶苏。后才思日进，以其道为教师，遂赴罗马国与教宗议论。旋国后，遂宣言教宗之谬，切劝各国去教宗异端。值新君践位，召路得询其教本末。路得遂将圣书翻译日尔曼语，令民读之，乃兴崇正道，于是路得之名扬海外。"②

十九世纪晚期，某些中国驻外公使了解到路德的行事，并留下了一些记录。中国驻英、法使节郭嵩焘在 1877 年的日记中这样写道："教王既主各国教权而阴制其柄，因以肆志纵欲，诸国亦渐苦之。一千五百年间，当明之中叶，英人有味格里弗［威克里夫，John Wycliffe］者，始著书辟之。日尔曼教士路剔［路德］因之创立耶苏教，谓之波罗特士［Protest，或 Protestant，即新教］。波罗特士者，誓不从罗马教之谓也。盖罗马教之积敝，而人民日思变计，路剔之创立教名，诚亦末流补救之术也。"③ 从其日记中可以看出，郭嵩焘对路德的宗教改革评价很低。

另一位在十九世纪九十年代曾驻节于英国、法国、意大利和比利时的参赞宋育仁则持一种相异的态度，其《泰西各国采风记》较为详细地介绍了路德的改革内容，并流露出对路德的赞赏："路德起而攻其说，谓教不立，王以刑胁人入教，非耶苏本旨，于是取耶苏之书，译出流传，别立教规，人主入教不夺其尊，教士娶妻不出家，祈祷上帝但自斋洁，在家如庙，其言弥近理，而教宗又重法以为之殴，故从者如归市，教主始令诸王捕其杀，而教已流行德意志列邦。"④

沈惟贤于 1903 年编辑出版的《万国演义》是当时颇为流行的一本书，其中辟有专章，详细介绍了路德的改革活动，并讨论了路德姓名的中文翻译。

---

② 此书作者存疑，马礼逊仅为一说。
③ （清）郭嵩焘：《伦敦与巴黎日记》，载钟叔河主编：《走向世界》丛书，湖南：岳麓书社，1984 年。
④ 辑入《小方壶斋舆地丛钞》再补编第十一帙。

中国维新运动的成员之一周馥于1903年主持刊刻了《教务纪略》一书，其"新旧两教胜衰"一章向读者展现了这样一位改革家的形象："〔路德〕游罗马愤教王无状，教王好营造，鬻赦罪符大取金币。路德以赦罪在上帝，岂教王能代，明为聚敛，不合圣经。乃张九十五条之揭示于寺门，且谓罗马教王谬解耶苏书，以刑戮胁人入教，非耶苏本旨。国家威权自有主理，僧侣不宜干预。取教王谕书及罗马律焚之，创改革宗派。凡天主教拜偶像、禁嫁娶，教士之称礼拜之仪，一切矫正。诸国奉教者多翻然信从其说……路德所立之新教曰波罗士特顿教、修教、复原教、辩驳教，入中国曰耶苏教。"⑤

英国人李思翻译的《万国通史》，由上海广学会于1904年出版，其中有一章专门介绍路德，并附有关于路德行事的六幅图画。

上述诸种书籍的出版，使更多的中国人对路德有所了解。到二十世纪初，有关路德宗教改革的资料已在中国学界较广泛地传播开来。1902年10月25日出版的《新小说》第一号刊登的一则消息，提到该年山西院试策题为："问西方文艺复兴，与路德新教最有关系，能言其故欤？"曾任北京大学教授的美国学者克拉克在1927年写的一篇文章中，谈到二十世纪初欧洲文艺复兴精神，可见基督教新教运动已经成为中国学生探讨与辩论问题的资料。⑥

路德与中国近代的改革家

中日甲午战争之后，为了救亡图存，先进的中国人开始发起了宪政改革和近代化运动。在此期间，他们之中的某些人高度重视路德及其改革的方式，借用他的榜样和贡献来促进自己的改革运动。

维新派人士宋恕在1895年2月写的《六字课斋津谈·宗教类第十》中肯定了路德的宗教改革，并在后来的一则书函中，赞扬路德反抗教宗的英勇精神，认为路德是集智、仁、勇于一身"力辟群魔"的英雄人物。

---

⑤（清）李刚己辑录：《教务纪略》（卷一）（下），上海：上海书店，1986年。
⑥ 参见克拉克：《中国对西方文明之态度》，载《东方杂志》，1927年7月25日。

维新人士唐才常在其 1897 年写的《各国政教公理总论》和 1898 年写的《景教源流考》中赞赏了路德的民主精神及其惊天动地之伟业，"有路德者，不服天主教宗之压力，别立新教以抗罗马，而改教之徒云集景附，卒能削教宗之权而大张教统。此又路德改教之功，雷奔电激，为古今中外不可一世之业。伟哉路德！其为耶氏在天之灵所默许者，岂其诬哉！"⑦

谭嗣同在鼓吹维新变法时也曾以路德的业绩为鉴。他在 1897 年写的《仁学》一书中，在提到路德恢复基督教原初思想的改革活动时，热切期望孔教中能出现一位马丁·路德。

近代维新运动和戊戌变法的领袖康有为对路德的改革活动深有研究，他是中国近代以来最早实地考察过与路德有关的遗迹和文物的人士，曾经高度评价路德领导的改革，极其重视其榜样和遗迹。他在 1898 年撰写的《进呈〈突厥削弱记〉序》中，认为"义大利〔意大利〕文学复兴后，新教出而旧教殆，于是培根、笛卡尔创新学，讲物质，自是新艺新器大出矣"，⑧ 充分肯定了新教改革的历史意义。康氏在 1904 年写的《义大利游记》和 1905 年写的《法兰西游记》中多次提到路德，赞扬了他领导的改革在推动欧洲社会发展方面的积极作用。

康有为在 1906 年游历德国时，曾写下歌颂路德的七绝二首，其一题为《游萨逊埃士拿巅垒，阅路德译经室》：

> 兵垒翻经十月中，
> 板扉木榻匿英雄。
> 若无护法强侯在，
> 早与呼斯骨洒风。⑨

其字里行间，流露出对路德的钦佩。为了缅怀和宣扬路德，康有为主编的《不忍》杂志 1903 年第 3 期刊登了有路德像及其遗宅的拓影。

---

⑦ 唐才常：《唐才常集》，北京：中华书局，1980 年，第 80 页。
⑧ 康有为：《康有为政论集》，北京：中华书局，1998 年，第 298、795、851 页。
⑨ "呼斯"今译"胡斯"，即约翰·胡斯（John Huss）。

1913 年康氏在《保存中国名迹古器说》一文中，对德国博物院保存路德住宅器物颇为赞赏。1913 年康氏的门人徐勤从海外归来见他时，康氏赠送给徐勤四件珍宝，其中之一为路德传教时用过的铃，希望他像路德传教那样强而有力，"而声彰彻大行也"。[⑩]

梁启超在 1902 年发表的《新民说》一文中，提出了改造国民性的问题，倡导中国人效法哥伦布、路德、华盛顿、克伦威尔的"进取冒险精神"，赞扬路德敢为天下先，"倡新说以号召天下……不屈不挠，卒能开信教自由之端绪，为人类进幸福者，则日尔曼之马丁·路得其人也"。[⑪]

在同年写的《论学术之势力左右世界》一文中，梁启超再次称赞了路德领导的宗教改革对促进思想解放的重大作用，认为"欧洲近世文明兴起，路得新教之起，全欧精神为之一变"。[⑫]梁氏主编的《新民丛报》第十七号（1902 年 10 月 2 日出版）上曾刊登有路德像，称其为"新世界开幕之第二伟人"（第一伟人为哥伦布）。在《康有为传》中，梁氏针对其自上而下、托古改制、和平变革等方面的相似之处，把康有为称作"孔教之马丁·路德"。

清末一些倾向于革命的人士对路德及其改革运动在近代思想解放、精神自由、社会革新及宗教改良等方面的重大影响亦十分重视和赞赏。汪精卫在 1906 年 5 月 8 日出版的《民报》第二号上发表了《民族与国家》一文，在考察民权起源时指出，欧洲"中世则为寺院专制时代，迨近世因古文复兴宗教改革之结果，而个人自由发达，趋于积极"。鲁迅在 1908 年写的《文化偏至论》一文中，热情洋溢地称赞了路德在推动欧洲社会发展中的重大作用。他指出："时则有路德者起于德，谓宗教根元，在乎信仰，制度戒法，悉其荣华，力击旧教而仆之。自所创建，在废弃阶级，黜法皇僧正诸号，而代以牧师，职宣神命，置身社会，弗殊常人；仪式祷祈，亦简其法。至精神所注，则在牧师地位，无所胜于

---

⑩ 参见康有为：《康有为政论集》，第 298、795、851 页。

⑪ 梁启超：《饮冰室合集》（第四册），北京：中华书局，1989 年，第 23 页；《饮冰室合集》（第六册），北京：中华书局，1989 年，第 110—111 页。

⑫ 同上。

平人也。转轮既始，烈栗遍于欧洲，受其改革者，盖非独宗教而已，且波及于其他人事，如邦国离合、争战原因、后兹大变，多基于是。加以束缚驰落，思索自由，社会蔑不有新色，则有尔后超形气学上之发见，与形气学上之发明。以是胚胎，又作新事；发隐地也，善机械也，展学艺而拓贸迁也，非去羁勒而纵人心，不有此也。顾世事之常，有动无定，宗教之改革已，自必益进而求政治之更张。"⑬

鲁迅的这些论述颇有见地，深刻地阐明了宗教改革与学术进步、科技发明、思想解放、经济发展、政治变迁几方面的紧密关系和相互促进之作用。

1904 年出版的革命派主办的《江苏》杂志第十一、十二期合刊上，刊登有世界伟人介绍专栏，其中即有路德，注明他曾创立波路敦斯教［新教］，"宗教革新之巨擘也"。

民国时期中国学者对路德的研究

二十世纪二十年代以后，中国学者对路德其人其事的独立研究日益深入，提出了颇有见地的观点。1920 年，商务印书馆出版的蒋百里（名方震）所著《欧洲文艺复兴史》第七、八两章，对路德的思想主张及其宗教改革活动进行了较全面、准确的分析，涉及路德宗教改革的三项基本内容：即因信称义、信仰的基础是圣经、建立廉简［简朴］教会。蒋氏认为这三项集中于一点就是恢复早期朴实的基督教，反对当时罗马教宗控制下使基督教堕落为违背圣经、奢侈腐化的教会制度。蒋氏还对"新教"（即抗议宗）一词的来源作了准确的解释，阐明了路德宗教改革的原因及其导火线，并对路德与瑞士宗教改革的领导人物茨温利（Ulrich Zwingli）、加尔文（John Calvin）的异同进行了比较分析，不乏精辟之论。

特别应当指出的是，路德的教育改革思想及其实践从清末以来就在中国教育近代化的进程中产生了直接或间接的影响，中国学者在这一领

---

⑬ 鲁迅：《鲁迅全集》（第一卷），北京：人民文学出版社，1981 年，第 42—43 页。

域的研究更为详尽和深入。1905 年由中国基督徒钟荣光（后任岭南大学校长）发表的《教会与学校》一文，谓路德"不仅是伟大的宗教改革家，而且是杰出的教育改革家"。1911 年中华帝制废除，民国兴立，教育改革大规模开展起来。有关路德教育思想和实践的介绍与研究风行一时。

杨廉在其 1926 年由中华书局出版的《西洋教育史》中指出，路德"在教育史亦有大功绩，彼之主张颇为允当：（一）不问男女、阶级贫富都当受学；（二）不含宗教意味的国民教育；（三）国家须负监察学校，强迫入学之责；（四）家庭在教育上之重要，不亚于学校；（五）学校教育须放弃当日狭隘的主见。学校科目：希腊、拉丁、希伯来文言外，论理学与算学亦该加入，音乐、历史及科学应特别加重"。[14]

1933 年大华书局出版的冯品兰的《西洋教育史》一书将路德的教育思想归纳为四点：普及教育、入学义务、制定教科书、培养教师；认为此即"近世教育之根本观念，在三百年前，已被路德道破了。此项主张，不仅促使德国实施义务教育，奠定德国普通教育基础，并为其他各国施行义务教育、普通教育所效法"。[15]

1935 年商务印书馆出版雷通群所著《西洋教育通史》，认为路德"不仅是宗教家，且是优秀的教育思想家和实际的教育家"，"实为初等教育发达史上所不能忘之人"。[16]

1939 年广学会出版的彭彼得的《基督教思想史》，其第十四章详细评述了路德的宗教思想，特别是路德写的《告日尔曼父老书》［《致德意志基督教贵族书》］、《被掳到巴比伦》［《教会被掳于巴比伦》］和《基督徒自白》［《基督徒的自由》］三部文献的内容。附录部分全文刊载了《九十五条宣言》［《九十五条论纲》］的译文和梅兰希顿（Philipp Melanchthon）的《敖司堡信条》［《奥格斯堡信条》］的译文，为读者提供了研究路德宗教改革运动的重要原始资料。

上述资料表明，路德的杰出榜样在中国的学术界、思想界、教育界和宗教界均产生了振聋发聩的革命性影响，对他的研究，特别与中国的

---

⑭ 杨廉：《西洋教育史》，上海：中华书局，1926 年，第 62 页。
⑮ 冯品兰：《西洋教育史》，上海：大华书局，1933 年，第 60 页。
⑯ 雷通群：《西洋教育通史》，北京：商务印书馆，1935 年，第 130 页。

诸种变革紧密地联系在一起。

中国当代的"路德复兴"

中华人民共和国成立以后，路德及其宗教改革一直是中国学术界的热门话题。在高等院校的教科书以及世界史、政治思想史与哲学史中，它都占有重要篇幅。相比而言，1979 年前，中国的路德研究主要受前苏联和东欧学者的影响，"左"的研究倾向很明显。其后，随着中国改革开放的浪潮，学术界和思想界空前活跃，中国的"路德复兴"应运而生。首先表现为参考资料的丰富，在大陆可以读到金陵神学院托事部1957 年出版的《路德选集》（上下卷）、美国协同出版社（Concordia Publishing House）与堡垒出版社（Fortress Press）1959 年后陆续出版的五十五卷《路德全集》（Luther's Work，American Edition，电子版于2001 年 11 月出版）和 1883 年开始相继出版的德语魏玛版《路德全集》（Weimar Edition，一百二十七册 ProQuest，电子版于 2002 年 6 月出版）。其二，参与路德研究的学者与外界交往的机会增多。1993 年于可和雷雨田首次作为特邀代表参加了在美国圣保罗市举行的第八届路德研究国际代表大会。1999 年"中国世界中世纪史研究会"所属"路德研究中心"成立，有数十名学者从事路德与宗教改革的研究。其三，近二十年间发表的有关专题论文有百篇之多，出版了约十部有关路德的译著和专著。其四，学者们纠正了以往有意贬低路德、抬高托马斯·闵采尔（Thomas Müntzer）的偏颇，开始了真正独立的研究，研究领域不断拓展。其五，不少高校相继成立基督宗教研究中心，作为新教之父的路德自然就成为学术研究的热点人物。

在看到中国的路德研究巨大进展的同时，我们也发现了许多不足之处。例如，学者们的研究工作宏观多于微观，研究面过于狭窄，而且许多人所依据的并非第一手资料。在愈来愈多的学者、大学生和宗教学家对路德的兴趣日益浓厚的情况下，金陵神学院托事部出版的中文版两卷本《路德选集》、道声出版社出版的十余小册路德文选以及《路德文集——信仰与社会》（单卷本），显然满足不了中国大陆、香港、澳门、

台湾以及海外广大读者的需要。因此，1997 年雷雨田和于可教授计划
翻译出版十至十五卷本的《路德文集》，并在当年于德国海德堡召开的
第九届路德研究国际代表大会上提出这一国际合作项目工程，即时得到
海内外学者、学术机构及神学院，特别是世界信义宗联会（The
Lutheran World Federation）、美国圣路易斯协同神学院（Concordia
Seminary，St. Louis）和香港路德会等团体的回应和支援，并在旅美韩
国学者、前圣路易斯协同神学院教授池元溶（Dr. Wong Yong Ji，韩文
版《路德文集》主编）的实际帮助下，于 1999 年成立了由中国大陆、
香港、台湾和美国学者组成的中文版《路德文集》编辑委员会、协调委
员会、指导委员会和顾问委员会，由编辑委员会负责具体的翻译出版事
宜，雷雨田（广州大学教授）、伍渭文（原为香港信义宗神学院教授）
任总主编，于可（南开大学教授）、罗恒理（Henry Rowold，美国圣路
易斯协同神学院教授）任轮职主席，李贵祥（Craig Molitoris，美国路
德会驻港办事处主任）任联络员，李志杰（香港路德会文字部主任）任
事务经理。

　　中文版《路德文集》计划出版十五卷（中文简体和繁体两种版本），
分别包括改革文献、圣经讲章、神学与其他文选等四个主题，基本上收
录了路德的主要著作。我们的宗旨是继承路德的文化遗产，并发扬其改
革精神，促进中国及海外华人界的路德研究及国际学术交流，为当代中
国的社会、政治、经济、宗教、伦理等领域的改革提供借鉴。

　　三年来，经过编辑委员会、协调委员会诸位学者与有关人士的努力
和支持，《路德文集》终于相继付梓，谨向海内外同仁致以衷心的感谢。

总主编

雷雨田　伍渭文

序　言

《路德文集》第一卷所选的文章，为马丁·路德于 1517 年至 1521 年间一些重要的改革论著，是他作为开天辟地的改革者时期的作品，之后的有关改革文献将收录于第二卷及第三卷中。

早在路德于爱尔福特大学（University of Erfurt）学习，及在维滕堡大学（University of Wittenberg）教授圣经期间，他已对当时教会远离圣经教导的所作所为深感焦虑。1513 年至 1517 年他在大学教授《诗篇》《罗马书》和《加拉太书》，先后出版了七篇忏悔诗释义和主祷文、十诫释义；这时候路德最重要的"唯独因信称义"（justification by faith alone）神学思想已孕育成形，赎罪券的争论只是一个触发点，让革新的思想得以提出，最后掀起整个宗教改革运动。

1517 年 10 月 31 日路德把《九十五条论纲》（*Ninety-Five Theses*，关于赎罪券效能的辩论）张贴于维滕堡大学的布告栏——大学教堂的门上，目的在引发有识之士对真理的讨论。《九十五条论纲》虽然没有出现因信称义的词句，但其思想已跃然纸上，呼之欲出。路德指出，罪的补赎来自痛悔和转向上主，配合由悔改而生的善行，没有内心悔改，赎罪券只是虚文。

路德对赎罪券效能的质疑，不单指责教廷，为了建造远在罗马的新圣彼得大教堂（St. Peter's Basilica），大兴土木，劳民伤财；也揭露阿尔布雷希特（Albrecht）大主教竭力推销赎罪券的原因——乃为了酬酢教宗利奥十世（Leo X）给他三个主教区及美因茨大主教的荣宠。很自然地，路德与教廷的周旋，便由赎罪券的争辩，转而关注教宗的权威、教会传统的价值，及圣经在信仰中的地位。

担任大学圣经教授之前，路德曾接受过严苛的修会训练。他明白，一般修士受过以亚里士多德马首是瞻的经院哲学（Scholasticism）浸淫后，对教父著作虽然娴熟，但对圣经却是陌生的；而当时教廷的建制，又被经院哲学合理化。路德努力钻研经文，并加上注解，他发现的圣经真理令他不得不挑战既繁琐又叫人心灵窒息的经院哲学。他尤其不满经院哲学肯定人有自由意志行善一事，而认为一切皆来自上帝的恩典。凡此种种对经院哲学的驳斥，可见于《驳经院神学论纲》（*Disputation against Scholastic Theology*）一书中。此书写于 1517 年 9 月 4 日，早于《九十五条论纲》，是大学考试给考生设定的题目，目的是把亚里士多德从宝座上拉下来。

《九十五条论纲》诚然引起轩然大波，教宗利奥十世希望内部调定纷争，要求路德所属的奥古斯丁修会训谕路德息事宁人。施道比茨（Johann von Staupitz）遂以路德的上司身份在海德堡三年一届的年会中进行辩论，让路德就罪、自由意志、恩典议题申明立场。《海德堡辩论》（*Heidelberg Disputation*，1518 年）便记述了有关的情况，当中强调圣经为信仰的最高权威，也是信仰的根源。路德引用圣经及奥古斯丁支持他的立场，旁征博引教父的言论，令听者动容，把不少人吸引到改教阵营中去，特别是马丁·布塞尔（Martin Bucer）。透过马丁·布塞尔，路德的思想影响了加尔文及英国的改革运动。

经院哲学的繁琐思辨，已成为明心见性的拦阻。路德所理解的福音、圣经清楚直接的教导，无论是草根市井还是硕学鸿儒，要到上主面前，就唯有靠着信心。在 1518 年发表的《〈德意志神学〉序言》（*Preface to the Complete Edition of* A German Theology）中，路德指出神学的智慧，就是经历上主的智慧。他引用《诗篇》8:2 指出，上主"从婴孩和吃奶的口中，建立了能力"。德意志神学代表诚明简朴，当下得道；而经院哲学家已经迷失在层层论证的死胡同里了。

《〈九十五条论纲〉的解释》（*Explanation of the* Ninety-Five Theses，1518 年）是路德花费数月时间针对反对者所作的详细答辩。文章从赎罪券的事件转向对教会观的总体反思。事实上，在《海德堡辩论》第 21 条中，路德已点出福音信仰者乃十架神学家（theologian of the cross），与注重排场、善功的教廷荣耀神学家（theologian of glory）大相径庭。在《〈九十五条论纲〉的解释》中，他更是旗帜鲜明，分道扬镳之势无法逆转。然而，路德仍然尊重教会传统、教父言训、教会议会，甚至教宗的地位。他指出这些都可以协助我们明白经文，但不能取代圣经，违背圣经。路德强调圣经是作为规范性原则（Normative Principle），他指出：在教会敬拜中，凡圣经没有禁止的，理性判断合宜的，于人有裨益的，则可兼收并蓄，广为征用。传统智慧行之有效，不可轻言废除。路德与英国圣公会改革传统同样重视圣经、传统和理性。之后，加尔文则以圣经为限定性原则（Regulative Principle），指出一切教会敬拜程序都需按圣经行事，圣经没有明说的则不依从。在瑞士日内瓦，加尔文派在崇拜时只唱谱曲的《诗篇》（即圣经的诗歌）。加尔文派认为路德改革路线不够彻底；为表分别，他们自称"改革宗"。加尔文在日内瓦及其门生约翰·诺克斯（John Knox）在苏格兰的爱丁堡，以十诫融贯政治，锐意以圣经为治国蓝图。

教宗利奥十世已来不及听取路德对《九十五条论纲》的解释，他启动了对路德的审查程序，并由特使卡耶坦（Cajetan）赴奥格斯堡（Augsburg）出席帝国会议，以便召见路德问话。《奥格斯堡会晤纪要》（*Proceedings at Augsburg*，1518 年）即为路德与卡耶坦对教宗权力的辩论。路德力陈教宗的尊荣其实没有圣经根据；彼得只是代表众使徒接受天国钥匙（太 16:19）；基督也没有首先对彼得吹气，赐予圣灵。代表教宗的特使竟被挑战其所代表的权威，路德与罗马教廷的决裂成为了事实。

《莱比锡论战》（*The Leipzig Debate*，1519 年）、《论罗马教宗制度》（*On the Papacy in Rome*，1520 年）及《答莱比锡山羊》（*To the Goat in Leipzig*，1521 年）三篇论著阐述路德与约翰·艾克（John Eck）及其莱比锡同伙的辩论。面对这班炫耀学问的敌人，路德尽显其辛辣讥讽之能事，善用譬喻，暴露他们的自相矛盾，示范其一向主张以"辩证教人，修辞动人"（*Dialectica docet, rhetorica movet*）的修辞学圭臬。路德指出，哪里正确宣讲福音，正确施行圣礼，那里就是教会。教会在地上设立的目的，是使信徒得着喂养。信仰群体是核心，有组织的教会并不能等同真正的教会。至此，路德与罗马教廷的决裂愈来愈深。

1520 年，路德写了三篇著名论述。首篇《致德意志基督教贵族书》（*To the Christian Nobility of the German Nation*，8 月）将收录于本文集第三卷，在此文中路德呼吁俗世权力的公侯起来改革教会，维护信仰；因为信徒同有君尊的祭司职分，与教士阶层没有分别。第二篇为收录在本卷的《教会被掳于巴比伦》（*The Babylonian Captivity of the Church*，10月），内容最为敏感，触动罗马教会的神经中枢——圣事（圣礼）传统。当时以教宗为首的教会，从婴孩洗礼、成年的婚礼，到离世时的临终膏油礼等七个圣事，把信徒一生牢牢牵引着。不经圣事，人没有办法得到上帝恩宠，而恩宠也只能借按立（也是一种圣事）的神职人员施行。路德从教会历史的发展及圣经内容，指出除了洗礼和圣餐，其余五个圣事都没有圣经根据。这篇拔虎须一般的文章，不单激怒教廷，更吓坏了不少温和的改革派。伊拉斯谟（Desiderius Erasmus）看到《致德意志基督教贵族书》力数教会腐败时，额手称庆；但一看到《教会被掳于巴比伦》则暗叫不妙，渐渐与路德疏远，后来更抨击路德认为人类意志受罪捆绑的观点，进而成为敌人。有论者比较两人，说伊拉斯谟能清楚指出树林中某棵树被虫侵蚀，正在腐烂中；但只有路德有勇气和决心，拿起斧头把朽木砍下来。

1520 年 6 月 15 日教宗终于颁下驱逐路德的教谕《主啊，求你起来》（*Exsurge Domine*），斥责路德为"异端、揭诽谤和谬误，干犯敬虔者的耳朵，危害淳朴的头脑，颠覆公教的真理"。敕令路德六十天内收回其言论。为表示抗议，路德在维滕堡城门口把教谕公开焚烧，并写了《焚教宗及其党徒书宣言》（*Why the Books of the Pope and his Disciples Were Burned*，1520 年），列举过去教宗教谕、教会律令三十条谬误，加以驳斥。宣言以德语写成，让一般德意志信徒容易阅读。焚书的事件及宣言，使教宗加速采取行动对付路德。为了回应教宗的诏书，路德沉着写成《为所有信条辩护》（*Defense and Explanation of All the Articles*，1521 年）。此辩护行文流畅平实，思路清晰。本卷收集有关九十五条三篇文章：《九十五条论纲》《〈九十五条论纲〉的解释》《为所有信条辩护》，像河流之上、中、下游。《论纲》揭竿改革运动，像河出高山，急湍奔腾，破峡而涌，激起浪花无数。《解释》层层推进，旁征博引，洋洋大观，壮丽如中游。《辩护》则平和而谆谆善诱，逶迤并广纳群言，像下游快进大海时的宽大和自信，路德也自认《辩护》最能代表其信仰立场。

关键的时刻最终要来临了。《路德在沃尔姆斯国会上》（*Luther at the Diet of Worms*，1521 年）以第一人称及第三人称交织报道了这历史时刻——在皇帝面前正式聆讯整个过程，内容扣人心弦。路德的表现耿直坚毅，宁死不屈。一个人的良知信念，挡住了整个帝国和教廷的庞大权势。"我不接受教宗和议会的权威，因为他们互相矛盾。我的良心是被上帝的道束缚的；我不能而且不愿撤销任何东西，因为违背良心是不对的，也是不安全的。愿上帝帮助我。阿们。"这卓然自拔的个人价值，重视思考，不畏强权，拉开了启蒙时代的帷幕。

　　然而，路德并不鼓吹个人主义。良心伏在更高的权柄之下，就是圣经的权柄。来到上主面前凭信心，谦卑依靠基督的恩典，不可以靠教会的中介或任何善行；因信称义，感戴上主恩典而去服侍人，不是为了获取功德。没有任何目的的施予，才是真正的爱心——《基督徒的自由》（*The Freedom of a Christian*，1520 年）正面论述了福音的自由，和这自由生出的爱心。他指出："基督徒是全然自由的万人之主，不受任何人管辖。基督徒亦是全然顺服的万人之仆，受一切人管辖。"此文是 1520 年三篇脍炙人口的改革论文中最晚写成的（11 月 16 日），也最为平和深邃，文章还附上致教宗利奥十世的信。至此刻，路德还盼望和解。诚然，他是改教家，不是革命家。不少论者推誉《基督徒的自由》为路德最高尚、优美和成熟的杰作。在风起云涌、四面楚歌、处处横逆的境况下，路德尚能写出这篇毫无怨愤苦涩、充满喜乐的作品，可见他人格的伟大、灵性的深度。除此之外，《两种公义论》（*Two Kinds of Righteousness*，1519年）是一篇讲章，同样强调得着基督白白加给的义后，信徒要行义。

　　改教运动强调回归圣经的福音精神。这福音精神是自由也是责任——心灵得释放后带来的责任。基督徒的自由是服侍他人的自由，归附社群的自由；不是遗世独立、唯我独尊、自我中心的自由。这福音精神在个人主义与集体主义中间取得优美的平衡，同时肯定个人的尊严与社会的团结。路德的改教精神，具有当代适切性。在全球经济一体化氛围下，财富的竞逐使固有道德失序，社会物化，弱势群体被推到边缘。改教精神也许是有效的信仰利器，可以振聋发聩，塑造更美好的精神文明。

第一卷主编

伍渭文

简写表

CIC
Corpus Iuris Canonici，edited by E. Friedberg（Graz，1955）.

CL
Luthers Werke in Auswahl，edited by Otto Clemen *et al*.（Bonn，1912 - 1933；
Berlin，1955 - 1956）.

EA Var. Arg.
Martin Luthers Sämmtliche Werke. Erlanger Ausgabe：Opera Latina varii
argumenti ad reformationis historiam imprimis pertinentia（Frankfurt/Erlangen，
1865 - 1873）.

LW
American Edition of *Luther's Works*（Philadelphia and St. Louis，1955 -）.

MA³
Martin Luther，Ausgewahlte Werke（3rd ed.，Munchen，1948 -）.

MPL（or Migne）
Patrologia，Series Latina，221 vols. in 222，edited by J. P. Migne（Paris，1844 -
1904）.

NCE
The New Catholic Encyclopedia（15 vols.，McGraw Hill Book Company，
1967）.

PE
Works of Martin Luther. Philadelphia Edition（Philadelphia，1915 - 1943）.

St. L.
D. *Martin Luthers Sämmtliche Schriften*，edited by Johann Georg Walch and
published in modern German，23 vols. in 25（2nd ed.，St. Louis，1880 - 1910）.

WA
D. *Martin Luthers Werke*. Kritische Gesamtausgabe（Weimar，1883 -）.

WA，Br
D. *Martin Luthers Werke*. Briefwechsel（Weimar，1930）.

圣经经卷

一 旧 约 一					
创世记	创	历代志下	代下	但以理书	但
出埃及记	出	以斯拉记	拉	何西阿书	何
利未记	利	尼希米记	尼	约珥书	珥
民数记	民	以斯帖记	斯	阿摩司书	摩
申命记	申	约伯记	伯	俄巴底亚书	俄
约书亚记	书	诗篇	诗	约拿书	拿
士师记	士	箴言	箴	弥迦书	弥
路得记	得	传道书	传	那鸿书	鸿
撒母耳记上	撒上	雅歌	歌	哈巴谷书	哈
撒母耳记下	撒下	以赛亚书	赛	西番雅书	番
列王纪上	王上	耶利米书	耶	哈该书	该
列王纪下	王下	耶利米哀歌	哀	撒迦利亚书	亚
历代志上	代上	以西结书	结	玛拉基书	玛

一 新 约 一					
马太福音	太	以弗所书	弗	希伯来书	来
马可福音	可	腓立比书	腓	雅各书	雅
路加福音	路	歌罗西书	西	彼得前书	彼前
约翰福音	约	帖撒罗尼迦前书	帖前	彼得后书	彼后
使徒行传	徒	帖撒罗尼迦后书	帖后	约翰壹书	约壹
罗马书	罗	提摩太前书	提前	约翰贰书	约贰
哥林多前书	林前	提摩太后书	提后	约翰叁书	约叁
哥林多后书	林后	提多书	多	犹大书	犹
加拉太书	加	腓利门书	门	启示录	启

次经目录

《以斯拉续编 上卷》

《以斯拉续编 下卷》

《多比传》

《犹滴传》

《以斯帖补编》

《所罗门智训》

《便西拉智训》

《巴录书》

《耶利米书信》

《三童歌》

《苏撒拿传》

《彼勒与大龙》

《玛拿西祷言》

《马加比书一书》

《马加比书二书》

导论：马丁·路德生平

马丁·路德（1483 年 11 月 10 日—1546 年 2 月 18 日）是德国著名的宗教改革家、神学家、思想家、世界历史文化伟人。十六世纪初他发动了具有国际影响的宗教改革运动。他逐渐成为了这一运动的思想领袖，并建立了路德宗和基督新教。

路德的家庭与获得硕士学位

马丁·路德于 1483 年生于德国（当时称为德意志民族的神圣罗马帝国）的艾斯莱本（Eisleben）。其父亲汉斯（Hans Luder）、母亲玛格丽特（Margaretta）本为农民。在路德出生后不久，因生活困难，全家迁至工矿区曼斯菲尔德（Mansfeld），依靠其父在铜矿做工度日，但仍入不敷出，其母还要上山砍柴，以补家用。后来汉斯租了几个小熔炉，雇了工匠，成为一个小业主，生活始有改善。由于他为人诚恳，讲究信用，于 1491 年被选为这个小镇议会的议员，成为市民阶层。但其家庭生活仍很艰苦，这固然与他有七个子女有关，但更重要的是当时德国国弱民贫。

十六世纪的德意志正值中世纪末期，四分五裂，皇权衰落，诸侯称霸，各据一方。广大农民、市民和手工业者，不仅要受本国、本地封建主的盘剥，而且还要受罗马天主教教廷的控制与剥削。其时的罗马教宗不仅是天主教会的宗教领袖，而且在西欧各国占有广大的领地，其土地总量大约占西欧土地的三分之一，是西欧最大的封建主，并且在各国征收"什一税"。此外，教宗还通过多种手段敛财，如放高利贷，拍卖圣职，贩卖"圣物"，特别是发售"赎罪券"，更成为教宗独有的发财手段。由于教宗的富有，在经济上占有优势，所以他在西欧政治上独有特权，地位高于各国的皇帝、国王。他能操纵各国的政治，成为西欧各国、各地区的"太上皇"。德国的分裂割据，没有统一政权予以抵制，无疑助长了教宗的贪欲，使他更为所欲为地在德国大肆搜刮，致使德意志国弱民贫，广大的农民、平民、手工业者深受其害，也影响了市民的发展。路德的童年就是在这种环境下度过的。

路德的父母都是虔诚的信徒，对子女的教育非常严格，特别是对长子路德，在宗教上的要求更为严厉，若有过失，即被责打。因为当时天主教的教规繁多，一个孩子很难全部遵守，所以路德经常受到惩罚。他的父亲曾有一天打了他十五下。路德后来回忆家庭教育时说："有一次，因为偷吃了一个果子，母亲把我打得头破血流，这也是我后来出家修道的原因之一。"路德的父母是很爱其子女的，他们之所以动辄打骂，是因为当时天主教在西欧各国具有国教地位，而教规繁复，可以说贯穿了人的一生，从生到死，时时刻刻，一举一动，均须按教规办理，否则就要受到处罚。如星期五是斋戒日，不许吃奶油，若吃了一点，即违反了教规，就要受罚。所以，路德的父母对长子的要求特别严格。

1490 年，路德七岁时，上了教会小学，教师都是神职人员。因为当时教会掌握着各级学校，以便用天主教的教义灌输人们的思想。在小学，路德主要学习拉丁文和天主经、圣母经、信经等经文，以及赞美诗，感到非常乏味。因此，他经常遭到鞭打，在挨打时其他学生均要围观，并为他念悔罪经。有一天，路德因为误用一个名词，被老师打了好几次。这些体罚给路德幼小的心灵刻上了深深的烙印。他认为上帝是严厉的，在这个环境里他感觉不到一点慈爱。

路德十四岁时，就读于马格德堡（Magdeburg）的一所中学。这所学校教育水平较高。1497 年 5 月路德挥泪告别了父母与乡亲，只身赴外地上学。但是，在外地读书花费颇大，父母的供应有限，他甚至每天食不果腹。路德无奈，只得和一些贫寒的学生每天上街讨一顿饭。当时德国中小学生乞讨的方法是，个人或几个人到富豪的大门口去唱圣歌，一直唱到施主给予食品为止。但也有为富不仁者，不仅不给任何东西，还大声责骂把他们轰走。路德在马格德堡中学读书一年，其父母觉得他讨饭的生活太苦了，遂于 1498 年送他到爱森纳赫（Eisenach）的圣乔治中学就读。其父原指望当地的亲戚们多少能给他点帮助，但他却丝毫未得到照顾，依然经常受到饥饿的威胁。有一次他竟然饿昏了，晕倒在地上。因此，路德只能再次随同贫苦同学上街唱圣歌讨饭，生活依然相当艰苦。我们可以设想，一个孩子如果经常为生活去乞讨，才能坚持学习，这需要多么大的毅力啊！但路德后来回忆这些艰苦的生活时认为，这一段贫困的生活并没有什么不好，反而磨炼了他的意志和克服困难的勇气与决心。看来，路德少年时代的艰苦生活与他后来事业的发展和成就不无关系，增强了他对罗马教宗斗争的信心和勇气。

路德在家庭和中小学所受的教育是正统的天主教教育。当时他也是一个虔诚的天主教徒。天主教信仰的内容很多，但其基本点认为：人是有罪的；所以必须拯救自己的灵魂。而教宗是基督在现实世界的代表，所以人们只有参加神职人员主持的圣礼，才能尝受上帝的恩宠，得到拯救。此外，还要"行善功"，是指做好事，主要包括捐献财物、施舍、帮助他人、购买赎罪券等。这就是说，一个人只要表示悔罪，并有一定的行动，经神职人员的赦免，便可得救，死后可以升天堂。这是对平信徒的要求。天主教会还认为，更积极有效的得救途径是修道与苦行，成为神职人员，则可优先升入天堂。

路德自幼所受的都是天主教教育，而且当时从家庭、学校到社会都被宗教氛围所笼罩。所以，路德在中学毕业以前对罗马教宗的神圣性、天主教信条的可信性，甚至对修道与苦行均深信不疑。这是当时路德的思想和信仰的主流，但是他也受到了一些流行的新思想的影响。

当时社会上流行的新思想主要有神秘主义（mysticism）和人文主义（humanism）。这两种思潮都是针对罗马教宗的唯我独尊、天主教的等级制、神权至上、重视死后生活、轻视现实社会以及教会的腐败而提出的新见解。神秘主义者主张人可与上帝直接交往，只有品德高尚的人才能与上帝在灵性上交通。这就直接否定了腐败的神职人员的神圣性。十五世纪最著名的神秘主义团体是共同生活弟兄会（Brethren of the Common Life）。他们创办了许多学校，培养青少年。人文主义是欧洲文艺复兴运动的核心思想。人文主义者通过文学艺术作品提倡人的伟大与价值、现实生活的美好与重要，对教宗与教会的腐败作了辛辣的讽刺与揭露。这两种新思潮都自觉或不自觉地动摇了罗马天主教的理论根基，也对路德产生了影响。路德在马格德堡就读的中学就是共同生活弟兄会创办的，颇有名气。该校使用人文主义的教学法，讲授古希腊文化的价值和人文主义著作。虽然路德本人当时仍是一个虔诚的天主教徒，后来他也从未直接谈及该校对他的影响，但从他以后的思想发展和表现来说，人文主义和神秘主义思潮已在路德的思想中深深地埋下了种子。

1501年路德十八岁时，家境渐佳，其父已担任了市议员，路德考入了爱尔福特大学文科，攻读法律与哲学。这所大学是德意志历史最悠久的名牌大学之一，课程多而且要求严。路德主要修习逻辑学、修辞学、雄辩术、法理学、天文学、物理学、音乐等。在学习中，他非常勤奋，独立思考，又善于辩论。因此他得了一个"大哲学家"（the Philosopher）的绰号。在此期间，他还学会了弹琉特琴（lute）。爱尔福特大学经常开设人文主义学者的讲座，路德因为功课负担重，时间不允许他经常去听讲；但他仍或多或少地再次接触到了人文主义思想。虽然如此，但并未动摇他的天主教思想基础，他仍是一个天主教的忠实信徒，是教宗及其信仰的崇拜者。

1502年路德学完基础课后，获得文学士学位，1505年二十二岁时，又获得硕士学位，而且是仅有的十七名硕士的第二名。路德获得了名牌大学的硕士学位，给其家庭带来了欢乐。他的父亲为此感到满足，希望路德成为一名律师，从此步入上层社会。路德的朋友和同学还为他举行了一次火炬游行，以示庆贺。然而，就在此时，他的人生道路发生了重大的、突然的变化。路德没有步入上层社会，而是步入了奥古斯丁修道院，以求得到上帝的恩宠和拯救。

获博士学位与新宗教思想的形成

路德进入奥古斯丁修道院作修士，从表面上看，似乎是偶然的决定。其实不然，这只不过是他长期接受天主教教育和一些偶然性事件相联系的结果。在他行将毕业之时，他的两个弟弟不幸相继病故，紧接着其好友亚历克西斯（Alexis）被人暗杀，使他悲痛万分，深感人生之短促，生离死别之痛苦，遂产生了出家修道的想法。此后几天，1505年7月2日他在返校途中，于荒郊野外突遇强雷暴雨，顿时霹雳从天而降，其身旁的大树被劈裂，震耳欲聋的雷声夹着闪电，使路德大惊失色，恐怖万分，以为死亡就要降临。对上帝的恐惧使他立即双膝跪倒许愿说："圣安妮！救救我，我愿意做一名修士！"后来路德回忆此情此景时说："当时死亡的恐怖和极度的痛苦突然包围了我，使我发了不得已但又很必要的誓言。"

他回校后立即把自己大部分的书卖掉，在自己的房间里举行便宴款待其同学。他们弹唱高歌，尽情欢乐。最后，路德宣布了他的决定，致使大家目瞪口呆。一位硕士为何要当修士呢？同学们对此疑惑不解，纷纷劝阻，但路德无动于衷，坚决前往。他于1505年7月17日在爱尔福特进入以严守旧规闻名的奥古斯丁修道院，成为见习修士，过着与父母隔绝的生活，决心探求人如何才能得救的问题。

奥古斯丁修道院是天主教的一个重要的托钵修会。早年该院修士均沿街乞讨，后来由于捐献增多，大部分修士均有供应，只需部分新来的修士外出讨饭，作为苦修的一部分。

路德进入该院的第一年受尽了嘲笑与折磨。众修士以贬低一位硕士的地位而自鸣得意。他们安排路德看门、扫地、打扫卫生和做各种苦工。有一次，他抽暇回屋看书，有个修士说："你只想耗时间，你还没有提水砍柴呢，我们这儿不养闲人。"中世纪圣经稀少，奥古斯丁修道院也只有一本，供修士们阅读，置于院内，用铁链锁住，以免丢失。有一次，路德也去翻阅圣经，修士们逐之，甚至有一修士还轻蔑地说："你不需要读圣经，只要能念经就行了，你只配出去要钱、米、鸡蛋、鱼，干这些活。"果然，不久他就被分配到城里去托钵要饭。路德只得背着口袋，上街托钵要饭去了。但本城的市民一般都认识他，对他很尊重，很快便能盛满口袋，返回修道院。路德认为这是他苦修的一部分，并不在意。

他沿街乞讨的情况，很快被其母校的教授们所知晓，纷纷要求修院当局免除其苦役，安排他在修院读书和担任修士。他因此才如愿以偿，开始修习神学。他为了能读圣经的原文，又继续苦读希伯来文（Hebrew）和通用希腊文（Koine Greek），因为圣经中的旧约全书的原文是希伯来文，新约全书是用通用希腊文写的。

与此同时，他一面苦读圣经，研究教义。另一方面他想以自我折磨的苦行，甚至鞭打自己，来体会与探讨教宗提出的得救之道。这说明他当时对教宗的忠实程度，和对其信仰的深信不疑。他以为这样做便可得到上帝的恩宠、喜爱和启示。于是他开始不吃不喝，闭门思过，盼望上帝给予启示。但经数日，他不仅没有得到任何启示和安慰，相反人已昏厥过去。其同班的修士们因几天未见到路德，非常奇怪，便去房间找他。他们见屋门紧闭，敲门无人答应，便破门而入，见路德已昏倒在地上了，遂唤来众修士连拍带打，大声呼叫，还唱圣诗，路德始渐渐苏醒。他通过个人的亲身经历证明，仅因个人的行为、善举，包括苦行，并不能得到上帝的恩宠、启示和拯救，也没有得到得救的确据。于是苦行宣告失败。那么如何才能得救呢？这是路德开始重新认真探索的一个根本问题。

路德放弃苦行后，继续研究圣经，得到了新任院长施道比茨的赞许和喜爱，并特别赠送给他一部圣经，这在当时确属珍贵的财产。路德的健康也逐渐恢复，准备接受圣职。1507 年 4 月，他二十四岁时晋铎为神父。

1508 年路德经院长推荐，前往新建的维滕堡大学从事高级神学研究。这所大学地处萨克森地区，是由萨克森选帝侯智者腓特烈（Frederick the Wise，1465—1525 年）于 1502 年资助建立的新大学。路德研究神学的特点完全是根据圣经的原文，并作出自己的解释，而非依据其他。在潜心研究圣经的过程中，当他读到《罗马书》1:17 "义人必因信得生"这句话时被深深感动，由此他开始了新的神学思考。1509年 3 月路德在维滕堡大学获得圣经学（Biblical Studies）学士学位，并开始了部分教学工作。路德的老师、朋友和赞助人施道比茨对他影响很大。施道比茨是一位带有神秘主义色彩的神学家，不满于当时天主教会神职人员的纪律松弛与腐败，主张严守教规，并引起了与罗马的一些修会的争论。他便派路德和另一名修士去罗马参加有关这一问题的讨论会。

1510 年底，路德怀着喜悦与朝圣的心情去访问罗马。因为罗马是教宗的驻地，而教宗又是上帝在人间的代表，所以他认为罗马一定是一座圣洁、庄严、美好的城市。在他到达罗马郊外时，不禁高声欢呼："我向你致敬，神圣的罗马！"

然而他在访问罗马期间，所目睹与所想象的全然不同，罗马不是圣洁，而是腐败。他亲眼看到罗马教宗和枢机主教们的骄奢淫逸。他们出入乘高车驷马，住豪华府院，奴仆成群，赌博、酗酒、嫖妓，无所不为。这一切使路德大失所望，他过去对教宗的神圣形象破灭了，罗马的庄严也一扫而光。他后来回忆说："罗马的局面已不堪述说，那里有撒谎、欺骗、偷窃、奢侈、奸诈和其他亵渎上帝之事。"在罗马，"凡事都是遵照魔鬼的意思行事"。他还说："罗马所有的罪恶，都是令人梦想不到，不是亲临其境，决不会信以为真，罗马实在是万恶丛生之地。"后来，他回忆此次罗马之行时说，教宗的皇宫是"有十二个裸女陪伴吃晚餐的地方……很难描述，而且难以置信，那里的龌龊究竟达到了什么地步。如果说有地狱的话，那么罗马便是地狱。……基督徒愈接近罗马，就愈变坏。谁第一次去罗马，就是去找骗子；第二次，他就染上了骗子的习气；第三次，他自己就成为骗子了"。路德此次去罗马的所见所闻，对他后来否定罗马教宗的权柄起了很大作用。他对罗马教宗的美好幻想破灭了。

路德从罗马回到维滕堡后，成为施道比茨的拥护者。施道比茨也逐渐发现了路德的才华。1511年他派路德回到爱尔福特大学攻读博士学位的课程。1512年路德重返维滕堡大学，学校授予他博士学位，并很快晋升为圣经学教授。讲授圣经是他终身的职业，他一直坚持到晚年。不久，他被选为大学评议会的评议员。1515年，他又兼任了奥古斯丁修会八所修道院的监督。这是他担任的最高职务。此时他已三十二岁了。

在维滕堡大学，路德除了讲授《罗马书》《加拉太书》《诗篇》等经卷外，还经常去教堂布道、讲经。此外，他继续研读希伯来文和古希腊文，吸收人文主义者对古代语言的研究成果，做了大量的圣经注释工作。与此同时，他还研究了人文主义、神秘主义和早期改教家——英国的约翰·威克里夫和捷克的约翰·胡斯——的神学。他们均反对罗马教宗的贪婪与腐败，主张平信徒与神职人员平等，要求平信徒也可以同领圣体（饼）和圣血（葡萄酒，天主教会不准平信徒领葡萄酒），并反对教宗兜售赎罪券。胡斯因反对教宗，主张改革，被教宗勾结皇帝将他诱杀，处以火刑。路德早在修道院时，就阅读过胡斯的著作。他在其自传中说："我在图书馆看到胡斯演说的抄本，在这些演说里，真的找到了许多东西，令我大为吃惊。这个人为什么被烧死？他所引证的圣经符合基督教的道理，很有说服力。"

路德在研究圣经的过程中，特别是研究《罗马书》和《加拉太书》时，产生了一个疑团：圣经中明文记载，"义人必因信得生"，所突出的是信心，而天主教会所强调的是教规和行为，为什么与圣经记载不同呢？他考虑：如果没有信心，只是表面上遵守律法、教规，施善行，作补赎，靠修道，难道就能够得救吗？经过多年的沉思冥想，反复对照圣经，推敲各句之间的联系，他终于大彻大悟。他认为，得救最关键的是"信心"，按照圣经的说法，耶稣被钉死在十字架上，已为信徒在上帝面前偿还了罪债。因此，只要真正有了信心，便可得救。这真是"长期思考，偶然得之"。

路德认为，"因信称义"是基督教神学最根本的信条，也是神学思想的核心。后来，路德在翻译德语圣经时，在"因信称义"后面，加了"唯独"一词，故现在我国史学界将其译为"唯独因信称义"。其意是唯独借着信心，才能成为"义人"。"义人"是基督教的专有名词，其意是无罪的、得救的、自由的、高尚的、能得到永生的人。这一新的宗教思想为路德创立基督新教打下了理论基础。同时，路德以圣经为依据，反复观察天主教会的神学理论，他发现中世纪天主教的教义、教规和礼仪中，有许多在圣经中根本找不到依据，而教会的弊端均是背离圣经的结果。

路德根据"唯独因信称义"的宗教思想讲课和讲道，令人耳目一新，影响很大，深受听众的欢迎，他的名声也随之愈高。维滕堡附近的教堂也纷纷按照路德的方法，依据圣经和唯独因信称义的教义布道。与此同时，路德还经常到所属修院的城市访问，与各界人士交往，进一步了解到天主教会的弊端，决心进行改革工作。

1516年，路德以其研读圣经的新观点，写了一份改革天主教会的理论和问题的论纲，作为澄清是非、公开辩论的材料。其中谈到了信心与得救的关系问题。他提出，人不能先"行义"而后"称义"，而是先"称义"后才能"行义"。其意为，人不能只因为表面上做了一些好事，就能成为义人，而是先有了信心，成为义人，才会作出真正的善举。这也说明，路德"唯独因信称义"的新宗教思想此时已经定型。

1517 年 2 月，他又准备了一份反对天主教传统神学的论纲，欲作为在其他大学辩论时使用的参考和依据。连路德自己也没有想到，这份论纲竟成了点燃西欧宗教改革运动的导火线。

罗马教宗的腐败与赎罪券

罗马教宗是天主教会的最高领袖。他自认为是耶稣基督在现实世界的代表，应该拥有比世俗君主更高的权力。当时，各国君主的权力所及，只限本国，而教宗的权力则遍及整个天主教世界。按常理说，作为天主教会的最高宗教领袖与教宗领土的最高元首，教宗应该是一位道德高尚、廉洁自律、严守教规的人。但是，中世纪的罗马教宗已腐败透顶，他们本身就是最大的封建领主，教宗们爱财如命，生活腐化堕落，不择手段地搜刮金钱。天主教会规定神职人员不许结婚，但教宗带头"娶妻"生子，"妻妾"成群，私生子众多。教宗既然如此，枢机主教、主教和神父们当然也就上行下效了。这种情况发展到十五世纪，可以说其腐败已达到了登峰造极的地步。马丁·路德开始宗教改革之时的教宗利奥十世有一句名言："既然天主安排我们享受，就让我们尽情地享受一下吧！"他三日一大宴，五日一小宴，到处寻欢作乐。其宫廷内有六百八十三个仆人，为了应付日益增多的开销，他拍卖了三十九个枢机主教的职位，所得款项超过了教廷的全年收入。他下定决心在他去世以前，要把全部钱财挥霍精光。为了搜刮钱财，教宗们达到了不择手段的地步。其中，民愤最大的是发售赎罪券。

赎罪券，顾名思义，即花一定的钱，买一张教宗出售的有赎罪功效的证明书。教宗发售赎罪券，名义上是为了上帝的某种事业，实际上是为了敛财致富。在神学理论上，教宗宣称，他是基督在世的代表，掌握着最高神权，所以他有权赦免人们的罪债。信徒购买赎罪券是一种补赎和善行，亦即花钱可以免罪。

基督教的早期教会本无此物，圣经上亦无此一说。赎罪券的起源最早可追溯至十字军东征。这是教宗纠集西欧封建主对地中海东部的宗教战争，先后八次有余。当时教宗为了号召与哄骗西欧的基督徒参加十字军，他宣布凡参加十字军圣战者，均可免除其一切罪债，死后可直升天堂，并发赎罪证明一张，即最初的赎罪券。后来，教宗为了敛财又进一步宣布，凡因种种原因不能参军，但能捐款捐物、资助十字军者，亦可发赎罪证明，具有同样的功效。

此后，罗马教廷为了自圆其说，制造了一个教宗掌握"功德宝库"（Treasury of Merit）的理论。其内容是，圣母马利亚和众多圣徒，积累了大量"功德"，他们为升天堂所需的"功德"早已绰绰有余，余下者存于"宝库"之中。而平信徒中有许多人的"功德"不足以升天堂，尚须入炼狱（purgatory）。教廷神学家提出，教宗掌握着"功德宝库"的钥匙，谁购买赎罪券，教宗便可从宝库中拨一定的"功德"给他，足以使他升天堂。这便成为赎罪券功效的神学理论依据，使教宗发售赎罪券合理化、合法化。到十四世纪后，这种交钱免罪的办法渐以公开出售赎罪券的形式进行。教宗大量印制面值不等的赎罪券，如同其他有价证券一样，投入市场，沿街叫卖。教宗本笃十二世（Pope Benedict XII）曾制定了一个公开的价目表，犯不同的罪行，价格各异，个别罪行举例如下：

罪名	赦免价
杀人罪	八个金币
谋杀双亲或兄弟姊妹	六个金币
在教堂犯奸污罪	六个金币
伪造文书	七个金币

1476 年，教宗西克斯图斯四世（Pope Sixtus IV）又把赎罪券扩大到在炼狱中的亡灵。天主教教义规定，除地狱外，还有炼狱。地狱是永久性的，永无翻身之日；炼狱则是基督徒生前的罪虽已赦免，但有些尚未做完补赎的灵魂，将要进炼狱，待修正、炼净罪恶后，才能进天堂。

如果一个人生前犯有小罪，也要进炼狱。教宗把赎罪券的功效扩大到已死去的人，是他扩大财源的新手法。因为这就要求人们不仅要为自己买赎罪券，还要为已死去的亲属和祖先购买赎罪券。

教宗发售赎罪券不仅在数量上不断增加，而且发售次数也日益频繁，1500、1501、1504 和 1509 年均发售了赎罪券。这种变本加厉的搜刮钱财，早已引起各国、各界不满。十六世纪初，英国、法国、西班牙的民族国家已经兴起，经常抵制教宗在其领土上发售赎罪券。而此时四分五裂的德意志，则成为教宗宰割的重点。赎罪券集中在德国发售，必然引起德意志各阶层的不满。不仅农民、手工业者、市民深受其害，即使是地方上的诸侯、贵族看到本地的财源滚滚流入罗马，也怨声载道。路德任职的维滕堡大学所在地，萨克森的选帝侯腓特烈就曾限制过教宗在其领地发售赎罪券。一些中小贵族也表现出强烈的反感和不满。有关这类的故事很多，仅举一例说明。

据说当时萨克森有一个男爵，当他听到教宗的特使吹嘘赎罪券的功效时，按捺住心中的怒火，表面谦恭地问特使说："你说赎罪券什么罪都能赦免，我现有一种罪不知能否赦免？"特使问："你指什么罪？"男爵说："我的罪还没有犯，只是想先买一张，以便将来犯，不知赎罪券是否有效？"特使答道："当然有效，但是你这张赎罪券特殊，价格当然要贵一些，那么你计划犯什么罪呢？"男爵说："我有一个仇人，想痛打他一顿，但决不伤害他的筋骨，也不让他流血，不要他的东西。不知能不能赦免？"特使听后，认为这是发财的好机会，便说："我是教宗的全权代表，你这点事不算什么，我有权预先赦免你的罪，但要收十五个金币。"男爵说："这太贵了，能不能少一点？"双方一再讨价还价，最后议定了双方都满意的价格，达成了交易。特使专门为他写了一张赎罪券，不仅写明了罪的具体内容，而且写上了已预先赦免了他的罪。男爵满意而去。过了几天，特使在该城卖完赎罪券后，收拾行装与随从们出北门，计划到下一个城市兜售赎罪券。当他们出了北门行走数里后，忽然从路旁小树林里窜出一伙强人，猛地一把抓住了特使的衣领，上来七手八脚狠锤猛打，特使痛得哇哇直叫。众人事后一呼而去。特使大怒，宣布立即回城，令官府缉拿凶手。官府亦很震惊，教宗的特使被打不是件小事，丝毫不敢怠慢，连夜缉拿男爵归案，并在公堂上审问。男爵坦白地承认了痛打特使的事实后说，上帝已经赦免了我的罪，并呈上了特使给他写的赎罪券。法官看后问特使："他抢劫了你的财物吗？"特使说："没有。"又问："他打伤了你的筋骨吗？"特使回答说："没有。""你流血了吗？"回答说："没有。"法官旋即对特使说："你是教宗的全权代表，有权赦免众人的各种罪，这张赎罪券已写得很清楚，你已经预先赦免了男爵的罪，上面有你的签名，现在宣布退堂。"特使被说得哑口无言，只得灰溜溜地走了。类似的故事不胜枚举，说明了当时德国各阶层，包括中小贵族，对教宗出售赎罪券搜刮钱财的不满。当时甚至天主教教士对此举也很不满意。有的说："这简直是不可思议的事。一个人故意犯罪，竟然能得到教宗的赦免，难道教宗的权力竟高于使徒、天使、圣母马利亚，而与基督处于同等的地位吗？"

1517 年教宗利奥十世为修缮罗马的圣彼得大教堂再次发售赎罪券。他没有想到，由此导致马丁·路德发动了宗教改革运动。

路德发表《九十五条论纲》，点燃宗教改革运动

路德发动宗教改革运动的直接原因，是教宗于 1517 年为修缮圣彼得大教堂再次发售赎罪券。这次赎罪券的收入名义上是修教堂，实际上是教宗与德国勃兰登堡（Brandenburg）大主教相勾结的产物。当时勃兰登堡的大主教、道明会（Dominican Order）教士阿尔布雷希特曾数次险些被教宗免职，为了保住这一职位，他必须贷款贿赂教宗，为此，他欠下了一大笔债。教宗为了使阿尔布雷希特能偿还债务，便允许他在德国发售赎罪券，所得金额的一半归教宗，作为修缮圣彼得大教堂之用，另一半则归阿尔布雷希特还债。此次的赎罪券并没有在路德所属的教区内发售，只是在其边境地区推销，因为萨克森选帝侯智者腓特烈抵制在其领地内兜售赎罪券，以便可以顺利地征收他自己规定的税收。

承包这次赎罪券的推销人是道明会修士约翰·台彻尔（John Tetzel），此人能言善辩，口若悬河，具有推销经验。自 1500 年开始，

他的主要工作便是贩卖赎罪券。他每到一个城市的郊外，便要求该城的地方官、修士、修女、学校师生和各界的显要人士出城迎接他。然后，与大家一起排成庄严的行列进城。队伍的最前面是教宗钦赐的红十字架，象征教宗的权力，后面是教宗颁发赎罪券的教谕，它是用金线绣在天鹅绒上，以示隆重，众人手持蜡烛，并有乐队伴奏，吹吹打打，簇拥着台彻尔进城，去到教堂前的广场上。此后，即由台彻尔在围观的群众面前，宣读教宗的教谕，吹嘘赎罪券的功效。然后进行兜售，依据罪债买不同价格的赎罪券。他在宣传赎罪券功效时，可谓费尽心机，信口开河，说得天花乱坠。他说："现在请留心听，上帝和圣彼得正呼唤你要考虑你的灵魂和你那些去世亲人的灵魂的救恩。……现在你留心听你去世的亲友的声音，他们恳求你说：'可怜我们，可怜我们。我们正在悲惨的痛苦中，你用少量金钱便能救我出来。'你不希望他们得救吗？要打开你的耳朵，听父亲对儿子说，母亲对女儿说：'我们生你，养你，把你拉扯大，又把财产遗留给你，而你这样残忍，心这么硬，现在不愿意花这样少的钱使我们脱离痛苦。'要记住，你能解救他们，因为钱币当啷落钱箱，炼狱苦魂入天堂。"

路德时年三十四岁。当他获悉台彻尔关于赎罪券功效的无耻吹嘘，并有一些信徒向他请教是否可信时，他愤怒地拍案而起，表示一定要戳穿其骗局。他连夜奋战，用拉丁文写出了《关于赎罪券效能的辩论》（*Disputation on the Power and Efficacy of Indulgences*）一文，又称《九十五条论纲》，于 1517 年 10 月 31 日中午，将其钉在诸圣堂（All Saints' Church/Castle Church）的大门上。此门是专用于公布学术活动的公告栏。路德在《论纲》之前，还附上了一段邀请文："由于对真理的热爱，以及希望将真理明朗化，下列诸问题，将在维滕堡辩论。由马丁·路德担任主席。"他要求无法参加口头辩论的人，可用通信的方法，提出问题辩论。这个教堂是萨克森选帝侯腓特烈在维滕堡新建的诸圣堂，这一天恰是开幕之日，《论纲》刚刚贴出，便有许多人前来观看。

在《论纲》中，路德否认教宗有权赦免任何人的全部罪债，他认为最多只能赦免违反教宗规定的教规的罪债（第 5 条），所以那些推销赎罪券的人说"可免除人的一切惩罚"是错误的（第 21 条）。他要求对那些听任、吹嘘这些谬论，使之在信徒中流传的神职人员，加以问罪（第80条）。他提出：每个真正悔改的基督徒，即使没有赎罪券，也可以脱离惩罚和罪债（第36条）。他还指出，那些说教宗的赎罪券乃是上帝使人与自己和好的无价恩赐的人，是我们应当特别警惕的（第33条）。这些内容实际上否定了教宗的神圣性，并向教宗的权威发出了挑战。但路德写《论纲》时的初衷，并无意发动宗教改革运动，也无意全面批判和否定罗马教宗，更无意脱离天主教，另建新教。其本意只不过是揭露与斥责台彻尔对赎罪券功效的无耻吹嘘。所以，《论纲》的公布只能说是他反对罗马天主教宗的第一步，仅仅是开始。

但令路德始料未及的是，《论纲》发表后影响广泛。拉丁文的《论纲》张贴后立即被维滕堡大学的学生译为德文，并印刷传送，在两周内传遍了德意志，不到四周就传遍了整个西欧地区。特别是在德国，《论纲》像一个火花落入火药桶一样，顿时形成星火燎原之势，得到了各阶层的回应。他们从各自的不同角度加以理解和讨论。市民认为，这是反对罗马教宗的腐败与专制，进行宗教改革运动的开始。封建诸侯与贵族把它看成是摆脱罗马教宗的政治控制和经济盘剥，夺取教会财产的大好时机。农民和平民则认为这不仅是反对外来封建势力罗马教宗的开始，而且也是反对国内封建压迫的信号，要和一切封建统治者算总账。由此，路德的《论纲》顿时成为德国各阶层均接受的共同纲领，彼此积极地讨论与辩论。路德也随之成为德意志民族的精神领袖，《论纲》成为德意志知识分子谈论的中心。他们认为，《论纲》是成千上万人早已期望的抗议，说出几代人的呼声，并得到了当时最著名的人文主义者伊拉斯谟的赞扬。他说："每一个善良的人都同意路德……路德的论文，我想除了少数靠炼狱生活的人之外，没有一个人不赞成。"

而路德个人则静观事态的发展，他把若干册《论纲》送给主持此次赎罪券发行的道明会的大主教及其主教们。同时，他计划开始翻译新约全书。恰在此时，维滕堡大学来了一位年仅二十一岁的希腊文教授菲利普·梅兰希顿。他年轻有为，性格温和，且学识渊博，口才出众，交友甚广。他的希腊文水平优于路德。他们很快就成为挚友，以至终生。路德把梅兰希顿视为他的得力助手，并共同准备着手翻译新约全书。

奥格斯堡会谈与莱比锡辩论

大主教阿尔布雷希特收到路德的《论纲》后，又看到德意志各阶层群情激昂的形势，感到惊恐不安。他于1517年12月将此事件呈报给罗马教宗，要求教宗禁止路德的言论和行动。台彻尔一伙也于12月针对路德的《论纲》，用神学家康拉德·温皮纳（Konrad Wimpina）写的《一百〇六条驳论》（*106 Theses*）批判路德。他们一伙把《驳论》印刷成小册子到处兜售。当小册子在维滕堡被沿街叫卖时，一些大学生包围了贩卖者，将八百份小册子当场焚毁。

但当时教宗尚未认识到路德的《论纲》后果的严重性，竟狂妄地认为，这只不过是一个德国奥古斯丁修会修士的醉酒呓语，等他酒醒之后，便不会瞎嘟囔了。罗马的多数高级神职人员也认为这不过是道明会与奥古斯丁修会之间的一场争论，没有什么值得大惊小怪的。

后来，教宗逐渐体察到了事态的严重性，因为《论纲》的传播不仅阻碍了赎罪券的发售，更重要的是反教宗的声浪日益高涨。教宗欲先给路德一点颜色看看，来个下马威。遂于1518年4月授意德国奥古斯丁修会罢免了路德担任的最高职位——修会监督。在当时情况下，这是一项重要的免职，但路德对此毫不在乎，反而感到快慰，认为卸下了此包袱，即可全力投入神学研究，定会作出更大的贡献。

教宗见此举无效，便于1518年颁布敕令，命路德去罗马受审，在众大主教面前说明他反对赎罪券的观点和根据。但由于德国各界的支持，特别是萨克森选帝侯腓特烈的庇护，教宗的这一阴谋未能得逞。

此时，德国因戈尔斯塔特大学（University of Ingolstadt）神学家约翰·艾克深深感到路德倡导的思想对天主教正统神学的危害性。他说："路德的思想完全是异端邪说，欲震撼教廷的宝座，天主教的大厦已处在危险之中，只要从基础上拆下几块基石，墙身就保不住了。"他撰文反对路德的思想，批判《论纲》，并上诉罗马，控告路德为异端。还有一些地区的主教也给教宗写信，要求教宗按异端罪名烧死路德。

教宗利奥十世见路德拒不从命，于是决心除掉路德这个异端教授。

他采取了两个措施。第一，他派人把传路德到罗马的传票交给奥格斯堡的教宗亲信——著名的枢机主教卡耶坦，让他转交路德，并告知如不听命，将开除其教籍，以此威胁路德从命。第二，他派出使节会见选帝侯腓特烈，欲说服他不要支持路德，以达到谋害路德的目的，并打算送给腓特烈金玫瑰花，这是教宗赠与世俗诸侯的最高荣誉，以收买腓特烈。使节见到选帝侯后，费尽心机，多方劝说，但腓特烈坚决庇护路德，教宗对此亦无可奈何。因为德意志皇帝的选举迫在眉睫，腓特烈在选举中很有影响力，所以教宗不敢得罪他。经多次会谈，双方妥协的结果是令路德在奥格斯堡与教廷驻德意志特使、枢机主教卡耶坦会谈并受审。

1518 年 10 月 7 日路德被传至奥格斯堡与枢机主教卡耶坦会谈。路德临行前，选帝侯腓特烈赠给路德二十个金币作为路费，并派一位法学家担任他的顾问。会谈中，他们讨论了从赎罪券到信仰与圣礼的关系，卡耶坦欲迫使路德承认错误，而路德拒不承认。当讨论到教宗所坚持的"功德宝库"时，双方发生了激烈的辩论。由于路德坚持己见，枢机主教大怒，高喊："滚出去！"并说："你如果不撤回自己的观点，就不再会谈。"双方不欢而散后，枢机主教秘密策划，欲把路德绑架到罗马。但路德很快得到了消息，在友人的帮助下，星夜从暗道逃离奥格斯堡，返回了维滕堡。

1519 年 3 月，教宗见以威胁手段未能使路德屈服，便改用利诱的手法。他传信给路德说："只要路德收回自己的观点，将授予路德主教甚至枢机主教的神职。"教宗的这一许愿可以说是破天荒的。因为中世纪的天主教会规定，主教和主教以上的职位只允许贵族担任，而路德虽然是教授，但只是一介平民，所以没有担任主教的资格。而路德对教宗的这一利诱毫无兴趣，无动于衷。

教宗又进一步开展攻势，派教廷司库米尔蒂茨（Karl von Miltitz）赴德国维滕堡力劝路德，以求和解。米尔蒂茨到达德国后，唯恐贸然面见路德碰一鼻子灰，所以他首先托路德的朋友、萨克森选帝侯的秘书从中疏通。经路德同意后，二人会晤，米尔蒂茨对路德好言相劝，请求路德照顾大局，二人一度达成协定。其内容是，为共同防止教会分裂，教宗将不再坚持要求路德去罗马受审，争论可以在德国主教主持下通过谈判解决；路德同意不再发表新的煽动性言论，并写信给教宗表示效忠。1519 年 3 月，路德按此协议写信给教宗，表示自己从来没有意图损害罗马教宗的威信，并表示教宗的权力在世俗世界高于一切。但他并未表示从此收回自己的观点。

路德本以为此次协议可平息事端，彼此相安无事。但事实的发展并不以路德的意志为转移。教廷中以艾克为代表的一批神学家，并不善罢甘休。艾克认为，《九十五条论纲》激起的反教宗浪潮已冲击到整个罗马教会，要求继续论战，严惩路德。他对路德重新发起了挑战，路德被迫还击，从而导致了 1519 年夏天的莱比锡论战（Leipzig Debate）。

这一公开辩论是艾克的一个阴谋。他以为在此以前，路德只是公开否认赎罪券的部分功效，并未直接否认与攻击罗马教宗的言论。艾克欲在此次辩论中诱使路德说出直接攻击教宗的言论，以便置路德于死地。而路德在《论纲》发表后的两年时间里，针对社会上各种强烈的反响，也进一步思考引申到罗马教宗权的问题，但他并未公开发表过这方面的有关言论。所以他认为，这次公开辩论是他把宗教改革运动引向深入的大好时机，因此他决定应战，出席辩论。他的决定得到了维滕堡大学师生及其支持者的赞同。维滕堡大学校长亲自护送路德去莱比锡，同时还有梅兰希顿陪同，教师、学生二百余人执戟戴盔，武装护送路德前往，一路上浩浩荡荡，气势壮观。

在 1519 年 6 月 27 日至 7 月 8 日的莱比锡辩论会上，路德与艾克首先就赎罪券的功效问题开始辩论，继而深入到出售赎罪券的教宗与教会。在辩论中，艾克气势汹汹，强调教宗是基督在世的代表，因而具有最高的权威，所以教宗永无谬误。路德以圣经为依据，否认教宗是基督的代表，提出圣经上根本没有关于"教宗"的记述。他说，没有教宗，教会依然会存在。此语一出，是路德公开地否认罗马教宗权力的开始，也是宗教改革运动的重要转折。对此，与会者为之震惊，此消息迅速传到了西欧各地。路德的发言始终依据圣经，持之有故，有理有据，艾克则理屈词穷，无言以对。但他的确是一个狡猾奸诈的老狐狸，在此劣势下，他不仅保持了头脑冷静，而且还进一步施展诡计，诱使路德自己承认支持异端，以便按此定罪——艾克把话锋一转，他说："多才的博士，如果您当真反对胡斯派，为什么不公开驳斥他们呢?"路德此时此刻明确果断地表态说:"胡斯提出的理论，有许多出自基督与圣经的真理，判处胡斯为异端是错误的。"路德支持胡斯的这一言论，使艾克欣喜若狂，以为这回抓住了路德的把柄，说明路德公开地为胡斯翻案，为异端张目，凭此就完全可以判定路德为异端分子，于是便草草结束了这次辩论。

会后，艾克到罗马向教宗利奥十世报告了路德的"反动言论"，要求教宗判处路德以重罪。教宗听到后异常愤怒，但他对路德的理论在德国到底有多大影响尚有怀疑，遂派了一个特使前往德国去调查。特使回来报告:德国的形势非常严重，十分之九的德国人高喊支持路德，剩下的十分之一的人高喊罗马教宗该死。教宗大怒，下定决心一定要严厉制裁路德。

1520年6月15日，教宗发布诏书，斥责路德是闯进葡萄园的狐狸和野猪;指出了路德的四十一种著作中的宗教思想为异端邪说或纯属恶意诽谤;各地应将路德的著作全部焚毁;路德在六十天内，如不放弃自己的观点，将开除其教籍。教宗还下令要求德国各地诸侯按诏书行事，并派艾克与教宗特使赴德国监督诏书的贯彻执行。

教宗利奥十世自以为是基督教世界的最高领袖和西欧的太上皇，颁发这一诏书定能镇压与震慑路德及其支持者，但教宗在德国的权势已今非昔比，不可能完全行之有效了。而路德在莱比锡辩论后，德国各阶层，包括农民、平民、市民和许多诸侯，均支持路德对罗马教宗的抨击，而且呼声日高。所以诏书在德国并未真正落实，许多诸侯、城市和大学都加以抵制，拒不执行。艾克的日子也很不好过，他到处遭到唾骂，甚至被殴打。因此，他在莱比锡只得找一个避难所躲蔽，才免遭体罚。而路德经莱比锡论战而公开了个人的观点后，进行宗教改革的信心更加坚强。他早已预料到了教宗必会加以报复，所以面对教宗的诏书毫无畏惧。他以敢为天下先的大无畏的革命精神，于1520年12月10日在维滕堡公开烧毁了教宗的诏书，从此走上了与罗马教宗彻底决裂的道路。

早在《论纲》发表前后，路德就已经思考到了"罗马教宗权"的问题。他经过多年的圣经和教会史的研究，以及对早期基督教的了解，对否定"罗马教宗权"及其理论支柱，早已成竹在胸。但由于教宗的权势之大，地位之高，使他不敢过早坦率地发表自己的观点。经过莱比锡论战，亮明了自己的看法后，他已无所顾忌，在各界人士的支持下，他公开著书立说，破釜沉舟，发表了改教三大名著，将他的神学思想与政治思想具体而明确地公诸于世。

摧毁教宗至上的三大理论支柱

路德在莱比锡辩论后，对与教宗的斗争有了新的认识，他认为要拯救教会，只有斗争到底，软弱、后退均无出路。他感到背后有诸侯、市民、农民的支持，不必惧怕教宗的恐吓；同时也为此而受到鼓舞。当时有的朋友劝他，不要走得太远了，言辞应缓和一些。路德回答说："我过去攻击教宗的虚伪和罪行的用语太温和了。"他还说："要用剑，别用笔，上帝的语言便是剑，就是战争、改革。现在，要运用百般武器，讨伐教宗、枢机主教。"在莱比锡论战后不久，1520年夏，他以一泻千里之势，写出并发表了他的三大名著：《致德意志基督教贵族书》《教会被掳于巴比伦》和《基督徒的自由》。在这三书中，他全面阐述了其神学思想与政治思想。

罗马教宗在西欧居于太上皇的地位，不仅仅因为他是西欧最大的封建领主，敛财手段多样，甚为富有；更重要的是因为他是西欧的宗教与精神领袖，掌握着遍及各国的天主教会。为了维护教宗至高无上的地位，天主教有一整套神学理论及其支柱，以论证教宗至上、神职人员至高之教导的正确性。其神学理论支柱主要有三：

第一，教宗是上帝在现实世界的代表，这是教宗的一大法宝。因为基督教信仰的是上帝，他宣称他是上帝的代表，当然就成为世界上独一无二的最高统治者，凌驾于一切人之上，包括皇帝、国王、贵族，都要听从他的调遣。所以，他在西欧享有最高的权威，具有对世俗政权和万民的领导权、圣经解释权、教规立法权、赎罪赦免权、终审判决权，并且言出法随，他的决定就是教规，任何基督徒均不得违反。这种专制君主式的宗教领袖在人类历史上是罕见的。

第二，"圣礼"得救论和"善功"赎罪论。天主教会认为，世人的祈福与赎罪只有通过神职人员主持的七项圣礼，才能与上帝取得联系，得到降福与宽恕。个人在其他场合均不可能与上帝直接交往，因而离开圣礼便不能得救。同时信徒必须行善功，做好事，包括购买赎罪券，才能赎罪，减轻或免除炼狱之苦。

第三，教士特权论。罗马教廷认为，教宗握有耶稣基督通过门徒彼得授予的神权，亦称"钥匙职"，即打开天堂大门的权力。这种权力由教宗授予主教，主教授予神父，因此各级神职人员掌握着神权，是上帝与人之间的中保，唯有他们主持的圣事，始能生效，得到神恩。他们的理论是神职人员受了上帝的"印记"，是"属灵的等级"，所以高人一等。平信徒，包括皇帝、贵族在内，均为"属世的等级"。当时的西欧社会也据此划分为三个等级：教会贵族为第一等级（包括主教以上的教职和修院院长等），第二等级是世俗贵族（皇帝、国王、公爵、伯爵、侯爵、子爵和男爵等），第三等级为市民、农民、平民、手工业者。天主教会认为，第一等级或属灵的等级，不论其本人道德品质如何，都是"特殊"的人，高于世俗人士，所行的圣事均有效。因此世俗百姓只能听从他们的摆布，匍匐在他们脚下，像对上帝一样，恳求哀告。

路德集中世纪宗教改革之大成，以圣经为依据，在三大名著中，抓住了罗马教宗所主张的神职人员是"神人中保"这一理论要害，提出了划时代的"唯独因信称义"理论，一举摧毁了教宗的三大理论支柱。这一理论在圣经中已有记载，如新约《罗马书》中即有"义人必因信得生"，"凡信他的都得到义"。这一思想过去都译为"因信称义"，路德认为在德语中，只有译为"唯独因信称义"才符合圣经的原义。他说："灵魂称义不因任何行为，仅由于信仰"，"你可以通过这种信心而成为新人，使你一切的罪都得到赦免"。意即唯有由于信心，而不是由于其他，亦不需要除基督以外的神人中保，就可以得救。人有了信心，根本就不需要洗礼和圣餐以外神职人员另外施行的圣礼，也不需要念经、斋戒、施舍、朝圣、购买圣物和赎罪券等，就可以得到上帝的承认与恩典，得到上帝的"生命、真理、光明、和平、正义、救恩、快乐、自由、智慧、能力和光荣，以及我们无法估计的各种幸福之道"。路德的这一简明教义打破了神职人员垄断人们与上帝联系的特权，建立了人与上帝的新型关系，满足了人们属灵上的真正需要。人人都可在阅读圣经的基础上产生信仰，从而得到救赎。这就把以罗马教宗为代表的天主教会和神职人员抛到一边，成了多余的人、无用的人。当时，法国有一位主教对这一点认识非常深刻，他一针见血地说："路德的'唯独因信称义'使我们成为失去了咸味的盐。"

在三大名著中，路德进一步提出了新的教会观、圣礼观和信徒皆祭司的平等理论。他认为，按照圣经，教会是一切基督徒的集合，哪里有基督徒，那里便有教会。基督教除了基督是领袖外，没有别的领袖。教会在现实世界中没有"头"，主教和教宗都不能统治它，只有天上的基督是"头"。这一理论就从根基上否定了教宗存在的合理性与合法性，彻底否认了神职人员的特权。

路德的圣礼观认为，凡圣经中无记载的圣礼，一律无效，只保留洗礼与圣餐。他还说：每个信徒都是其他信徒的祭司，虽然不是每个信徒都有能力成为传道人和教师，但他们都平等地享有圣礼、教会财产等，且都可以来到上帝面前为别人代求。信徒只有一个阶层，但有不同的职分和功用。由此就彻底剥下了教士的神圣外衣，否定了他们的特权，体现了人人平等。

路德的这些新的神学理论，公开而有力地否定了教宗至高无上的地位，摧毁了罗马教宗权的神学理论支柱，剥下了教宗最高统治权的神圣外衣，把基督徒从教宗的禁锢下解放出来，为路德的反对罗马教宗、争取民族自主的政治思想提供了神学依据和武器。所以，"唯独因信称义"是路德政治思想的神学理论基础。

路德的爱国政治纲领

路德自幼年时代起，就深受德意志国弱民贫之苦，长大成人后逐渐认识到其原因在于罗马教宗的外来干涉与搜刮。所以他在三大名著中，提出新的神学思想的同时，也提出了他的爱国政治纲领，使德国走上富强之路。其政治思想主要有三点：

第一，驱逐罗马教廷的政治特权、经济势力于国土之外，实现民族自主。他首先揭露了教宗的野心与阴谋。他说，教宗的野心是想统治世界。他既想当教宗，又想统治德意志帝国。他给我们一个帝国的虚名，而他和教会占有我们的城市和土地，窃取我们的财富、权力和法律。他没能当上皇帝，至少成功地作了太上皇。他羞辱我们的皇帝，让皇帝吻教宗的脚，当教宗骑驴时，还让皇帝给他拿脚蹬或缰绳。这哪像一个独立的帝国和掌权的皇帝呢？所以，必须驱逐罗马教宗的势力于国土之外，废除他的特权，实现民族自主，德国才有出路。

路德继而分析德国国弱民贫的原因。他说，德国人赖以生存的土地大量被教宗侵占，德国一半或一半以上的土地属于罗马教会。每年从德国流向罗马的现金达三十万金币以上。它通过赎罪券、教区、修道院、主教区、牧职把德国的金钱和财富吸尽。路德的办法是号召、呼吁与依靠德国的君主和贵族，以武力驱逐教宗的势力于国土之外。他说，如果诸侯和贵族不迅速地对此加以武力干涉，德国就快要灭亡了。君主、国王、贵族应把罗马来的这些恶棍驱逐出境，把教宗窃取的权力夺回来，使德意志民族不再受外来势力的干涉和剥削，让教宗把他从帝国掳夺的一切交回来，让帝国成为名副其实的帝国。路德的这一主张对诸侯、贵族具有很大的号召力，促使他们有理有据地夺回教产，同时，对农民运动也起到了推动作用。按路德的想法，在驱除外来势力、实现民族自主后，建立起一个完全独立自主的国家。

第二，政教分离，君权独立，建立民族与廉俭的教会。路德认为，政教不分是教宗窃取与滥用政治权力的借口和漏洞，危害极大。他主张建国的一条重要原则是"政教分离"，政府不干涉信仰，教会不干涉政治，二者各司其职，分管世俗生活和精神生活。他说，教宗和主教只应宣扬上帝之道，但他们现在却放弃了这个责任，变成了世俗君主干涉政治和法律，这完全是本末倒置。同样，政府也不要干涉信仰，应注意完成自己的事务，允许人们按照自己的能力和意志选择信仰，决不要用暴力强迫人们，因为信仰是自由的，没有人因受逼迫而产生信仰。

君权独立是路德针对教宗干涉政府行使职权的一项进步主张。因为当时神职人员实际享有"治外法权"，即使犯了罪，也只能受宗教法庭的审判，世俗政权不得过问。路德提出，政府的权力应及于一切人，不管是教宗、主教、神父，均不能例外。他特别强调独立的司法权，应按各国自己的法律行事，具有终审判决权。凡属世俗的事，任何案件都不应送到罗马审理。

建立民族教会是路德民族独立的思想在宗教上的必然反映。他提出一切教会的职位都应该脱离罗马教会，今后主教的任命由德国主教会自己决定。在经济上，德国教会的钱财和任何俸禄都不准流入罗马。这说明路德的民族教会的特点是在组织上、经济上、政治上斩断与罗马教宗的关系，实现教会的独立自主。

为了适应市民的需要，路德提出宗教信仰要在时间和金钱上厉行节约，亦即廉俭教会。他认为天主教的节日繁多，危害极大，既荒废了工作，又浪费了钱财。还有人借节日之机喝酒、赌博。所以，他主张只保留圣诞节和复活节，其他重要节日合并到礼拜天。同时他还提出减少圣礼，简化圣礼，把天主教原有的七项圣礼减少为两项，仅保留洗礼和圣餐，时间也缩短一些。此外，他主张废除罗马教宗的一切敛财手段，如禁止朝圣、为死人做弥撒、贩卖赎罪券等。他还建议德意志民族通过法律和命令，反对奢侈、贪食、醉酒、铺张浪费、大吃大喝，禁止奇装异服。

第三，批判等级制度，为市民争取自由、平等。中世纪西欧的等级制是封建制度的重要组成部分。它分为属灵的等级和属世的等级。在属灵等级中又实行三级圣品制，即主教、神父、辅祭（alter server）三级。属世的等级又分为世俗贵族和第三等级，以做到尊卑有序，贵贱有别，等级森严，层层控制，公然维护人与人之间不平等的制度。

路德所代表新兴的市民对此极为不满，进行了猛烈的抨击。他以信徒皆祭司的理论反对"属灵""属世"的划分。他说，这种划分完全是一种谎言和虚伪，"神职"乃是一种服务和职分，他们并不比其他基督徒高贵或优越。教俗之间实际上没有差别，即使有所差别，也只是工作和职务上的不同，而不是等级上的差异，亦无高低贵贱之分。基督教世界的神职无非是执行公务的职员，他在职时做这个工作，一旦去职后，就和其他人一样，仍是农民和市民。

在此基础上，路德进而提出世俗间的平等。他认为，贵族与市民、农民一样，亦无贵贱之分，不管是男是女，是王侯贵族还是农民，大家都平等。在基督徒之间除基督外，没有尊长，大家都是平等的，有同样的权力、权利、禀赋和荣誉。他说，人与人之间的关系是相互服务的关系，掌权的人只不过是受委托，以武力惩罚恶人，保护善人。他们和皮匠、农民一样，各司其职。由此说明，路德不仅主张教俗之间的平等，而且也提出了世俗人之间的平等。当然，在那个时代，路德要求的只是教俗之间思想上的平等、宗教上的平等，所争取的是世俗之间政治上的平等，特别是第三等级与贵族的平等。但这确是一个进步的主张，为资产阶级参与政治作了铺垫。

路德为了反对罗马教宗的思想禁锢和属灵独裁，提出了信仰自由的主张。他认为，人们的信仰完全应由个人决定。每个人应对个人信仰负责，他人不得干涉。他说不能强迫命令，压制信仰自由，如果用暴力强迫人选择信仰，不但无益，而且也不可能，这必须用别的方法达到，而不能用暴力去完成。他并且提醒当权者说：不要以法律强制人们的信仰，谁"若想用法律和命令强迫人们的信仰，他们就是蠢人，……他们的目的是达不到而且也不可能，他们无论如何发怒，除了使一些人在言行上服从他们以外，什么也达不到，……他们这样做，只能强迫良心软弱的人撒谎，说一些言不由衷的话"。

经过宗教改革运动和农民战争，路德的政治思想和纲领基本上得以实现。由于德国诸侯势力的强大，皇权衰落的原因，最后并未实现皇帝统一领导下的德意志帝国，而且，一部分地区仍然保留了天主教信仰和等级制。这是德国具体的历史条件造成的，路德本人只是一位思想家和教授，把德国未实现统一的责任归咎于路德显然有欠公允。他能提出国家统一的思想和纲领已属难能可贵了。

"这是我的立场"

1520 年，路德发表了他的三大名著，彻底揭露与批判了罗马教宗制度，从而更加激怒了教宗，他决心置路德于死地而后快。但是，路德背后有萨克森选帝侯腓特烈作为靠山，致使教宗鞭长莫及，无可奈何。教宗曾费尽心机讨好与收买选帝侯腓特烈，曾许诺颁赠他金玫瑰花勋章，允许他为维滕堡教堂发售赎罪券，并恩赐其私生子以圣俸，用这些诱人的条件换取他放弃对路德的支持。但选帝侯腓特烈早已洞悉教宗的手法、花招与其实用主义的态度，并不为此所动。当然，他也没有公开发表同意路德的言论，只是暗中支持路德。所以，教宗只得把希望寄托在德国皇帝身上。

当时德国的老皇帝马克西米利安一世（Maximilian I）已于 1519 年去世，应由其孙查理五世（Charles V）继任皇帝，但在德国，皇帝需由有选举权的诸侯选举产生。当时的德国诸侯势力强大，查理五世为了顺利当选，不惜重金收买，花了八十五万金币贿赂诸侯，始当选皇帝。他由于西班牙的事务，迟至 1520 年 11 月才回到德国行加冕礼。查理是一个虔诚的天主教徒，他的加冕礼亦需教宗主持，而教宗要求主持加冕的条件是皇帝必须制裁路德，二人一拍即合，很快达成了协定，查理五世遂加冕即位。

教宗于 1521 年 1 月正式发布了开除路德教籍的教谕，并派使者亚良德（Jerome Aleander）前往德意志，监督与协助查理五世制裁路德。年轻的皇帝查理五世对路德的案件感到非常棘手，因为众诸侯实力强大，而且意见严重分歧，大致上分为三派。按照亚良德和一些反对路德的诸侯的意见，此问题很简单，教宗已有旨意，应由皇帝独裁决定，亦不需经过审判和听取其他人的意见，即行宣判。

而另一批以选帝侯腓特烈为代表的诸侯，他们反对不经审判、不听路德本人的说明，就加以判刑。他们要求必须澄清是非，允许路德申辩，然后再决定是否判刑。亚良德又亲自会见腓特烈，请求他逮捕路德。腓特烈征求伊拉斯谟的意见，伊拉斯谟说："路德捍卫教会的主张不应该被制止。"腓特烈选帝侯又问他，马丁·路德有什么错误？他回答说："有两条，他攻击戴着皇冠的教宗和鼓着肚子的教士。"于是，腓特烈婉言拒绝了亚良德的要求。

还有一些中间派，主张由皇帝、英国和匈牙利的国王指定一个公正的、不偏不倚的法庭负责审理此案。查理五世因此感到审判路德困难重重。由于他惧怕以选帝侯腓特烈为代表的实力派诸侯，所以经多次交锋，最后他被迫作了让步，决定在召开沃尔姆斯会议（The Diet of Worms）期间听取路德的申辩后，再行定罪，并保证路德在路途上的安全。

查理五世本欲让选帝侯腓特烈负责把路德带至沃尔姆斯，却被拒绝。皇帝只好发出公文，内称："我们高贵的、亲爱的且尊敬的马丁·路德惠鉴：我们和国会已决定给你安全证，前来国会答复关于你的著作和教训的事。准你于二十一天之内报到。"教宗特使亚良德看后，大为不满，叫道："绝不能这样称呼异端分子！"但也无可奈何；为及时送达，这一重要公文未经邮差传递，而是由皇帝的传令官亲自送交给路德。

路德是否会去呢？帝国会议将于 1521 年 4 月 17 日召开，路德如果去就必须在 16 日以前到达。他的一些朋友为此忧心忡忡，深恐一百年前胡斯的悲剧重演（胡斯在百余年前被皇帝以开会的名义诱捕，处以火刑），极力劝说路德不要去。但路德决心已定，准时赴会。他说，我一定要在老虎嘴里、在他们的牙齿中坚持基督的真理。又说，我一定要到沃尔姆斯去，胡斯虽然被烧死，但他传播的真理并没有一起被烧掉。他还写信给朋友说："现在我认为，教宗是基督的仇敌，是魔鬼的使者。"许多朋友以忧虑的心情为路德送行，还有朋友护送，因为要走十几天的路程才能到达沃尔姆斯。路德临行前，与其好友梅兰希顿告别说："如果我回不来，如果他们把我置诸死地，你应继续宣讲和捍卫真理。"然后，他信心十足地高唱着赞美诗，与朋友们一起出发。其中有一段诗文是：

亲戚财货可舍，

渺小浮生可丧，

他虽残杀我身，

主道依然兴旺，

上主国度久长。

他唱的这首赞美诗实际上是一首战歌，被后人誉为十六世纪的马赛曲。他们一路上平安无事。4月16日清晨，路德及其朋友乘马车到达沃尔姆斯城郊。由身着鹰徽大衣的皇帝传令官作前道，接路德进城。当地市民们虽然正在吃午饭，仍有两千余人前来夹道欢迎，并护送他前往住所。

1521年4月17日下午四时，路德由皇帝的传令官和司礼官带领，护送他前往帝国会议大厅。路德进去后，见到金碧辉煌的大厅的正位，坐着身穿紫袍、气势昂然的年轻皇帝查理五世，教俗贵族分列两旁而坐，一边是六个选帝侯、二十四个公爵、一位公主、八个侯爵和一些世俗贵族；另一边是教宗特使、枢机主教、大主教、修院院长等教会贵族，共约二百余人。主审官由特里尔（Trier）总主教助理艾克担任。路德被带到大厅中央的一张桌子前站定，桌上放着一堆路德的著作。路德是第一次见到这样的排场，也许显得有点紧张，教会特使亚良德与其同伙相互递了个眼色，意在嘲讽：这位维滕堡大学的教授大概是吓得魂不附体了。

主审官艾克指着桌上的书发问："马丁·路德，这些书是你的著作吗？"路德回答说："请举书名。"主审官逐一宣读了书名。路德说："是！"主审官又问："你是为你所有的书辩护，还是打算抛弃一部分？"路德经短暂考虑后，回答说："这些著作是有关上帝的教义和信仰、得救的大问题，如不经深思熟虑是很危险的，因此，我请求给我时间仔细考虑。"这也许是他麻痹敌人的策略，也可能是选帝侯腓特烈事先安排好的拖延战术。皇帝与众公侯磋商后，决定让路德次日同一时间前来答复。

路德回来后，经全面考虑，并与朋友们反复商讨，决定必须迎战到底，才有出路，不然将会前功尽弃。在朋友们和群众的鼓励下，路德勇气十足，积极准备了明天的论战。第二天下午，路德按时赴会。但由于街上早已挤满了人，都想一睹路德的风采，为了看清楚，不少人竟上了房顶，会场门口的道路早已挤得水泄不通。传令官只好领他从小路绕行，直到六点钟才到达会场。

当日换了一个更大的会场，人数也更多，会场挤满了人群，除皇帝外，其他人甚至无法坐下来。由于天色已晚，大厅四壁燃起了火炬，灯火通明，大厅中央仍是放着路德著作的那张桌子。路德站定后，主审官艾克冷冰冰地指着桌上的书说："你已经仔细考虑过了，你是否愿意放弃你的观点？"路德沉着地回答说："现在我回答你们昨天提出的问题。这些书都是我的著作，至于是否放弃，则要加以区分。"这是路德机警的一招，如果不加区分，则只能回答"是"或"否"。如加以区分，则有更多的发言时间，既抨击了教宗，又可宣传自己的新思想，借此机会扩大影响力。

路德铿锵有力、有条不紊，足足答辩了两个小时。他说："我关于信仰的著作，非常简明，连我的仇敌也不得不认可它是基督徒的读物，甚至教宗在谕令中也没有说我的全部著作都应抛弃。我的另一类著作，是猛烈抨击教宗邪恶生活的作品，世人都因此感到悲痛、颇为认同，谁能否定这一点呢？至于说有的著作攻击个人有过火之处，我可以道歉。"接着，他对他的各类著作具体加以分析说明。

查理五世因不完全能听懂路德所说的带有方言的德语，命路德用拉丁文复述。路德又用拉丁文说明，以致时间拖得较长。这时，皇帝听得不耐烦了，命主审官艾克传其旨意，叫路德简明扼要、直接干脆地回答，坚持的就说坚持，放弃的就说放弃，无须多言。路德回答说，既然陛下叫我作简明的回答，那我可以说："除非用圣经的文字和清楚的理由，证明我是错的，否则我决不放弃自己的观点，因为我不能昧着良心办事。"稍后，路德斩钉截铁地说："这是我的立场，我别无选择。"这句话路德是用德语说的，有人要求他用拉丁文再说一遍，路德又用拉丁文肯定了他的结论，并高举双臂，作骑士胜利的姿势。接着会场里出现了片刻路德与艾克大声争辩的混杂声。此时查理五世令路德退出，宣布闭会。会场内外顿时骚动起来，群众以为要把路德投入监狱，议论纷纷，有的落泪，有的喊叫，乱作一团。路德则大步穿过众人，走向他的朋友们。

路德说的"这是我的立场，我别无选择"这句话，成为路德具有历史意义的反对罗马教宗的传世名言。后来路德宗信徒在沃尔姆斯建立了马丁·路德的纪念像，下部即镌刻了这句名言。许多纪念马丁·路德的书在封面上也印上了这句话。近人考据了这句话的可靠性，经查证后，发现在帝国议会的手写记录里，没有这句话。这句话最早出现在一本《马丁·路德语录》中。多数史学家认为，手写记录里之所以没有这句话，是因为当时会场混乱而没有记录上，但路德的朋友们记得很清楚，所以收入了路德的语录之中，因此这句话具有可信性。

路德回到住所时已精疲力竭，但仍流露出战斗胜利的喜悦。他坚定地对朋友们说："即使我有多少颗头颅被斩掉，也绝不收回前言。"一些支持他的诸侯也派人来对他表示慰问，有的送来名牌啤酒。选帝侯腓特烈也说，路德在皇帝和众公侯面前，德语和拉丁文讲得妙极了，而且很有胆量和气势。

会后，皇帝召集选帝侯和公侯们开会，讨论如何惩治路德。会上意见纷纭，有的要求严惩，有的说对路德宜先礼后兵，先进行规劝，无效后再惩办。加之，当晚在沃尔姆斯的大会堂门口和街头有人张贴了许多带有农民起义标记的招贴画，意思是暗示，如果惩办路德，农民将进行起义。查理五世无奈，被迫拖了几天。

路德虽然取得了精神上的胜利，但皇帝在教宗和特使的督促下，等到支持路德的腓特烈等诸侯离去后，匆忙召集国会，通过了帝国的《沃尔姆斯法令》（Edict of Worms）。法令判决路德为魔鬼缠身的"传异端者"，是一个无法无天、怙恶不悛、比胡斯更坏十倍的人，限定他在二十一天内投案自首，期限满后，任何人不得庇护他，追随他的人也要定罪，其著作应被查禁。此法令决定了路德终生都是通缉犯，影响了其一生的自由活动，也意味着支持他的选帝侯腓特烈必须谨慎从事，至少再也不能公开支持路德了。《沃尔姆斯法令》公布后，路德的朋友们均为他担惊受怕，捏了一把汗。

瓦特堡避难与圣经翻译

路德深知帝国会议闭会后，教宗和皇帝决不会善罢甘休，所以，他在结束申辩的 18 日深夜，便在朋友们的护送下悄然离开了沃尔姆斯，向维滕堡方向归去。在前十几天的归途中，他们晓行夜宿，平安无事。有一天，他突然收到了友人送来的一张纸条，上面写着："为避免危险须走小路，避开大道。"

当路德的车骑离开大道不久，行至埃森纳赫附近的小树林时，突然从树林中冲出几个全副武装的骑士，他们包围了车骑，大嚷大叫，把路德从车上拉下来，让他上了一匹马，并给他披上了一件骑士的罩袍，呼啸而去。骑士们带着路德在树林中来回兜转，直到天黑后，才看到瓦特堡（Wartburg）城堡的轮廓，直到晚上十一点，终于到达该城堡。

路德到瓦特堡后，经常穿着骑士的服装，并佩戴刀剑，人称他为乔治骑士或乔治贵族。这是怎么一回事呢？原来这是选帝侯腓特烈的精心安排。他事先知道了《沃尔姆斯法令》的内容，感到路德目前的处境很危险，为了避免皇帝缉拿路德，选帝侯腓特烈遂布置他的手下亲信要绝对保证路德的安全。其亲信即安排了"劫持"的一幕，事先甚至腓特烈本人亦不知这一具体安排。

路德失踪后，他的朋友们非常惊恐，不知出了什么事；路德的敌人则欣喜一时。但不久民众怨声载道，认为是教宗和皇帝的一伙人谋害了路德。连坚持惩办路德的一些教会贵族也不知如何是好，因为他们背上了谋害路德的黑锅。其中一人说："为澄清事实，目前唯一的办法是到各地把路德找回来，然后再正大光明地惩办他。"

路德住进瓦特堡的第二天清晨，他脱下了修士的道袍，并说："再见吧！你这可怜的道袍！"由于伙食供应非常丰富，他日益发胖，并且留了胡须，还有两个仆人服侍他，过着安定的生活。他在这里住了将近一年，直到 1522 年 2 月。外人都不知路德住在此处，通信处只能使用代号，来往信件也只能托朋友代交。

瓦特堡风光绮丽，古树参天，古朴秀美，但路德无暇欣赏大自然的美景。他认为，那里虽然没有战斗生活，却是集中精力写作的大好时光，绝不能浪费时间。与此同时，他也不断地了解外界宗教改革的情况。

在避难期间，他写了《论修道誓愿》（*The Judgment of Martin*

Luther on Monastic Vows）一书，提出修士的"誓愿"（包括终生禁婚）在圣经中并无根据，而且婚姻是善，童贞更善，自由则最善。罗马教会说，修道是"圣召"，亦无根据，因为圣召对每个人都一样。路德的这本书发表后，许多修士、修女读毕，深为赞同，纷纷离开修院。维滕堡的奥古斯丁修会明确规定，此后，任何成员均可自由去留。然而，他在此时最重要的工作是开始翻译德语圣经。

罗马教会的新约全书是拉丁文本，而一般老百姓根本不懂拉丁文，不利于圣经的传播和阅读。路德早就计划根据新约全书的原文（通用希腊文）直接翻译成德语的新约全书，而一直没有时间进行。他认为在此避难是翻译的好机会，但此任务绝非一个人所能完成。因此他特请他的好友、著名的梅兰希顿教授前来参加。

路德和梅兰希顿通力合作完成了新约全书的翻译，于1522年9月出版，受到了德国广大群众的欢迎。在一个多月内，三千本全部售出，到1533年已再版了五十次。后来，他又将旧约全书的原文（希伯来文）直接译为德语的旧约全书，于1534年出版。圣经的翻译和修订占去了路德的大量时间，新约全书出版后，他曾进行了多次修订，一直到1546年他去世前不久，仍反复修改。

为了使译文通俗易懂、准确无误、优美生动，他吸收了人文主义者研究希腊文、希伯来文的成果，又汲取德国民间语言的精华，竭尽全力地完成了这一历史性的巨作。他使用的德语方言是以萨克森法庭用语为基础，并结合了他在旅行中所熟悉的多种方言，使得词汇更加丰富。后来，他谈到圣经翻译时说，为了搞清楚圣经中的钱币，他曾专门去请教过维滕堡的钱币收藏家；为了弄清《利未记》中提到的公牛、山羊的内脏名称，他曾去屠宰场请教过屠夫；为了语言的通俗易懂、形象化，他曾和妇女、儿童交谈，听听他们是怎么说话，亲眼看看他们在谈论时是如何开口的。所以，路德的德语圣经译文，无论是词汇的丰富，还是在语言的规范方面，都是德语的范本。后来，德国著名诗人海涅（Heinrich Heine），对路德的圣经译本的评价非常高。他说："马丁·路德创造了德语，是因为他完成了圣经翻译，……这部古老的书是使德国语言不断更新的源泉。"路德所译圣经中的所有成语和句型都是德语常见的，后人一直沿用。

路德的德语圣经也成为使宗教改革运动进深和农民运动发展的有力武器。因为路德的译本通俗易懂，粗通文字的人均能阅读。人们从圣经中了解到早期基督教的平等思想，与天主教的教阶制形成了鲜明的对比。后来，在德国农民战争中，农民提出了许多条款，最后写上一句话，"以上所举各条，都是依据圣经的教导"。

正值路德在幽静的瓦特堡翻译圣经之时，德国的宗教改革运动也在自发进行。运动中出现了激进宗教改革（Radical Reformation），最活跃的是重洗派（Anabaptism），他们认为婴儿洗礼（infant baptism）无效，因为婴儿根本不懂事，所以主张先前受婴儿洗礼之人必须在成年时再举行一次洗礼，因而得名。最初，他们主要活动于茨威考（Zwickau），以平民和矿工为主，主张暴力革命。1521年，暴力行动波及维滕堡。激进派欲加速改革的步伐，工匠们持长戟，学生们身怀利刃，他们冲击修道院，捣毁祭坛和偶像，甚至把教士从圣坛上赶走，在圣母马利亚的雕像前扔石头。四十多名学生捣毁了修道院的祭坛。有的神职人员在街上行走，身上被洒了粪便。维滕堡的激进改教家也发表了一些加速改革的言论，其改革的速度与方法均与路德不同。

这些激进的行动，很快传到了瓦特堡，让路德深感不安。他不得不暂时放下圣经的翻译工作，于1521年12月初，穿着骑士服装，秘密地回到了维滕堡，力图以他的威望，劝告人们停止过激的行动。他回到瓦特堡后，迅速写了一篇《谨告全体基督徒严防暴乱和煽动书》（*A Sincere Admonition by Martin Luther to All Christians to Guard Against Insurrection and Rebellion*），到处散发。他在书中论及：过激是无理性的暴动；叛乱所引起的伤害总是超过革命的成果。并说，在世俗政府尚未命令时决不要轻举妄动，……应约束自己，切勿乱说、乱想和乱动。路德还特将此文转送给选帝侯腓特烈，请求他注意，严防暴动。

但是到了1521年底，茨威考的"先知们"来到了维滕堡，使骚乱更加升级，他们宣传世界末日即将来临，所有的神职人员都要被处死。1522年，维滕堡市议会通过法令，拆除市内所有教堂的偶像，解散奥古斯丁修会。梅兰希顿急忙通知路德，让他拿出稳定局势的办法。选帝侯腓特烈也要求路德赶快回维滕堡平息事端。因此，路德于1522年3月结束了避难生活，返回了维滕堡。

路德回到维滕堡后，连续作了八天的演讲。在演讲中，他反对以暴力方式进行改革，说明他温和的方式改革与激进派的不同。他说，圣经是改革的动力，如果人的信仰发生了真正的变化，教堂的偶像不必以暴力的方式去捣毁，它必然将被废弃。谁如果认为只有捣毁偶像才能得到拯救的话，那是极端错误的。如果是这样的话，那么连猪都可以成为基督徒。路德的温和性还表现在改革的速度方面，他反对激进派操之过急、不切实际的改革速度，主张人们信仰的改变有一个过程，应允许一些人慢慢思考，宜耐心等待，从而让维滕堡逐渐恢复了安定的局面。此后，路德又增加了一条战线，既要反对罗马教宗，又要反对狂热的激进派。

由于路德的讲演得到了维滕堡市民的赞同，事端得以平息。茨威考的"先知们"被驱逐出了维滕堡。此后路德又到萨克森地区的一些城市作巡回讲演，宣传他温和的改革主张，并强调要服从世俗政权的法律和安排。他的这些思想经过加工整理，成为《论世俗政权》（*Temporal Authority*）一书，于1523年3月发表。由此，改革的速度放缓了。直到1526年，路德才制定出统一的新教礼拜仪式。与此同时，新教教会也得到了发展，遍布全国大部分地区。但是，由于《沃尔姆斯法令》依然有效，路德的活动范围只能限于萨克森和其他支持宗教改革的诸侯管辖区。

路德稳健的改革路线的特点是，积极反对罗马教宗外来封建势力的控制和搜刮，但并不反对德国内部的封建诸侯。与此相反，它是依靠国内的封建势力，去反对外来的封建势力。在国内，他最多只是反对封建主的贪婪与暴行，主张减轻农民的一些负担，谴责放高利贷的行为。所以，路德的宗教改革满足不了广大农民和平民反对国内封建主的诉求。农民的诉求是反对一切封建剥削和压迫，推翻封建制度，因此，农民以自己的暴力方式进行改革，把宗教改革与反封建势力结合起来，从小到大，由零散到集体，逐步演变为1524—1525年的德国农民战争。

反对农民战争

中世纪的德意志社会像一座金字塔，平民和农民在最底层。平民成员较为复杂，包括破产的手工业者、帮工、奴仆和流浪者。他们没有任何权利，甚至连第三等级也算不上。当时，他们还没有、也不可能成为独立的政治力量。农民战争前，他们追随市民，农民战争爆发后，他们积极参加了农民战争。

德国农民是人数最多、受苦最深的群众。他们不仅受教宗、皇帝、诸侯和官吏的剥削和压榨，而且直接受领主的统治和盘剥。领主不仅要求农民交租交税，还具有直接的政治统治权。他们不仅规定名目众多的苛捐杂税，还可任意霸占农民的妻女，摊派徭役，否则将处以酷刑，如割耳、挖眼、火焚等。甚至夏季池塘里的青蛙叫声，扰乱了领主的睡眠，也规定农民有义务驱赶青蛙，轮流值班。可以说，当时的德国农民处于水深火热之中。因此，自十五世纪以来，德国农民不堪压迫，反抗与斗争此起彼伏。后来，产生了农民的秘密组织"鞋会"（Bundschuh）。在十五世纪，鞋会已经组织过多次小规模的起义。

马丁·路德发动宗教改革运动后，农民们积极支持路德，认为这是和教俗封建主算总账的时候到了。因而他们全力参加反对罗马教宗的斗争。但随着运动的发展，农民不满于路德只反对教会封建主而不反对国内封建主的路线和目标。他们的要求比路德的目标更高，走得更远，欲消灭一切封建势力，彻底翻身。他们的改革方式是以暴力达到目的。农民先以零星的暴力行动袭击教堂、主教区、修道院和世俗封建主，至1524年演变为席卷全国许多地区、有三分之二的农民参加的农民战争。1524—1525年的这次大起义是德国、乃至西欧历史上规模最大的农民战争。其中心有三：士瓦本（Swabia）、法兰克尼亚（Franconia）、萨克森和图林根（Thuringia），并涌现出领袖人物闵采尔。

托马斯·闵采尔是十六世纪德国另一位重要的改教家。幼年时代曾受到鞋会、胡斯和人文主义的影响，中学时期曾组织反对马格德堡大主教的秘密团体。后考入莱比锡和美因茨大学修习哲学、神学，获硕士学位。在担任神职人员期间，他广交矿工、农民和平民，了解社会下层人民的生活。1517年路德发表《九十五条论纲》时，他积极支持路德，并参加了宗教改革运动。

1520年4月，他经路德介绍去茨威考充当神父，该地是萨克森选帝侯腓特烈管辖下的一个工矿区，纺织业很发达。闵采尔在此城进行路德的宗教改革运动，并把路德称为"尊崇的朋友中的榜样和灯塔"。他在该城工作期间，改革思想得到了急剧的发展。此城有一个称为"重洗派"的民间秘密教派。这是一个无统一教义、组织松散的教派。他们反对封建压迫，崇信"千禧年国度"（未来的理想社会）即将来临，现在的任务是通过暴力斗争，在现实世界上建立"千禧年国度"。闵采尔赞同他们的理想，并帮助他们，于1521年在该城举行起义。失败后，闵采尔被迫逃亡到布拉格（Prague）。

1522年，闵采尔在阿尔施泰特（Allstedt）充当神父，并在此进行激进的宗教改革。此时，他在改革路线和神学思想上已与路德发生了严重分歧。他提出：信仰就是理性，是神性在人身上的表现；基督是人，是先知和师表，且不具有神性；天国不在死后，就在人间；信徒的使命就是通过暴力，在人间建立天国。闵采尔在这个小城动员基督徒捣毁祭坛，焚烧偶像，并建立了秘密组织"上帝的选民同盟"（又名"基督教同盟"）。他把他的激进观点写成小册子，散发流传，在平民和农民中受到广泛欢迎与拥护。路德不同意这一激进路线，因此他与路德公开决裂。

1524年，闵采尔到农民中去宣传他的教义，发动武装斗争，其学生和信徒中的许多人都成为农民战争的领袖。1524年夏，农民战争首先爆发于士瓦本。闵采尔亲自领导了1525年图林根和萨克森地区的起义。由于诸侯的镇压和农民军缺乏训练，起义失败，五千余人被杀害。闵采尔受伤被俘，经严刑拷打后去世，年仅三十六岁。

路德与闵采尔的改革路线不同，他不赞成以暴力进行宗教改革，更不同意反对当时国内的封建主，只是要求他们应该善待农民。农民运动兴起后，他同情农民的不幸境遇。1525年5月，他发表《对自由的劝告：答士瓦本农民十二条款》（*An Admoniton to Peace：A Reply to the Twelve Articles of the Peasants in Swabia*）一文，对士瓦本农民的《十二条款》作了分析。文章同情农民的抱怨，批评了诸侯的过分勒索，但也表明农民的要求不能过高。1525 年图林根农民起义，来势凶猛，最初似有获胜之势。路德因为日渐遭受农民的反对、嘲弄，再加上恰遇选帝侯腓特烈去世，就写了一篇言辞相当激烈的文章《斥亦盗亦凶的农民暴众》（*Against the Robbing and Murdering Hordes of Peasants*），号召诸侯、贵族镇压农民起义。

1524 至 1525 年的德国农民战争虽然以失败告终，但是它沉重地打击了德国天主教会的势力，在战争中，许多修道院、教堂被焚毁，财产被瓜分，致使其在德国的势力大不如从前。这次运动有力地推动了德国的宗教改革运动。农民战争也打击了封建贵族，特别是小贵族骑士，他们从此日趋没落。

基督新教的建立与路德宗的传播

1525 年农民战争失败后，路德集中力量从事路德宗的建设工作。但是就在此年选帝侯智者腓特烈去世了。新任的萨克森选帝侯约翰（John，Elector of Saxony）和以后的继任者约翰·腓特烈（John Frederick）仍然支持路德的宗教改革。当时，由于信仰路德宗各地区的教务发展极不统一，在教义、教士任免、礼拜仪式和内容、财物管理、教士的薪俸等方面存在差异。而路德个人又无法统一管理，他依然只是一位教授，最多只能提出一些具体办法和建议。因此，他写信给萨克森选帝侯，建议派"监督"到各地视察教会的情况，统一上述存在的差异，并建议没收教产用以支付牧师的薪俸和开办学校。选帝侯采纳了路德的建议，派"监督"到各地视察，统一管理和统一制度。最初仅属权宜之计，每年一次。后来逐渐形成为一种"监督制"，每个教区的管理人为常设"监督"，由诸侯派遣，这就为诸侯控制教会奠定了组织基础。当然，基督新教路德宗的"监督"与天主教的主教不同，它没有"教牧权"，只负责教会的行政管理。

在农民战争中，天主教会遭到了沉重的打击，而路德宗教会得到了发展。皇帝查理五世虽然仍敌视宗教改革运动并效忠罗马教宗，但他作为皇帝，不得不从政治考虑出发，寻求路德宗诸侯的支持。为协调国内各方面势力，他于 1526 年召开施派尔会议（Diet of Speyer）。由于当时社会上普遍认为农民战争的爆发，是天主教会过分搜刮所致，国内反罗马教会的呼声很高，所以一些天主教诸侯未敢出席此次会议。路德宗诸侯在会议上遂占据上风，大会作出了许多有利于路德宗的决议，并否定了继续贯彻沃尔姆斯会议的法令和禁止宗教改革运动的决议。施派尔会议还决定：宽赦反对《沃尔姆斯法令》的人；在下次宗教会议召开前，各地区有权按其对上帝和皇帝的保证行事，实际上就是各地诸侯可自行其是；教士可以结婚；平信徒可同领饼和酒；可以使用拉丁文或德语作礼拜等。这个决议当然有利于路德宗教会的发展，路德也甚为兴奋；他说："此后将不再有恐惧和戒律了，每个人都可遵从自己的信仰。"他利用在下次会议召开前的间隙时间，做了一些路德宗教会的整顿和巩固工作。

但是好景不长，1529 年 2 月帝国召开了第二次施派尔会议。天主教诸侯全部出席了此次会议，他们在会上占了多数，因而决定废除 1526 年施派尔会议通过的有利于路德宗的决议，并决定继续贯彻《沃尔姆斯法令》。因此，路德宗诸侯联名提出抗议，并把抗议书提交皇帝，要求下次会议再议。时人把路德宗信徒称为"抗议者"（Protestant），把路德宗称为"抗议宗"（Protestantism）。

最初，"抗议宗"这一名称仅指路德宗，但后来在西欧又陆续产生了一些脱离罗马教廷的派别，也都被称为"抗议宗"，所以这一词汇逐渐成为脱离罗马教廷的、以路德的"因信称义"思想为基础的基督教派别的总称，即基督新教。"抗议宗"这一名称在我国有多种译名，最初译为"抗罗宗"（意为反抗罗马天主教教宗的宗派），后又有人译为"耶稣教""新教""基督教"等名称。因此"基督教"这一名称在我国就有了广义与狭义之分。广义的基督教是指基督教三大支派的总称；狭义的基督教则仅指"抗议宗"。为避免混淆，目前我国学术界多将此词译为"基督新教"，但中国的教会仍称之为基督教，以之与天主教相对。

由于路德宗诸侯的抗议，查理五世不得不在 1530 年再次召开奥格斯堡会议，继续讨论宗教问题。路德因为仍是通缉犯，所以不能参加会

议。提交会议的文件由梅兰希顿起草，称为《奥格斯堡信条》
(Augsburg Confession)。信条共二十八条，包括阐述路德宗信仰的主张
和反对天主教会的弊端两个部分，由诸侯上交皇帝，供会议讨论。天主
教诸侯对此不予承认，并单方面宣布，《沃尔姆斯法令》继续有效，恢
复教会的财产和审判权，并将使用武力镇压路德宗。会议虽未达成协
议，但路德宗在此次会议上提出了系统性的纲领文件《奥格斯堡信条》，
所以学术界一般把 1530 年作为路德宗和基督新教正式诞生之年。从此，
基督教产生了它的第三个宗派，与天主教、东正教并列的基督新教。

1530 年底，路德宗诸侯为对付皇帝和天主教诸侯的威胁，在施马
加登（Schmalkalden）召开会议，商讨对策。于 1531 年组成施马加登同
盟（Schmalkaldic League），以抵抗皇帝和天主教诸侯的武力镇压。同盟
的领袖是萨克森选帝侯和黑林山地区的伯爵，先后有十四个地区的诸侯
和二十一个城市参加，几乎包括了整个德国北部和中部、南部的大部分
地区。同盟决议：实行武装自卫反击，包括皇帝也在反击对象之列。查
理五世见难以压服路德宗诸侯，不久遂宣布在下次会议召开前，暂不执
行《沃尔姆斯法令》和迫害路德宗信徒。

1535 年施马加登同盟为准备参加行将召开的会议，委托路德起草
关于宗教信仰的文件。路德甚为兴奋，亲自撰写了全面阐述其神学思想
的信条，即《施马加登信条》(Schmalkald Articles)，弥补了《奥格斯
堡信条》之不足，文中称教宗为"敌基督"。这两个信条至今为基督新
教各宗派所公认，成为它们共同信仰的基本信条。

马丁·路德首创的基督新教既然是基督教的三大宗派之一，其信仰
的主要部分与天主教当然有共同之处，但在神学、圣礼和组织制度方面
又有许多不同。其基本经典都是圣经，包括旧约全书和新约全书。但天
主教的旧约全书篇幅较多，共四十六卷；基督新教承认的旧约全书仅三
十九卷。此外，天主教的权威还包括"圣传"（sacred tradition，神圣的
传统）和教宗的决定等；新教则不予承认。

路德创立的基督新教在教义方面与天主教不同之处主要有三点。新
教否认教宗是基督在世的代表、教会的最高权威与首脑。主张最高的权
威是圣经，最高的首脑是基督；教宗是人，也可能犯错误，甚至不能直

升天堂。在得救的问题上，路德坚持"唯独因信称义"的教义，人人都可通过自由阅读与理解圣经，产生信心，从而得到拯救。无须天主教神职人员特别主持的圣礼，仅靠信心、阅读圣经，就可以得到上帝的启示，这就否定了神职人员的特权和教阶制。新教还强调教会是基督徒的集会，人人均有可能担任神职。此外，新教否认天主教提出的炼狱说，解除了教会对信徒的威胁与恐吓。总之，新教教义的基本点是强调信徒的地位，相信人降服于圣经的理性，突出个人在信仰中的作用。每个人都可以直接与上帝建立关系。这对于人们宗教思想的变迁，具有划时代的意义。

在教会组织制度方面，路德的教会反对罗马教宗的集权制、教阶制和神职人员的任命制。在组织上与罗马教宗断绝联系，建立民族的、独立的、自主的教会。多数宗派实行选举制，聘任牧师。牧师可以结婚成家。体现了信徒是教会的一员，神职人员与信徒完全平等的原则。清除了封建制度在宗教上的烙印。

在圣礼方面，天主教礼仪较多，形式豪华，内容繁琐，多达七种。路德实行简化圣礼，仅保留洗礼和圣餐。每个信徒均可同领饼和酒。基督新教削减了大量天主教的节日，仅保留了圣诞节和复活节，一些重要的节日则合并到礼拜天，在崇拜中加以纪念。

从其教义、组织制度和礼仪的革新，可以看出基督新教是市民在反宗教压迫中，从天主教分化出来的一个新宗派。其教义打破了旧有神学的枷锁，提倡个人信心和圣经阅读。在教会制度方面贯彻了平等和民主的精神，并简化礼仪和节日，在时间和金钱方面厉行节约。由于路德创立的基督新教适应了当时社会的普遍呼吁，所以它一旦产生便得到迅速的传播和发展，影响深远。

路德反对罗马教宗和宗教改革的神学思想，不仅在德国产生了划时代的重大影响，而且波及的范围达到了整个欧洲，在全欧激起一股强烈的反对罗马教宗的冲击波。1517年路德发表的《九十五条论纲》在一个月内就传遍了欧洲。此后路德发表的文章、著作以及翻译的德语圣经又不断地迅速销往各国，特别是英国、法国、瑞士、尼德兰（The Netherlands，现在的荷兰、比利时、卢森堡）和北欧诸国。在这些国家中都出现了路德的拥护者和回应者，进而出现了宗教改革家。

在这些国家中，由于各国的具体历史情况不同，有的全盘接受了路德的宗教改革思想，并加以移植，如北欧地区；有的则吸收其精华，结合本国实际，进一步发展了路德的改革思想，建立了新的宗派。其中影响最大的是法国的宗教改革家约翰·加尔文。

加尔文的青年时代深受人文主义和路德宗教改革的影响。路德的著作自 1518 年开始运往法国。当时的人们评论说：没有一本书比路德的著作销售得更快了。加尔文经过长期的思考，于 1533 年改宗为新教徒。他后来回忆说，他的改宗曾受到了许多影响，但真正重要的影响应归之于路德。1534 年由于他从事宗教改革的宣传工作而被政府通缉，被迫逃亡。在两年的流亡生活中，他没有虚度年华，集中力量将其宗教改革思想加以系统化和理论化，于 1536 年发表其代表作《基督教要义》（*Institutes of the Christian Religion*）初版，年仅二十六岁。

加尔文的著作发表后，名声大振，他的朋友介绍他去瑞士的日内瓦城主持宗教改革。当时，日内瓦的改革派已初步掌握了政权，但苦于没有内行专家主持宗教改革。加尔文到达日内瓦后，依照他的理论，协助议会，成功地进行了宗教改革，在日内瓦建立了一个以新教信仰为本的共和国，成为新教又一个中心。他在日内瓦的实践进一步丰富了他的理论，并建立了基督新教的另一个宗派——改革宗。

他以路德的"唯独因信称义"为基础，系统性地总结了预定论（predestinarianism）。其内容是：人之得救与否，上帝早已预定，得救者为选民，不能得救者为弃民，而且选民少，弃民多。加尔文在路德的"信徒皆祭司"的基础上，还提出了类似民主共和的长老制教会思想。即由信徒中兴起的长老，组成长老会，与牧师共同管理教会。因此他建立的宗派或称为长老宗。

路德的宗教改革思想也迅速传到了英国，于 1529 年开始了自上而下的改革，断断续续进行了数十年，直到 1571 年始完成。其特点是英国的改教家并无新的改革思想，主要是在教义方面，吸收了路德和加尔文的思想；与罗马教宗脱离关系，以英王为教会元首；在组织制度方面仍保留了天主教的主教制。其宗派称为"圣公会"（Anglicanism），也称为"安立甘宗"或者"英国国教"，因为它是英国全民的信仰。

北欧地区由于与德国的关系密切，所以很快接受了路德宗信仰。1519年，丹麦国王（萨克森选帝侯之侄）邀请萨克森选帝侯派人来丹麦协助进行宗教改革，后又派人到维滕堡考察学习。由此，路德宗在丹麦取代了天主教。瑞典国王于1527年颁布敕令，宣布没收天主教会的财产归国王所有，建立路德宗教会。挪威也于1539年皈依路德宗。不久，芬兰也皈依了路德宗。路德宗在北欧这四个国家均属国教。

十六世纪基督新教只有三个宗派，即路德宗、改革宗、圣公会。至十七、十八世纪，在路德和加尔文神学思想的基础上，又产生了公理会（Congregational Church，由信徒直接管理教会）、浸信会（Baptist Church，反对婴儿洗礼，且行洗礼时全身浸入水中）和卫理公会（Methodism）。这六大宗派被称为基督新教的主流宗派。

婚姻与家庭

罗马教宗规定天主教会的神职人员，包括主教、神父、修士、修女，均实行独身制（celibacy），并成为一条严格的教规。德国宗教改革运动开始后，许多修士、修女冲破了教宗的禁令，还俗回家结婚。有的主教和神父也娶了妻子。

路德的许多朋友，包括梅兰希顿都就这个问题请教路德，认为路德宗对此应有一个明确的态度。路德认为，圣经中并没有规定神职人员不准结婚。而且《希伯来书》13:4明文规定："婚姻人人都当尊重。"《提摩太前书》3:2更明确地说："作监督的〔神职人员〕……只作一个妇人的丈夫……好好管理自己的家……人若不知道管理自己的家，焉能照管上帝的教会呢？"路德对这些经文早已通晓，也了解罗马教宗禁婚的弊端。所以，他写了一篇《论修道誓愿》的专论，明确地表示，"婚姻是善……但自由最善"。他说根本没有什么所谓特别的"召命"。当时有人评价他的这篇文章说，这是使修道院的修士和修女都离开修道院的文章。但他本人此时尚没有结婚的念头和打算。

1523年，维滕堡附近有一所宁普奇修道院（Monastery of Nimptsch）。

其中有一些修女深悟路德改教的必要，认为在修道院只会使人懒惰，欲还俗回家。但其家长们反对她们回家，如果贸然还俗，将无家可归。在无可奈何的情况下，修女们便派代表去请教路德该怎么办。路德对她们深表同情，并答应帮助她们离开修道院。路德负责地委托了一个朋友帮助她们在复活节的夜晚，离开修道院，其中九人到达维滕堡。路德的朋友还帮助她们找到了工作或结婚成家。其中一个修女凯瑟琳·冯·博拉（Katharine von Bora）既未结婚也没有找到正式的工作。她只能做了两年的家庭保姆。在这期间，有人给她介绍了两个对象，但她都不满意。她欣赏路德的人品与学识，并大胆地向路德求婚。但这一年路德已四十二岁，博拉二十六岁，年龄差距较大，他曾对此犹豫不决，最终还是决心与博拉成婚。

路德表示，博拉为人善良可亲，就是拿法国或威尼斯来交换博拉，他也不同意。同时他还概括地说明了他结婚的理由：因为他的父亲希望他成家立业，娶妻生子，应该取悦于其父；同时也是为了羞辱教宗和魔鬼。

1525 年 6 月 13 日，路德与博拉公开举行了订婚仪式。这在当时是结婚前一个必要的仪式。结婚典礼定于 6 月 27 日举行。路德发出了许多请帖，广泛地邀请了众亲友前来参加。上午十时，路德偕博拉，穿过维滕堡的大街来到响着钟声的教堂前的广场，在许多群众的参与下举行了结婚的宗教仪式，接着又在奥古斯丁修道院举行了午餐会，晚上在市政厅举行舞会，一直欢庆到夜里十一时，宾客们才依依不舍地踏上归途。

路德结婚后的家庭生活改变了他的生活方式。他曾回忆说："未婚时，床铺整年都没有收拾过，而且因汗水而发臭。那时只知辛勤工作，疲劳至极，倒在床上便睡了。"路德也不会理财，他生性慷慨，出手大方，对钱满不在乎。结婚以后，博拉负责家庭事务，把家务料理得井井有条，生活有序，也提高了路德的工作效率。路德对此非常满意，亲切地称她为"我的肋骨"。

婚后的生活虽然幸福，但却增加了开支，入不敷出。因为路德已没有修道院的收入，他的著作也从未得到过稿费，仅靠大学教授的薪金不足以维持全家的生活。1526年，他不得不买了一部木工车床，欲依靠做细木工维持生活。后来，萨克森选帝侯听到此情况后，特将奥古斯丁修道院赠送给路德，房子可住也可出租，并将其教授的年薪提高了一倍，达三百个金币，后来又提高到五百个金币。这些收入才使他们能够过着衣食不愁的安定生活，路德从此也可以集中精力从事他的工作。

博拉的确是一位贤内助，她不仅管理家务，还参加一些农业劳动。她在菜园中种了黄瓜、豌豆、卷心菜等，在果园照料苹果、桃、葡萄、梨等树木。此外他们还有一个鱼塘，并且在谷仓旁的院子里，养着母牛、母鸡、鸭和猪。这些活是一个典型的农妇所做的工作，但博拉干得很出色。

此外，照顾路德的生活也是非常繁重的事情。路德中年时，身体已多病。在瓦特堡避难时，他的身体已开始发胖，并患失眠、便秘症。后来他又患上痔疮、结石、眩晕和耳鸣等症。博拉为他搜集草药、膏药，并为他按摩，可称得上是半个医生。路德喜欢喝酒，还常以其酒量之大而自豪。他经常喝烈酒和啤酒。路德有一个筒状大杯，专门用来喝啤酒。此杯自下而上有三个圈。他说最下面的圈代表十诫，中间的圈代表《使徒信经》，最上面的圈代表主祷文。路德以他能喝到主祷文而自豪。但因为他有病，所以博拉不许他喝烈酒，并亲自酿造啤酒给他喝。据说啤酒可溶化结石，还可医治失眠。她对路德的照顾可谓无微不至。

他们共育有六个子女，除一个女儿早殇外，皆长大成人，路德对其子女都充满爱心。闲暇时，路德用笛子吹奏他所作的赞美诗，全家合唱。有时，全家到花园中散步，欣赏大自然的微风、泉流、鸟语、花香，共享天伦之乐。他曾说，世界上没有一件事能够比得上有一个美满家庭的快乐。同时，路德对子女的要求也非常严格。有一次，他的儿子约翰犯了错误，他不准儿子来见他达三天之久。博拉为儿子说情也无济于事。路德说，我宁愿他死了，也不愿他变坏，他如果不写一份认真的认错检查，我绝不饶恕他。由于严格的家庭教育，几个孩子均顺利成长，事业有成。

路德的家庭除有六个子女外，他们还收留了十一个无依无靠的侄子和侄女，还有一些寄宿的学生，共同生活者达二十五人。每天临时来的朋友也不少。吃饭时，路德总要发议论，谈天论地，即兴发言，无所不说。寄宿学生和朋友们将此时间看成是受教育的好机会。他们都带着笔和笔记本来吃饭，逢言必记。后来，学生们把笔记加以分类、整理、归纳，促成了他的名著《桌边谈话录》（Table Talk）。经过整理的《桌边谈话录》内容包罗万象，从上帝的威严到易北河的青蛙，从教宗、政治到猪、妊娠，以及一些格言。下面列举一些：

"修士是全能上帝皮裘上的跳蚤。"

"人身体的构造，教宗唯一无法控制的部分是大小便。"

"狗是最忠心的动物，愈是平凡，愈加珍贵。"

"德意志是教宗的猪，这就是为什么我们要给他那么多的熏肉和腊肠。"

"挪亚方舟长三百肘，宽五十肘。它若不是记载在圣经中，我便不会相信。我若曾在方舟中，我便会死了。它里面漆黑一团，它比我的房子大三倍，而且装满了动物。"

"人问路德为什么这样激进，他回答说：'一根树枝用切面包的刀就可割断，一棵橡树就得用一把斧头了。'"

"莱茵河可惜不够大，不足以溺死所有这帮可恶的罗马横征暴敛者，……枢机主教、大主教、主教、修道院院长。"

"我的敌人调查我的一举一动，……我在维滕堡放个屁，他们在罗马立刻就会闻到。"

"妇女之所以要戴面纱，是为了天使；我之所以穿裤子，是为了女士。"

"舞蹈是一种集体礼节训练，少男少女，经由舞蹈可以彼此结识和建立友谊。他们的舞会，有时我也想去参加，不过我怕这些年轻人会因我的加入而少转了几圈。"

《桌边谈话录》是路德的杂论，闪烁着睿智的火花，内容丰富，无所不包，在百余卷的《路德全集》中达六卷之多。

路德的婚姻家庭观明显地带有中世纪的色彩，圣经的影响很突出。他认为男人是妻子的头，她不但要爱他，还要尊重和顺从他。他主张妻子应留在家中，活动范围是儿女、教会和厨房。儿女必须顺从父母，尤其要顺从父亲。

路德晚年的生活和贡献

1533 年，路德年已半百，这在四百多年前的欧洲已属高寿，五十岁已进入了他的晚年时期。直到 1546 年他去世，这十三年间他的身体每况愈下，患有多种慢性病，逐渐成了一个性急、暴躁的老人。他除了以前的病症外，又增加了疝气、膀胱结石、耳溃疡、风湿性关节炎、坐骨神经痛和心悸亢进等疾患。1535 年，维滕堡城流行瘟疫（当时对流行性传染病的总称），他当时没有被感染，挺了过来，但到 1537 年，他可以说是疾病缠身，四肢发抖，疼痛不已，且经常失眠，并常通过大量喝酒麻醉病痛，因此被迫结束了他的教学生涯。但此后他仍然带病工作，从事圣经译注，书写反罗马教宗的文章和普及性读物，以及传教、布道的工作。

1534 年路德译完并出版了旧约全书，此后，他还对新旧约全书不断地修订和大量地加以注释，以求准确和通俗易懂。这一修订工作一直持续到他去世前不久。有时他为了修改一个词汇，使之德国化，苦思冥想好几天。有的言辞不易表达时，则附有木刻插图，全书约达五百幅。这些木刻插图虽非什么精美的艺术作品，但它确实使人一看就懂。《启示录》是圣经最难懂的一卷书。其插图在象征与基督为敌、大淫妇的"穿朱红衣服的女人"的头上，戴上了教宗的三重冠冕，使人一看便知，这是一个敌基督。他还把从龙口出来的青蛙加注说，这青蛙是他的敌人艾克等人。

路德还出版了一本赞美诗集，其中有二十三首歌词是他创作的，六首是他改编的，并为部分歌词谱了曲，至少有十首公认由他所创作。路德一生非常热爱音乐，富有极大的热诚。他曾说："我绝不因任何事情而放弃我那卑微的音乐天赋，无论多伟大的事，……音乐驱逐魔鬼，并使众人快乐；使众人忘却一切愤怒、鄙俗、傲慢之事，等等。仅次于神学，我给音乐最高的地位和最大的荣誉。……我的心对音乐热情沸腾和喜乐满溢，音乐时常令我精神焕发并且搭救我脱离可怕的烦恼。"

他对音乐的热爱达到了不可或缺的地步，以至于他认为，人生有不可缺少的三大乐趣，那就是爱情、音乐与美酒。

路德对儿童教育工作很重视，他曾就开办学校的问题给德国国会议员写过信，提出若干建议，并发表了论及孩童求学的讲章，说明他对教育的关心和远见。为了让少年儿童了解宗教改革和基督新教的思想，他专门写了通俗易懂的《小问答》（*Small Catechisms*），作为他们的教材。

晚年，他虽然工作忙碌，疾病缠身，也没有忘记反罗马教宗的斗争。1539 年他写了论战性文章《论大公会议和教会》（*On the Councils and the Church*），批判了天主教教宗的专制主义。在他去世前不久的 1545 年，他还写了一篇火药味最浓的战斗性文章《反对魔鬼创建的罗马教廷》（*Against the Roman Papacy，an Institution of the Devil*），这是他写的最后一篇论战性论文。此文的用词连路德的朋友都惊呆了，文中把教宗称为"魔鬼""老魔头""老屁精"，把枢机主教称为"魔鬼的遗孽""无知的笨驴"等。路德还担心一般老百姓看不懂，在文中特意附有插图，有三张插图讽刺性极强。一张画着教宗骑在猪身上，对着一堆大粪作饭前祈祷。一张画着教宗和三个枢机主教，戴着手铐和脚镣走向断头台。还有一张画着教宗头上顶着垃圾桶，大摇大摆地被一群魔鬼拥向宝座。

1546 年初，曼斯费尔德的伯爵与当地的贵族因矿产资源和地段发生纠纷，争执得不可开交，双方都认为路德是可信任的人，要求路德去艾斯莱本为他们调解。路德无法推辞，只得答应前往。其妻预感到这很可能是生离死别，痛苦万分，与路德含泪告别。路德对她百般安慰说："我能成功地平安归来，我相信这一点。"

隆冬季节，路德艰难地启程，路上受了风寒，于 1546 年 2 月 17 日总算到了艾斯莱本。他的病势加重了，但还能在屋里走几步。忽然他头脑里闪现出一个念头。他说："我生在艾斯莱本，受洗于艾斯莱本，恐怕我也要死在艾斯莱本吧！"晚饭后，他很早便睡觉了。子夜后，他突然醒来，自知生命将要结束。同来的朋友来看他，有人问他："是否始终坚持他的宗教改革教义？"他用劲地说："是。"此后便中风不语，与世长辞了。时间是 1546 年 2 月 18 日，享年六十三岁。

路德去世后，被安葬在维滕堡的诸圣堂，墓碑上写着"这是马丁·路德安息的地方"。追悼会由梅兰希顿致悼词，概括了他一生的贡献。

路德的一生给人类留下了丰富的遗产。他的著作等身，经后人整理，卷帙浩繁。当代最权威的版本是德语魏玛版《路德全集》，达百余卷之多。自1883年开始陆续出版，历时百余年，至今尚未出齐。全书共分四大部分：有关神学、伦理学、教育、社会、政治、经济等方面的论文、注释和笔记共六十余卷，其中有一卷是索引；路德通信共十二卷，其中有一卷是无日期的信件；《桌边谈话录》共六卷；德语圣经共十二卷。美国版《路德全集》共五十六卷，于1965年出齐。全书分两个部分：第一部分共三十卷，包括路德评论性的文章、讲演词和布道词；第二部分共二十四卷，包括路德关于政治、经济、社会、宗教改革方面的作品以及文化方面的论著。

世界历史文化上的伟人

在叙述了路德一生的诸多方面后，脑海里总会浮现出点点滴滴的印象。这就需要我们加以概括，综合出几个方面，来总结路德在世界历史上的地位。

（一）马丁·路德是一位划时代的宗教改革思想家。

十六世纪是西欧从封建社会向近代资本主义社会过渡的时代。社会经济已经发生了变化，但在思想领域居统治地位的仍是罗马天主教。它是封建主义统治的国际中心和思想支柱，而当时的罗马教宗既专制又腐败。西欧的有识之士早已有人对此加以攻击和批判，也就是人文主义者和早期的宗教改革家。

人文主义者对天主教会和罗马教宗的攻击和揭露不可谓不深刻、辛辣。人文主义者发起了文艺复兴运动，他们通过文艺作品歌颂人的伟大、智慧、能力、良知，以及现实世界的美好和重要；所以说，文艺复兴是"对世界的发现和对人的发现"。但它们只是从教会外部揭露和讽刺、嘲讽教宗和神职人员的腐败、黑暗，根本未涉及神学理论和体系等关键性的问题。因而文艺复兴运动不可能动摇罗马教廷的理论大厦。

早期宗教改革家，如威克里夫和胡斯，他们直接把矛头指向罗马教宗，主张以圣经为本；基督是教会的元首，信徒是教会的成员；教宗无权向国家征税；敬拜时使用民族语言；反对教会沉迷财富；建立民族教会等。但是他们没有抓住"罗马教宗权"这一理论核心，所以未能摧毁其根基，教宗的统治并未被动摇。

而路德则集早期宗教改革运动之大成，针对罗马教宗权所赖以存在的三个理论支柱，提出了"唯独因信称义"的理论，它从根本上否定了罗马教宗及其神职人员的中介作用。人人只要根据圣经，借着信心，便可以达到基督教的"得救"之目的。从而使教宗成为多余的人、无用的人、被缴械的人，由此摧毁了罗马教宗至高无上的理论支柱。并且路德在一定程度肯定了人和人的理性在宗教信仰中的地位与作用，也将人的个性与思考体现于信仰之中。这是其跨出中世纪思想领域，进入近代思想大门的具体体现。

路德不同于早期宗教改革家的一个基本点是，早期宗教改革家虽把圣经视为最高权威，但只是把圣经作为律法，而路德则是把圣经作为产生信仰的依据。这似乎暗示，人们均可根据圣经去理解、思考、解释并作出判断，由此而产生的信仰的基础则是人的理性、人的意志和人的自由，在宗教领域突出了人的因素。德国著名诗人和政论家海涅曾评论说："自从路德说出了人们必须用圣经本身或用理性的论据来反驳他的教义这句话以后，人类的理性才被授予解释圣经的权利，因而这理性在一切宗教领域中才被认为是最高裁判者。这样一来，德国产生了所谓自由精神，或如人们所说的思想自由。"这说明了路德的改教思想引发了历史的转折和新时代的兴起。路德也就理所当然地成为新时代的先驱和划时代的宗教改革家。因此，恩格斯把他列为"巨人时代"的"巨人"之一，把他和达·芬奇（Leonardo da Vinci）等并列为在各自领域中的划时代伟人。

（二）路德是德意志伟大的爱国者。

爱国主义、民族主义在文艺复兴时期方才兴起。路德自青年时代就亲身体会到德国的国弱民贫、罗马教宗的专横与剥削。驱逐外来的封建势力，拯救德意志民族，实现民族自主与独立是许多爱国的志士仁人的梦想。而十六世纪初年，德国的市民尚未强大到能够担任领导角色，组织团结农民，发动一次全面的、反对国内外封建制度的胜利革命。当时的形势所具备和允许的、能够取得成功和完成的，只是反对罗马教廷的民族压迫和封建压迫。路德提出的爱国纲领是由市民发动，依靠国内封建主自上而下地驱逐罗马势力于国土之外，取得民族自主与真正的独立。然后创造有利于信仰自由发展的环境，实现其政教分离、圣俗平等的理想。

事实证明，路德的这一爱国纲领得到了德国各阶层的支持和拥护，经过宗教改革运动，特别是经过伟大的农民战争，罗马教会遭到了沉重的打击，教宗在西欧大一统的局面被打开了缺口。德国大部分地区废除了天主教的教阶制，在政治上取得了真正的独立。在经济上大量教产被没收，杜绝了财富的外流。在思想上罗马教会的精神独裁被摧毁，大部分地区接受了基督新教。此后，德意志民族的独立基本上得到了维护。这些成果的取得是多种因素造成的，绝非路德一人之功，但与他的号召、动员，以及爱国政治纲领的提出密不可分。路德不仅提出反罗马的爱国纲领，而且坚持到底，奋斗终生，至死不渝，他不愧为德意志的爱国者。他只是一位布衣教授和思想家，能够作出如此伟大的贡献，实在可贵。正因为他是一位爱国者，所以至今德意志民族把他奉为民族英雄。

（三）路德是德意志民族文化的奠基人。

在路德以前，德国方言林立，土语众多，词汇、文体不一。路德翻译的德语圣经，书写的赞美诗、布道词、教义问答等，对于德语的规范化、词汇的丰富具有重要的历史意义。他的圣经语言成为后世德国通用的语言，相当于普通话。因为每个人在家庭中所接受的都是圣经语言。在学校听到的是教义问答，在教会宣读的是路德的布道词，唱的是路德的赞美诗和音乐。所以，路德的圣经翻译等作品对德意志语言的统一和规范起到了空前的作用。他使用的丰富词汇和文体，对后世德意志文学的发展起到了重要的典范和推动作用。有人评论说，路德所用词汇和文体的丰富繁多只有英国的莎士比亚才可与之比肩，在德国却没有人可与之相提并论。

在音乐方面，他除了亲自作曲外，还创办了多音与合唱的唱诗班，有主唱与合唱。他的最大改革是打破了天主教会只有唱诗班的旧规，而是全体基督徒的合唱。这也对音乐的普及和提高发挥了重要作用。

(四) 路德是基督新教的一代宗师。

路德是基督新教的第一个宗派路德宗的创始人。他"唯独因信称义"和"信徒皆祭司"的神学理论，至今为绝大多数基督新教的宗派所承认，被称为新教神学的两大柱石。特别重要的一点是，加尔文在路德神学和政治思想的基础上创立了加尔文主义。这一点为基督教史学界和国际学术界所公认，他们评论说："加尔文主义乃脱胎于路德主义，路德的基本教义就是加尔文的基本教义。"1544 年加尔文在《教会改革之必要》（*The Necessity of Reforming the Church*）一书中说，我们还都在追求路德的同一目标。追根溯源，加尔文及新教各宗派的基本的、主要的思想均来源于路德。

自路德创立基督新教至今四百余年来，从无到有，从小到大，已成为基督教的三大支派之一，也是西欧、北美、大洋洲众多国家精神文明的支柱和基本特征，至今其信徒已分布于全世界一百五十余个国家和地区。

四百余年来，德意志人民一直把路德奉为民族英雄、文化的奠基人和民族团结的象征。第二次世界大战后，德国曾分裂为两部分，但他们都把马丁·路德视为其共同的精神领袖和统一的思想基础。国际学术界也公认马丁·路德是世界历史文化上的伟人，不断有人深入研究路德对欧洲、近代历史和文化的影响及作用。1983 年，为纪念路德诞生五百周年，国际学术界曾专门举行了路德研究的国际学术会议。同年，我国史学界也召集了路德研究学术讨论会，标志着我国路德研究的新起点。

于　可

2000 年 5 月 3 日

于南开园

路德文集

第一卷

（改革运动文献）

驳经院神学论纲 *

（1517 年）

导　言

　　经过悉心研究，路德很快做出结论：自己的福音神学与经院哲学之间存在着不可调和的矛盾。经院哲学派极力寻求亚里士多德逻辑与神学的综合，通过理性来解释人类的信仰。为了寻求其中的原则，他们逐一研读了从柏拉图到波埃修（Boethius）全部古代哲学家的经典，其中最被推崇的便是亚里士多德。

　　中世纪经院哲学派中，成就最高的综合思想是由托马斯·阿奎那产生的，他是道明会修士，代表作品是《神学大全》（Summary of Theology/ Summa Theologica）。该书极其完备地阐述了经院哲学的形式和内容，对一系列权威言论旁征博引，其中有三段论推理演绎、各种相左论点、驳论明晰、折衷调和，以及各种著名推论。

　　但到了路德的时代，经院哲学已成强弩之末，内外交困。在外部有人文主义的兴起，人文主义者对用高度理性化的、缜密推理的方法回答宗教和世俗问题极不耐烦；经院哲学派内部也产生了两个极端思想派别——唯实论（realism）和唯名论（nominalism）——的争斗。唯实论者通常依据柏拉图的观点，认为共相（universals）或抽象概念具有客观的存在。阿奎那的大综合理论即属于这一派的高峰，他也借此对重大的基督教教义，像三位一体、道成肉身与变质说等，进行逻辑解释。另一派唯名论者认为观念或共相仅以各自的名目而存在。他们坚持观念产生于对事物本身的经验或殊相（particulars）之中。

　　继阿奎那之后，最杰出的经院哲学家是牛津大学的苏格兰方济各会

---

* *Disputation against Scholastic Theology*，1517.

修士约翰·邓斯·司各脱（John Duns Scotus，约 1265—1308 年），他被称为"精细博士"（Subtle Doctor）。然而，通过卓越的逻辑推理，他却试图借助暴露（包括圣托马斯·阿奎那在内的）经院哲学家结论中的错误削弱经院哲学对神学的影响。他旁征博引的论文意在指出经院哲学派方法论的荒谬，强调了对知识反复考证和调查研究的重要性。

奥卡姆的威廉（William of Ockham，约 1287—1349 年）是英格兰方济各会修士，也曾受教于牛津大学，他把唯名论的思想推到极致。他认为，即使最伟大的经院哲学派学者的逻辑方法也难以提供无可辩驳的宗教教义的证据，对教义只能通过对启示的信仰来接受。加布里埃尔·比尔（Gabriel Biel，约 1425—1495 年）是图宾根大学（University of Tübingen）一位很有影响力的教授，他使奥卡姆的学说在德意志传播开来，大多数大学因而开设了该门课程。在爱尔福特大学时，路德研究了奥卡姆的方法和教义。

路德虽然对奥卡姆、比尔等的评价甚高，然而又表示不能接受他们有关自由意志、善功和称义的教义。奥卡姆和比尔等相信人按其本性能够爱上帝胜过一切，也就预备好了通过恩典而获得救赎。根据他们的观点，基督的救赎是在一个人被证明值得救赎时才开始产生起作用。但路德还不能肯定他能否被救赎，只有当他发现了"唯独因信称义"时，才会有这种肯定性。这一基本观点导致路德对整个经院哲学持批判态度。因为他相信，实际上恰恰是经院哲学在妨碍上帝的救赎之工。他特别激烈地抨击经院哲学派、亚里士多德哲学和理性。

1517 年，路德正在写一篇评论亚里士多德《物理学》（*Physics*）的文章，目的是推翻经院哲学的根基和至尊地位。虽然那篇评论文章现在已经散佚，但是《驳经院神学论纲》一文，无疑是他在准备写该评论时所产生的。这是路德为弗朗茨·京特（Franz Günther）所作的论文纲要。京特为完成圣经学士学位，1517 年 9 月 4 日在维滕堡大学为此进行了答辩。作为神学系主任，马丁·路德主持了论文答辩会。路德还给纽伦堡（Nürnberg）的克里斯托夫·朔伊尔（Christopher Scheurl）寄去了一份副本；他通读后，相信这一论纲会"复兴基督的神学"。尽管《驳经院神学论纲》的单行本没有传世，然而它却收录在维滕堡大

1520 年出版的批判论文汇编之中。

＊　　　＊　　　＊

1. 如果称奥古斯丁在反对异端上夸大其词，这无异于说奥古斯丁几乎到处撒谎。该观点是与常识相矛盾的。

2. 这等于允许伯拉纠派（Pelagians）① 以及所有的异端派别耀武扬威，实际上无疑是将胜利让给了他们。

3. 该观点等同于嘲笑所有神学博士的权威。

4. 因而，以下实为真理：像一棵坏树只能结坏果子那样，一个人只会意愿恶事和行恶事［参考太 7:17—18］。

5. 若谓人的倾向（inclination）是自由的，即对待两种绝然相对立的事物时，人有自由选择的能力，谬哉斯言！实际上人的意志并非自由，而是处于受辖制的状态。这与常见的观点有别。

6. 若谓人的意志按其本性能够遵循正确的训诫，谬哉斯言！据说，这与司各脱②和加布里埃尔③的观点相反。

7. 事实上，如果没有上帝的恩典，人的意志所产生的行为是悖逆和邪恶的。

8. 但是，并非要像摩尼教徒④那样坚持：人的意志从本性上说是邪恶的，或说在根本上是邪恶的。

---

① 伯拉纠（Pelagius，约 360—约 420 年），不列颠的修士和神学家，否认原罪，他认为人需要根据善功才能取得称义的恩典，人在受洗后可以达到完全无罪的境地。他的教导曾受到希坡主教奥古斯丁激烈批判。——编者注（本书以下注解若无特别说明，皆为编者注，不再另行注明。）

② 司各脱是苏格兰学派之领袖；他们教导意志自由，并谓意志优于理智，否认灵魂与其官能的真正区别。

③ 加布里埃尔·比尔，经院哲学派的最后一位大学者，是新建的图宾根大学第一位神学教授。马丁·路德年轻时曾认真地研读他的著作《弥撒要旨》（*The Canon of the Mass*）。

④ 摩尼教（Manichaeism）为波斯人摩尼（Mani，约 215—约 276 年）所创立的一种二元论宗教。该教混合了基督教、佛教、祆教以及巴比伦民间信仰。摩尼认为，凡是物质的和肉体的创造物都是邪恶的，必须予以克服。

9. 不过可以这样说，人的意志天生地且不可避免地倾向于邪恶和败坏。

10. 我们应该承认：人的意志不是自由的，不可能经自身努力，争取所谓的善事。这与司各脱与加布里埃尔的观点相反。

11. 人的意志也不能意愿去行或不意愿去行任何规定。

12. 除了意志本身，没有一样东西可以左右意志。这说法并没有与奥古斯丁的教导相抵触。

13. 不能荒谬地得出结论：罪人能够爱受造物胜过一切，因此他也能爱上帝过于一切。这与司各脱与加布里埃尔的观点相反。

14. 认为意志能屈服于错误而非正确的训诫，这反倒不会令人感到惊讶。

15. 事实上，应该特别指出：意志只能屈服于错误而非正确的训诫。

16. 我们应该得出结论：因为罪人能爱受造之物，所以他不能爱上帝。

17. 由于本性使然，人不会尊上帝为上帝。事实上，他自己倒实在想做上帝，而不想尊上帝为上帝。

18. 认为人按其本性会爱上帝超过一切，这说法纯属虚构，就像是幻想一样。这有悖于通常的教导。

19. 我们不能运用司各脱的推论：英勇的公民爱他的国家超过爱他自己。

20. 人有友善的举动，不是基于他的本性而是基于先在的恩典（prevenient grace）。这与加布里埃尔的观点相反。

21. 人按其本性所做的每件事，无不是敌对上帝的邪欲（concupiscence）。

22. 每件事若出于敌对上帝的邪欲都是罪恶的，也是灵性的淫乱。

23. 盼望之德不能归正出于邪欲的举动。这与加布里埃尔的观点相反。

24. 因为盼望与仁爱并不矛盾，仁爱寻求并渴慕仅仅属于上帝的事物。

25. 盼望并非出于功德，而是出于毁灭功德的困苦。这与许多人的观点相反。

26. 一项友善之举不是完成"尽己所能"的最完美的途径。⑤ 它也不是获得上帝恩典、转向上帝或亲近上帝的最完美的途径。

---

⑤ "尽己所能"（to do what is in one）是经院哲学派所用的词句，暗示基督徒有能力做善功，为上帝悦纳。

27. 但它是完美的归正（conversion），及时且又发自本性地追随恩典。

28. 如果引用圣经的这些章节："你们要转向我，我就转向你们"［亚 1:
3］，"你们亲近上帝，上帝就亲近你们"［雅 4:8］，"寻找，你们就
寻见"［太 7:7］，"你们寻求我，就必寻见"［耶 29:13］等等，认为
这里一方面是发自本性，另一方面又是基于恩典，这其实与伯拉纠
派的断言毫无二致。

29. 获得恩典最好、最可靠的预备，以及获得恩典唯一的方法，是上帝
永恒的拣选和预定。

30. 但是，就人自己，在恩典之前，只会有恶意，甚至抗拒恩典。

31. 我们可以轻易论证，被预定者只能个别被定罪，不是集体被定罪。
这与经院哲学家们的观点相反。

32. 再者，若谓预定借着上帝的定意乃是必然的，而没有论及上帝已拣
选特定的某人，这说法没有意义。

33. 若谓一个人只要尽己所能，就能克服获取恩典道路上的各种障碍，
谬哉斯言。多位权威学者的观点与此对立。

34. 简而言之，人按其本性不会有正确的行为准则，也不会有良善的
意志。

35. 如果说，若因无知无法克服就可以替一个人进行彻底的辩解，这是
不对的（尽管所有的经院哲学家都是如此）；

36. 这是因为人在本性上，对上帝、自己和善行的无知总是无法克
服的。

37. 再者，人的本性必然会由衷地因行为表面的美善而得意洋洋、以之
为傲。

38. 世上没有既不带骄傲又不带歉疚的道德行为，即没有毫无罪过的道
德行为。

39. 我们自始至终都不是自己行为的主人，而是自己行为的奴仆。这与
哲学家们的见解相反。

40. 我们不会因公义之举就能成为义人，但是只有成为义人才会有公义
之举。这与哲学家们的观点相反。

41. 就道德而言，亚里士多德的整部《伦理学》（*Ethics*）都是恩典的大

敌。这与经院哲学家们的观点相反。

42. 如果认为亚里士多德的幸福观与大公教会的教义并不抵触，这是错误的。这与有关道德的教义相反。

43. 认为不懂亚里士多德哲学就不能成为神学家。这与通常的观点相反。

44. 事实上，除非放下亚里士多德哲学，没有人能真正成为一个神学家。

45. 一个神学家若不是逻辑学家，就是危险的异端——这种说法才是险恶的异端言论。这与通常的观点相反。

46. 不顾逻辑的界限，建构一套信仰的逻辑（logic of faith）作为信仰的替代品，实在是虚妄。这与新辩证学家们（new dialecticians）的观点相反。

47. 把三段论的形式应用于上帝的事情，终归是无效的。这与枢机主教的观点相反。⑥

48. 但是，并不能因此就认为三位一体的教义真理与三段论的各种形式有矛盾。这与上述新辩证学家们以及枢机主教的观点相反。

49. 若上帝的事情能用三段论推理，三位一体的教义就是可以论证的，而不是信心的对象了。

50. 简而言之，如果要将亚里士多德的整个哲学体系⑦与神学相比，就和将黑暗与光明相比一样。这与经院哲学家们的观点是相反的。

51. 拉丁文翻译作品是否正确地理解了亚里士多德哲学的内涵，这倒是颇为令人怀疑的。

---

⑥ 路德指的是康布雷（Cambrai）的枢机主教皮埃尔·德埃利（Pierre d'Ailly，1350—1420年），法国神学家。他曾为彼得·伦巴德（Peter Lombard）的《四部语录》（Sentences）作过注释，也是公会议运动（conciliar movement）的精神领袖；正是这一运动导致了1414—1418年间康斯坦茨公会议（Council of Constance）的召开。

⑦ 亚里士多德的逻辑与形而上学著作在中世纪已经非常出名，并且已被经院哲学吸收整合。中世纪后期他的科学著作在欧洲开始流行和引起广泛关注，因为它们包含许多与基督教教义相悖的论述。路德所谓的"亚里士多德的整个体系"是指这些著作而言。

52. 如果波菲利⑧及其共相理论从未面世，不为神学家所利用，对教会而言可能更值得庆幸。

53. 甚至亚里士多德的一些更为有用的定义也假设了未经证明的事实。

54. 一项行为能成为善功，如果不是有充足的恩典，那恩典的临在便对之毫无用处。这与加布里埃尔的观点是相反的。

55. 上帝恩典的临在从来都不是借着静止的方式，而是借着鲜活的、积极的、运行的灵；仅借上帝的绝对权能，而无上帝恩典的临在，爱的行为便不可能发生。这与加布里埃尔的观点相反。

56. 上帝可以接纳一个未蒙受其称义恩典的人，这不符合事实，也与奥卡姆⑨的观点相反。

57. 如果说律法要求一个人顺服诫命，这种顺服需在上帝的恩典中成全，这种说法是危险的。这与枢机主教和加布里埃尔的观点相反。

58. 以此还会导致这样的结论："领受上帝的恩典"实际上就是律法外的一项新诫命。

59. 进一步还会导致这样的结论：不借上帝的恩典依然可以成全律法。

60. 同样，还可以得出这样的结论：比起律法本身，上帝的恩典似乎更令人担重担。

61. 但是决不能因此认为应该借着上帝的恩典来遵从和成全上帝的律法。这与加布里埃尔的观点相反。

62. 所以凡没有领受上帝恩典的人，甚至当他不杀戮、不奸淫、不狂怒的时候，也免不了持续地犯罪。

63. 但是，可以得出结论：一个人之所以有罪，因为他在灵性上没有成全律法。

64. 那人在灵性上确实不杀戮、不作恶、不暴戾，乃在于他绝不带怒气或私欲。

---

⑧ 波菲利（Porphyry，约234—约305年）是普罗提诺（Plotinus）的学生和新柏拉图主义者，激烈地反对基督教。

⑨ 奥卡姆的威廉是方济各会的经院哲学家，支持唯名论，他声称推理不适用于神学，他曾发表过不少亚里士多德和波菲利作品的注释。

65. 如果处于上帝的恩典之外，想使一个人不暴怒、无私欲，实在是不可能的；因此，即使是处于上帝的恩典之中，也不能完美地遵行律法。

66. 伪善之人的义只在于表面上可以不杀人、不做坏事。

67. 依赖上帝的恩典，人才能真正地既不贪婪，也不发怒。

68. 因此，没有上帝的恩典，一个人无论如何是难以成全律法的。

69. 实在而论，我们可以更确切地说，没有上帝的恩典，一个人凭其本性，只能违背律法。

70. 一项好的律法对人本性的意志而言也必然是坏的。

71. 若无上帝的恩典，律法和意志二者是难以调和的，是相斗相左的仇敌。

72. 凡律法所求的，意志是根本不想实行的，除非是因为内心的恐惧或者偏爱，意志才假装想成全律法。

73. 律法作为意志的严苛工头是不会被战胜的；除非是借"那个为我们而生的婴孩"［赛 9:6］。

74. 律法叫罪显多，是因为它激起意志的忿怒、抗拒律法［罗 7:13］。

75. 然而上帝的恩典，因着基督耶稣，叫公义显多，因为他能够使人喜爱律法。

76. 没有上帝的恩典，律法所产生的每项行为，外表虽显善良，而内心则是有罪。这种见解与经院哲学家们相反。

77. 没有上帝的恩典，人的意志总是要背离上帝的律法，虽然双手倾向于接受。

78. 没有上帝的恩典，意志之所以会倾向接受律法，是因为这种倾向来源于对自身利益的考量。

79. 应该被定罪的是所有那些仅按律法而做工之人。

80. 所有依上帝恩典而做工之人是有福的。

81. 涉及补赎问题的"错误章节"（Chapter *Falsas*），⑩ 如果我们对文献

---

⑩ *Decretum Magistri Gratiani*，*Decreta Secunda Pars*，causa XXXIII，ques. III，dist. V，cap. 6. *Corpus Iaris Canonici*（CIC），ed. Aemilius Friedberg（Graz，1955），I，col. 1241. 参考 *MPL* 187，1636。

的理解没有错的话，其中肯定了如下事实：恩典范畴以外的所有行为都不善。

82. 不仅宗教礼仪不是好的律法，而且那些人们并未依之生活的诫命也乏善可陈（与许多教师的观点相反）；

83. 甚至十诫本身，以及所有能叫人从内心到外表都遵守的诫命，也统统都不是好律法。

84. 好律法是上帝的爱，人们依此生活，并且通过圣灵，使其扩散、充盈我们的心田。

85. 每个人的意志，如果可能的话，都宁肯不受律法的约束，并使之处于完全自由的状态。

86. 每个人的意志都憎恶律法的强加，即使希望受律法束缚，也是处于自爱的考量。

87. 因为律法是好的，而意志与律法却是敌对的，所以意志就不可能是好的。

88. 从这一点出发，十分清楚，每个人本性的意志必然是邪恶的、败坏的。

89. 作为中保的恩典，必然会协调律法与意志的关系。

90. 上帝恩典被赐予的目的，是用于指导意志，以免犯错，因为即使在爱上帝的时候，它都难免出现错误。这种见解与加布里埃尔相反。

91. 上帝恩典的赐予，并非诱导人更加经常和确定地做善功。只因没有这种赐予，人们不会产生爱的行动。这也与加布里埃尔的见解相反。

92. 如果人们真能按其本性行善，那么就不能否认爱完全多余了。这种观点也与加布里埃尔的见解相反。

93. 如果争论说，行动本身同时可看成是结果和对结果的应用。这争论是一种圆滑的、邪恶的狡辩。奥卡姆、枢机主教和加布里埃尔的见解则与此相反。

94. 同样邪恶的狡辩是：愈爱受造物，爱上帝的心也依旧可以与日俱增。

95. 爱上帝就要与此同时憎恶自己，除上帝外对其他一概不理。

96. 我们一定要在每一方面都使自己的意志符合上帝的意志（这与枢机主教的观点正好相反）。

97. 这样，我们不仅要以上帝之意志为意志，并且无论上帝旨意如何，也务要跟随。

在上述论纲之中，我们盼望已经讲明立场，并且也相信所说的不会与大公教会和教会的诸位教师有丝毫抵触。

（翻译：刘行仕　编辑：刘子睿、伍渭文）

九十五条论纲
（关于赎罪券效能的辩论）*

（1517 年）

导　言

　　从路德的时代直至今天，1517 年 10 月 31 日一向被视为宗教改革运动的肇始。在万圣节前一天的中午，路德将其常被称为《九十五条论纲》的"关于赎罪券效能的辩论"张贴在维滕堡大学向全体师生开放的布告栏，就是维滕堡大教堂的门上。据他自己和他的同工所述，路德的用意是要引起校内外同仁及有识之士的学术辩论，这动机也可从他特意以拉丁文书写这份《论纲》可以窥见。事件的起因似乎是因群众将于万圣节聚集在维滕堡，瞻仰选帝侯智者腓特烈所收集的宗教圣物，借此虔诚行为而获得赎罪券。

　　在《九十五条论纲》中，路德表达了他的福音神学对赎罪券的观点，希望能够解答这个长期以来困扰自己和其他虔诚基督徒的棘手难题。作为牧者，路德注意到赎罪券对其会众的不良影响，他们当中有许多人曾到附近勃兰登堡一带的于特博格（Jüterbog）和采尔布斯特（Zerbst）去购买约翰·台彻尔所发售的赎罪券。这个实践问题引发了一个更深层的问题，就是"赎罪券的效能何在？"当时，路德在其《论纲》虽然没有否定赎罪券与其背后的补赎功效，甚至没有提及因信称义的教义，但内文已经流露了这方面的思想，就连他的仇敌也不难察觉到。

　　赎罪券是中世纪的产物，与补赎圣礼的历史有关用以宽赦诚心悔改之罪人的补罪（satisfaction）与补赎。早先，批准赎罪的权力操于会众手中。如果某位教友被会众革除教籍后有对自己的罪行表示悲痛

---

* 　*Ninety-Five Theses/Disputation on the Power and Efficacy of Indulgences*，1517.

(contritio cordis)和口头的忏悔（confessio oris），并且按照教会制定的补赎法规（penitential canons）履行了由会众认可的忏悔行为（statisfactio operis），他就能获得会众的宽赦（absolutio），恢复教籍。

当教士主持的个人补赎礼逐渐取代了公共补赎，并且成为教会的一种圣礼制度之后，教宗便开始将其变成加强个人权力和谋取财富的手段。十一世纪末开始的十字军东征，大大加速了这个过程。开始时，赦免仅仅授予十字军成员，后来逐渐扩大至那些用金钱代替参与十字军的人。

随着对十字军热情的消弭，宣赦的对象转为那些于禧年期间朝觐罗马圣地的人们。1300年借禧年之际，教宗卜尼法斯八世（Boniface VIII）发布大赦赎罪券（plenary indulgence），宣称凡于当年和以后的禧年期间前来罗马朝圣并履行补赎，经宣赦后所有今生的惩罚一律得以赦免。至十四世纪末期，凡向罗马教廷付钱者，均能获得大赦赎罪券。

补赎纳入圣礼范畴以后，另一重要的教义发展是忏悔者在履行补赎之前已获宣赦。其影响是使罪人意识到，虽然宣赦解除了自己的罪债和永远的刑罚，但他并未摆脱尘世与炼狱的刑罚。为了自圆其说，经院哲学家把罪咎（guilt）与刑罚（penalty）加以区分。他们认为罪有两种：一为可宽赦的罪（venial sins），一为不可饶恕的罪（mortal sins）。前者只受轻罚，后者在未赦免之前，应受永远的刑罚。如获赦免，人就解除了罪咎，也免却了永恒的地狱之苦。然而，他仍需为今生的刑罚进行补赎。如果补赎不足，他还要经受炼狱之苦。

在十三世纪，经院哲学家还建立了关于功德宝库的教义，以此来阐明为何教宗能够减免上帝所要施加的刑罚。这个宝库是基督以及圣徒的功德储藏所。当他们累积的善行已经超过了上帝的要求，教宗作为接受上帝钥匙职（power of the keys）的彼得的继承人，就可以在宣赦时从这个宝库中进行支取。为了确证教宗的权威不仅限于罪人有生之年，教宗西克斯图斯四世于1477年宣布，教宗的权柄也可达炼狱中的灵魂，但只限于为其代祷的方式；平信徒不易辨识代祷与完整的司法权（jurisdiction）之别，所以便随意为逝者购买赎罪券。

补赎教义的另一重要发展乃是界定"痛悔"（contrition，即诚心懊悔）和“不彻底的忏悔”（attrition，即畏罪）的分别。基于敬爱上帝的缘故而痛悔实不易为，因此神学家宣称即使是因为惧怕惩罚这不良动机而有畏罪的表现，也可在补赎圣礼中经宣赦而转化为痛悔。这观念的不良道德影响显而易见，惧怕永恒刑罚的人，只需要购买赎罪券，就可将不彻底的忏悔转化为痛悔，永恒的罪转化为短暂的罪，罪咎既得清除，短暂的刑罚也可因大赦赎罪券而得以宽免；无知的人既难以分辨短暂和永恒的刑罚，也弄不清罪咎和刑罚的分野，便误以为可以用金钱购买救恩，尽管推广赎罪券的教廷宣言中已列明这些分别，却也无补于事。

与路德和他的会众发生直接关联的赎罪券，是教宗尤利乌斯二世（Julius II）于 1510 年宣布的禧年赎罪券，其收益会用作兴建罗马的新圣彼得大教堂。1513 年尤利乌斯二世逝世后，教宗利奥十世重新恢复了这赎罪券。1515 年 3 月，他委任美因茨和马德堡大主教、哈尔伯施塔特（Halberstadt）主教——霍亨索伦家族（Hohenzollern）的阿尔布雷希特，在其教区以及勃兰登堡的一些地区出售赎罪券。为了这三个主教区和那条大主教白羊毛披肩带（pallium），阿尔布雷希特对教廷负债累累，遂向富格尔家族银行（banking house of the Fuggers）借了大笔款项。因此，在发售赎罪券的收益中，一半归富格尔家族和他自己，另一半上缴给教廷金库。那位自从 1504 年以来就为教廷和富格尔家族推销赎罪券的道明会修士约翰·台彻尔，担任了阿尔布雷希特的特委代办。

虽然路德不了解教宗、阿尔布雷希特与富格尔家族三者之间在罗马的交易内幕，但他知道教宗谕令和阿尔布雷希特对赎罪券兜售者下达的有关条款。他们向信徒们许诺说：只要购买了赎罪券，便有权任意选择一位神父告解，获得宣赦，从而解除所有在世上犯的罪以及炼狱之苦；神父被迫向凡持有赎罪券的信徒宣赦，否则，便会被台彻尔革除教籍。而且，无须告解或悔罪，这张赎罪券还能使死者彻底摆脱炼狱之罚。尽管台彻尔和其他的赎罪券推销人也曾申明某些官方教义，但其贪财的嘴脸给人们留下的印象是，金钱可以赦免一切滔天大罪，使炼狱中的受苦之灵立时升入天堂。

路德曾经一再指出，赎罪券会将人引入歧途，告诫信徒真诚悔改的必要性。* 在《九十五条论纲》中，路德一反平日的逻辑构思，而是根据阿尔布雷希特的指令和赎罪券贩子们的吹嘘，拟定自己所有的论点。在《论纲》的开端，路德就提出了他的核心论点：补赎并不是机械式的行动，而是持久的内在态度。在张贴《论纲》当天，路德还将一份副本寄给了阿尔布雷希特大主教，并附函劝其终止赎罪券的买卖。他不希望当时有《论纲》的副本流传于民间，以免给选帝侯智者腓特烈带来麻烦。实际上，选帝侯对台彻尔关于赎罪券的教导已经提出了反对，并且明令禁止在其辖区内发售。

*　　*　　*

因热切爱慕真道，渴望能弘扬真理，文学及神学硕士、常任神学讲师马丁·路德①神父将于维滕堡主持关于下列论题的辩论。诚望不能参与口头辩论之士，可用书面形式发表意见。②

奉我主耶稣基督之名。阿们。

1. 当我们的主和师傅耶稣基督说"你们应当悔改"［太 4:17］，③ 他期望信徒终生悔改。
2. 这句话不能被理解为指补赎圣礼，即在神父主持下的认罪与补罪行为。
3. 然而，此言亦非单指内心悔改。内心悔改若不会使人有攻克己身的外显表现，便失去其意义。

---

* 参见路德在 1516 年 7 月 27 日、10 月 31 日和 1517 年 2 月 24 日的讲道，分别载于 WA 1，63—65；94—99 和 138—141。
① 路德在此序言中将他的名字拼为 "Lutther"。
② 实际上当时并无人响应，参加辩论。但是，《九十五条论纲》的内容很快便以口头或印刷形式传播开来，引发了一场持续数年之久的激烈争论。
③ 此短语的拉丁文 *poenitentiam agite* 和德文 *tut Busse* 可以被同时翻译为 "悔改" 和 "做补赎"。

4. 罪的刑罚④与恨恶自己相伴始终。换言之，内心真正的悔改应持续到进入天国为止。

5. 教宗除赦免凭自己的权力或根据教会法规所加诸人的刑罚以外，他无意也不能免除其他任何刑罚。⑤

6. 教宗本人并无任何赦免罪咎的能力，他只能宣告或见证罪咎已为上帝所宽赦；当然，他可以赦免归他审理的个案。人若藐视他在这方面赦免罪咎的权柄，罪咎必不得赦免。

7. 上帝不会赦免任何人的罪咎，除非同时使他凡事谦卑，并使他服从他〔上帝〕的代表——神父。

8. 补赎法规只及于生者，按教会法规所定，其条款不应加于临终之人。

9. 所以，教宗在其谕令中始终将死亡与必然性⑥列为例外，此乃圣灵借教宗宽待我们。

10. 神父将补赎法规中的刑罚为临终之人延伸到炼狱，实属无知与邪恶之举。

11. 将教会法规的刑罚篡改为炼狱刑罚，显然是主教们酣睡时仇敌撒下的稗子〔太 13:25〕。

12. 从前教会法规的刑罚是对真正痛悔的考验，因而施于宣赦之前，而不是其后。

13. 临终者因死亡免却了一切刑罚。对他们来说，教会法规已经无效，理应不再受其辖制。

14. 临终者敬虔和爱心都有缺欠，必然会深感惶恐；而且爱心愈小，恐惧愈大。

15. 这种惧怕或惶恐本身就足以构成炼狱的刑罚，更不用说其他，因为这是濒临绝望的恐惧。

---

④ 天主教神学是将罪咎与刑罚加以区分的。

⑤ 教会法规或律例具有法律效力。本条与第 8 条和第 85 条所提及的，属于所谓"补赎法规"。

⑥ 在《〈九十五条论纲〉的解释》中，路德将"暂时的必然性"和"永恒的必然性"加以区分。他声言"必然面前无法律"，"死亡是必然之最"。参考 WA 1，549。

16. 地狱、炼狱和天堂的区别，似乎等同于绝望、恐惧和得救的确信之间的差异。

17. 似乎对炼狱中的灵魂来说，恐惧必然会渐少，爱心却渐长。

18. 再者，无论理性或圣经似乎都未证明，炼狱中的灵魂处于功德的状态之外，即不能在爱中成长。

19. 似乎亦未证实炼狱中的灵魂（至少不是全部）对其得救满怀信心，尽管我们对他们的得救或许充满信心。

20. 因此，教宗所说的"完全免除一切刑罚"，那实在不是指"一切刑罚"，只是指他本人所加于人的那部分。

21. 这样，赎罪券兜售者宣称教宗的赎罪券能使人免除一切刑罚，并且得救，实属谬误。

22. 事实上，对炼狱中的灵魂来说，教宗并未赦免他们任何按教会法规所定、本应在今生承受的刑罚。

23. 若一切刑罚确实可以赦免，那也只有极少数的最完美者可以获得。

24. 因此，这种胡乱而高调的免罚应许，只会使多数人上当受骗。

25. 教宗对炼狱拥有的一般权柄，同主教和神父在其辖区和教区内特别拥有的权柄别无二致。

26. 如果教宗赦免炼狱中的灵魂，不是用他没有拥有的那种钥匙职,[7] 而是用代祷的权柄，他便做得很好。

27. 那说"钱币当啷落钱箱，炼狱苦魂入天堂"的，只是宣扬人的教义。

28. 可以肯定，钱币在钱箱中当啷一响，增加的只是贪婪利己之心。而教会的代祷，其结果唯独在上帝的手中。

29. 谁知道炼狱中的灵魂都期望获救呢？在传说中，圣塞维里努斯和圣帕斯加尔就是例外。[8]

30. 无人能确知自己是否真诚地痛悔，更遑论是否已得到总赦。

---

[7] 这并非否认钥匙职，即赦罪和定罪的权力，而仅仅是说，钥匙职不能滥用于炼狱。

[8] 在《〈九十五条论纲〉的解释》中，路德重提了这个传说——教宗塞维里努斯（Severinus，638—640 年在位）和帕斯加尔一世（Paschal I，817—824 年在位）宁愿在炼狱居留更长时间，以便于他们能在天国中有更多的荣耀。

31. 诚心购买赎罪券的人就如真诚悔改的人一样稀少。的确，这样的人凤毛麟角。

32. 那些以为持有赎罪券就能确信自己得救的人，将与其教导者一同永远被定罪。

33. 我们应当特别提防有教导说，教宗的赦免就是上帝无比的恩赐，使人能与上帝和好。

34. 因为赎罪券的恩惠，只及于人所设立的补罪圣礼中所加的惩罚。⑨

35. 有人教导说，花钱将灵魂赎出炼狱或购买认罪特权者⑩无须存痛悔的心，这是传讲非基督教的教义。

36. 每一个真诚悔改的基督徒，即使没有赎罪券，也有权获得罪咎与刑罚的总赦。⑪

37. 真正的基督徒，无论生死，即使没有赎罪券，也能与基督和教会的所有祝福有份，因这是上帝所赐的。

38. 然而，教宗的赦免和祝福也绝不可蔑视的，如我所言［第 6 条论纲］，这是宣告上帝的赦免。

39. 即使最有学问的神学家也很难一面向人夸赞赎罪券的宽大，又一面鼓吹真诚痛悔的必要。

40. 真正痛悔的基督徒甘愿为自己的罪受刑罚；但赎罪券的宽大却免除了这些刑罚，并使人恨恶刑罚——至少制造了这种恨恶刑罚的机会。

41. 宣讲教宗赎罪券时应特加小心，不然，人们会误以为赎罪券胜于其他爱的行为。

42. 基督徒须知，教宗根本无意将购买赎罪券与怜悯的行为相提并论。

---

⑨ 补罪是指忏悔者在补赎圣礼中的一种行为，他借此以在世上的刑罚为自己的罪作出补偿。如果忏悔者在死亡时仍然拖欠了对其所犯可宽赦的罪在世上的惩罚，他将在炼狱中偿还。赎罪券与补赎圣礼的这种补罪有关——它们允许部分或完全（全体）减免在世上的惩罚。根据罗马天主教神学，赎罪券的购买者仍需承认自己的罪过，得到赦免，并真正忏悔。

⑩ 这些特权使赎罪券的持有者有权选择自己的忏悔神父，并使持有者免于某些补罪。

⑪ 与早期教会的做法相反，为了证明将赦免置于补罪之前是合理的，神学家们区分了罪的罪咎与刑罚。

43. 基督徒须知，周济穷人，贷于贫者，都比购买赎罪券要好。

44. 因为爱的行为使爱心滋长，人便因此而变得更为美善；然而赎罪券除了可使人免除刑罚以外，根本不能使人趋于美善。

45. 基督徒须知，遇见贫者扬长而去，却把钱花在赎罪券上，这种人购买的不是教宗的赦免，而是上帝的忿怒。

46. 基督徒须知，除非富足有余，否则，他们就应储存足够的款项，留作家用，而不应将金钱浪费在赎罪券上。

47. 基督徒须知，购买赎罪券是出于自愿，而不是被命令。

48. 基督徒须知，教宗在颁发赎罪券时，要求和渴望信徒虔诚祈祷，过于得着他们的金钱。

49. 基督徒须知，只有当他们不倚赖赎罪券时，教宗的赎罪券才会对他们有功效；如果他们因赎罪券而失去对上帝的敬畏之心，赎罪券便极为有害。

50. 基督徒须知，假如教宗得知那些赎罪券兜售者的勒索行径，他宁愿将圣彼得大教堂化为灰烬，也不愿用他羊群的皮、肉和骨来建造它。

51. 基督徒须知，教宗愿意并且应当自己出资，补偿那些被赎罪券兜售者骗去金钱的人们，即使卖掉圣彼得大教堂，也在所不惜。

52. 相信靠赎罪券得救是徒劳的，即使赎罪券代理人，甚至教宗本人，用灵魂加以担保也无补于事。

53. 为方便某些教堂兜售赎罪券，而完全禁止在其他教堂宣讲上帝之道的，这些人是基督和教宗的仇敌。

54. 在同一场讲道中，若花于赎罪券上的时间与宣道的时间相等甚或更长，便损害了上帝之道。

55. 教宗必然怀有这样的心意：为赎罪券这样的区区小事，竟然兴师动众，鸣钟、游行、举行仪式；那么，为传扬福音这样的大事，鸣钟、游行、举行仪式，就必然要百倍于前者。

56. 教宗借以发放赎罪券的教会宝库，⑫ 未经基督子民充分讨论，也不

---

⑫ 功德宝库是基督和圣徒们积累的善功，教宗用赎罪券赦罪时可以从中提取。

为之广泛了解。

57. 赎罪券显然不是世俗宝藏，因为许多［赎罪券］兜售者不是免费发放，而是一味地积聚。

58. 赎罪券也不是基督和圣徒的功德。因为即使没有教宗，后者照样也使人的内心增加恩典，却将人的肉体交于十字架、死亡和地狱。

59. 圣劳伦斯（St. Laurence）说过，教会的穷人便是教会的宝藏。不过，这是根据当时流行的说法。

60. 我们不假思索地说，教会的诸钥匙⑬是由基督的功德赐予的，它就是教会的宝藏；

61. 因为很明显，教宗的权柄本身已足够赦免教宗辖下的刑罚和案件。

62. 教会真正的宝藏是上帝荣耀和恩典的至圣福音。

63. 但这份宝藏必然令人最为厌恶，因为它使在前的变为在后的［太20：16］。

64. 反之，赎罪券的宝藏自然最为诱人，因为它使在后的成为在前的。

65. 所以，福音的宝藏是前人捕获富人的渔网。

66. 赎罪券的宝藏是今人捕获人之财富的渔网。

67. 蛊惑人心者声嘶力竭地鼓吹其赎罪券是最大的恩典，实际上应被理解为"作为他们的牟利工具而言"。

68. 然而，同上帝的恩典和十字架的敬虔相比，这些恩典实在微不足道。

69. 主教及其助理一定会毕恭毕敬地接待售卖赎罪券的教宗代表。

70. 但他们更要耳聪目明，防止这些人只顾宣扬个人美梦，而将教宗的重要托付搁置一边。

71. 让那些对教宗赎罪券的真相提出异议的人受谴责和诅咒吧；

72. 但是，那些防范赎罪券兜售者的贪婪与许可的人理应蒙福；

73. 正如教宗对有损于售卖赎罪券之人大发雷霆，乃是理所当然的。

74. 但是，他对那些以赎罪券为幌子、实为破坏圣爱与圣道的人大发雷

---

⑬ 钥匙职包括宣讲福音、施行圣礼、赦免悔改之人的罪过，以及将不悔改的罪人逐出教会。

霆，就更是天经地义。

75. 认为教宗的赎罪券如此伟大，以至能够赦免那做了不可思议的坏事且侵犯了圣母的人，这是疯话。

76. 相反，就罪咎而论，我们认为教宗的赎罪券连最轻微的可宽赦的罪也不能免除。

77. 如果说圣彼得成了现在的教宗，也不能赐予更大的恩典，这便是对圣彼得和教宗的亵渎。

78. 相反，我们认为当今的教宗，或任何其他教宗，都有可供自己支配的更大恩赐，即福音、属灵权柄、医病的恩赐等，如《哥林多前书》12［:28］所记。

79. 认为赎罪券兜售者所竖立、饰以教宗盾徽（coat of arms）的十字架与基督的十字架具有同等功效，便是亵渎。

80. 听任这种谬论流传于民间的主教、助理神父和神学家，必须为此问责。

81. 对赎罪券的肆意鼓吹，甚至使那些有识之士也难于维护教宗应有的尊严，使其免受中伤和平信徒的尖锐问题。

82. 例如，"既然教宗为了修筑教堂筹集少得可怜的钱而解救了无数灵魂，那么，他何以不为神圣之爱和那里灵魂的迫切需要，而索性使所有灵魂统统得解脱，而将炼狱清空呢？何况后者的理由至为公义，前者的则微不足道。"

83. 又如，"既然为已被救赎者祈祷是错误的，那么，为何还要为死者继续举行安息弥撒（funeral mass）和周年弥撒（anniversary mass）？教宗为何不退还或允许提取为死者设立的捐款呢?"

84. 又如，"为了钱的缘故，他们竟然准许一个邪恶的、与上帝和教宗为敌的人，来赎买炼狱中敬虔的、与上帝友好的灵魂，却不愿本于高尚的爱心，应虔敬和所爱之灵的需要而这样做。这算是什么样的对上帝与教宗的新式敬虔?"

85. 又如，"补赎法规实际上早已废弃失效，现在为什么又以发放赎罪券的方式加以实施，好像它一直持续到今天，并且依然有效?"

86. 又如，"教宗为当今首富，古代最大的富豪克拉苏也望尘莫及。⑭ 那么，他为何不用自己的钱，而要用可怜信众的钱来建造圣彼得教堂呢？"

87. 又如，"完全悔改的人已经有权获得总赦和祝福。对这样的人教宗还能赦免和赐予什么呢？"〔第 36 和 37 条论纲〕

88. 又如，"教宗若将这些赦免和祝福赐予信徒，不像现在的一次，而是每天一百次，那么，教会所得的福祉还有比这更大的吗？"⑮

89. "既然教宗颁发赎罪券的目的是解救灵魂，而不是金钱，并且，之前的赎罪券和赦免与现在的一样有效，那么为什么又要将之前的暂停呢？"⑯

90. 对平信徒这些尖刻的疑虑不晓之以理，而只是压制，会使教会与教宗遭仇敌耻笑，并令基督徒感到不快。

91. 如果赎罪券是按照教宗的精神与旨意进行宣传的，所有这些疑虑都会迎刃而解。事实上，它们根本就不会出现。

92. 向基督子民宣扬"平安了，平安了"的所有先知统统走开，其实没有平安！〔耶 6:14〕

93. 向基督子民宣扬"十字架，十字架"的所有先知该受祝福，其实没有十字架！

94. 应当勉励基督徒努力跟从元首基督，经历刑罚、死亡和地狱；

95. 所以要确信，进入天国必须经历许多艰难，而非借着虚假的平安〔徒 14:22〕。

（翻译：雷雨田　编辑：周伟诚）

---

⑭ 克拉苏（Marcus Licinius Crassus，公元前 115—前 53 年），古罗马政治家、将领与大富豪。
⑮ 赎罪券许诺其持有者在生前及临终时各获一次赦免。
⑯ 禧年赎罪券推销期间，以前的赎罪券被暂停了。

海德堡辩论 *

（1518 年）

导　言

　　马丁·路德发表《九十五条论纲》、要求学者们参加辩论的计划不仅未能实现，相反还引起了一场轩然大波，他更被抨击为异端。教宗利奥十世要求奥古斯丁隐士修会的总监加布里尔·德拉·沃尔塔（Gabriel della Volta［Venetus］）先以正常渠道，设法使路德悄然缄口。沃尔塔把此项任务转交给德意志教区会长约翰·冯·施道比茨去完成。

　　德国奥古斯丁修会之分会按规定三年举行一届会议，时间是在复活节后第三个星期日。1518 年的例会是在 4 月 25 日，于海德堡举行。路德不顾大多数朋友的劝阻，毅然遵命于 4 月 11 日离开维滕堡，带着智者腓特烈的推荐信，与奥古斯丁修会同道莱昂哈德·拜尔（Leonhard Beier）一起，徒步登程。在符兹堡（Würzburg）他俩与爱尔福特教团相遇，然后一道乘坐马车，在会议召开前三四天，抵达海德堡。

　　虽然，施道比茨将沃尔塔的意图告知了大会，然而并没有任何记录显示出大会曾对路德采取过任何强制的措施；只是路德同意完成写作和出版《〈九十五条论纲〉的解释》，呈送一册给罗马，并附一封向教宗的致歉信。对于宗教改革事业最为重要的是，施道比茨要求路德和拜尔在 4 月 26 日参加奥古斯丁修会中举行的一场辩论会，好使与会的弟兄们了解新的福音神学。为了防止引起对路德的敌意，施道比茨要求路德仅就《驳经院神学论纲》一文中涉及的有关罪、自由意志和上帝恩典等问题进行辩论。尽管在会议上路德未能说服那些年长的神学家，但大部分青年与会者却很快接受了路德的新观点，其中包括后来在斯特拉斯堡

---

* *Heidelberg Disputation*，1518.

74

（Strassbourg）、符腾堡（Württemberg）和讷德林根（Nördlingen）等地传播宗教改革的人士，如著名的领袖马丁·布塞尔、约翰·布伦茨（Johann Brenz）和特奥巴尔德·迪利堪（Theobald Dillichanus）等；他们写信给朋友们，高度评价路德。布塞尔尤其深被路德感动，他认为路德忠于圣经、非常熟悉教父的观点、在答辩中谦虚有礼、倾听他人意见态度认真，而表达自己的见解时又勇气十足。

路德为海德堡辩论写了二十八条有关神学的论纲以及十二条哲学方面的论纲，这是按照惯例，事前准备好的内容。另外，他还为神学论纲提供了扼要的答辩证词，并且为第 6 条论纲专门写了一篇解释。在路德亲自主持下，莱昂哈德·拜尔为论题辩论。

*　　　*　　　*

由神学硕士马丁·路德兄弟主持，文学和哲学硕士莱昂哈德·拜尔兄弟，在奥古斯丁修会面前，于海德堡这座著名城市惯常的地方，为下列论纲辩护。这是在 1518 年的 5 月。①

神学论纲

依据圣灵之忠告："不可倚靠自己的聪明"［箴 3:5］，我们完全不倚靠自己的智慧，谨在此谦虚地提出下述吊诡式的神学命题，供所有欲出席辩论会的有识之士明察，以确定这些命题是否正确地演绎出基督所特选的器皿——圣保罗——的教导，又是否忠于圣保罗最忠实的阐释者——圣奥古斯丁——的训诲。

1. 上帝的律法是关乎生命最美善的教义，但它不能促使一个人走上义路，反而会起阻碍作用。
2. 这样说，那些人们所谓的善行，即那些在天然本性之戒律指导之下

_____

① 这是路德在准备论纲时所写的大致日期，会议实际上是在 1518 年 4 月 26 日举行。

反复做出的行为，更无法引导人走上义路。

3. 虽然人的行为常常表现得非常出色和良善，却可能是致死的罪。

4. 虽然上帝的作为经常看起来不怎么辉煌，甚或令人觉得邪恶难忍，然而它们却实实在在是永久的功德。

5. 人的行为（我们指那些明显的善举）并不是致死的罪，仿佛它们是罪行。

6. 上帝的作为（我们指上帝借着人而成就的那些工作）并不算是功德，仿佛它们都无罪。

7. 义人若非因敬畏上帝而视自己所行的为致死的罪，他所行的便真的成为致死的罪了。

8. 因此，人在肆无忌惮的情况下，为不折不扣、邪恶的自我安全目的而行的事，更该是致死的罪。

9. 若说在基督以外的行为是死的，却又并非致死的，这似乎是危险地放弃了对上帝的敬畏。

10. 实在难以理解，一种行为如何是死的，却同时并非是有害和致死的罪。

11. 除非在每次行事时都怀有对审判的恐惧，否则就难以避免傲慢，真实的盼望也难以存在。

12. 只有当人们惧怕自己的过犯是致死的罪时，这些罪在上帝的眼中才真正被视为可宽赦的。

13. 自堕落以后，自由意志便图负虚名；何时它发挥其作用产生行为，何时便会犯下致死的罪。

14. 自堕落以后，自由意志仅仅能够被动地行善，然而却能够经常主动地去行恶。

15. 自由意志也不可能主动地保持无罪的状态，更不会主动行善，只可能被动地行善。

16. 凡相信尽己所能[2]就可以获得恩典的人，只是罪上加罪，负有双重的罪咎。

---

② 参考本卷《驳经院神学论纲》注⑤。

17. 上述说法并非要叫人绝望；相反，这应唤起一种渴望，叫人谦卑地寻求基督的恩典。

18. 可以肯定地说：人必须首先对自己的能力完全绝望，然后才能准备接受基督的恩典。

19. 以为能够通过实际发生的事物来清楚明白上帝的隐藏性，那样的人不配称为神学家。［罗 1:20］

20. 然而，人透过苦难和十字架来理解上帝的可见性和显明的，他才配称为神学家。

21. 荣耀神学家称恶为善，称善为恶；十架神学家正确道出事物的真相。

22. 从人所能感知到的行为来洞悉上帝的隐藏性，这种智慧完全是出于自大、盲目和硬心。

23. 律法是惹动上帝忿怒的，它会杀害、谴责、控诉、审判和咒诅一切在基督以外的事物。［罗 4:15］

24. 然而，这种智慧本身并非邪恶，人也不该回避律法；可是如果没有十架神学，最好的事便会被人们以最差的方式误用。

25. 人非因多行善才是义的；那不靠行善、只深深相信基督的人才是义的。

26. 律法说："做这事"，却永远无法完成；恩典说："相信这事"，一切都已成就。

27. 实际上应该称基督之工为运作之工，而称人们自身之工为作成之工。这样，借助运作之工的恩典，作成之工才可博得上帝的喜悦。

28. 上帝之爱并不是寻找自己喜悦的对象，而是创造它。人之爱是因遇见令自己喜悦之对象而产生的。

哲学论纲

29. 谁欲应用亚里士多德哲学来解释神学而不危害自己的灵魂，必须先在基督里变得完全愚拙。

30. 正如只有已婚之人才可正确地运用情欲，同样，只有愚拙的人，就是基督徒，才可正确地作哲学思考。

31. 对亚里士多德来说，承认世界永恒是很容易的，因为他相信人类灵魂是可朽的。

32. 若采纳这命题："世界上有多少受造物，就有多少物质的形式"，那就必然认为世界上的一切都是物质的。

33. 世上没有必然存在的事物。但是，源自物质的东西，按照其本性必然地生成。

34. 假如亚里士多德相信上帝的绝对权能，他就会坚持地说，物质绝对不可能独自自发存在。

35. 按照亚里士多德哲学，论行动，世界上没有什么是不受限制的；但若论潜能和物质，所有的受造物都是不受限制的。

36. 亚里士多德错误地挑剔和嘲笑柏拉图的理念（ideas），实际上柏拉图的观点比他本人的观点还要优秀。

37. 毕达哥拉斯（Pythagoras）曾经极为精妙地论述了物体的数学秩序，但是更为精妙的是柏拉图提出的理念的相互作用。

38. 亚里士多德猛烈地抨击巴门尼德（Parmenides）③ 关于"一"（oneness）观点（基督徒也许能宽容这观点），然而这抨击只是打空气。

39. 若阿那克萨哥拉（Anaxagoras）将无限设想为形式（他似乎持有这种见解），那么他就是最优秀的哲学家，尽管亚里士多德不愿承认。

40. 对亚里士多德来说，缺欠、物质、形式、可动、不可动、冲动、潜能等等，似乎都是一样的。

海德堡神学论纲证词（公元 1518 年 5 月）

第 1 条

上帝的律法是关乎生命最美善的教义，但它不能促使一个人走上义

---

③ 巴门尼德是古希腊著名的哲学家，他和芝诺（Zeno）在公元前 5 世纪是爱利亚学派（Eleatic school）的代表，倡导一种一元论宇宙观。

路，反而会起阻碍作用。

关于这一条，使徒保罗在《罗马书》3［:21］写得很清楚："但如今，上帝的义在律法以外已经显明出来"，这里圣奥古斯丁在他的《精意与字句》（*The Spirit and the Letter*/*De Spiritu et Littera*）中如此解释："在律法之外，即没有律法的支持。"④《罗马书》5［:20］又提出："律法本身是外添的，叫过犯显多"，接着《罗马书》7［:9］补充道："但是诫命到了，罪又活了。"因此圣保罗在《罗马书》8［:2］称律法是"罪和死的律"。确实，保罗在《哥林多后书》3［:6］指出："字句叫人死"，关于这点，奥古斯丁在他的《精意与字句》通篇都解释为适用于各种律法，包括上帝最神圣的律法。

第 2 条

这样说，那些人们所谓的善行，即那些在天然本性之戒律指导之下反复做出的行为，更无法引导人走上义路。

上帝的律法是神圣、无瑕、真实、公义的，它是上帝赐予人们作为其天赋能力之外的一种援助，用以启迪、推动人去行善；然而却出现了相反的后果，就是人变得愈来愈邪恶。那么，在没有这种援助时，靠人自身的能力，如何引导他去行善呢？一个人如果在外力的帮助下尚且不能向善的话，那么，仅借本身的力量，他所能做的也会愈少。因此，使徒保罗在《罗马书》3［:10—12］称所有那些"没有明白的、没有寻求上帝"之人是败坏的、无能的，认为他们都"偏离了正路"。

第 3 条

虽然人的行为常常表现得非常出色和良善，却可能是致死的罪。

---

④ 载于 Augustine, *Basic Writings of St. Augustine*, trans. P. Holmes, ed. Whitney J. Oates（2 vols.；New York, 1948），I，461—518。参考 *MPL* 44，199—246。

人所做的虽然在外表上吸引人，然而内里却污浊不洁，正像基督在《马太福音》23［:27］提到的法利赛人那样。因为这些行为在行事的人和其他人的眼中虽是美善，但上帝并不凭外表判断，而是要"察验人的心肠肺腑"［诗7:9］。因为没有恩典和信心，不可能有纯洁的心肠。《使徒行传》15［:9］指出："［上帝］又藉着信洁净了他们的心"。

其次，这命题可以下述的方法论证：像第7条论题指出的，如果义人的作为也是罪恶，不义的人所行的便更是罪恶。但是，义人这样论说他们的作为："求你不要审问仆人，因为在你面前，凡活着的人没有一个是义的。"［诗143:2］使徒保罗在《加拉太书》3［:10］也如此说："凡以行律法为本的，都是被诅咒的。"因为人所做的是属乎律法的工，而且被诅咒的并不是可宽赦的罪，所以，被诅咒的必然是致死的罪。

第三，《罗马书》2［:21］指出："你既是教导别人，还不教导自己吗？你讲说人不可偷窃，自己还偷窃吗？"圣奥古斯丁认为这段话意味着：那些丧失良知的人，即使他们在公开场合担任审判、申斥其他盗贼的角色，然而按照其有罪的良心，他们本人就是盗贼。

第 4 条

虽然上帝的作为经常看起来不怎么辉煌，甚或令人觉得邪恶难忍，然而它们却实实在在是永久的功德。

对于说上帝的作为并不辉煌，《以赛亚书》53［:2］非常清楚地说："他无佳形美容"；《撒母耳记上》2［:6］论道："耶和华使人死，也使人活；使人下阴间，也使人往上升。"这段经文可理解为：主借着律法和我们的罪，使我们变得卑微、感到恐惧，叫我们不仅在别人眼中，就是自己也觉得渺小、愚拙、邪恶，因为实情的确如此。只有在承认自己并无佳形美容时，才能相信自己的生命藏在上帝里面（就是唯独相信上帝的怜悯），发现自己所有的，只是罪孽、愚昧、死亡和地狱。按照圣保罗在《哥林多后书》6［:9—10］所言："似乎忧愁，却是常常快乐的；似乎要死，却是活着的。"同时，《以赛亚书》28［:21］指出上帝所成就的是奇异的事（就是上帝使我们全然降卑、处于绝境之后，才会因他的怜悯高举我们，给予我们希望），正如《哈巴谷书》3［:2］所讲："在发怒的时候以怜悯为念。"这样的人全然不喜悦自己所做的，也看不到自己有佳形美容，只看到自己的败坏，他也确实会做其他人认为的讨厌傻事。

但是，这种自以为败坏的感觉，是因上帝对我们的惩罚和我们的自责而起。正像《哥林多前书》11［:31］所言："我们若是先分辨自己，就不至于受审。"《申命记》32［:36，和合本修订版］也指出："耶和华……就必为他们伸冤，为自己的仆人发怜悯。"其结果是，上帝在我们谦卑和虔诚人身上所做的不引人注目的工作才是真正永久的，因为卑微和敬畏上帝才完完全全是我们的功德。

第 5 条

人的行为（我们指那些明显的善举）并不是致死的罪，仿佛它们是罪行。

严重过犯，诸如奸淫、盗窃、凶杀、毁谤等犯罪行为，是会受众人谴责的。然而，致死的罪是那些看起来是善的，实质上却是坏树所结的坏果子。圣奥古斯丁在他的《驳朱利安》（*Against Julian/Contra Julianum*）第四卷中就曾论及此。⑤

第 6 条

上帝的作为（我们指上帝借着人而成就的那些工作）并不算是功德，仿佛它们都无罪。

---

⑤ *MPL* 44，641—880.

《传道书》7〔:20〕如此说："时常行善而不犯罪的义人，世上实在没有。"有些人认为义人的确会犯罪，但当他们行善时并不犯罪。⑥ 可以如此反驳他们的看法："既然这段经文的意思是如此，为什么要加多余的词句呢？"难道圣灵喜欢唠叨多言吗？直接说："不犯罪的义人，世上实在没有"不就足够了吗？为什么一定要加"时常行善"这个定语，好像还有另一种人行恶却还是义的呢？除了义人，就再无人行善了。然而，传道者当论到善功领域以外的罪行时，就像这样〔《箴言》24:16〕说："义人每天七次跌倒。"他在这里不可能说："时常行善时，义人每天七次跌倒。"这不过是一种对比。即使一名熟练的技工，如果他使用的是一把生锈的钝斧，那么砍出的木条必然参差不齐，做出的物件也极不美观和平滑。同样的道理，上帝通过我们所做的工，也不会是圣洁无瑕的。

第 7 条

义人若非因敬畏上帝而视自己所行的为致死的罪，他所行的便真的成为致死的罪了。

首先，可参照前面第 4 条的论证。人应存敬畏上帝的心做每一件事；信赖自己的行为，便等同于夺取上帝的荣耀归于自己。但这完全是错的，因为他在行为中追求的是本人的快乐和荣耀，并把自己当成了崇拜的偶像。凡自信十足、不敬畏上帝的人，其行动就是如此这般。因为如果真正怀有敬畏之心，他就不可能自信十足，也不会沾沾自喜，但他却能得上帝的喜悦。

第二，诗篇作者清楚地论证："求你不要审问仆人"〔诗 143:2〕；《诗篇》32〔:5〕："我说，'我要向耶和华承认我的过犯'"，等等。但是，这里明显不是指可宽赦的罪，因为经文指出，对于可宽赦的罪是没有必要悔过的。如果这里所指的是致死的罪，而且所有的圣徒都为此祈

---

⑥ 路德的"有些人"主要指圣耶柔米（St. Jerome）。

求（像上述经文指出的），那么这些圣徒的行为也是致死的罪。然而，圣人的行为是善功，其之所以为善，是由于他们存敬畏的心谦卑地认罪。

第三，主祷文中"免我们的债"［太 6:12］也可以为此作证。这是圣徒的祷告，因此那些债其实是他们为之祷告的善功。尽管如此，它们又明显是致死的罪，因随后的经文如此说："如果你们不饶恕人的过犯，你们的天父也必不饶恕你们的过犯。"［太 6:15］我们注意到这些过犯若得不到宽恕，他们就要受到诅咒，除非按主祷文诚心诚意地祷告，并在行动上饶恕他人。

第四，《启示录》21［:27］如此说："凡不洁净的，并那行可憎与虚谎之事的，总不得进那城［天国］。"妨碍人进入天国的每件事都是致死的罪（否则就要对致死的罪另作界定），然而可宽赦的罪也可以玷污心灵，而成为进入天国的障碍。结果……

第 8 条

因此，人在肆无忌惮的情况下，为不折不扣、邪恶的自我安全目的而行的事，更该是致死的罪。

前述论纲的必然性推论是显而易见的。凡无敬畏，就无谦卑；没有谦卑，就会产生骄傲；骄傲一旦产生，必然导致上帝的忿怒和审判，因为上帝抵挡傲慢的人。事实上，骄傲若止息，世上就再无罪恶。

第 9 条

若说在基督以外的行为是死的，却又并非致死的，这似乎是危险地放弃了对上帝的敬畏。

人一旦能如此稳妥肯定，就会形成危险的傲慢。那么，人就会不断夺取上帝应得的荣耀，而归荣耀于其他事物。但人应竭尽所能荣耀上帝——愈快愈好。有鉴于此，圣经才忠告我们："悔改归向主，不可迟延。"⑦ 如果人夺取上帝的荣耀是干犯上帝，人若肆无忌惮公然地夺取上帝的荣耀，岂不更是干犯上帝吗？然而众所周知，无论谁不在基督里，或者脱离基督，便是夺取了基督的荣耀。

第 10 条

实在难以理解，一种行为如何是死的，却同时并非是有害和致死的罪。

我采取下述方法证明这一条。首先，圣经上从来没有提过死而不致死的事物。的确，连语法书也没有这样的道理，但从词义上可以分辨出"死的"比之"致死的"语气更强烈，语法学家称致死的行为是会取人性命的，而死的行为并非是已被杀的，却是全无生气的。但是上帝鄙视无生气的东西，正如《箴言》15［:8］所言："恶人献祭，为耶和华所憎恶。"

其次，意志对死的行为必然有其态度，即意志若不是爱它，就会恨它。意志本不可能憎恨死的行为，因为意志本身是邪恶的。结果意志喜爱死的行为，同时也爱一些死的东西。这行为本身导致意志行邪恶的事对抗上帝；然而它本应该热爱上帝并应在任何事情上都荣耀上帝。

第 11 条

除非在每次行事时都怀有对审判的恐惧，否则就难以避免傲慢，真实的盼望也难以存在。

这一观点在前述第 4 条中已作了清楚的证明。因为一个人不可能信靠上帝，除非他对所有的受造物都感到绝望，并懂得离开上帝万事都没

⑦ 路德此句引自圣经武加大译本的次经《便西拉智训》5:7。

有益处。然而正如我们在上面所说的，世上没有如此心怀纯净盼望之人，我们仍对受造之物抱有一些信心，因此很清楚，在所有东西都不纯净的情况下，我们应该畏惧上帝的审判。这样，我们不仅要在行事上，也应在意向上避免傲慢，即当我们仍然对受造之物抱有信心时，便当心中不悦。

第 12 条

只有当人们惧怕自己的过犯是致死的罪时，这些罪在上帝的眼中才真正被视为可宽赦的。

上述内容足以清楚地说明这一条。因为我们谴责自己的程度有多深刻，上帝宽赦我们的程度也就有多大，正如经文所说："承认你的过犯，你就是义的"[参考赛 43:26]，以及"求你不叫我的心偏向邪恶，以致我和作孽的人同行恶事"[诗 141:4]。

第 13 条

自堕落以后，自由意志便徒负虚名；何时它发挥其作用产生行为，何时便会犯下致死的罪。

第一部分的意思很清楚，因为意志是被掳的，服于罪之下。这并不是说它不能做什么，但是除了作恶以外，它是不自由的。根据《约翰福音》8[:34，36]，"所有犯罪的，就是罪的奴仆……所以天父的儿子若叫你们自由，你们就真自由了"。为此，圣奥古斯丁在其《精意与字句》一书中写道："在恩典以外的自由意志，除了犯罪以外，不能做任何事。"⑧他在其《驳朱利安》第二卷中还说："你说意志是自由的，其实

---

⑧ Chap. 3, par. 5, *MPL* 44，203.

它是一个被奴役的意志。"⑨ 他还在其他许多地方讲了同样的话。

第二部分的含义不仅在前述各条中可明白地看出，而且在《何西阿书》13［:9］可见："以色列啊，你给自己带来灾难，岂不知你的救恩唯独出于我。"⑩ 圣经中类似的章节都可以作证。

第 14 条

自由意志仅仅能够被动地行善，⑪ 然而却能够经常主动地去行恶。

这一条的意思可举一个例子就能清楚地说明。恰似一个死去的人，只能以本性的能力给生命做点事一样，但当他活着的时候，却能够主动地为死亡做不少事。然而，自由意志是死的，这从被上帝由死里复活的死人可见，正如教会的圣教师们所教导的那样。圣奥古斯丁在批判伯拉纠派的各种著作中，也力证同一论点。

第 15 条

自由意志也不可能主动地保持无罪的状态，更不会主动地行善，只可能被动地行善。

《四部语录》的主编者⑫引用圣奥古斯丁的话说："这些证据非常明白地显示，人在被创造时，就接受了公义的本性和善良的意志，同时也有上帝的帮助，使他能以得胜；不然，仿佛就不能显明他的堕落归咎于

---

⑨ Chap. 8, par. 23, *MPL* 44, 689.

⑩ 这是路德对经文的自由翻译，其原文是："以色列啊，我要毁灭你，谁能帮助你呢？"（新译本）

⑪ 路德认为自由意志在堕落前，尚能够自我决定去行善；当意志堕落后，由于仅存以虚名，也能做看起来似乎善的事，但实际上不能行善。

⑫ 指彼得·伦巴德，参见 *MPL* 192, 519—964. 下面的一段引语见 col. 586。

他本人。"彼得·伦巴德在讲到主动能力时，明显与圣奥古斯丁在他《论惩戒和恩典》（*Concerning Reprimand and Grace/De Correptione et Gratia*）一书中的观点相左，他是以这种方式表述的："如果他有那样的意志，他就接受了行动的能力；但他当时并没有借之可以付诸行动的意志。"[13] 这里是把"行动的能力"理解为被动能力，而把"付诸行动的意志"理解为主动能力。

尽管如此，第二部分可由主编者借着相同的区分充分辨明。

第 16 条

凡相信尽己所能就可以获得恩典的人，只是罪上加罪，负有双重的罪咎。

依照上述的论证，下述的观点可不辩自明：一个人凭借自身的能力去行事，因为在每件事上都追求利己的目标，所以他必然犯罪。但如果他再以为借着犯罪可以使他配得恩典，那么结果只能是在罪上又加狂妄的傲慢，不承认罪是罪、恶是恶，从而犯下极为严重的罪行。正如《耶利米书》2［:13］所言："因为我的百姓做了两件恶事，就是离弃我这活水的泉源，为自己凿出池子，是破裂不能存水的池子"；这就是说，借着犯罪，他们远离了我，但还以为可以凭借他们本身的能力去行善。

现在，你们可能要问："那么我们该做什么呢？因为我们只会犯罪，再无能为力，难道我们就以冷漠的态度任性而为吗？"我会回答说，断乎不可。但既然听到这一切，便应跪下来祈求上帝的恩典，把希望寄托在基督身上，因他是我们的救恩、生命和复活。由于我们所领受的教导是这样的——律法使我们知罪，既然承认自己有罪，就要寻求和接受恩典。为此，上帝"赐恩给谦卑的人"［彼前5:5］，"自卑的，必升为高"［太23:12］。律法使人降卑，上帝的恩典使人升高；律法导致恐惧和忿怒，恩典却带来希望和怜悯。"律法本是叫人知罪"［罗3:20］，但是知

---

[13] *MPL* 44，915—946.

罪会产生谦卑，谦卑就可以得着恩典。这样，一种与上帝本性相异的行为，却产生了完全合乎上帝本性的事情：上帝先使一个人成为罪人，目的是使他最终成为义人。

第 17 条

上述说法并非要叫人绝望；相反，这应唤起一种渴望，叫人谦卑地寻求基督的恩典。

前述论证已使此条十分明了，因为按照福音书所说，上帝的国是要赐给小孩子和谦卑的人 [可 10:14，16]，基督所爱的就是这样的人。但是，凡不承认自己是恶贯满盈、邪气冲天、该受诅咒的，这种人不可能变得谦卑；必须借着法律，他们才能认识罪。十分明显，当别人告知我们是罪人时，所宣讲的不是绝望，而是希望。这种有关罪的宣讲是获取恩典的准备，因所宣讲的是认罪和信心，认罪的念头一旦产生，对恩典的渴求就会涌出来。患病者认识到其病症的严重性时，他就会寻求医生的救治。因此，告诉患病者病情的危险性，不会导致他产生绝望或死亡，而是促使他寻求医治。告诉人说即使我们竭尽所能，仍然不能做什么，并且免不了经常犯罪，这并不意味着我们要使人陷入绝望的境地（除非他们愚不可及）；相反，我们是在劝导他们关注我主耶稣基督的恩典。

第 18 条

可以肯定地说：人必须首先对自己的能力完全绝望，然后才能准备接受基督的恩典。

由于律法引导人投向地狱，使人困乏可怜，并向人显示他不论做什么，都只能是个罪人，所以律法的本意就是叫人对自己的能力感到绝望，正如使徒保罗在《罗马书》第 2 章和 3 [:9，参考新译本] 说的：

"我们已经控诉过，所有人都在罪恶之下。"然而，还有人仍简单地依靠自己的能力做事，以为他正在行善，根本看不到自己一无是处，也并未对自己的能力感到绝望。的确，这种人相当傲慢，仍然轻信依靠自身的力量，能争取到恩典。

第 19 条

以为能够通过实际发生的事物来清楚明白上帝的隐藏性，那样的人不配称为神学家。[罗 1:20]

试想使徒保罗在《罗马书》1［:22］批评那些"神学家"愚拙，这一条就显而易见了。再者，上帝的隐藏性就是德行、敬虔、智慧、公正、良善等等，但只认识到所有这些事物，还不能使一个人成为有价值的或聪明的。

第 20 条

然而，人透过苦难和十字架来理解上帝的可见性和显明的，他才配称为神学家。

上帝的"背"和可见性乃与隐藏性相对，即他的人性、软弱和愚拙。使徒保罗在《哥林多前书》1［:25］就称它们为上帝的软弱和愚拙。由于人们看重行为而错用了有关上帝的知识，上帝反过来就只愿让人们借苦难去认识祂，并透过关顾可见之事物的智慧，去谴责关顾不可见之事物的智慧。好使那些不按上帝的作为所启示来荣耀他的人，要在祂隐藏的苦难中荣耀他。恰如《哥林多前书》1［:21］指出："世人凭自己的智慧既不认识上帝，上帝就乐意用人们当作愚拙的道理拯救那些信的人，这就是上帝的智慧了。"现在，除非人能在十字架的谦卑和羞辱中去认识上帝，否则无人能在上帝的荣耀和权威中认识他，而从荣耀中认识上帝对人也没有什么好处。因此上帝消灭聪明人的聪明，正如

《以赛亚书》［45:15］所言："你实在是自隐的上帝。"

所以，《约翰福音》14［:8］也记载，当腓力按照荣耀神学提出"求主将父显给我们看"的时候，基督马上就把从其他地方寻找上帝的念头转向他自己，他说："腓力，人看见了我，就看见了父。"［约14:9］由此可知，真正的神学及对上帝的认知是在钉十字架的基督身上，正如《约翰福音》第10章［约14:6］所言："若不借着我，没有人能到父那里去"，"我就是门"［约10:9］，等等。

第 21 条

荣耀神学家称恶为善，称善为恶；十架神学家正确道出事物的真相。

十分清楚，不认识基督的人就不认识隐藏于苦难中的上帝。因此，他喜爱善功而不喜爱苦难，喜爱荣耀而不喜爱十字架，喜爱刚强而不喜爱软弱，喜爱聪明而不喜爱愚拙。总而言之，他喜爱美善而不喜爱丑恶。这种人，使徒保罗称之为"基督十字架的仇敌"［腓3:18］，因他们仇视十字架和苦难，却喜爱善功及其荣耀。因此，他们就称十字架的良善为恶，而称邪恶之举为良善。正如上面所说，只有在苦难和十字架中才能找到上帝。这样，十字架之友赞颂十字架、厌恶善功，因为在十字架面前，不仅善功被推翻，就连由善功所造就的老亚当也被钉十字架。一个人不可能做了善功而不自高；只有当他首先被否定、遭受苦难的折磨，直至他自觉毫无价值的时候，才会领悟到他所做的善功，并非出于他本人，而是出于上帝。

第 22 条

从人所能感知到的行为来洞悉上帝的隐藏性，这种智慧完全是出于自大、盲目和硬心。

这一条上面已有论及。因为人们不了解十字架及憎恨它，他们必然喜爱相反的东西，诸如智慧、荣耀、权能等等。但由于人的贪欲，不满足于企图得到的东西，因此人便愈来愈被这种喜爱蒙蔽，心灵变得刚硬。恰似金钱愈多，爱钱的心也愈发加增；人若心灵患了水肿症，愈喝水就愈发口渴。曾有诗人说："喝水愈多，愈感口渴。"《传道书》1［：8］对这种心态也有类似的描述："眼看，看不饱；耳听，听不足。"所有的贪念都有同样的后果。

同样，贪求知识的，也不因得着智慧而满足，反而会促使他渴求更多的知识。与此相仿，追求荣耀的不会因得着荣耀而满足，统治欲不会因已得着的权柄而满足，爱称赞的人也不会因得着称赞而满足，等等。正如在基督在《约翰福音》4［：13］所说："凡喝这水的，还要再渴。"

医治欲火的办法，并不在于一味满足其欲望，而应该采用止息的疗法。换句话说，一个人想要变得聪明，他就不能去追求智慧，而应该退一步，来寻求愚拙，以致使自己变得愚拙。同样，一个人若想获取更多的权力、荣誉和享受，并对一切都满足，他就应该逃避、而不是去追求这些东西。这就是世人以为愚拙的智慧。

第 23 条

律法是惹动上帝忿怒的，它会杀害、谴责、控诉、审判和咒诅一切在基督以外的事物。［罗 4:15］

与此相应，《加拉太书》3［：13，新译本］宣称："基督……救赎我们脱离了律法的咒诅"；"凡以律法为本的，都是被咒诅的"［3:10］；《罗马书》4［：15］也说："因为律法是惹动忿怒的"；《罗马书》7：［10］："那本来叫人活的诫命，反倒叫我死"；《罗马书》2［：12］："凡没有律法犯了罪的，也必不按律法灭亡"。所以，那自夸在律法上很聪明、有见识的，其实是在夸耀自己的混乱、被定罪，以及上帝的忿怒和死亡的威胁，正如《罗马书》2［:23］所言："你指着律法夸口。"⑭

第 24 条

然而，这种智慧本身并非邪恶，人也不该回避律法；可是如果没有十架神学，最好的事便会被人们以最差的方式误用。

的确，律法是圣洁的［罗 7:12］，上帝的恩赐都是好的［提前 4:4］，正如《创世记》1［:31］所言："上帝看着一切所造的都甚好。"但是，如前所述，当一个人尚未被十字架和苦难降为卑，尚未视自己为一无所有的时候，他只会把荣誉归于自己的善行和聪明，而不归荣耀于上帝。这样，他也就误用和亵渎了上帝的恩赐。

然而，当一个人经过苦难而虚己以后［参考腓 2:7］，他就不再忙于行善，相反他会知道是上帝在他里面做工，做成万事。由于这个原因，不管他做工与否，对他来说都一样。如若他行了善，他不会自吹自擂；即使上帝没有借着他行什么善，他也不会感到烦躁。他懂得，假若能经受苦难，被十字架引到低微的处境，以致己身更多被淹没和消灭，那已令他感到满足了。有鉴于此，基督在《约翰福音》3［:7］说："你们必须重生。"一个人要重生，就必先要死去，然后与人子一同复活。我以为：死去的含义，就是体会到死亡临近的感觉。

第 25 条

人非因多行善才是义的；那不靠行善、只深深相信基督的人才是义的。

这是因为，上帝的公义不能通过重复的善行而获得，正如亚里士多德所教导的；上帝的公义乃是凭信心获得的，因"义人必因信得生"

---

⑭ 英文版编者在此段中没有采用 WA 1，363 的文本，而是采用了 CL 5，390 的文本。

（罗 1［:17］），且"人心里相信就可以称义"（罗 10［:10］）。所以，我希望对此条论纲中"不靠行善"这样理解：并非义人不行善，而是他所行的不能使他称义，甚至是他的义使他能以行善。因为恩典和信心是在没有善行的情况下注入我们的心，而有了恩典和信心，善行便随之而来。有鉴于此，《罗马书》3［:20］指出："没有一个人因行律法能在上帝面前称义"；"所以，我们看定了：人称义是因着信，不在乎遵行律法"（罗 3［:28］）。换言之，善行对称义不会有什么贡献。所以，人们也会明白，依靠信心所作的善功，并不是出于他自己，而是出于上帝。按此道理，人们就不会借着行善去寻求称义或荣耀，而是寻求上帝，因信基督而称义便已足够。正如《哥林多前书》1［:30］所言，基督就是人的智慧、公义等等，而人本身成了基督的行动和器皿。

第 26 条

律法说："做这事"，却永远无法完成；恩典说："相信这事"，一切都已成就。

第一部分从使徒保罗和他的阐释者圣奥古斯丁在许多地方的言论已清晰可见。前述的内容也已多次说明：律法带来上帝的忿怒，使一切人都服在咒诅之下。第二部分也可在同样的出处清楚看到，因为人是因信称义。圣奥古斯丁说："信心获得律法所要求的。"因借着信，基督与我们同在，或更应说，合而为一。基督是公义的，成就了上帝的一切命令；然而借着对基督的信心，我们也就成就了所有的事情，因借着信，他就成为了我们的了。

第 27 条

实际上应该称基督之工为运作之工，而称人们自身之工为作成之工。这样，借助运作之工的恩典，作成之工才可博得上帝的喜悦。

因为借着信，基督在我们里面活着，所以他就经常推动我们去行善；我们能以行善，是因对基督所成就的怀着活泼的信心，因他成就了上帝借着我们的信心给予我们的命令。如若我们看到基督所做的，我们便会受感动去效法他。因此，使徒保罗说："所以你们该效法上帝，好像蒙慈爱的儿女一样。"［弗 5:1］这样，基督的救恩驱使我们行怜悯，正如圣格列高利所言："基督的每项工作都是对我们的教导，也确实是对我们的激励。"如果基督的行动在我们里面，那行动就借着信心活着，就如经文极美妙地说："愿你吸引我，我们就快跑跟随你"［歌 1:4］，迎着"你的膏油"之馨香［歌 1:3］，那就是"你的工作"。

第 28 条

上帝之爱并不是寻找自己喜悦的对象，而是创造它。人之爱是因遇见令自己喜悦之对象而产生的。

第二部分很明显，且为所有的哲学家和神学家所接受，因为爱的对象就是所爱的原因；根据亚里士多德的理论，假定心灵里所有力量都是被动的、由具体对象引发的，仅仅在接受一些事情时才变成主动的。由此也表现出亚里士多德哲学与神学是矛盾的，因为在所有事物中，该哲学只追求那些属于其本身的东西，同时它接纳而非给出美善的事物。

第一部分之所以是清楚的，因那存于人心中的上帝之爱，其爱的对象是罪人、恶人、蠢人和软弱的人，为要使他们变成义人、好人、聪明人和刚强之人。上帝之爱并非谋图利己之私，而是不断涌现，赐下美善。这样一来，罪人因被爱而有吸引力，而不是因为有吸引力所以被爱。

推而言之，人之爱回避罪人和恶人。有鉴于此，基督才说："我来本不是召义人，乃是召罪人。"［太 9:13］这种产生于十字架之爱，并不是寻找自己可以享受的美善，而是要把美善赋予丑恶的和急需救助的人。使徒说："施比受更为有福"［徒 20:35］，《诗篇》41［:1］也称："眷顾贫穷的有福了"，因为人的悟性本身难以理解不存在的对象，就如贫穷和急需救助的人，而只能理解真实存在的事物，就是美善之物，因此它按外表来判断，看外貌评断人，仅以眼目所能及之物作评判，等等。

关于第 6 条论纲的解释^⑮

人的意志在恩典以外是自由的还是受捆绑的？

论纲（第一部分）

考虑到人的各种行为经常不是对立就是自相矛盾的这种情况，在恩典之外，人的意志是不自由的。甚至当意志不受任何外力的强制时，也必然受到束缚，是被动的。

为了证明这个论点，应该指出：首先，意志的对立行为，无论是出于愿意或勉强（*velle et nolle*），从意志所在的地位来说都是主动的；然而，相互矛盾的行为是愿意与不愿意（*velle et non velle*）的矛盾，或是勉强与并非勉强（*nolle et non nolle*）的矛盾；那就是说，在某一时刻愿意，在另一时刻却既不愿意也并非不愿意，而是不做决定或无行动。其次应指出的是，我们所讲的意志的自由，是关乎有没有功德的问题；在这层次之下的，即无论是对立或矛盾的行为，我也不否认意志是自由的，或意志自以为是自由的。

以这些先决条件为基础，让我来证明论纲的第一部分。在相互矛盾的行为中，毫无疑问意志是不自由的，因为如果它能自由地不按意愿进行选择，那么它也能自由地预防犯罪。然而这不可能，确切地说是异端言论，也违背圣格列高利的教导："罪若不因悔改而被洗净，便会很快由于本身的力量导致新的罪。"但是，如果说意志是自由的，它就可以

---

⑮ 这第 6 条究竟属于哪篇论纲，尚难断定；但该"解释"却肯定作于 1518 年。它表达了路德当时对自由意志的观点。

防止本身引起新的罪。换句话说，如果意志不可能避免被外界的诱惑吸引，它就不是自由的。用通常的话来讲，人的意志在恩典之外，不可能持久不犯致死的罪，所以它就不能不丧失自己的自由。最后，引用使徒在《提摩太后书》2［:25—26］所说的来论证："或者上帝给他们悔改的心，可以明白真道，叫他们这已经被魔鬼任意掳去的，可以醒悟，脱离他的罗网。"在这里清楚地讲明了，他们的意愿就是魔鬼的意愿，也因此而行恶。

论纲（第二部分）

要论证在对立的行为中意志是不自由的，我将引用《创世记》8［:21，武加大译本］的一段话："人心中的想象和念头总是倾向于邪恶。"人既然总是倾向于邪恶，那么人的意志就从来也不会倾向与恶事相反的善事。这种情况既是自由地也是必然地发生，这可用下述方法进行证明：天赋意志具有意愿或不意愿的程度，不小于所有自然物的固有功能；意志的功能被剥夺的程度也不大于其他自然物。但意志不可能是受到约束和不自由的。结论是意志必然是自由的，也必然有自由去意愿。因此，下列两种论断中任何一个都是正确的：

> 正在堕落之人不可能借自身的力量堕落。
> 正在堕落之人可以借外界的力量堕落。

这样，恩典以外的或者正在堕落的意志不可能不堕落，它借自身的力量也不可能不愿去作恶。但借着上帝的恩典，它却能够免于堕落或者停止堕落。进行了以上简要论证后，我认为这论题已经简要地得到证明了。

我可以推论：因为世上没有义人在行善时是不犯罪的，所以不义之人在行善时犯罪更多。

下列的权威可以作为推断的论据，首先引用《以赛亚书》64［:6］："我们都像不洁净的人，所有的义都像污秽的衣服"；如若义人之举都不洁净，那么不义之人的行为会怎样呢？其次，《传道书》7［:20］："时常行善而不犯罪的义人，世上实在没有"，并《雅各书》3［:2］："原来我们在许多事上都有过失"；另外，《罗马书》7［:22—23］："因为按着我里面的意思，我是喜欢上帝的律；但我觉得肢体中另有个律和我心中的律交战，把我掳去，叫我附从那肢体中犯罪的律"；《诗篇》第21篇［诗32:2］："耶和华不算为有罪的，这人是有福的。"

推论

为明确了解义人在行善时也犯罪，可以进行下述论证。第一，《传道书》7［:20］指出："时常行善而不犯罪的义人，世上实在没有。"但是，关乎这段经文，有人解释成：虽然义人的确会犯罪，但不是在行善之时。我们可用这种方式反驳他们：如果经文的意义是那样的，为什么要加这么多赘词呢？难道圣灵喜欢这些喋喋不休的废话吗？因为其含义可用如下一句简洁的话来表达："世上没有不犯罪的义人。"为什么要加上"时常行善"这定语，好像还有另一个作恶的义人一样呢？因为除了义人，再没有人行善了。然而，当论到行善以外的恶行，圣灵是这样说的："义人虽七次跌倒，仍必兴起"［箴24:16］；圣灵并没有说："当义人时常行善时，他七次跌倒。"我们可打个比方，如果一个人使用一柄生锈的粗斧砍木条的话，即使他是一名纯熟的技工，但所砍成的木条也必参差粗糙。同样的道理，上帝通过我们做工时也就显示出类似的情况等等。

第二，在《罗马书》7［:19］使徒保罗写道："故此，我所愿意的善，我反不做；我所不愿意的恶，我倒去做。"紧接着在同一封书信中他又写道："因为按着我里面的意思，我是喜欢上帝的律；但我觉得肢体之中另有个律和我心中的律交战，把我掳去，叫我服从那肢体中犯罪的律。"［罗7:22—23］由此可见，保罗同时是多么喜欢、却又讨厌上帝的律法；同时，他的灵喜欢行善，却又行不出来，只能做与此相反的事。结果，这种对立就是一种"不愿意"，每当意志发动的时候，总会有这"不愿意"同时存在。这样，一个行善，另一个却行恶。"不愿意"

是出自肉体，而"愿意"则发自心灵。所以说，有多少不愿意、困难、勉强、抗拒，就有多少罪；同样，有多少愿意、倾向、自由和喜悦，就有多少功德。在我们一生的工作中，总有这两种不同的特性同时存在。如果全部都是不愿意，必然是已经有了致死的罪和厌恶感。在今生中不存在完全的意愿。因此，当行善时，我们也或多或少地经常犯罪。这就是为什么世上没有只行善而不犯罪的义人；这种人只存在于天上。因此，正如人不可能没有"不愿意"，他也不可能在没有此种心态下活动，所以他也免不了犯罪。由于他一生总摆脱不了"不愿意"，那么怎能在离开这情况下活动呢？圣经中也说："谁能夸口说他的心很纯净呢?"[参考箴20:9] 同样，《加拉太书》5[:17]也指出："因为情欲和圣灵相争，圣灵和情欲相争，这两个是彼此相敌，使你们不能做所愿意做的"，等等。

第三，根据《诗篇》143[:2]："求你不要审问仆人，因为在你面前，凡活着的人没有一个是义的。"让我提问，若我们能想象一个义人确实发觉自身已经处于得荣耀的善功之中，这义人是否仍算在活人之列呢？如果他还活着，那么就不是公义的。要说活着的人在行善时不犯罪，这怎么可能呢？

可以进行这样的推理：凡所做的比应该做的事为少的人，便是有罪的；但是每位义人行善时，他所做的总比应做的事为少。其中小前提可以这样理解：由于在行善时，不是出自对上帝完全、纯真的爱，他所做的必然比应该做的为少。然而每个义人都是这样的人。至于大前提，要借着这诫命来论证："你要尽心、尽性、尽力爱耶和华-你的上帝。"[申6:5] 主在《马太福音》5[:18]也说："律法的一点一画也不能废去，都要成全。"可见，我们应该竭尽全部心力去爱上帝，否则就是犯罪。但小前提"我们没有尽力爱他"，已如上面所证，由于我们的肉体"不愿意"，妨碍着所有肢体对上帝尽心、尽性、尽力的爱；这种"不愿意"抵挡着内心意志对上帝的爱。

然而，一些人说："上帝没有要求我们遵行如此纯全的律法。"我反问：那么上帝要求谁去遵行律法呢？要求石头和树木吗？还是要求牲畜呢？这是错谬，因为《罗马书》3[:19]已指出："我们晓得律法上的话都是对律法以下之人说的"，因此这是给予我们的命令，也是要求我们去遵守的。因错误地解释"上帝没有要求完美"这句话，歪理便广泛地流传，教导说人因没有全备的爱心去行事并不是罪，因为上帝既无此严格的要求，也会原谅人的过失；虽然这并非上帝所允许的，但也不是罪。如果这种情况可以成立，那么主早就应该更改他的命令，而不会自相矛盾地说："律法的一点一画也不能废去，都要成全。"[太 5:18]

下面再提一些相对立的观点：

首先，约翰在他的书信中指出："凡从上帝生的，就不犯罪"[约壹 3:9]。另外，在《创世记》20 [:6]，上帝为亚比米勒证明，他做事心中正直，并没有犯罪。《诗篇》86 [:2]也写道："求你保存我的性命，因我是虔诚人"，等等。

我的回答是：每种说法都是对的，因为凡是从上帝生的，他不犯罪的同时，却又犯罪。除非保罗不是从上帝生的 [罗 7]，或者约翰是自相矛盾，因为他也说过："我们若说自己无罪，便是自欺，真理不在我们心里了。"[约壹 1:8]实际上，按肉体的意愿，他的行为犯了罪；但按心灵中相反的意愿，在同一个行为中他却又没有犯罪。

这样，你可能要问："我们如何遵行上帝的律法呢？"我的回答是：由于没有遵行律法，所以我们应该是罪人，是不顺从上帝的人。从特质和本性上来讲，这也不是可宽恕的小过失，因为凡不洁净的，总不得进天国 [启 21:27]。正由于此，每种罪过都要被诅咒，正如基督所说，天地废去以前，律法的一点一画都不能废去 [太 5:18]。所以，圣奥古斯丁在他的《再思录》（Retractations）第 1 卷第 19 章中非常正确地指出："当所有没有遵守的事情都被赦宥的时候，一切神圣诫命都被成全了。"⑯ 因此，上帝律法得以成全，只因上帝按他的怜悯宽宥人的过失，而并非由于人借着自己的公义所产生的行动；因为上帝的慈爱比人的公义要大得多。这样，我们听到一些人经常说："上帝并不要求完美"；其实他们应该说："上帝宽恕了我们。"但是，上帝会向谁发慈爱呢？是那些感到安稳而不相信自己有罪的人吗？绝对不是。上帝饶恕的是那些说

---

⑯ MPL 32，615.

"赦免我们的罪"的人，那些真心承认并憎恨自己的邪恶的人，正如《以西结书》20［:43］所言："要因所做的一切恶事厌恶自己"，等等。

这也是主在《诗篇》32［:6，参考武加大译本，诗31:6］所说的意思："为此，每位圣徒都向你祷告。"如果是圣徒，除了已赦免的罪以外，他再没有不虔诚的了。那他为什么事情祷告呢？当然，圣徒是为罪得赦免而祷告，并为此感谢主。如果这里所指的是过去的罪，这里不应该是说"每位圣徒"，而是"每位罪人为其罪过而祈祷"。因为圣洁的人是其罪已得到宽恕的人，而现在圣洁的人在为他的罪能获宽赦而祈祷。这是一句奇妙的话，采用愚拙和属肉体的解释，说圣徒是为过去的罪而祷告，是行不通的。先知不是谈论自己，他只预言那些他看到蒙赦罪而成为圣洁的人。但先知说，他们为赦罪而求；或许先知称那些罪还未得赦免的人为圣徒，是在说谎，或只是奉承之词；但如果真是这样，他应该说："使他们能蒙赦免"或者"为罪得赦免"祷告。

由于上帝所救赎的不是那种虚幻的罪人，而是真正的罪人，所以我们天父上帝的义是最甜美的。他不看我们的罪孽，接纳我们这该被否定的行为和生命，支撑我们的心灵，直到他使我们成为完全和得救。现在，我们是活在他翅膀的保护和荫庇之下，得以脱离他的审判，这完全是因着他的怜悯，而不是因着我们的义。

由此，下面这种如烟雾般的辩解也应像烟云一样消失，他们说："一次同样的行为，不可能同时被上帝悦纳和不悦纳，否则，该行为便同时是善和不善的了。"我的答辩是：一个人可不可以同时既恐惧正义又期望怜悯呢？所以我说，每件善行必然是同时被悦纳和不被拒绝，亦不被接纳却被拒绝，因上帝怜悯而赦免的，都是不值得接纳的东西。然而因肉体的邪恶而犯的罪却不被接纳。

尽管如此，上帝按其时饶恕人的罪，但现在和将来都要求人行善，因为没有任何行为"上帝会毫无保留地悦纳"（这些不过是人心中的幻想而已）。然而，他总是宽恕并很少按我们所行的处置我们。反对我们的人却臆想世上有不需上帝赦免而蒙悦纳的人，但这是不真实的。所以，当上帝赦免时，在他并没有悦纳或不悦纳，他只是饶恕而已。他所悦纳的，只是借着我们行为彰显他自己的恩慈，这就是他对约伯的悦纳

[伯 42:8]，即基督赐给我们的义。因为这是上帝的代赎，赦免了我们，使我们的行为成为可宽恕的，好叫我们以他的富足，替代了我们的贫穷，因只有他是我们的义，直到他使我们符合他的形像。

我重新论证如下：

1. "我也知道在我里头，就是我肉体之中，没有良善。"[罗 7:18]那些全然属肉体的岂不更乏善可陈吗？使徒保罗言及的是他本人和所有的义人的情况，就连他们无论如何努力，凭借恩典做其能力以外的事，尚不能达到他们应该实现的目标；那么，那些无恩典的、借他自己的能力，而且不尽心竭力去行事的，岂不更会与他们所应该做的背道而驰吗？可是他们说："真的，没有做得很完美，但这种不完美，应该不算为罪呀！"我的回答是："按其实质这些行为是罪，但上帝并不追究那些为此而哀伤的人。"

2.《创世记》6［:5；8:12]指明："人从小时，他心中的每个念头都倾向于恶。"这里上帝不是指某一个念头，而是"每个念头"，人所思想的尽都是恶，因为人所追求的都是私利，没有上帝的恩典，人不可能做出与邪恶相反的善事。

3.《哥林多前书》13［:5]指明："爱是不求自己的益处。"使徒又在《腓立比书》2［:21]说："如果没有这种爱，所有的人就都只求自己的事，而不求基督的利益。"但追求自身的利益，就是致死的罪。

4.《何西阿书》13［:9，武加大译本]说："以色列啊，你们的毁灭是你们的分；只有我是你们的拯救。"耶和华没有说"义"，而说"毁灭"是你们的分。依靠自己所能成就的，只能是毁灭。

5. "坏树不能结好果子。"[太 7:18]

6. "不与我相合的，就是敌我的。"[路 11:23]然而敌对基督是致死的罪，而不与基督相合就是处于恩典之外。

7. "人若不常在我里面，就像枝子丢在外面枯干，人拾起来，扔在火里烧了。"[约 15:6]可见在基督之外只配被火烧，彻底枯干。无论如何，凡怀着自信行事，不可能是可宽赦的罪。

8. 那五个愚拙的童女被拒绝[太 25:1ff.]，岂因她们没有做工，而非因她们做工时灯里没有油？她们只凭自己的力量行善，却不靠恩典，因为她们追求自己的荣耀。由此可见，没有恩典时，人不可能不犯罪。

9. "上帝降雨给义人，也给不义的人。"[参考太 5:45]但那不义的人并没有因领受了上帝的礼物而感谢上帝，这种忘恩负义就是致死的罪。因此，倚靠善功必然不倚靠恩典。

10. "所有犯罪的就是罪的奴仆。"[约 8:34]魔鬼的奴仆和被罪捆绑服侍罪的人，怎么可能做出不是罪的行为呢？在黑暗中的人怎么会行光明之事呢？愚昧的人怎么会做智慧人之事呢？病人怎么可能做出健康人之事呢？还可以举出更多这种例证。所以，罪的奴仆做的所有事都只能是魔鬼的工、罪恶的工、黑暗的工、愚昧的工。

11. 如果人处于黑暗的权势之下，他所行的怎会不一样呢？树既处于恶魔的暴政管理下，不能否认它所结的果也是在这暴政之下。

12. 使徒保罗曾引用《诗篇》94［:11］："耶和华知道人的意念是虚妄的。"《诗篇》33［:10］还说："耶和华使列国的筹算归于无有，使众民的思念无有功效。"我设问："你们认为这儿所说人的意念是人们自己想出来的吗？"如果是，你们听到了：一切人的意念都被弃绝，它们不单是死的，更不被上帝喜悦。但是，如果这些意念并不是人自己想出来的，而是出于邪恶的倾向，上帝不应称之为人的意念了。当然上帝明白这是一些由自然理性给予人们的筹算，否则他就会称之为愚昧了。上帝尚且弃绝人的智慧，那么愚昧的事岂不会更被弃绝吗？

13.《箴言》3［:5］说："不可依靠自己的聪明。"这一箴言可以作一般的和特殊的两种理解。如果作一般的理解，那么，没有出于理性的论断是不可被弃绝或定罪的；但如果作特殊的理解，即像许多人所想的，偶尔也可以依靠人本身的聪明和理性，这违背了经文的原意。

14. 如果人能够自己做一些善事而不犯罪，那么根据他行善的多与寡，他也可以合理地给予自己荣耀。他可以自称为善人、智者、强者等，甚至当着上帝的面以自己的肉体自夸；然而这与使徒所说的相违背："夸口的，当指着主夸口。"[林前 1:31]

15.《诗篇》81［:12］说："我便任凭他们心里刚硬，随自己的计谋而行。"我们明白，这是对罪的惩罚；人被置于受自己的心随便摆布的境地，因此这是致死的罪；他的心正是在恩典之外的意志。不然，他便可能会改口说："我便任凭它们迎合仇敌的欲望，任凭它们按照仇敌的计谋飘泊游荡，而不按照自己的筹算。"

16.《罗马书》14〔:23〕指出："凡不出于信心的都是罪。"虽然其他人解释说，这儿指的是良心，但圣奥古斯丁理解"信心"所指的是对基督的信心。无论如何，对基督的信心就是好的良心，正像彼得所说："求在上帝面前有无亏的良心。"〔彼前3:21〕这就是指对上帝彻底的信靠。所以，如果没有信心的工作不是致死的罪，那么，就是说保罗因自己可宽赦的罪极为困扰；然而这不是真实的，因为任何人一生中都不可能没有可宽赦的罪。所以，凡不出自信心的每件事都是致死的、被诅咒的罪，因为它违背良心，而我所说良心，就是对基督的信心。若人所做的不是出于对基督的信心（那信心需要人不相信他取悦上帝的目的在于获得一些功德），那他是仅仅依靠自己的道德心行事。

17. 罪人的处境比义人的处境更好，因为义人在其做工时总感觉有小过犯，而不信上帝之人没有犯罪感。因此，让人承认自己的罪比小过失大，是很必要的。（按道理而言，义人惧怕自己所做的善功〔伯9:28〕，但是不敬虔之人应该更惧怕自己所做之事。）这就是为什么不信上帝之人的处境反而要比义人的处境为好，因为义人有恐惧感，而不敬虔的人所具有的是安全感。

18. 如果恩典是赐予凡尽己所能做工的，那么，人就可知道自己是处于恩典之中。要证明这点，可通过下述方法：人能否知道他是否已尽己所能做工，或者不知道。如果他知道的话，那么他就知道自己蒙受恩典，因为人们常说，上帝之恩典必然会赐给那些尽己所能做工的人。如果他不知道的话，这教导就是错误的，他心中的安慰也就没有了；因为他无论做任何事，他都不知道是否已尽己所能，结果他经常处于疑虑之中。

19. 又有新问题了：人做什么样的工作才是尽己所能呢？如不能指出来，为什么要教训人去做他不明白的事呢？但是，如果确实有这样一种工作，就应将它指出来。有些人说那就是爱上帝超过爱其他一切的行为。

说到这里，允许我稍微离题，作一声明：这种教师认为上帝的恩典除了对我们的工作进行了某些修饰外，并没任何贡献。他们说上帝的恩典只能粉饰强健者，而不能救助病人。我们不需要任何妆饰打扮，也可以进行工作。如其所言，上帝的恩典会更加被人轻视，变成对我们不必要的赐赠。像他们所说的，恩典的存在，仅仅由于上帝的意愿而已。基督徒难道能容忍这种亵渎的言论吗？由此基督就为我们做了无谓的牺牲，因为他仅仅为了上帝的意愿而经受了苦难。好像我们再不需要基督了，仅仅是为了满足上帝的意愿而已。即使我们确实能够完成上帝的律法，那么上帝仍然不会满意，因为除了律法以外，上帝还向我们要求他的恩典如何被使用。这样，不仅仅伯拉纠重新出现，而是比伯拉纠更坏的亵渎者。因此，我们发现人应自然地爱上帝过于爱一切，而当我们说"过于一切"时，也不会感到羞愧。

但是，我仍然要答辩：如果爱上帝便是尽己所能地行事，人依然不知道他什么时候爱上帝，亦不知道他是否已尽己所能，以及应如何做、做什么才算是尽己所能。或者他必须肯定自己已得到了恩典，但所有人都认为这是不可能的。

如果你们说：人应该努力去做自己所能做的事；我会反问：他是否知道他正在努力？他如何努力？他该努力做什么？如果他明白这些，他就确实能够肯定；如果他不明白这些，这教导就毫无价值。说实在的，这"努力"的说法与"尽己所能"的说法同出一辙，而且也会出现同样的问题，要不然，便不知是什么了。所以，人靠自己所有的去做，也只是努力去尽他所能、竭力去做而已。因此，当人靠着自己所有的去做，并不见得就能做自己所能做的。

20. 我们还是停止这无意义的争辩，转向我们亲身经历的事实。当一个人发怒、激动，以及受到诱惑而急躁时，他正在按自己的能力行事；算了吧，我们让他准备如何去解释他不明白的事，又让我们看看他能否完成这些。我乞求让他去做工，让他开始行，我们看看他会做些什么，且完成到何种程度。

21. 如果人尽己力便可领受恩典，那么不大可能每个人、或是大部分人都能获救。我设问：当人骄傲、犯罪时，是他本人做这事呢，还是由他人代劳呢？当然是由他本人自己做的。是由他自己以他本身的力量做的呢，还是由他人且借助他人之力来做的呢？当然也是他本人以他本身的力量来做的。所以，如果一个人犯罪，他就是尽己所能行事了。同样地，如果他尽己所能地行事，他就犯罪。

但这里有人说：我讲的是本质善良的人和能力，而不是被病态地误用的能力。受造的人的确是良善的，但他同时又是懦弱的。他行事并不能与病分离，当他做工时，就像是受病魔感染的人。所以，尽管他本人是良善的，他却只能做出不完美的事。就像是一柄生锈的铁斧，尽管是铁制的，也只能做出粗劣的活来。

22. 那么我们为什么要屈服于邪恶的欲念而不抗拒呢？尽你所能，去除贪欲；但你办不到，因此你依靠本性连律法也遵守不了。但若你连律法也不能遵守，就更谈不上完成爱的律法。同样，尽你所能，不要对得罪你的人生气；尽你所能，不要惧怕危险。

23. 尽你所能，不要惧怕死亡。我设问：什么人面临死亡能不颤抖、不沮丧呢？什么样的人能不临阵退缩呢？但是，上帝期望我们忍受苦难；然而很明显，按人的本性，我们都喜爱自己的意愿胜过爱上帝的意愿。因为如果我们喜爱上帝的意愿比自己的更多，我们就理应以死为乐、视死如归，看它如同对待我们自己的意愿一样。但这只是虚构而已。那憎恨死亡、不喜欢死（即不爱上帝的意愿）的人，他必然爱上帝不及爱自身，甚至还仇视上帝。而我们都是这种人，那么还奢谈什么爱上帝超过一切事物呢？可见，我们并不喜爱上帝超过爱惜己命和自己的意愿。那么，当我提出地狱这个字眼时，又会如何呢？又有哪个人不憎恨地狱呢？

24. 主祷文本身可以充分证明我们整个人生都不过是可怜的劳工而已。设想一下吧，如果有人尽他所能行事，他会选择什么样的祷词？是祈求："愿人都尊你的名为圣，愿你的旨意行在地上"呢，还是说："你的名已被尊为圣，你的旨意已经遵行"？祷告"愿人都尊你名为圣"，即承认曾冒犯上帝之名；祷告"愿你的旨意得以被遵行"，即承认曾经没有遵行上帝的旨意。然而，这类事在上帝的儿子们以及诸圣徒中都常出现，那么在不敬虔的人群中间，这种情况又该多么常见呀！

关于海德堡辩论的声明[17]

    我曾讨论及答辩上述的论纲，目的在于揭示：首先，学术界所有流派的诡辩家们并没有理解亚里士多德哲学，而是将自己虚幻的观点糅进了亚里士多德的著作，大大背离了他的本意。其次，正如我在此主张的，我们应该尽力去持守他的原意。虽然如此，我怀疑不仅神学、圣经论著，甚至连自然哲学，也无论如何不能从亚里士多德的思想中得到什么帮助。即使你能援引和借用亚里士多德的词语，善于玩弄诸如物质、形式、运动、度量和时间等词藻，那么对你理解物质世界又有什么裨益呢？

（翻译：刘行仕   编辑：周伟诚）

---

[17] 该声明显然是马丁·路德在海德堡辩论后立即写成的，参见 WA 9，170。

《德意志神学》（全本）序言*

（1518 年）

导　　言

在路德成长的岁月里，中世纪晚期德意志神秘主义者们的诸多著作给他留下了深刻印象，尤其是他们强调人与上帝联合之前必须经历绝望的属灵重生。当他看到一本神秘主义无名氏的著作残本时，对其中的福音信息和给他的宗教挣扎带来的帮助感到非常满意。该无名氏是法兰克福附近的萨克森豪森（Sachsenhausen）的条顿骑士团（Teutonic Knights）成员。路德于是在 1516 年以《属灵袖珍读本》（*A Spiritually Noble Little Book*）为题出版了这本书。① 他在为这本书（他的第一本出版物）写的简短序言中说，只有上帝知道作者是谁；他还说，他确信此人属于约翰·陶勒（John Tauler，约 1300－1361 年）领导的神秘主义派别。路德曾买过一本 1508 年出版的陶勒布道集，并精心对其进行了注释。

1518 年，路德已经初步澄清了自己的因信称义教义，确信他曾经遭遇过的绝望和烦恼，其实是获取上帝恩典不可缺少的先决条件；他相信慈爱的上帝并没有抛弃他。他还彻底否认得救的条件包括个人的功德的教导。在关于赎罪券的争议中，由于他的对手们一再援引经院哲学的权威著作攻击他，使他更加欣赏神秘主义朴素的福音路径。他甚至提出"经历的智慧"（a wisdom of experience/*sapientia experimentalis*）在某种程度上远在"神学的智慧"之上。

路德与神秘主义的共同之处，在于他也极为关注罪人与上帝相交之

---

* *Preface to the Complete Edition of* A German Theology, 1518.
① WA 1，153.

途。换言之，就是必须以上帝的性情替代罪人的性情，以至于离罪得救。例如，他同意陶勒的教导：罪人应该谦卑、诚信、悔过、乐贫，并热切盼望归回造物主上帝。

但是，谁若期望从路德那里找到神秘主义的教义，将是徒劳的。因为路德与神秘主义最大的不同，是他并未落入主观的径路。他经过自己亲身的经历和研究，强调要在每一步上继续坚持因信称义。原因是他深信罪人唯借信心依靠上帝的怜悯才得基督的救赎，这是一个永远的现实。同时，路德也拒绝神秘主义者的主张，认为爱的观念基本上是被爱者的"甜蜜的情爱"。他却强调要甘心为所爱者经受苦难、劳累的"主动的爱"。再者，他强调信心之子的道德活动，也与神秘主义者所谓的消极（passivity/*Gelassenheit*）、默想和狂喜形成了鲜明的对照。

当路德发现了这本德意志神秘主义无名氏小书的完整手抄本，尽管内容仍然不太精确，他还是于 1518 年 6 月出版了这本著作，书名为《德意志神学》（*A German Theology/Ein deutsch Theologie*），德文序言译于下文。该书由约翰·格里嫩贝格（Johann Grünenberg）在维滕堡出版。同年 9 月，西尔瓦努斯·奥特马尔（Silvanus Otmar）在奥格斯堡出版了该书的重印本，书名为 *Theologia Deutsch*。到 1520 年，该书又经历了四次再版，由此可见其受欢迎程度。迄今为止，已确认的印刷版本约有 170 个。

读者如果想要进一步探索神秘主义对路德的影响，可参阅法夫（Fife）所著的《马丁·路德的反抗》（*The Revolt of Martin Luther*）。[2]

*　　*　　*

当人们诵读新约中保罗的有关著述时，都会产生这样的感触：虽然保罗是一个不起眼、受轻视的人，但他却写出了极有分量的、足以激励

---

[2] Rebert Herndon Fife，*The Revolt of Martin Luther*（New York：Columbia University Press，1957），pp. 217 - 221，232 - 233.

人心的书信［林后 10:10］。尽管他"不是用智慧委婉的言语"，但内中却充满着丰富的知识和智慧。每当人们默想上帝的奇妙大能，都会发现他没有拣选那些大有能力和雄辩的传道人来宣扬他的话语，正如经上所说："从婴孩和吃奶的口中得着了赞美"［诗 8:2，新译本］。同样，"上帝的智慧使口拙的人变得能言善道"［参考《所罗门智训》10:21］。再者，上帝惩罚那些自义的人，他们经常恼怒贫乏人。正如有描述说的"困苦人的谋算"："仅因普通人出身寒微、语言粗俗，竟蔑视他们的忠告、羞辱他们的人格"［参考诗 14:6］等等。

我讲上面这些话的理由是想提醒读者，不要因为德意志语言朴素无华而感到有伤体面，或者因其文字缺乏妆点润饰，没有矫揉造作或华而不实去动怒。因为这部高尚的袖珍读本虽然遣词用句稍欠雅致，但是它在知识和属神的智慧方面，却是更丰富和珍贵的。让我就自己的愚拙夸口说句话，除了圣经和圣奥古斯丁的著作以外，的确还没有任何一本书像我们面前这本书一样，引起了我如此深切的关注，使我从中学到了更多有关上帝、基督、人和一切事物的道理。而且令我首次感到大开眼界的是，在受过高等教育的、我们维滕堡大学的神学家之中，有少数人无耻地以为我们所提出的是完全新颖的事物，③ 仿佛以前并无任何人或在其他地方提过一样。事实上，早已经有人这样做了，只是由于我们罪孽深重惹怒了上帝，因此一直断定我们不配去认识和倾听那些人的声音。十分明显，本书中所包括的这些问题，长期以来在我们的大学校园中还没有讨论过，结果使神圣的上帝之道不仅被置弃于桌凳之下，而且几乎为尘土所覆盖，被蛀虫侵蚀损毁了。

让每位希望一睹此书为快的读者能够如愿以偿，然后各位也可以自己作出判断，这种神学到底是新是旧；而这本书绝不是新兴之物。但是，正如以前有些人可能会说：我们是德意志神学家。我们固然不会反对这说法。感谢上帝，我从德意志语言中听到和找到我的上帝。然而，我本人以及我的同事过去并未在拉丁文、希腊文或希伯来文中找到上

---

③ 路德指的是他的新福音神学。在许多情况下，他表达了他的担忧，即"难道唯独我有智慧吗？"

帝。愿上帝使这本小书为更多人所知晓，那时，我们将毫无疑问地发现：我们德意志的神学家其实是最杰出的神学家。阿们！

马丁·路德博士
于维滕堡的奥古斯丁修会

（翻译：刘行仕　编辑：李广生）

《九十五条论纲》的解释
(解释《关于赎罪券效能的辩论》)*

(1518 年)

导　言

本文是路德思想发展时期历经数月、反复修改而成的最重要的论著之一，阐述了路德的"因信称义"如何无情地迫使他与过去决裂。路德企图将福音信念应用于对赎罪券的评论上，使他与自己仍然尊重的教宗发生了冲突。现在，不论他自己还是对手，都在更广泛的神学与教会的范畴内讨论赎罪券问题。路德用自己新近形成的"十架神学"来阐释其《九十五条论纲》，向教会权威挑战，因为他们与这一新神学相对立。十架神学已经在《海德堡辩论》中得到清晰的阐述。

在《〈九十五条论纲〉的解释》中，通篇都反映出路德内心激烈的矛盾。其实这矛盾已在他的《〈德意志神学〉（全本）序言》中反映出来。他一方面谦恭地致书教宗利奥十世，另一方面又对他作为罗马主教的至尊权威提出质疑；他引用教父和教会律例作为论据，把圣经作为宗教问题上的主要权威，但不是唯一的权威；他承认大公会议在解释信仰问题上为最高权威，但又反对它在康斯坦茨公会议上烧死异端的行为；他仍然承认炼狱和"教会宝藏"，但却用福音神学来解释它们；他不赞成骚乱和不顺服，而是用明白清楚的语言呼吁改革教会。

路德在 1517 年晚些时候计划撰写本篇论著，特别是当他了解到他的反对者曲解了他的一些言论时，就更为迫切地预备写作。1518 年初，他开始动笔撰写，并准备在 2 月份出版。然而，由于他的上司希罗尼穆

---

* *Explanations of the* Ninety-Five Theses/*Explanations of* The Disputation Concerning The Value of Indulgences，1518.

斯·舒尔茨（Bishop Hieronymus Schulz［Scultetus］）主教的禁止，该书的出版受到了阻碍。尽管如此，他还是在 4 月将手稿交给了出版商，但他的海德堡之行推迟了出版时间。他在海德堡向施道比茨保证会完成这部作品，回到维滕堡后又继续创作。1518 年 8 月底，修订版终于出版。路德随后将副本和附信寄给了他的三位上司，舒尔茨主教、施道比茨主教和教宗利奥十世。教宗在启动针对路德的正式审讯程序时收到了他的副本。尽管它丝毫没有改变教宗的意图，但却极大地澄清了赎罪券争议中的关键问题。

本文原用拉丁文写成，初版于维滕堡由约翰·格鲁嫩贝格（Johann Grünenberg）为之印行。

＊　　＊　　＊

声明

此为神学争论，所以我想重申学术界常做的声明，以便使那些有可能被这场辩论的直率言辞所冒犯的人，感到心平气和。

我首先声明，本人欲表达并坚决维护的，首先只是那些源自圣经而可以坚持的内容；其次是源自教父著作、为罗马教会认可，并且保留于教会法规和教宗谕令中的部分内容。如果有些主张不为上述经典所证明，或者被其否定，我也会坚守，那只是本着辩论的原则，以理性判断和经验为据，并且始终不违背我的上司们在这些问题上的意见。

根据基督徒的自由之战，我进一步加以考虑和持守的，是希望根据自己的判断，批驳或接受圣托马斯、波那文图拉（Bonaventura）和其他经院哲学家或教会法学家的某些不为文献和证据所支持的观点。我这样做是照着保罗的忠告："凡事察验，善美的要持守"［帖前 5:21］——尽管我了解托马斯主义者的感情，他们希望凡圣托马斯所主张的皆能得到教会的赞同。而圣托马斯的威望人尽皆知。我深信这份声明已经充分阐明：我可能犯错，但并不该因此被视为异端，不论持有异议的人多么生气乃至怒火中烧。

第 1 条

当我们的主和师傅耶稣基督说"你们应当悔改"［太 4:17］，他期望信徒终生悔改。

我毫不犹豫地坚持这一主张。

1. 然而，我愿为不了解这一论纲的人加以证明，首先以希腊文 *metanoeite* 本身为证，该词意为"悔改"，若要更确切地翻译它，可以用拉丁文 *transmentamini*，意为"获得另一种心智和感觉，感知的复原，一种心智转为另一种心智，具有灵性的转变"；这样，那些洞察世故的人，现在就有可能通达属灵之事，正如使徒保罗在《罗马书》12［:2］所说的："只要心意更新而变化。"罪人因感知复原而引起心灵的转变，进而恨恶自己的罪。

但是，这种复原或自我悔恨，显然应当贯穿于人的一生。如经文所证："今生恨恶自己生命的，将要保守它到永生。"［参考太 10:39］再者，"不背着他的十字架跟从我的，也不配作我的门徒。"［太 10:38］在同一章，又有："你们不要想我来是叫地上太平；我来并不是叫地上太平，乃是叫地上动刀兵。"［太 10:34］在《马太福音》5［:4］中又说："哀恸的人有福了！因为他们必得安慰。"在《罗马书》第 6 章和第 8 章以及其他许多经文中，保罗也吩咐我们克制今世的肉体及百肢。在《加拉太书》5［:24］，他教训我们将肉体连肉体的邪情私欲同钉在十字架上。在《哥林多后书》第 6 章说："愿我们在禁食上显出诸般忍耐，等等。"［参考林后 6:4—5］我之所以广泛引证这些经文，是因为我所面对的人不太了解我们的教训。

2. 我也将以理性来证明这一论纲。因基督是灵命大师，而不是字句大师；又因他的话就是灵、就是生命［约 6:63］，他教导的必定是用灵与真理成全的悔改，而不像假冒为善的极端傲慢之徒那样公开炫耀，在禁食中故意弄歪嘴脸，在大街上祷告，高声张扬自己的善行［太 6:6］。以我看来，基督一定训导了一种各行各业均能实行的悔改。身着紫袍的国王、衣服优雅的神父、显耀荣华的王公，都能像恪守礼仪的修士和清贫的托钵僧那样出色，如但以理及其伙伴们在巴比伦之所为［但1、3章］。因为基督的教导必然适用于一切人，即各行各业的人士。

3. 我们终生祷告，并且应当为"免我们的债"而祷告［太6:12］；所以，我们的悔改应持续终生，时时憎恶自己。只有蠢人才这样认为，他为求免债才假意祷告。因为我们必须为之祷告的罪债确实存在，不应等闲视之。即使微不足道的罪过，若未蒙赦免，我们也不能得救。

第 2 条

这句话不能被理解为补赎圣礼，即在神父主持下的认罪与补罪行为。

我坚持这一论纲，并加以检验。

1. 我之所以坚持这一点，首先因为圣礼性补赎是暂时的，不能无休止地进行。否则，人们就必须持续不断地向神父说话，除了认罪和履行命定的补罪以外，干不了其他任何事。所以，圣礼性补赎就不可能是基督吩咐我们所应背负的十字架［太16:24］，也不是对肉体情欲的治死。

2. 圣礼性补赎是外表的，其前提是内心悔改，否则，它便没有功效。但内心的悔改却可以不须圣礼性补赎而依然存在。

3. 圣礼性补赎也可能变得虚假。内心悔改若不真诚，便是虚空。悔改不出于真诚，便成了伪善，不符合基督的教导。

4. 基督没有关于圣礼性补赎的教导，但这也是教宗与教会合法制定的（至少从其第三部分，即补赎方面来看），因而教会可以随意变通。而福音性补赎却是一条上帝的律法，永远不能改变，因为这是不间断的，所谓痛悔、谦卑之心的祭［诗51:17］。

5. 经院哲学的大师们在此一致地将真正的补赎与圣礼性补赎区分开来，把真悔改视为圣礼性补赎的内容或主旨。

第 3 条

然而，此言亦非单指内心悔改。内心悔改若不会使人有攻克己身的外显表现，便失去其意义。

我也坚持和维护这一论纲。

首先，在《罗马书》12［:1］中，使徒保罗劝诫我们将身体献上，当作活祭，这是圣洁的，是上帝所悦纳的。到底如何行事，使徒保罗在随后的经节中进行了明确详尽的阐述，教导我们务必机敏、谦卑，相互服侍、尊重，坚持祷告，常存耐心，等等［罗 12:3—21］。他在《哥林多后书》第 6 章以同样的口吻说："在各样事上多加忍耐、禁食和警醒等等。"［参考林后 6:4—5］而在《马太福音》第 5、6 章中，基督也吩咐我们要正当地禁食、祷告、施舍；同样，在另一节经文中也说："尽你所有施舍与人，凡物于你就都洁净了。"［参考路 11:41］

这样一来，就行为的本质而言，补罪的三大部分（禁食、祷告、施舍）便不属于圣礼性补赎，因为这些均为基督所命。而另一方面，它们又的确属于这个范畴。这是就其正确的态度和时间而言（教会对补赎的规定），即人们祷告、禁食、施舍时间的长短，以及慈善捐助的多寡。但是，由于这些补赎与福音性补赎有关，所以除食物的选择和衣服的差别以外，禁食包含了对肉体的一切管教；借着默想、诵读、聆听和祷念，祷告包含了灵魂的每种追求；施舍包含了对邻人的各样服侍。这样，基督徒通过禁食而服侍自我，通过祷告而服侍上帝，通过施舍而服侍邻人。他借禁食战胜肉欲，生活清洁而自律；借祷告克服生命的傲慢，生活神圣而虔敬；借施舍摆脱目欲，公义地活于尘世。所以，受良心责备的人甘愿履行的一切禁欲活动，不论是守夜、劳作、困苦、学习、祈祷和节欲禁乐等，就有助于灵命而言，都是内心悔改的结果。主也像所有圣徒一样，自己展现了灵命的果子。耶稣吩咐说："你们的光也当这样照在人前，叫他们看见你们的好行为。"［太 5:16］善功无疑是补赎和圣灵的外部果实，尽管圣灵无声无息，只有斑鸠啼叫——这是心灵的呻吟，即善功之根。

有个无耻的家伙，走起路来活像一头披着狮皮的驴，他反对我这三条论纲，并坚持认为：无论何人如说"悔改"这个词不能被理解为补赎圣礼，都是错误的。首先，我的目的并不是批评驳斥此人的特别意见。因为这些内容如此愚昧无知，以致使我不相信其出版者①和作者②知其含义。任何稍微聪明和精通圣经的人，都会明白这个事实。

然而，为了开导此人的愚痴（如果他尚能领会真理的话），我愿阐明其首要区别。我承认，"补赎"（penance）这个术语，可以应用于犹大的悔恨，还可以应用于上帝吩咐的补赎，甚至是虚假的懊悔。而且像逻辑学家惯常的区分那样，亦可将这个词用于补赎的本质、其次是背后的动机，以及圣礼，即补罪。迄今为止，许多神学家被放任以其胆大妄为的区分和新近炮制的双重含义来败坏几乎整部圣经，这样，相较于真正的保罗和基督，我们读的就只是这些神学家拼凑出来的保罗和基督。谁能否认这个事实呢？我按基督之意，或者说至少根据施洗约翰之意，论述了 metanoeite 这个词的正确与真实的含义；施洗约翰本人是无权建立圣礼的，但他出来传扬悔改的洗礼，说："你们应当悔改。"［太 3:2，4:17］基督重申了这句话。所以我认为，基督说的不是补赎圣礼，这是对其充分的理解。然而，就算我的反驳者的废话是正确的，我们也要看看这会引起什么结果。

无疑，基督是上帝律法的赐予者，他的教义便是上帝的律法，任何权威都不能将其改变或废除。但是，如果基督晓谕的悔改指的是圣礼性补赎（补罪），教宗可以将其更改，并且事实上正在对其任意更改。这样，要么教宗是有支配上帝律法的权力，要么他就是上帝最邪恶的仇敌，使上帝的诫命失去了功效。如果这些虚伪的神学家胆敢维护前一种观点（他们夸口说自己为启示真道执言，为了上帝的荣耀抑制谬见，捍卫公教信仰，维护神圣使徒宗座的尊荣）；如果他们如此荣耀教会，捍卫信仰的话（这些人想充当针对异端罪恶的审判官，他们用一种吓人的、疯狂的——我几乎要说"虚空的"——腔调来夸耀这个头衔），那

---

① 指约翰·台彻尔。
② 指康拉德·文皮纳（Conrad Wimpina）。

么我要问，还有什么会留给这些最疯狂的异端呢？因为他们也亵渎和控告教宗和罗马宗座。我要用自由的声音宣判，他们不是针对异端罪恶的审判者，而是异端邪说的灌输者。几乎所有的反论都具有这种性质，都如此聪明地加以表述，不愿服在虚空之下［罗 8:20］。他们都是那篇最出名、最纯真的文章不加区分地散布出来的。如果我要驳斥所有这些反论，我得写一本大部头的书，并且对《四部语录》第四卷③的所有混乱之处，连同其注释者，都要加以澄清。而你们，我的读者，应持自由、诚实的态度，这样就有可能根据这条论纲识别其他所有论纲的谬误之处。

第 4 条

罪的刑罚与恨恶自己相伴始终。换言之，内心真正的悔改应持续到进入天国为止。

我坚持这一论纲，并愿对其加以检验。

1. 上述论纲会产生一个明确的必然结论：如果人的一生都在悔改和背负基督的十字架，这不仅出于自愿受苦，亦因魔鬼、世界及肉体的诱惑，正如上面已经阐明的，特别是由于逼迫与苦难，也出于整本圣经，以及众圣之圣（基督自己）和所有殉道者的榜样，那么显而易见，这十字架一直持续到死亡、进入天国。

2. 这种情形也明显地反映于其他圣徒的经历中。圣奥古斯丁拥有那七篇忏悔诗的精制抄本。他泪水汪汪，用之祷告，以之默想，并宣称：即使一位主教，不论他的生活多么公义，也不能不经补赎地离开这个世界。同样，圣伯尔纳（St. Bernard）在痛苦中也大声呼喊："我浑浑噩噩，虚度光阴；我一无所有，唯独知道：上帝啊，我忧伤痛悔的心，你必不轻看。"［诗 51:17］

---

③ 指彼得·伦巴德，参见 *MPL* 192，519—964。伦巴德在《四部语录》第 4 卷讨论了终末论主题与诸圣礼。

3. 以理性而论，这条论纲也很明晰。根据使徒保罗所言，悔改的十字架应持续到罪身灭绝［罗6:6］，老亚当连同他的形像一起毁灭，新亚当以有上帝的形像而得完美。但是，虽然罪借着心灵更新日日减少，它却依然存在，直至死亡。

4. 至少在各种情况下，死亡的惩罚始终存在。这就是对死亡的畏惧，这当然是惩罚中的惩罚，在多数情况下比死亡更可怕，更不要说对地狱和末日审判的畏惧，即良心的不安了，等等。

第 5 条

教宗除赦宥凭自己的权力或根据教会法规所加诸于人的刑罚以外，他无意也不能免除其他任何刑罚。

我讨论这一论纲并诚心求教。正如我在序言中所言，我愿再次恳请，如果某位能够赐教，请予襄助，并体谅本人的动机。

1. 首先，我愿列举虔敬信徒可能受到的各种惩罚。

第一是该论纲未涉及的那种永恒的惩罚，即受咒诅之人的地狱。全教会尽人皆知，这不属于教宗或下级主教的许可权，唯有上帝借赦罪才能免除惩罚。

第二是炼狱之罚，下面将以专门进行讨论。同时，我们接受这种观点：炼狱不在教宗或其他任何人管辖之下。

第三种是自愿的和福音的惩罚，它是通过属灵的补赎而生效的，正如《哥林多前书》11［:31］所言："我们若是先分辨自己，就不至于受审。"这是受苦的十字架与苦难，第三条论纲业已提及。但是，因为这种苦难是基督所吩咐的，既关系到属灵悔改的本质，也当然涉及得救的需要，所以神父在任何情况下都根本无权对其增减，因为它不是基于人的权威，而有赖于恩典与圣灵。不仅如此，教宗对这种苦行与受难的十字架惩罚，甚至比对其他任何惩罚拥有的许可权都要小。因此，教宗至少能够借对上帝的祷告，可以宣告永恒的、炼狱的和自辱的惩罚无效，一如他能使罪人获得称义的恩典一样；但他即使通过祷告也不能免除苦行与受难的惩罚。相反，他应当设法使罪人承受这种惩罚，如同为人获得恩典一样。即是说，他应当宣布，这是已经施加的惩罚。否则，他将使基督的十字架落空［林前1:17］，并使上帝的余民陷入迦南人的废墟，便不能彻底摧毁上帝之众敌（罪）。然而，如果教宗看见有人拼命自我折磨，远胜于为自己和他人得救所需，那么，他不仅应给予宽赦，而且要加以阻止。正如圣保罗对提摩太所言："不要只喝水"，等等［提前5:23，和合本修订版］。

第四种是上帝的严惩与管教，与《诗篇》第89篇所说有关："倘若他的子孙犯罪，不遵守我的律法，我就要用杖责罚他们的过犯，用人的鞭子责罚他们的罪孽"［参考诗89:30—33］。谁会怀疑这种惩罚不在教宗的许可权之内呢？因为《耶利米书》49［:12，和合本修订版］说过，上帝将惩罚加于无辜者："原不该喝那杯的一定要喝，你能免去惩罚吗？必不能免，一定要喝。"这位先知还说过（耶25［:29］）："我既从称为我名下的城起首施行灾祸，你们能尽免刑罚吗？你们必不能免。"圣彼得也说（彼前4［:17］）："因为时候到了，审判要从上帝的家起首。若是先从我们起首，那不信从上帝福音的人将有何等的结局呢？"《启示录》3［:19］说："凡我所疼爱的，我就责备管教他。"《希伯来书》12［:6］说："［他］又鞭打凡所收纳的儿子。"如果教宗想赦免上帝的责罚，或者罪人竟相信已蒙赦免，他们当然就成了杂种和私子。正如《希伯来书》12［:8］所记："管教原是众子所共受的。你们若不受管教，就是私子，不是儿子了。"所以施洗约翰和最伟大的圣徒们都甘愿受罚。

但是我承认，借教会的祷告可以解除对弱者的某些惩罚，如疾病、忧烦、瘟疫、发烧等。圣雅各吩咐教会的长老将病人领来，给他抹油，为的是借有信心的祷告，愿主解除他的痛苦［雅5:14—16］。而我却为何拖延呢，好像会有基督徒心存疑虑，认为避免上帝的杖击，不是仰赖钥匙职，而是凭借泪水和祈祷，借所加更多的惩罚，而不是靠赦免，就像尼尼微人的例子那样。尼尼微人以悔改来折磨自己，竭力借此避免上帝意欲对其所施加的毁灭惩罚［拿3:6—10］。否则，如果教会的神父，不论其职位高低，都能借钥匙职免除上帝的惩罚，那么，他也能祛除瘟疫、战争、暴乱、地震、火灾、杀戮、盗窃和土耳其人、鞑靼人，及其他异教徒。只有可怜的基督徒才看不出上帝在其中的鞭杖刑罚。正如《以赛亚书》第10章所言："亚述是我怒气的棍、我恼恨的杖！它的手中是我的义愤。"［参考赛10:5］然而有许多人，甚至教会的"大人物"，只是一心梦想着用战争攻击土耳其人。他们不愿与罪孽争斗，却抵制那惩罚罪孽的鞭子，这样便是对抗上帝。因为耶和华说，他亲自用鞭子惩罚我们的罪恶，因为我们自己不愿为此自罚。

教宗不能赦免的第五种处罚是需由教会施加的教会法规处罚。无疑，这个权柄应公正地掌握在教宗手中，但其赦免必须（如其所言）有正当理由，并且钥匙职的持有者要正确无误。然而我斗胆不愿随波逐流，认为这种"正当理由"是陈腔滥调。教宗的虔诚愿望似乎已经足够，这就可能足以构成正当理由。我也没有看到钥匙职的失误如何影响了这种赦免。即使对其有所影响，那又有什么危害呢？因为即使这种惩罚因错误而未被赦免，灵魂照样可以得救。

对教会法规处罚应给予更多关注。因为教宗在大赦中，并非将教会法规所定的处罚统统赦免。譬如，不论自愿地还是被迫进入修道院的人，对教会法规中的处罚，教宗一概不予赦免。对民法所强加的民事处罚，或者刑事处罚，尽管无论在哪里，只要有教宗使节在场，他们可能会给予赦免，然而教宗却不会这样做。所以，他似乎只赦免所加的有关禁食、祷告、施舍，以及其他行为和纪律方面的惩罚，有的七年，有的或长或短。在教宗不予赦免的惩罚中，我把教区神父根据自己的裁决所施加的惩罚也包括在内。你们看吧，如果有这个能力，请给我明示。既然教宗不能赦免上述四种惩罚，那么，除了教会法规和他自己任意所加的惩罚外，他还能赦免什么呢？

我的那位身披狮皮的对手在此又对我咆哮，④ 说什么上帝的正义所强加的、或应在炼狱涤除的惩罚，亦在可赦免之列。我答复他说，设想教宗有权更改上帝的律法，解除上帝正义所加的惩罚，是罪大恶极的行为。因为上帝没有说："凡我所捆绑的，你们要释放。"而是说："凡你们所释放的，就释放了，尽管你们不能统统释放，只能及于你们所捆绑

---

④ 路德在这里显然想到了伊索的一则寓言《披着狮皮的驴》（*The Ass in the Lion Skin*）。

的，而不是我所捆绑的。"〔参考太 16:19〕然而，他们却将其理解为："你们将释放的，不论在天在地，都将被释放。"基督特意加上"在地上"这句话，为的是将钥匙职限制于地上。因为他知道，不然的话，他们将越出天上的范围。

我认为教宗也不能赦免第六种惩罚，除非有人对我提出异议。这就是他们所谓上帝的正义所要求、以便使其正义可能得到补赎的那种惩罚。如果它与第三种和第五种惩罚有别，其实，既然作为第六种惩罚，它也应该有别，那么，除非第三与第五两种惩罚不足，必须以更多的祷告、禁食、施舍形式来施加额外的惩罚，否则就想象不出它们的区别所在。所以，这第六种与第五或第三种惩罚的区别，仅在于强度的不同。它不可被理解为民法的惩罚，因为（如前所述）教宗不给予赦免。否则，教会的赎罪券可以免除一切绞刑和极刑。它也同根据教会法规、实际上由处理争端的法庭判决所施加的惩罚无关，因为教宗不宽恕革除教籍、禁令（interdicts），以及教会所给予的其他惩罚。对此，经验已经足以证明。这样，余下的所有惩罚，便是我说我会予以考虑的〔上帝的正义所要求的惩罚〕。不过，我深信这种惩罚根本不存在。首先，没有任何圣经、教师或公认的法规解释，可以告知人们存在这种惩罚；在教会里宣讲的任何内容，若不根基于圣经、教师、教会法规，或至少本于人类理性，便是十足的荒谬行为。即使有这种惩罚，它也不属于教宗赦免的范畴。因为它是自愿被施加的，已经超越了律例范围。的确，它根本不是强加的，而是自愿接受的惩罚。正如我在论及第五种惩罚时所提到的，它不同于被施加的惩罚。

但是如果你问："因某种缘故，教会法规或教士的惩罚不完全，人们如何为满足上帝的正义进行补赎呢？"我的答复是，人若受到第三种和第四种惩罚，只要上帝明白知晓，这就足够了。任何地方都没有文字记录说：除第三种，有时还有第四种惩罚外，上帝还要求其他惩罚。正如《士师记》和《列王纪》中大卫和以色列子民的情形一样。

上帝几乎永远满足于一颗痛悔之心和第三种惩罚。所以，我对某些人的疏忽感到惊异。为了补罪，他们竟然说基督宽恕了福音书里那位未经补罪的淫妇，却不赦免没有补罪的抹大拉的马利亚。所以，人们应当效法马利亚事件中的夫子，而不以淫妇事件中的夫子为榜样，因为任何人的罪孽未经补罪都不可能获得赦免。因为这些人说，耶稣一定要麻风病人履行律法，将身体给祭司察看，然后才使他们洁净［路17:12—19］。所以，这就是上帝的正义所施加的惩罚，超越业已提及的那些惩罚。

我的回答是：我认为，那淫妇已经比抹大拉的马利亚受了更多的惩罚，作了更多的补赎。事实上她经历了死亡，遭到了最严厉的审判。她受了极大的折磨，比未临于死亡的马利亚更为悲惨。所以，她的惩罚属于第四种和第三种，因她是怀着痛悔之心经受死亡的毒钩。另一方面，马利亚清偿的是第三种惩罚，并未有明显的差别。至于麻风病人，我以为他们被要求显露自己，并不是为了补罪，而是作见证。因为麻风病不是罪，只是罪的表征。再者，众所周知，补罪并不包括显露罪过，而是甘心接受祭司的判断，这些都是众所周知的。

2. 我想这样来证明这条论纲。捆绑与释放这两种权力是同等的，并且关联于同一件事。而教宗无权捆绑或赦免教会法规以外的或第五种惩罚。所以，他也无权减轻或赦免它们。否则会有人说，这两种权力的管辖范畴有所不同。但是，如果说它们不同，就没有人要相信了，因为圣经和教会法规在任何地方都没有给予证明。经上已经明示，基督授权在地上捆绑，在地上释放。平等地估量和授予每种权力。

3. 我愿以格列高利九世的《教谕》（*Decretals*）第五卷来证明我的论纲。在"关于补赎与赦免"一章中，他以"但是"（*Quod autem*）这个词作为开头，明确指出未经法官宣布的赦免对个人无效，因为任何人都不能仅凭个人的裁决而使自己受捆绑或被释放。⑤ 教宗不能以第一、二、三、四、六种惩罚对任何人加以裁判，只有第五种归他管辖，这是确定无疑的。这一点已经十分明显，以后会更加明显。

推论

那么结论必然是，补罪不是仅因赎罪而进行的圣礼（因第三和第四

---

⑤ *Decretalium D. Gregorii Papae IX* Lib. V. tit. XXXVII, cap. 4，参见 *CIC* II, col. 885。

种惩罚是补罪），而是因为它是根据教会律例所进行的补罪。对上帝的最大补罪是通过新生活等方式。圣经也一定会证明，并不需要其他补罪。

然后，还有那位按上帝的计划和旨意受差遣为传悔改福音的施洗约翰可以作证。他也说过："你们应当悔改"［太 3:2］，并且说："你们要结出果子来，与悔改的心相称。"［路 3:8］约翰本人曾解释过这些话。当众人问他该如何行事的时候，他回答说："有两件衣裳的，就分给那没有的；有食物的，也当这样行。"［路 3:11］你们难道没有看见，除了要人遵守上帝的诫命外，他并不强加补赎吗？所以他要求将补赎仅仅理解为归信和进入新生命。在有关税吏的那节经文中，人们对这一点看得更为明显。当税吏来到约翰面前，问他："夫子，我们当做什么呢？"他回答说："遵守吩咐你们的，不要逾越。"［参考路 3:12—13］他在这里岂有说过"为过去的罪补罪是应当的"吗？他对兵丁说过同样的话："不要以强暴待人，也不要讹诈人，自己有钱粮就当知足。"［参考路 3:14］除上帝的一般诫命外，难道他曾将别的什么强加给人吗？假若这位受上帝高举来传悔改福音的约翰，不教训我们应当补罪，那么，他无疑就是欺骗了我们，没有将悔改的义务充分地教导我们。

第二处经文出自《以西结书》第 18 章："恶人若回头离开所做的一切罪恶，行正直与合理的事，他必定存活，不致死亡。"［参考结 18:21］看，他只要人行公平与公义之事，此外并无外加任何东西，并且要按下述经文所言，毕其一生："凡遵守公平，常守公义的，这人便为有福。"［诗 106:3］难道这位先知也在欺骗我们吗？

第三处经文出自《弥迦书》6［:8］："世人哪，耶和华已指示你何为善。他向你所要的是什么呢？只要你行公义，好怜悯，存谦卑的心，与你的上帝同行。"你们看到了上帝对人所求的补罪是什么。简言之，弥迦嘲笑那些想因功赎罪的人们说："我朝见耶和华，当献上什么与他相配的呢？岂可献一岁的牛犊为燔祭吗？耶和华岂喜欢千千的公羊，或是万万的油河吗？我岂可为自己的罪过献我的长子吗？为心中的罪恶献我身所生的吗？"［参考弥 6:6—7］这意味着我们应当说"不"，因上帝为我们的罪所要的不是这些东西，而是公义、怜悯和敬畏。这就是我所说的新生命。

第 6 条

教宗本人并无任何赦免罪咎的能力，他只能宣告或见证罪咎已为上帝所宽赦；当然，他可以赦免归他审理的个案。人若藐视他在这方面赦免罪咎的权柄，罪咎必不得赦免。

本论纲的第一部分已经说如此明白，以致某些人甚至承认，教宗批准赦罪的说法，不过是个象征而已。另一些人则提出不懂这句话。但大家都公认，根据《以赛亚书》43 [:25] 的话，罪咎只能由上帝赦免："惟有我为自己的缘故涂抹你的过犯；我也不记念你的罪恶。"《约翰福音》1 [:29] 也说："看哪，上帝的羔羊，除去世人的罪孽的。"《诗篇》130 [:3—4] 说："主耶和华啊，你若究察罪孽，谁能站得住呢？但在你有赦免之恩"；继而又说："因他有慈爱，有丰盛的救恩。他必救赎以色列脱离一切的罪孽。"[诗 130:7—8]《诗篇》51 [:10] 说："上帝啊，求你为我造清洁的心"，等等。此类例证，圣经中还有许多。圣奥古斯丁批驳多纳徒派信徒（Donatists）的众多论著也坚决主张，唯有上帝赦罪。

论纲的第二部分同样十分明显。因为谁若弃绝已被判定的案件，他的罪咎肯定不会得到任何赦免。耶稣说："弃绝你们的就是弃绝我。"[路 10:16] 事实上，人若不同时尊重钥匙职，上帝便不会赦免其罪。因大家都承认这条论纲的真实性，我也无须多说来为其辩护。但我愿在此指出促使我提出本论纲的原因，任何人若认为有必要开导我，以使论题更为清楚，我就会再次承认自己才疏学浅。

本论纲的第一部分似乎是象征式的说法或观念，与福音书的表述不一致。因为它说，教宗释放，就是对罪得赦免的宣布和批准。经上没有说："凡我在天上释放的，你在地上释放。"相反，它说："凡你在地上释放的，我会在天上释放。"所以，其意便是上帝允准神父的释放，而不是相反。关于第二部分，的确，教宗赦免的案件，上帝也予释免。人若不首先与教会和好，至少在愿望上与教会和好，就不能与上帝和好。如果仍在冒犯教会，对上帝的冒犯就不会消除。但问题是，人若与教会和好，是否立即便能与上帝相和好了呢？经上当然是说，凡教会所释放的，天上亦予释放。但似乎并不能得出这样的结论：一切均绝对地在天上被释放，而是只是在教会里被释放的那部分。我认为这两个问题并非无关紧要，在下面的论纲中我将充分阐明自己的看法。

第 7 条

上帝不会赦免任何人的罪咎，除非同时使他凡事谦卑，并使他服从他［上帝］的代表——神父。

我坚持这条论纲。因公众完全赞同，那就再无须对其进行深入讨论与证明。不过，我仍然试图领会它，并简要地阐述己见。同上述论纲一样，本论纲亦坚持认为，上帝所赦之罪，必须为神父预先赦免，至少有此意愿。正如经上明示的："凡你在地上所释放的，在天上也要释放。"［太 16:19］在《马太福音》5［:24］也说："先去同弟兄和好，然后来献礼物"；又说："凯撒的物当归给凯撒，上帝的物当归给上帝。"［太 22:21］在主祷文中亦说："免我们的债，如同我们免了人的债。"［太 6:12］这些经文全都指出，赦免先在地上，然后才是天上。人们有理由问：在恩典的赐予（即上帝的赦免）之前，这些事是如何发生的呢？因为在未获上帝的恩赦以前，人不能使罪得赦免或意图获得赦免。

所以我似乎以为，并宣告，上帝若使人称义，必先将他定罪；他想升高的，先使他毁坏；要医治的，先损伤；要他生的，先让他死。正如他在《列王纪上》第 2 章中［撒上 2:6］，以及《申命记》32［:39］所说："我使人死，我使人活；我损伤，我也医治。"但上帝这样做，是在损毁人，让他谦卑，存敬畏的心，认清自己和自己的罪，以使这可怜的罪人能够说："因你的恼怒，我的肉无一完全；因我的罪过，我的骨头也不安宁。"［诗 38:3］

这样，高山在上帝面前垮下；这样，他射出箭来，使仇敌四散："耶和华啊，你的斥责一发，你鼻孔的气一出，海底就出现，大地的根基也显露。"[诗18:15]这样，罪人转向地狱，脸上充满羞愧。大卫在许多诗篇中忏悔、呻吟，常常体验到这样的惊恐与颤栗。然而，这惊恐却是得救的开端，因为"敬畏耶和华是智慧的开端"[诗111:10]。那鸿说，耶和华洁净时，无人可算清白："他乘旋风和暴风而来，云彩为他脚下的尘土。"[鸿1:3]在这里，上帝的闪电爆发，大地视之而发抖；在这里，他的万箭疾发，霹雳轰鸣，四野因之震动，江海闻之颤栗。总之，上帝以其奇妙的作为，为要成就他自己的工作。心的真诚痛悔、灵里的谦卑，为上帝最悦纳之祭。剥了皮和切成碎块的牺牲，被点燃以作燔祭。（如他们所言，）这里恩典临到，正如《以赛亚书》41[:3]所言："他追赶他们，走他所未走的道，坦然前行。"在《以赛亚书》66[:2]："但我所看顾的，就是虚心悔罪，因我话而战兢的人。"在《以赛亚书》38[:16]中，希西家说："主啊……我灵存活也全在此。所以求你使我痊愈，仍然存活。"

事实上，人对自己的称义如此无知，竟以为自己即将被定罪。他不视之为恩典的降临，反而看作上帝的烈怒降于己身。但是，如果他忍受这种试炼，这人便有福了。因为他一想到自己已被毁坏，他就会像晨星一样升起。不过，只要良心处在这样悲惨、困惑的境地，他就得不到平安与慰藉，除非他逃到教会的权柄之下，寻求安慰，摆脱在认罪中发现的罪与苦况。因为无论凭自己的意图，还是借个人的力量，他都得不到平安；事实上，他的忧虑最终会变成绝望。当神父看到他如此谦卑与痛苦，会对赋予自己那种昭示同情的权力满怀信心，释放悔罪者，向他宣告释放，借此让他的良心获得平安。

诚然，蒙赦之人理应十分谨慎，切莫对上帝已赦免他的罪产生怀疑，好让自己获得心灵的平安。如果他不确定自己良心的痛苦（若是真痛苦，一定会有感知），他就要被迫接受另一位的裁决，这根本不是因神父自己或他的权力，而是因基督的话语，他绝不会说谎："凡你在地上所释放的，在天上也要释放。"[太16:19]因着对这话语的信心，会带来良心的平安，因为神父赦免罪人，依据的就是这句话。无论谁用别的方法寻求平安，譬如借内心的经历，这当然犹如试探上帝，他期望的就不是出于信心的平安，而是想要摆在眼前的平安。因为你只要相信那应许者的话："凡你在地上所释放的，在天上也要释放"，等等，就会获得平安。基督就是我们的平安，但这只凭信心。人若不信这话，就是蒙教宗赦免千万次，甚至向全世界认罪，他也永远体验不到内心的平安。

所以，这种平安是最甜蜜的力量。为此，我们衷心地向把这种力量赐予人的上帝致以最崇高的感谢——只要人相信基督的应许是真实的，这种力量就是对罪和悲惨良心的唯一安慰。这样，上述问题也就迎刃而解。也就是说，即使上帝借着赐下恩典赦免罪咎发生于神父的赦免之前，这种恩赐亦具有这种性质，并且隐匿于上帝的烈怒之下，以致人不能断定这恩典到底是否临在；正如经上所说："他的脚踪无人知道"[参考诗 77:19]，且"走他所未走的道"[赛 41:3]。

所以，一般说来，除了凭神父的判断，我们无法确知自己罪咎的赦免。而且，如果你不相信基督的应许："凡你在地上所释放的，在天上也要释放"[太 16:19]，那么，连神父的判断也对你无效。再者，只要我们不确信，也就没有赦免，因为对我们的赦免尚未出现。的确，人若不坚信，便会可悲地毁灭，因为他不相信自己已蒙赦免。

所以耶稣对麻风病人[法利赛人]西门提到抹大拉的马利亚时，这样说："她许多的罪都赦免了。"[路 7:47]他这样说，肯定是指马利亚已经蒙恩。可是，她并未觉察到恩典的赐予，因为她的罪过，使她的骨头也不得安宁，直到基督转身对着她说："你的罪赦免了"[路 7:48]，"你的信救了你"[路 7:50]。也就是凭着信，她相信基督赦免了她的罪。所以，便有了"平平安安回去吧"这句话[路 7:50]。并且在基督提拔那淫妇以前，她的罪就已被赦免[约 8:3—11]，只是她没有察觉到，因为周围有那么多人责骂她，直至听到那位新郎说："妇人……没有人定你的罪吗？我也不定你的罪。"[约 8:10—11]大卫犯了罪，拿单受上帝的差遣斥责他[撒下 12:1—15]。他被上帝的赦罪恩典感动，大呼"我得罪耶和华了"（人先自责，实乃义人之声）。如果不是拿单说："耶和华已经除掉你的罪，你必不至于死"[撒下 12:13]，随之饶恕了他，大卫立即会被击打致死。为什么他进而说："你必不至于死"，如果他没有看到大卫因自己的罪而深感恐慌与绝望？希西家得知自己必死无疑时，如果没有获得以赛亚的安慰和重上耶和华殿的兆头［赛38:4—8］没有确信自己同时获得了平安和罪得赦免，说"你已释放了我所有的罪过"，那么，他必死不能活。一般说来，无论旧约中人献的祭物多么令上帝喜悦，但如果上帝不借启示、灵感、燔祭、云彩和其他兆头昭示，他们怎会相信他的怜悯和赦罪呢？而今，上帝希望借神父之口和裁判来成就此事。

因此，上帝的赦免产生恩典，神父的宣赦则带来平安。这平安不仅是上帝的恩典，也是上帝的恩赐，因为它是对实际赦免与恩典的信心。我以为，这种恩典由教师们借教会圣礼有效地传递。然而，它却不是成人在圣礼前应拥有的、首要的、使人称义的恩典，而是如《罗马书》［1:17］所言：他们应是"本于信以至于信"。因为到上帝面前来的人必须信有上帝［来11:6］。受洗的人还必须相信自己已经信了，并且已亲近了上帝。否则，他总不会有唯独因信而得到的平安。是故彼得在基督释放之前，绝不会释放，只是宣告和展露基督释放的作为。谁若坚信这一点，便真的获得了上帝赐予的平安与宽赦（即确信蒙恩得赦）。这不是凭过程的确知，而是根据恩慈的上帝所应许的无误话语："凡你在地上所释放的，在天上也要释放"［太16:19］，借确信而得。所以我们在《罗马书》5［:1］读到，由于我们是借基督的恩典而白白称义的，所以便因信，而不是凭过程本身等等而与上帝和好。

但是，如果我的判断合情合理，那么，如果我也像对手们想说的那样，说教宗赦罪，这话也就不会有错，或者不当。的确，赦罪大大优于赦免任何处罚，尽管他们仅鼓吹后者，并且使赦罪在教会中变得没有多大意义，而实际上它的意义却恰恰相反。因为罪得赦免之人（他不能自赦，因为人不可自信，除非他想把事情搞得乱上加乱）借宣赦中"信心的领受"而获得平安，任何惩罚对他来说都不再是惩罚。因为良心的不安会使惩罚变得有害，良心的振奋则使人希求惩罚。

我们看到，当人们借淳朴的信心而寻求和领受赦免时，他们对钥匙职已经有了足够的理解。但某些文人学士，却竭力想借痛悔、行为和认罪，为自己寻求平安，所以除了从烦躁到不安以外，别的一事无成，只

因为他们相信自己，信靠行为。但是在感到良心的折磨时，当信从说过
"凡你在地上所释放的，在天上也要释放"［太 16：19］这句话的基督。
然而，近来的神学家们对补赎圣礼的处理和教导方式完全助长了这种良
心的折磨，使人们相信一种错觉，即他们的罪过有可能被他们的痛悔和
补罪所抵消。这种最虚妄的自负只能像福音书中得了血漏的女人一样，
为看医生花光了所有的积蓄［可 5：25—34］——而且使事情变得更糟。
应教训人首先信从基督那仁慈的赦免者。然后，应劝诫人们对自己的痛
悔与补罪感到绝望。这样，一旦他们借基督的十字架受难而使自己的信
心与喜悦的心情倍增时，最终就会愉快地藐视罪，进而痛悔，加以
补罪。

法律专家也鼓励折磨良心。为吹捧教宗的权力，他们对它的重视和
敬畏，远远超越了对基督有关信心之道的尊重。应当训示人们，如果真
诚寻求良心的平安，就不要相信教宗的权力，而要信从基督之道，是他
给了教宗以应许。你所拥有的一切都不是教宗所赐，而是因你确信自己
的领受，只依基督的应许而相信之故。

此外，如果钥匙职对心灵的平安和赦罪不具有如此功效，那么（如
一些人所说），赎罪券也就毫无价值。因为基督徒连死亡都可以蔑视，
赦免惩罚又有什么要紧呢？

同样，基督为何说"你们赦免谁的罪，谁的罪就赦免了"［约 20：
23］，而不是说，如果他们不信自己已借神父的宽恕而被赦免，便得不
到赦免？所以，基督不是借"你们赦免谁的罪"这句话，而是借"谁的
罪就赦免了"这句话而授权的，这是要罪人相信这种赦免；就像在"凡
你在地上所释放的"这句话里授权一样，我们的信心也在"谁的罪就赦
免了"这句话里得到提升。如果基督想要我们那样地理解，他也一定会
说："你们赦免谁的处罚与惩戒，谁的惩处就赦免了。"但他知道，借着
恩典称义的良心若不借助于神父服侍中人对恩典临在的信心，便会因自
身的不安抛弃恩典。事实上，一个人若不信自己的罪已蒙赦免，他的罪
仍然存在。因为罪的赦免与恩典的赐予仍不完全，人还应当相信自己已
蒙赦免。这是上帝的圣灵给我们心灵的见证：我们是上帝的儿女［罗 8：
16］。作上帝儿女是这样大的奥秘（因为他可能乍看之下以为自己与上

帝为敌），以致于他若不信这一点，他就不可能是上帝的儿女。上帝实在叫圣徒们惊异，以致他若不信自己已经称义和被治愈，他便不能确信是谁使他称义和痊愈的。就像一位病人，假如没有好友的劝告，他很可能不相信医生为他开刀是为治愈他的疾患一样。

所以，神父是不是赦罪的必要因素，或者是否还有其他因素，对此问题我不大关切。只要稍微明白，神父真能赦免罪孽与过犯就行了，这就如同病人的痊愈确实应当归功于他的朋友一样。因为正是在他们的规劝下，病人才相信那为自己施行手术的医生。

"假如神父犯错该怎么办？"这里不是考虑这个问题的地方。因为赦免不是依赖神父，而是源于基督之道。更不必考虑神父会不会出于获取金钱或荣誉的目的履行此事。你只望获赦免，没有他求，只相信应许赦免的基督即可。事实上，即使神父为你宣赦漫不经心，你也会因信而获平安。他主持洗礼或圣餐，你的信心会获致完全的益处，不要过问他是否为了金钱，抑或举止轻率，如同儿戏。基督之道和人对他的信心，都有如此的大能。因为我们在殉道者的传记中看到，一位想滑稽地嘲弄洗礼的演员，想让相信异教的演员为其施洗，便立即从他们那里获得了殉道者的荣誉。圣亚他那修（St. Athanasius）儿时曾为其伙伴施洗，后来，亚历山大里亚（Alexandria）的主教宣布他们已经受洗了；这事已载于教会史中。事实上，圣西普里安（St. Cyprian）曾经指责那位塞拉皮乌斯（Therapius）匆忙间给予的平安，但他还是希望这种平安获得批准。所以，我们绝非借行为、补赎或认罪，而是因信称义，并借着信心而得平安的。

就我的第 6、7 条论纲而言，我们的那位披着狮皮的驴⑥获得了胜利的荣耀。的确，他在得胜前就唱起了战胜我的赞歌，并从臭水般的废话⑦中找出了"补赎、复仇式惩罚"与"医疗、治愈式惩罚"之间的另一种区别，好像人们必须相信杜撰这些玩意的人似的。然而，他们却狡猾地向人们隐瞒了这种区别。否则，如果人们意识到这些无聊徒劳的复

---

⑥ 参考前注④。
⑦ 即经院哲学家的论证。

仇式（即捏造的）惩罚已被释免，赎罪券或者干脆说金钱，便会减少。接着，为了在众人面前表示自己对新旧牧职一无所闻，他使用了另一些晦涩的言辞，在钥匙，即权柄、高位（superiority）和职分，之间进行了另一种区分。所以，我们杰出的师傅、宗教法庭审判官和公教信仰的捍卫者，除了从《四部语录》第四卷汲取一些陈旧混乱不堪的问题之外，便一无所得。他们可能期望，凡基督在天上用高位的钥匙所释放的（因他自己并不在地上释放），在"高天之上"也得释放。然后，为了使教宗成为上帝，必须创造另一位更高的神明，以便使教宗用权柄的钥匙所释放的，在高天之上也得以释放。

将这些废话统统撇开吧！我们只认识一种钥匙，即交给地上的钥匙。而今我的对手坚持认为："新律法的祭司仅凭确认与宣赦释放，这种说法有错"，因为这是犹太教祭司的职分。这是何等聪明的灵性和多么深厚的学问！而他们又是被视为最有资格审判异端、捍卫公教信仰、敢于与石头和棍棒作对的人。使徒保罗说得多么精确啊，他指出古代祭司的职能是裁决麻疯病人、司法审判，以及肉体、饮食、衣着和节日的清净等。基督借新祭司的职分在教会里成就的灵的称义与心灵的净化，通过这些用象征的方式表达出来。如我所说，我对第 6 条论纲的提出并不热心，只是考虑到别人的感受。我的对手及其所有的师傅迄今都没有指出，如果神父不靠散布异端式的老生常谈，也就是新律法的圣礼将称义的恩典赐给了不在路上设置障碍的人，他们到底该如何赦罪。但是，除了对那些已经怀有信心、公义和配得的人以外，对其他人都不可能以有益的方式提供这种圣礼。参与圣礼的人必须有信心［来 11:6］。因此，不是圣礼，而是对它的信心使人称义。不论这些傲慢的诡辩者如何饶舌，我们似乎都更有理由说，新律法的祭司只是宣告和证实上帝的赦免，即指出上帝的赦免，并因此而借他的裁决来安抚罪人的良心。在神父的裁决下，罪人定当获得良心的平安。同样，旧律法的祭司安抚那些判定为身体和衣着洁净的人，尽管他自己却不能使任何人，甚至他自己洁净。因为他既是为肉体而做，也是为良心而行。灵意对字句的回应、真理对象征的回应也是这样。我倒要看看，公教信仰的卫道士们除了陷于异端之外，还能如何以别的方式来阐释钥匙职。

第 8 条

补赎法规只及于生者，按教会法规所定，其条款不应加于临终
之人。

我将审视这一论纲，虽然有许多人感到疑惑不解，为什么这条论纲
会有争议。

1. 本论纲的首要证据是《罗马书》7［:1］经文："律法管人是在活
着的时候。"尽管使徒保罗将其解释为上帝的律法，但这段经文其实更
适用于人类的法律。正如使徒保罗在同一章所言："丈夫若死了，［女
人］就脱离了丈夫的律法。"［罗 7:2］人一旦死了，在很大程度上也就
脱离了管辖活人的律法。使徒保罗由小及大，逐步加以证明。既然活着
的人因人已死亡不受律法的约束，那么死人就更不受管活人的同一律法
之管辖了。

2. 根据第 29 章，⑧ 教会法规同一切其他的人为法律一样，受制于
时间、地点、人物等条件。这是众所周知的道理。只有关乎到基督之
道，经上才这样说："耶和华啊，你的话存到永远，你的信实存到万代"
［参考诗 119:89—90，新译本］；"他的公义，存到永远"［参考诗 111:
3］。至于人的言语与公义，却只存留于一时。所以，情境一变，法律也
即终止。除非有人说，一个城市被毁，残存的废墟仍须履行从前的一切
使命。这实在荒谬。

3. 公义要求，法律赖以存在的情势一旦终止，或者这法律趋向不
义，那么，生者便不再受教会法规的约束，而且连这法律也得更改。教
宗利奥说过，法律不应与爱相抵触，因为立法是为着爱的缘故。所以，
法律一旦妨碍了团结、和平等等，当然就该终止。如果活人都能够脱离
于某些法律，那么，死者岂不更获自由吗？在后一种的情况下，不仅法
律存在的条件已经终止，连人本身亦不存在了。而原先的立法，却只是

---

⑧ 指《四部语录》的第 29 章。

为了他这个活人以及他的生活条件而设置的。

4. 法律的有关条款证明了这条论纲，其中对节日、年份、禁食、守望、劳作、朝圣等事均有明确规定。显然，所有这些规定都属于现世，以人的死亡为终结。人在死后便进入了一种截然不同的生命境界，从此无须禁食、哭泣、吃饭，也不再睡眠，因为他的肉体已不复存在了。正是由于这个原因，让·格尔森⑨才敢于谴责那数千年行之有效的赎罪券。所以，我也自然地产生了怀疑，异端审判官们为何在这位异端分子死后，竟然没有焚烧他。事实上，格尔森不仅指斥能使接受者豁免数千年的赎罪券，他勇敢地厉声反对［罗马］城内的朝圣站（pilgrimage station）这种习俗；而且敢于反对那位赎罪券挥霍者西克斯图斯四世的做法。结果，促使这位教宗告诫其高级圣职者负起责任，改进和密切关注这些赎罪券的实施。格尔森还把有关赎罪券的主张视为愚蠢和迷信行为。

5. 如果审视一下教会法规立法者的意图，他原本也不认为这法律应当施加于死人。假若我们问教宗，谁来行使这些法规："圣父啊，你认为你的律法涉及哪些人，死人还是活人？""当然喽，只是活人。因为对脱离我权限的死人，我还能做什么呢？"除了这句话外，他还能有什么回答呢？

6. 基督的祭司如果不按"己所欲，亦施于人"的原则，让他的弟兄脱离律法的束缚，便是极端的残忍。他没有理由拒绝这样做。因为这属于他的许可权。

7. 如果将补赎法规施加于死者，那么，出于同样理由，其他任何法规也可以这样做。如是，死者就得恪守节日，遵行节期，禁食和守望；遵守规定的祷告时间；在特定的节日禁食蛋、奶和肉类，只能吃油、鱼、水果和蔬菜；在不同日子穿黑戴白；承受那压迫基督的可怜教会的极端重负，而早先的教会却是十分自由的。为什么不是全部，而只是某些教会法规因时而废？既然一些对生活有利有益的教规可以弃之不

⑨ 让·格尔森（Jean Gerson，1363—1429 年），巴黎大学校长，一个改革团体的领袖，该团体主张由一个权力大于教宗的教会会议机构来改革教会。

用，那么，为什么那些折磨人的、有害无益的规条不加以废止？难道我们在这里甚至设想位置已经调换，正如死者承受某种程度上应得的惩罚一样，他们也履行了在一定程度上应做的事情，由此人们可以说，他们在遵守规定的祷告时间吗？

8. 事实上，对身体有病、但尚未濒临死亡的人来说，补赎法规和道德法规均已弃置不用。例如，一位有病的神父，便没有义务去主持公共祷告和公共礼拜。因此，其他人也无须被迫禁食、守望，或戒绝肉、蛋和牛奶等。病人不仅摆脱了所有这些义务，而且也被禁止履行原来健康之时所规定承担的事务。的确，人们现在应当告诉他，主耶和华的手已经抚摸了他！"你们为什么仿佛上帝逼迫我，吃我的肉还嫌不满足（这正是我的疾病）？"［伯 19:22］所以我坚决主张，教会法规不应施于病者，只加于健康、强壮之人。对生者都是这样，更不用说对死者了。既然连那些临终和已死之人都未被释放，那么，为什么病人不受同一教会法规的逼迫和折磨呢？既然病人恢复健康后都不再清偿患病期间未履行的义务，那么，谁会相信人死后还要清偿或履行教会法规呢？

但对此有人这样说："假定一位健康人忘记了履行必需的补赎，他可以在临终之时对此进行认罪。在此情况下，即使没有其他任何补赎需要强加于他，他似乎也必须在炼狱中进行补赎。"我的回答是：根本没有必要。因为这种疏忽只不过是违反教会戒律之罪，他应当对此表示痛心。不应要他清偿或履行过去违反的教会法规，他只对将来负责。"明天自有明天的忧虑；一天的难处一天当就够了。"［太 6:34］但是，如果违背每一种法律都要清偿，以至于不会有违法行为存在了，那违背上帝律法就更应该补赎了。然而，通奸绝不可能不丧失贞洁。

9. 任何人受到的惩罚若比所要施加的为大，他理所当然（并且根据自然权利）就获得了较小惩罚的赦免。但临终之人受的却是最后的、最大的、最严厉的惩罚。所以，在死亡面前，一切其他惩罚应被赦免，因为人再强健，也难以抵御这种惩罚。设想一位临终之人到了立法者面前，难道那立法者不会立即解除对他的惩罚吗？

10. 教会里一些著名的教师说过，任何基督徒都有望成为最富足者。因为若自愿死亡，他就能解脱所有债务，立时飞入天堂。为上帝自愿而死，是高于一切的。所以，教宗在人死后还保留教会法规的惩罚，是毫无用处的。巴黎的威廉、⑩格尔森赞同这样的观点，许多有理性的人也有同感。

11. 假如死亡是不圆满的惩罚，除非死者继续承受教会法规的惩罚。这样一来，教会法规的惩罚倒比死亡的惩罚还要重了，因为它竟然持续到人死亡以后，并且危害基督徒的死亡。关于这种死亡，经上是这样说的："在耶和华眼中，看圣民之死极为宝贵。"［诗116:15］

12. 想想看吧，罪人可能会被抓走，并立即殉教，因他认信基督却未就教会法规作补赎。据说殉道者圣卜尼法斯（St. Boniface）就遇到了这样的情形。难道炼狱会扣押这样的人，不准他与基督同在吗？那么，教会可以为这位殉道者祷告吗？⑪一位自愿死亡的人（他就是我们谈论的那种人，即基督徒）都是按上帝之旨意而死的。

13. 为何民法不于人死之后执行？它们在上帝面前和天国里也具有约束力，这不是靠它自身的力量，而是借基督及其使徒彼得与保罗的见证。他们教导说，必须使人的心灵和良心顺服民法，因这是上帝所悦纳的［太22:21；罗13:1—7；彼前2:13—17］。

14. 悔过的平信徒职位若发生变化，譬如，他被按立为神父，或神父擢升为主教或修士，教会法规的惩罚也随之取消。既然在现世教会法规惩罚可以废止，它怎么会不因死亡带来的变化而被解除呢？还有比这更加荒谬的事吗？

15. 认为教会法规所规定的惩罚应于死后继续补赎的观点，绝对没有圣经正典或合适的理由给以证明。如同其他许多迷信一样，它们似乎完全是神父们的懒惰和疏忽所致。

16. 为了证明我的观点，我想以古代教父作为例证。其中，西普里安是关于教会谴责和纪律的最严正的见证人。如他在其第三卷的第17封信中⑫在同一段落里所说的那样，他要求我们把平安给予那些濒临死

⑩ 有许多经院哲学家也称这个名字，不知路德这里所指的是哪一位。

⑪ 根据罗马教会的教义，殉道者不进炼狱，而是立即进入天堂。所以人们应马上对他祈祷，而不是为他祈祷。

⑫ 西普里安的信是写给长老和执事的，告诫他们教会应重新接纳被革除教籍者。

亡危险的人，以便使他们在长老或执事面前认罪之后，平安地归于主的身边。然而，给予平安，不过是今天所谓的"总赦"罢了，凡对此给予过关注的人都能明白。

所以，我们可以得出这样的结论：教会律例规定的惩罚只及于在生者，即使这样，它也只应施加于强健之人；实际上，仅施加于懒汉和那些自己不愿改善生活的人。如果不是因为某些人以其自己也难以证明的主张激烈地反对我，至今我都无意带出这场争论。如果是对待聪明人和学者，我就静默不言。

有人对此或会这样说："你这样说，便极大地降低了赎罪券的地位。也就是你所说的，只赦免教会法规的惩罚，而不是总赦，并且仅仅涉及今世。"我答道，与其使基督十字架失效，还不如让赎罪券威信扫地。手持无用的赎罪券，也比在教会里散布虚构的故事要好。为这些杜撰的东西争论，只会引起教会的混乱。诚然，坦率地说，我愿公开宣布，对我的对手们引以为荣的那种赦免惩罚的赎罪券，我并不十分在意。但是，我却特别尊重、支持和欣喜那种释罪的赎罪券。我从前已经表达了这个意思，但对手们并不在乎。

一把钝剑也反对这第 8 条论纲，因为在法规中发现了死人也会被革除教籍。［教宗格列高利九世的］著作《关于革除教籍的判决》（*Concerning the Sentence of Excommunication*）中的一章"从我们"（*A Nabis*），特别证明了这一点。[13] 我是多么担心对手们会说，他们已经发现合理的惩罚与补罪可以施加于死者。他们说过，死者只是被革除了教籍，这还好些。没有人否认死者也能获得赦免。但赦罪与赦免惩罚又有什么关系呢？难道离开他们鼓吹的那种最精妙的辩证法，就出不了神学家吗？下面的结论可能包含了第五格（figure）描述，[14] 即"人一旦被解除了革除教籍，其补赎的惩罚也就得到了赦免"。既然人已被免罪，并且立即被解除了惩罚，那么，这些贩子们为什么还要不分青红皂白地兜售赎罪券呢？然而，既然蒙赦之人仍须补赎，那么，赦罪对死人又有何

---

[13] *Decretalium*，*D. Gregorii Papae IX* Lib. v. tit. XXXIV，cap. 28，参见 *CIC* II，cols. 899—900.

[14] 中世纪的逻辑学只有四格，路德意指这里的反对者不讲逻辑。

用，又怎能解除惩罚呢？所以，诸如此类的推理只能令人绝望。因为，正如革除教籍扩及到了死者一样，那么惩罚的赦免也是这样。

法律专家们说，对死者革除教籍对其并无害处，正如赦罪对他们没有好处一样。但所有这一切做法使我们感到恐怖，而教会又不为被革除教籍者公开举行祈祷。所以，人被这样革除教籍所遭受的痛苦，至多不过像一间房子或一件衣服被逐出教会的痛苦一样。由于同样的原因，赦罪对人没有什么帮助。但我要结束对这些乱七八糟的诸种矛盾的批驳，因为它们空洞无物，只是一些烦琐的看法，既不载于圣经和教父著作，也不见诸于教会法规。我的对手总是用未经证明的假设来辩论。否则，他会像一个疯女人那样怒气冲冲狂叫着："他错了，他发火了，他是疯子，谬论，错误。"这些似乎就是他期望用其全部智慧和知识来构思的话语。

第 9 条

所以，教宗在其谕令中始终将死亡与必然性列为例外，此乃圣灵借教宗宽待我们。

本论纲是对前一论纲的进一步证明。的确，如果教宗有意在暂时的必然性中破例，那么在人因死亡而经历永恒的必然性时，他会做出更大的破例。另一方面，有病或被法律认定为残废者，只受暂时性无力的约束。即使教宗不将必然性视为例外，但人们认为，那种情况已被作为例外。因为必然性面前不讲法律。只有死亡是绝对的必然性，在一切障碍中，它是最后的和最大的一个。

第 10 条

神父将补赎法规中的刑罚为临终之人延伸到炼狱，实属无知与邪恶之举。

1. 本论纲是第 8 条论纲的显而易见的推论。当然，肯定有许多人怀疑神父是否真的做过这些事。他们确实做了。因为这样做是将服从教会法规凌驾于顺从上帝的呼召之上；他们宁可偏爱教会法规的廉价事功，而不喜欢基督徒借死亡而获得的那种最宝贵的奖赏。我不明白，持这种看法的人是否有真正的信仰。

2. 教会里最知名的教师一再重复这种众所周知的论调：人在履行效忠教会的事功时，如果上帝在其魂游象外的状态下或以特别的光照，将自己的旨意彰显于他；这样，那人就会被迫停止这种活动，不再对教会效忠，转而"顺从上帝，不顺从人"［徒 5:29］。事实上，我们的教师在教会规定的祈祷时刻这样说过，当人被魂游象外的状态或属天光照所支配时，他肯定会违背教会的诫命，将平日的诺言弃之不顾。所以，既然教会法规在上帝呼召时停止使用，为什么在死亡这样大的呼召时刻和迷狂下不予终止呢？或许人们会效法那群狂热者，他们如此执迷于礼仪事工，为履行它们，竟常常抛弃对上帝和人的明显服从，还真的以为只要履行礼仪事工就做得正确，从而无视对上帝的顺服。

3. 的确，假若人在最高审判前已经蒙召，教会却借其低级裁判权加以保留，这便是邪恶的举措。教宗在什么时候曾经允许一位被告在应召接受他的审判之后，却仍将这人置于主教或教士的低级裁判权之下？难道作为人，他向其下级索要的东西，却不肯将它给予他的元首——上帝？难道人不能强迫别人，却能强迫上帝采取行动吗？根本不可能。但是，他如果真的根据教会法规惩罚临终之人，那就显然是按自己的许可权进行审判与惩罚。

所以，几乎有 20 个理由使我（希望我不是傲慢）怀疑教会法规的惩罚问题。另一方面，既没有教会法规、理性，也没有教会传统等任何权威来支持它。唯一支持的理由就是某些个人滥用职权。

第 11 条

将教会法规的刑罚篡改为炼狱刑罚，显然是主教们酣睡时仇敌撒下的稗子［太 13:25］。

在此，我希望人们不要以为我说主教们酣睡了，是对这些大贵人的诽谤。这不是我的话，而是出自福音书。只是福音书用的是"人"这个词［太 13:25］，而不是"主教"。但是，"人"这个词，确实是指教会的尊长和带领者，除非你认为它指的是人的心灵对肉体的主宰。所以，教宗并没有将教规惩罚施之于炼狱的教导。因为如我所言，这样的教导没有教规和法令的依据。所以，某些教会法规学者如果竭力用这种方式指出炼狱的禁食应进行多少年又四十天，便会徒劳一场。因为实际上那里并不存在禁食，或至少无法证明其存在。错误在于他们不认为教会法规只施于尘世生活，在地上才有约束力。这就像人从一个城市迁居到另一城市，他的市民身份也随之改变一样。在迁居前，他应清偿必要的债务。所以，绝对不应强加于临终之人，也不要（如格尔森所言）在他仍然以补赎还债的时候把他送交炼狱。他们反而要（如格尔森在别处正确指出的）按上帝的旨意，坚决和顺从地迎接死亡。

在此，我们应这样看待赎罪券兜售者的捏造和诡辩：他们犹如大人用面具吓唬小孩子那样来恐吓我们，说什么，神父并不知道赦罪要求的悔改程度，所以，可能也就没法给予上帝公义所要求的那样大的满足。这种不足要靠特别的行为或赎罪券来弥补。

1. 他们的空话毫无证据，多么像神谕。纵然有位先知说过："上帝若不将奥秘指示他的仆人和众先知，就一无所行。"［参考摩 3:7］令人难以置信的是，我主上帝通过先知［弥 6:8］之口传达了那些对我们有益的训言，却没有在任何地方启示过他公义的要求。

2. 我不明白，这样说话的人是否要把上帝看成一位高利贷者或商人，他不是白白地赦免我们，而要我们补赎，以此偿还其赦免？或许这些人想要我们为了自己的罪，而与使人称义之上帝的公义讨价还价？

3. 如果是后一种情况，那么，教宗为何施行总赦？因为他同样不知道必需痛悔的数量，无法对缺欠的部分加以清偿。再说，彻底痛悔更无须他的赦免。他也并不拥有与任何其他神父相异的另一种权柄，仅为程度的区别而已，即教宗可以赦免所有人的罪，神父只赦免部分人。神父为部分人免除其全部补赎，教宗可以赦免所有的人，如此而已。否则，教会就成了由不同权力构成的怪物。

4. 此外，早期教会根本不知有必需痛悔的数量或品格的重要性；然而，它却在人悔改之后给予总赦。尽管我的对手们认为，教会不可能知道悔改是否彻底。

5. 我的对手们还有一种怪念头，他们的赦罪不是基于信心和仁慈的基督的话语，而是立足于孜孜以求者的行为。因为他们认为，只有彻底痛悔的人才能得到总赦。事实上，从来没有人在今世能有这种彻底的痛悔。他们竟然认为，教宗可以给予总赦，甚至可以将其给予那些没有完全痛悔的人。

6. 上帝公义的任何要求，都超越了教会的许可权，因为教会丝毫改变不了上帝的旨意或作为。在这里，上帝的指令依然有效："我的筹算必立定，凡我所喜悦的，我必成就。"［赛 46:10］

由于同样的原因，另一些人的话也被证明不能成立。他们说，教会法规惩罚是对上帝公义所定刑罚的宣判。首先，这种看法毫无根据，所以对其批驳易如反掌。既然上帝已经宣判，教会便不可能予以赦免。因为教会并不施行，它只是宣布上帝所加之刑罚。不然，这些人就会被迫说，必须这样来理解基督之言："凡我所捆绑的，你必释放。"

第 12 条

从前教会法规的刑罚是对真正痛悔的考验，因而施于宣赦之前，而不是其后。

本条再次证明了第 8 条论纲，因为教会法规惩罚如此短暂，它们是将宣赦的本身作为目的。不过，由于任何临终之人都应得到宽恕（其他事也一样），所以显而易见，不仅不应惩罚他，而且连过去的和未来的惩罚，都应统统免除。如果教会从前的习俗能保留下来，那么，这个错误便不会出现，也不会持续到今天。但既然宣赦施于惩罚［补罪］之前，就导致了这样的结果：他们没有宣赦就把人遭入死亡之境，做出了咄咄怪事，从而使宣赦蒙羞。与此同时，他们不以赦免而赦免，而以同样的腔调来捆绑蒙赦之人。

1. 这条论纲被教会法规中描述的那种严肃的补赎所证明，这是现在仍然能杀人的那种补赎的例证或残迹。这些如此严厉地对待临终者的人，为何赦免活人脱离惩罚，也不指示他们在生前履行别的补赎呢？

2. 圣耶柔米写道，他的法比奥拉（Fabiola）在补赎之后便获得宽恕。圣安波罗修（St. Ambrose）同样赦免了他的狄奥多西（Theodosius）。最后，人们还可以在光荣的殉道者西普里安的书信集第三卷中看到更为常见的例证。在［优西比乌（Eusebius）的］《教会史》（*Ecclesiastical History*）和［卡西奥多罗斯（Cassiodorus）的］《三部史》（*Tripartite History*）⑮中也有同样的事例。关于悔罪者与鬼附之人的情况，在狄奥尼修斯（Dionysius）的《教会圣品阶级》（*The Ecclesiastical Hierarchy*）⑯中有同样的记载。我们在所有这些事例中看到，罪人接受恩典与宣赦，都是在补赎之后。

3. 基督赦免抹大拉的马利亚和那淫妇，是在她们伤心落泪，为他抹上膏油，并且最严厉而诚心地责罚自己之后。

4. 所以，在《创世记》第44章里，我们看到约瑟多次用考验来管教他的兄弟，以判断他们对他和便雅悯的爱是否真心，在确信无疑之后，才与他们相认，仁慈地款待他们。

第 13 条

临终者因死亡免却了一切刑罚。对他们来说，教会法规已经无效，理应不再受其辖制。

本条是对前面的总结，意思十分明确。如果临终之人摆脱了一切善功、律法和对人的责任，甚至脱离了上帝的律法，特别是施舍、祷告、

⑮ *Historia ecclesiastica vocata tripartita*，参见 *MPL* 9，879—1214。
⑯ 即亚略巴古的丢尼修，在《使徒行传》17:34 里被提及，他并非该书的作者，而为伪狄奥尼修斯（Pseudo-Dionysius）冒名。

禁食、十字架、劳动和对肉体能够承担的任何要求，这一定会令人非常奇怪。如果临终之人不再履行对邻人的圣爱之义务（爱本身永无终结），仅仅面对仍然辖制他的那些教会法规的要求，人们会同样感到奇怪。这样一来，基督徒就要比任何异教徒还要痛苦。因为他在死后还要经受活人律法的折磨。其实，按其本质说来，基督徒即使死亡，也能借他活在其中的基督，而获得赦免。

最后，让我们总结一下，看看赎罪券能赦免多少人的刑罚。据我看来，有六种人应作为例外，不需要赎罪券。第一，死者或临终之人；第二，病人；第三，在法律上有障碍的人；第四，没有犯罪的人；第五，没有触犯公共罪行的人；第六，改过自新者。我们将证明这些人为何不需要赎罪券，至少言之成理。

1. 第一个证据可能是那种最大的犯罪行为，具体说来，赎罪券只适用于公共罪行，如通奸、杀人、高利盘剥、私通、酗酒和反叛，等等。如果这些罪行没有公开，教会法规似乎也不适用于它们。首先，因为教会法规定立的是公开的补赎，所以教会无权审理隐秘之事。第二，正如隐秘之罪不能公开处罚一样，它也无需公开赦免。但赎罪券显然是公开赦免，且显然有会众在场。的确会有人认为，教宗谕令所给予的公开赦免与根据良心的裁断所进行的私下赦免是有区别的。第三，只有公共罪行才冒犯教会，隐秘之罪不在此列。所以，隐秘犯罪无须赎罪和清偿。第四，当今的法官并不公开宣判罪人，除非他们已被法律认定为犯罪。另一方面，法官宽恕那些因行为而被认定为犯罪的人。当然，我既不指责他们的观点，也似乎不认为他们有错。因为不论此人罪恶多大，任何人都无权论断、谴责和鄙视别人，除非他拥有对此人的审判权，免得会留下这样的话柄："你是谁，竟论断别人的仆人呢？"［罗 14:4］然而，高位圣职者和臣民一样，因忽视爱亦当受责。因为他们允许行为被认定为犯罪的人自由行动，而不管法律是否判定其有罪，尽管基督有这样的诫命："若是不听他们，就告诉教会；若是不听教会，就看他像外邦人和税吏一样"［太 18:17］，等等。

2. 我认为教会法规的惩罚仅限于犯罪，这是众所周知的事。所以，赎罪券（如果它们是教会法规的赦免）只对犯罪者有效。那些过着普通生活，免不了犯可宽赦的罪的人，不需要赎罪券，特别因为可宽赦的罪根本不受惩罚，甚至也没有义务为这些罪忏悔。过普通生活的人更无必要购买赎罪券。否则，大家时时刻刻都必须承受教会法规惩罚。因为如我所说，人在生活中不可能不犯小罪。我还想进一步补充说，也无须为每桩大罪购买赎罪券。理由是：因为内心深处的傲慢恶习，无人确知他在世间始终都没有犯大罪。如果教会法规惩罚适用于所有大罪，那么，福音书里归诸于十字架之上和以外的信徒的整个生活，就无异于一间教会法规惩罚的刑讯室了。这样，人们就除持续不断地购买赎罪券以外，无法再做什么。如果这看来荒谬可笑，那么赎罪券显然只适用于教会法规所惩罚的罪。然而，除了某些确定的公共罪行外，教会法规不能惩罚别的罪。如果要我进一步论述，我会认为，它们至少是人们确定的罪，且是公共罪行，如我提到的通奸、盗窃和杀人等。所以，对任何致死的罪的认定，都不包括在既能施加、也能赦免的教会法规惩罚之内。口头犯罪也不包含在内，除非它成为未来行为的诱因。这显然也是出自教会法规的条文。

3. 教会法规是这样惩罚罪的：假若罪人改过自新，惩罚也就撤销。譬如，罪人进了修道院或献身服侍穷人和病人的事工，或者为基督的缘故而受苦，遵照上帝的旨意而死亡，或有类似与更大的作为。在这些情况下，教会法规惩罚必然终止，赎罪券也对它们失去了意义。这样，受罚的只有懒人和对补赎无动于衷的人了，即被赎罪券惯坏的罪人。所以，看起来赎罪券是特别和仅仅给予那些心硬和失去感情的人的。

4. 必须明白，惩罚无疑不能施加于那些有非常正当的理由，因故不能承受的人。如被土耳其人和非信徒所俘虏的，或根据福音的教训被迫要效忠于主人的奴隶，或必须靠双手谋生来养活妻儿的人。任何受制于这些事项的人，都无须被迫放弃这些事项，相反，他们不仅有义务加以履行，而且可以忽略教会法规，只顺从上帝。有上述障碍的人，也无需为他已无力承受施加给他的而被赦免。

5. 教会法规不施加于病人。这样，唯一涉及的人便是健康的"未被上帝的手攻击过的人"[参考伯 19:21]。根据基督的训言："我病了……你们不来看顾我"[太 25:43]，这些病人不单不应当承受所加的惩罚，反倒要得到看顾和安慰。还应当告诫教宗："因为你所击打的，他们就逼迫；你所击伤的，他们戏说他的愁苦。"［诗 69:26］还有约伯的话："你们为什么仿佛上帝逼迫我？"［伯 19:22］所以，这些人并不需要赎罪券。

6. 凡适用于病人的情况也适用于死人和临终之人，一如上述。

因此，你们看到对那么多基督徒来说，赎罪券既不必要，也无用处。但我愿回到本论纲，以便得出结论，并以子之矛攻子之盾。

教会人士都坚持说，在极度痛苦的死亡时刻，每位神父都是教宗，可为临终之人赦免一切。如果神父不在场，那么临终之人对神父的渴望也就足够了。因此，凡临终之人能被教宗赦免之事均被统统赦免，赎罪券似乎再也不能给予死者任何东西，因为该释放的都已被死亡所释放。以此看来同样显而易见的是，等级与律法的区别应被理解为仅仅适用于活人和健康的人。所以，赎罪券显然只适用于身体强健的罪犯与活着的人，他们没有任何障碍，且不思悔改。如果我在此有错，请任何能人与智者给予指正。

不过，也许有人会问："既然灵魂不再遭受教会法规里的任何刑罚，那么他们在炼狱中还要被赦免什么惩罚呢？或者说他们还要受什么惩罚呢？"我的回答是，如果我早知道答案，为什么还要对其进行讨论或提出质疑呢？我见少识浅，不知道上帝对死人的灵魂要做什么，至少不如那些数不清的灵魂拯救者，他们对什么事都说得那么肯定，好像他们不是常人似的。还有一个难题是，某些教师认为，灵魂并不受火的煎熬，而只是居于火中。所以炼狱之火不折磨人，只是灵魂的牢狱。因此，我在这里讨论的是一个特别令人产生疑问和有争议的问题，我的看法仅为一管之见。

第 14 条

临终者敬虔和爱心都有缺欠，必然会深感惶恐；而且爱心愈小，恐惧愈大。

《约翰壹书》4［:18］特别指出了这条论纲："爱里没有惧怕，爱既完全，就把惧怕除去。因为惧怕里含着刑罚。"所以，既然完全的爱除去惧怕，那么，爱若不完全，必然不能除去惧怕。这样一来，惧怕就仍然存于不完全的爱中。但人在何处会找到这种完全的爱呢？那么（姑且离题），什么样的人才不惧怕死亡、审判和地狱呢？因为无论人怎样圣洁，他内里总有那个旧人、罪性和老亚当的残迹。犹如以色列的儿女们在他们的时代不可能完全消除耶布斯人、迦南人和其他异教徒的影响一样。再者，这个旧人由谬误、欲念、愤怒、惧怕、忧虑、绝望、亏欠的天良、对死亡的恐惧等组成。这就是那个旧的、属肉体之人的特性。不过，它们在新人里逐渐减少，直到人死亡时才完全消失。如使徒保罗所说："外体虽然毁坏，内心却一天新似一天。"［林后4:6］所以，赎罪券和个人刚刚开始的悔罪不能消除旧人的恶迹，相反，这只是赦免过程的开端。随着灵性趋于健康，恶迹最终得以消除。这种灵性的健康不过是对基督的信或爱而已。

这样一说，这条论纲就十分清楚了。如果某人在获得那种驱除惧怕的完全之爱以前，被死亡攫走，他自然死于惧怕与战兢之中，直到爱心圆满，可以驱除惧怕为止。我所说的惧怕便是罪恶的，因信心的脆弱所困扰的良心。正如使徒所说，基督的血从死行中洗净了我们的心［来9:14］。在《希伯来书》10［:22］我们读到："我们心中天良的亏欠已经洒去，身体用清水洗净了，就当存着诚心和充足的信心来到上帝面前。"

简言之，如果我能证明害怕和惧怕的原因是不信，另一方面，确据的原因是信心，那么我以为，我也同时证明了带着不充足的信心而死的人，也必然感到惧怕和战兢。进一步，福音书也常把不信视为恐惧、绝望和被定罪的原因。首先，在彼得请求主基督离开他时，这一点显得非常明白。他说："我是个罪人。"［路5:8］第二个恰当的例子是彼得因小信而下沉［太14:30］。第三个例证是使徒们惊慌地叫起来，以为走在海面上的基督是个鬼怪［太14:26］。第四件事是惊慌失措的使徒以为他们看见通过紧闭的门来到他们中间的基督是个魂［路24:37］。在所有这些例子中，不信被归结为惧怕和恐慌的原因。所以，一切惧怕与战兢都源于不信，所有的确据都来自对上帝的信心。然而，信心又滋生于爱中，因为人应当与他所信从的人相像。

第 15 条

这种惧怕或惶恐本身就足以构成炼狱的刑罚，更不用说其他，因为这是濒临绝望的恐惧。

我没有论及炼狱之火和炼狱的地位，不是因为我不承认它们，而是留待以后再议。另外，我也不知炼狱究竟在哪里，即使圣托马斯说过它就在大地下面。与此同时，我赞同圣奥古斯丁的看法，相信灵魂的避难所是隐秘的，模糊得令我们难以猜度。我说这些话，是为了避免比加得派异端会从我的话里得出没有炼狱的结论。[17] 我只是坦率地说，它的位置不能确知，或者说，罗马教会没有批驳圣托马斯的观点，这是个错误。我确信有炼狱的存在，不论异端派如何絮叨，都对我无妨。因为圣奥古斯丁早在一千一百多年前，就在其《忏悔录》第 9 卷第 13 章中为父母祷告，并请求为他们代祷。[18] 当他那圣洁的母亲临终之时（据他记载），也希望儿子在主的圣坛前祷告时念及她。据圣奥古斯丁所说，圣安波罗修就为此做过了。但是，即使使徒时代没有炼狱（如可恶的比加得引以为自夸的那样），难道就必须信从这位五十年前才出生的异端分子比加得吗？认为这种存在长达数百年的信仰是虚假的，特别是比加得只不过说了"我不信它"这句话，就设想他已经证明了自己的一切主张，宣告我们的所有观点都不适用，仿佛棍子和石头也相信他的话似的。这种看法一定要加以坚持吗？不过，这些问题倒属于他的工作和时代的范畴。

所以人们承认，灵魂倍感恐惧。我想证明这种恐惧就是炼狱的惩罚，且为最大的惩罚。

---

⑰ "比加得"（Picard）一词来源于"贝格哈德"（Beghard），它指的是 13—15 世纪佛兰德（Flanders）和莱茵兰（Rhineland）一带流行的神秘主义宗教运动，路德可能说的是波希米亚比加得派的属灵后裔，温和的胡斯派曾经把他们视为异端。

⑱ *MPL* 32，778—780.

1. 大家一致认为，炼狱和地狱的惩罚相同，其区别仅在于后者是永无尽期的。圣经把地狱的惩罚描述为惧怕、战兢、恐惧和溃亡。如《诗篇》1［:4］所言："恶人并不是这样，乃像糠秕被风吹散。"在《约伯记》《以赛亚书》和其他许多地方都把恶人比作被旋风卷起抛散的碎石和稗子，圣经常用这种修辞手法代表被打入地狱者经历恐怖溃亡的情形。在《诗篇》2［:5］中也有类似的意思："那时，他要在怒中责备他们，在烈怒中惊吓他们。"在《以赛亚书》28［:16］中我们读到："信靠的人必不着急"，也就是说，无须匆匆忙忙，无须战战兢兢，无须惊慌失措，倏忽遁逃。至少，先知们想说的是，不信者该受诅咒，吓得发抖。《箴言》1［:33］说："惟有听从我的，必安然居住，得享安静，不怕灾祸。"《诗篇》第111篇［112:7］也说："他必不怕凶恶的信息。"圣经里多处把恐惧、害怕、战兢、担忧、发抖描述为对恶人的惩罚，其反面则是对敬虔之人的报偿。最后，圣雅各说："鬼魔也信，却是战惊。"［雅2:19］《申命记》28［:65］明确指出，对恶人的惩罚是战兢："耶和华却使你在那里心中跳动。"如果没有战兢，那么无论死亡，还是地狱，以及任何惩罚，就都不会使人烦恼了。正如《雅歌》［8:6］所言："爱情如死之坚强，嫉恨如阴间之残忍。"这一事实已为殉道者所充分证明，如圣灵在《诗篇》第13篇对恶人的形容：这里虽无惧怕，"他们却吓得发抖"［参考诗14:5］。《箴言》28［:1，新译本］说："恶人虽然没有人追赶，仍然逃跑，义人却像狮子，放胆无惧。"否则，如果不是有人因内心里不信［上帝的］公义，在不该害怕的时候也胆怯，为什么会有人惧怕死亡，无比悲伤；有人却视之坦然呢？

2. 其次，《帖撒罗尼迦后书》1［:8—9］指出："那不听从我主耶稣福音的人，他们要受刑罚，就是永远沉沦，离开主的面和他权能的荣光。"对不可宽赦者，上帝唯借其权能使他烦恼，遭受折磨。所以，恶人逃也逃不掉，唯有忧心忡忡。正如《所罗门智训》所说："很快就令你害怕"［参考《所罗门智训》6:5］。在《诗篇》第20篇［21:9］，我们读到："你发怒的时候，要使他们如在炎热的火炉中。"不然，何以有这样的声音："他们必对大山说：遮盖我们！对小山说：倒在我们身上！"［何10:8］《以赛亚书》2［:10］有这样的经文："你当进入岩穴，躲进土中，躲避耶和华的惊吓和他威严的荣光。"《约伯记》中也有这样一段话："你把我藏在阴间，再把我遮掩，直到怒气消散。"[参考伯14:13] 显而易见，对恶人的最大刑罚就是让他在上帝面前蒙羞，因为他们罪恶的不洁同庄严的纯真产生了天渊之别。

3. 再者，教会为灵魂歌唱、呻吟，如《诗篇》6 [:2—3] 所说："我的骨头发战，我心也大大地惊慌。"《诗篇》第 114 篇 [参考 116:3] 也说："死亡的愁苦缠绕我；阴间的痛苦抓住我。"所以，我们为罪人所作的最常见的祈祷，是愿他们平静。特别是因为我们知道，他们总是烦躁不安。但是，不安并非源于刑罚，有殉道者和信心坚定者为证；而是对上帝的信心不足，从而导致对刑罚的畏惧与逃避。人若有信，必与主同在；与主同在，就愿意接受刑罚，承受一切。所以，无论发生何事，义人都不致心神不宁，正如《箴言》[12:21] 所说。另一方面，叶子被风吹的响声，也要追赶罪人，使他们心惊胆怯 [利 26:36]。在《以赛亚书》57 [:20—21] 里我们读到："惟独恶人，好像翻腾的海，不得平静；其中的水常涌出污秽和淤泥来。我的上帝说，恶人必不得平安！"

4. 一些人在今生就已经体验过这些刑罚，特别是阴间的刑罚。因此，我们更应相信这些刑罚是加于炼狱中的死者身上的。因为经历丰富的大卫说过："若不是耶和华帮助我，我就住在寂静 [地狱] 之中了。"[诗 94:17] 他在别处还说过："因为我心里满了患难，我的性命临近阴间。"[诗 88:3] 他还说："我们的骨头散在墓旁"[诗 141:7]，"我就跟那些下坑的人一样"[诗 28:1，新译本]；大卫还说："你是叫我们多经历重大急难的，必使我们复活，从地的深处救上来。"[诗 71:20] 的确，希西家也说过："正在我中年之日，必进入阴间的门"[赛 38:10]；他还进一步说："他像狮子折断我一切的骨头。"[赛 38:13] 这话除了被理解为难以忍受的恐惧的出现外，确实不能有其他解释。

5. 即使今天，体验过这种刑罚的人也该有多少啊！约翰·陶勒在其德语布道词中，除了宣讲那些他引以为例的刑罚的痛苦外，难道还有别的内容吗？诚然，我知道这位大师不为各派神学家所知，可能还遭到他们的藐视。即使这样，他还是一直完全用德意志方言写作。我发现他的神学，比所有大学里一切经院哲学教师或其言论中所表述的神学都更为坚实和真诚。

我自己"认得一个……人"[林后 12:2]，他声称在极短的时间内就曾多次遭受过这些刑罚。然而，它们又是那么巨大，那么酷似地狱，语言难以尽述，笔端不可描绘，除非身历其境，否则根本难以置信。它们是那样巨大，哪怕持续半小时，甚至十分之一小时，那人就会彻底灭亡，所有的骨头化成灰烬。在这样的时刻，上帝似乎对他，对一切被造物都勃然大怒。在这样的时刻，里里外外，没有逃亡，没有安慰，尽是指责。在这样的时刻，正如诗人悲叹的那样："我从你眼前被剪除"[参考诗 31:22]，至少不敢这样说："耶和华啊，……不要在烈怒中惩罚我"[诗 6:1]。在这样的时刻（说来也怪），灵魂除了认为还未完全体验完那种惩罚外，不可能相信竟会得救。但灵魂是永恒的，不能将自己想象为暂时的。余下的只是赤裸裸的求救之心和拼命呻吟，却又不知求于何方。其时，那人像基督一样被扯开肢体，根根筋骨都数得清，灵魂处处充满了无比的痛苦、惧怕、战兢与悲伤，似乎这一切都将永远持续下去。

打个比方吧，假若球越过一条直线，碰到的任何点上都要承受整个球的重量，但没有抓住整个球。灵魂也是这样。它在某一点上偶然遭受永恒洪水的袭击，除了感受到永恒的惩罚以外，不会有别的感觉。但这惩罚也是暂时的，总要过去。所以，如果地狱的刑罚，那种难以忍受的、不可安慰的战兢攫住了生者，灵魂在炼狱的刑罚似乎会更大，并且永无终止。在此情况下，内在之火比外在之火更为可怕。如果有人不信，我也不求他。我们仅仅证明了兜售赎罪券之人语言的放肆，他们对自己鼓吹的那些玩意，要么一无所知，要么连他们自己也心怀疑虑。人们应当相信经历过这些事的人，而不要轻信那些毫无体验的人。

6. 此外，我们还可以引证教会权威的话："救他们脱离狮子的口，以免地狱吞了他们"[参考诗 22:21]，[19] 以及这句话："救我出地狱之门"。[20] 这些话确实表明，灵魂像过去那样，已经到了天谴之门、地狱入口，就是我所说的，近于绝望。我相信，教会说的绝不是空话。

---

[19] 参考 *Officium et Missae pro Defunctis. Offertorium* 2，载于 *Liber usualis Missae et Officii* (Paris，Tornaci，Rome，1929)，p. 1886。

[20] Ibid. A versicle：*Ad Vesperas* and *Laudes*，p. 1149，*et al.*

第 16 条

地狱、炼狱和天堂的区别，似乎等同于绝望、恐惧和得救的确信之间的差异。

任何人若承认前两条论纲是正确的，那么，他也很容易接受这一条。的确，既然我们相信平安、喜乐和信心盛行于天堂，沐浴着上帝的大光，我们就会相信绝望、悲伤和可怖的逃亡在外围的黑暗中肆虐[21]，存在于外部黑暗之中。显然，炼狱就在这二者之间，而且距离地狱较近，因为炼狱里满是绝望、逃脱欲望、恐怖和悲伤。炼狱中的灵魂没有喜乐，也没有平安。事实上，它们享受不到天堂的任何恩泽，因为炼狱的刑罚跟地狱一样，其区别仅在于持续时间的永恒与暂时而已。谈到绝望，我要进而说明，仅是"近于绝望"，因为那种绝望最终是要消失的。再者，只要灵魂进入炼狱，就只能感到绝望，倒不是本身已经绝望，而是因焦虑不安的折磨纠缠，使它无力感觉到希望。他们的软弱只有圣灵帮助，圣灵尽力用说不出的叹息为他们祈求［罗 8:26］。所以，受制于现世诱惑的人便不知在希望与绝望之间何去何从。诚然，他们也一直悲叹求助，表现绝望。但不是他们自己，而是别人借此迹象，看出他们依然怀有希望。我不愿对这个最为棘手的问题再多费口舌，免得赎罪券贩子又向我唠叨，说我空口无凭，尽管事实上我并不像他们那样，不懂装懂，我只是提出问题加以讨论，认为他们狂妄地自吹自擂，实际上令人生疑，毫无价值。

第 17 条

似乎对炼狱中的灵魂来说，恐惧必然会渐少，爱心却渐长。

㉑ 该拉丁文在德语魏玛版中是 *servire*（服侍，to serve），这里将其理解为 *saevire*（肆虐，to rage），另见 *EA* 2，182 和 *CL* 1，58。

本条立足于前三条，但我仍想对其作进一步分析，将临终的灵魂分为三类（如开始所云）。

1. 第一种是毫无信心（即已被定罪者）。根据下列经文所说："祸患必在其死亡时，猎取强暴的人"［参考诗 140:11］；还有："罪人的死亡便是极刑"［参考诗 34:21］，这些人要怀着极大的恐惧与绝望面对死亡，因为他们不信主，所以主的烈怒便降于他。

第二种是有全备信心的圆满之人（即蒙福之人）。根据经上所说："他虽失脚也不至全身仆倒，因为耶和华用手搀扶他"［诗 37:24］；还有："在耶和华眼中，看圣民之死极为宝贵"［诗 116:15］；再有："然而义人终将获得安息，哪怕他们被死亡抓住。"［参考《所罗门智训》4:7］无论义人和不义之人都有死亡的理由。不义之人看到的是对死亡和惩罚的恐惧，并且始终惧怕它们。义人则厌世，渴望释放，这希望使他满足。前者活不到半世［诗 55:23］，后者对肉体存留的时日，总嫌太长。所以，前者所惧，乃后者所盼。由于他们各自的动机源于截然相异的目的，所以前者的最大惧怕，却是后者最高的益处和喜乐。

第三种临终的灵魂是信心不完全者，介于全备信心与不信之间。我相信人们不会否认，有些人是怀着不完全的信心而逝去的，稍后对此将予以更为详细的论证。所以，信心不完全就是灵命的更新不彻底，旧体和老亚当依然存留（因为若信心完全，就不怕刑罚，不怕死亡，不依恋尘世）。显而易见，灵魂不仅应当消除刑罚，而且应有新生的完全，涤净旧体（即对现世的爱恋，对死亡与审判的惧怕）。但是，（若有可能）许多刑罚有可能被免去，但仅此则灵魂还是不得完全。同样，只靠现世免除刑罚，人还是不能变得更好，他还需蒙恩与除去罪。所以，除去罪是当务之急，这罪就是信心、希望和爱的不完全。

2. 刑罚是不能靠逃跑或惧怕来免除的。有一句谚语说得好："凡惧怕地狱者必到那里。"的确，害怕白雪的人，白雪就会落在他身上［伯6:16，武加大译本］。也就是说，临到他身上的比所惧怕的还多。惧怕刑罚，刑罚会更多更重。同样的原因，爱心会使刑罚变小变轻。此外，爱心和甘受刑罚还可以将其克服，因为刑罚一旦被克服，就不再那么严厉了。所以，对喜爱刑罚和死亡的人来说，它们便不再令人难以忍受，反而令人感到甜蜜，因为它们已为爱心和圣灵所克服。另一方面，对惧怕刑罚的人来说，它们就极为严厉，因为它们受制于恐惧和律法的字句。所以，假如灵魂受炼狱折磨，忧虑不堪重负，这表明他缺乏爱心和自由的心灵，律法的字句和恐惧就油然而生。我把这种爱的缺乏称为属灵健康不完全。再者，由于属灵健康不完全，谁也进不了天国，所以我断定，对他来说，爱与属灵健康必须加增，正如恐惧必须减少一样。

3. 如果有人否认或不信这些事情，并且坚持认为灵魂在此〔炼狱〕于灵命上是完美的，偿还的只是从前所欠的刑罚，那我首先答复他们说：那些人必须证明他们被我否定的观点。我断定他们不能自圆其说，或者只能敷衍其辞。那么，接下来我就想问他们是否拒绝接受上述临死的灵魂三分法。假如他们承认有第三种灵魂，就应对其加以解释，上述心灵的胆怯和惧怕到底是怎样消除的。因为完全的人犹如天父上帝一样无所畏惧，成就和承担万事，并凡事欣喜快乐。如果他们不承认此第三种灵魂，但认为信心在死亡中臻于完全，只有刑罚仍须偿还，炼狱则对应受的刑罚加以清算。那么，除了我已经提出的强而有力的、无可辩驳的论点外，我还要以有说服力的方式继续加以论述，即他们不能以任何经文与合理的论据自圆其说。因为这就是那些凭空想象的人及其盲目追随者的所作所为。

首先，为什么上帝要那些灵里完全的人接受刑罚呢？是不是为了补罪的缘故呢？恰恰相反，爱的补罪是超越一切补罪的。因为上帝借刑罚仅仅为了使爱达到完全。否则，使徒所说的"爱能遮掩许多的罪"〔彼前 4:8〕便是谎言。但是，这些人的爱心是完全的，这一点确定无疑。

其次，人若缺乏能力，就要特别自愿对上帝进行补罪。全教会及圣奥古斯丁都这样认为。但是，人若有完全的爱心，就必然会产生这种意愿，不过仍缺乏应对这种不完全生活的能力而已。所以，仅靠意愿，他们就必然能履行完全的补罪。

再次，完全之人将所有亏欠还给上帝，因他们的亏欠不是别的，只是发自内心奉献全部的自我。上帝向人所要的就是他的全部自我，如他所说："我儿，要将你的心归我。"〔箴 23:26〕的确，上帝借其刑罚迫使人献出全部自我。那么，在这完成以后，何以还要刑罚？他们的强求又有何目的呢？

4. 譬如，看看那位满怀信心、爱心的灵魂吧，在临终之时却要被迫进行七天的禁食和满足某些其他的教会法规惩罚。难道上帝是铁石心肠吗？这个灵魂怀着无限的爱心渴盼他，爱他胜过一切；这爱心宽恕了邻人的一切，也强烈期望自己的所有亏欠亦得宽免，因为这是在上帝与人面前应得的报偿（因为这是怀着纯真之爱而死之人的灵魂）。所以我要问，难道上帝如此冷酷无情，不愿为了这人对他和邻人的至爱至卑之情（这对众人至大的仁慈）而宽免那七日苦行吗？

然而，这同一位上帝在福音书里对那位不是心甘情愿，而是富足有余才进行施舍的人说，一切都被宽免了，凡物都洁净了［路 11：41］；还有一位财主，仆人仅仅提出请求和保证，他就白白免了他的债［太 18：23—28］。难道上帝根本不思忖，在人还活着、没有死亡危险之时就给他如此之多，这岂不是太容易了吗？难道为了换取对已经承受死亡这一最大危险的临终之人的至爱，而赦免这样的小罪就如此艰难吗？谁会相信这样的事呢？或者说，他们怎能使我们对此信服呢？所以，他们要么停止自负地说教，要么拿出能够支持他们的更有力的论据来，驳斥我的观点。与此同时，我断定苦于刑罚的炼狱之灵，并非仅仅为了刑罚，还由于爱的缺欠，因为他们无意在这尘世上达于完全；不然，假如他们是完全之人，我们就能断定他们是自由的，因为所有的刑罚均为爱所克服了。

对上帝的仁慈，这不是我的理解：由于完全与永恒之爱，上帝不会赦免某些人最短时的惩罚，同时却因小爱时不时赦免一切人的永恒刑罚。此外，我也不认为，既然上帝由于起初爱的一件事工而赦免现世的所有刑罚，却不因为完全之爱的各样事工而将死亡中的某些惩罚加以免除。不过，我一直在思虑着这些问题，因为"［上帝］从圣所显为可畏"［诗 68：35］。如果撇开这些有争议的问题，向人们宣讲其他更为确实的论断，我们会做得更好。上帝能够处置它们，倒不是因为某种观点——因为它们不由我们，而是由上帝来裁断——而是因为他有权能，可以随意刑罚他们，以便显示他恩典的荣耀，就像对待约伯和保罗那样。

5. 然而，我还有第五个理由来证明这条论纲。如果炼狱只是一个刑罚场所，为何不把它称为"刑罚所"（punitory），而把它叫作"炼狱"（purgatory）呢？"炼狱"这个词的意义和效力是洁净，只能被理解为同旧本性与罪的残余有关，正是它们使人贪恋红尘，妨碍信心的真纯，从而变得不洁。但如果用一种新的模棱两可的解释（因为对它们必须加以区分），他们就会说，这里的洁净同偿付的意思一样，所以受罚之后，他们就可以说即被洁净。我的回答是，驳倒它如同证明它是一样的容易。但是，假如他们也藐视那种认为这个词包含了清除谬误之意的看法，那就悉听尊便吧，我无意辩驳。不过这也表明，两种意义都有疑问。因此，第一种意思被歪曲后在人们中间广为散布，且显得很有确定性，特别是因为该词的基本意义同他们的观点相左。

6. 格列高利一世在其《教谕》（Decretals，dist. XXV）的"何种"（Qualis）这一章中的话，[22] 也支持这条论纲。他在此说，不仅刑罚，连同罪咎，在来世都会被赦免。这是指可宽赦的罪，如其例证所示。但是，没有恩典的赐下就没有罪咎的赦免，而且对圣民来说，惧怕死亡虽是可宽赦的罪，但却不是小罪。

第 18 条

再者，无论理性或圣经似乎都未证明，炼狱中的灵魂处于功德的状态之外，即不能在爱中成长。

1. 这是我最有力的论点，用以批驳那种非难我的、毫无权威的教导。而我们的观点则牢固地以权威为据，不添加恩典，便消除不了惧怕，因为只有完全的爱就可以把惧怕除去 ［约壹 4:18］。再者，本论纲预料会有人用这样的论调来反驳我："他们再也不能赚取功德了，所以前面三条论纲是荒谬的。"

然而，为了继续陈述我的意见和辩论，且又像当初那样，避免刚愎

㉒ *Decretum Magistri Gratiani*，*Prima Pars*，dist. XXV，cap. 4，参见 *CIC* I，col. 94；*MPL* 187，148。

自用，我认为，如果炼狱只是一个服刑的场所，灵魂留在那里是因贪恋不洁之物（像我自己感觉的那样），且没有被洁除邪恶，那炼狱就跟地狱没有两样：刑罚在执行，罪咎却依然存在。对炼狱里的灵魂来说，他们的罪咎便是对刑罚的惧怕、对爱的缺欠。但根据《以赛亚书》8 [:13]的经文，义人不怕别的，只当敬畏上帝。所以，只要他们畏惧刑罚，企求安乐，他们就是在持续犯罪。我的证据是：他们违背爱的原则，一味追求个人私利，而不顾上帝的旨意。即使他们爱上帝，也是怀着世俗情欲（即不完善的爱），尽管他们处于刑罚之中，本当取悦和荣耀上帝，坚强地忍受刑罚。为了在如此繁多棘手的争论议题中坚持己见，坦率地说，我不相信有人会因惧怕而被释免炼狱的刑罚，除非他已经放下了畏惧，开始在刑罚中喜爱上帝的旨意而甚于对刑罚的畏惧——他的确只爱上帝的旨意，藐视刑罚，甚至将其视为上帝的旨意而乐于承受。因为人在得救前必须喜爱公义。

而公义就是主持刑罚的上帝，所以基督说："不背着他的十字架（即心甘情愿地、爱慕地背负它）跟从我的，也不配作我的门徒"[太10:38]。而那刑罚就是灵魂的十字架。因为事实如此，所以我相信它们绝对是真理。让有能耐的人告诉我吧，不赐下新的恩典，对刑罚的喜爱如何能够取代畏惧。坦言之，我不知道。除非有人提出异议，认为炼狱里没有对刑罚的丝毫畏惧，因此它就与地狱不同。这样一来，为那些我们认为根本无所畏惧、反而期盼和乐于接受刑罚的人祷告，就是徒劳。

2. 我可以证实，炼狱里的灵魂也会在爱心中成长。使徒保罗说："我们晓得万事都互相效力，叫爱上帝的人得益处。"[罗8:28]这种益处只能被理解为已拥有的那种益处的增加。所以，炼狱也扩大那种至大的益处——对上帝的爱。正如"嫉恨如阴间之残忍"[歌8:6]，大难之中怡然自乐；正如炉为炼金 [箴27:21]，刑罚试炼人的爱也是这样。

3. 能力是在人的软弱上显得完全 [林后12:9]。爱若显露，一切刑罚都变得有益有利；因为最贵重、富有成效的爱，不会让任何东西本身失去价值。最大的软弱就在炼狱，所以炼狱最能使爱变得完全。

4. 在上帝之道上站立不稳是不可能的，而上帝之道就是达于上帝之爱。显而易见，灵魂要么达于上帝之爱，要么背离，因为他们尚未到达终点，或已得见上帝。

5. 受造物的存留，全在于不断地汲取愈来愈多的力量。一些思想家因此认为，物种的存留取决于持续的创造力。创造就是不断地更新，连溪流、光线、冷热都是这样，特别在其离开源头之际。就心灵的温暖，即对上帝的爱来说，灵魂也要持续地受到护卫（直到进入他们的神圣源头）。同样，即使他们偶然达到完全，也必然在成长，虽然"仍处于上帝之外、未到达他那里"和"已得完全"是相互对立的观念。

但是，有必要看看我的对手们怀着什么动机，否认灵魂可以赚取功德，或者说什么原因促使他们证明必须对其加以否定。

首要原因就是圣奥古斯丁的这句名言："凡功德均取于今生，死后无功德可获。"㉓ 所以他们就说，炼狱非获取功德之地。

我的回答是：圣奥古斯丁及持同样论调的所有教父，都是以权威和用圣经说话的，经文完全赞同他们的这一观点。例如《加拉太书》6［:10］说："有了机会就当向众人行善"；基督在《约翰福音》9［:4］说："黑夜将到，就没有人能做工了"；使徒说："做工的果效也随着他们"［启14:13］；《希伯来书》9［:27］有更明显的例证："按着定命，人人都有一死，死后且有审判"，然后才结束；《加拉太书》6［:7］说："人种的是什么，收的也是什么"；同样，经上说："因为我们众人必要在基督台前显露出来，叫各人按着本身所行的，或善或恶受报。"［林后5:10］还有其他许多经文，似乎都说明人在死后皆按各人在今生所行的，接受应得的审判。《传道书》上也说："树倒在何处，就存在何处"［传11:3］。

所有这些经文都无一例外地不利于炼狱的观念，因为它们没有在被定罪的死人与得救之人之间建立中间状态。所以，如果说尽管有以上经文，炼狱仍应被适当地加以维护的话，那么也可以说，尽管有"凡功德均取于今生"这种说法，但恩典在炼狱之灵中增长的观点亦应坚持。至于炼狱，则没有提及，犹如引证的经文只讲天堂、地狱而未提炼狱一样。双方均未提及炼狱。所以，不应认为圣奥古斯丁的那些论断适用于

㉓ Augustine, *De praedestinatione sanctorum*, cap. 12, 参见 *MPL* 44, 977; *CL* 1, 64, note.

炼狱。凡功德均取于今生，限于今生，也就是说，不在天堂，也不在地狱。最后，还是根据圣奥古斯丁所言，人在炼狱中获得代祷帮助的那种功德取于今生。不然，在天堂或地狱，他都不会拥有使他配受帮助的那种功德。在那里，他至少对炼狱给予关注；而在尘世，却根本不是这样。

然而，如果更固执的人坚持认为，上述证据无论如何都不否认炼狱的存在，持守死后双重审判或双重报应论，灵魂就能得救：一种是暂时报应，即炼狱；另一种是永恒报应，即地狱。这样，就有人遭炼狱报应，有人遭地狱报应。同样，有人的行为随其进了炼狱，有人的行为随其入了地狱。假若有人坚持这一立场，我就要这样回答，用这种可恶、专横、模棱两可的腔调讲话，那些论据就会同炼狱一起被摧毁，而不会保留到现在。因为这种模棱两可的每一面都永远难以得到证明。按我的判断，这是一种非法的极端邪恶的惯例，有人至今还在奉行它，使纯朴的圣经真义变得异议纷纭、令人生疑。所以，与其试图从两种联系的角度来理解它，给人留下根本不可靠的印象，还不如说权威并无论及这一主题。以赛亚说："被窝窄，使人不能遮体"［赛 28:20］，俗话说："不该拆个祭坛来装饰另一个祭坛。"故可以说："种瓜得瓜，种豆得豆"这句话，是指现在和未来。因为"收获"一词，不应被歪曲为我们所理解的双重意义，它应当保持圣经原意，用以指未来的总体审判。所以，那些权威根本没有反对炼狱，也没有用双关意义的诡辩论来对付它，只是采取了不予理睬的态度。由于同样的原因，他们还说："这里到处是功德，那里一点都没有。"再者，我要费多少口舌才能这样说，功德也具有双关意义，今生所获功德在阴间无效，只有阴间所获功德才有效，奥古斯丁说的就是前者！但我不愿这样讲。

"树若向南倒，或向北倒，树倒在何处，就存在何处。"［传 11:3］他们对《传道书》上这段经文是怎样解释的呢，即使他们真的把"倒下"理解为"死亡"？如果北意指地狱，南意指天堂，那么进入炼狱的人在哪个方向倒下呢？他们只是含混地说"向南"。他们对"就存在何处"又是怎样解释的呢？是不是解释为"就存留在那里"？所以，他们就要永远留在炼狱吗？在此，"存留"也是模棱两可，到底是暂时的，还是永远的?

显而易见,这个证据直接同炼狱对立。的确,这种含糊其词,竟把地狱说成来自炼狱了。所以,这个问题不可能得到解决,除非说(如我所言),关于炼狱,那段经文并没有比"耶稣基督的家谱"这段话[太1:1]多说了什么。

第 19 条

但似乎亦未证实炼狱中的灵魂(至少不是全部)对其得救满怀信心,尽管我们对他们的得救或许充满信心。

我们认为,没有人会进炼狱,除非他属于那些必然得救的人。所以,我们自己深信炼狱里的灵魂能够得救,犹如我们对上帝选民的得救确信无疑一样。如果有人声称,他们对自己的得救充满信心,我不会过分反对。但是,我本人并不认为大家都有这样的信心。由于涉及炼狱的问题都晦涩难解,所以我维护这条论纲,不靠证据,而借说服。

1. 本论纲的有效性,首先,根据以上所述,如炼狱的刑罚包含战兢和对定罪与地狱的惧怕,每一次焦虑又使灵魂变得绝望、无确信,需要忠告和帮助。假若那种焦虑和惧怕十分剧烈,而且出人意料,那就更会这样。对每个灵魂来说,这是最强烈、最意外的恐惧与战兢,如我从前所说,并且基督亦有言:"那日子就如同网罗忽然临到你们。"[路21:34]使徒们也说:"主的日子来到,好像夜间的贼一样。"[帖前5:2;彼后3:10]

由于慌乱,他们可能并不知道自己要下地狱还是得救;的确,他们看来可能即将被定罪,落入深坑。诚然,他们现在甚至已经处在地狱之门口,正如希西家所说[赛38:10—20]。但《撒母耳记上》2[:6]又说:"耶和华……使人下阴间,也使人往上升。"所以,他们只知对自己的定罪已经开始,感到身后的地狱之门尚未关闭。他们并不放弃对救助的渴盼之心,虽然对他们来说,这种救助始终是茫然一片。这就是亲身体验者所言。意思是假如有人突然遭遇死亡的审判,比方说落在了拦路强盗手里，他们百般恐吓，扬言要杀他，尽管实际上他们决定只是吓唬吓唬他而已，所以其实他能胜过的。但那人自己却只看见大难临头，形同死亡。他唯一的希望就是尚未丧命，有可能遇救生还的事实，尽管他不知道救助何时到来（因为他明白，强盗们本来有可能杀他，但却不愿意这样做）。

所以，那人的境况几乎近于死亡。这犹如处在永恒死亡的恐惧之中，因为人们感到各方面都受到永恒死亡的威胁。于是，便有教会为其颂祷："将灵魂放出地狱之门吧！""让他们脱离狮口吧，不然地狱就要吞没他们。"他们只有那点剩下的认识，使他们明白上帝能够搭救他们，但又觉得眼下他似乎无意这样做。所以没定罪的人在怀疑的邪念之外，又立即产生了亵渎。不过由于圣灵的扶持，他们表露的只是抱怨和难以言表的叹息［罗 8:26］。因为在这里，虽然渊面黑暗，但上帝的灵运行在水面上［创 1:2］。关于这一点，我在前面已作了较充分的说明。

2. 许多例证的记录声称，某些灵魂承认对自我状况的犹疑不定，因为可以说，他们似乎正走向蒙召的审判，如圣文森特（St. Vincent）和其他人所见证的那样。㉔ 另一方面，又有许多例证的记录表明，他们坦言自己确信无疑。我对此作这样的回应：首先，我已经说过，并非所有的人都确信无疑。其次，根据以上所说，似乎不妨这样讲，他们实际上并未确信，只是鉴于自己极度的求助之心，才如同有把握似的。既然他们好像颇有信心，所以便要求立即获救。他们宁可想象自己有信心，并姑且认为，他们的信心犹如确知一般。这就好像福音书里所说的，魔鬼早知道耶稣就是基督，也就是强烈地这样设想，如注释上所说。㉕ 每当失望与焦虑之时，人们自然强烈地设想自己仍会得救。尽管这与其说是一种对得救的盼望或认知，还不如说是对它的渴慕，就如同魔鬼的情形一样，它更想自己知道，而不仅仅是拥有这信息本身。因为对得救的确知，不会使人焦虑不安，或使人战兢，而是让人怀有信心，以最大的

㉔ The "Vita Vincentii Ferrerii," *Acta Sanctorum*，April，I（Paris and Rome，1866—　），476—510.

㉕ 参考瓦拉弗里德·斯特拉博（Walafrid Strabo，约 808—849 年）的"标准注释"（*glossa ordinaria*）中对《马可福音》1:34 的讨论。这里的注释是对圣经段落的边注。

勇气经受一切。

在此或许有人会问："关于这一特别审判，英诺森也对其作过见证，[⑳] 为什么人在死亡时，不论是谁，他的声誉却不受察验呢？因为似乎通过这种方式，能够使人确知自己的状况。"我答曰，即使通过特殊审判，也不能使人达到这个目的。倒可能会是这样：死人遭审判时，事实上也可能被控告，但判决却可能会被推延，而且不向他公布。与此同时，良心的责备、魔鬼的诱骗、上帝烈怒的威吓，都使痛苦的灵魂对随时而来的审判感到恐怖和颤栗，同预感到肉体死亡时而战兢的情景一样。《申命记》28 [:65—67] 威吓人说："耶和华却使你在那里心中跳动……你的性命必悬悬无定……早晨必说，'巴不得到晚上才好'；晚上必说，'巴不得到早晨才好'。"所以，永恒的死亡也要用同样的焦虑和折磨，来击打极度恐惧的灵魂。这一解释并未远离基督在《马太福音》5 [:21—26] 所昭示的真理：主会将审判、公会议和地狱所定之罪，即被告、证明有罪的人和已被定罪的人区分开来。

但是，某些靠知识而不是因声誉而著称的作家，竟敢说有些灵魂将因其不热不冷的生活 [启 3:16] 被死亡抓走，被上帝抛弃。所以直到世界末日，他们还不知道自己是被罚入地狱，还是得救。有位临终的修士因犯亵渎上帝的通奸罪而被诅咒，但后来竟恢复了健康。如果人们相信这个故事，那么显而易见，即使在最后的宣判之前，地狱的审判和诅咒也可能折磨灵魂。这个故事源于圣格列高利 [格列高利一世] 的一篇讲道词，说的是一条龙要吞掉一个小伙子，置他于死命。

假定炼狱的整个惩罚基本可信，我是被动为之。首先是因畏惧和焦虑的本质；其次是圣经把这一惩罚归于罪人；最后是因整个教会都说过，地狱和炼狱的惩罚别无二致。由此我坚信，我的这一观点完全根源于圣经。事实上，赎罪券兜售者似乎认为，对灵魂所处的惩罚，可以说来自外界，完全是外在的，并非产生于良心里面，犹如上帝仅仅使刑罚离开灵魂，而不是让灵魂离开刑罚一样。如经上所说："我使你的肩得

㉖ Innocent IV, *Apparatus in quinque libros decretalium*, ad. c. v. tit. 38, cap. 14，引自 *MA*³ 1, 496。

脱重担"［诗 81:6］，而不是说："我使重担离开你肩膀。"

经上还说："你从火中行过，必不被烧，火焰也不着在你身上。"［赛 43:2］除了上帝将勇气给了心灵，使灵魂不再惧怕火焰，还有什么方法能使火焰不着在人身上呢。但这并不意味着灵魂必须穿越的那种火已经不再存在。所以，除非解除灵魂的惧怕，使其得到抚慰，否则肩膀便不能摆脱重担。惧怕解除不了刑罚，惟有爱与蔑视才能这样。赎罪券非但不能消除惧怕，而且尽可能地使其增加，因为它们给人留下了这样的印象：它们将刑罚当作某种可鄙之事加以赦免。上帝有意使那些无拘无束的儿女不受烦扰，永远富足有余——这些孩子，完全无所畏惧，而借对恩典的信心，战胜与藐视一切，轻视刑罚与死亡。上帝不喜欢懦夫，因为他们凡事惧怕，连一叶响动，也惊惶失措。

我对下述观点，亦不予苟同。即"既然灵魂自愿接受惩罚，那我们为何还要为其祷告呢？"我答曰，若不这样，他们便会被定罪。既然使徒也期望别人为他祷告，这样，他就可能摆脱那些不信者，传道的大门也会为他敞开［西 4:3］。那么，灵魂为什么不该请求代祷呢？但保罗信心充足，因自己轻视死亡而怡然自得。即使灵魂不期望别人代祷，我们亦应同情他们的怯懦，为其代祷，就像我们为其他受苦之人所做的一样。我们要毫无例外地这样做，不论灵魂受苦的勇气如何。最后，由于灵魂对眼前的惩罚不像对预期即将来临的毁灭那样伤心，所以，如果他们请求代祷，借以坚守信心而不动摇，这毫不奇怪。（如我过去所言）只因他们并不确知自己的处境，所以不像对待上帝的憎恨——地狱——那样，惧怕地狱的刑罚。如经上所说："因为，在死地无人记念你，在阴间有谁称谢你？"［诗 6:5］因此，他们受苦显然不是因惧怕刑罚，而是如上所述，为的是爱慕公义，因为他们担心自己没有称谢和爱上帝（这在地狱中常有发生），甚于对未来苦难的惧怕。全教会若尽可能地襄助这种最圣洁的急切渴望，这是十分恰当的，特别是由于上帝也希望他们得到教会的救助。现在，该结束有关灵魂的惩罚这个含糊而成问题的争辩了。有人若能对此提出更为合理的论点，我决不会嫉妒他们。我要坚持的只是，他们应使自己的论据立足于圣经上更为妥切的例证，而不要陷于别人那些朦胧的意见之中。

第 20 条

因此，教宗所说的"完全免除一切刑罚"，那实在不是指"一切刑罚"，只是指他本人施加于人的那部分。

我维护这一论纲，但尚未得出最后结论。理由如下：

1. 首先，基于第 5 条论纲所言：借钥匙职所赦免的仅仅是教会法规的惩罚。所以，本论纲是那条论纲的必然结论，否定这一条便是否定那一条。

2. 第二个理由源于教宗本人的话。他说过："对于命定的补赎，吾以慈悲为怀给予赦免。"由此看来，他并未赦免由他自己或教会法规所加的惩罚。我想，我们在此不应受制于某些学者的武断说法。他们认为，教宗虽未补充命定的补赎这一条款，但人们应当把他的谕旨理解为就是赦免一切刑罚。我以为，即使它未被加入，但人们明白，它应当作为一个必要的条款补充进来，它关乎教宗谕旨的实质。否则，我的对手必须证明他们借某些经文所发表的言论。

3. 现在，言归正传，回到这个最激烈的争论上来。我问道，他们有什么证据，说明借钥匙职所赦免的不是教会法规的惩罚。他们在答言中向我指出了安东尼努斯、彼得·德·帕鲁德、安科纳的奥古斯丁、约翰·卡普雷奥斯等例证。最后，还有基瓦索的安热吕引证其前辈梅隆的弗朗西斯的话。㉗

㉗ 安东尼努斯（Antoninus，1389—1459 年）是佛罗伦萨的主教和道明会学者，路德在这里是想到了他的《道德神学概论》（*Summary of Moral Theology*）；彼得·德·帕鲁德（Peter de Palude/Peter Paludanus，约 1275—1342 年）是一位巴黎的教师和知名神学家，路德在这里指的是他对彼得·伦巴德《四部语录》的注释；安科纳的奥古斯丁（Augustinus de Ancona，1243—1328 年）是一位奥古斯丁修会修士，路德是在说他的《教会权柄概论》（*Summary of the Power of the Church*）；约翰·卡普雷奥卢斯（John Capreolus，约 1380—1444 年）道明会修士，被视为十五世纪托马斯·阿奎那最有能力的学生；基瓦索的安热吕（Angelus de Clavassio/Angelo Carletti di Chivasso，1411—1495 年），著有《良心问题概要》（*Summary of Questions of Conscience/Summa casuum conscientiae*），这本书在 1478 年至 1520 年间再版了三十次，对赎罪券的看法却十分肤浅，所以成了路德嘲讽的对象；梅隆的弗朗西斯（Francisco de Mayronis，约 1280—1327 年）被认为是邓斯·司各脱最著名的学生之一。

后者如此支持赎罪券买卖，竟然说他敢于宣称，只要这能取悦于基督，便是有功。的确，就好像这些人如此显要、如此有权威似的，以致不论他们的想法是什么，都应立即被列为信仰的条款。实际上他们该受责罚，因为他们提出的这些主张使我们蒙羞、受害。他们杜撰的这些意见符合他们虚伪的奢望，对使徒保罗的下述忠告却根本不予理睬："凡事察验，善美的要持守。"［帖前 5:21］他们比对毕达哥拉斯言听计从的毕达哥拉斯派还愚蠢得多。另一方面，这些人却坚持毕达哥拉斯派所怀疑的东西。现在，让我们看看这些小溪的源头吧，它们就是圣托马斯·阿奎那和圣波那文图拉。因为我的对手接受了他们的一些观点，并且又补充了自己的东西。所以，这两位人物犹如神圣，至关重要。

然而，因为他们也只是声明这些是他们自己的观点，并没有断言其正确无误——甚至圣波那文图拉亦坦言这是一个最异议纷纭和捉摸不定的问题——所以，他们的论点证明不了什么，这一点难道还不清楚吗？你们亲眼看看，他们自己是否引证了［教会法规的］文本或经文？毫无疑问，连他们自己也未宣称什么确定无疑的东西。因为这个问题一旦被确定下来，就会成为信条，所以它不能只靠教师们的解释，还必须得到全体教会公会议决议的支持。教宗也无权轻易决定有关信仰的事务，只有赎罪券兜售者才会这么做。他们被授权任意妄为。他们的看法只有一个理由，那就是帕诺米塔努斯在其《论补赎与赦免》的第五卷"但是"一章中所指出的：假若赎罪券据说只能赦免教会法规的刑罚，那就使赎罪券的功效太微不足道了。㉘ 因此，为了不让赎罪券遭到过分轻视，他们宁可发明一些连他们也莫名其妙的玩意，因为即使赎罪券毫无价值，无论如何也不会危及灵魂，更不用说现在事实上就是这样。但是，即使赎罪券被认为非常有效，对灵魂鼓吹那些虚构和幻想之事，也是十分危险的做法。我们不关注灵魂的得救，只考虑自己；并且为了使我们看起来仿佛完美的教师，竟然拼命粉饰自己的言辞——尽管这是不必要的，

㉘ 帕诺米塔努斯（Panormitanus，1386—1445 年），即图德斯克的尼古拉斯（Nicholas of Tudesco），巴勒莫（Palermo）的大主教，也是本笃修会的学者。路德指的是他在 *Decretalium D. Gregorii Papae IX* v. tit. XXXVIII，cap. 4 中的边注；CIC II，col. 885。

而对普通人和托付我们关照之人的信仰却不尽力——这却是唯一必要之事。在应答圣托马斯和圣波那文图拉之前，似乎有必要列举以往有关赎罪券的意见，免得使我看起来是第一个、也是唯一对赎罪券提出质疑的人物。

《论补赎与赦免》第五卷中以"但是"开头的一章，有一个注释就针对关于赎罪券效能的声明，它开门见山地说："这种赦免的效能，自古以来就有争议，而今仍令人十分生疑。"

有人说，赎罪券只在与上帝的关系上有用，而不适用于对教会的关系。因为假若一个人死了，他在尘世没有犯罪，也未作过补赎，那么，他感受到的炼狱刑罚绝不会与施予他的赦免相应。然而，教会并不因此放松对生者的补赎。这种观点在同一处遭到帕诺米塔努斯的谴责，㉙ 我也赞同他。

另一些人认为，从补赎角度上看赎罪券是有用的。为了谨慎起见，这种命定的补赎远远超越了需要，也就是说，赎罪券仅被命定针对教宗所加的惩罚，而不是着眼于罪的大小，只是出于谨慎，所以在很大程度上超过了罪应受的惩罚。这种观点会比前者招致更强烈的谴责。

还有人说，赎罪券在处理上帝与教会的关系上有效，但宣赦者必须自己承担被赦者的补赎。这同样荒谬。

还有人说，赎罪券在赦免被疏忽的补赎方面有效。帕诺米塔努斯在批驳这一观点时说，这是对粗心大意的惩罚。以我看来，这并不全错。因为实际上所有的惩罚均已释免，即使因疏忽而被忘记的惩罚也在赦免之列，如果那人因自己的过失已深感不快。甚至那些不是因疏忽而被忘记的、仍然必须完成的惩罚也包括在内。

还有人说，赎罪券可用于赦免命定的补赎，如果命定这一补赎的神父允许那人认罪，用补赎来换取赦免。这是其好的和真实的意义，只是它对赎罪券兜售者的权力加以限制。的确，赎罪券能赦免命定的补赎，但并不需要得到命定补赎者的批准。

除了上述注释里对赎罪券的五种传统观点以外，帕诺米塔努斯还介

㉙ 同上。

绍了第六种解释，其大意是：正如解释所示，无论就上帝或是命定的补赎而言，赎罪券都是有用的，戈特弗里德、奥斯蒂恩西斯和约翰内斯·安德烈埃都持有这种看法。㉚ 我本人也支持这一观点，因为它仍然有效，并且是以文字形式表达出来的。但我并不同意他们对所有解释的理解，特别是"就上帝而言"这句话。如果这话的意思是，除了教会或教会法规所要求的补赎以外，甚至上帝施加的刑罚，不论在这里或炼狱中，也都赦免了，我认为这种说法不尽合理，除非在一定意义上而言。因为炼狱的刑罚只能靠痛悔，无须借钥匙职来释免。假如某人已完全痛悔，我相信，就上帝而言，他就已经从炼狱中被释放了。

然而，至于对今世行为的惩罚，我认为并没有依据，我在第 5 条论纲中已经作了充分的说明。因为这种刑罚不能等同于据说就上帝而言已蒙赦免的那种。所以我可以这样说，"就上帝而言"这句话，应当理解为不是指上帝施加的惩罚，而是指教会施加的惩罚。意思是指教会命定补赎的赦免权，既属于教会，也归于上帝，因为教会的赦免权是上帝批准的，如下述经文所说："凡你在地上所释放的，在天上也要释放。"［太 16:19］它没有说："凡你在地上所释放的，我会考虑将在天上释放"；而是说："凡你所释放的那些，我都认可已被释放。"上帝借这句话是让人顺服神父。如果我们不知道神父的行为是上帝批准的，这样的事就不大可能发生。所以，你们明白，这些解释仅仅根植于一些看法而已。

同样，安热吕引证梅隆的弗朗西斯的话说，赎罪券还有利于增加恩典与荣耀。但他没有想到，赎罪券并非善功，只是为了另一些更小的善举而解除更大的善功。因为即使发放赎罪券所着眼的那件善功可能是一件好事，赎罪券也不值得称道。因为行为本身所做的，可能不亚于甚或超过它的功效。事实上，赎罪券本身的赦免，根本无功可言，因为它们

㉚ 特拉尼的戈特弗里德（Gottfried of Trani，？—1245 年），罗马教廷的法学家；苏萨的亨利（Henry of Segusio，约 1200—1271 年）也供职于教廷，后来成为枢机主教和奥斯蒂亚（Ostia）的大主教，所以被称为奥斯蒂恩西斯（Ostiensis/Hostiensis）；约翰内斯·安德烈埃（Johannes Andreae），教会法学家，执教于博洛尼亚（Bologna）和帕多瓦（Padua）的大学。

免除了善功。由于任何人对有争议的问题都可以提出质疑和反对，所以我承认，在这个问题上自己同圣托马斯和圣波那文图拉有分歧，除非他们对自己的看法拿出更有力的证据，证明我的观点不能成立。我只是看到他们引证别人的观点来证明自己，竟然没有引证一条教会法规。而在我这方面，上述第 5 条论纲中却有大量的经文证明我的立场。为了不使我自己的证据也脱离教会法规，请注意下面的论证。

4. 在《论补赎与赦免》第五卷以"从此"（Cum ex eo）开头的那一章里，有这样一句话："补赎中的补罪被赎罪券所削弱"，㉛ 尽管这位教宗可能不是出于慈悲，而是因伤感而发，但教会法规的大师们却认为这句话依然有效。假若补赎中的补罪遭到削弱，那么，显然只有教会法规的惩罚得到赦免，因为补赎中的补罪不过是教会和圣礼补赎的第三部分而已。我在上面业已指出，教会与福音赎罪无关。

如果我认为，教宗并不否认其他惩罚也同样被削弱了，仅仅对其加以证实，他所说的"补赎中的补罪被赎罪券所削弱"这句话并没有将其排除在外。可能有人不同意我的看法。我答曰，那么你就证明他也免除了其他惩罚，他那句话并没有将其排除在外。由于你不这样做，那么我就证明了，他通过引证上述以"从此"开头的那一章，确实将其排除在外；因为他说，救济品贩子们只向人们展示许可证书中的东西。㉜ 但在使徒的文献中，却只有圣礼性补罪的赦免。正如教宗本人所言："补赎中的补罪被轻率的、不必要的赎罪券所削弱。"事实上，教宗的话对赎罪券进行了更加严格的限制，因为如果只是不必要的赎罪券导致了圣礼性补罪的削弱，那么，适度与合法的赎罪券就不会妨碍补赎中的补罪，对其他惩罚的影响就更小了。但是，这不关我的事，也不是我所为，而是教会律例的教师们要加以考虑的。

㉛ *Decretalium D. Gregorii Papae IX* Lib v. tit. XXXVIII, cap. 14，参见 *CIC* II, cols. 888—889。

㉜ Ibid.

第 21 条

这样，赎罪券兜售者宣称教宗的赎罪券能使人免除一切刑罚，并且得救，实属谬误。

我坚持这一论纲，并愿加以证明。

至少，第三种惩罚，即福音性惩罚依然存在。第五种，即死与病的惩罚也是这样。此外，还有被许多人视为最大的惩罚——对死亡的恐惧、良心的战兢、信心的软弱和心灵的怯懦等。将这些惩罚与赎罪券所赦免的加以对照，真可以比作形与影。但教宗之意，却不是要他们如此轻率和自鸣得意地饶舌，上述以"从此"开头的那一章可以证明。㉝

假如他们说："我们并没有说赎罪券也赦免这些惩罚"，我要问，你们为何不向民众交代，你们赦免惩罚到底是什么意思呢？相反，你们声嘶力竭地大喊大叫，上帝和教会面前的惩罚统统给予赦免，不论人因所犯之罪应服何种惩罚。你们的话这样模糊，如此包揽无遗，谁能明白你们的意思呢？

第 22 条

事实上，对炼狱中的灵魂来说，教宗并未赦免他们任何按教会法规所定、本应在今生应受的刑罚。

我对本条论纲的辩护，不会像对待第 8 条那样详细，因为本条只是它的推论而已，况且补赎法规也不适于来世。一切今世的惩罚都会变成死亡的惩罚。事实上，所有惩罚均借死亡的惩罚而被免除，而且一定被免除。若要进一步的证据，请回顾圣格列高利时代的罗马教会。那时，它还未拥有对其他教会的管辖权，至少对希腊教会是这样。显然，它的

㉝ Ibid.

教会法规惩罚对希腊人没有约束力，就像现在它们不能施加于不臣服于教宗的基督徒一样，也不能施加于土耳其人、鞑靼人和利沃尼亚人（Livonians）。所以对这些人来说，赎罪券便没有必要，它们仅对罗马教会治下的人有用。既然它们约束不了那些活人，那对不属任何教会管辖的死人的约束力就更小了。

第 23 条

若一切刑罚确实可以赦免，那也只有极少数的最完美者可以获得。

我将这条论纲视为针对一切惩罚而言，宣布的是同一件事。任何人的补赎中的补罪都可以得到赦免，这一点已进行了充分肯定的说明。确实，我将这条论纲进行了修正，解释为对任何人都不能绝对地进行总赦，不论那人完美与否。我想这样来证明：纵然上帝不将惩罚，或者说第四种惩罚加于最完美者，但至少不会无论何时都将其加于所有的人。不过，这里仍然存在第三种惩罚，即福音性惩罚；以及第四种，即死亡以及与死亡有关或导致死亡的惩罚。即使上帝可以不靠惩罚，而借恩典使人类变得完美，但他并未决定这样做，而是宁愿大家都效法他儿子的模样，就是十字架［参考罗 8:29］。为什么要白费口舌呢？无论有人如何高度赞美对惩罚的赦免，我还是不明白，那些面临死亡、惧怕死亡和审判的人又能得到什么呢？如果向某人宣讲其他各种赦免，却又承认惩罚并未赦免，我怀疑这能否使他得到安慰。所以，谨记对死亡与地狱的惧怕，不论你是否愿意，你都不会在意其他惩罚的赦免了。因此，消除不了死亡惧怕的赎罪券遭到极度轻视，并非因我的缘故，而是其本身所带来的必然结果。

第 24 条

因此，这种胡乱而高调的免罚应许，只会使多数人上当受骗。

我宣布这一点，并且知道这是已经发生的事实。因为我亲耳听到，许多人都只是这样理解，他们靠着赎罪券，根本不受任何惩罚即可飞入天堂。毫无疑问，赎罪券鼓吹者撰文、教导、叫嚣，都意在给人这样的印象：谁若拿到赎罪券，并在犯罪之前死掉，谁就能直接飞入天堂。他们吹得天花乱坠，好像除了本罪（actual sins）以外，再无别的罪了；连遗传下来的［原罪的］火绒（tinder）也不再是污秽、障碍和拖延进入天国的原因。这［原罪］若不得医治，即使没有本罪，人也不可能进入天堂，"凡不洁净的……总不得进那城"［启21:27］。所以，那种对死亡的惧怕，就是火绒的不完美之处和一种罪，甚至其本身就阻止人进入天国。因为不愿死亡的人就对上帝的呼召犹豫不决。既然死得勉强，在此情况下，他就是没有遵从上帝的旨意。

由此，他的罪和违背上帝的意志一样。所以，他是一位不同凡响的人，在获得一切赦免之后，也就不在死亡里犯罪了。那些盼望释放、祈求死亡的人除外。为了不致在所有方面都与他们产生分歧，我认为，人若完全痛悔，并痛恨自己和自己的生命，且极度渴盼死亡，那么在其惩罚被赦免之后，他便可以立即升入天堂。你自己看看，这样的人究竟有多少呢？

第 25 条

教宗对炼狱拥有的一般权柄，同主教和神父在其辖区和教区内特别拥有的权柄别无二致。

这就是我因论断赎罪券贩子而该死千百次的那种亵渎行为。对"夏洛克之流"，[34] 我的罪名会更大。但在论证这条论纲之前，我愿略述自己的论点。首先，我再次重申，我在这里争论的，不是有关我说这些话

---

[34] 夏洛克（Shylock）因身为莎士比亚（William Shakespeare，1564—1616 年）剧作《威尼斯商人》（*The Merchant of Venice*）中的犹太奸商而被人熟知。但这个故事起源于十四世纪意大利民间。在十六世纪，夏洛克已经成为了奸商的代名词。所以，他并非是路德几百年后的虚构人物，而为路德和时人所熟知。

的意图（因我申明这一点，因为整个教会都如此坚持），而是这些话本身。

每当我听到在基督的教会里宣扬那些既无文字记录、亦未被确立的论调，我都感到痛心。请对手们容忍我的这种心情。我们看到，如希拉利所言，[35] 曾经对教父们来说，任何超越属天的规范的训导都似乎是十分危险的事。塞浦路斯主教圣斯比里丁如此严格地遵守这一纪律，[36] 以致有人只是模棱两可地用了一个希腊词语，说"拿着你的长榻，走吧"而没有说"拿着你的草垫或床，走吧"，他就打断他的话，因为他发觉了他的用词错误，尽管意思根本没有改变。[37] 我想，为了完全的公正，他们应当因我克制自己的悲痛而感激我。因为他们在讲道时自鸣得意，而我们听者却深受其苦，被迫忍受他们的推断，既不能有疑问，也毫无温暖。

我却不会这样处事立言，乃至因为我的厚颜无耻和傲慢，自以为应被列为圣教会的博学行列，更不用说属于那些有资格裁决或谴责这些事情的人了。我倒宁愿人们把我视为教会里的无名小卒。我之所以这样做，是出于下列原因：尽管教会里有那么多最博学、最圣洁的人，但这只是时代的悲剧，因为甚至连这些大人物也无力帮助教会。

尤利乌斯二世治下的那些最博学、最圣洁的人希图改革教会，为此而召开了全体教会会议。[38] 他们的不幸结局提供了一个范例，充分证明了今日的学者及其神圣的愿望究竟能够做些什么。据我所知，的确有那么几位仁爱博学的教宗，但多数教宗却使他们黯然失色。正如先知阿摩

㉟ 阿尔勒的希拉利（Hilary of Arles，401—450 年），一位提倡苦修主义的主教，曾经卷入一场与教宗利奥一世的有关奢侈生活的争论。

㊱ 斯比里丁（Spiridion）为四世纪塞浦路斯特拉马苏司（Trimythous）的大主教，在尼西亚公会议（Council of Nicaea，325 年）上为捍卫使徒的信仰而反对阿里乌派（Arians）。

㊲ Cubile 为拉丁文，意为长榻或床；拉丁文 grabatum 意为低长榻；拉丁文 lectum 意为树叶做的长榻。罗马诗人维吉尔（Virgil）曾在《埃涅阿斯纪》（Aeneid）III，324 中将 cubile 称为婚床。

㊳ 这里明显提及了臭名昭著的比萨会议（Council of Pisa，1511 年），这场会议由少数法国和西班牙的枢机主教召开，以定罪教宗尤里乌斯二世，但枢机主教团却拒绝认同此会议。路德在这里似乎意图指涉由尤里乌斯二世和利奥十世主导的第五次拉特兰公会议（Fifth Lateran Council，1512—1517 年）。

司所说："所以通达人见这样的时势必静默不言，因为时势真恶。"［摩
5:13］

　　现在，我们终于拥有了一位极为仁爱的教宗利奥十世，每个正直的
人都为他的正直和学识而感欣喜。然而，在这个混乱世代，这位如此值
得我们尊崇的教宗又能有何作为呢？他本当在较好的世代出任教宗，或
者说在他供职期间应当是太平盛世。我们的时代只配有尤利乌斯二世、
亚历山大六世（Alexander VI），或者像诗人们笔下其他的专制者，如梅
津迪乌斯之流那样的教宗。㊴ 今天，甚至罗马自己也嘲弄好教宗，的
确，罗马比任何地方都更甚于此。在基督教世界，有什么地方能比真正
的巴比伦——罗马——还要更放肆地奚落教宗呢？够了。因为教会除了
拥有无数职位较低的人外，还有地位显赫的博学者。所以，即使按他们
的标准，我想被视为智者，但我却应当保持缄默。然而，宁肯让傻子、
儿童和醉汉道出真相，也总比一语不发好。因为这样一来，那些英明博
学者的信心会更加热烈，只要他们听到我们这些愚氓最终也大声疾呼，
斥责这些非礼的言行。正如基督所言："若是他们闭口不说，这些石头
必要呼叫起来。"［路 19:40］

　　开场白后，让我们回到这论纲上来。首先，我将从意义上，然后再
根据他人的看法和观点，对其加以论证。所以在本论纲中，我不打算涉
及下面的论纲中将给予否定和在第 22 条、第 8 条已经同样给予否定的
那种裁判权问题。因为它们业已被我前面的话所证明，如我所说，教会
可以裁决这个问题的其他方面，我愿欣然默认。与此同时，希望蛮横鼓
吹其梦想的人收敛自己的行为。

　　我对教宗有关炼狱的管辖权提出质疑。就迄今所阅资料，并按照自
己的理解，我坚持否定立场。但是，在教会对此作出决定以后，我也准

㊴ 这里提到的梅津迪乌斯（Mezentius）是埃特鲁里亚（Etruria）的凯尔（Caere）国王，
图尔努斯（Turnus）曾因对抗入侵的埃涅阿斯而向他求援。根据马库斯·波修斯·凯
托（Marcus Porcius Cato，公元前 234—149 年）在《起源》（Origines）中讲述的故
事，图尔努斯和埃涅阿斯在随后的冲突中双双倒下，梅津迪乌斯后来在与阿卡尼乌斯
（Acanius）的单挑中被杀或被迫投降。维吉尔在《埃涅阿斯纪》中，把梅津迪乌斯进一
步描绘成一个血气方刚的无神论暴君，在其爱子劳苏斯（Lausus）为保护他而死亡后，
也被埃涅阿斯所杀。

备接受其肯定性立场。此时，我讲的是带有能力的权柄，而不是律法的权柄——是工作的权柄，而不是命令的权柄——所以我的意思是：教宗绝对没有对炼狱的管辖权，其他任何主教也没有这个权力。要说有的话，也仅仅是他的下属亦可分享的那些权力。

再者，这种权利，教宗以及任何希望这样做的基督徒，均可以用来为亡灵代求、祈祷和禁食等——教宗是用一般方式，主教是用特定的方式，基督徒则是以个人方式。所以，我的论纲显然绝对正确。正如教宗一度和整个教会一起为灵魂代求（如在万灵节［All Souls' Day］所为），每一位主教，只要愿意，也可以在主教管区内这样做（犹如在公共节日［Common Days］所为），⑩ 神父在其教区（在葬礼和周年纪念日），以及任何基督徒，只要乐意，都可以在个人的礼拜中这样做。人们要么否认这种援助是一种代祷，要么就得承认，每一位高级教士以及他的下属，均可为灵魂代求。我想，这些事远非像我的对手就教会对炼狱的管辖权所做的无耻论断那样令人生疑。

第 26 条

如果教宗赦免炼狱中的灵魂，不是用他根本没有的那种钥匙职，而是用代祷的权柄，他便做得很好。

我想，再无必要公开声明我在这里所争论或维护的观点。然而，因为当今败坏的异端审判官如此猖狂，竟然强硬地要迫使那些最正统的基督徒成为异端，所以，我最好还是逐字逐句地解释。我不大明白，声誉良好的乔瓦尼·皮科·德拉·米兰多拉、洛伦佐·瓦拉、拉韦纳的彼得、威塞尔的约翰，以及最近的约翰内斯·罗伊希林和埃塔普勒的雅克·勒菲弗等人，⑪ 究竟做了什么被视为邪恶的事情，（如我所说）除非

---

⑩ 米迦勒节（Michaelmas Day, 9 月 29 日）之后的一周。

⑪ 乔瓦尼·皮科·德拉·米兰多拉（Giovanni Pico della Mirandola，1463—1494 年）和洛伦佐·瓦拉（Lorenzo Valla，1405—1457 年）都是意大利的人文主义者；拉韦纳的彼得（Peter of Ravenna，1448—1518 年）是意大利法学家，晚年在格赖夫斯瓦（转下页）

是因他们没有进行详细论证之故。当今教会里青年狂热分子和娘娘腔医治者的专制何其暴虐！所以我要再次宣告，本论纲将讨论两大主题：一为主宰炼狱的钥匙职，我要证明它根本就不存在，直到有人肯定他能够证明这一点为止。其次是探索为死人代求的方式和方法。

首先证明第一点：

1. 根据苏萨的亨利那个普遍为人接受的论断，既然钥匙职可以扩及炼狱，它们就也能清空它。那么，假如教宗不这样做，他就是铁石心肠。

他们这样解答上述质问：教宗能够、却不应清空炼狱，除非有正当与合理的原因。否则，就是鲁莽地违背上帝的公义。我很难想象他们竟然提出了这种令人寒心和漫不经心的解释，要不就是他们对自己的言论抱着无所谓的态度，或者他们认为是在对牛弹琴。于是，就出现了谬论接踵而来的现象。正如俗话所说："一个谎言七个帮，就能看来如真相。"[43]

所以，再没有什么能比这种反驳更有力地支持该论点的了。现在我们要问，这种合理的动因将会落得什么样的名声呢？众所周知，批准赎罪券的目的是参与讨伐异教徒的战争，或建筑教堂，或为了现世的公共需要。但是，这些理由都没有爱那么重要、那么正义、那么合理。所以，如果为了信徒的身体和维护其善美，或者为了无生命的建筑物的利益，以及为了那种容易腐败的尘世生活的短暂需要，许多罪都依人的要求尽可能地得到了赦免（即使有人把所有的人都包括在内，以致使炼狱空荡荡），这也并未冒犯上帝的公义。那么，为了神圣之爱的缘故，让所有的人都得到释放，又哪会冒犯上帝的公义呢？或许是上帝的公义是那么不公平，那么令人沮丧，它竟然热衷于人的财产和钱包，甚于爱护

（接上页）尔德（Greifswald）和维滕堡执教；威塞尔的约翰·拉赫拉特（John Ruchrath of Wesel，？—1481 年）是德意志经院哲学家，反对赎罪券，被称为"宗教改革前的改教家"；约翰内斯·罗伊希林（Johann Reuchlin，1455—1522 年），著名德意志律师、政治家和人文主义者；埃塔普勒的雅克·勒菲弗 D'Étaples/Jacobus Faber Stapulensis，约 1455—约 1536 年），法国神学家和人文主义的领军人物，他也是法国宗教改革的先驱。这里提到的几位人物都一度受到过宗教裁判所的审讯或威胁。

[43] 德意志谚语，起源于法庭审判程式：另外七个人的证据，可以否决前面七个人的证据对证人的支援。参考 Wander, *Sprichwörterlexikon*, III, 255；MA^3 1, 502。

有明显需求的灵魂。

特别是在援助灵魂具有如此重要性的情况下，就更要这样。否则，信徒便宁可侍奉土耳其人，在肉身中被杀，也不愿失去灵魂。所以，如果教宗为了较小的目的而赦免无数的灵魂，甚至所有灵魂。他为何不为了爱——这个最重要的目的——而赦免人呢？不过，在这一点上我愿奉劝那些必须背水一战的人说，不会有适当的理由使他们安然地摆脱非议。即使就教宗个人而言，他拥有对炼狱的管辖权，但就其行为的理由而言他却没有这个权力，因为这种理由根本就不存在。

2. 教宗论及所施加的补赎的那种态度，证明了同一件事。另外，显而易见，他给予的只是他宣布的，其方式如出一辙。正如主教可以宽赦四十天，枢机主教宽赦一百天的法定补赎一样，教宗可以完全赦免规定补赎的所有天数。但是，没有什么钥匙职曾经施加过炼狱刑罚。

对这个问题，一位狡猾的梦想家想入非非，认为如果教宗说："我准许将赎罪券用于赦免一切与施加补赎有关的罪"，此言就应被理解为针对神父所施加的惩罚。如果他还说，"我准许将赎罪券用于赦免信徒确实感到痛心而又经过忏悔的一切罪"，那么，被遗忘或不为其所知的罪则不在赦免之列。但如果他说，"我赦免一切罪"，那么，灵魂在人死亡时就会飞入天堂。这样，教宗就有权随意拯救一切人。真是疯话！看哪！这位吹牛大王出言何等自信，就好像是他在发布神谕一般！我倒要请教，假若我请他发表评论，到底该如何对此加以证明呢？假若我必须为此信念找出理由［参考彼前 3:15］，他可能会编造出其他新的谎言，借此用更大的欺骗来解答前面的弥天大谎。不幸的基督徒啊！你们被迫听取这些笨蛋喋喋不休的胡说，好像我们并不拥有基督要我们用以训导众人的圣经似的，我们本应给予他们适量的麦子，结果却把许多荆棘和蒺藜给了他们。

在这位最富有说服力的作家所杜撰的其他希奇故事中，有一则他竟敢大力劝我们相信：教宗对我们未意识到或已经被遗忘的一切罪都有赦免或不予赦免之权。他似乎以为全教会都不知道，在教宗完成他的一切赦免之后，所有的信徒仍然要说："谁能知道自己的错失呢？愿你赦免我隐而未现的过错。"［诗 19:12］全教会都知道，我们同约伯一样要惧怕自己的善功，免得它们被上帝视为大罪［参考伯 9:28］。但手握教会钥匙之人并不知道，也未确定善功在上帝眼中到底是恶是善；他更未赦免它们。其次，他的美梦只是对那个最冗长无用的忏悔之术进行了精心描述，导致灵魂的绝望和毁灭，其中甚至教训我们去数那沙粒，也就是清理、收集和掂量每一桩罪过，以便使自己真正悔罪。如果这样，我们必然重温昔日的欲念与可恶的回忆。当我们忏悔过去的罪时，却又在重新犯罪。即使产生了最虔诚的悔改，那肯定只是被动的、可怜的和不真诚的，是因畏惧惩罚而表现的矫揉造作。出于这种畏惧感，我们被训导对罪感到伤心，即受命去幻想无望之物，使事情变得更糟而已。

　　真正的悔罪应当源于上帝的美德仁慈，特别是源于基督的伤痛。这样，人就会考虑到上帝的仁慈而首先感到自己的忘恩负义，从而恨恶自身，对基督感恩戴德。那么，人就会伤心落泪，从心底痛恨自己，而又不感到绝望。他心里也会恨恶罪恶，但却不是因为惩罚的缘故，而是由于他敬重上帝的仁慈。每当感悟到这一点，他便不会被绝望萦绕，虽强烈地自卑，但又怀着欣喜之情。他对一个罪的真正悔恨，便会同时扩及到所有的罪。所以使徒保罗在《罗马书》2［:4］里说："你……不晓得他的恩慈是领你悔改呢？"圣保罗啊，有多少人不知道这一点，甚至连那些为人师表者也是如此！所以我们在《民数记》［21:9］里看到，以色列的子民并未因看到火蛇就惧怕而离开，而是转眼去看那铜蛇，也就是基督。他们看见埃及人时也惊慌失措，但转离他们、跨过红海之后，便得救了［出 14:10，22］。所以，我们的罪肯定已为伤痛的基督所承担，而不再存于自己的良心之中。因为我们的罪在基督身上就是死的；而在我们身上，它们却是活的。不然，假若那些罪的刑讯室得以存留，突然间被死亡攫走的人便不能获救，因为他来不及追忆所有的罪。但我的对手们却为此辩护！

　　所以，可以如此回答那些谎言发明家：在教宗的每一次赦免中，特别是在全体教会前的公开赦免（像赎罪券那样），"关于施加的补赎"这句话应被理解为包含着已被遗忘或未觉察之罪，因为它们不属于教会的管辖权。

　　再者，（以我看来）赎罪券兜售者的大肆鼓吹，是源于对赎罪券起因的无知。那时，人们很看重教会法规补赎，四天即为大赦。后来，逐渐被允准为百日、千日，最后竟达数千日、数百年和数千年之多。赎罪券的宽宏大量便与日增多。先是免除所有罪的七分之一，再是三分之一，后来是一半，最后达到总赦，甚至在罗马的主要教会，[44] 这些情形仍历历在目。如果把施加的补赎理解为首要阶段，那么当然也可以把它视为总赦。

3. 教宗说话的语气再次证明了这条论纲。他说自己"以代祷的方式"为人赦罪，而代祷须与管辖权分开。假若我们相信教宗本人（此为我们的本分）甚于相信任何赎罪券兜售者或我们自己，那么显而易见，不是权威，而是代祷更有益于那些在炼狱的灵魂。对我来说，赞同教宗无论如何总比附和他人更为安全。除代祷权外，教宗没有为自己僭取别的权力。但赎罪券贩子的自信却使我感到惊异。因为与以"从此"开头的那一章的禁令相反，他们竟敢宣称教宗谕令包含了比代祷更多的内容，理由是只有在这里才包含了代祷的方式。如果他们认为，教宗以其钥匙职可以为炼狱灵魂代祷，但他并不拥有对炼狱的管辖权，对此我一再声明，没有人有异议。利用代祷、补罪和赞美上帝的权力，完全属于教宗的许可权。这些权力是否仅仅属于教宗，所以其他主教便无份，我在上述论纲中已经提出过疑问；关于如何运用这种权力，对此我也不大明白。所以，我将在本论纲的第二部分加以讨论，现在就继续探讨这第一部分。

4. 最有力的论据便是基督的话，他说得不是模棱两可，而是简明、坦率："凡你在地上所捆绑的，在天上也要捆绑；凡你在地上所释放的，在天上也要释放。"［太 16:19］基督并非无缘无故地加上"在地上"几个字。不然，如果他无意限制钥匙职，那他完全可以这样说："凡你所释放的，均得释放。"因此，要么基督是一个过分卖弄口舌的不负责任之人，要么钥匙职只适用于地上。但在这里，仁慈的上帝啊，某些人的迷信何其昭然，他们在教宗不知也无意的情况下，硬想用这些话给仅仅为自己拨出代祷权的教宗以更多的权力。当他们意识到基督的这些话与

⑭ 拉丁文为 *stationibus*，同罗马七个虚衔（titular）教会有关。

他们截然对立，并且揭穿了他们的谬误时，他们并不因此而终止对错误的辩解，按基督明晰的话语修正自己的观点。他们反而曲解他的话，使其迁就自己的歪理。说什么"'在地上'这个词，可以有两种不同解释：一与释放者相关，一与被释放者相关。"根据前者，基督的话应被理解为"凡彼得将要在地上释放的，也要在天上释放"。那些人可能期望，如果彼得释放魔鬼（假若魔鬼在地上已被释放），那么后者也要在天上被释放了。如果只说"凡"而不加限定词，那当然表示一切都可能被释放了。

对这种粗俗傲慢的迷信——这种厚颜无耻，我实在无以言表。本作者应怀有耶柔米那种愤激之情与雄辩之才，才能使这种对基督圣言的肆意歪曲和败坏之人，遭到报复。文法本身足以向他们指明，从这些话（他们遵从的只是新辩证法，而非正确语法）来看，他们的意思是站不住脚的。看起来他们始终明白，基督担心有朝一日会出现这么一位彼得或教宗，至死都在觊觎捆绑与释放之权。所以，基督有必要预言死去教宗的特别野心和专横，禁止他们在超越生前和地上以外的范围进行捆绑与释放。（为了适当嘲弄这些可敬的释经家，）基督可能有理由担忧——的确符合情理——某一天，死去的教宗会将其活着的继位者所释放的给予捆绑。这样一来，天上就要大乱了。为难的基督将不知在两种行事中，他该批准哪一项。因为他已经匆匆地将同一件使命赋予了两位教宗，并没有为了限制死去的教宗而加上"在地上"一词。

如果他们对此并不这样理解，又为什么如此激动呢？他们为什么要拼命地证明"在地上"一词指的是行使释放的人？真的，看看这位大师的小小杰作吧！[45] 他必得用金字书写，免得它的内容却不是金的。它们应被金使徒承接下来，就是诗人说的那些人："外邦的偶像是金的、银的，是人手所造的；有口却不能言，有眼却不能看，有耳却不能听，口中也没有气息。"［诗 135:15—17］这些人走的是一条直接抗拒基督之路。基督加上"在地上"一词，就是为了使教宗不能超越地上，擅自在

---

[45] 指苏萨的亨利最著名的作品《金色概要》（*Golden Summary/Summa aurea*）。苏萨的亨利后被任命为教宗的神父（chaplain）。

别处捆绑与释放。就好像基督刻意预见我们时代的谄媚者一样，当他们违背其旨意，无视其反对，着手将死人的国度供奉于教宗之时，就对他们加以限制。出于热情，圣耶柔米可能把这些人称为"神学家"，即上帝的代言人。但实际上，如维吉尔所说，上帝刺激他的预言者，使他们变得极端狂乱。㊹ 不过，我们将站在同他们相反的立场上来讨论这个问题。

第一，根据这一理解，钥匙既可以释放死者，也可以捆绑他们。因为"在地上"这个词，是在两种情况下而加上的，即经上所言："凡你在地上所捆绑的。"所以，我们也要努力洞悉辨别，赋予"在地上"这个词以双重意义。一与捆绑者相关，一与被捆绑者相关。这样他们就会断言，教宗有权捆绑地下，即炼狱的灵魂。但我们却要谨慎（当然是以优秀的医生般的态度），他是在生前，并且是在地上这样做的，因为他若死了，便无法捆绑。但是，即使基督圣言的第一部分没有遭到这种令人难以忍受的激烈嘲弄，那些人在缺乏丝毫判断力的情况下仍一意孤行，他们何等厚颜无耻，胆敢异口同声地将这种权力归于第二部分的呢？要么，就是按以往的习惯，有人允许他们把一切都视之为一，出言模棱两可，在任何地方、以任何方式任意欺诈。他们可能认为，"在地上"一词在基督圣言的第一部分与必受捆绑者相关，在第二部分则与施行释放的人相关。受制于他们那种令人称道的习惯，他们业已将更为荒谬的货色塞进了圣经。

由于大家都不承认钥匙在炼狱里有捆绑之权，所以他们的释放权也应当遭到否定，因为这两种权力相同，均由基督赐予教会。这是某些并不算最劣等的法学家的观点。我的对手们可以评判，他们是否比别人更为明智。

第二，这种观点也被他们自己设立的对应"在天上"-"在地上"所驳倒。正如"在天上"无疑指天上应被释放的，那么"在地上"亦应指在地上应被释放的。同样，假如"在天上"一词指的是被捆绑者，那么"在地上"也应指的是被捆绑者。因此，基督故意不说"我将在天上

㊹ 参考 Aeneid VI，1.12。

释放"，而说"在天上也要释放"。所以，如果有人根据第一句话"凡你在地上所释放的"，竭力推演出错误的解释，那么，其结论就会制止他们这样做。不允许谁把这句话应用于施行释放的人，因为"在天上也要释放"这个结论，必须被理解为是针对"凡在地上所释放的"这个前提而言，与施行释放的人无关。同样的道理，"在天上所捆绑的"不应被理解为执行捆绑的人，而是指"在地上所捆绑的"，至少是指两者。

第三，假如钥匙职扩及炼狱，他们为何还介入到所有这些无益的麻烦中呢？那些人为什么没有忘记"代祷"一词呢？他们为何不规劝教宗宣布，他是以自己的权柄和威望来释放与捆绑的，而不是借代祷呢？的确，凡他要释放的（他要当心自己还没有死！）就会被释放。为什么他要用"代祷"这个词来困扰我们呢？没有人把它理解为"权力"，而是大家都把它理解为"中保"。

我们倒要进一步要求教宗废除炼狱，把它从自然界清理出去。因为假如教会的钥匙职扩展得这样远，即使考虑到应被释放者，整个炼狱也是在教宗的掌握之下。我的证据如下：教宗应对炼狱中的所有灵魂给予总赦；其次，他同样应完全赦免所有临终的基督徒。这样一来，炼狱里肯定会荡然无存，没有人再进入其中，而且大家都飞入天堂，炼狱便将终结。再者，他有义务施行总赦。他这样做，有一个最公正的理由，那就是爱。这是通过万物、高于万物，又在万物之内才能寻得的东西。我们也无须惧怕爱会冒犯上帝的公义，因为公义激励我们，实际上正是为了达到这个目的。如果此事得到成全，我们就将摆脱今天已成重负、备受忽视的整个"死人的职事"，将其变为一个节日服务机构。

第四，也是最后一个，如果炼狱的刑罚是纠正性与处罚性的，如我在第5条论纲所述，那么，它便不能为钥匙职所赦免。在我看来，对各种惩罚详尽无遗的分类已经充分说明，再无其他惩罚存在。

所以，本论纲的第一部分已经清楚，因此整个论纲也多半符合这一事实：教宗是靠代祷影响炼狱，而不是凭借其管辖权。

我本来无意考查论纲的第二部分，即有关代祷的方式问题。并且因为我的论点的缘故，亦无必要了解它到底是什么方法，或其性质如何。但是，我将在有理由忽略的这个问题上表明自己的意见，以免看起来我似乎有意回避这个问题。为了使我的立场无论如何不带偏见，我声明：代祷的方式绝不是由我来确定的，这个问题应由教宗，或者说，甚至可能要由教会公会议加以决断。我的目的只是询问、探讨、引证，指出我所理解的，或者我尚未理解的那种方式。

为灵魂代祷采用了双重的方式：首先，利用代祷活动本身，以及流行的葬礼形式，由神父同众人一起祷告、禁食、献祭，并为特定的灵魂施行特定的工作。无疑，这种代祷颇得人心，正如圣奥古斯丁所指出的，它根据灵魂的功德和上帝的善良愿望来拯救他们。[47] 我在上一条论纲中说过，在特定情况下，主教和教宗通常拥有的权柄一样大，具体说来，不是管辖权，而是关于炼狱的代祷权力。因为已经十分明白，所以其方式这里就不再赘述。

另一方面，代祷是在没有公共礼仪的情况下进行的，只要通过正式宣布，书面的或口头的，两者均可。代祷的实现来源于两大宝藏。

一个是得胜教会的宝藏，它储存了基督和圣徒们超过得救所需的功德。正如我的对手所主张的那样，这个宝藏留给教会进行奖励和称量我们的功德。

另一个是战斗教会的宝藏。其中的功德是在世基督徒的善功，教宗有权将其用于进行悔改的基督徒的补赎，或者用于代表死者进行祷告，或用其赞美和荣耀上帝。在前一种情况下，我不仅说过，而且也写过，教宗有三种不同方式行使对战斗教会功德的支配权：第一，为他人的补罪而将这些功德献于上帝；第二，用其为灵魂代祷；第三，用于赞美上帝。假如此言有理，那么我坚信主教们在其辖区内拥有同样的属灵权柄。如果我言之不当，愿能者给予指教。不然，那些兄弟会如何既能存在而又不犯高低级教士互相传递努力和善功的错误呢？同样的问题也适用于修道院、修会、医院和教区。在这方面，只有当一个人的善功为别人补罪，在上帝面前为其代求，且荣耀上帝时，这一切才有意义。

所以我声明如下：

即使我一点也不明白，战斗教会的那些功德怎么会由教宗来支配，

---

[47] Augustine, *City of God*，参见 *MPL* 41，149ff. 。

但我会同时毫不犹豫地相信这一点，直到有人快刀斩乱麻，解决了这个疑问为止。然而由于下述理由，我还是茫然不解。

第一，假若教宗以生者的功德为生者献祭，我不明白，离开恩典和真正合宜的补罪，只是花光最后一分钱，它怎么能够免罪呢。尽管被赦免者无所事事，别人却要替他做工和赎罪，于是就会发生这种大家都坚决拒绝的事，即给予赦免的人为他人的补罪而受累。这样，教宗实际上并未赦罪，而是利用其下属的功德进行补罪。

第二个理由是，教会钥匙职的作为，绝对不可能超过教会以往甚至没有钥匙职时的作为。根据爱的律法，每个人都有义务为他人代祷。使徒保罗说过："各人的重担要互相担当，如此，就完全了基督的律法。"［加 6:2］

第三个理由是，"indulgence"（赎罪券）这个词与其本意相反。因为该词的意思应为"赐予"，即"赦免"。所以，那人便无须做他分内之事。然而，这并不意味着将某事强加于人，或宣布这种强加之事。赦免当然就是清偿债务，但并非靠他人还债。看来没有战斗教会的宝藏，单有教会的钥匙职就足以进行赦免，特别因为得赦免的仅仅是教会法规的补罪，而不是福音性补罪。否则，一定会有人要重复我以前说过有关赦罪的话，即教宗也借这个宝藏赦免惩罚，就是他也宣称没有宝藏；有些事情也会发生，即教会为被赦免惩罚的人进行补罪。正如圣奥古斯丁所说，没有人会被复活，除非有教会共同体的抬举。他说寡妇的事就象征这一点。㊽ 但正如第一和第二个理由所指出的，不论是被宣告还是授权，它都是一种补罪，而不是赦免，这一点仍是正确的。

第四，战斗教会这一宝藏产生的是圣灵的恩典，而不是惩罚的赦免。当其用于赦免刑罚时，似乎是作了极为廉价的处置。因为惩罚的赦免是教会最廉价的馈赠，似乎连恶人也能分享，并早经钥匙职批准。

其次，我还要作如下声明：

我不知教宗用教会的宝藏为死者代祷会有什么结果。理由如下：

第一，教宗似乎不过是在做已成全之事而已。因为教会在总体上实

㊽ Augustine，*Exposition of Psalm* 145，参见 *MPL* 37，1897。

际已为死者祷告和代求，除非认为教宗是为了解释才这样做的。我看不出这与关于弥撒的说法有何不同，即如果神父为了一个人的利益，比在没有向某个特定人物举行弥撒的情况下而为所有人这样做会更加有益。坦率地说，我认为此言有理。但教宗作为所有神父中最高的总管神父，他当然不过是普遍地使用它而已。诚然，即使没有赎罪券，他也有责任这样做。

第二，由于赎罪券赦免的只是教会法规的惩罚，所以我不明白它到底能为炼狱灵魂赦免什么，因为他们并不受教会法规约束。最后，他们在临终时已摆脱了教会法规的惩罚，因为此刻任何神父都犹如教宗。基于同样的原因，灵魂在炼狱里也不再受苦，因过犯与世间的罪孽，均为可宽赦的罪，正如以"何种"开头的那一章第 25 节所言。[49] 再者，教会法规只加于可宽赦的罪，不是隐秘的致死之罪，而是已承认的罪过，如上所述。所以，我希望有人能够解释，当教宗只是赠予赎罪券，实际上是出于谨慎而这样做的时候（如在教会里经常宽恕死者那样），赎罪券（即教会法规的赦免）是如何助人的；教宗又是如何借赎罪券来使用教会功德的。这样，赎罪券当然就不是变成了代祷，而是与代祷一起赐予灵魂，如同第二件恩赐一样，即被宣称为给予或应用。

第三，我认为，关于用来赦免惩罚的基督与圣徒的宝藏，我随后将在第 58 条论纲里加以论述。诸位明白，所有这一切问题是多么晦涩难解，令人生疑，所以宣讲它们又是多么极端危险。我了解并愿意道出这样一件事情：根据克莱门特（Clement）的《论补赎与赦免》（*Concerning Penance and Remission*）中以"滥用"（*Abusionibus*）一词开头的那一章，[50] 教宗似乎谴责灵魂可以被赎罪券赦免的看法。以克莱门特之见，教宗曾说过这样的话："宣称赎罪券释放炼狱之灵，这是撒谎。"克莱门特这样解释"撒谎"一词："因为他们被留着接受上帝的审判。"以"何种"开头的那一章第 25 节证明了这一点，而我似乎也认为它绝对正确。因为既然灵魂已为代祷所解救，因此就不会再有所谓飞入天堂之事。

---

[49] 参考本章注 [22]。

[50] *Clementis Papae V*，*Constitutiones* v. tit. IX，cap 2，参见 *CIC* II，cols. 1190—1191。

“代祷”“拯救”和“释放”三词并不同义，我的眼力足以看出，赎罪券与教会功德的代祷完全是两码事，有无其他皆可给予。仅有钥匙职就足以赦免，无须再借助功德宝藏。这一宝藏既可以附加于钥匙职，亦可单独使用。正如我以前所说过的，宝藏本身的利用能够导致对教会善功的分享。如果这些话确实言之成理，那么赎罪券在现有的范围内，对于人绝无价值，除非人是在教会里蒙赦，即宣告得赦免了。假如它们还有任何价值的话，那并不是因其本身的功能，而是由于附加了另一件恩赐，即教会功德的缘故。另一方面，教会功德应有别于一般应用，教会就是在没有教宗之应用的情况下，通过一般应用、借圣徒功德而实际上帮助人的。人们必须确定教会这些功德所拥有的功效。但这项察验工作应当留给那些对此尚有热情的人，因为人们提出了这么多疑问。

对我的论点有人提出以下异议：

首先，常有人这样声称，巴黎有位教授在一次辩论中坚持认为，(51)教宗对炼狱拥有管辖权。教宗听到这话以后，恩准在教授死后赦免他，可以说，以便借此支持或嘉奖那个人宣称的真理。

我答道：教宗高兴与否，与我无关。同其余的人一模一样，他也是人。许多教宗不仅以谬误与恶行为快，甚至以恐怖之事为乐。我听从教宗，是因为将他视为教宗，即他的话必须遵从和符合教会法规，或者他的决定应与大公会议一致。然而，假如他出言随意，我便不会这样做。我在此不会被迫向那些几乎不了解基督教训的人说，尤利乌斯二世在基督徒中所犯可怕的谋杀罪，可能已经变为好事，他借此向基督的羊群证实自己是一位真正的牧者。

反对我的第二种观点是：圣波那文图拉在第 4 卷第 20 章主张，若有人坚持教宗拥有对炼狱的管辖权，对此不应强烈反对。

我答曰，首先，圣波那文图拉在这个问题上证据不足。其次，如果教宗坚持这个说法，人们便不应反对。其三，波拿文土拉言之有理，因为他在表述自己的观点时还加上了“只有教宗的主张建基于明显的圣经权威或合理的证据”这句话。迄今为止，这种主张没有任何明显的根据。

(51) *Clementis Papae V*, *Constitutiones* v. tit. IX, cap 2，参考 *CL* 1，88，第 37 行的脚注。

在此又出现了下述反对意见：

第一，据说西克斯图斯四世有过这样的决断：代祷的方法并未削弱赎罪券全部的功效。[52]

我答复如下：首先，如果有人对此固执己见，他应当这样说："圣父亲啊，请证实你的话。"特别是因为教宗除根据律法裁判和决断信仰问题外，他是无权单独决定新信条的。而这无论如何会成为一个新信条。因此，这是大公会议应当决定的事情，远远超过有关圣母这个教义的重要性，特别是由于后者并无危险性，而由教宗方面决断新的信条，对人们来说就可能成为一个重大危险。另外，因为教宗仅仅是人，在信仰和道德问题上可能犯错，所以，假若认为凡教宗的看法皆无谬误，人们必须信以为真，那么整个教会便始终会处于危险之中了。

第二，即使教宗和大批会众都这样认为、即使教宗真的不会犯错，那么采取相反的主张既不是犯罪，也不是异端行为。特别是在与灵魂得救无关紧要的事情上更是这样，直到某种意见被教会公会议所否决，另一种意见获得通过为止。但是，唯恐自己卷入太深，我声明自己的观点有事实根据，那就是罗马教会和巴塞尔会议，以及差不多所有会众都承认圣母无罪成胎。然而，意见相左的人也不应被视为异端，因为他们的观点尚未被证明不能成立。

第三，我没有读过西克斯图斯四世的决议，但看过另一份，大意是赎罪券是通过代祷的方法赐予死者的。但是，不能因此就得出这样的结论：别人为之代祷的灵魂因之而飞进了天堂。

第四，我不能对自己不熟悉的词汇进行解说，更不能充当教宗的评论员。所以，直到他本人进行阐释之前，我出于自尊，在讨论这个遭人误解的问题时仍继续坚持己见，恪守立场。西克斯图斯的话可以从两方面加以理解。首先，"代祷的方法并未削弱赎罪券的全面功效"，这意味着即使赎罪券不是作为赎罪券，而是作为代祷发放的，即经过教宗的批

---

[52] 教宗西克斯图斯图斯四世于 1477 年发布赎罪券谕令的解释《罗马大祭司》（*Romani pontificis*），赎罪券代理雷蒙德·佩罗地（Raimund Peraudi）宣称："代祷并不减损权威。"参考 *MA*^{3} 1，503 和 *CL* 1，88，第 24 行的注脚。

准和代祷，代祷的受益者一定飞入了天堂。他们进入天堂，不是因为被释放了，而是由于代祷的缘故。我本人不相信这一点，但我的对手们却信以为真。其次，"代祷的方法并未削弱赎罪券的全部功效"，意为赎罪券通过代祷的方法用于亡灵，仍然保持其基本性质，即它们是总赦，这个本质特征并未丧失，尽管它们不是通过赎罪券、而是借代祷而发挥效能的。我接受这种解释，不过要作以下补充：假如代祷的确没有以任何方式削弱赎罪券，那么代祷的应用也真地没有以任何方式扩大赎罪券的功能。因此可以得出这样的结论：灵魂并没有借赎罪券而进入天堂。甚至这些话的本身也证实了这个事实，因为它没有说"代祷的方法完全解救了灵魂"，而是讲"它并未削弱赎罪券的全部功效"。所以，不论赎罪券具有何等性质，它的功能与代祷一致，仅此而已。

对我的另一个反对意见是：

使徒的赦罪方式形式为："我为你们解除炼狱的惩罚，一如圣教会的钥匙所及。"甚至在罗马，教宗的忏悔神父也信守这一方式。

我对这种异议的首要反驳是，这些话与此毫不相干。因为上述方式是赦免生者与临终者的，而非将赎罪券应用于死者。

为探讨真理起见，我提出第二个观点：因为这句话含糊晦涩，令人生疑，所以在信仰方面，如果人们与神父认为应被接受的意见相左也不为过。为什么这种方式竟如此困扰人们？为什么连作者好像也深有疑虑地说"一如钥匙所及"？这个摇晃的尾巴的确令我生疑。我没有义务去相信连教宗本人都不敢十分有把握表露的言辞。他为何只在这里，而不在别处加上"一如钥匙所及"呢？难道你们没有看到基督对他的教会是多么警觉吗？他甚至不许那些想犯错的人犯错。如果我们牢记他的警告，不轻率地犯错该有多好！

其三，如上所述，即使教宗连同他的忏悔神父在这问题上没有错，那么否认或不肯接受教宗意见的人也不会因此而成为异端，直到其中的某些看法由大公会议裁定而被认可或否决为止。即使他们把马利亚受孕日作为已经固定的信仰节日用赎罪券加以装点，但他们仍然没有归罪或约束那些不希冀这种赦免的人。不论发放多少赎罪券，在教会就此作出决议以前，都无必要认可这种使徒的赦免方式是正确的。你们再次看到，多么有必要召开一次正式的大公会议啊。但我怕我们这一代不值得分享这种福分，只配受错误之工的嘲弄［帖后 2:11］。

第 27 条

那说："钱币当啷落钱箱，炼狱苦魂入天堂"的，只是在宣扬人的教义。

他们鼓吹出于人意的教义，即虚空和谎言。正如经上说："人都是说谎的"［参考诗 116:11］；还有这句话："人人活着都那么肤浅。"［参考诗 39:6］我以为，本论纲不言自明。但下述论断："因为教会替炼狱的灵魂代祷，其效验依赖上帝的旨意和灵魂的功德"，进一步证明了它。不过，即使他们的观点正确，即灵魂得益于代祷，但并不能因此而认为灵魂便立时从炼狱飞入天堂。

1. 首先，不能得出这样的结论；因为不是"代祷"，而是"欢快地聆听和领受代祷"释放了灵魂，所以他们的释放不因教会的祷告，而是上帝的工作所致。

2. 所有圣徒的祈祷和教导都证明，上帝行事是快快地听、慢慢地给，其意在于察验人的坚忍之心。所以在代祷、欢快的聆听与成全此事之间，有一段漫长的时光。

3. 也不能得出这样的结论：因为最近有人未经许可，并且违背教会禁令鼓吹同样的事情，因此赎罪券兜售者再没有教导超越其委托书的内容。所以，他们宣扬的不是上帝与教会的正确训导，而是自己虚谎的想法。

5. (53)有意宣扬谬论和不懂装懂并无二致。因为传讲真理的人有时也不免说谎。这些人明知对自己的话没有把握，但还像传福音那样满怀信心地肯定它们。他们不能用圣经的证据或理性来证实这些话，以便使人

(53) *WA* 1，584，脚注 37 指出，所有版本均为"5"，原手稿中的第 4 点可能因失误而未被印刷。

信服。

6. 那么，代祷如果作为对他人的一种服侍，并且偶尔为之，要比为个人谋利好，因为被代祷者没有像代祷者那样有利可图。这是一个似是而非的主张，因此我想忽略它，特别是那些人竟敢承认，代祷对祷告者并无好处，只对接受代祷的灵魂有用。我本来可以从他们的杜撰中制造笑料，像他们嘲弄真理那样来奚落他们，但我还是克制自己不那样做，免得我看来似乎把这些问题作为教理（dogma），而不是作为有争议的问题来对待的。

第 28 条

可以肯定，当钱币在钱箱中当啷一响，增加的只是贪婪利己之心。至于教会代祷的功效则完全在上帝的手中。

奇怪得很，我的对手们在传基督至为宝贵的福音时，却不像做别的事情那样急迫万分，放声号叫。他们似乎更多地着眼于谋利，而不是虔敬，因此使我对这件事起了疑心。他们可能不认识上帝的福音，这样就似乎情有可原。因为赎罪券没有敬虔，没有功德，也不是基督所命，而只是人的许诺。所以，即使它可能是一件解救人的善举，但借赎罪券增加的当然看来只是利润，而不是敬虔。可是，如今赎罪券被吹嘘成独一无二的万能灵药，福音竟被视为次要，甚至鲜有提及。

1. 我对本论纲所提出的第一条证据是，教会的代祷无需在教宗管辖之下，他无权宣布代祷为上帝认可，只能说可以提供代祷。即使他们认为灵魂借代祷而得解救的看法是正确的，也是这样。

2. 根据他们的解释，人们公认的圣奥古斯丁的下述观点[54]便是错误的：代祷只对应当从中得益的人有利。因为它们究竟对谁有利，只能凭教宗的许可，而不是因人们自己的功德。

3. 教宗有权借代祷而解救的说法，不符合“代祷”这个词的本质

---

[54] Augustine, *Enchiridion ad Laurentium*, cap. 110，参见 *MPL* 40，283。

意义。因为不论一件事干得如何出色，而一旦变成"代祷"，它就不再作为善功，而是作为代祷而起作用。是聆听代祷者在施行解救。所以，他们要么借用其他术语来描绘代祷，更巧妙地骗人；要么利用人们普遍接受的术语，来论述自己有关代祷的观点。在后一种情况下，他们的观点是不会得势的，因为"权力"的意义和概念同"代祷"一词格格不入。

4. 假如他们的解释得势，那么代祷和权威除了词形本身的区别以外，就毫无差别了。事实上它们成了一码事，因为除了教宗的意志外不能有其他任何要求，这两个词也就成为同义词了。教宗为何不对代祷保持缄默，停止强迫人们只能把代祷理解为权力呢？

亲爱的读者，我愿再次声明，我所谈论的是姑且认为确实存在的那种代祷。一如上述，我一直怀疑和不明白，那种代祷到底有没有或是否能够存在。我其所以在这里重复这一点，旨在使人不以我为自相矛盾，认为我以前几乎否认代祷，而在这里却又似乎接受了它。

第 29 条

谁知道炼狱中的灵魂都期望获救呢？在传说中，圣塞维里努斯和圣帕斯加尔就是例外。

我没有读过有关这两位圣徒的可信资料。只听说他们若希望满足于获得较少的荣耀，他们原本能靠自己的功德而获得释放。但他们宁可忍受炼狱，而不愿有损于那荣福直观（beatific vision）的荣耀。不过，在这些事情上，任何人都可以任意相信，这对我没有什么影响。已如上述，我并不否认灵魂在炼狱里还要遭受别的刑罚。我想指明的是，灵魂若不为恩典成全，即使有这些赦免，他们也不能从炼狱飞入天堂。然而，某些对上帝怀有至爱的人却可能不愿离开炼狱。所以，保罗和摩西竟然希望被咒诅，永远与上帝分离，这是可以的理解的〔罗 9:3；出 32:32〕。如果他们在今生甘愿为之，那我们似乎就不能否认死人也可以这样做了。陶勒的讲道中就有某位童女这样做的例证。

第 30 条

无人能确知自己是否真诚地痛悔，更遑论是否已得到总赦。

我说这话，与那些人有同感，他们愿为惩罚的赦免进行必要的痛悔，却没有看到，对自己是否做得圆满毫无把握。本论纲十分清晰。大家都承认第一部分，那么第二部分的结论会油然而生。然而依我看来，即使人不配或没有痛悔的表现，教会法规所定的惩罚也肯定能够获得赦免。惩罚的赦免无需痛悔，更无需对痛悔的确知。即使假想的惩罚也可以赦免，因为这只是教宗权柄的问题。但是，也正如我从前所说，如果我的对手有意赦免的是惩罚，而不是犯罪的人，那就是说他们在夸大赎罪券时，却使它们对任何致死的罪失去了效力。事实上，假若赎罪券不能确定地赦免，那它就不是赎罪券了。的确，如果赎罪券需依赖对一切致死的罪和不明显罪行的痛悔，那它的确就是不可靠的，因为无人确知自己没有犯下致死的罪。但是他能肯定自己没有犯那种罪，即可以被教会公开指控的上述罪行。所以我否认，本论纲的正确性是由于我根据自己对该术语的理解加以表述的。我强调这一点，为的是让反对我的人能认识到自己夸夸其谈的荒谬性，他们吹嘘赎罪券用的就是这种手法。

第 31 条

诚心购买赎罪券的人就如真诚悔改的人一样稀少。的确，这样的人凤毛麟角。

我再次按他们的意思说话，为的是使他们能够看到自己的肆意鼓吹是多么自以为是，甚至自相矛盾。他们鼓吹赎罪券能使这么多人获益，但又供认走这窄路的人是如此之少。所以，他们对自己的话竟然不感到脸红，反而毫不在意。这并不令人奇怪，因为他们并没有承受教训人痛悔和走窄路的职分［太 7:14］。所以，我提出这样的看法：即使仅有少数人痛悔，然而只要废除教会法规，那么教会里的许多人，甚至所有的人，都会像现在一样得免其惩罚。

第 32 条

那些以为持有赎罪券就确信得救的人，将与其教唆者一同永远被定罪。⑤⑤

我坚持这一论纲，兹证明如下：

《耶利米书》17［:5］说："依靠人血肉的膀臂，心中离弃耶和华的，那人有祸了！"除了仅寄望于耶稣基督外，我们绝无得救之望。"因为在天下人间，没有赐下别的名，我们可以靠着得救。"［徒 4:12；参考徒 15:11］让信靠死文书和赎罪券与代祷名义的希望统统破灭吧！

其次，我已经说过，文书和赎罪券不能给予拯救，只能免除惩罚，即教会法规的惩罚，并且并不是全部。啊，大地和它的一切都会跟我一起对这样的境况哭号流泪，因为它们看到，基督徒受到蛊惑，只认为赎罪券对得救和灵命之果有益。这样的事实是毫不奇怪的，因为有关这个问题的简明真理，他们并不清楚。

可怜的基督徒啊，他们不能以自己的功德，也不能以善美的良心而相信自己的得救！有人教导他们只信靠那些签了字的羊皮纸和封蜡。我为何不这样说呢？我要问，除此以外赎罪券还能给人什么呢？不是痛悔，不是信心，也不是恩典，而只是免除教会法规所确立的对血肉之躯的惩罚。

暂时离开话题：我亲耳听到，许多花钱购买了一纸文书的人把自己的信心完全寄托在赎罪券上。因为（如他们所说）他们要么听到过有关赎罪券的说教（我相信这可以使他们增光），要么他们肯定听说过，赎罪券兜售者就是这样讲的。我不想指责任何人，我不应这样做，因为我

---

⑤⑤ 这是路德反对赎罪券的最重要的观点之一。他当时本身并不强烈反对赎罪券，而是抨击教会和教师们使无知民众相信购买赎罪券后，就必然得救，在上帝眼里成了无罪之人，而不是仅仅免除了教会施加的惩罚。

没有听到过赎罪券兜售者的讲话。我的意见是，直到他们变得比白雪还要纯洁之时，才能得到原谅。的确，这些人当受责备，因为他们用蜡封耳，所以赎罪券贩子告诉他们有益之事，他们听取的却只是有害之物。例如，这样的情况就出现在传道人这样讲时："弟兄们，最要紧的是相信基督，信靠他，悔改，拿起你的十字架，跟从基督，克服肉欲，一定不要惧怕刑罚和死亡，最要紧的是彼此切实相爱，彼此服侍，不要管什么赎罪券。照顾贫穷人和缺乏之人的需要。"［参考彼前 4:8—11］我认为，他们宣讲这些话以及同样敬虔的、宗教的和神圣之事，那些轻信的民众却好像被古怪的奇迹吸引开来，耳中听到的完全是异样的话，比如说成了这样："啊，你们这些愚蠢的冷血动物，简直不是人，对这样大的奔涌而降的恩典竟毫无感觉！看哪，天门向四面八方都敞开了！现在还不进去，更待何时？看看能解救多少灵魂！啊，你们这些冷漠的铁石心肠！只要付十二个银币（denarius）就能将你的父亲救出炼狱。难道你们就这样忘恩负义，不想援助备受刑罚煎熬之苦的双亲吗？我在审判之日一定会被赦免，而你们却要受到加倍指控，因为你们对这么大的救恩无动于衷［参考来 2:3］。我告诉你们，假如你们只有一件外衣，以我之见应当把它从身上扯下来，一片片地卖掉，这样就可能得到这么大的恩宠。"然而，当话题转向那些反对赎罪券所赐恩典的人，他们发出的不过是祝福，听众却战兢起来，生怕天崩地裂就要降临。

人们听说，那些远比地狱之罚更酷烈的惩罚在威胁他们，所以很可能出现这样的情况：那些传道者在诅咒时，上帝却借其诅咒赐福；他们祝福，上帝却在诅咒。还能发生什么事情呢，如果传道者所说与听众所闻如此不同？谁能明白这一点呢？我要质问，那些可恶的妖言来自何方？[56] 我仍然不完全相信民众所述在各处的听闻。不然，我会慎重考虑那些人宣扬的异端、邪恶与亵渎之见。

我不相信他们中间真有人禁止埋葬死人和召请神父，除非那些愿意为死人举行葬礼、弥撒和节期的人向钱箱里丢进更多的钱。民众对这些事情亦有虚构。我也不相信下述故事，据说是有人从外地传过来的，但

---

[56] CL 1，96 的正文漏掉了这个问题。

加了虚构的情节；说是在某个地方，有数千亡灵（我不知道是多少，如果我没有记错，大约是三五千吧）借赎罪券而获解救。数千人中只有三人被定罪，罪名是不出钱买赎罪券。实际上并没有人这样说过，但当传道人讲起基督十字架受难的故事，群众却听到了这些事情，要么就是事后他们设想自己有所听闻。我不相信，赎罪券兜售者竟然不分青红皂白地为了四个、五个或他们要求的灵魂数目而向马车夫、房东和仆人发放赎罪券，而不求取应付的酬金。

我也不相信人们所说，赎罪券兜售者在布道坛上狂叫着劝人把钱投进箱子之后，还声嘶力竭地喊道："存钱哪，存钱哪，存钱哪！"（因为人们想象这就是讲道的头与尾［赛9:14］，甚至就是全部的讲道）。我之所以不相信，为的是属使徒的传道人不仅以言语，而且以行为来宣扬赎罪券的道理。他们应当走下布道坛，先走向募捐箱，以便让大家看到，他们始终都在鼓动和激励那些头脑简单、盼望吮吸他们精髓的蠢人。然后，他们也雍容大度地叮当一声把硬币投入钱箱，纳闷是不是别人愿意他们把毕生积蓄全部投入，笑迎投币者，而怒对拒绝者。我本人并不认为他们垄断了灵魂市场。我对有些人感到愤慨，因为他们鉴于无知，把这些敬虔的行为不仅视为贪婪的表现，而且看作狂乱的举动。不过以我看来，从这些新人物那里不论接受了新的解释还是谬误的人，似乎都应当被原谅，尽管他们从前习惯于听取有关爱与谦卑的道理。

如果要我将听到的所有可恶透顶的事情编一个目录，那真要写一本新书了。以我之见，即使赎罪券过去曾经被责成发放，并且有益，但现在已经被极度滥用，变成丑闻，这就有足够的理由被统统废除。如果再让赎罪券这样兴旺下去，它们的兜售者最终会因嗜金如命而变得疯狂。我的确认为，各地报告的有关赎罪券兜售者的种种传言，并不都是他们所为。但至少他们可以纠正人们的错误，将自己的观点表述得更加明白，或者更好一些，在宣扬赎罪券时应与教会法规的表述保持一致。

第 33 条

我们应当特别提防有教导说，教宗的赦免就是上帝无比的恩赐，使人能与上帝和好。

我早该称他们为异端破坏分子了。鼓吹教宗的赎罪券是人与上帝得以和好的恩典，还有什么话比这更为不敬虔和离经叛道的呢？为了克制自己的愤激之情，我姑且认为，他们宣扬和坚持这些看法，不是出于恶意或预谋，而仅仅由于无知且缺少学问与能力之故。即使这样，他们也未免过于放肆。如此无知之人，竟然不去做牧人的工作，却使自己担起了教导基督子民的重任。

让我们听听这位牧人到底咕哝些什么吧。他把赎罪券分为四种大恩典和许多小恩典，然后在一本小册子中说："第一大恩典是对所有罪的总赦。没有什么恩典可被视为比它更大的了。那些被剥夺恩典神圣的罪人借赎罪券而获得总赦，重新分享上帝的恩典。"[57] 这就是他说的话。我要问，哪些异端的污泥浊水曾像赎罪券这样遭到此等异端思想的解说？人们从这里可以看出，为什么赎罪券兜售者说他们训导至圣的真理，但听众却认为那是最邪恶的货色。我真希望我们这里能出一位具有圣耶柔米那样激情和辩才的人！我为这位胡说乱道者而害臊，他如此自以为是，竟然毫不犹豫地出版了自己的小书。事实上附近就有四所名牌大学，它们敏锐的头脑似乎全都变成了臭蘑菇。更使我伤心的是，如果邻近的比加得异端听到那书里竟宣扬这些东西,[58] 他们最终就有了指责罗马教会的正当理由。

再者，这位目空一切的作者这样说话或许并非出于恶意，只是因为无知，他的这句话可以被理解为这样："借此（即第一恩典，也就是总赦），人就获得完全的赦免。"那么，"人因总赦而获全赦，借上帝的恩典而获得上帝的恩典"，他说这话又是什么意思呢？他是否因高烧的痛苦而发梦呓，或者因疯狂而在极力挣扎之中呢？要高度警惕这种异端邪说！他想说的是，没有什么能被认为超过这种第一恩典，而那位被剥夺

---

[57] 这里指的是利奥十世的赎罪券总代理美因茨的大主教阿尔布雷希特给其他副代理们的有关赎罪券的《简明指示》(*Summary Instruction*)，参见 Walther Köhler, *Dokumente zum Ablassstreit* (Tübingen, 1934), pp. 104 – 124。

[58] 参见前注[17]。

恩典的人却得到了它。这显然只能被理解为使人称义的圣灵之恩典，他也许还没有了解它。否则，便不能说没有别的恩典能被视为超过它了。然而，假如他对称义的恩典有别的说法，那就是最邪恶之举，因为只有指上帝而言，才能说无有出其右者。圣奥古斯丁就不像美因茨大主教那样；他说，在所有的受造物中，唯有爱为至大。⑤⑨ 而在这里，这位有能耐持有这种观点或谬论的作者，却以一字之差混淆了上帝的恩典与教宗的恩典。

同一本书里还有这样的话："他由于冒犯上帝而应在炼狱遭受的刑罚，也因其罪得赦免而全部被免除。"我们简直像听到了德尔斐神谕（Delphic oracle）！只有十足的蠢材才对此毫不怀疑。他明确肯定了钥匙职对炼狱的管辖。而关于这些，我们已经充分表明了自己的看法。

同一处接着还有这样的话："即使这样，为了领受这种恩典，无论做什么都不足以对其进行报答，因为上帝的赐予和恩典是无可估量的……"看看他又对教宗发放的上帝无价的赐予与恩典做了怎样的解说。这是最有能耐训导教会的人，实际上却是出卖节操的异端！为了生意和牟利，他狡猾地运用这些话语来装点这种恩典。此后，他又赶快用朱庇特（Jupiter）的衣服打扮墨丘利（Mercury），免得让人知道他是在追逐金钱，特别是对那些比他所知更少的人。他还允许把恩典无偿地赐予穷人，但他们先要千方百计地从他所谓的"最慷慨的恩主"那里拼命捞到钱才行。这样一来，就是托钵僧兄弟也能不经上司批准而弄到钱。这位撒谎者像普修多卢斯一样，⑥⓪ 把赦免想象中的惩罚看得比拯救性的顺服还重要。但因没有什么办法可以轻易捞钱，为了获得（obtain/ redimant）这种恩典（即"重新购买"；他们实际上并未出售它，只是大量的同义语使他们不得不加以滥用而已），这位撒谎者便继续宣扬："天国之门不一定对财主开得比穷人大。"他又一次想借赎罪券打开天国之门。但我应当笔下留情，以免使他们遭到应得的痛斥。我已经充分地

---

⑤⑨ 参考 *MPL* 38，793，sermo CXLV，奥古斯丁在此指出，爱比眼、手、脚、肚腹及身体的任何其他部分更重大。

⑥⓪ "普修多卢斯"（Pseudolus）意为"撒谎者"，是普劳图斯（Plautus，公元前254—前184年）同名喜剧《撒谎者》（*Pseudolus*）中的一位奴隶。

向信徒们指出，他们讲道中的讹误之处反映了他们十足的无知和粗俗。"狗嘴里吐不出象牙"（The cover fits the dish）这个成语，再次证实了它的正确性。

第 34 条

因为赎罪券的诸般恩典，只及于人所设立的补罪圣礼中所施加的惩罚。

这在第 5 条和第 20 条论纲中已经清楚说明。

第 35 条

有人教导说，花钱将灵魂赎出炼狱或购买认罪特权者无需存痛悔的心，这是传讲非基督教的教义。

我要问，他们为何使人冒险放弃悔改？即使他们无错，他们这样鼓吹对自己又有什么好处呢？除非他们不是为了拯救灵魂，而是追逐金钱。因为他们的教义邪恶、谬误，所以人们更有理由加以抵制。从前我的确承认过，甚至对那些没有真悔改的人来说，他们的惩罚也可以获得赦免。这些教师们否认这一点。我在这里仍然认为，应当否定他们所肯定的东西。我对有关忏悔书和惩罚怀有同样的信心，即无论从其救赎方面，或从其使用上来看都无需要求真悔改。他们否认这一点。在免除惩罚的事情上也是这样，因为赦免属于忏悔书的内容。但在为解救灵魂免除惩罚的问题上，我根本不同意他们的看法，并要求他们对自己的话加以证明。

事实上，我认为解救灵魂与赦免惩罚完全是两回事。通过免除惩罚，人是得了好处；但解救灵魂却是行善。再者，恶人可得好处，但绝不能行善。恶人本身若不取悦上帝，其行为就不能为上帝所悦纳。正如《创世记》4 ［:4］所言："耶和华看中了亚伯和他的供物。"人若可怜他人甚于怜惜自己的灵魂，以及只看见弟兄眼中的刺，而不见自己眼中的梁木［太 7:3］，就不合乎圣经。让魔鬼的仆人来解救上帝的儿女，甚至打着上帝自身的名义来这样做，都是违背圣经的。让仇敌为"王的朋友"代求，也是滑稽可笑。这是何等的疯狂啊？为了夸大那种毫无意义的惩罚的赦免，这种惩罚对得救毫无益处，他们就贬低罪的重要性；而只有对罪的补赎才值得推崇。如果这还不算异端、非法宣传、诽谤，且令敬虔人闻之作呕，对这些可恶的事情还可以用什么话来加以形容呢？这些堕落为异端的宗教法庭审判官是否以此为借口，正在烦扰正统的信徒和思想，以便只使他们自己能肆无忌惮地让异端邪说泛滥于整个世界呢？

然而，赎罪券贩子却说，赎罪并非基于拯救者的工作，而是有赖于被拯救者的功德。我答曰：谁这样说过呢？有何根据可以证明？若是如此，为什么不是被拯救者凭自己的功德获得自由，而必须借助于拯救者的工作呢？不然的话，他们所觊觎的、借拯救灵魂所得的金钱就不会增加。我们为什么不请求土耳其人和犹太人向我们捐款呢？你们知道，这不是因为我们贪心，而是为了拯救灵魂。至于他们没有受洗的问题，这倒不会造成任何障碍，因为重要的只是金钱的奉献者，灵魂的丧失根本无关紧要。奉献的效能仅仅取决于得救灵魂的功德。我相信，即使一头公驴存入黄金，它也能解救灵魂。如果有任何资格之要求的话，那无疑就是恩典，因为作为罪人的基督徒，比任何异教徒都令上帝不悦。驴子的叫声不会像邪恶扭曲基督徒那样使公驴歪曲。

其次，我曾经说过，任何人都可以向罪人发放忏悔书和赦免惩罚。但我并未像赎罪券贩子那样恶意地放肆鼓吹，应当鼓动、甚至允许他们购买这些东西。下面我将这样来证明自己的观点：

基督的每条教义都是劝人悔改，并教人远离魔鬼，愈快愈好。正如《便西拉智训》所言："莫要迟疑，快快投向耶和华。"［《便西拉智训》5:8，武加大译本］主自己也说："所以，你们要警醒，因为那日子，那时辰，你们不知道。"［太 25:13］使徒说："我们务必竭力进入那安息。"［来 4:11］使徒彼得说："这一切既然都要如此销化，你们为人该当怎样圣洁，怎样敬虔，切切仰望上帝的日子来到。"［彼后 3:11—12］使徒们教导这些事，是因为他们心甘情愿，不是为了聚敛金钱，而是为了救助灵魂。

这些虚假而又十分自信的教师们，却让人们可悲地拖延下去，使他们陷于永恒死亡的危险之中。所以，我不知那些让人们如此焦虑的人，是否应被指控犯了谋杀灵魂之罪。在这种情况下，他们追求的一定不是奉献者的救赎，而是他的礼物，即使他灭亡了也是这样。如果他们是良善的牧者和虔诚的基督徒，便会竭尽全力引导罪人敬畏上帝，惧怕罪，不要停止哭泣、祷告、劝诫和指责，直到救出弟兄的灵魂。假如有人继续出钱，又坚持作恶，赎罪券贩子应当把钱抛到他的脸上，将使徒的话讲给他们听："我所求的是你们，不是你们的财物。"［林后 12:14］他们还可以说："你的银子和你一同灭亡吧。"［徒 8:20］于是，他们就会恐惧地离他而去。他们这样对待他是正当的。但我们的墨丘利却说出了截然不同的话：(61)"不，我们宁愿这样做：假如相信能干的中保（他们指金钱）的罪人来到我们面前，很可能会成为我们中间的一位，能做我们能做的事，甚至可以解救灵魂，即使这是与基督和使徒作对。当他们很快灭亡之后，我们就会开心地哈哈大笑，因为我们对他的礼物有了把握。这就是对基督子民和弟兄们的爱。我们就是这样关怀他们的灵魂的，结果就使他们有可能了解我们对其罪的最新型怜悯，即根本没有怜悯。"

第 36 条

每一个真诚悔改的基督徒，即使不靠赎罪券，也有权获得罪咎与刑罚的总赦。

不然，那些没有购买这类赎罪券的人就会处于危险之中了。这是个错误的假设。因为这些赎罪券既未经吩咐，也无人推荐，所以可以自由领受，甚至抵制。由于同样的原因，忽略购买赎罪券的人也并不因此而获罪，也不会有丧失救恩的危险。这显示出这些人已经在遵奉上帝的诫

(61) 墨丘利除了是罗马众神的信使，司辩才、技艺之外，也是商业和偷盗之神。

命。如果某人没有获得这样的赦免，按照教宗的说法，这应该归咎于他自己。在这一方面，有些人提出了极为敏感的反对意见，认为若说教会法规过去只是教宗施加的惩罚，这是千真万确的事实；而现在，教会法规却被宣布为上帝所施加的惩罚。那些怀着持久仇恨一直残害真理的人，必然会讲出这样的话来。

首先，他们像神谕宣示那样宣布，上帝要求一种为罪补赎、不同于福音十字架的惩罚，即除惩罚折磨以外的禁食、苦役、守夜等。他们不把这些归于福音性惩罚之列，因为他们难以否认，这些惩罚唯有上帝才能加以赦免。

其次，他们将这种可恶的东西变得更为可厌，说什么教会法规只是宣告上帝施加的惩罚，所以教宗用的只是宣布的权柄，他从未加添或免除过任何惩罚。否则，这些赎罪券兜售者便会违背基督之道，用这样的话来教训我们："凡我所捆绑的，你们要释放。"

第 37 条

真正的基督徒，无论存殁，即使没有赎罪券，也能与基督和教会的所有祝福有份，因这是上帝所赐的。

人若不拥有基督，便不能成为基督徒。他若拥有基督，便同时拥有了他的一切恩惠。圣徒保罗在《罗马书》13［:14］里说："总要披戴主耶稣基督。"在《罗马书》8［:32］里他说："［上帝］岂不也把万物和他一同白白地赐给我们吗？"在《哥林多前书》3［:21—22］中他说："因为万有全是你们的。或保罗、或亚波罗、或矶法、或世界、或生、或死。"在《哥林多前书》12［:27］中他说："你们就是基督的身子，并且各自作肢体。"在别的经文里他还把教会描绘成一个身子、一个饼，我们都在基督里，互为肢体［林前 10:17］。在《雅歌》里我们读到："良人属我，我也属他。"［歌 2:16］基督徒因信基督而与基督联为一灵、一体。"二人成为一体。"［创 2:24］"这是极大的奥秘，但我是指着基督和教会说的。"［弗 5:31—32］

由于基督的灵住在基督徒中，弟兄们便借此成为共同的继承人、一个身体和基督的子民。所以，我们怎么会不能分享基督的一切恩惠呢？基督就是从同一位圣灵那里获得属于他的一切的。借着天父无可估量的富足恩惠，基督徒就因基督而得荣耀，确信能分享基督里的一切。他因信基督而与圣灵联合，公义、力量、忍耐、谦卑，乃至基督的所有美德，也都归他所有。他的一切罪也不再为他所有，同样因与基督联于一体，一切均借他而被除去。这就是基督徒拥有的确信和我们良心的真实喜乐，因着信心我们的罪再也不属于我们，而尽归于基督，上帝将我们所有的罪统统加于他的身上。他担当了我们的罪［赛 53:12］。基督自己就是“除去世人罪孽的羔羊”［约 1:29］。基督所有的义属于我们。他按手在我们身上，使我们痊愈［参考可 5:23］。他敞开衣襟，遮住我们［参考得 3:9］，他是千秋万代的赐福救主，阿们。(62)

确实，除非借着信心，否则最欢快地分享基督的恩惠和欣喜的生命变化便不会发生。再者，也没有人赐下它或将其带走。事实就是这样，所以我认为，这种分享显而易见既非钥匙职，亦非赎罪券的好处所赐。它只是上帝所赐，先于赎罪券，且不依赖于它们。正如上帝给予的赦免先于教会的赦免、上帝的宣赦先于教会的宣赦一样，分享基督的恩惠也先于教宗所赐予的恩惠。

教宗让人与他一同分享的是什么呢？我答曰：如我在有关赦免的第 6 条论纲里所说的，他们应当说，自己只是以宣布的方式给予赦免。坦率地说，我不知道他们还能有什么别的说法。我会在下面的论纲中加以解释。

第 38 条

然而，教宗的赦免和祝福也是不可蔑视的，如我所言［第 6 条论纲］，这是宣告上帝的赦免。

(62) 这段文字表达了路德杰出的思想——代赎与因信称义。

以公共赎罪券形式所作的宣赦并无必要，因为私下认罪时的宣赦已经足够。不过，这种公共宣赦也不应遭到蔑视，因为通过这样的形式，私下宣赦也就为教会所知，并获得批准了。我认为必须这样理解。如有任何更佳的意见都应当表述出来。我不知道公开的赦免还能成就什么。尽管我认为，本论纲已为大家接受，不过我在上述第 6 条论纲里曾经说过，我不愿指明，教宗只是宣告或见证上帝的赦免或基督恩惠的赐予而已。首先，因为这等于宣告教会的钥匙实际上毫无用处。不妨说，这样讲事实上便使基督的话，"凡你在地上所捆绑的，在天上也要捆绑；凡你在地上所释放的，在天上也要释放"［太 16:19］，失去了效能。将其称为"宣告"，乃是过于谦虚的说法。其次，我不喜欢这样的说法，因为这样一来，被宣赦的人对任何事情都不确知了，即使对他的赦免及其与基督的和好是在他人和教会面前给予公开的确认了。

在我被其他高见说服之前，我愿坚持"与教会祝福有份"的观念，我从前在有关赦罪的问题上也强调过这一点。

我认为，正如罪人很难相信上帝的仁慈一样，所以，作为沉重负担的罪一定会迫使他绝望，易于更多地想到上帝的烈怒，而不是他的宽仁。另一方面，在未犯罪之前，他考虑最多的一定是上帝的仁慈，而不是他的烈怒。人总是做错事。所以在犯罪之后，本来仍有希望而不当惧怕之时，他却要惧怕。在未犯罪之前，本来应当惧怕而不该自信，他反而很有自信。

关于人类堕落的例证，在基督复活时已经得到充分的揭示。那时，基督需要拿出许多证据，以便在门徒心中重建对他的信心。他复活的喜讯是先向妇女们宣示的，门徒却视之为荒谬。开始时罪人的信心看起来十分软弱，就好像他对某件事要全面权衡或至少不太相信一样。由于同样的原因，更使他难以相信他分享了督的恩惠，这种恩惠无以言表。如圣彼得所言："得与上帝的性情有份。"［彼后 1:4］这些恩典之大甚至导致了不信，根源是基督不仅赦免了如此大恶，而且给人降下如此大恩，将他造就成上帝的儿女、天国的继承者、基督的兄弟、天使的伙伴、世界之主。我问你，当人被罪的痛苦重负几乎压垮，感到正被送往地狱之时，他怎能相信这一切都是真的呢？所以在这种情况下，钥匙职的裁判是必要的，这样，人就可能不再相信自己，转而信从教会钥匙职的裁判，即神父的裁判。执掌钥匙的人不学无术，或者能说会道，对我都无关紧要。他的信心不是出自神父或其权威，而是源于那位从不说谎者的话："凡你在地上所释放的，在天上也要释放。"［太 16：19］信这话的人，钥匙职便不会错。不相信神父的宣赦有效的人，钥匙职便会出错。

假定在某种不可能或偶然的情况下，有人没有完全悔改，不然就自以为并非这样，但又绝对相信自己已被赦免者宽恕。我个人认为这是可能的。那人的确信使自己获得了真正的赦免，因为他信说过这句话的基督："凡你在地上所捆绑的，在天上也要捆绑；凡你在地上所释放的，在天上也要释放。"［太 16：19］再者，对基督的信心永远使人称义，即使给你施洗的是一位无能之辈——不负责任的和无经验的神父。此外，即使你认为自己没有彻底悔罪（你不能也不该相信自己），但你信从说"信而受洗的必然得救"［可 16：16］的基督，那么我对你说，信基督的这句话就使你真正受洗了，不论你对自己的悔改感觉如何。

所以无论在哪里，信心都是必需的。你有多少信心便有多少收获。这就是我对教师之言的理解。他们说，圣礼是恩典的有效标记，并不是因为圣礼的施行，而是人们信它。圣奥古斯丁坚决主张这一点，[63] 我从前也表明了这种看法，现在仍是这样。宣赦之所以有效，并不仅仅因为它的发生，也不论谁最终主持它，或是否犯错，而是由于人们信它。任何［由教宗］保留的案件都不能妨碍人们由宣赦而来的信心，除非人的信心本身显然不配或藐视这种宣赦。所以我认为，一个人若陷于罪中，他的良心会如此烦恼不安，连自己都认为什么邪恶之事都与他有份。这种人必然已经接近称义，开始蒙恩。所以为了得到庇护，他可以寻求钥匙职的慰藉，以便借神父的许可而静下心来，获得平安，并且自信正分享着基督和教会的一切恩惠。但是，如果有人不相信这人已借神父的宣赦而在分享基督和教会的恩惠，或者对此表示怀疑，那么令他走入这个

---

[63] 参考 Augustine，*Tractatus in Evangelium Ioannis* 80.3；关于《约翰福音》，参见 *MPL* 35，1840："除了道被相信而不是被传扬以外，水怎么会产生那么大的效能，使人的身心得以洁净呢？"；另参 Augsburg Confession，Article XIII。

迷途的就不是钥匙职的错误，而是他不信的错误，致使他的灵魂被定了大罪，对上帝和他的道行了不义和大不敬。所以，假如他不相信自己已经蒙赦，与其没有信心地去接受宣赦，还不如干脆不去。如果他没有信心地去了，就近似于半心半意，致使自己"获罪"［林前 11:29］，就像他三心二意地去接受洗礼和领受圣餐所得到的报应一样。所以痛悔不像信心那样必要。在这种情况下，相信赦罪会比痛悔的热情获得更多的无可比拟的好处。

由于看轻了这种信心，所以我们多数人仅孜孜以求痛悔。我们教导人对罪得赦免的信心要与痛悔的感觉相称。这意味着教他们不要相信罪的赦免，而是力求绝望。根据先知的教导，我们要把信心置于基督的道上，不要放在痛悔方面。那位诗人不说"求你记念我向你仆人所作的痛悔，叫我有盼望"，而是说"求你记念向你仆人所应许的话，叫我有盼望"［诗 119:49］；又说："我心仰望你的道［当然不是我们的道］。"［参考诗 119:81］在另一首诗里他又说道："他的应许使我的心牢靠。"［参见诗 130:5］根据希伯来文意，他在《诗篇》51［:4，路德自译］说的是："我向你犯罪，惟独得罪了你；……而你用你的道使我称义。"所以，不是圣礼，亦非神父，而是对神父和他的祷告所传基督之道的信心，使我们称义。只要闻道后有了盼望和信心，即使主借一头驴子，不论是公是母，前来传道，那又有什么关系呢？

我想解释一下经院哲学大师们的话。[64] 他们说，教会的圣礼是作为上帝无可估价的恩赐而交给我们使用的，使我们借此机会产生信心而称义。从前在扫罗时代，主的言语被视为珍宝［撒上 3:1］。如今主的话传给你，甚至要靠最不负责、最拙劣和不学无术的人。只留心言语，不要管那人的外表。不论他是否有错，只要你信主的道便不会有错。如果在这一点上我的话有错或听起来荒谬，愿明者指正。

从我讲过的这些话里可以看出，对一个时期以来曾经充斥于书籍和人们耳中的让·格尔森三大真理，应当审慎地加以理解。以他的这句话为例：人不应因为对自己的罪感到愧疚而相信自己正处于得救的过程

---

[64] 例如，Thomas Aquinas, *Summa Theologica* III. ques. 61, art. 1。

中，他倒是应当留心自己对告解的渴望是否达到了这样的程度——一旦领受就确信自己获得了赦免。这就是他渴望接受圣礼的目的，即信靠人们实际上已经听见或盼望听见的主的道。所以，切记你不是以任何形式信靠自己的痛悔，而是完全和仅仅信靠你的最仁慈、最可靠的救主耶稣基督的道！你的心有可能欺骗你，但基督却不会，无论你拥有他还是仅仅渴求他。如果这些话得不到切实理解（愿主上帝恩准，根据先知弥迦的话，我可能是一个没有圣灵、只说谎言的人［弥 2:11］），我就担心因那些十足的蠢材只是喋喋不休地鼓吹行为和痛悔，许多灵魂便会失丧。这是些犯了大错的人，首先因为他们不教导人相信圣道，而让人追求痛悔，甚至在这方面也只是表面敷衍而已。其次，因为他们如此急于施行宣赦和批准人分享教会恩福，就好像无论何处大家都怀有那种信心似的。他们也不过问赦免的是谁或为了什么原因。

所以，当一个人被赦免时，没有必要问他"你悔悟吗"，乃要问他"你相信你能被我赦免吗"。基督也是这样问那些瞎子："你们信我能做这事吗?"［太 9:28］"在信的人，凡事都能。"［可 9:23］人若被恐惧的良心所困扰，感到自己不可信，这种信心的确证就会特别地在他们身上显现出来。人若不感到这样的痛苦，那我就不知道钥匙职是否可以安慰他们，因为只有悔悟的人才值得安慰。只有那些因惧怕自己的罪过会被保留而全身战兢的人，才应受到鼓励，使其相信自己已蒙赦免。

为了结束这条论纲，我要声明，我并不认为自己因之而受指责的这一观点削弱了钥匙职，相反，我使它摆脱了虚假的荣耀和专制的敬畏，恢复了值得尊重和受人爱戴的地位。毫无疑问，假如把钥匙交给那些徒有虚假的尊重，即受到威胁的人，那么它就会遭到藐视。但是，任何了解其最大益处的人，如果不激动地流泪，抱着钥匙而亲吻，那么就要成为石头和傻瓜了。所以，我们为何不因钥匙而抬举教宗，同时又把他视为嗜权如命的人呢? 因为钥匙不是他的，而是我的，是为了我的得救、安慰而赐予我的，它给我平安、宁静。在考虑到钥匙的时候，教宗不过是我的仆人和牧者而已。作为教宗，他不需要钥匙，我却需要。这些拍马屁者把什么都给了教宗，借此赞美的不是我们对安慰的需要，而是对他们自己权力的吹捧。他们这样做，就把本当用来安慰我们的那种权力，用作了恐吓我们的工具。现在，一切都被彻底颠倒了，而我们却没有意识到这是一个不幸的时代，最美善的事物被如此滥用，变成了最坏之物。所以，我现在并不完全坚持这一论纲，而是对其很大一部分加以否定。

第 39 条

即使最有学问的神学家也很难一面向人夸赞赎罪券的宽大，又一面鼓吹真诚痛悔的必要。

本论纲的理由，将在下一条论纲中得到阐述。

第 40 条

真正痛悔的基督徒甘愿为自己的罪受刑罚。但赎罪券的宽大却免除了这些刑罚，并使人恨恶刑罚——至少制造了这种恨恶刑罚的机会。

看看真正悔改的人你们就会发觉，他们因冒犯上帝而如此强烈地希望报复自己，竟至促使你们对他表示怜悯。事实上，甚至有必要劝阻他，以免他毁了自己，像我们常常读到的或看到的那样。圣耶柔米写道，这样的事就曾经发生在他的保拉、甚至他本人的身上。[65] 对这些人施加再多的惩罚，他们也不觉得过分。所以，作为回头的浪子，他们乞求天地甚至上帝攻击自己。大卫就是这样。他请求上帝："愿你的手攻击我和我的父家。"［撒下 24:17］

所以我认为，我所说的教会法规补赎只加于那些懒汉，以及不愿加强或考验自己敬虔痛悔之心的人，这句话是对的。可见，连有学问的人

---

⑥⑤ 参考 *MPL* 22，891，epist. 108；转引自 *CL* 1，108。保拉（Paula）是一位富裕的寡妇，也是圣耶柔米的朋友，她从 388 年起在伯利恒定居于圣耶柔米附近。

都难以在对惩罚的爱恨之间、在教人恨恶它们但同时又劝他们喜爱之间，选择中间路线。但对无知的人来说，天下无难事，所以也不需阻止它变得容易。而福音却教导我们不要逃避和消除惩罚，反要期盼和喜爱它们，因为它宣扬自由精神和对上帝的敬畏，达到对一切惩罚表示轻蔑的程度。但是，要人们惧怕惩罚，沾染世俗风习，担心法律条文和奴役，那么就更能使赎罪券司库们的钱袋牟利生财。与此同时，人们又听说某些教会法规惩罚如此可怕，只有靠极大热忱、花钱、排场和典礼才能加以免除。

他们教导人们做这些事情，真比教导人们喜爱福音还要起劲。

有人提出了下述问题：

“那么，你对到罗马、耶路撒冷、圣詹姆斯、(66) 亚琛（Aachen)、特里尔（Trier）和其他地区朝圣的人购买赎罪券有何评价呢？对献堂礼上发放赎罪券又有什么看法呢?”

我答道：

朝圣的人这样做有各种各样的理由，但合理的原因极少。

朝圣的首要原因是最常见的，即见闻奇异和对未知之事的好奇心。这种轻率的举动源于对崇拜仪式的厌烦，它们在朝圣者自己的教堂里已被忽视。否则，人们会在自己的家乡找到比其他所有地方都更有效的赎罪券。再者，如果他不这样愚蠢地醉心于那些棍棒和石头，而是关注出自爱心所服务的穷人和邻居，他会离基督和圣徒更近。假若为了养家糊口，他也会更加亲近基督。

朝圣的第二个理由是可以忍受的，即为了赎罪券的缘故。因为赎罪券是自愿购买的，没有人命令，所以便没有功德。的确，仅为赎罪券而朝圣的人根本不值得。另外，这些人还会遭到耻笑，因为他们忘记基督和家乡的邻里，就为了在异乡花费十倍的金钱，结果却不见丝毫效用和价值。所以，人若留在家乡，仔细思考下述经文：“爱能遮掩许多的罪”[彼前 4:8]；还有另一段：“只要把所剩的施舍给人，凡物于你们就都洁净了”[参考路 11:41]，这个人实际上做了唯一正当的事，比他把耶路

(66) 西班牙孔波斯泰拉（Compostella）的圣詹姆斯（St. James)。

撒冷和罗马的赎罪券全都带回家来还好。然而，却没有人愿意这样明智，所以不得不“逞着心里的情欲行污秽的事”[罗 1:24]。

朝圣的第三个原因是因为罪而期望折磨和苦累自己。我以为这样的做法非常罕见，至少没有自行出现过。为了满足那种心愿，人们可以在家里折磨自己和劳苦，如果这是他唯一所求。然而，假若他真的做了朝圣，不是坏事，而是好事。

第四个原因出于纯真之心，即有人出于非凡的奉献之心，表达对圣徒的敬意，荣耀上帝，教导自己，正如圣露西娅（St. Lucia）到圣阿加莎（St. Agatha），(67) 以及别的圣徒到罗马朝圣那样。其结果表明，他们这样做并不是出于好奇心。

因此，在这种情况下，我很高兴看到朝圣的誓愿能够变成其他活动。若能免费，岂不更好！

第 41 条

宣讲教宗赎罪券时应特加小心，不然，人们会误以为赎罪券优于其他爱的行为。

我想告诫人们，看哪，兄弟们，你们应当知道，有三种可以通过花钱所做的善功。首要的方式包括将金钱施舍给穷人，或者出借给有需要的邻舍。一般情况下是援助有难者，而不论其有何需要。这样的善功是如此紧迫，甚至可以中断修筑教堂，停止为购买圣杯和装饰教堂所进行的募捐活动。这样的事情一旦完成，就再也不会有贫乏的人了。那么，紧接着就是第二件善功，即为在我国修建教堂和医院而捐款，然后就是为建立公共设施而捐献。完成这些事情以后，最后的第三件善功就是，如果你乐意，就可以花钱购买赎罪券了。第一件善功是基督所命，最后一件却未经上帝的吩咐。

(67) 在罗马皇帝德西乌斯（Decius）约于公元 250 年在西西里进行的大迫害中，两人双双成为殉道者。

如果有人说："经过这样宣传，赎罪券岂不是募集不到什么钱了。"我答曰，言之有理。这又有什么大惊小怪的呢？因为教宗利用赎罪券并不是为了捞钱，而是为了拯救灵魂，他们在教堂和圣坛的祝圣礼上发放的赎罪券就证明了这一点。所以，他们绝不愿意因赎罪券的缘故而影响更好的善事，倒是更愿意激励上帝之爱。

坦率地说，向民众宣扬另一套，颠倒这个秩序的人便不是他们的教师，而是教唆犯。除非有时候，人们因自己的罪而不配聆听正确传扬的真道。

第 42 条

基督徒须知，教宗根本无意将购买赎罪券与怜悯的行为相提并论。

如我所说，我把教宗视为公众人物，那就是他通过教会法规向我们讲话。没有任何教会法规将赎罪券的效能同怜悯的行为相提并论。

这条论纲已经十分明了，上帝的诫命具有无限价值，远远超越非上帝所命、而仅由人的允准而存在的事物。上帝的诫命才有功德，人的规条则无功德可言。

有人反对说："赎罪券是为善功而售，例如，为了一项建筑或释放被掳的人而奉献，所以它们有功德。"

我答曰，我讲的不是行为，而是赎罪券。这样的行为没有赎罪券照样能够完成，所以它们并不必然同赎罪券有密切联系。此外，在没有善功的情况下授人以赎罪券，并不能带来什么好处，只能是贬损。没有赎罪券的事工却有意义。在前一种情况下我们自己得益；在后一种情况下我们只捐出。前者服务于肉体，后者服务于灵。简言之，前者满足我们的本性，后者成全上帝的恩典。所以，赎罪券本身根本不能与怜悯的行为相提并论。

同样的道理，没有赎罪券的事工比有之而更洁净。赎罪券是不那么完美的事工，因为它索取自己的报酬，而且远远超过这些。所以，假如只为善事、不是为赎罪券而捐献，人们的行为将更加圣洁。并不是赎罪券本身邪恶有害，而是过分滥用它而有害。因为如果不为此而发放赎罪券，人们便不会做这样的善事。所以在这种行为中，赎罪券反倒成了终极目的——事实上就是为了谋取私利。人们倒是应该白白地为上帝做善事。他们也只应接受免费的赎罪券，而不应是捐资的结果。故此，人们不应购买赎罪券，教会也不当销售这样的东西。在这两种情况下它都应是一种白白领受的恩惠，否则就变成明显的买卖圣职(68)和肮脏的交易。当赎罪券贩子这样喊道："白白地奉献，我就会把赎罪券白白地送给你"，这时，谁向人们作过上述解释呢？

与此同时，人们有必要担心，赎罪券许可证和善功制度的滥用，将导致大量的偶像崇拜祸及教会。如果教导公众为逃避惩罚而捐款（我希望这样的事不会发生，即使很多人可能会对其作这样的理解），那么，他们显然不是为上帝而奉献，对惩罚的畏惧或惩罚本身，才是他们为之供献的偶像。这种事一旦发生，教会里便会滋生像异教的罗马人那样的罪恶。有一个时期，他们曾向费布里斯(69)和其他有害的小神献祭，为的是能给自己消灾免祸。所以为了民众的缘故，我们要时刻警惕，只把这些令人生疑和具有危险性的事情交托给最有学问的人。

第 43 条

基督徒须知，周济穷人，贷于贫者，都比购买赎罪券要好。

因为以上所述已经非常清楚，所以我宣布这条论纲，只是为了那些无知的人。然而，我并非第一个或唯一坚持本条和其前后两条论纲的人，因为包括一切信众在内的所有人都承认它们，只有那些无缘聆听的人例外。或许有人担心，人们对这样明白的基本真理可能会过于草率地

(68) "买卖圣职"（Simony）一词，在中世纪成为意指攫取教职和金钱的专用术语，源于行邪术的西门（Simon），他曾想用钱来换取圣灵的恩赐（徒 8:9—24）。格列高利七世（Gregory VII，1073—1085 年在位）把从俗人手中接受圣职也定为买卖圣职罪。

(69) 费布里斯（Febris）为罗马女神，在罗马为其修有三座庙堂，其中置有治疗发热的药物。

给予理解。甚至当圣波那文图拉跟其他所有的人一起讨论这个问题的时候，就出现了这样的反对意见："这样一来，其他善功定会遭到忽视。"他们异口同声地回答："根本不会，因为就获取最重要的报偿而论，其他善功更有价值。"(70) 所以，我的论纲是有效的，因为说这话的人仍然认为赎罪券是基督和教会功德的宝库。

第 44 条

因为爱的行为使爱心滋长，人便因此变得更为美善；然而赎罪券除了可使人免除刑罚以外，根本不能使人趋于美善。

这是不言自明的事。赎罪券只宣布赦免惩罚，正如大家公认的，除了免除惩罚外，这些赎罪券别无功用。而惩罚的免除并不能使人在履行爱心方面变得良善或更新。

第 45 条

基督徒须知，遇见贫者扬长而去，却把钱花在赎罪券上，这种人购买的不是教宗的赦免，而是上帝的忿怒。

人若这样行，便破坏了上述制度，他的行为便有悖于约翰的这段经文："看见弟兄穷乏，却塞住怜恤的心，爱上帝的心怎能存在他里面呢？"［约壹 13:17］但我们的诡辩家却将圣经提到的这种穷乏解释为一种极端的需求，就是没有给予表现爱的机会，或机会极少之时。然而，假如他们自己有表面的需求，而不是那种极端的穷乏，他们是会希望得到他人帮助的。只有当别人心灵绝望时，他们才愿意给予帮助。这是一群多么了不起的神学家和基督徒啊，己所欲而不施于人！［太 7:12］

---

(70) 路德对波那文图拉论 Lombard，*Sententiarum* IV. dist. XX，cap. 2，ques. 6 的注释的随意翻译，转引自 *CL* 1，111。

第 46 条(71)

基督徒须知，购买赎罪券是出于自愿，而不是被命令。

我曾经多次说过，赎罪券属于可被容许，却非有益之事。它们的获准，就像旧约时代准许写休书［申 24:1—4］和献疑恨的素祭一样［民 5:15］。由于同样的原因，新约时代也允许为弱者而进行争辩和诉讼，如基督所说："因为你们的心硬。"［太 19:8］然而，正如《论补赎与赦免》第五卷以"但是"开头的那一章(72)的注释所说，任何人购买赎罪券都应得到宽容，但不应被称赞。许多人更该进行补罪，而不是购买赎罪券，因为只有罪犯才需要这样做。

第 47 条

基督徒须知，除非富足有余，否则，他们就应储存足够的款项，留作家用，而不应将金钱浪费在赎罪券上。

使徒保罗说："人若不看顾亲属，就是背了真道，比不信的人还要不好，不看顾自己家里的人，更是如此。"［提前 5:8］但是，有许多人衣不蔽体、食不果腹，却被鼓吹赎罪券之徒的喧嚷鼓噪引入迷途，为赎罪券贩子增加财富而倾其所有，使自己受穷。

第 48 条

基督徒须知，教宗在颁发赎罪券时，要求和渴望信徒虔诚祈祷，过

(71) 在《〈九十五条论纲〉的解释》中，第 46 条与第 47 条论纲与其在 1517 年的《九十五条论纲》里的次序是颠倒的。

(72) 参考第 20 条论纲。

于得着他们的金钱。

我们的主子、国家和罗马教廷的同谋者一定会耻笑这条论纲。然而，教宗最期望的确实应当是臣民的祈祷，像使徒保罗对基督徒常常要求的那样。颁发赎罪券的这个理由比建造一千座教堂正当得多。在后一种情况下，与其说教宗被如此众多的魔鬼和不信上帝的怪物所包围，还不如说遭到它们的围攻，势必会犯下给整个教会带来大祸的错误。应该为他祈祷，特别是如果他愿意倾听他的塞壬们（sirens）那种致命的声音："不可想象，这样尊贵的大人物会犯错"，以及"一切正确的法律都会在他心灵的圣殿中发现"。事实上，人们都认为教宗不会犯错，但是，不论这个推断是好是坏，它都是成问题的。诚然，他的一切法律都见于他心中的圣殿中；不过他的心是好是坏，却令人生疑，因为心的好坏必须靠祈祷来培育。圣伯尔纳在其《沉思》一书中用最诱人的笔触为教宗尤金论述了这个问题。(73)

第 49 条

基督徒须知，只有当他们不倚赖赎罪券时，教宗的赎罪券才会对他们有效；如果他们因赎罪券而失去对上帝的敬畏之心，赎罪券便极为有害。

想想赎罪券的危害性吧，向人鼓吹它们，直接有违于十字架真理和对上帝的敬畏。人借赎罪券而获准免除惩罚，并进而获致罪得赦免的保证。各种迹象表明，被吹捧备至的赎罪券并非来自上帝，只是出于人们渴望它、接受它，甚至把它视为上帝神圣的福音。所以圣经真理便得到了证明："从上帝来的，世人并不接待；奉自己的名来的，世人倒要接待他。"［参考约 5:43］讲授如此无稽之谈的人是这种谬误的根源。他们

(73) 圣伯尔纳（St. Bernard）是十二世纪十字军时期著名的布道家，1145 年大力支持尤金三世（Eugenius III）当选为教宗。《沉思》（*Consideration*）是其最后一部著作，约在 1148 年应教宗之请及为了报答其教诲与指导而作。

鼓吹赎罪券，其大张旗鼓和热情之状，远远胜过传扬福音之举。这种谬误的另一根源是，他们把仅仅适合于极少数人的东西，向所有的人进行兜售。我在上面已经说得异常明白，宽恕就是松解、自由、许可和仁慈，是真正的赎罪券，如果我们接受这个词的狭义概念，那它就是出于内心宽厚而发出的许可证，其对象只是那些脆弱的、冷酷的、刚硬的基督徒，即基遍人、劈柴挑水的人［书 9:21，27］、奴隶，而不是以色列的首领和子民。

对本论纲的证明如下：

即使有人热心从事爱的行为也不可因此而信靠那些行为，或者因此而确信自己的得救。连最圣洁的约伯都为自己的一切行为担心［伯 9:28］。经上说："敬畏耶和华这人便为有福"［诗 112:1］；"常存敬畏的，便为有福"［箴 28:14］。我们该以多么大的敬畏来接受这些赎罪券啊！它们比这些行为的价值小得多，应当对它们抱着小得不能再小的信赖，即根本不予信赖啊！圣徒会担心自己行为未尽责，受难受得不够。哪里能使罪人虽未尽力而为，却罪得赦免呢？以我的了解，我们的空谈家和心灵腐蚀家们，犹如在暗夜行走一样［诗 91:6］，正偷偷地把赎罪券在我们中间变成骗钱和生发错误的勾当［帖后 2:11］。与此同时，他们又劝告所有的人信靠这些赎罪券，而如我所说，它们却只适合于极少数人，即那些冷酷而又脆弱的人。看，他们后来竟然自称受圣灵激励，把圣彼得的生意称为圣灵的生意，就好像他们要承认自己是商人，主管圣职买卖的集市日一样。[74]

然而，当我说"赎罪券有用"时，我想的是它们并非对大家都有用，而只是针对老人和鼾声阵阵［追求行为之义］的苦力而言，因为免除他们的惩罚，胜于让他们勉强忍受。但是，当其获得购买赎罪券的选择权时，为了避免更大的罪恶，他们就不应当像那些获得安全感并且相信这个事实的人那样欣喜。他们反要伤心惧怕，因为他们这种人，鉴于可能有更大的罪恶，所以需要被置于这个罪恶较小的地位。应当使他们明白这一点，看到即使在德行方面有最大进展的人也是心怀惧怕的。故

---

[74] 即买卖属灵特权的日子。参见前注[68]。

此我说过，如果人们欣喜于这种自由而不敬畏上帝，那么赎罪券便是最大的祸害。

第 50 条

基督徒须知，假如教宗得知赎罪券兜售者的勒索行径，他宁愿将圣彼得教堂化为灰烬，也不愿用他羊群的皮、肉和骨来建造它。

我们的"大能猎人们"按各位基督徒的不同经济地位，将一笔固定款项强加在他们头上。后来他们进而教训妇女们出门乞讨，这显然违背了丈夫的意愿。托钵僧们甚至也被鼓动无视上级的命令，到处积聚金钱。这事一直要进行到没有人口袋里剩下能为这项事工奉献的一枚便士为止。据说，事情已经到了这个地步，人们竟至被规劝卖掉自己的衣服或到处借贷。

以我看来，赎罪券是教会最无用的财产，应当只颁发给它的最无用之辈。此外，它们既无功又无用，而最糟糕的是，接受赎罪券的人若不存畏惧之心，便会贻害无穷。所以我认为，这种教导应受诅咒，它有悖于上帝的诫命。因为妻子应在丈夫的管辖之下，不能做任何有违丈夫意愿之事，即使行之会有功德。更不应该为了她可能根本不需要的赎罪券而乞讨。修会的人应当恭顺地服侍他人，即使在某种程度上有可能获得殉道者的桂冠，他也不应当另有所为。尽管他人可能进行了虚假的解释，教宗却从未有不同的期望。让别人发泄怒气去吧，我却要自我克制。我只想说一件事：亲爱的读者，你们至少应当知道，他们那瘟疫般的鼓吹是否让人们相信，得救和上帝真正的恩典全赖于赎罪券。要不，他们为何拼命地鼓吹赎罪券，竟致使有功德之举和上帝的诫命都变得无用？但直到现在，这些人还没有被视为异端，所以就可能以异端迫害者的身份为荣了。

难道教宗希望那些交托给他牧养的人，为了木头、石块竟被扒下皮来吗？或者他希望，因为基督所谓"贼和强盗"[约 10:1] 瘟疫似的教义，这些人应被屠杀和毁掉吗？最好把他视为那位说了"好牧人只剪羊毛，但不扒皮”的皇帝。⑦ 赎罪券贩子不仅扒人的皮，而且毁灭他们的灵与肉。"他们的喉咙是敞开的坟墓，他们用舌头谄媚人。"［诗5:9］

第 51 条

基督徒须知，教宗愿意并且应当自己出资，补偿那些被赎罪券兜售者骗去金钱的人们，即使卖掉圣彼得教堂，也在所不惜。

圣安波罗修为拯救俘虏而熔化了圣器，⑦ 诺拉的圣保利努斯为了自己的俘虏而充当俘虏，交出了自身。⑦ 教会就是为了这个目的而拥有黄金的，⑦ 正如从同一位安波罗修那里继承了这笔财富的通谕所示。而今，亲爱的上帝啊，有多少人竟把柴火，甚至树叶送往林中，有多少人将小小的水滴送往大海，也就是有多少人将自己的钱捐给那个钱袋。用耶柔米的话说，他们的收入竟是全世界的信仰。

第 52 条

相信靠赎罪券得救是徒劳的，即使赎罪券代理人，甚至教宗本人，用灵魂加以担保也无补于事。

他们胆敢无耻地宣扬这个荒谬的教义，就是为了让人丢弃对上帝的敬畏，又借赎罪券把人交给上帝的烈怒。这有悖于那位智者的话："不要因罪得赦免而无所畏惧。"［《便西拉智训》5:5］以及那位诗人的话：

---

⑦ 指凯撒提庇留（Caesar Tiberius，14—37 年），罗马史学家苏埃托尼乌斯（Suetonius，约69—约150 年）在其《提庇留传》（*Life of Tiberius/Vita Tiberii*）第 32 章曾予引证。

⑦ 参考 *De officiis ministrorum* II. 28。MPL 16，148—150。

⑦ 诺拉的圣保利努斯（St. Paulinus of Nola，354？—431 年），同米兰主教圣安波罗修（St. Ambrose，340—395 年）有过个人交往。在其独生子夭折后，携妻特拉西娅（Therasia）共进修道院生活，约于 409 年成为诺拉主教，生前一直担任此职，其纪念日为 6 月 22 日。

⑦ 当保利努斯决定苦修时，将大笔财产奉献给了教会。

"谁能知道自己的错失呢?"[诗 19:12]但赎罪券兜售者却说:"我们并没有消除人对上帝的敬畏。"如果借赎罪券所获得的平安能与对上帝的敬畏保持一致,那么你们就未消除它。但民众却的确失去了敬畏之心,因为他们所接受的是被如此喧嚣的誓言所吹捧的赎罪券。如果有人担心,在上帝面前赎罪券仍嫌不足,那么有关平安的漂亮许诺又怎会是真的呢?如果有人确信赎罪券已经足够,他又怎会存敬畏之心呢?劝人在上帝的纯粹怜悯(即基督)以外,寻求平安,并且信靠或借用其他方式,愿举凡这样的讲道永远受到诅咒吧。所有的圣徒不仅心怀畏惧,而且绝望地呼叫:"主啊,求你不要审问仆人。"[诗 143:2]而你们却借赎罪券给人一种平安的感觉,将其引向了上帝的审判。为了批驳这种猖獗虚妄的旋涡,某人编造了一个故事,我认为并非完全没有事实依据。说的是有位死者拿着赎罪券到了地狱,请求借助那些赎罪券来获得释放。魔鬼便出来迎接他,当那人在火堆前念诵那些赎罪券时,火却吞掉了他手中的蜡状物和羊皮纸,魔鬼便拽着他一起跑进了地狱深处。

第 53 条

为方便某些教堂兜售赎罪券,而完全禁止在其他教堂宣讲上帝之道的,这些人是基督和教宗的仇敌。

教宗有责任也有意期望永远、处处传扬上帝之道,并视之为头等大事。因为他明白,这是基督的命令。所以,我们怎能相信他会抗拒基督呢?而我们的传道人却敢于什么都信,包括这件事在内。

第 54 条

在同一场讲道中,若花于赎罪券上的时间与宣道的时间相等或更长,便损害了上帝之道。

从上帝之道的高贵和传扬其的必要性来看,这一点是显而易见的。

而对赎罪券的宣扬，既没有必要，也没有什么价值。

第 55 条

　　教宗必然怀有这样的心意：为赎罪券这样的区区小事，竟然兴师动众、鸣钟、游行、举行仪式；那么，为传扬福音这样的大事，鸣钟、游行、举行仪式，就必然要百倍于前者。

　　在教会里，凡事皆不得像神圣福音那样受到如此大的关注，因为教会没有什么东西比福音更宝贵、有益。所以，这是基督责成其门徒在如此众多的时代完成的唯一使命。故保罗说，他不是来施洗，而是来传福音［林前 1:17］。基督吩咐，圣餐的举行只应是为了纪念他。保罗在《哥林多前书》11［:26］说："你们每逢吃这饼，喝这杯，是表明主的死。"宁可忽略圣礼，也不得停止传福音。教会已经决定，凡举行弥撒必须宣读福音。所以上帝看重福音甚于弥撒。因为人无福音便不能活于圣灵之中，而无弥撒亦能存活。"人活着，乃是靠上帝口里所出的一切话。"［参考太 4:4］主自己在《约翰福音》第 6 章里的那段教导更为详细。弥撒就这样更新了已成为基督部分肢体的那些人，而作为圣灵之剑的福音却吞灭了肉体，粉碎了魔鬼的王国，夺走了强者所有，健全了教会的肢体。弥撒只对活着的人有益，福音却帮助一切人。所以在早期教会中，允许被鬼附之人和慕道友等到福音宣读完毕之后，[79] 才被那些有资格在弥撒中饮、食基督圣体的人遣散。即使现在，教会法规依然允许被革除教籍的人在弥撒上待到福音宣读完毕之后。如施洗者约翰出现于基督之前一样，福音先于弥撒。福音使人拜服、谦卑，弥撒把恩典传递给谦卑者。所以，宁可废掉弥撒［也不可让福音沉默］。

　　赎罪券的滥用者，本身就特别需要赎罪券（例如犯买卖圣职罪[80] 以

---

[79] 路德意指基督教史上于二、三世纪时将弥撒分为 *missa catechumenorum*（慕道友弥撒）和 *missa fidelium*（领洗信徒弥撒）两部分，慕道友（*catechumens*）指新受教的准备受洗之人，非指今日许多教会所施行的坚振礼。

[80] 参见前注[68]。

及那些按教会法规从恩典跌落的人）。如果在某个时候由他们把赎罪券发放给那些根本不需要的人，那么你想想，魔鬼们看到的是多么壮美的场面啊？

第 56 条

教宗借以发放赎罪券的教会宝藏，未经基督子民充分讨论，也不为之广泛了解。

这是我第二次该受死刑。由于我所坚持的许多事情，长期以来都很清楚，以致过去无需提出异议，但现在，我就必须再次讨论这些问题。因此，在这次讨论中，我要应付最近的反对意见。所以，我将在这里讨论这些不为人熟悉的问题，并试图揭示其真相。我的读者、听众或异端审判官都将是我的见证。

第 57 条

赎罪券显然不是世俗宝藏，因为许多赎罪券兜售者不是免费发放，而是一味地积聚。

经验已使这一点变得十分明晰。

第 58 条

赎罪券也不是基督和圣徒的功德。因为即使没有教宗，圣徒也照样使人的内心增加恩典，却将人的肉体交于十字架、死亡和地狱。

本论纲的要旨深深植根于并贴近几乎所有教师的心灵。所以，我应详细而坚定地证明它，并且满有信心。

1. 首先是关于圣徒功德的问题。

他们说，圣徒在生前奉献的善功，远远多于得救的需要，于是就有了分外之功（works of supererogation）。它们未得赏赐，而被存放于教会的宝库之中，靠着分外之功，并借助于赎罪券，就会产生某些适当的补偿。所以，他们认为圣徒的功德对我们已经足够。我对此提出质疑。

首先，如我要证明的，赎罪券已经不再是赎罪之物。因为它们不是免费赦免，而成了其他补赎的手段；并且如我在上面所指出的，就战斗教会的宝库而言，赎罪券拥有一切益处。那么，这就意味着除了某些行为的转让外，凭钥匙职将一无所获，也不能赦免什么。这有悖于基督的教导"凡你所释放的"[太 16:19]。同样，靠钥匙职可以取得业已发生的相同之事。因为既然教会拥有圣徒的功德，可以用来救赎他人，那么圣灵肯定不会使之搁置不用，而是将它们用于那些能被救助的人。

其次，圣徒们并没有留下什么未经赏赐的功德。因为众所周知，上帝报偿人，超过他应得的。如圣保罗所说："现在的苦楚若比起将来要显于我们的荣耀就不足介意了。"[罗 8:18]

再次，没有哪一位圣徒在生前彻底成全了上帝的诫命，这样一来，圣徒就绝对没有任何过剩的功德可言，没有留下赎罪券可以分派的东西。我认为结论已十分清楚。但我仍要证明这个大前提，以便对其再无疑问，而且一定要人们对它相信到这样的程度：凡有异议者均被视为异端。

我首先用基督的话来证明这个观点。他说："你们作完了一切所吩咐的，只当说：'我们是无用的仆人。'"[路 17:10] 但"无用的仆人"应被理解为那些没有做够或做得超过自己本分的人，除非我们愿意相信某些荒唐者的梦呓，他们吹嘘道，基督的话是让人为着谦卑之故而这样说的，讲的不是真话。他们由此把基督变成了说谎者，以便使他们看起来诚实。其次，我再用《马太福音》25 [:9] 来证明这个观点。那上面说，聪明的童女们不分灯油给别人，怕不够她们自己用的。第三，保罗在《哥林多前书》3 [:8] 说："各人要照自己的工夫得自己的赏赐"；他没有说："照他人的工夫"。第四，我要引证《加拉太书》第 6 章："各人都应为自己负责"[参考加 6:4—5]，以及"叫各人按着本身所行的，或善或恶受报"[林后 5:10]。第五，每位圣徒都必须竭尽全力、甚或超越所能地爱上帝，但却没有人已经或可以做到。第六，圣徒在其最完美的行为中，即借死亡、殉道和受苦，都没有超越所吩咐的。事实上他们只做了所吩咐的，仅此而已。所以，他们在其他方面远未尽职。第七，虽然我提出了那么多理由，但另一方面，他们尚未提出证明自己观点的论据，只是列举了事实，以及未加圣经的证明，或是教会教师们与一些合理见解的说法。因此，对他们的观点，我们可以、也的确应该完全不予理会。我的论证如下。

现在，我要用圣教父们的论据来证实我的观点。我首先引证圣奥古斯丁的一段名言："所有圣徒都要这样祷告：'免我们的债'，即使他们有好行为。因为基督教导我们祷告时，没说有人可以例外。"⑧¹ 但是承认自己负有罪债的人实在没有储存什么过剩的功德。第二，根据《诗篇》32［:2］："耶和华不算为有罪的，这人是有福的。"在同一首诗中人们进而读到："为此，凡虔诚人都趁你可寻找的时候祷告你。"［诗 32:6］圣耶柔米在他的《驳伯拉纠派的对话》（*Dialogue Against the Pelagians*）中，对此进行了反思后，精辟地指出："既然为自己的不敬虔而祷告，他怎么会是圣徒？"他又说："既然他不敬虔，那他就不是圣徒，诸如此类。"⑧² 因此，通过祷告和忏悔自己的不虔敬行为，圣徒们就不应当被指控有罪了。第三，圣奥古斯丁在其《再思录》第一卷里说："所有的诫命在未被成全却得赦免时都被成全了。"⑧³ 在这里，奥古斯丁讨论的是圣徒是否彻底成全了所有诫命的问题，他对此持否认态度，认为这是由上帝的宽恕，而不是因个人的成全所致。第四，同一作者在其《忏悔录》第九卷里又说："人的一生，不论它多么值得赞美，如果它受到毫无怜悯的审判，那将是多么悲哀。"⑧⁴ 看，哪怕是圣徒，终身也都需要怜悯。对此约伯也说："我虽有义……只要向那审判我的恳求。"［伯 9:15］所以，既然这些圣徒为自己都未建立足够的功德，他

⑧¹ Augustine，*Concerning Nature and Grace*，参见 MPL 40，266ff.。
⑧² MPL 23，538："如果他是圣徒，他怎能为自己的不敬虔祷告呢？假若他不敬虔，又怎能被称为圣徒呢？"
⑧³ MPL 32，615.
⑧⁴ MPL 32，659—868；参考 778。

们哪里还有过剩的功德留给他人呢？第五，圣奥古斯丁在其《驳朱利安》第二卷里列举了十位同他观点一致的古代教父，⑧ 即希拉利、西普里安、纳西昂的格列高利、约翰·克里索斯托、安波罗修、爱任纽、奥林匹乌斯（Olympius）、雷迪丘斯（Rheticius）和英诺森［一世］，⑧ 从他们的论据中寻找支持，证明圣徒生前皆有罪，其依据是《约翰壹书》1［:8］："我们若说自己无罪，便是自欺。"圣奥古斯丁在其《论本性与恩典》里表达了同样的看法。⑧

根据这些以及其他不计其数的资料，我断言圣徒们没有能够帮助我们中间这些懒人的过剩功德。恕我冒昧，我宣告对自己的上述言论坚信不疑，并准备为此而受火刑。我坚持认为，任何对此持有异议的人都是异端。

然而，假如我承认这件并不存在的事实，即圣徒们确实储存了过剩的功德，那么我就不能肯定，教会为免除惩罚而如此廉价地耗费这宝贵的功德是否值得。因为免除惩罚是教会拥有的最廉价的恩赐，只配授予最无用的人，如我以前多次所言。但是，殉道者和圣徒们受惩罚，却为我们承担惩罚树立了榜样。因为我们是这样祷告的："当我们过圣徒的节期时，就让我们效法他们受苦的勇气吧。"教会母亲赦免惩罚时，也似乎并不那么敬虔，但当她严惩和强制其儿女时，如施行革除教籍和其他严厉的训斥，对这样的惩罚根本不予赦免，而是施加惩罚，特别是当她为儿女们极端忧虑之时。当她赦免惩罚时，就好像出于绝望之情，因为它担心会发生更糟的事情。因此，由于免除惩罚是如此廉价的恩赐，仅仅钥匙职就已足够，所以即使把赦免赐予那些打鼾的人，自然看来对圣徒的高尚行为也并无多大失礼之处。圣奥古斯丁在其《论殉道》（*Concerning Martyrdom*）的讲道词中说得更好："殉道士的节期并不是赦免，而是劝人殉道。所以我们应毫不犹豫地效法我们所乐意庆祝的行为。"⑧

---

⑧ *MPL* 44，671—874.
⑧ 事实上仅有 9 位。
⑧ 本书写于 415 年，以反对伯拉纠派。参考前注⑧。
⑧ Augustine，*Sermo* 123，chap. 2，参见 *MPL* 38，684—685。

所以，论纲的这一部分已经得到证明，即圣徒的功德不能充当我们的宝库，因为他们自己都视之为匮乏。除非有人这样认为，他们是我们的宝库，并非因为他们过剩的功德，而是由于教会是圣徒的团契，大家在里面相互服侍，互为肢体的缘故。但圣徒是在生前这样做的，如果他们现在要做，那得在代祷里完成，而不是借钥匙职了。

关于这一点，我听到来自远方的一些人的妙论。"是的"，他们说："圣徒们生前并非没有罪过，但那不过是可宽赦的罪而已。尽管如此，他们依然能够做出超过得救所要求的功德。"在这个问题上很难应付这些愚蠢透顶的人。但请让我对此简而言之：他们犯的可宽赦的罪是未尽其本分，而不是我的对手们想象为可宽赦的罪的那种，即讥笑、轻浮之语或念头。这些的确是可宽赦的罪，但又是严重的可宽赦的罪。不过，即使一件以最佳方式所做的善举也是可宽赦的罪，正如上面所引证的圣奥古斯丁的话："诫命在未被成全却得赦免时都被成全了。"⑧ 一切善事都会出现这样的情形，因为根据主祷文所言，我们要常常祈求赦免。但这些事情又引起了另一个争议，我们将在别处予以讨论。因此，圣波那文图拉坚持认为，人可能不犯可宽赦的罪而存活。作为圣贤，他讲这话绝对错误。

2. 关于我的论点的第二部分，即基督的功德：

我认为，这不是赎罪券的宝库，而是教会的宝库，只有异端才会否认这一点。基督是世人的赎价和救主，因此，只有他才真正是教会唯一的宝库。我否认基督是赎罪券宝库的说法，除非有人用其他方式说服我。我否认的理由如下：

第一，按我经常所说的，它既不能为经文所肯定，亦无理性的证明。并且众所周知，持有这一观点的人只是表述出来，却未加以证明。再者，我曾经说过，教会里提出的主张若无理性和证据的支持，那就等于使教会面临敌人和异教徒的耻笑。因为根据圣彼得的观点，我们必须为内里的信心和盼望说出缘由［彼前 3:15］。保罗也说，主教应当能够用纯正的教义把争辩的人驳倒［多 1:9］。但这里并没有这样的证据，今

---

⑧ 参见前注㊳。

天，如果罗马教会坚持肯定的立场，[90] 同样的危险也会存在，因为我们别无理由，只能说教宗和罗马教会乐意这样做。但是，如果我们受到那些不相信罗马教会的人，诸如异端分子或比加得派的催问，这种理由又有什么用处呢？他们不会质问这是否出自教宗或罗马教会的意思，而是问是否有什么证据或适当的理由加以证明。这自然是我在整个问题上唯一的目的。

第二，所有被引用来证明战斗教会的宝库和圣徒功德的论据，在这里都尤为重要。首先，赎罪券不是实在的赦罪之物，而是将某些人的善功转让给另一些人的证书，是一种真正合法的补赎。因为我们无论做什么，都要通过别人。但是，根据《论补赎与赦免》（"从此"）[91] 第五卷的那条规定，赎罪券削弱了补赎中的补罪。教会法规没有说"将其转让"，而是说"对其削弱"。我的第二个论据在这里同样具有更为重要的意义，即教会的钥匙职一事无成，提供这种权力实际上没有意义。因为它们不是释放，而是把被捆绑的转交给别人。但是，若说钥匙职不释放，这种说法未免有些恶毒。如果它们的确释放，它们消除的也完全是被释放的东西。我的第三个论据是，基督的功德不靠钥匙职也能取得同样的功效，因为它们的确不会被搁置不用！第四个论据是，假若基督的功德仅仅被用来赦免刑罚，那么它们就会被异常地亵渎，由于基督因自己的功德已成为所有殉道者的楷模。所以，这样做有悖于基督功德的本质，这些功德原本是服侍懒汉的，同时又激励勤奋者。正如我已经指出的，赦免刑罚至为廉价。

第三，让他们向我解释下述矛盾：圣托马欺和圣波那文图拉及其追随者始终公认，善功优于赎罪券，我在前面也多次作过充分阐述。姑且视其为真吧。同样，基督的功德是借赎罪券而被利用和施行的。姑且认为这也属实，因为所有的教师一直都在坚持这个观点。同样，基督的功德远胜于我们自己的善功，事实上唯有它们才为善美。就算这也是真的吧。因为所有的教师都一再地坚持这观点。更进一步，基督的功德无可

---

⑨ 即认为"基督的功德成为赎罪券宝库的一部分"这种观点。
⑨ 参见前注㉛。

比拟、远胜于我们的功德，事实上，唯有他的功德才是完美的。好得很，就让这点也是真的吧。

这里，我想概括一下这个结论：人若不抛开自己的善功而唯独渴求基督的功德，即赎罪券，他便是无福之人。因为人若把自己的善行凌驾于基督的功德之上，便是最大的亵渎。所以，要么基督的功德不是赎罪券的宝库，要么那个并不漠视一切命令，甚至上帝的诫命，只是购买赎罪券（即基督功德）的人，就是最狂妄和邪恶的人。在批驳这一观点的时候，圣托马斯和圣波那文图拉认为，赎罪券未经盼咐，故没有善功重要。所以，赎罪券不是基督的功德，但同时，在某种意义上它们又是基督的功德。

我的对手们足智多谋，他们可能会利用亚里士多德来给这些词作区分："的确，基督的功德被简单地认为优于我们的善功，但它们本身不是赎罪券，否则便不会以这样的方式被应用在赎罪券上。然而，它们本身作为对惩罚的补赎而被人领受，在这个意义上它们还是被应用了。"我答道，请证明你们所说的。如果我不愿意相信你们这种勉强的说法，那又怎样呢？我受命要"试验那些灵是出于上帝的不是"［约壹4:1］。

那么，借赎罪券发放圣徒功德，并不是因为它们已获报偿，而是由于圣徒们做了超越盼咐的善功——这种说法有何根据呢？难道这种功德的价值如此之小，竟然除了为懒人们赎罪外别无报偿吗？如果这样，我就坚决主张分外之功最高贵、最完美。你们是否同意呢？如果同意，那么你们是不是认为，功德并未作为报偿赐予殉道者和圣徒，而是给了打鼾的懒汉呢？圣徒真的要根据自己较小的行为和功德受报，却将更完美的功德留给他人吗？我问你们，谁会这样愚蠢，竟然相信这种说法呢？所以，圣凯瑟琳并未因自己的殉道和童贞而获得什么报偿，而将其留给了教会。⑫ 她因祈祷、守夜和其他善功所得的报偿是否够了呢？假若你们认为圣徒们既按功受赏，同时又将分外之功留给了教会，那又怎样解

---

⑫ 圣凯瑟琳（St. Catherine）是东西方教会最尊崇的圣徒之一，她的名字同殉道史上许多传奇故事联系在一起。她可能是在戴克里先大迫害时期（Diocletian persecutions，284—305 年）落入马克西米努斯（Maximinus）或马克森狄（Maxentius）之手的。

释以前说过的某些功德尚未获报的话呢？难道你们没有看出此言毫无根据，只是在黑暗中预言吗？

认为分外之功或圣徒们超过吩咐所做的善功如此没有价值，并且没有作为报偿而赐予他们，如果这种看法是邪恶的，那么把基督超过需要的一切善功说得一钱不值，这不是更为邪恶之举吗！因此，如此夸大赎罪券而同时又用我们的善功来贬低基督的事功，便是亵渎基督和圣徒的功德，除非是弄错或出于无意。

第四，我再次涉及《论补赎与赦免》（"但是"）的那条注释所提出的争论，㉝ 即"既然赎罪券赦免一切惩罚，那么人就无需禁食或做其他善行了"。纵然几乎所有的经院哲学家都赞同格列高利的这一观点，我们也不应因此而断言赦免是不确定的，而应认为教会的钥匙职遭到了亵渎。格列高利引用了"人不知道自己是否配得［上帝的］爱"㉞ 这句话来证明自己的观点。这句话指的是未来之事，因为现在信的人，并不知道自己的信心是否能够坚持到将来。所以《传道书》同一章节，即第9章，直接加上了人不能知道是否值得被爱或被恨这样的话［传9∶1］。而凡事都是未知，直到将来。因为他在这句之前说过："义人［……］并他们的作为都在上帝手中。"［传9∶1］如果这些经文使赦罪变得不确定的话，那么这些人就使赦罪的惩罚变得更不确定了。因为假如罪依然存在，惩罚也应当存在；而同时在这个过程中，通过痛悔，而非借对钥匙职的信心，罪已被完全消除。这注释证明了对"赦免"的解释。

那么，赎罪券又是什么呢？是否为不确定的恩惠呢？绝对不是，这种恶意的想象决不会来源于基督的教会，当然也不会来源于钥匙职。事实上，正如有人说的那样，赎罪券会成为对信徒的恶意欺骗。这种谬误根源于我们试图借自己的行为和义，而不借信心称义。教会至多只是教导人悔罪，根本没有教导人相信钥匙职，这本来应当是教导的头等大事。我在上面已经对其做了长篇大论。所以，要么赎罪券不是圣徒的功

㉝ 参见前注㉘。

㉞ MA^2 将这句话归诸于传9∶1。

德宝库，要么就应当得出以下这个必然的结论：正如上面提及的那条注释所强调的，得到赎罪券的人必须停止做赎罪的善功。

注释提供的解释是在恶意攻击基督，因为既然借赎罪券已把基督的功德赐予了我，而我却仍然怀疑自己的罪是否已被赦免，那么仍然必须为赦罪而做工。从中又引发了我的这种疑虑：赎罪券使用的和给予我的基督的功德是否足以赦罪？还有什么比这种怀疑更加可恶呢？即使我对此毫不怀疑，并且相信它们已经足够，那么，假如我认为自己的善功胜过赎罪券，即胜于赐给我的基督的功德，我的善功一定还是极端邪恶的。因为我若能得到——哪怕一点点——如基督善功的百万分之一，我也会对永恒的救赎充满信心。所以，我们要停止为自己赎罪而做善功，只要购买赎罪券就行。因为我们借赎罪券获得的不仅是基督的一件善功，而且是他的全部功德，而且不仅是他的，还连同所有圣徒的功德。由于我们的行为难以与基督的功德媲美，所以，这些功德要么就不是赎罪券的宝库，要么赎罪券比上帝所吩咐的所有善功还更值得推崇。否则，就会对基督的功德产生极端亵渎和大不敬。看看他们是怎样把圣徒和战斗教会的功德补充到这个宝库里去的吧，就好像仅有基督的功德仍不足似的。

可是你们问道："难道圣托马斯和其他人都错了吗？难道持有这相同观点的教宗和整个教会也都错了吗？难道你是唯一和首先提出正确意见的人吗？"

我首先回答说，我并非唯一：真理在我一边，还有其他许多人，如那些曾经怀疑、现在仍然怀疑赎罪券效能的人们。他们并不因此怀疑而犯罪。由于赦免仅仅是对惩罚而言，所以不论那人是否相信它们，得到它们，他都一定会得救。

第二，教宗也站在我一边。虽然他批准发放赎罪券，但在任何地方他都没有说过赎罪券取之于基督和教会的功德宝库。在《论补赎与赦免》第五卷以"从此"开头的那一章里，⑤ 教宗阐明了自己的立场。他说，赎罪券减轻了补赎中的补罪，但这种减轻并非指分配基督的功德，

⑤ 参见本章前注㉘。

而只是免除惩罚。

第三，全教会也都站在我一边，因为教会和教宗的思想一致，观点相同。我已经陈述了教宗对这个问题的看法。

第四，即使圣托马斯、圣波那文图拉、黑尔斯的亚历山大（Alexander of Hales）和他们的门生安东尼努斯、彼得·德·帕鲁德、安科纳的奥古斯丁等都是名人，㊱ 还有那些赞同他们观点的法学家，但唯一正确的首先是尊重真理，然后才是尊重教宗和教会的权威。进一步说，这些大人物在这个问题上犯错，也是不值得大惊小怪的。我问你们，经院哲学家出于什么考虑，才没有坚决主张甚至圣托马斯也犯过错呢！

更重要的是，三百年来，许多大学及其中的敏锐的思想家，一直孜孜不倦地单单研究亚里士多德，但经过这样的努力，他们不仅根本没有领会亚里士多德，而且几乎在全教会中散布了谬误和对他的错误看法。即使他们理解他，也不能借此，特别是从其最熟悉的亚里士多德著作中获得超常的智慧。根据奥鲁斯·格利乌斯在第 20 卷第 4 章所载亚里士多德本人的见证和纳西昂的格列高利在其《驳阿里乌派的讲章》的见证中，亚里士多德不过是一个十足的诡辩家和夸夸其谈的人而已。㊲

我在这里似乎有些冒失、厚颜无耻和放肆。不过，假如我有时间和闲暇来说明这种冒失并对我的话灌注信心，我或许能证明我的观点并非没有理由。我不愿像乔瓦尼·皮科·德拉·米兰多拉那样调和亚里士多德与柏拉图及其他人，而是要还亚里士多德以本来面目。据纳西昂的格列高利所言，亚里士多德是一位专业的语言大师和才华横溢的讽刺家。所以，既然上帝将这样大片的乌云和黑暗如此长久地笼罩着这些杰出人物，那么我们又怎能对自己的行为怀有这样大的信心，而不像基督徒应做的那样，对自己的一切所作所为抱着怀疑态度，以便让基督成为我们

㊱ 关于这些人，参见前注㉘。

㊲ 奥鲁斯·格利乌斯（Aulus Gellius）是二世纪的一位语法学家，他在其《雅典之夜》（Noctes Atticae）中保留了一份与同时代人的谈话摘要，内容涉及诸多伟大文学家的著作，其中包括亚里士多德。但亚里士多德关于他自己的见证在路德所指的这一来源中无法找到。参考 MA³ 1, 511 和 CL 1, 126。这里的《驳阿里乌派的讲章》（The Sermon Against the Arians）载于 Migne, Patrologiae, Series Graeca, 38, cols. 213—238。

唯一的光、公义、真理、智慧和一切财宝呢。

圣教父们已经看出了那些无知的和不认识基督的人是如何推崇亚里士多德的，乃至把他视为权威。他们如此唯唯诺诺，更让人虔信盲从他们；他们因陷入谬误，所以在别人眼中成了如此众多的混乱思想、怀疑和错误的渊源。在今天经院哲学的教师身上，我们就可以看到这些错误和混乱反映出来。我们这些撇弃基督的人，理应被他撇弃，甚至通过他的圣徒使我们遭受谬误的危害和无尽的劳苦。正如《以西结书》14[:9]所言："先知若被迷惑说一句预言，是我-耶和华任那先知受迷惑。"在同一章中我们读到："如果有人借着先知来求问我，我-耶和华必按他拜许多假神的罪回答他。"[参考结14:4]所以，凡所阅读和接受的东西必须经过深思熟虑，甚至对大圣人们传下来的东西也不例外。正如使徒保罗所说："但要凡事察验，善美的要持守。"[帖前5:21]约翰也说过："一切的灵，你们不可都信，总要试验那些灵是出于上帝的不是。"[约壹4:1]

谁若无视这些忠告，把自己交托给那些说出这种话的人："我宁可跟名人们一起犯错，也不愿意被人视为和你一样有理。"这样的人应被鄙视，就遂他所愿吧。藐视圣灵忠告的人为什么不应当受到忠告之灵的藐视呢？在赎罪券的问题上也出现了同样的情形。圣教父们明明看到了人们如此疯狂地吹捧赎罪券（正如人们在决断时总是习惯于像帕里斯[Paris]和弥达斯[Midas]那样愚蠢），也不愿相信它们毫无价值，甚至开始破天荒地给它们设计了一种体面的、过分的依据，因为他们过去没有想到过别的理由，事实上也并没有。

现在，让我们回到手头的这个问题上，进而考察基督的功德，并证明它并不是赎罪券宝库。

我的第五个论据是为了证明下述观点：没有人领受了痛悔的恩典，却没有同时分享基督的功德。所以，人领受基督功德的宝库，先于接受赎罪券。根据我们的教师所说（他们极为看重惩罚的赦免），人若不拥有这些功德，赎罪券便对他毫无价值。人借悔罪来回应上帝的恩典，正如在基督的比喻里，浪子回到他父亲那里，父亲对儿子说："我一切所有的都是你的。"[参考路15:11—32]《以赛亚书》9[:6]说："因有一婴孩为我们而生，有一子赐给我们。"在《罗马书》8［:32］我们读到：
"［上帝］岂不也把万物和他［基督］一同白白地赐给我们吗？"

第六，不然，教会里最坏的人会更有福。因为我说过，赎罪券只对
罪人有用，基督的功德宝库应当给予他们！而不应当给予儿童、妇女和
无罪之人，本来它尤其应当属于他们，的确，也只有他们才拥有它。但
这个观点对持有下述意见的人士来说无足轻重：一切惩罚都能被赦免，
赎罪券不能授予没有痛悔的罪人；而我不相信这一点。

最后，本论纲拥有自证，即基督及其圣徒的功德不借教宗而行使双
重善功，即一为自身特有的善功，一为外在的善功。自身的善功是体现
于上帝预定得救之人灵里的恩典、公义、诚实、忍耐和温和，因为基督
的公义及其功德使人称义，罪得赦免，如约翰所说："看哪，上帝的羔
羊，除去世人罪孽的。"［约 1:29］《以赛亚书》43［:24—25］说：
"［你］使我因你的罪恶服劳，使我因你的罪孽厌烦。惟有我因自己的缘
故涂抹你的过犯，我也不记念你的罪恶。"基督是用自己受难的功德来
涂抹它们的。我必须承认，在这个意义上基督的功德可以说是一种宝
库，但它不属于教宗，而是父上帝所有。因为借基督在上帝面前有效的
代祷，他便使我们罪得赦免了。所以《约伯记》以比喻的方式说："我
悦纳他。"［参考伯 42:8］使徒在《希伯来书》12［:24］说，基督的血
比亚伯的血所说的更美，因为亚伯的血要的是复仇和烈怒，基督的血是
对我们的怜恤和辩护。基督的功德行使外在的善功，因为这是以赛亚在
《以赛亚书》28［:21］所说的。在这里，它们带来的是十字架、劳苦、
各种刑罚，最后是肉体的死亡和地狱，终致罪身灭绝［罗 6:6］，治死我
们在尘世的肢体［西 3:5］，而罪人被置于地狱之中。凡在基督里受洗的
和更新的，就乐意接受刑罚、十字架和死亡，为的是"终日被杀，人看
我们如将宰的羔羊"［诗 44:22］。正如人们在另一首诗中读到的："我几
乎跌倒"，不论这是否预定给我，"我的痛苦常在我面前"［诗 38:17］。
所以，我们也应当这样效法上帝儿子的模样［罗 8:29］，谁若不背负自
己的十字架跟从他，便不配作他的门徒［太 10:38］，哪怕他拥有各种赎
罪券。

由此看来，自经院神学——这种欺骗神学（这是它在希腊文里的意

思）——问世以来，十架神学就被废除了，从此一切都被颠倒过来。十架神学家（即宣扬"被钉十架的和隐藏的上帝"之人）教导说，在十架神学的上帝祝圣和赐福的一切最圣洁的圣物中，惩罚、十字架和死亡是最珍贵的宝藏，它们不仅受到他至贵圣体的触摸，而且得到他至圣旨意的拥抱。上帝留下这些圣物，就是让人亲吻、探寻和拥戴的。在上帝眼中配受基督圣物宝库的人，的确幸运有福；明白自己蒙恩的人，就更加幸福。至于这样的宝库不会给予什么样的人？如圣雅各所说："弟兄们，你们落在百般试炼中，都要以为大喜乐。"［雅1:2］因为并非所有人都会接受这些宝库的恩典与荣耀，只有上帝拣选的儿女会接受。

许多人去罗马朝圣或到别的圣地拜谒基督的长袍、殉道者的骨头和圣徒的遗址与文物，这当然无可指责。但我们不免感到痛惜，因为我们没有同时认出真正的圣物，即基督的受难与十字架，正是它们才使殉道者的骨头和文物变得神圣，值得受到如此大的尊崇。由于没有识别这些真正的圣物，所以，我们不仅没有在赐给我们这些圣物的家乡领受它们，甚至竭力拒绝它们，到别的地方刻意追寻。另一方面，我们应当极度渴望，泪水不断，祈求上帝把基督宝贵的圣物——这万有中的至圣——赐予我们，事实上，这是上帝拣选的儿女应得的恩惠。所以，在希伯来文里，《诗篇》第15［16］篇附有这样一个标题 *Miktam*（金诗），可以解释为一件漂亮的金质小礼物。但是，那位诗人却只赞美基督的受难。标题为亚萨见证的诗篇［例如诗80，参见和合本修订版］，文人们倾向于把它解释为亚萨的喜乐或亚萨心爱的礼物，但其中却吟诵了一首十架圣歌。

然而，这些圣物如此高洁，这些宝藏如此珍贵，以致其他古圣遗物只能被保存于尘世或珍藏于金、银、宝石和丝绸制作的器皿里，而它们却只能被珍藏于天上的、活着的、理性的、不朽的、洁净的和圣洁的容器里，即忠信者的心中，这是每块金子和宝石都难以与其比拟的。但如今，普通人本来可以借此滋长对这些圣物的崇敬之情，但他们缺少这种信心，以致达到这样的境地，连某些教宗也成了谴责这些圣物的始作俑者和主谋，甚至残害追求者。更有甚者，他们试图在消灭土耳其人之后，驱使基督徒自己去遭受比地狱更为残酷的责罚，却不愿豁免哪怕一分钱的赎罪券税金，更不用提他们对伤害基督徒名誉和身体之举所进行的支持了。

但与此同时，他们却打开了天上的闸门，让赦免的宝库和基督的功德泛滥开来，以致整个基督教世界几近瓦解，除非我所信的欺骗了我。荣耀神学家没有像使徒保罗那样只认出被钉十架的和隐藏的上帝［林前2:2］。使徒保罗看到并说出了上帝在异教徒中的彰显，以及在可见之物中如何识别他那不可见的本质［参考罗1:20］，他又如何在万物中处处临在且拥有大能。然而，这位荣耀神学家却从亚里士多德那里得知，意志的客体是善的，凡善的便值得爱。另一方面，凡恶的就应被恨。他还得知，上帝是至善，所以最值得爱。与十架神学家的意见相左，他把基督的宝库解释为对惩罚的消除与赦免，视惩罚为极恶与可恨的。与此相反，十架神学家把基督的宝库视为惩罚的施加与强制，是最美和最值得喜爱之物。然而，荣耀神学家仍在借基督的宝库获取金钱，十架神学家却将基督的功德白白赐人。但是，人们对十架神学家不加尊重，最终甚至要逼迫他们。

然而，到底谁来评断这两种神学家，以使我们有所适从呢？请留意《以赛亚书》66［:4，武加大译本］的经文："我也必拣选他们所讥笑的"，以及《哥林多前书》1［:27］所说："上帝却拣选了世上软弱的，叫那强壮的羞愧"，等等。如果人们认为这个论断是正确的，那么我们便无所事事了；如想道出真相，只有承认：若认为应当到处宣扬赎罪券不仅对教会法规的惩罚、而且对一切惩罚均予赦免，那么赎罪券的宝库就可能导致最大的祸患，因为没有什么危害更甚于取消人所拥有的上帝儿子的形像，剥夺他们那些无可估价的宝库。圣艾格尼丝曾以此宝库为荣，⑱怀着蒙福的喜悦自夸，把它们称为美丽的、闪闪发光的宝石、贵重的项链，等等。

---

⑱ 圣艾格尼丝（St. Agnes）在罗马教会与东正教会里都享有盛誉，她表现出了年轻人的童贞无邪；她约于公元304年殉道。

第 59 条

圣劳伦斯说过，教会的穷人便是教会的宝藏。不过，这是根据当时流行的说法。

读过圣劳伦斯传说的人更容易理解这论纲。但在今天："宝藏"一词已经有了不同意义，所以再也没有人说穷人是教会的宝藏了。我们用这个词来称呼基督和圣彼得的教会财产，可以说是君士坦丁赐给教会的无实的糠秕。⑨ 所以在《诗篇》2［:8］里，上帝提及基督时说："你求我，我就将列国赐你为基业，将地极赐你为田产。"人们一定会将这理解为自日出至日落之地的一切城市和乡村。如果今天有人对教会的问题和属灵之事提出不同见解，他在我们眼中就好像是在说外语一样。即使圣劳伦斯也会毫无例外地把教会产业称为财富。

第 60 条

我们不假思索地说，教会的钥匙是由基督的功德赐予的，它就是教会的宝藏。

如果基督的功德也被称为赎罪券的宝库，即钥匙职，那意思就很清楚了。因为没有人怀疑，凡教会所得均为基督的功德所赐。

---

⑨ 基督与圣彼得的教会财产（patrimony）是指，教宗领土是教宗从君士坦丁 321 年的《米兰谕令》（Edict of Milan）中得到的世袭财产，以后又大肆扩张。中世纪晚期流行的《君士坦丁赠礼》（*Donation of Constantine*）这份伪造档，实际上起源于八世纪，为教宗拥有合法的世俗权力辩护。在被收入教会法规的过程中，该文件又被帕卡帕利亚（Paucapalea）篡改，被人称为"糠秕"（chaff/*palea*）。所以路德的嘲讽用了"无实的糠秕"这句话。

第 61 条

因为很明显，教宗的权柄本身已足够赦免教宗辖下的刑罚和案件。

1. 施行捆绑和释放的那位教宗的话证明了这条论纲。他从不留心基督的功德，只是说他是"因其充分的权力，借着确实的知识和出于主动"才这样做的。⑩

2. 其次，本论纲的证明来源于一个众所周知的观点，即赎罪券的发放是基于基督的这句话："凡你在地上所释放的，在天上也要释放"〔太 16:19〕。他们认为，假若这句话不是给予教宗发放赎罪券的权力，便失去了意义。他们还认为，仅仅这个权力就已经够了，若不需要任何证据来证明赎罪券宝库，就基督的这些话而论，也似乎足够了。但这些话只说到权力，并未提及功德的运用。

3. 如果上述说法正确，那么基督功德的发放就应当被理解为同样适用于其他场合的捆绑与释放，如教宗履行牧职时的革除教籍与赦免，任免圣职，发布与取消谕令，指示与禁令，批准赦免、改革或解释。因为这些问题的处理都基于那个词"凡"〔太 16:19〕。所以，既然在那些情况下无需发放基督的功德，仅仅钥匙职就已足够，那么赦免教会法规的惩罚不更是这样吗，因为它不过是惩罚的宣赦而已。事实上，假如在任何地方都可以发放基督的功德，那么，被革除教籍者就更应当获得赦免了。因为在这种情况下罪人与教会重新和好，被再次宣布为基督与教会恩惠的分享者。所以，认为"凡你在地上所释放的"〔太 16:19〕只包含了基督赐予赎罪券的宝库，而没有给其他赦免的宝库，这是没有理由的。因为在这些场合下使用的是同样的权威、同样的话语和同样的意义。

4. 如果凭钥匙职、借发放赎罪券所进行的释放，带来了教会宝库的展示和涌现，那么借钥匙职所进行的捆绑就应当带来同一宝库的聚敛与关闭，因为它们具有相反的权柄和效能。但任何时候和任何地方都没

⑩ 路德使用的这些词语，是教宗谕令中常常出现的。

有常常聚敛或关闭这种宝库。不过，假若有释放和涌现，就一定会有关闭。因为这两种权柄都给了教会，而且并非徒劳和漫无目的。所以，正如捆绑被理解为使一个人成为债务人，却没有被拒绝这种宝库，即实际上没有从他那里拿走任何一样东西；那么释放就应当被理解为使人自由，即实际上没有从这宝库中支出。

第 62 条

教会真正的宝藏是上帝荣耀和恩典的至圣福音。

教会里相当一部分人并不熟知上帝的福音。所以，我必须更加详尽地加以阐明。除福音外，基督给世人别无所留。他另外传给被称为他仆人的也没有米纳、塔兰特、财宝和第纳里乌斯这些东西，⑩ 以至于要用这些代表世俗财富的词语，来表明福音是真正的财宝。保罗说是他要为儿女积财［林后 12:14］。基督视福音为藏在地里的宝贝［太 13:44］。因为它是藏起来的，所以同时容易被人忽视。

再者，根据使徒保罗在《罗马书》1［:3—6］所言，福音就是传上帝道成肉身的儿子；为了我们的救赎与平安，上帝把他白白地赐给了我们这些无功德之人。福音就是得救之道、恩典之道、安慰之道、喜乐之道、新郎与新妇之心声、善美之道、平安之道。《以赛亚书》52［:7］说：“那报佳音，传平安，报好信，传救恩的……这人的脚登山何等佳美。”然而，律法却是破坏之道、忿怒之道、忧虑之道、悲叹之道，是法官和被告的声音，是不安之道、诅咒之道。如使徒保罗所言：“罪的权势就是律法。”［林前 15:56］“律法是惹动忿怒的”［罗 4:15］，是死亡之律法［罗 7:5，13］。借律法我们因着自己的罪就只有邪恶的良心，忐忑不安，心烦意乱。律法指出我们的罪，但并未除去它们，我们自己也不能除去。所以，为了我们中间的极端绝望和忧虑的被掳之人，就有

---

⑩ 米纳（mina），希腊货币单位，相当于 100 个德拉马克（drachmas）；塔兰特（talent），相当于 60 个米纳；第纳里乌斯（denarius），一种罗马银币。

福音之光临到，并说"不要惧怕"［赛 35:4］；"要安慰，安慰我的百姓"
［赛 40:1］；"勉励灰心的人"［帖前 5:14］；"看哪，你们的上帝"［赛
40:9］；"看哪，上帝的羔羊，除去世人罪孽的"［约 1:29］。看哪，唯有
他为你们成全了律法，上帝使他成为你们的公义、圣洁、智慧和拯救，
这些都给了信他的人［林前 1:30］。罪恶的良心一旦听到这最亲切的使
者的话，便重获生命，欢呼雀跃，充满信心，再也不怕死亡及其相关的
各种刑罚或地狱。所以，那些依旧惧怕刑罚的人，就是尚未听到基督或
者福音，只听到摩西的声音。

所以，上帝真正的荣耀出自这福音。我们同时得知，律法的成全不
靠我们的行为，而借上帝的恩典，他在基督里怜悯我们。成全律法，不
靠善功，而赖信心；不靠我们给予上帝的，而赖受之于基督和取之于基
督里的一切。"从他丰满的恩典里，我们都领受了"［约 1:16］，所以我
们是他功德的分享者。关于这一点，我在其他场合业已进行了更为详细
的论述。

第 63 条

但这份宝藏必然令人厌恶，因为它使在前的变为在后的［太 20:16］。

福音毁坏现存之物。它摧毁强者与智者，将他们化为乌有，降为软
弱和愚蠢，因为福音教导的是谦卑和十字架。所以《诗篇》9［:5］说：
"你曾斥责外邦，你曾灭绝恶人；你曾涂抹他们的名，直到永永远远。"
凡是人贪恋尘世和他们自己的行为，在十字架的规则前都会退缩，抱
怨："这话甚难，谁能听呢?"［约 6:60］因此，毫无疑问，那些想做个
大人物，自认在人前是智者、强人、"在前的"人，定然对基督的话十
分厌恶。

第 64 条

反之，赎罪券的宝藏自然最为诱人，因为它使在后的成为在前的。

赎罪券的宝藏教导人在惩罚前战兢，甚至使他们摆脱那种义人才应受的惩罚。因为没有人需要赎罪券，除非那些人是惩罚的奴仆，他们并没有小看和骄傲地轻蔑它们，反倒为其所累，像孩子们逃离夜晚与黑暗的阴影一样逃离它们。然而，他们却获准自由，而义人却遭受各种刑罚。

第 65 条

所以，福音的宝藏是前人捕获富人的渔网。

使徒保罗说："我所求的是你们，不是你们的财物。"[林后 12:14] 基督说："我要叫你们得人如得鱼一样。"[太 4:19] 这一甜蜜的应许，意在吸引人的意志。事实上，它使人把自己的意志降服于基督。故此，在[罗马]城里被描绘成渔人的圣彼得说："我为教会驾舟领航，世上万邦皆我海洋。人为鱼，圣经便是网。"⑩

第 66 条

赎罪券的宝藏是今人捕获人之财富的渔网。

我相信，这条论纲已被论述得清清楚楚。人借惩罚的赦免并不能更新，也不会因此而被引向基督，唯有基督之道有此效能。赦免惩罚是那给予免除与释放之人的话语，而不是那"抓捕"与捆绑之人的真道。即使前者也"抓捕"，但除了金钱，他们什么都不要，因为他们并不抓捕灵魂。[参考路 5:10] 我并不谴责这种捐钱行当，而且在我看来，上帝的护理似乎密切关注着它，乃至起码在今生，上帝都要以些许金钱对其加以报偿，以使凡事无所亏欠。即使这样，它在教会的恩赐和圣职中也是最微不足道的，不值得在来生给予冠冕。但是，从前的释放却是白白

---

⑩ 根据 CL 1，133，这里可能指的是路德于 1510—1511 年冬拜访罗马。

赐予的。

第 67 条

蛊惑人心者声嘶力竭地鼓吹其赎罪券是最大的恩典，实际上应被理解为作为他们的牟利工具而言。

赎罪券贩子厚颜无耻的无知，使他们胆敢把价值最小的称为最大的；于是，对这些事情的评断，以及正确理解赎罪券的能力，就留给了众人。其结果是，人们错误地认为，一旦购买赎罪券就获得了上帝的恩典。因为赎罪券贩子把价值最小的称为最大的，所以他们自己对赎罪券不予说明，免得自相矛盾，或被发现是骗子。

第 68 条

然而，同上帝的恩典和十字架的敬虔相比，这些恩典实在微不足道。

同上帝的恩典相比，事实上它们空空如也，毫无用处，因其效能恰恰与上帝的恩典相反。然而，正如我已指出的，为了懒汉和庸人的缘故，姑且容忍它们。

第 69 条

主教及其助理一定会毕恭毕敬地接待售卖赎罪券的教宗代表。

其所以这样，是因为人们必须事事尊重教宗的权威。"抗拒掌权的就是抗拒上帝的命，抗拒的必自取刑罚。"［罗 13:2］主自己也说："弃绝你们的就是弃绝我。"［路 10:16］所以，人们在小事上也要像在大事上那样尊重权威。这样一来，即使教宗的裁决不公正，也要受到尊重。

如查理大帝所说："凡所施加的，无论多难，均得执行。"[103] 经验使我们看到，这正是教会里发生的事情。这的确是高压和无限沉重的负担，然而人们却默默地承受它们，又敬虔又谦卑。

但是，这句话不应被理解为使人产生了一种虚假的良心，好像这些不公正的裁决其所以应受尊重，是因为被要求尊重它们的人必须承认其公正。教宗本人下了这样的谕令：有些人应被教会捆绑，虽然在上帝看来不是捆绑；所以教宗就强迫他们对其加以忍受。不过，这种捆绑对他们并无害处，因为只是一种惩罚，所以应被尊重。但是，它却不应导致良心的疑虑。由于同样的原因，我们对其他任何暴力的行为，以及在世俗领域，也应尊重上帝，不要傲慢地抗拒。我们同样要背负重压，并非因为它们施加于我们的是公正的，我们必须承受；而是由于它们是上帝施加的惩罚之鞭，必须谦恭地予以承受。因此，不公正的谕令和重压之所以应受尊重，并非因为"凡你在地上所捆绑的，在天上也要捆绑"[太 16:19] 这句话，而是那条一般的吩咐："你同告你的对头还在路上，就赶紧与他和息"[太 5:25]，以及这段经文："有人打你的右脸，连左脸也转过来由他打。"[太 5:39]《罗马书》12 [:19] 也说："不要自己伸冤"，等等。假若这只是忠告（因为许多神学家看来都犯错），那么借这种同样的自由，当教宗把重担与不公正的谕令强加于人的时候，抗拒他便像抗拒土耳其人或其他敌人那样，是允许的。但人不应当抗拒任何人，即使不赞成他的行为。这样，人就不会违背自己的良心。不过，这个问题极为重要，需要更多的时间另行讨论。

第 70 条

但他们更要耳聪目明，防止这些人只顾宣扬个人美梦，而将教宗的重要托付搁置一边。

法学家定立了一个很好的规矩，即在教宗颁发的一切特许权中，他

---

[103] 查理大帝（Emperor Charles），即查理曼（Charles the Great/Charlemagne）。

不得危害他人，除非他明确指出了这一点，或者出于成全其权柄的目的，如罗马教廷的习俗和发言的方式所示。所以很可能当一个人发放赎罪券时，他只希望人们把它们看作赎罪券而已，不要超越其本身所拥有的功能。但教宗却不允许它们仅仅发挥其本身的效能，满足于批准发放。而无论在什么地方，他都没有说明其具体效用。这正是教宗所托付的。可是，赎罪券兜售者走得更远。他们不仅在自己的圣坛前吹嘘自己就是教宗（尽管人们正确地把他们视为"杨树的小种子"[104]），而且把教宗与教会的职权也同教宗的名号硬扯在一起。他们竭力使我们相信他们似乎来自于天上，并放肆地夸大赎罪券实际的和可能的效用，说他们最新出版的一本书就能证明这一点。[105] 故此，主教们有责任禁绝他们的这些妄想，以免他们让狼钻进基督的羊群。《论补赎与赦免》（"从此"）第五卷明确提出了这种要求。[106] 克莱门特在同一书以"滥用"为标题的一章里也下过这样的指令。[107] 所以，主教只应当允许这些赎罪券贩子宣扬授权书里包含的内容。

第 71 条

让那些对教宗赎罪券的真相提出异议的人受谴责和诅咒吧；

尽管与上帝的恩典相比，同赎罪券贩子们的狂叫加以对照，发放赎罪券是一件小事。但是，大声反对这件事的人也是傲慢地干犯了［教宗的］权威，理应受到谴责，因为教士对教宗的服从如此受人尊崇，以致在较小的事务上他应放弃个人感情，以示谦卑。赎罪券的真相无论怎样，迄今已进行了充分的讨论，但仍有待教会作出决定。无论有关赎罪券的最后决议如何，显而易见，它们只是对世俗惩罚的赦免。如我所言，赦免惩罚是教会所能给予的相对廉价之恩惠，特别是将它们授予那

---

[104] 对 *papae*（教宗）和 *pappi*（像雪片似的在空中飘动的小种子）的文字游戏。
[105] 美因茨大主教的《简明指示》；参见前注[57]。
[106] 同上。
[107] 同上。

些罪得赦免的人更是这样。在圣福音之后，赦免罪咎是最大的恩赐，而我的对手却对此一无所知，很少关注。

第72条

但是，那些防范赎罪券兜售者的贪婪与许可的人理应蒙福；

因为当今基督的寡妇[108]——圣教会——已达至这样的情景：任何人都可以被允许任意妄为，对经院神学家来说尤其是这样。在他们中间竟能找到这样的人，他们谴责别人的正确观点，却没有其他理由，仅仅因为这些观点不是出自他们自己的缘故。然而，他们却被允许坚持认为上帝也在犯罪、上帝是罪与恶的根源，以及许多其他主张。假如一位诗人或（所谓的）演说者，又或希腊文、拉丁文、希伯来文学者讲了这样的话，那他就会被定为最邪恶的异端分子。但他们反倒危害更大。如果基督徒为土耳其人提供武器，或拦路抢劫赴罗马的朝圣者，或伪造教宗公文，那么这些罪恶如此之大，以致从来都没有人获准对任何一桩这样严重的违法行为加以赦免，哪怕那人可以获得充分的最高总赦赎罪券。而教宗却将这样的权柄留给了自己。教会一度把这些事情看得如此神圣，当上帝的诫命开始被履行时，它要用最严厉的惩罚来处置最小的过犯。因为那时候，教会里还没有出现莱尔纳[109]或买卖圣职的可怕深渊[110]、贪欲、浮华、谋杀和其他令人憎恨的诸般恶行。

既然这些过犯受到如此严惩，那么我们认为对下述这种人又该如何严惩呢：他们把武器不是提供给土耳其人，而是魔鬼；他们供给的不是别的武器，而是我们的上帝之道。他们用自己的狂想来玷污真道，如以

[108] 《启示录》21:2 把教会描述为基督的新娘。路德以此为思想背景，把脱离基督的教会描述为寡妇。

[109] 莱尔纳（Lerna）指的是莱尔纳的九头蛇（Hudra of Lerna），住在阿尔戈斯（Argos）附近的森林沼泽地莱尔纳。赫拉克勒斯（Hercules）在伊俄拉俄斯（Iolaus）的帮助下最终杀死了它，并使沼泽干涸。

[110] 参见前注[68]。

赛亚常说的，把它熔化，铸成他们所要拜的偶像［赛 40:19］。所以，福音之道再也不是引导灵魂皈依上帝的工具，反而堕落为虚假的观念。然而，这样的亵渎行为却受到普遍纵容，以致若有人认为，它们不能算为善与至高的功德，那他便会被视为最邪恶的人。圣耶柔米也曾经悲叹道，圣经向所有的人开启，不是为学习，倒是为了被撕毁。[11] 所以，若阻止人去罗马便是犯了如此大罪，那么不仅借其为人不齿的教导，而且以其腐败的作为阻挡人们进入天堂，这样的人又该当何罪呢？那些没有违背教宗公文，但却亵渎上帝之圣经的人又该将走向何方呢？他们"把知识的钥匙夺了去，自己不进去，正要进去的人你们也阻挡他们"［路 11:52］。难道这些令人憎恶之事不比在濯足星期四所宣判的和为那个日子所保留的罪恶还要更大更重吗？[12] 那些罪恶只应在天上宣判，并且永不得赦免。

所以，努力洁净圣经，将其从经院神学家的主张与人的推理的深渊里导向特有的大光，这样的人理应蒙福。这些话几乎使我们在教义上成了伯拉纠派，方法上成了多纳徒派，我在别处会有更多对此的讨论。

第 73 条

正如教宗对有损于售卖赎罪券之人大发雷霆，乃是理所当然的。

我再次重述以前说过的话（不管教宗的个人意图如何），人们应当谦卑地屈服于钥匙职，亲切地看待它，不要粗暴地反对它。不论其使用的正当与否，钥匙职都出于上帝的权柄，应当受到甚至比上帝的其他事工更多的尊重。

---

⑪ *MPL* 22，544，epist. LIII："只有释经术受到大家的推崇：诸如多嘴的老妇、虚弱的耄老和啰嗦的诡辩家等。简言之，所有的人都擅自为之，他们不学而为人师，所以不晉将圣经撕成碎片。"

⑫ 教宗乌尔班五世（Urban V）于 1363 年发布的谕令《在主桌前》（*In Coena Domini*），在每年的濯足星期四，即圣餐设立日要当众宣读。关于其他事务，该谕令还强烈谴责阻挠食物从陆上或海上运往罗马的强盗，以及那些试图以抢劫的方式阻止把教宗在托尔法（Tolfa）矿场的铝运往罗马的人。参考 *MA*³ 1，514。

第 74 条

但是，他对那些以赎罪券为幌子、实为破坏圣爱与圣道的人大发雷霆，就更天经地义。

无论钥匙职应该受到多么大的尊重，我们都不应这样怯懦，竟然对其滥用也不予谴责或抗拒。所有圣徒都同样支持和尊重世俗权力，使徒也曾称其为上帝的权柄〔罗 13：1—7〕，甚至在他们遭受这种权柄的刑罚和折磨时也是这样。但是，他们又始终反对这种权柄的滥用。由于掌权的只是用这权柄逼迫他们，所以早期基督徒并不支持这种权威，并只将自己交付反对恶行的良心，并借死亡来见证和表明自己的无辜。正如圣彼得所言，"你们中间却不可有人因为杀人、偷窃、作恶、好管闲事而受苦"〔彼前 4：15〕，所以，假如教会或教宗毫无理由地剥夺任何一位信徒参加圣徒的团契，他应当服从这个决定，不应指责这权威。但是，他却不应尊重它达到这样的程度，以至于称许这种行为，好像它是善行一般，他反倒要因被革除教籍而死。因为他被革除教籍仅仅是钥匙职的错用，如果他因想得到宽恕而赞成这种错误，那么他自己的错误就要更严重了。他应当尊重和容忍钥匙职，但不应赞许谬误。

那些如此鼓吹赎罪券，以致试图使它们看起来是蒙上帝悦纳的，这样的人应被革除教籍，因为他们的行为抗拒真道与爱，而只有在它们之中才存在恩典。取消赎罪券要比在百姓中散布这些观念好得多，因为没有赎罪券我们照样可以作基督徒，而持有这些观念却只能是异端分子。教宗肯定相信或希望民众之间首先应当有相互的爱与怜悯，上帝的其他诫命便会在这种氛围里兴旺发达，所以他才批准了赎罪券。但他却被蒙骗了，因为在我们中间，爱、怜悯和信心几乎消失，只是尚未冷却而已。如果教宗过去得知这件事，他一定会取缔赎罪券，让人们首先能够回到相爱中来。所以我呼吁主耶稣为我作证：大部分（有人认为全部）民众都不知道爱的行为优于赎罪券。相反，他们相信，无论做什么事都不如购买赎罪券。民众中没有忠信的教师纠正他们这异端和有危害的观念，只有那些赎罪券兜销者声嘶力竭地拼命鼓动他们。

第 75 条

认为教宗的赎罪券如此伟大，以致能够赦免那做了不可思议的坏事且侵犯了圣母的人，这是疯话。

我被迫称持有这种观点的人是傻子，并且请求圣母宽恕，只因我的言行思想均是被迫为之，非这样说不可。我不知道什么样的恶魔之力竟然促使人们到处散布这种有关教宗赎罪券的谣言，也不知他们是否这样讲过，抑或他们不过这样理解而已。的确，即使许多人，甚至许多知名人士坚持认为很多地方都在鼓吹这一观点，但我个人对此仍是怀疑，而不相信，并且认为他们一定听错了。所以在本论纲中，我不愿斥责任何对民众高谈阔论的人，而只是告诫那些开始把人们实际上可能并没有讲过的话当作专家意见的人。除非我自己被说服，否则他们是否讲过这样的话根本不是我所关注的。然而，这个最可鄙的观点无论出现在哪里，都必须被厌恶和谴责。人们持有这一观点并不奇怪，因为他们听说，为了扩大赎罪券所赐予的恩惠，重大和可怕的罪也被说成只有轻微的后果。

真正的福音传道是尽力夸大罪恶，以便使人产生对上帝的敬畏和适当的悔改。最终，为了最无意义的对惩罚之赦免和对赎罪券的吹捧，竟不惜拼命叫嚣，大肆夸张；而为了最有益的十字架之智慧却不愿开口，这究竟有什么好处呢？对这些已经习惯于仅按宣讲时的手势和场面来评价上帝之道的普通人，它怎么不造成危害呢？对福音的阐述毫无热情，而对赎罪券的宣传又伴随着最豪华的场面。这样做的结果是，必然使人们对福音一无所望，对赎罪券却事事有求。

既然他们胆敢大呼大叫说，杀人、抢劫、各种贪欲，以及对圣母马利亚和上帝的亵渎均无关紧要，赎罪券都能予以赦免；那么，他们对《在主桌前》这个谕令中保留的更小的罪过却没有同样地大声宣布可以赦免，这难道不令人感到惊异吗？"教宗没有赦免它们。"所以要谨慎观察，教宗对比这严重得多的罪过，是否或者至少艰难地予以赦免。

第 76 条

相反，就罪咎而论，我们认为教宗的赎罪券连最轻微的可宽赦的罪也不能免除。

如果不是要让在前面的论纲中所表达的这个观点令人生厌，我不会做出这种软弱无力的陈述。但是，显然只有上帝才能赦免罪咎。所以教会权柄不能免除重罪，只能宣布这些罪及对其惩罚已蒙赦免。我是根据他们的解释这样说的，而我自己的观点在上面已阐述得很清楚了。但在这里我还要对可宽赦的罪多说几句，因为今天他们遭到极度轻视，根本不被看作是罪。而且我还担心，许多人会走向巨大的毁灭，因为他们在罪中却安然打鼾，高枕无忧，丝毫没有意识到自己实际上已经犯了大罪。我必须承认，只要阅读经院哲学教师们的著作，我就从来没有真地了解可宽赦的罪是什么，或是多大的过犯。我不知道他们自己究竟是否明白。不过我还是要简述一下自己的看法：人若不经常怀着犯了大罪的惧怕心理行事，就绝对不能得救。因为经上说："主啊，求你不要审问仆人。"［诗 143:2］不仅是他们今天惯称的可宽赦的罪，甚至善功，都经受不起上帝的审判，因为二者都需要上帝仁慈的怜恤。经上没有说"不要审问你的敌人"，而是说"服侍你的儿子"。所以敬畏教我们渴盼上帝的怜悯，对之怀着信心。缺乏信心，人便会相信自己的良心过于相信上帝的仁慈，乃至犯了大罪也毫不觉察。这样的人将遭受可怕的审判。

第 77 条

如果说圣彼得成了现在的教宗，也不能赐予更大的恩典，这便是对圣彼得和教宗的亵渎。

第78条

相反，我们认为当今的教宗，或任何其他教宗，都有可供自己支配的更大恩典，即福音、属灵权柄、医治的恩赐等，如《哥林多前书》12〔:28〕所记。

因为拥有这些恩赐的教会人士都在教宗治下，顺服于他，所以即使教宗个人不拥有这些恩赐，他也能够随处施行它们。因此我无须说，《在主桌前》谕令中的案例尚未被废除。假如教宗把钦定的一切宽恕白白地赐予有需求的基督徒，那么他会变得更加仁慈。假如他免除一切教会法规的重担，他就恢复了基督子民的自由，摧毁了有职分者的暴虐和买卖圣职的罪。但是，他或许并没有这样做的权柄，"因为仇敌已经得胜"，"先前在诸省中为王后的，现在成为进贡的"〔哀1:1〕。如果我们配得这种自由，那么，"耶和华的右手〔会〕施展大能"〔诗118:16〕。

第79条

认为赎罪券兜售者所竖立、饰以教宗盾徽的十字架与基督的十字架具有同等功效，便是亵渎。

谁看不出这些人是何等地厚颜无耻呢？连这些事都敢做的人还有什么事不敢为呢？用基督宝血救赎的灵魂该不该托付给这样的人呢？基督的十字架摧毁罪恶，把生命赐予全体世人。另一方面，饰以教宗盾徽的十字架则对某些惩罚给予宣赦。那么，据此就应把永恒之罚与世俗之罚相提并论吗？我为何要追随这种传讲所带来的一切可恶的事情呢？因为对这种论调的到处宣扬甚至连天国也难以容忍。

第 80 条

听任这种谬论流传于民间的主教、助理神父和神学家，必须为此问责。

人们惧怕教会的权力，因而担心今日对抗罗马圣座的罪行与过犯会受到双刃剑的惩罚。但人们为什么一定要因此而保持沉默呢？"那杀身体，不能杀灵魂的，不要怕他们。"[太 10∶28]"凡在人面前认我的，我在我天上的父面前也必认他。"[太 10∶32] 所以我急于知道究竟是谁发明了这两剑论∶[⑬] 一方面指属灵之剑——但若根据使徒保罗的"圣灵的宝剑，就是上帝之道"[弗 6∶17] 的说法，它便不是属灵之剑；另一方面，它指的是世俗之剑。两剑论的运用，旨在使教宗看起来好像拥有双重权力，不是我们慈爱的父，却似乎是个大暴君，我们在他身上看到的只是权力。

这是对坚决禁止教士佩带武器的教宗谕令最正确的解释。[⑭] 人们现在可以看出，愤怒的上帝发现我们宁可将这把剑视为铁的，而不认为是圣灵和福音之剑，便按我们之意把想要的给予我们，不要的拿走。这是十分公正的。因为这样，世上便没有了比基督徒中间所发生的更为残酷的战争浩劫，圣经也就会很少像在基督徒中间那样遭到忽视。看哪，你们握有你们想要的剑。事实上，这种解释该遭痛斥。但我们犹如顽石，没有认出上帝的烈怒。我要问，为什么那些如此令人喜爱的机灵鬼，不同样借其聪明智慧用两剑论来解释这两把钥匙∶一把供应世上的财富，一把供应天上的财富？第二把钥匙的意义很清楚。因为正如赎罪券的煽动者所说，这把钥匙持续地打开天门，让基督的财宝倾泻下来。至于第一把钥匙的意义，人就看得不大清楚了。因为他知道主宰教会财富的挥霍者是何等贪婪。像对待天国的财富一样如此慷慨无度地浪费世人的财

⑬ 其实是指彼得·达弥盎（Peter Damiani, 1007？—1072/1073 年）。
⑭ *Decretalium D. Gregorii Papae IX* iii. tit. I, cap. 2，参见 *CIC* II, col. 449。

富，对基督的教会和遗产并无益处。所以，第一把钥匙应是知识之钥。如果再加上一句，人们会像使徒那样说："第一把剑是知识之剑。""虽然如此，耶和华的怒气仍未转消；他的手仍伸不缩。"[赛 9:21]他的手伸出，因为要进入我们受教的圣经思想是非常困难的。如使徒在圣经中所言："将各样的计谋，各样拦阻人认识上帝的那些自高之事，一概攻破了。"[林后 10:5]

一条走出困境的捷径吸引了我们，但不是摆脱这些异端思潮和谬误，而是烧死异端分子和犯错之人。我们在此遵照了加图有关破坏迦太基的建议，而不是西庇阿的意见。⑮ 我们这样做悖逆了圣灵的旨意，因为经上写道，迦南人和耶布斯人应留在应许之地，为的是让以色列的子民学习争战，培养战斗的习气[士 3:1—6]。假如圣耶柔米没有欺骗我的话，我认为这节经文象征性地阐明了同异教徒的斗争。⑯

然而，使徒保罗当然值得信任，他说："在你们中间不免有分门结党的事。"[林前 11:19]但我们的回应却是，根本没有；异端分子一定要被烧死，于是，树与果子也连根拔除了；事实上，稗子却与麦子在一起 [参考太 13:28—29]。我们对此有何说法呢？我们只能含泪对主说："耶和华啊，你是公义的；你的判语也是正直的！"[诗 119:137]难道我们还配得别的什么报应吗？我之所以谈起这些事，为的是比加得派（我们的邻舍与异端），这些不幸之人——他们像法利赛人在税吏面前只是自夸且对他毫无同情之心那样 [路 18:11]，在罗马的恶臭中沾沾自喜——是的，我提及这些事，以使比加得派不要以为我们不了解自己的恶行与缺陷，在我们对这些事情保持沉默、甚至赞许的情况下，不会因我们的不幸而过分得意。

我们知道自己的状况，并为此而哀叹。但我们不像异教徒那样逃之夭夭，丢下那半死之人 [路 10:30]，仿佛我们担心别人的罪会玷辱自己

---

⑮ 这里指，老加图（Marcus Porcius Cato，公元前 234 年—前 149 年）主张要毁灭迦太基，而大西庇阿（Publius Cornelius Scipio Africanus，公元前 236/235 年—前 183 年）则主张消灭其敌对政府后，保留其国家。

⑯ MPL 22，546，epist. LIII："在《士师记》里所提到的国王正如寓言那样多。"

似的。异端因这愚蠢的担心而如此惧怕，竟然无耻地自夸道，⑰他们逃
离的目的是避免污染。他们的爱是多么博大啊！然而，不论教会的行事
多么恶劣，我们却总是忠诚地同它站在一起，流着眼泪、祷告、劝诫和
乞求，急切地支援它。因为爱心要我们"各人的重担要互相担当"［加
6:2］，不要像异端的爱那样，只想占别人的便宜，维护自己，而不愿忍
受他人的罪所带来的危害。假若基督和他的门徒也想那样做，还有谁能
够得救呢？

第 81 条

对赎罪券的肆意鼓吹，甚至使那些有识之士也难于维护教宗应有的
尊严，使其免受中伤和平信徒的尖锐问题。

即使我的朋友们因我长期以来未用大公教会的观念来解释基督的教
会和圣经，把我称为异端、不敬虔和亵渎上帝之人，但我还是凭自己的
良心，认为他们自欺欺人，而我则维护了基督的教会及其声誉。然而，
"我虽不觉得自己有错，但判断我的乃是主"［参考林前 4:4］。所以，我
被迫坚持所有这些主张，因我看到有些人受到错误观念的感染，另一些
则在酒馆里取笑他们，并公开嘲弄教会的圣职人员。这一切都来源于赎
罪券鼓吹者过度的厚颜无耻。人们不应当进一步鼓动平信徒仇恨圣职人
员，因为即使我们多年来的贪婪与最可耻的举动曾经激怒他们，他们仍
然尊重圣职人员（唉，当然是因惧怕惩罚的缘故）。

第 82 条

例如，"既然教宗为了修筑教堂筹集少得可怜的钱而解救了无数灵
魂，那么，他何以不为神圣之爱和那里灵魂的迫切需要，索性使所有灵
魂统统得解脱，而将炼狱清空呢？何况后者的理由至为公义，前者的则

---

⑰ CL 1，143，作 *surgere*（兴起），而不是 *fugere*（逃离）。

微不足道。"

并非教宗，而是圣座的司库人员挑起了这个争端。正如我以前所说，没有在什么地方可以发现教宗有关这个问题的谕令。所以，挑起这个争端的人应当作出解答。我自己会用一句话来回答所有这些问题，只要能给教宗带来荣誉。这句话就是，从来没有谁告知人们有关这个问题的真相，所以便经常发生这样的事：当他们被灌输以错误观念时，他们唯有屈从而已。

第 83 条

又如，"既然为已被救赎者祈祷是错误的，那么，为何还要为死者继续举行安息弥撒和周年弥撒？教宗为何不退还或允许提取为死者设立的捐款呢？"

我知道许多人同我一样，对这个问题已经厌倦，尽管我们多次斟酌这个问题，却苦于徒劳一场，找不到答案。我们也曾说过，如果灵魂从炼狱飞入了天堂，那么在婴孩死亡时为其所做的弥撒就是赞美上帝。大家都试图对这个问题作出不同的回答，但无一令人满意。最终我开始研讨它，否认他们的说法是真实的，以便这样能从比我博学的人⑪那里汲取可以给平信徒的答案。

第 84 条

又如，"为了钱的缘故，他们竟然准许一个邪恶的、与上帝和教宗为敌的人，来赎买炼狱中敬虔的、与上帝友好的灵魂，却不愿出于高尚的爱心，应虔敬和可爱之灵魂的需要而这样做。这算是什么样的对上帝与教宗的新式敬虔？"

---

⑪ CL 1，144，作 *doctoribus*。英译本编者依据 *WA* 1，626，作 *doctioribus*。

第 85 条

又如，"补赎法规实际上早已废弃失效，现在为什么又以发放赎罪券的方式加以实施，好像它一直持续到今天，并且依然有效？"

第 86 条

又如，"教宗为当今首富，古代最大的富豪克拉苏也望尘莫及。那么，他为何不用自己的钱，而要用可怜信众的钱来建造圣彼得教堂呢？"

我认为，在这个问题及其他类似的问题上，我们不应论断教宗的意图，即使偶尔不当，如我从前说过的，我们也唯有忍耐而已。但是，应当提醒他和赎罪券鼓吹者，不要使人像祭司以利那样公开宣扬，因他儿子"他们使人厌弃给耶和华献祭"［撒上 2:17］。然而，如果教宗有意把从穷人那里榨取的所有金钱用来建造圣彼得大教堂，而不要让那些人试图滥用他的旨意谋取私利，那么就没有必要用文告形式制止人们对这件工程说东道西了。愿上帝容让我在这件事上说谎，因为这种敲诈金钱之事不会持续多久了。

第 87 条

又如，"完全悔改的人已经有权获得总赦和祝福。对这样的人教宗还能赦免和赐予什么呢？"

之所以会出现这个问题，是因为许多人，甚至包括法学家在内，都说他们不知道借钥匙职到底能够赦免什么样的罪咎。对此我在前面已经阐明了自己的看法。

第 88 条

又如，"教宗若将这些赦免和祝福赐予信徒，不像现在每天一次，而是每天一百次，那么，教会所得的福祉还有比这更大的吗？"

关于这一点，人们听到了许多最为稀奇之事。有人设想赎罪券增加了公共宝库的财富。所以当一个人每天在罗马获得七次总赦，那他就能够相应地得到更多的恩惠。这些人自相矛盾，因为在他们看来，赎罪券是宝藏的支出，不是收入。此外，另一些人则认为，罪的赦免是分成许多部分先后持续进行的，直至永远，就像木头被分成更多的能够再分的碎片那样。所以，罪得赦免后，尽管变得愈来愈小，但却仍然可赦，永无穷尽。坦言之，我对此无言以对。

第 89 条

"既然教宗颁发赎罪券的目的是解救灵魂，而不是金钱，并且，之前的赎罪券和赦免与现在的一样有效，那么为什么又要将之前的暂停呢？"

这是令我最不快和最伤脑筋的一件事。坦率地说，将从前的赎罪券与赦免加以终止，在很大程度上是赎罪券变得无用的唯一原因。我不否认，对教宗的一切所作所为都必须容忍。但使我痛心的是，我无法证明他所做的是最好的。尽管假如我要讨论教宗的意图，而不涉及他那些谋利的雇员，那我就会简明而有把握地说，人们肯定认为他是最优秀之人。教会需要进行改革，此非一人，即教宗所能为之；亦非多人，即枢机主教们能够完成。最近的大公会议也证明了这一点。[119] 所以，这是整

---

[119] 第五次拉特兰公会议（Fifth Council of the Lateran, 1512—1517 年），断断续续在罗马共召开了 12 期会议。

个世界的工作,事实上唯有上帝才能予以成全。也唯有创造时间的上帝知道改革教会的时间。与此同时,我们难以否认这些如此明显的错误。钥匙职遭到了滥用,受制于贪婪与野心。激愤的地狱又添新怒,我们无法制止。"我们的罪孽……作见证告我们"[耶 14:7],各人的话语是他自己的担子[参考加 6:5]。

第 90 条

对平信徒这些尖刻的疑虑不晓之以理,而只是压制,会使教会与教宗遭仇敌耻笑,并令基督徒感到不快。

人若受制于恐惧,便会滋生更大的罪恶。较为恰当的做法应是训导人们明晓上帝的烈怒,为教会祷告,抱着对未来改革的希望经受这些试炼;而不要试图强迫人把明显的罪恶视为德行,从而引起更大的罪恶。如果我们不该受折磨,上帝便不会只让人来主宰他的教会,反而会把合他心意的牧人交给我们[耶 3:15]。那牧人给我们的绝不是赎罪券,而是按时分粮给他们[路 12:42]。不过,即使现在有了好牧人,他们也难以顺利地履行职责,因为上帝的盛怒何其暴烈啊。

第 91 条

如果赎罪券是按照教宗的精神与旨意进行宣传的,所有这些疑虑都会迎刃而解。事实上,它们根本就不会出现。

为什么会这样呢?即是说,如果赎罪券原本只是赦免惩罚,不值得称道,并且被视为次于好行为,那就根本不会对它们产生任何焦虑不安和怀疑了。现在,由于它们被过分看重,从而引起使它们自己受贬低的无法解答的问题。因为教宗的意图只能是,赎罪券仅仅是赎罪券而已。

第 92 条

向基督子民宣扬"平安了，平安了"的所有先知，统统走开，其实没有平安！[耶 6:14]

第 93 条

所有向基督子民宣扬"十字架，十字架"的先知该受祝福，其实没有十字架！

第 94 条

应当勉励基督徒努力跟从元首基督，经历刑罚、死亡和地狱；

第 95 条

所以要确信，进入天国必须经历许多艰难，而非借着虚假的平安[徒 14:22]。

上述有关十字架与惩罚的论证已经十分充分，可惜今天，人们已经很难听到这样的讲道了。

致真诚而博学的读者

我博学而富有才华的读者，千万不要以为这些文字之所以为你们而出版（这个提示为何必要呢？），仿佛是我担心这些内容对你们来说，会看来既雄辩又富有韵律。你们可以根据自己的爱好阅读别的书籍，而我却有必要与我的同行一起，讨论我们共有的那些粗俗和野蛮的问题。所以它取悦上天。如果我没有看到我的朋友们如此疯狂地利用教宗的权威来恐吓我，我本来是不敢因自己的这些见解而呼求教宗之名的。另一个原因是教宗的职责应使"无论是希腊人、化外人、聪明人、愚拙人，……都欠他的债"［罗 1:14］。

再会！

公元 1518 年

（翻译：雷雨田　编辑：丘恩处）

奥格斯堡会晤纪要 *

（1518 年）

导　　言

由于十六世纪通讯条件有限，路德《〈九十五条论纲〉的解释》以及致教宗利奥十世谦恭的附信尚未到达罗马，教廷已于数月前作出决定开除他的教籍。

1518 年 6 月，教宗利奥十世授权组成一个特别法庭，包括审计长（Auditor General）法学家耶柔米·金努奇（Jerome Ghinucci），以及教廷总管神学家塞尔维斯特·普列利亚（Sylvester Prierias），专门负责处理路德一案。该法庭以普列利亚对《九十五条论纲》的审查和一篇报告《答辩》（Dialogus）为基础，传讯路德到罗马受审。

参加奥格斯堡国会的教宗特使卡耶坦较早知道这些内情，然而路德在 8 月 7 日才看到普列利亚《答辩》一文。普列利亚属于道明会，其文宣称：普世教会就是罗马教会，由教宗和枢机主教们组成，他们的判断不会有错；凡不接受"信仰教廷无误、圣经都由此得着权威"的原则，便是异端。路德在回答普列利亚的文章中针锋相对地指出：普世教会公会议才代表基督教教会整体，唯有圣经才是无误的权威。他还反问：辩论还未确定为官方教理的神学问题，这种行为何以要被定为异端？

与此同时，路德的敌人伪造了一系列关于教宗禁令的论纲，并以路德的名义发表，还对罗马教廷的腐败进行了猛烈抨击。路德得知这一消息后，立即发表了他《关于禁令的布道》（Sermon on the Ban，原来的布道显明为伪作），以传播他的真实观点。然而，损害已经造成，因为马克西米利安皇帝看到了伪作的副本，他给利奥十世写了一封信，敦促

---

* *Proceedings at Augsburg*，1518.

立即对路德采取行动。这封信和伪作促使教宗于 8 月 23 日向卡耶坦发出正式信函，命令他逮捕路德，如果他放弃观点，就赦免他，否则就用禁令和禁行圣事令（interdict）对付他和他的支持者。同一天，他写信给智者腓特烈，请求他帮助逮捕这个"灭亡之子"（son of perdition）。他还与奥古斯丁隐修会会长加布里埃尔·德拉·沃尔塔（Gabriel della Volta）一起计划让萨克森省的省长越过主教代理施道比茨逮捕路德，施道比茨当时仍与路德交好。

路德在接到前往罗马的传唤后，立即求助于当时正在参加奥格斯堡国会的智者腓特烈。当马克西米利安皇帝试图让出席会议的选举人同意选举他的孙子、西班牙的查理一世（Charles I）为继承人时，腓特烈意识到他可以利用这一形势为自己谋利。当他和特里尔的选举人没有被说服遵从皇帝的计划时，利奥十世变得特别友好，因为他担心查理的当选会打破欧洲的权力平衡，并对他在意大利的领土构成威胁。因此，腓特烈向卡耶坦提议，让路德在德意志法庭上接受公正的审讯。卡耶坦反对说，他愿意给路德一个公正的、"慈父般的"听证会，腓特烈随即同意了。卡耶坦还写信给教宗，鉴于当时的政治环境，请求采取更加缓和的程序。利奥十世同意举行听证会，但他在 9 月 11 日的公告中指示卡耶坦不要与路德发生争执。为了保险起见，腓特烈采取了措施，为路德取得了帝国的安全通行证。

路德于 10 月 7 日抵达奥格斯堡，但直到收到帝国的安全通行证后才出现在卡耶坦面前。他恭恭敬敬地走到枢机主教面前，卡耶坦以慈父般的态度接待了他。但在第一天的会晤中，卡耶坦显然无法就路德可能犯下的任何错误对他进行指导，而路德也不会违背良心放弃观点。卡耶坦越是坚持教宗的无误性，路德就越是依赖圣经的权威；卡耶坦越是辩称圣礼的恩典是在没有信心的情况下授予的，路德就越是强调他"十架神学"的重要性，而且他还相信他的教义与教父和教会法规是一致的。

第二天，见证人施道比茨和四位帝国顾问陪同路德来到卡耶坦面前。路德仍然坚信自己的观点不是异端，而公开听证会可以澄清所有误解，因此他要求举行听证会。枢机主教无法同意，并恳求路德不要如此固执。于是，路德坚持要准备一份书面声明，回答卡耶坦对他的著作提出的反对意见，并提交给巴塞尔、弗莱堡、鲁汶或巴黎各大学的神学家，征求他们的意见。

第三天，路德在智者腓特烈的两名律师的陪同下递交了这份书面声明，他在声明中再次断言教宗可能犯错，而且确实犯过错，教会大公会议的地位高于教宗，没有信心的圣礼不会给领受者带来恩典，因信称义的教义得到了圣经中许多经文的支持。尽管卡耶坦同意将这份声明连同反驳意见一并送交教宗，但它还是激怒了他，以至于他有些失控，要求路德撤销观点或永远不再出现在他的面前。

在施道比茨的建议下，路德给卡耶坦写了一封道歉信，为自己在争论激烈时的无礼言辞道歉。他承诺今后不再讨论赎罪券问题，条件是他的反对者也这样做，他还同意废除任何被证明是错误的教义，并宣布他将直接向利奥十世上诉。当施道比茨听到大意为卡耶坦计划逮捕路德和他的谣言时，他免除了路德的修道誓言，没有向枢机主教道别就离开了奥格斯堡。第二天，路德又给卡耶坦写了一封信，说他留在奥格斯堡没有意义，并向他道别。当他没有收到回信时，他的顾问们劝他离开这座城市。在离开前的 10 月 20 日，他对利奥十世呼吁："希望他能更好地了解情况。"

10 月 31 日回到维滕堡后，路德决定出版《奥格斯堡会晤纪要》，拉丁文书名为 *Acta Augustana*。智者腓特烈出于政治原因试图阻止其出版，但为时已晚。为了尊重选帝侯，路德"反省"教宗谕令的第一段文字在已印刷的书本中被涂黑。这一段反映了路德根据口头报告认为阿斯科利的耶柔米（Jerome of Ascoli）主教和卡耶坦伪造了教宗谕令。这篇文章在 1518 年 11 月 25 日出版时，腓特烈正在与卡耶坦就路德的问题进行严肃的谈判。

该文原为拉丁文，收集在魏玛版《路德全集》（第 2 卷）。德文译文收集于圣路易斯版《路德文集》（第 15 卷）。奥格斯堡会晤的相关细节参见欧内斯特·G. 施维伯特（Ernest G. Schwiebert）的著作《路德与他的时代》（*Luther and His Times*）。

*　　*　　*

奥古斯丁修会的马丁·路德修士
在奥格斯堡与使徒特使会晤的应措

善良的读者，原谅我经常以小事麻烦诸位。我十分勉强地做了这事，再次乞求你们能体谅我当时的危险处境。令人感到欣慰的是，我竟成了人们谈论的对象。但毫无疑问，我应坦白地道出会晤的实况，这不仅为了主，也为了那些长有虔诚双耳的人。可惜有些人的耳朵虽然听不进最使公众满意的、最恳切的真理，但却能以他们的思想、嘴巴和笔，表现出一种近乎疯狂的不敬虔。[①] 长期以来，他们就折磨约翰·罗伊希林，挖苦他是"隐秘的咨议员"；现在他们又指责我是一个好寻根问底的诡辩家（我当然也可以这样自称）。可见他们是既不容忠告、又不容辩论的。既然他们能像野兽一样伤害私下的忠告者和公开的教导者，为什么不能设想，他们会在不愉快的安逸之时，逐步把灾祸转到那些具有梦想和思想的凡人呢？因为他们是不容任何在其牙齿底下的人安然偷生的。哎呀，天哪！渴望教导或者追求真理，竟然都成了新的、显著的罪行，而且这种事就发生在真理的王国——教会之中；然而对所有企盼真理的人来说，这应该是一个真理可获得清楚解释的地方。不过，有关这事，我们将在另外的时间再行讨论。

我的读者，现在我就要如实地叙述这件事。虽然我在奥格斯堡浪费了许多时间，花费了不少钱财，劳而无获，但我却在那里看到许多流传的小册子，对我在那里的活动，散布了种种谣言。尽管如此，我能聆听到一种新的拉丁文言也颇感安慰。就算完成了一项事业吧！说白了，我从中领会到原来传讲真理与混乱教会是可以相提并论的；拍马奉迎、否认基督与维持教会安定、赞美基督也是同等重要的；如若你不掌握这种善辩的语言，即使你的辩才超过西塞罗（Cicero），你在罗马人的眼中，难免被当成一个野蛮者。同样在你的眼中，也尽是罗马野蛮人。所以，

---

① 路德在此是指他的对手们，尤其是那些道明会的经院哲学家。他们肆意攻击人文主义者约翰·罗伊希林，指责他反对焚烧犹太教的经典。

为了避免走极端，支持我事业的朋友，请不要极度高抬这一事业；同时我的论敌也请不要极度贬低它。我自己则希望将那些诽谤我的内容以及我的答复能悉数公诸于众。

事实可以作证，我的一言一行都符合、甚至超过对罗马教宗应有的忠诚与顺服。第一，我虽然羸弱贫困，但仍长途跋涉，并将自己置于十分危险的境地；我没有以所有人都可以接受的正当理由或堂皇的借口去逃避艰难。第二，我本有理由拒绝出现在那些人面前，因为他们从属于论敌一方。尽管如此，在我看来，这些所谓的朋友并非探求真理（可能这是我的个人偏见），而是专门制造麻烦和行恶，甚至准备好了陷阱，要将我置于毁灭的境地。同时他们似乎并不希望见到我，或者认为我会顽固地拒绝，不经听审，就要治罪于我，使他们轻而易举地取得隐蔽的胜利。从我所搜集的虽无意义的证据分析，他们起诉我的问题，直到我到达以前都尚未提出，甚至今天，我的著作还放在该亚法的房间里。[②] 他们正在那里寻找企图制裁我的假见证，可惜至今尚未找到。罗马教廷的新律法、新惯例正如我见到的才刚刚起步，即先把基督抓起来，再行起诉审判。然而，他们对我的两点指控，仅有一点含有起诉的根据。这就是我在声明中提到的《编外游移》（*Extravagante*）谕令。[③] 后面我将给诸位具体陈述。

由于这一原因，同时也由于我不忍心让卓越的亲王——萨克森公爵选帝侯腓特烈——为我而徒劳。（他仁慈地为我提供旅费和推荐信，并且事先进行斡旋，以保证在罗马以外来解决我引发的问题。）这样我才能抵达奥格斯堡。在此我受到了最尊贵的特使、枢机主教大人的接见。他对我显示了宽宏大量以及异乎寻常的器重；他毕竟是一位在各方面都与粗野的狼犬绝然不同的人，那些人专门在我辈修士之中追捕异类。他首先声明不与我辩论，并以长辈的身份息事宁人；然后说他受教宗

---

② 耶稣先是遭到无辜逮捕，然后被大祭司该亚法定罪，最后被钉上十字架。路德在此用历史上的事件比喻自己的处境。

③ 指 1343 年教宗克莱门特六世的《独生圣子》（*Unigenitus*）谕令。该谕令未被编入 *CIC* 的主要选辑中，仅作为附录，游移于教会法规之外，参见 Walther Köhler, *Dokumente Zum Ablassstreit* (Tübingen, 1934), pp. 19 - 21。

之命向我提议做三件事：第一，我必须恢复清醒的理智，收回现有的错误；第二，我必须答应行为检点，今后不再重犯；第三，放弃去做任何扰乱教会之事。我感到这三件事完全可以在维滕堡做，大可不必千辛万苦让我来到奥格斯堡寻求教宗的这种劝诫。所以我立即请示他的指教，希望他能指出我的错误所在，因为我确实没有意识到自己有何错误。然后他就引用克莱门特六世的那份以"独生圣子"开头的《编外游移》谕令，批评我的论纲第 58 条有悖于此项教谕。④ 因为我在这条论纲中宣称基督的功德宝库中不含有赎罪券的功德。他自信地权衡事态，并以必胜的态度命令我收回前言，因为他认定我没有见过那份教谕。而这可能是由于未必所有的教会法规书籍中都收录有那份《编外游移》谕令。

其次，他郑重指责我《〈九十五条论纲〉的解释》第 7 条的解释文；⑤ 我认为领受圣礼的人首先必须具有信心，否则就自领刑罚。由于他盼望这能被判为一个错误的新教义，所以他对我的解释提出了谴责。按照他的意见，每一位领受圣礼的人，心中并未肯定他是否能够领受恩典。这样，他便放胆地认定我已被他击败，特别当他的意大利同伴以及其他一些在场者都在发笑之时。按照那些人的习惯，甚至还发出了咯咯的笑声。

然后，我回答：我不仅认真地考查过克莱门特六世的教谕，而且还研究过仿效它的西克斯图斯四世的教谕。⑥（我的确阅读过这两个文件，发现它们的共同特点是烦琐冗长，充满似乎极为无知的内容；正由于它们有所谓的权威性，所以无疑会毁灭人们的信仰。）因为多种原因，我对《编外游移》谕令印象极为不佳，不仅怀疑它的真实性，而且怀疑它的权威性，特别是它竟敢以放肆的词句歪曲圣经（虽然按照他们的惯例应该接受其意义），使其逻辑难以令人接受，实际上其语句已背离了它应有的涵义。我的论纲第 7 条所遵循的圣经教导与该教谕的每点都形成明显的对照。暴露出它毫无任何圣经根据，只是自我炫耀，一再引用圣

---

④ 该条及所有其他的论纲条款，参见本卷《九十五条论纲》。
⑤ 参见本卷《〈九十五条论纲〉的解释》第 7 条；另参 *LW* 31，98。
⑥ 指 1477 年教宗谕令，参考 Köhler, *Dokumente Zum Ablassstreit*, pp. 39 - 40。

托马斯的言辞而已。

接着，他故意与我的论点背道而驰，大谈教宗权威，声称教宗权威高于一切大公会议、圣经，以及整个教会。为了劝服我同意他的这种观点以达到他的目的，他还特别提示我有关巴塞尔公会议被拒绝和解散的原因。⑦ 照他的意思，法国的格尔森与格尔森派应该被定罪。⑧ 虽然此中内情对我来说比较陌生，但我坚持否认教宗有凌驾于大公会议与圣经之上的特权，并且认为巴黎大学的诉求值得赞扬。⑨

此后，我们又将话题转移到会晤程序事先规定之外的话题上，互相交换了对补赎与恩典的理解。不料我的观点再次遭到否认；这是第二次对我的拒绝，使我感到极为伤悲。因为我从来没有想到、也根本没有担心过这一简单的教义也会成为问题。这样，我们几乎在所有问题上都没有达成共识。并且像事态通常发展那样，一波未平，一波又起，新矛盾迭次产生。我终于认识到，通过这种形式的辩论，除了提出新观点以外，任何分歧也弥合不了——的确，我们已经纠缠到教宗谕令这一症结之上了——特别由于他代表教宗，不愿表现出让步，我只好请求允许给我考虑的时间。

第二天，皇帝陛下的四位咨议员、与我一同到会的一位公证员，以及旁听的见证人都在现场，我当着众人面前，正式向最尊贵的特使大人宣读了如下书面声明：

> 首先，作为奥古斯丁修会修士，我，马丁·路德弟兄，公开声明，我的所有言行现在、过去和将来都会从爱心出发，并

---

⑦ 在 1431—1449 年的巴塞尔公会议（Council of Basel）上，承认了大公会议高于教宗权威，但却被教宗指责为异端。1516 年 1 月 14 日，第五次拉特兰公会议颁布了教宗对那次大会议程的正式判决——《永恒牧者》（Pastor Aeternus）谕令。这一日期仅早于路德谒见卡耶坦两年多时间。利奥十世教宗坚持：教宗高于大公会议，他完全具有召开、改变、解散这些会议的权柄。

⑧ 参考本卷《〈九十五条论纲〉的解释》注⑨。

⑨ 1516 年，利奥十世与法国弗朗西斯一世（Francis I）国王签订博洛尼亚协议（Concordat of Bologna），规定法王对法国教会的实际管辖权。但巴黎大学在 1518 年仍掀起抵制这一协议的运动，呼吁必须由大公会议作出正式决定。

服从神圣的罗马教会。如果我说过什么话有悖于此，或者今后出现了什么错误的话，我希望被认为是没有讲过这些。

最尊贵的卡耶坦枢机主教，受命于教宗，他对我上述有关赎罪券的观点，坚持提出三条，并敦促我务必做到：第一，立即恢复理智，收回自己的错误；第二，保证将来不再重犯；第三，必须承诺避免可能扰乱教会的一切事端。我认为，在这种形式的质询下，不能证明我要求辩论和探求真理的做法有什么错误，更不能在未经听审、未宣判定罪的情况下强令我撤回前言。今天我当众声明：我没有感到自己的言论在何处违背了圣经或者教父的教导，又是如何背离了教谕或其正确的涵义。我今天所讲的一切，是凭着自己的良知，是真诚而符合大公教会教义的。

诚然，作为一个人，我可能会犯错误，我已服从审判并再次服从审判。但我服从神圣的教会所作出的合法结论，服从所有资深学者以及比我更有资历的人士。此外，我还乐意，正如我所说过的，亲临其境，无论在此、还是其他地方，公开、明确地阐述自己的见解。但是，如果对这种做法，最尊贵的特使大人不乐意接受，我甚至做了准备，要以书面形式，对他反驳我而提出的观点作出答辩。然后等候帝国的高等学府——巴塞尔大学、弗赖堡大学、鲁汶大学等——从教义的原则上进行评判；为令他更加满意，也可以提请"欧洲大学之母"、基督教研究的权威中心、在神学上最卓著的巴黎大学来仲裁。

听了我的上述声明以后，他再次回到前一天讨论的事上（即拒绝与我辩论的事），对他来说似乎最为重要的一点，就是我必须收回前言。我只能表示沉默的抗议。为了缓解会谈气氛，他允诺我以书面作答的要求，同时再次傲气地摆出他信心十足之态。我也答应以书面形式回复他。然后就彼此分别。下面即是我答复的主要内容：

奥古斯丁修会马丁·路德修士
致最尊贵的圣西克斯图斯名誉枢机主教、
教宗特使、我教会中的父亲托马斯大人书⑩

我主基督里最尊贵的父亲，对于你昨日和前天所提出的问题，我不能拒绝回答，我也希望将我本人声明的每一条自由地申诉清楚。我想这封谦恭的信可以证明我的观点。尊座大人所反驳我的无外乎出于下列两宗事实。

首先，在我的论纲中，⑪似乎否定了克莱门特六世以"独生圣子"开头的教谕；而这个《编外游移》谕令明确表明：赎罪券的宝库与基督及众圣徒的功德一致。

我答复对此的反对理由如下。在我准备论纲时，对这项谕令并非无知，只是我心里非常清楚，基督的功德基本上不能委托给人，由人去分偿或者转送。这是教会的整体共识。然而该《独生圣子》谕令却含有这种错误的味道。为了保全教宗的荣誉，我采取回避态度，把它留给有资格的权威人士去作评断。当时，我内心的挣扎非常激烈，确实忍受了极大的苦恼与悲痛。

最令我心中不安的理由还有，教宗的这些话语，要用来批驳善于争辩的异端分子，⑫不仅显得不够，并且苍白无力。如果一个世俗的王公在无法律根据时胡言乱语，人们尚会议论他不知羞耻，那么同样，按照撒迦利亚［玛拉基］所言，祭司嘴里所讲的律法不应是人的，而是上帝的。［参考玛2:7］但是在我看来，该《独生圣子》谕令歪曲和滥用了圣经，加添另外的意思。因为其中的语句竟把有关称义的恩典，拿来应用在赎罪券上。依我的理解，该谕令似乎仅仅属于一种布告形式，是以一

---

⑩ 卡耶坦原名雅各布·维奥（Jacopo Vio）取名托马斯以尊崇圣托马斯·阿奎那，由于他原籍是加埃塔（Gaeta），故其别名按原籍地名被称为卡耶坦（Cajetan）。

⑪ 参见本卷《〈九十五条论纲〉的解释》第58条和第60条；另参 *LW* 31, 212, 228。

⑫ 路德在此想到了胡斯派。他认为胡斯派对罗马教会扭曲福音的教导采取了幸灾乐祸的态度。

种虔诚的印象对人进行劝勉，并不属于对某些问题进行令人信服的
阐释。

其次，很可能出现这样的情况，即教宗谕令偶尔也有错误，并且妨
碍对圣经的理解和对基督的爱；这种情况曾使我烦恼。这是因为按照
《教会职权划属》（*Decretum Magistri Gratiai*）第19条的权威指示：[13]
要像听到圣彼得的声音那样，去遵从教宗的谕令。但是，按照同一权威
的指示，又要理解为仅仅只能服从那些与圣经并历代教宗相一致的
谕令。

为了说明这一点，应该附加下列事实。《加拉太书》2[:14]中记
载：当彼得的做法与福音的真理不合、即当他"行得不正"时，实际上
就受到了保罗的责备。因此，即使是彼得的继承人，如果犯有这样或那
样的错误，这也不足为奇。《使徒行传》15[:1—19]实实在在地指出，
彼得的教导在一开始并没有被采纳。直到获得耶路撒冷主教们的接纳和
批准，并由此得到整个教会的认可。从此而形成合法的惯例原则：一项
法规要确立，必须被活着的人们批准。

再次，后期的谕令就更正了早先无数的谕令！因此，教谕是能够被
及时纠正的。帕诺米塔努斯在他编纂的《教谕》一书中表明：[14] 在对待
信仰的问题上，不仅大公教会议处于教宗之上，而且任何信徒，只要他
能够更好地用权威和理性阐明问题，也在教宗之上。正如《加拉太书》
2[:14]中圣保罗对待圣彼得的情况一样。这一原则在《哥林多前书》
14[:30]中再次得到确认："若旁边坐着的得了启示，那先说话的就当
闭口不言。"因此当彼得获得了上帝启示时，应该听从他；同样，在圣
保罗责备彼得时，就应当听从保罗的声音。然而，听从基督的声音，应
该在听从其他所有人的声音之上。

但是，令我最感焦虑的是，在《编外游移》谕令之中，某些表述在
我看来含有非常明显的错误。首先，它宣称众圣徒的功德构成了宝库，
却忽视了圣经有关"上帝所赐的恩典远在我们一切配得之上"的教导。

---

[13] *Decretum Magistri Gratiani*，*Prima Pars*，dist. XIX，参见 *CIC* I，cols. 58—64；*MPL*
187，103—112。

[14] 路德对帕诺米塔努斯（即图德斯克的尼古拉斯）的《教谕》（*Decretalium*）十分欣赏。

《罗马书》8［:18］就指出："现在的苦楚若比起将来要显于我们的荣耀就不足介意了。"而且，圣奥古斯丁在他的《再思录》1.19.3 中也说："在世界末日之前，整个教会都在祈祷：'免我们的债'［太 6:12］；因此教会不可能赐予任何人连它本身都匮乏的东西。"[15] 甚至连聪明的童女也不愿让愚拙的童女分用她们的灯油［太 25:9］。圣奥古斯丁在他的《忏悔录》第 9 卷中说道："在审判来临时，一个人如果没有怜悯，无论他的生命如何值得赞赏，都是有祸了。"[16] 而且先知也早就说过："求你不要审问仆人，因为在你面前，凡活着的人没有一个是义的。"［诗 143:2］同样，众圣徒之所以得到拯救，并不是因为他们的功德，而唯因有上帝的怜悯。有关这一观点，我在《〈九十五条论纲〉的解释》中已经进行了充分的阐述。[17]

我的确没有为了不过是人的教宗的一道谕令，而极端草率地抛弃圣经诸多重要而清楚的见证，况且那教谕的内容模棱两可、难于确切地进行理解。所以，我宁肯这样理解圣经，视之为恰当：圣经中描述的圣徒，往往并没有功德，但常人却认为，圣徒具有超过其本身需要的功德。而教宗不可能凌驾于上帝，他仅处于上帝之道以下。这是因为《加拉太书》1［:8］有言："无论是我们，是天上来的使者，若传福音给你们，与我们所传给你们的不同，他就应当被咒诅。"更加令我不可忽视的问题还在于，教谕声称：功德宝库已托付给了彼得。这点不仅与福音不符，而且在圣经的任何部分都找不到它的根据。

由于被这些烦恼所折磨，正像前面说过的，我决定保持沉默，倾听其他人士的高见。因为直到今天为止，我仍然坚信，在我的论纲中对此已陈述了自认为正确的观点。现在，既然我受到敦促，我也有权利期望其他人表明他们的观点，特别是教宗；因为唯有他才能够解释自己的那些谕令。我自己将竭尽全力并借助上帝的恩典，为了神圣的真理，努力协调我的论纲与《编外游移》谕令之间的关系，并保守两者都在真理之中。

---

[15] *MPL* 32，615.

[16] Augustine, *Confessions*, 9.8.34；*MPL* 32，778.

[17] 参见本卷《〈九十五条论纲〉的解释》第 58 条；另参 *LW* 31，212.

1. 我先假设赎罪券没有绝对的意义（这仅是形而上的、先验的抽象假设），因为赎罪券当然只是对补赎的一种减免，类似于施舍、禁食、祈祷等善功。这样，就可以肯定，赎罪券含有违背良善的副作用，因为它们只可免除应受的惩罚，或履行繁重的善功。这样就必然会形成如此的认识："获取圣库的宝藏"这种术语并不恰当，因为它没有赐给人们任何积极的东西，相反，唯一许诺给人们的是什么事也不要去做。

2. 当然，教宗拥有这些宝藏，并不像在他的钱包中或者他的银柜中的储存物，它仅仅是由与钥匙职相联系的一些论述所构成。教宗在分发宝藏时，也并不开启银柜，而是让众人知晓他的意志，他是以这种形式发放赎罪券的。

3. 由此可以认为："赎罪券宝库是基督的功德"，并非正式的和恰当的，仅仅是出于效用和象征而已。这是因为实际上教宗没有给任何人分赐基督的功德，他是通过基督的功德发放赎罪券，是以基督功德所授予教会的钥匙职来进行的。他可以借助钥匙职的力量，使补赎得以减免。再者，我在自己的论纲第 60 条解释中已经明确地阐述了教会的钥匙职，我指出：由于基督的功德才给教会授予了钥匙职，并且构成了功德宝库。⑱ 就在这个意义上可以真正说明基督的功德是赎罪券宝库。但是必须肯定：宝库与基督的功德，只能理解为一种象征。也恰恰在这个意义上，《编外游移》谕令与我的《论纲》之间有明显的一致性。

4. 教宗在《编外游移》谕令中的意思由他自己所讲的话可作证明。他说，基督已经把宝库交付给了彼得及其继承人。然而，实际上大家已形成的坚定的共同认识是：除了天国的钥匙职是通过基督的功德而交给彼得的，再没有其他任何东西（即钥匙职的授予是由于基督的功德）。而且，正如我所阐述的，这种授予也仅仅出于效用和象征。基督授予彼得的其他宝藏还有经文所记载的上帝之道，其中特别包括着他殷切的嘱托："喂养我的小羊""牧养我的羊群"等［参考约 21:15—17］。

5. 但是，可以肯定，基督徒对于赎罪券宝库之理解，正如我在论

---

⑱ 参见本卷《〈九十五条论纲〉的解释》第 60 条；另参 *LW* 31, 228。

纲第 56 条的解释中所指出的，现在还处于毫无认识的无知之中。⑲诸如"宝藏""基督的功德"等述语，除了象征性的以及含糊的意义之外，是很少被使用的。因此，基督徒实际上所相信的，恰如获取恩典一样，是他们能够取得积极的、可靠的良善。殊不知他们所得到的，仅是通过钥匙职，减免了对罪过的补赎，而他们实际的目的并未达到。所获得的是与通常意义上的良善相反的、并不属于"宝库"的东西。由于钥匙职是无可限量的，肯定地讲，宝库应是取之不竭的、无限的。钥匙职直接与基督的功德有关，而赎罪券却是间接的，所以可以说，基督的功德对于赎罪券宝库而言也是间接的。

6. 同样，众圣徒的功德是构成这一宝库的部分，我也承认，但我认为也都不过是一种象征。由于他们的功德是通过相信基督而取得的，包含在基督的功德之中，并已与基督的功德合为一体，所以其地位和作用同等。因为义人的生命并不属于他们自己，而是基督活在他们里面。《加拉太书》2［:20］就说："现在活着的不再是我，乃是基督在我里面活着。"若把圣徒的功德视为圣徒本人的，就会失去价值，而且要受到诅咒。我在上面的阐述与圣奥古斯丁所言相似："凡非我本人的乃我最有福之源泉，因为已与基督和教会融合为一。"

7. 然而，基督的功德不仅在实际上、而且在直接意义上都与赎罪券宝库不同。这一观点应该是确定无疑的真理。如果认为基督的功德可以像赎罪券一样直接赐予，这是毫无教养之人的理解。即使基督的功德表达一种真实的赠予，那也不是像赎罪券那样的"珍宝"，而是像赐生命的恩典一样。这样，功德的赐予是正式的、实际的、直接的，不需要钥匙职和赎罪券，唯透过圣灵，却从来不通过教宗。这是因为人是借着爱与基督融为一体，从而分享基督全部的福分。我在论纲第 58 条中就是这样阐述的："它们［赎罪券的功德］绝不是基督和众圣徒的功德，因为即使没有教宗，基督和众圣徒的功德都时时在人的内心产生恩典……"⑳

---

⑲ 参见本卷《〈九十五条论纲〉的解释》第 56 条；另参 *LW* 31，211。
⑳ 参见本卷《〈九十五条论纲〉的解释》第 58 条；另参 *LW* 31，212。

简而言之，道理十分清楚，如果要将《编外游移》谕令视为权威，那么对基督之功德就必须从双重意义上进行理解。一方面是按字句的和正式的意义理解：基督的功德是赋予生命之圣灵的珍宝，因其属于基督本人，圣灵将此珍宝依其旨意分赐给人。另一方面是按照象征性的意义理解，根据字句及偶然的后果，基督的功德创生了宝库。正如《编外游移》谕令从象征性的角度援引圣经经文一样，也应该从象征性的角度来理解宝库、基督的功德和所有其他的观念。这是因其具有歧义性和模糊性，也就提供了最适合辩论的机会和探讨的余地。而我在自己的论纲中，即在字面的意义上讨论了这一问题。

如果其他人对此有更佳的理解，只要他告诉我，我就会收回自己的浅见。因为我的责任不是解释教宗的法规，而是为自己的论纲作辩护，以免看起来与教会的法规相对抗。我以极谦恭之心，期望教宗会表达不同的观点，我就甘心顺从他的高见。

但是，允许我出自对罗马教廷和最尊贵的枢机主教的崇敬，先把这一切向您倾谈。如果您许可我公开并自由陈述，我将直接论证：该《编外游移》谕令事实上明显地与枢机主教尊贵的说辞直接矛盾，因为它特别宣称："基督是为教会而取得宝库的。"但是"取得"这个词本身就有明白的说服力，也是中肯的定论：基督透过他的功德取得宝库，绝然不同于基督直接获取宝库。原因与结果是不同的两码子事，这种区别连哲学家都分得十分清楚。所以，我的论纲至今还无法被驳倒，这就是说，基督的功德不是赎罪券宝库，而是基督的功德获取了一种宝库。尽管如此，正如我在上面已经声明的，我仍然听从教会的评断。

另外，就是我在论纲第 7 条中所提出的观点也遭到否定和拒绝。[21] 我认为，除非透过信心，任何人难以称义。即人必须持有坚定的信心相信，才能够称义；并在获取恩典方面不能有丝毫的疑虑。我的观点十分清楚，因为他如果怀疑、不肯定，他不仅不会称义，并且还拒绝了恩典。反对我这一观点的人，指责这是一种新神学，还说它是荒谬的。

我通过下面的论述来作回答：

㉑ 参见本卷《〈九十五条论纲〉的解释》第 7 条；另参 *LW* 31，98。

1. 除非相信上帝，没有人会是义的，这是永远辩驳不倒的真理。《罗马书》1［:17］指出："义人必因信得生。"同时圣经中还讲："不信的人，罪已经定了"［约 3:18］，而且已经死了。所以称义和义人的生命都取决于信心。由此可知，有信心的人，他的一切行为都是生动活泼的；而无信心的人，其一切都是死的、邪恶的、该受诅咒的。按照圣经所言："坏树不能结出好果子，凡不结好果子的树，就砍下来丢在火里。"［太 7:18—19］

2. 然而，信心无外乎相信上帝的应许和启示。《罗马书》4［:3］指出："亚伯拉罕信上帝，这就算为他的义。"［参考创 15:6］可见，上帝之道和信心两者都是必要的；没有上帝之道，就不可能有信心。正如《以赛亚书》55［:11］所言："我口所出的话也必如此，决不徒然返回。"

3. 现在论证为什么参加圣礼的人必须要有信心。他去参加圣礼，就应坚信他会获得恩典，对此不应持有任何怀疑，必须要有绝对的信心；否则，即使参加了圣礼，也会被定罪。

首先，使徒在《希伯来书》11［:6］中指出："因为到上帝面前来的人必须信有上帝，且相信上帝会赏赐那寻求他的人。"此段经文就十分清楚，我们不敢怀有疑虑，只应确信上帝会赏赐寻求他的人。如果相信上帝的赏赐，那么就要对"上帝会使人称义""上帝会将恩典赐予仍然活着的人"坚信不疑；如果没有信心，上帝就没有赏赐。

其次，面临永恒定罪和不信的罪的危险，我们更应相信基督的这些话："凡你在地上释放的，在天上也要释放。"［太 16:19］故此，当你寻求补赎圣礼，但又不相信你会在天国得释放，那么，你必然会受到审判和定罪。因为你对《马太福音》16［:19］的真理没有信心，即对"凡你所释放的……"等等基督的话存有怀疑。你把基督当成说谎话的，这是最可怕的罪恶。然而，如果你问："假若我没有资格、不配领受圣礼，又该怎么办呢?"我还是用前述的论说来作答:不是凭你的感觉使你变得配领，不是凭你的行为令你准备好领受圣礼。唯独凭着信心，即唯独因信基督的话而称义，才使人变得活泼、配得，并有充分的准备。没有信心，所做的一切事都是自以为是和令人绝望的。义人不是靠他的态度、而是借他的信心得生。故此，你不该再对自己的不配怀有任何疑虑。你去参加圣礼，是因为你不配而让那寻找拯救罪人和不义之人者，把你变成配领的并称你为义［参考路 5:32］。当你相信基督的话之时，你就不仅使他得着荣耀，而你自身也就为义了。

再次，基督在福音书中用许多方式，向我们推荐这信心。

第一，当他对那位迦南妇人说："妇人，你的信心是大的！照你所信的，给你成全了吧！"［太 15:28］㉒ 这就表明，信心除了一般的意义之外，还有具体的意义，基督答应了这位母亲祈求她的女儿病愈这种特殊的信心。因为她勇于相信自己会如愿以偿，她坚信基督能够也乐于如此行，所以她的祈求得到了成就。相反，若她无此信心，她无论如何也不会获得这种回应。这样，通过她的祈求，这妇人变得配受这种回应，并非因她的态度，而唯独因为信心。

第二，基督询问两个盲人："你们信我能做这事吗？"他们答道："主啊，我们信。"基督就说："照着你们的信，给你们成全了吧！"［太 9:28—29］看吧，盲人确信会如他们所求的，就如愿得偿。然而，他们向基督发出祈求时，并无任何的准备。但是，若他们怀疑祈求的后果，就不会真诚地祈求，盼望的也必落空。

第三，百夫长对基督说："只要你说一句话，我的仆人就必好了。"［太 8:8］这位百夫长信基督，结果获得了给他的特殊回应；他的信心关乎急切的需要，而不是一般的信心。

第四，在《约翰福音》4［:50］中，那位大臣"信耶稣所说的话"就是"回去吧，你的儿子活了！"借着这信心，他拯救了自己儿子的性命。所以，凡寻求上帝的人，都当相信自己能够得到所求的，否则就什么也得不到。

第五，基督在《马可福音》11［:24］中说："所以我告诉你们，凡你们祷告祈求的，无论是什么，只要信是得着的，就必得着。"请注意，这里讲"无论是什么"，可见没有任何例外。但是，十分明显，我们在参加圣礼时都有所求，若不祈求恩典，谁也不会去领圣礼。故此，我们

㉒ 路德以"照你所信的"替换了希腊文和武加大译本中经文的"照你所要的"。

就应当听从基督的话："只要信是得着的，就必得着。"否则，教会的一切都不牢靠，它的存在就会动摇；这是荒谬绝伦的。[可 11:24]

第六，经文说："你们若有信心，像一粒芥菜种，就是对这座山说，'你从这边挪到那边'，它也必挪去，并且你们没有一件不能做的事了。"[太 17:20]如果你通读福音书，还会找到其他很多的例证。但这一切都不是一般的信心，而是有关获取一些应急效果的特殊信心。为此，如果人祈求获得宽恕，就必须有坚定的信心。那教师[彼得・伦巴德]就指出：新约中的圣礼是专为激发我们的信心并使之鲜活而设立的。[23]

第七，恰恰由于这个原因，主耶稣才经常训斥他的门徒[太 8:26]信心不足，特别是彼得。但并非他们缺乏一般的信心，而是缺乏特殊的信心，即有关特定的急切需要方面的信心。

第八，《雅各书》1[:5—8]的经文指出："你们中间若有缺少智慧的，应当求……上帝。只要凭着信心求，一点不疑惑；因为那疑惑的人，就像海中的波浪、被风吹动翻腾。这样的人不要想从主那里得什么。心怀二意的人，在他一切所行的路上都没有定见。"这确实是一项最不容动摇的宣告；由此才引导我得出结论：心怀疑惑者得不到恩典与智慧。我想，没有人会反对这条结论。

第九，圣马利亚若不相信天使的宣告，她绝对不可能孕育上帝的儿子。因为她信，才会对天使说："情愿照你的话成就在我身上。"[路 1:38]诚如伊利莎白所言："这相信的女子是有福的，因为主对她所说的话都要应验。"[路 1:45]所以，圣伯尔纳和普世教会，都对圣马利亚的信心表示赞叹。同样，撒母耳的母亲哈拿，由于相信以利所说的话，当她离开时，"面上再不带愁容了"[撒上 1:18]。相反，以色列人因为不信上帝对迦南地的应许，终在旷野中灭亡。

简言之，我们在旧约与新约圣经中所读到的所有神迹，无不因信心而成就；而非由于行为或一般的信心。一切都依靠直接的、迫切的信心而获得了最后的成就。在圣经里，没有任何东西像信心那样受到高度的称赞。特别是亚伯拉罕，是因着信，才得了以撒这个儿子。因此，《罗

---

[23] Lombard, *Sentences*，参见 *MPL* 192，839—840。

《马书》4［:1—5］在分析了他的事迹以后指出：亚伯拉罕信上帝，"他的信就算为义"。同样，在领受圣礼时，如果我们有信心，就会获得恩典。否则，就将受到审判。

第十，圣奥古斯丁论述《约翰福音》时说："当上帝的道与媒介物联结一起时，就有了圣礼；不是它成为圣礼，乃因为被相信。"[24] 同样，洗礼使人洁净，非因受洗之故，盖因受洗者确信此礼必能使人洁净。也由于此，主耶稣在宣赦马利亚时说道："你的信救了你，平平安安回去吧！"［路7:50］所以，人们常说："人称义，并非因圣礼，而是出于圣礼中的信心。"没有信心，人便良心不安。正如《罗马书》5［:1］中所言："我们既因信称义，就……得与上帝相和。"

第十一，圣伯尔纳在论天使传报的首篇讲道词中就说："你应当首先相信，没有上帝的恩慈，任何人的罪恶都难以获赦。"他又加上"你必须相信"，还加上"你的罪已蒙上帝赦免了"。这一见证就是圣灵带进你心里的声音："你的罪已得赦免。"恰由于此，圣保罗就归纳说："人称义是因着信"，就是出自恩典［罗3:28］。

上述这些以及另外许多明晰的经文，使我对自己业已形成的观点深信不疑。

基于这个理由，身为教中最受尊敬的父亲大人、您蒙受不凡的恩赐和恩惠，特别具有明察秋毫的判断力；在此我谦恭地乞求尊座以宽宏以怀、怜悯体察我的一片苦心，指示我如何可以不同方法了解这教义，而不要强迫我收回自己按照良心和明证所形成的信仰。只要这些神圣的经典尚存，我绝对不可能忤逆背道、无忌肆行。因为我明白："顺从上帝，不顺从人，是应当的。"［徒5:29］

但愿尊座听到我的恳求能感到高兴，并会乐于代我向我们神圣的教宗利奥十世求情，以便他不再严厉地对待我，免得将我的灵魂抛入黑暗，因为我所寻求的是真理之光。如果我被告知这些经文应从其他意义上理解的话，我准备放弃、转变或者收回自己的一切看法。由于我既不是骄横无理，也不急切于满足虚荣，所以不至于对收回立意错误的教义感到

---

[24] Augustine, *In Joanis evangelium*, tract. 80, cap. 3，参见 *MPL* 35，1840。

羞耻。事实上，如果真理取得胜利，我将表示极大的欣慰。但是，我不愿意受到逼迫、违背自己的良心，而去坚固某种见解。因为我对圣经的真谛无丝毫的怀疑。愿主耶稣永远引导保守您，我最尊贵的父亲。阿们！

第二天，当我将上述声明交给卡耶坦以后，他首先认为我写的东西没有价值，充其量不过是空口白话而已。不过，后来他又表示愿意将我的声明送到罗马。同时他一再缠着我，要我收回过去所说的话，并以惩罚相威胁；还称他是奉命行事。如果我坚持表示不收回已说的话，他就命令我离开，说他不愿再看见我。

听到这些，我意识到他根本就不顾圣经的许多教导，固执己见；而我又决不退让，对他毫无指望，便毅然地离开了他。他当然感到未失体统，自以为荣——摆着父辈的姿态，而没有板着判官的面孔——然而在我看来，他除了比法庭上的判官更严厉而外，很难说具有父亲的雅量；因为所有他讲的，都是强迫我违背良心、撤回前言。在当他发现我否认经院哲学的理论时，还一度声言要以圣经和教会法规来处我；但在涉及赎罪券的问题上，他就连最起码指出我什么地方有错，或者以理服人的意图和能力都表现不出来。我猜测不出他这样做到底意味着什么，由于他确实没有从圣经中引用任何一句经文反对我，即使他鼓起特有的勇气；然而迄今为止，他尚未能做到这一点。关于赎罪券的圣经根据绝对没有，这是普遍的共识；与此相反，圣经推崇信心。圣经充满关于信心的教导，而没有一丁点儿关涉赎罪券。这两项对于教宗特使来说，颇为难办，他想要推翻任何一项都是不可能的。

事实上，当我引用圣经证明自己的见解时，他就确实曾经摆出父辈的姿态，煞有介事地以他所想象的评注进行搪塞。当他胸有成竹地用《编外游移》谕令进行驳辩时，又假装自己不知教会法规中关于"不许可任何人妄用权柄，随意解释圣经"的规定。按照希拉利的教导：㉕"人都不得凭己意臆断圣经，只能往其中摘取原文。"然而，当卡耶坦歪

㉕ 希拉利（Hilary，约310—约367年），普瓦捷（Poitiers）的主教，为亚他那修辩护，反对阿里乌派，被君士坦提乌斯二世（Constantius II）判处流放。但在弗里吉亚（Phrygia），他成为东西方神学的联系者。路德经常引用他的著述。

曲圣经、望文生义的时候，我强忍着怒气而未敢发作，因为我知道，这与他长期受到罗马教廷的作风和经院哲学的诡辩影响有关，他已经习惯了对圣经的那种解释方式。长期以来，人们都信任罗马教会，凡是它所说、所诅咒和所要的一切，人们最终都得服从。在罗马教会及其辖区所持有的看法，不容任何人提出与之争辩的理由。结果俗世的传统以及凡人所讲的话语成了遵循的标准，圣经被置弃，基督的教会得不到它当得之食粮（就是基督的话语）的滋养；一些无知的奉承者不慎重的言行、粗俗的意愿经常误导会众。现在，我们遇到极大的不幸，就是这些人又开始胁迫我们放弃基督教信仰，否定圣经权威。

再者，如果这也包括在有关命令我撤回前言的要求之内，那么我预料紧接这第一次的撤回命令，将会出现第二次，乃至无穷无尽的命令和要求；除此而外，不可能有其他好事。假如我以与他同样高超的技巧承诺并遵从了这次命令，他又会从他的臆想用魔法唤出另一个偶像来，令我遵从。（这是因为托马斯主义经院哲学，可以应付裕如地不断制造一些卓尔超群的杰出角色出来，好似希腊神话中那个善变的海神普洛透斯一样。）㉖ 我必然会再一次被强迫勒令撤回前言。由于他不在坚如磐石的基础上游移，而是具有散如沙粒般的主见，我将因此被迫去经历无休止的撤回。

所以，在受命不必回去以后，我那天仍留在奥格斯堡；卡耶坦则乘机召见了我尊敬的、最慈爱的父亲，即我的约翰·冯·施道比茨院长，据说其目的是敦促他，让他来诱导我自发地收回己见的表示。然后，我又耽搁了一天，并没有接到任何命令。第三天，星期日〔即 10 月 17 日〕，我给卡耶坦写去了一封信，㉗ 却没有收到回复。等到第四天，仍无消息；第五天，还是依然杳无音讯。末了，我的朋友们再三劝我，特别当他们讲到卡耶坦已经接到上头的指令，要把我与院长统统逮捕入

㉖ 普洛透斯（Proteus）是希腊神话中的一个变幻无常的海神。他能通晓前世，预言未来，对现今的一切无所不知；在受惊吓或被捉后，也会泄露人们欲知的各种消息；但又善于变化隐形，逃避囚禁。因为路德的对手——经院哲学派——巧舌如簧，善以各种新奇的消息混淆视听，进行诡辩，使他油然联想起这一神怪来。参考 Homer, *Odyssey*, iv, 351; Virgil, *Georgics*, iv, 386。

㉗ 参考路德在 1518 年 10 月 17 日致卡耶坦的信，*WA*, Br 1，220—221。

狱，加上我也准备通过正式渠道再次向公众呼吁，便离开那里。我感到我不顾个人的危险处境，已经做到了足够充分的顺服。

我的读者，现在请你们再听我说。我怀着极高的敬意，表示愿意顺服由教宗亲自审断我的案件，还为此呈交了最后一份书面信件。但是，你们可别以为，我对自己的理据有了动摇、怀疑或准备改变自己业已形成的思想——因为神圣的真理高于教宗，当我确知上帝的判断时，我不会等待人的裁决——我之所以写这封信，仅仅由于有必要向教宗的代表表示应有的尊敬。因为人们在持守并捍卫不容置疑的真理时，应该具有谦恭与敬畏的心。

无论你们对我第一次的解释作何种猜想，我依然故我，因为那篇解释成立与否，都不会引起危险。如果我的解释被驳倒、被证明是错误的，也不能提高赎罪券的重要地位；同样，如果我的解释获胜、被证明是正确的，对赎罪券也不能带来什么损失。就目前最为迫切的事态发展而言，看来影响不大，除非我的《九十五条论纲》作为整体受到怀疑，从而被他们狡诈地弃置。假如我要在面对教宗特使时傲慢行事，我可以拒绝说话，不发一言。因为我已把全部细节向教宗作了陈述，我不能再做什么，唯一等待的就是他的裁决。

然而，我在后面的答复中，将归纳有关基督救赎的全部道理。不管你了解《编外游移》谕令与否，我想你都不是坏基督徒，然而如果你否认基督的真理，你就是一个异端分子。我善良的读者，我如何压抑自己而没有讲出来的话，你们肯定连丝毫痕迹都尚未发觉。

但是，有一件事我不想隐瞒，就是在这次的听审中，除了探求圣经的真理以外，我没有任何企图；相比之下，那些所谓的圣教谕，即使不是产生于腐败，也在许多情况下是以扭曲而含有毒素的语言遮掩了我们的视线，乌云蔽日的情况即同此状。对于其中的恶劣情节，等到有一天，特别当罗马的吹捧者们敢于对我大举围剿的时候，我必然要全盘予以揭露。上帝若允许，我定将自己杰出的神学家身份与法官身份表现出来，对谁都不姑息纵容，尤其是对那些罗马教廷的奉承者。因为我渴望像约书亚一样，指挥进攻、征服艾城人，与他们争战［书 8:3—29］。同时，我想预先与你们共睹未来的景象：我的结论实实在在与《编外游移》谕令相反，后者明显是虚假错误的。所以应当予以否决。基于这一理由，我在此郑重宣布否决它，并要公开地咒诅它。

在此，我郑重声明这篇文章即由我本人撰写，并且我以此自豪。如果我过去尚未如此，我现在将以从事这项工作而感到高兴。其次，我公开宣布我已察知《编外游移》谕令的虚假与荒谬，所以它理当受到抵制、否认和咒诅。同时也要指出：如果它是以另外的言辞写的，可能还会好一些。这并非因为该谕令误传了作者的意图，而是它表现了一种错误的神学观点，其言词与圣经明显之意相矛盾。

看吧，这就是我宣布撤回的言论。我希望甚至连我的论敌也会因听到这一答复而感到满意。我的读者，难道你们认为我醉酒发狂吗？我并未癫狂，我说这些话时头脑极为冷静清醒。为了证明此情，我要先让最缺乏教养的人都知道：历代教宗已习惯在他们的谕令中粗暴歪曲圣经。叫尊贵的教宗特使极为扫兴的，恐怕是我竟敢轻蔑教宗的神圣地位。因为他在给最杰出的选帝侯腓特烈的信中已有表示，并且在附言中写道，我有关教宗的话，"不当重复"，因为我指控教宗曲解和妄用了圣经。⑳ 所以我必须清楚地告诉大家，他无法否认教宗扭曲了圣经的真义！

首先，有一道以"更改圣职"（*Translato sacrerdotio*）开头的教令《论宪章》（*De Constitutionibus*），㉙ 其中引用了使徒在《希伯来书》7[:12] 的话："祭司的责任既已更改，律法也必须更改。"该节经文的真正意思是：世俗的祭司职分被基督永恒的祭司职分所取代，随之摩西的律法被他的继承者基督宣布取消。但是，这道教令的含义却是：摩西的祭司职分传给了基督，又由基督传给了彼得。一些法学家也这样解释经文，教宗不仅允许，而且还表示赞同。难道人们发觉不了这明显是对经文的歪曲和妄用吗？的确，如果这不是煞费苦心的编造，就是曲解。它不仅非正统，也很不敬虔。说基督的职分被剥夺、终止，就是最大的亵渎。假使彼得拥有了最高的祭司职分，并具有法律的决定权，还不等于废黜了基督？这位"大使徒"如此解释"更改"一词

㉘ 卡耶坦在 1518 年 10 月 25 日致萨克森选帝侯腓特烈的信，参见 *WA*，Br 1，233。
㉙ *Decretalium D. Gregorii Papae* IX Lib. I, tit. II, cap. 3；参见 *CIC* II，col. 8。

的真实用意，不就昭然若揭了吗？我不愿让彼得或者保罗拥有这一祭司权，因为他们都是有罪的人，他俩谁也没有为我、甚至也未为其本人献上为祭。我更讨厌那种狂妄的解释，即一味地坚持基督把祭司职分权唯独传给了彼得，似乎其他使徒都仍然是平信徒，或者由彼得才授予他们祭司称号和使徒身份。我不想对这种解释进行辩驳，因为它散发着一种怪异的气味。所以，我要声明我的下述论纲："基督没有把他的祭司职分传给彼得，也没有传给教宗"，我们最尊贵的特使大人就会当着我的面举出那一教谕，并以震怒般的雄辩，要求我撤回前言。如果我一旦回答说教宗曲解圣经，妄用经文，而我的论纲在神学意义上完全正确，而那道教谕中的引文可能也是真的，但又明显歪曲了经文的含义。你们认为我应当对此种人的语言威胁感到畏惧吗？难道我就因此是讲了某种"不当重复的"、毫不顾全教宗神圣颜面的话了吗？尽管我也想保存教宗的神圣颜面，然而我更推崇真理以及基督的神圣尊严。

［其次，］我也会以同样的态度来理解《马太福音》16［:18—19］的经文。"你是彼得……我要把天国的钥匙给你……凡你在地上所释放的……"对待这段经文，无论是在课堂上，还是在讲台上，都当提出这样的论纲："该段经文中的话，谁也不能证明：罗马教会比整个世界上其他教会更高级。"那么最尊贵的特使大人听到以后，毫无疑问会激动和忿怒，他会当着我的面正颜厉色地举出格拉提安的《谕令集》第21章的有关内容，[30] 因为在该章的一道谕令中，教宗伯拉纠就曾强调：[31] 罗马教会至尊地位的赐予，不是由大公会议通过的那些谕令，而是来源于福音书中的话语——请注意，他强调的是经文的话语，而不是经文的涵义——如果他在其谕令中加上使徒马太的经句，大家猜猜，我会放弃福音的涵义，拥护伯拉纠教宗的解释吗？因为他炫耀自己跟从福音书中的话语而不是福音书的涵义。我并非谴责或者否认今天罗马的新统治者，而是不希望圣经的权威被弱化到仅仅在话语上，同时我也反对那些头脑非常简单的人，他们仅将基督的教会视为只是固定在一时一地。因为基

---

[30] 格拉提安（Gratian）是十二世纪意大利法学家，曾将所有会议及教宗法令编订成册，即《格拉提安谕令集》（*Decretum Gratiani*）。

[31] 即教宗伯拉纠二世（Pelagius II，579—590 年在位）。

督说："上帝的国来到不是眼所能见的。"［路 17:20］没有顺服教宗及其法令的人，谁敢否认他是基督徒呢？这样，八百多年来他们把所有东方和非洲的基督教教会的信徒拒诸门外。这些人也从来不接受教宗的统治，更不以罗马的方式去理解福音。因为直到圣格列高利时代，罗马教宗也未强调他是普世的主教；格列高利本人贵为罗马主教，他还至少在六封信中猛烈地抨击普世主教的名号，㉜反对觊觎统治所有教会的"教宗欲"。他曾毫不犹豫地指责这种称呼为亵渎上帝——指向那在我们的时代才被称为最神圣的人。正如彼得不可能创造其他使徒（然而现今却他说自己有权任命主教），彼得的继承者也不能创造其他使徒的后继者。因之到后来，其他主教与罗马教宗也只以弟兄和同工相称，就像西普里安与哥尼流、奥古斯丁与卜尼法斯相互的称呼，还有其他不少类似的例子。㉝

可见，与上述神圣的教会法规相反，历代教父们都不那样理解马太的话。他们认为《马太福音》16［:18—19］中"你是彼得……我要把天国的钥匙给你……"并非是基督当着彼得强调说，其他的使徒应在其下；而是向着"一个人"说，代表着向"所有使徒"说话，表达众使徒的平等。而彼得在回答基督时，也就代表所有使徒的回答。因此，马太在另外的地方所讲的话也含有复数的含义，例如经文"凡你们……所捆绑的……"［太 18:18］基督虽向一个人讲话，就等同于向众使徒讲话。最后我们还读到，在五旬节时，圣灵并没有首先降临于彼得身上［徒 2］。当基督说："你们受圣灵"的时候［约 20:22—23］，我们也没有在圣经中发现基督第一个先向彼得吹气。即使基督真的这样做了，彼得也不会因此成为尊于其他使徒的统治者。

这样，虽然我承认教会法规的真实性，但只是在不恰当的意义上具有真实性。另一方面，我的论纲却在福音上和恰当的意义上都是真实

㉜ 路德对教宗格列高利一世的谦卑和忠于教会的态度印象极深，但又误认他不愿作普世教会的领袖；还认为在他以前也没有罗马主教企图使用教宗的名号。事实上，早在 451 年，利奥一世在卡尔西顿公会议（Council of Chalcedon）上就要求作"普世教会的主教"（*episcopus universalis*），只是被大会否决；参考 *MA*³ 1, 451—452。

㉝ 西普里安与罗马主教哥尼流（Cornelius）从 251—252 年一直保持平等的关系，互相通信，交流有关罗马帝皇德西乌斯（Decius）大迫害的事。奥古斯丁与卜尼法斯一世（Boniface I，418—422 年在位）也以相互平等的地位保持联系。

的。如果教宗的统治地位能被证明，也应该以《罗马书》13［:1］的经文予以证明："在上有权柄的，人人当顺服他；因为没有权柄不是出于上帝的，凡掌权的都是上帝所命的。"严格地讲，凭借这段经文，只要上帝喜悦，我们都愿意顺服罗马教会的统治，因为唯有上帝，而不是罗马教宗，有资格改变和建立权柄。

我的读者，你们在神圣的教谕以及其他方面，都可能发现这样的事，只是要用"新娘的鼻子"并"朝大马士革"的方向［歌7:4］，即依靠血肉的感觉，就可以经常闻到令你们不舒服的气味。

再次，关于《编外游移》谕令，现在我还要作如下的声明：基督的功德不是赎罪券宝库，因为基督的功德不需借教宗作成恩典。这一声明具有福音性，因为圣经中许多地方都写道：借着基督的血和其顺从，我们得称为义了。例如，保罗在《罗马书》5［:19］中说："因一人的顺从，众人也成为义了。"（我坚信这种顺从就是基督的功德。）无论如何，没有谁会因赎罪券而获救。要坚持基督的功德是赎罪券宝库，乃与圣经的明确涵义相反。所以我并不在乎我的声明是否违背《编外游移》谕令或者什么"编内游移谕令"。首要的应该是圣经的真理，只有首先以此为前提，才能决定人的话语是否为真、是否应当接受。我决不会主张人借赎罪券而"成为上帝之友"，如同《编外游移》谕令中所表达的；或将此与"箴言"中有关"与永恒智慧有份"的内容应用到"与赎罪券有份"［《所罗门智训》7:12—15］。

当然，圣经的权威早在《编外游移》谕令之前，因此，想从谕令中取得权柄是绝对不可能的。进一步讲，这些经文也不是指赎罪券而言，因为教会中人人皆知：圣经中无任何一处涉及赎罪券。其必然的结局乃是：如果某段经文像这里解释的是指赎罪券，就是对圣经粗暴的歪曲，或者是他们不恰当的错误援引。然而我本乎尊敬的态度，承认《编外游移》谕令的真实性并试图维护两者各自的意义。即使这样，我仍然受到指示："你必须遵循那意思（即次要的）而拒绝另外的（那真实的）。"因此，假使我被迫称自己的声明是错误的，我会这样做。但同时我也会加双倍地宣布《编外游移》谕令是谬误的。如果他们指控我在赎罪券一事上持有与众人相反的意见，我会坦白地承认：事实的真相确实如此。

进一步讲，在此我承认，我是有意这样做的，为了达到把"基督的功德是功德宝库"这一现今流行的信念付诸公开的讨论。虽然我知道这是一般人都接受的，但这句话听起来像是谬误。我特此拟定了论纲："钥匙职是通过基督的功德而赐予了教会，由此基督的功德才构成了教会宝库。"可见，我没有将基督的功德与赎罪券完全分割开来，只是按照另外的意思，而不是按照一般的意见来解释。假如我不以谦卑而恭敬之态，即不怕与一般的意见相矛盾，我就会不提及钥匙职是通过基督的功德而赐予的，这样我就可能从我的讨论中完全剔除基督的功德。然而，现在为了达到调和矛盾的目的，我提出了基督的功德。但总不能因我大胆地反对了《编外游移》谕令，而且引用圣耶柔米的话，就诋毁我犯下了弥天大罪吧。在提到一些人总以为他们所讲的一切都属于上帝的律法时，圣耶柔米说："他们不屑于了解先知和使徒的思想［请留意"思想"一词］，却常常采用不恰当的证词以适应自己的解释，该证词像是一种伟大的、最险毒的、歪曲经文的教导，硬把反对他们的经文曲解为与他们的意思相一致"。显然，《编外游移》谕令即属于这种。因为它将有关基督功德之道牵强附会于赎罪券，借此证明罪过得以赦免。我不得不提防其拙劣的诡计。

基督的功德可免罪并增添信徒的功德。赎罪券却取走功德留下罪过。难道我们能从圣经经文对赎罪券的这两种功用产生恰当的了解吗？我相信甚至连俄瑞斯忒斯都会断然否定。[34] 尽管这样，我出于尊敬而承认它，甚至超越常理还肯定了它。最后由于该《编外游移》谕令确实意思含混不清，而且在用词上游移不定，一会儿讲基督的功德是赎罪券宝库，一会儿又讲基督的功德取得了这种宝库，所以我才作出声明，即在表达自己意见的同时，又反对流行的观点。面临当前有人对上帝之道绕来绕去、（甚至像圣耶柔米所批评的那样）歪曲经文，难道在尚未断定我的错误之前，要我明确表态、收回自己的定论吗？我当然不能这样做。与此相反，我始终信心十足，坚决地否定基督的功德以任何形式隶

---

[34] 俄瑞斯忒斯（Orestes），希腊神话中阿伽门农（Agmemnon）与克吕泰涅斯特拉（Clytemnestra）的儿子。他常被引用作为顺从的榜样，传说他为父报仇，杀死谋害父亲的亲母，被复仇女神惩罚，但被雅典娜赦免。

属于教宗之手的说法，如同《独一圣子》谕令中所言。就让教宗自己考量他对《编外游移》谕令的认识吧！

到目前为止，这方面的阐述已经够了。在所有教宗的法令中没有发现圣经正确和恰当的含义。所以当人们不按法令的描述，去发表自己的想法或者持守相反的信念时，就不能硬说是违背教会谕令。因为谕令授予教会传道人的职责是解释圣经，并且有权在遇到相互冲突的问题时作出他们自己的判断。同时司法与神学的职权也互有区别，许多事情前者认可允许，而后者却严格禁止。法学家可能强调他们传统的惯例，然而我们神学家却要维护圣经的纯洁性。我们尤其要恪尽职守，特别在当前出现了邪恶的谄媚之风，他们把教宗抬高在大公会议之上，其结果是，一次大公会议遭到另一次大公会议的谴责，留给我们的最终就等于零。最后只有一个人，就是教宗，可以把一切都任意踩在脚下；因为他同时处于大公会议之上，又在大公会议之内。他既有权谴责大公会议，就高于大公会议；又可以参与大公会议而接受其议案，从而使他的地位变得凌驾于大公会议以上。㉟ 还有一些人厚颜无耻地公开声称：教宗不会有错，且在圣经之上。如果承认这种可怕的奇谈怪论，不仅圣经将遭到毁灭，甚至教会本身也将毁于一旦；那时在教会内的东西，除了俗人的言论以外就什么也没有了。这些谄媚的捧场者实际上是力图掀起对教会的仇恨，然后使基督的教会彻底灭亡。我的读者，恰恰由于这个原因，我在你们面前声明：我完全出自珍爱教会并在一切方面跟从教会。我唯一反对的是那些假借罗马教会之名，妄图把我们建立为巴比伦的人。㊱ 我希望无论发生什么事——那些人以为接受了罗马教会那样的解释，神圣

㉟ 1511年和1512年，在马克西米利安一世和法王路易十二世的要求之下，分别在比萨和米兰召开大公会议，宗旨是讨论、改革教会的领导问题，涉及尤利乌斯二世。尤利乌斯二世虽然声称出席大会，但实际上并没有参加。相反，为了与之对抗，在他的支持下，从1512年到1517年，断断续续地在罗马的拉特兰召开大公会议。教宗召开的大公会议最后胜过了当代的比萨和米兰的大公教会，以致他的继承人利奥十世，左右在罗马的大公会议直到结束。从此树立起教宗的绝对权威。路德对当时政教统治者争权夺利的激烈斗争较为了解，他认为教宗"既在大公会议之上，又在大公会议之内"，这是罗马教宗权得不到制约、愈来愈专横的重要原因。

㊱ 参考本卷《教会被掳于巴比伦》；另参 WA 6，381—469；PE 2，170—293。

的圣经真理似乎就不存在了——哪怕他们再巧言令色，我们都必须按照圣奥古斯丁的教导，对所有的一切进行评断。这样的做法，罗马教会从来就没有教导过，也没有实行过。

我相信，那些人中有不少是特别善于奉承的媚妄者，他们还口授了一份使徒的信件攻击我。为让你们亲自领略他们所使用的狡猾伎俩，我愿公布该信件的全部内容，因为该信件在德意志境内拟定，然后被特别谨慎地送往罗马；最后可能是在罗马一些重要人物的建议之下，又回到了德意志。我希望能证实这一点，或者起码引起人们对其内情的怀疑。因为这封附信也附属在我的听审材料之内。

利奥十世教宗致圣西克斯图斯名誉枢机主教、教宗尊座的特使，我亲爱的儿子托马斯的一封信㊲

我们亲爱的儿子，谨此致意，并赐使徒的祝福于你：

我们听闻有一个名叫马丁·路德的，他是奥古斯丁修会的一名教授，教导一套邪恶的教义，坚持一系列异端观点，背弃神圣罗马教会的教义。另外，他居然敢在德意志许多地方刊行诽谤性的小册子，表现出极端的粗野和顽固，无视忠顺之礼，更不与信仰之母罗马教会商讨。我们希望采用一种长辈的方式，以纠正他的粗劣。为此，已特别委任阿斯科利·皮切诺（Ascoli Piceno）的主教耶柔米弟兄，㊳ 担任教宗大使来传讯这个马丁亲自到场听审。要求他就上述指控对其信仰做出回答，同时还可以一并施以某种特殊惩罚的威胁。这位耶柔米大使已向上述的马

㊲ 利奥十世在 1518 年 8 月 23 日致枢机主教卡耶坦的信，以及对它的说明和解释，参见 Martin Luther, *Luther's Correspondence and Other Contemporary Letters*, vol. I, ed. and trans. Preserved Smith（Philodaphia：The Lutheran Publication Society, 1913），pp. 101 - 104。

㊳ 即锡耶纳（Siena）的吉罗拉莫·金努奇，他曾担任教宗尤利乌斯二世的秘书，后来被任命为阿斯科利·皮切诺主教；利奥十世时，担任教宗大使；1535 年升任枢机主教，卒于 1541 年 7 月 3 日。

丁发出了传讯令，有关这方面的情况，正是我们在其后了解到的。

但是，现在这个马丁不能不令我们重视，因为他竟然辜负我们的善意、益发傲慢无理，且恶上加恶，坚持其异端言论，又发表另外的论纲和无耻的小册子，其中含有更多的异端言论和谬误。这真使我们感到极大的不安。

按照我们的教牧职权，剪除此种毒草的苗头是我们义不容辞的责任。为防治这种害人虫，免其扩散而毒害普通百姓的心灵。我们通过这封信命令你谨慎防范。（从中我们对主予以最大的信靠，一方面是出于你卓绝的学识和经验，另一方面是出于你对我们及圣座献身的虔诚，而你也是这教廷中荣誉的一分子。）鉴于报道的情况以及既有的事实，我们看来这是罪恶昭著和不可原谅的。所以你在接到本信以后，应马上勒令该马丁亲自到你面前，通过上述教宗大使，立即宣布他为异端。当然完成此项任务，必须得到各方面的支援，包括最可爱的基督之子、罗马人选出的皇帝马克西米利安，以及现有德意志的诸侯，各城市、各自治区、教界和俗界的其他权力。在将他解到你手里以后，务加以认真监管，等候我们进一步的命令，一直到把他带到我们以及神圣使徒的座前。

如果他主动到你那里并请求宽恕他的粗野行为，或者他的思想有所转变，有了痛改前非的实际悔过表现。我们授权予你，接纳他回到合一的、从不厌弃游子归来的、神圣的教会母亲的怀抱。但是，如果他仍然执迷不悟，甚至抗拒俗世的权柄，我们授权予你，一定将他本人以及所有依附者、跟从者付诸公开法律程序的审判，并按照不同情况，在德意志各地公开点名——就像很早前的古罗马时代，将各种罪犯的名字列于执政官的公告栏上一样[39]——诸如异端分子、被革除教籍者、被强烈谴责者、受诅咒者等，好让所有虔诚的基督徒弃绝他们。为了从快从简扑灭这一隐患，我们授权予你，你可以随时训诫并向所有各级教士提问，是以单独形式或集体形式进行均由你决定；对所有世俗的或正规的宗教人士，包括托钵修会，公爵、侯爵、伯爵、男爵，各城市、各自治区以及行政法官等，均可行使我们的权力（唯上述马克西米利安皇帝除外），

㊴ 执政官公告栏，古罗马时代专用以公布执政官对案犯之判决。

将他们置于革除教籍等严厉惩罚和刑讯的威慑之下，最终拘捕上述马丁及他的跟从者，并交付你亲手处置。

但是，若上帝禁止且我们不能设想的事态出现，例如上述公侯、城市、自治区或执法人员，集体或私下以任何形式接纳了马丁或其跟从者，或者给予他们公开或隐蔽的、直接或间接的帮助或建议，无论何种原因，以何种形式，我们都有权就地将他们置于教会的禁令之下。在任何公侯、城市及其同盟、行政长官所属的村镇和各种地域，只要上述的马丁在那儿停留达三天以上，你都有权对那些其公侯、市政人员进行集体的或个别的警告，还可另外处以相应的惩罚；至于涉及上述正规的教士和教职人员，则要他们在以后都不能持有教会和修道院的圣俸。那些世俗领主（除皇帝以外），也要剥夺他们的封建领地。他们应被认定为不忠诚且无能力行使合法业务；并取消他们死后的基督徒葬礼权，剥夺他们从罗马教会辖区或任何一级世俗领主那里获得的封地。只要他们没有及时无条件地听从你的命令和规劝，继续与你为难作对，并给上述的马丁等人提供建议、协助、偏袒和庇护，他们就将招致这样的惩罚。

另外，通过这封信我们授权予你，根据你自己的判断，赐给那些顺服你的人以完全的赎罪券，可给予他们任何形式的补赎或恩典。但是也不能对妨碍任务的一些豁免、特权和人情等掉以轻心。无论是由于宣誓、使徒肯定的权利，还是赐予教士、修会任何形式的恩惠，例如通过托钵修会、教会、修道院、社会团体或俗界人士所达成的豁免，又或是不能将某些人员革除教籍、停职或置于褫夺教权的禁令之下的特别规定，我们也应对这些豁免的内容，迅速明确地予以废止，或者通过现今谕令的权力，提议废除。我们要不顾一切把那些豁免看作是插入的非法内容，而由现今的谕令宣布其无效。1518 年，即我教宗在位第六年，8 月 23 日，发自罗马圣彼得教廷，有大渔翁的指环印鉴为证。

雅各布·萨多雷托[40]

---

[40] 雅各布·萨多雷托（Jacopo Sadoleto, 1477—1547 年）是一位意大利的枢机主教，当时担任利奥十世教宗秘书；因其与约翰·加尔文的通信而闻名。

马丁·路德修士对上述信件内容的回应

首先，职位最高的教宗向来称所有的枢机主教和主教们为他"尊敬的弟兄"，然而，对这位圣西克斯图斯名誉枢机主教，他却被称为教宗的"亲爱的儿子"。据考察如此称谓，在类似这样的谕令中极为罕见。另外，这位卓尔不凡的作者竟然把通常行文一致的技巧都遗忘了，又把阿斯科利的耶柔米主教称为教宗"尊敬的弟兄"。可见，搬弄是非的手笔应该记得这句谚语："说谎者需要有很好的记忆力。"

再者，试问是哪一位告诉教宗，说我妄用了他的善意？出于什么原因，他通过耶柔米传讯我到卡耶坦面前受审？既然当时信件已经制定，起码我被视为辜负了教宗的好意，但下文你将读到，那时我根本不知传讯之事。但在德意志倒有位拙劣的饶舌喜鹊，[41] 看到我的忠诚，才嘶哑着嗓子大谈此事。

其次，说我在接到传讯和耶柔米的告诫以后，仍然顽固地坚持异端邪说，还出版了另外的许多小册子，这明显是谎言。因为我停止出版著作，不仅在此封信件之前，甚至早在耶柔米的告诫之前。我发表的《〈九十五条论纲〉的解释》[42] 也早在教廷的传讯之先。然而人们完全可以明白，这是由于我公开了颇受人们欢迎的辩护词，[43] 使某些蒙着面罩的人感到沮丧。当我对他们毫不退让时，他们便给我编造出某个教宗来，演绎出由他所预示的一连串的事件、相关的丑闻和种种不可原谅的事端。可能由他们所编造出来的那个利奥十世出生的时候，他们正在高谈毫无益处的、但又非常时髦的"计算过事物的理性和正在计算事物的理性"。[44]

---

[41] 路德使用隐喻，暗讽道明会的一些神学家，因他们常常穿着黑白相间的服饰，善于搬弄是非、散布流言蜚语，攻击开明的改革派。

[42] 参见本卷《〈九十五条论纲〉的解释》；另参 *LW* 31，77—252。

[43] 指路德 1518 年 6 月刊出的 *Eine Freiheit des Sermons päpstlichen Ablass and Gnade belangend*，参考 *WA* 1，380—393。

[44] 路德在这里嘲讽经院哲学派，因为他们喜欢进行繁琐的分析、玩弄名词术语，以此进行诡辩。

最后一点，也是最具说服力的。该信件于 8 月 23 日发出，而我被传讯和告诫的日期是 8 月 7 日，期间只有短短的十六天。我的读者，你们可以发现，阿斯科利的主教耶柔米开始着手处理我，再进行审判、谴责，然后宣布我为异端分子，应在传讯令发出之前或者在其后的十六天之内。现在我试问：8 月 7 日的传票上讲，限令我六十天之内，即允许我六十天时间准备出庭答辩，按规定 10 月 7 日才算到期，那么这六十天的限期哪里去了？难道这是罗马教廷的惯例和程序，甚至在当事人远离罗马并对案情一无所知时，还要在一天之内同时又传讯、又告诫、又起诉、又审判、又定罪、又宣布有罪，以此处理同一宗案子吗？他们对此将何以答复呢？除非他们忘记了在准备编造谎言之前，用鹿食草⑤进行净身。

总而言之，我的读者，请接受我发自信心的规劝。无论我的论纲最终会如何，也无论他们如何强调赎罪券之功效，我忠告你们千万不要陷入我的蠢笨错误之中。因为我曾经相信基督的功德确实能够通过赎罪券赐给我，而且我还持续具有这一愚蠢的信念：认为赎罪券如此之珍贵，我竟在教学和传道中让人不要轻视它们，不要认为它们毫无价值而鄙视它们。作为蠢辈中之最蠢者，我一直没有发觉通过这种讲道，实际上建立了一种规条触及到了得救问题，这不仅关乎让人获得自由、缓解紧张情绪，更是一种不可或缺的忠告。这是通过我的理性才达到的认识，因为受到了经院哲学家们含糊不明的语词和意见的欺骗，并被《编外游移》谕令所蒙蔽，使我犯了错误。请你们为此作见证，我的读者。我现在宣布收回前言，并请你们为此作见证，我的读者。

然而，当我睁大双眼的时候，也发现教会中所有的教师都一致同意：与其获取赎罪券还不如抛弃它们为好；那些自行补罪的人所得的福气大大超过购买赎罪券的人；赎罪券仅是对善功的减免，以此完成补罪而已，此外毫无价值。我还从其后的过程中很快领悟到：赎罪券的确应该受到鄙视，最有益的忠告就是认明这玩意儿没有用，并应弃绝它们。

---

⑤ 鹿食草（hellabore），一种植物，古代人将其根部晒干以后，作为强力通便之用，以治疗精神错乱。

但是要向人讲"鄙视""不理会""毫无价值"这种话，对于神圣的、宝贵的、不可估量的基督的功德（其实是指赎罪券）听起来的确太恐怖了。所以我还是不把这些话视为忠告，而是疯狂的大不敬。

这就使我又得出结论：没有涉及基督功德的赎罪券是无用的；只有当它们与基督的功德等同时才是所有宝藏中最珍贵的。但是（天哪！），圣洁的、无可比拟的基督的功德，竟被当作最污浊、最丑恶、以盈利为目的的借口！

当描绘我们最甜蜜的救主之伤痕、流血、受难的时候，有哪个基督徒会不自愿乐意献身，更何况他的金钱，且不说这一切是为他而奉献的？另一方面，如果你发现这一切仅为铜臭服务，且基督不仅被一个犹大卖了一次，而且无数次地被无数的犹大卖了时，你难道不感到气恼吗？所以，唯盼你不被假借基督之名的人欺骗，但要牢记这言："因为假基督、假先知将要起来，显大神迹、大奇事，倘若能行，连选民也就迷惑了。"［太 24:24］

让我们假定我的论纲［第 58 条］是错误的，即基督的功德是赎罪券宝库。㊻ 但是想想看，从这一假定必将有什么必然的结论，你到时该说什么？如果基督的功德遭到否定、被视为毫无价值，而那些不买基督功德的人反而比那些极为热心想获取基督功德的人更有福分。基督的功德既按其性质是激励人去行善，但这些功德却又于赎罪券中，让人不必去行善，这不是自相矛盾吗？还有，通过基督功德的性质以及上帝的旨意，他们应该获得一定的成就，然而通过教宗的旨意，他们又什么事也办不成。这又是怎么回事呢？

我的读者，我已尽了自己应尽的义务。现在如果你们再错，你们的错就不能怪我了。再见。

（翻译：刘行仕　编辑：丘恩处）

㊻ 参见本卷《九十五条论纲》第 58 条。

两种公义论*

马丁·路德神父

（1519 年）

导　言

　　路德的《两种公义论》原本为一篇讲道，反映了这位改教家早年如何将自己的福音神学应用于教区居民的生活中。这篇讲道以简明而真切的语言坦率地表述了路德的教义理论，它们是其经过深思、圣经评注和历史性的研究，以及同那些博学的对手们之间辩论而逐渐形成的。路德的圣经知识如此渊博，并且已成为他生活与思想的一部分，以致整篇讲道词中，圣经章节及其运用构成了一种和谐的统一体。路德没有引用什么无关的资料来影响基于《腓立比书》2:5—6 这一主题的发展。他有效地区分了"基督的义"与"信徒的义"，前者是基督借以使人称义、赦罪和得救的那种义，后者则来自于基督的公义。

＊　　　＊　　　＊

　　弟兄们，"你们当以基督耶稣的心为心，他本有上帝的形像，不以自己与上帝同等为强夺的"［腓 2:5—6］。

　　正像人的罪有两种一样，基督的义也有两种。

　　第一种是外来的义，是自外部输入的、来自另一位义。这是基督的义，借此他使人因信称义，正如《哥林多前书》1［:30］所记："上帝又使他成为我们的智慧、公义、圣洁、救赎。"在《约翰福音》11［:25—26］中，基督本人也宣称："复活在我，生命也在我；信我的人虽然死

---

* *Two Kinds of Righteousness*，1519.

了，也必复活。"后来在《约翰福音》14［:6］中，他又补充道："我就是道路、真理、生命。"这种义是在施洗时，以及当人真正悔改时赐予人的。于是，人就能在基督里满怀信心地自夸说："我所拥有的，乃是基督的生命、行为、言语，以及他的苦难和死亡；我也曾像他那样生活、行动、言谈、受苦和死亡。"犹如新郎拥有新妇的一切，新妇也拥有新郎的一切，因为二人已联合，成为一体，共有一切［创2:24］。所以，基督与教会同为一灵［弗5:29—32］。因此，根据圣彼得的教训，配得称颂的上帝与仁慈的父已将极大且宝贵的应许赐给了我们［彼后1:4］。圣保罗在《哥林多后书》1［:3］也这样写道："愿颂赞归与我们的主耶稣基督的父上帝，就是发慈悲的父，赐各样安慰的上帝。在基督里，他赐给了我们天上各样属灵的福气。"①

如《创世记》12［:3］所述，很久以前，上帝就对亚伯拉罕应许过这难以言表的恩典和福气："地上的万国都要因你的后裔（即在基督里）而得福。"②《以赛亚书》9［:6］也这样写道："因有一婴孩为我们而生，有一子赐给我们。"其所以说"赐给我们"，因为只要我们信基督，他连同他的一切恩惠都属于我们。正如我们在《罗马书》8［:32］中读到的："上帝既不爱惜自己的儿子，为我们众人舍了，岂不也把万物和他一同白白地赐给我们吗？"因此，基督的一切均为我们所有。虽然我们更应受到上帝的愤怒、审判和地狱之苦，但我们的主纯粹出于仁慈，才把这一切宽厚地恩赐给我们这些原本不配之人。甚至基督本人也说，他降世是按其父的神圣旨意行事［约6:38］，顺乎天意。凡他所做，必为我们，而且极力使一切为我们所有。他说："我在你们中间如同服侍人的。"［路22:27］。主还说："这是我的身体，为你们舍的。"［路22:19］在《以赛亚书》43［:24］中，主说："使我因你的罪恶服劳，使我因你的罪孽厌烦。"

因此，凭着对基督的信心，基督的义便成为我们的义，他的一切均为我们所有，甚至连基督自己也属于我们。所以，圣保罗在《罗马书》

---

① 该引文并非如作者所说引自《哥林多后书》，而是路德自己概述《以弗所书》1:3。
② 《创世记》上是"你"（in thee），而非"你的后裔"（in thy seed）。上述引言实际出自《创世记》22:18，参考《加拉太书》3:8。

1〔:17〕中将其称之为"上帝的义";因为"上帝的义正在这福音上显明出来……如经上所记,'义人必因信得生'"。最后,在同一封书信的3〔:28〕中,他又把这种信称为"上帝的义"——"我们看定了,人称义是因着信,不在乎遵行律法"。这种义是无限的,并且人可以因信在瞬间免去一切罪过,因为罪不可能存于基督里。相反,凡信基督者,便活在基督里,与基督为一,拥有基督的公义。所以罪不可能留在他的身上。这种义是最主要的,是我们自身现有公义的基础、原因和源泉。因为上帝赐给我们这种义,是用以取代亚当所失去的原初之义。其成全的与原初之义所能成全的相同,甚至比它更多。

我们正是从这一意义上来领悟《诗篇》第30篇〔31:1〕的祈祷:"耶和华啊,我投靠你,求你使我永不羞愧,凭你的公义搭救我。"这里没有讲"凭我的义",而是说"凭你的公义",也就是借着信心并凭着上帝的恩典和慈悲,我主基督的义成为我们的义。在《诗篇》的许多章节中,信心被称为"主的善功""认信""上帝的大能""仁慈""信实"和"公义";这些都是对相信基督的称谓,或者说对基督里的公义的称谓。因而圣保罗在《加拉太书》2〔:20〕中才敢大胆说:"现在活着的不再是我,乃是基督在我里面活者。"他在《以弗所书》3〔:14—17〕中又进一步指出:"我在父面前屈膝……求他……使基督因你们的信,住在你们心里。"

如果天父确实使我们的内心归向基督,那么这种外来的义灌输给我们,就并非因我们的行为,而仅仅由于上帝的恩典——所以它与原罪对立;因这原罪也是外来的,非因我们的行为,而只单单因生而获得。随着人类对基督的信心和认识的增长,基督才逐日不断地把老亚当的原罪从世人身上驱除出去。这种外来的义不可能瞬间就全部灌输给我们,它有开始,渐渐地成长,最终通过死亡而臻于完美。

第二种义是我们本身所具有的,它并非出于我们自己的行为,而是借第一种外来的义所做的善功。这是在善功里行之有效的那种生活方式。首先,就自身而言,要消灭肉体,根绝欲望,像我们在《加拉太书》5〔:24〕所读到的那样:"凡属基督耶稣的人,是已经把肉体连肉体的邪情私欲同钉在十字架上了。"其次,这种义包含着对邻舍的爱。

第三，对上帝的顺服和敬畏。在圣经的其余部分，使徒保罗对这些都有充分的阐述。他在《提多书》2［:12］中对这一切进行了归纳："在今世自守（关于钉死肉体）、公义（对邻人）、敬虔度日（对上帝）。"

这种义产生于第一种义，实际上就是它的果子和结局。我们在《加拉太书》5［:22］中读到："［圣］灵［即因信基督而生存的属灵之人］所结的果子，就是仁爱、喜乐、和平、忍耐、恩慈、良善、信实、温柔、节制。"由于我们提到的善功是人的行为，所以十分清楚，这一节经文所讲的属灵之人被称为"灵"。《约翰福音》3［:6］说："从肉身生的就是肉身，从灵生的就是灵。"这种义是继续对第一种义的完善过程，因为它一直在尽力排除老亚当，摧毁罪恶的肉体。所以这种义恨自己，爱邻人，它不为己谋利，只为他人造福，这构成了它的整个生活之道。在这个义里，人会痛恨自我，毫不为己，把肉体连同邪情私欲同钉在十字架上。由于为他人谋利，以爱心行事，所以在任何情况下，人就能按上帝的意志行动，严格自持，对邻里以义相待，对上帝虔诚委身。

这种义在此以基督为榜样［彼前2:21］；并且转化为基督之形像［林后3:18］。这正是基督所求。如他本人一切都为着我们；不谋己利，唯利我众一样——在这方面，他对父上帝最为顺服——因此他极欲我们对邻里树立相同的榜样。

从《罗马书》6［:19］我们知道，这种义是与我们自己的本罪相对立的："你们从前怎样将肢体献给不洁不法作奴仆，以至于不法，现在也要照样将肢体献给义作奴仆，以至于成圣。"因而从第一种义传出新郎对心灵的这种声音："我是你的。"而从第二种义传来了新妇的回应："我是你的。"随之便缔结婚约，并像《雅歌》［2:16］所唱的那样牢固、美满："良人属我，我也属他。"其后这种灵魂也就不在自身追求一己之义，而以基督为自己的义，只为他人谋取福利。因此，会堂的主耶和华通过先知警告说："那时我必使犹大城邑中和耶路撒冷街上欢喜和快乐的声音，新郎和新妇的声音都止息了。"［耶7:34］

这就是我们正在思考的相关经文的内容："你们当以基督耶稣的心为心。"［腓2:5］其意思是你们应当谦让并互相善待，就像你们所看到的基督善待你们那样。怎样才能做到这一点呢？实在应当像他那样，

"他本有上帝的形像，不以自己与上帝同等为强夺的。反倒虚己，取了奴仆的形像"[腓 2:6—7]。这里所讲的"上帝的形像"，并非意味着"上帝的本质"，因为基督从未倒空上帝的本质。同样，"奴仆的形像"也并非指"人的本质"。但"上帝的形像"却是指智慧、权能、公义、良善、自由，因为基督是一个自由和有权能的智者，从不受制于其他所有世人屈从的那些罪恶。在这方面他卓绝超群，完全符合上帝的形像。然而，他并不因此而自傲，"不求自己的喜悦"[罗 15:3]，也不鄙视和唾弃那些曾经屈从各种邪恶并受其奴役的人。

他也没有如那个法利赛人那样说："上帝啊，我感谢你，我不像别人"[路 18:11]，因为那人专因他人的不幸而感到开心，无论如何他都不愿别人跟他一样。这是一种据物为己的强盗行为——起码可以说他宁可将物据为己有，不愿将上帝之物明确归于上帝，也不愿用其服侍他人，生怕自己会因此而与别人一样。这种人总希望自己像上帝一样：自足、取悦自己、以自己为荣，不对任何人尽责任等等。但是，基督根本不这样想，他没有以这些来显出他的智慧。他向父上帝放下他的形像而虚己；不愿以其高贵小视世人，不愿与我们有别。他甚至为了我们的缘故，成了我们中间的一员，并以奴仆的形像出现，也就是让自己遭遇一切罪恶。尽管他是自由的，正像使徒所说的那样[林前 9:19]，但他却让自己成为大家的仆人[可 9:35]。他那样生活，仿佛我们的一切罪过实际上都是他的一样。

他承担了我们的罪过，并替我们受罚。尽管他是为了我们承担这一切，但他所行的却好像是为了自己一样。就他同我们的关系而言，他有作我们的主和上帝的权柄，但他不愿这样，却极欲作我们的奴仆。正如《罗马书》15[:1，3]所记："我们……应该……不求自己的喜悦……因为基督也不求自己的喜悦，如经上所记'那些辱骂你的人骂声都落在我身上'。"[另参诗 69:9]《诗篇》的这一引言与保罗书信的引文同义。

当许多人正面理解这段经文时，也应了解其反面的意思，即基督不以自己与上帝同等的意思是指，他不愿和那些肆意强求与上帝同等的人为伍，那些人甚至对上帝说："你若不赐我荣耀（如圣伯尔纳所解释的），我便为己强夺。"这段经文不能正面理解为：他并不认为自己与上帝同等是强夺行为，即事实上他与上帝同等，所以他不认为这是强夺行为。这一解释并非基于正确的理解，因为它是论人子基督的。使徒保罗的意思是：每个基督徒应以基督为榜样，做他人的奴仆；如果一个人具有超常的智慧、公义或权柄、自夸具有"上帝的形像"，那么他就不该独占其为己有，而应将其降服上帝，让自己完全变得似乎一无所有［林后 6:10］，跟那些匮乏的人一样。

保罗的意思是：当每个人忘记自我，不以天赋而自诩时，他就应当以身作则，把邻人的弱点、罪过、愚昧，看成自己的一样。他不应当自吹自擂，妄自尊大。也不应唾弃或蔑视邻人，好像自己就是邻人的上帝或与上帝同等一样。因为上帝的权能应当为上帝所独有；所以人若傲慢鲁莽、忽视这一事实，就是强夺。所以，人就这样取了奴仆的形像，圣保罗在《加拉太书》5［:13］中"用爱心互相服侍"的诫命也就得以成全。圣保罗在《罗马书》12［:4—5］和《哥林多前书》12［:12—27］中，用身子肢体的比喻教导会众：那些有力、体面和健壮的肢体，都不摆出主人的架子，装作上帝的样子，凌驾于羸弱、卑微的肢体之上，洋洋自得。相反，它们忘却自己的尊荣、康健和权能，更多地替后者服务。因为这样一来，任何肢体就不服侍自身也不追求私利，只为别的肢体服务。肢体愈是软弱、卑微和病残，其他的肢体就会愈加更多地服侍它。用使徒保罗的话来说，就是"免得身上分门别类，总要肢体彼此相顾"［林前 12:25］。人在各种情况下当如何与邻人相处，此处已讲得明明白白了。

如果我们不能甘心情愿地放下上帝的形像而取奴仆的形像，也要忤逆自己的意志勉力为之。在这方面，我们应以《路加福音》7［:36—50］的故事为鉴：曾患麻风病的西门佯装有上帝的形像，据义自傲，并蛮横地裁判、歧视抹大拉的马利亚，视她为奴仆。但我们看到，基督立即撕破他所谓公义的形像，还他以罪恶的形像。基督说："你没亲我……你没用香膏抹我的头。"西门不知自己的罪有多大，他也未曾想到自己已为这个令人讨厌的形像所丑化，以前的善功根本不值一提。

基督不在乎上帝的样式，西门却以此而自满。基督也不再提及西门邀请他吃饭和如何尊崇他；所以麻风病愈者西门现在仅仅是一个罪人而已。自以为义者被剥去"上帝形像"的光彩，无可奈何地蒙羞，取了奴仆的形像。另一方面我们则看到：基督将上帝形像的尊荣赐给马利亚，并抬举她，使她高于西门。他说道："她用香膏抹我的脚，亲我的脚，她用眼泪湿了我的双脚，又用头发擦干。"她和西门都未察觉这是多么大的功德，她的过失也被一笔勾销。基督给予她至上权力形像，使她升高，而不计较她奴仆的形像。马利亚没拥有什么，只有公义，她被提升到上帝形像的荣耀里。

如果我们自恃握有公义、智慧、权能而桀骜不逊，或怒对那些无义、无才和无权能之人时，基督也会这样处置我们。因为我们那样做是极大的堕落——是以义抗义，以智压智，以权能反权能。不能因为你自己强大，就去压迫弱者，使之更弱，你倒要提升并护卫他们，使他们强大起来。如果你是智者，你不应嘲笑愚人使其更愚，而是要你去教诲他们，一如你希望受教一样。既然你是义人，你就要保护、宽恕不义者，而不能一味责怪、诋毁、审判和惩罚他们。因为这是基督为我们树立的榜样，他说："上帝差他的儿子降世，不是要定世人的罪，乃是要叫世人因他得救。"［约 3:17］他在《路加福音》9［:55—56］中进一步说："你们的心如何，你们并不知道；人子来不是要灭人的性命，是要救人的性命。"

但世人的天性顽固抗拒，因为人过于喜好惩罚，以义自诩，对邻人因不义而蒙羞、尴尬，感到幸灾乐祸。所以，人总为自己的事辩解，见自己比邻人好就欢欣。人反对邻人，总盼别人变得卑微。这种堕落是十足的罪恶，与爱背道而驰，因为爱不求自己的利益、只求他人得益［林前 13:5；腓 2:4］。人应以邻人不如自己而忧伤，希望邻人的处境优于自己。如是，他将倍感欢欣，一点不亚于自己胜过邻人时的那种感觉，"因为这就是律法和先知的道理"［太 7:12］。

但你可能要问："难道不许责罚恶人吗？惩戒罪恶有什么不对呢？谁不该捍卫公义呢？若不理会，将会导致不法之举。"

我的回答是：解决这个问题不可能有唯一的方式，要因人而异，因为人有公私之分。

上述情况与公职人员毫不相干，他们是受上帝差派而担任要职的人。惩罚、审判恶人、认定并护卫受害者是他们的必要职能。因为不是他们，而是上帝在行使这些职责。他们在这些事务上只能是上帝的奴仆，正如圣保罗在《罗马书》13［:4］所说："他不是空空地佩剑……"但这句话只应被理解为是指别人的事而言，不是自己的事，因为无论何人都不能为自己或自己的事务而代上帝行事，除非是为了他人的利益。然而，如果一个公职官员要打官司，他就要请别人，而不是由他本人来做上帝的代表，因为在这样的案件中，他是当事者之一，而不是法官。关于这些问题，还是留给他人以后来解说吧，因为它牵扯很广，现在难以一下理清。

参与诉讼的个人可分为三种：第一种是那些为了复仇而求上帝的代表进行审判的人。这种人相当多。保罗虽然宽容他们，但又不同意他们的一些做法。他在《哥林多前书》6［:12，和合本修订版］说："'凡事我都可行'，但不是凡事都有益处。"他在该书同一章还说："你们彼此告状，这已经是你们的大错了。"［林前6:7］为了避免更大的罪恶，保罗容忍了这较小的过失，以免人们为了保护自己而相互动武，以牙还牙，逞一己之私利。然而，这样的人却进不了天国，除非他们已经弃旧图新，放弃那些仅仅是合法的事情，追求有益之举。因为追求私利的情欲必被毁灭。

第二种是那些没有复仇欲念的人们。按照福音书［太5:40］所记，这种人对想要拿走其里衣者，索性连外衣也由那人拿去。他们不抵抗任何罪恶，他们是上帝的儿子，是基督的弟兄，是未来福气的得主。在圣经中，他们被称为"孤儿""寡妇""孤独者"；由于他们不想报复，上帝就愿做他们的"父"和"伸冤者"［诗68:5］。他们非但不想报复，而且若有权势之人想替他们伸冤，他们也不愿、不求，至多只是允许而已。如果他们位居显要，还会禁止或阻止这种行为，甚至准备失去所拥有的其他一切。

假如你要问："这种人太罕见了。他若这样做又怎能在这世上生存呢？"我的回答是：这不是今天才发现的，得救的人很少，因为通往永生的那道门是窄的，找着的人也少［太 7:14］。但是，如果没有人这么做，那么圣经怎么堪称贫穷者、孤儿、寡妇为"属基督的人"呢？这第二种人为冒犯他们的人的罪恶而悲哀，甚于对自己的损失和受害的悲哀。他们之所以这样做，是宁愿使冒犯他的人弃恶，而不愿为自己所受之苦进行报复。因此他们脱去自义的形像，而以另外的形像出现：为逼迫他们的人祷告，为咒骂的人祈福。以德报怨，甘愿为仇敌承受惩罚、做补偿，以至于他们能得救［太 5:44］。这就是基督的福音和榜样［路 23:34］。

第三种人的主张很像上述第二种人，只是实际行动不同。他们要求追还原属于自己的财物，或者图谋给罪有应得者以惩罚，但却不是为了谋取私利，而是通过惩罚和物归原主，使盗窃者和作恶者弃恶从善。他们认为若不对作恶者施以刑罚，就难以使其改过自新。他们被称为"狂热派"，圣经也赞许他们。但是除了上述第二种人中相当成熟之人和极有经验者外，任何人都不应该有此企图，以防错把怒火当热心，将愤怒和急躁当成出于公义的慈爱行为。这是因为愤怒和热情相似，急躁形似出于公义的爱。除了最为属灵者，无人能够对其明辨。基督曾显示过这种狂热，如《约翰福音》2［:14—17］所述，他做了一条鞭子，把在圣殿做买卖的人统统赶了出去。圣保罗也表现过类似的激情，他问："要我带着刑杖到你们那里去，还是以温柔的灵，带着爱心去呢?"［林前 4: 21，新译本］

（翻译：雷雨田　编辑：郭鸿标）

莱比锡论战 *

（1519 年）

导　言

　　当约翰·艾克博士成为新福音神学的主要攻击者之时，关于赎罪券的论战进入了一个新阶段。艾克的真名是迈尔（Maier），但他以其出生地——巴伐利亚斯瓦比亚（Swabia）的艾克（Eck）而出名。他基本上是路德的同代人，其辩论在宗教改革运动中起了重要作用。但是，由于他针对路德的主要武器是指控他为异端，所以在当时的宗教运动中没有产生建设性的影响。他记忆力超群，可惜没有运用其学识，对手头的问题进行富有说服力的论证。他是著名的辩士，但却总是因其傲慢的态度而激怒论敌。

　　艾克与路德友好的书信交往，始于 1517 年。然而不到一年，他就突然终止了同路德的友情，原因是他发表了自己的《剑号》（Obelisks）一文，用极其恶毒的漫骂之语，攻击路德《九十五条论纲》中的第 31条。1518 年 3 月，路德也以激烈的《星号》（Asterisks）一文进行还击。

　　艾克没有对路德的《星号》作答，这似乎表明两者的论战可能终止。但是，时任维滕堡大学神学系主任的路德的同事卡尔施塔特（Andreas Karlstadt），感到他的学系遭到艾克的侮辱，于是写了 370 条论纲进行辩护。当艾克得悉此事后，便致书卡尔施塔特表示歉意，说明自己在其《剑号》中对路德的攻击太过分，请求卡氏消解这场争论。但这一请求来得太晚了，卡氏已经发表了自己的论纲，艾克的论题在维滕堡也已经引起争议。艾克感到自己不能保持沉默，于是也发表了自己的驳论，并挑战卡尔施塔特，要求进行公开辩论。他甚至于 10 月份在奥

---

* *The Leipzig Debate*，1519.

格斯堡会见了路德，当时后者正在与卡耶坦会晤，就此事与卡耶坦商谈。

路德、卡尔施塔特和艾克最终同意在莱比锡进行辩论。莱比锡大学神学系对在该城举行这样的辩论尚有迟疑，当与协商正在进行之时，艾克就于12月29日公布了他将与卡尔施塔特辩论的消息，并附有他所捍卫的十二条论纲，其中有十一条论证讨论赎罪券问题，第12条提出了一个新问题，就是捍卫罗马教宗的至尊权，抨击路德在其《〈九十五条论纲〉的解释》中的第22条，因为在这一论纲中，路德声明在圣格列高利时期，罗马教会"并没有拥有对其他教会的管辖权"，"起码没有管辖希腊教会"。

1519年1月底，路德收到了艾克论纲的副本，这才奇怪地发现，原来艾克不是向卡尔施塔特、而是向他挑战，想要进行辩论。考虑到自己已经解除了对米尔蒂茨的承诺——即如果对手们终止关于赎罪券的论争，他也愿意这样做——所以，路德就在2月初寄了自己的十二条反驳论纲给斯帕拉丁。次月，艾克再次公布了即将到来的辩论，他在其中清楚地表示，他首要关注的是还击路德。不过，在其原先的十二条论纲中，而今又加上了第13条，内容是关于自由意志，是其与卡尔施塔特论证的主题之一。现在，它成为论纲的第7条，而有关教宗权威的那一条成了第13条。路德于5月发表了自己的《就艾克博士的指控进行争论与辩护》作回应，作为同艾克于7月4至14日在莱比锡进行辩论的基础。

由于认为这场辩论可以给他的大学带来声誉，所以萨克森乔治公爵意欲使其在莱比锡举行，于是便竭力说服莱比锡神学系和校长赞同他的建议。辩论结束不久，路德亲自致书于斯帕拉丁（George Spalatine），用一种沮丧、失望的笔调报道了有关自己与卡尔施塔特的抵达、预先的安排、辩论及艾克过早的庆贺得胜等情况。

路德与艾克之间的辩论主要集中在第13条论纲上，即教宗的权威与罗马教会的管辖权问题。路德主张，罗马教会的管辖权仅仅是早先四百年和教宗制的产物，这尽管在史实方面欠精确，但他正确地指出，天主教传统及艾克对其权威的辩护均属夸大。众所周知，中世纪就有人抨击过教宗权威，将教宗的权威统统否定，理由是它不符合圣经。路德认为，基督并没有单单授权彼得来辖管其他使徒，并使这种权力可以由彼得遗传给他的继承人，即罗马主教。路德说，教会和使徒继承人的主要职责是喂养基督的羊群，就是向基督徒传扬上帝之道。所以，钥匙职被解释为宣讲福音。他声明，基督只临在于按照他的诫命传扬福音与施行圣礼的地方，故教会的存在仅仅归功于她的元首基督。正是鉴于这种确信，对于罗马教会充当了一个强有力的"国度"这种观念，路德日益憎恶。

在路德成长为一位改教家的过程中，莱比锡论战之所以具有重大意义，首先因为在这个场合，他正确地公开宣布了他的福音观和教会观，并指出：信仰问题的唯一权威归根结底是上帝之道。所以他可以毫无保留地声明，不仅教宗统治、连教会公会议都可能犯错。实际上，这次论战使路德与罗马的和解变得不可能，它无情地带来了革除教籍的威胁，并最终导致教宗对路德的绝罚。

＊　　　＊　　　＊

就艾克博士的指控进行争论与辩护

—马丁·路德弟兄向值得称道的读者致意—

我善良的读者，由于我所亲爱的艾克恼怒，他饱含愤恨与指控，又向罗马宗座呈献了另外一份对我的批判书，且在原论纲上附加了特别苦涩的一条，所以也就给了我彻底回应这位亵渎者一个良机。只要我不惧怕，而因此在即将举行的论战竞赛上设置障碍。但"凡事都有定期"［传3:1］，我想，下述答辩可能就足够了。

艾克博士援引不少圣教父们的著作，并以此为基础，指控我为教会之敌。我提醒读者注意，他所使用的"教会"一词，完全是按照他自己以及他所崇拜的"英雄们"的观点。① 然而，那些"英雄们"早就为赎

---

① 在反对路德的论纲之导言中，艾克曾引用某些中世纪神学家的言论，以他们为自己心目中的"英雄们"，但路德却对他们的观点毫不理会。

罪券耗尽了心力。他费尽心机，投靠使徒宗座，并按照与他气味相投的"英雄们"的习惯，虽多方引用圣经经文及教父的言论，但却依稀是阿那克萨哥拉在玩元素戏法。② 即当他们一头栽到罗马教宗怀抱时，立即就对圣经经文和教父的教导，随心所欲地进行取舍，乱加阐释，以致奇怪地表达他们的梦语狂言，但免不了显示出那种无能与娇气的仇恨。

最终，伎俩用尽，雅兴顿失，致使理智匮乏，忘乎所学，连何谓善恶都区分不了。正如使徒所言："想要作教法师，却不明白自己所讲说的、所论定的。"［提前 1:17］这就是说，他们甚至在一个明确的命题中，也不知如何能将谓语与主语或主语与谓语彼此相连。我们倒希望艾克博士能在即将进行的论战中，以他类似的精明机灵，再提供另外一些证据，千万别拒绝贻笑大方，况且还有一群稚童等待着他的逗乐。我曾设想，他在读过文学巨擘伊拉斯谟的信③，以及卡尔施塔特博士令人信服的辩护文以后，④ 已经远离了那种痴呆症，然而，艾克式的耐性又确实战胜一切。虽然他令别人不快，但若能使他本人及其"英雄们"兴奋，他就感到满足了。

至于他诽谤我为"异端"和波希米亚的胡斯派，⑤ 指控我使之"死灰复燃"等，这完全是出于他的谦虚和祝圣者（consecrator）职分的美德。因为他不是用油祝圣，而是用他舌头的毒液祝圣一切。

我的读者，因为我对此种谩骂和诋毁不可能置之不理，所以你们须知，讲到罗马教宗的绝对权威，我当然不能不顾及所有基督徒可敬的共同意向，就是说我绝不轻慢意大利、德意志、法国、西班牙、英格兰以

---

② 阿那克萨戈拉（Anaxagoras，公元前 500—前 428 年）是古希腊哲学家，他认为由于神圣心灵（nous）的运行，元素间相互作用创造了世界和人类，因为这些元素可以产生许多种类的合成物。路德以此讥笑艾克不过也在玩元素戏法那样的把戏。

③ 1518 年 5 月 15 日，伊拉斯谟致艾克的信，参见 P. S. Allen, ed., *Opus epistolarum Des. Erasmi Roterodami*, vol. III (11 vol.; Oxford, 1906 - 1947), pp. 330 - 338。

④ 卡尔施塔特在 *Defensio...adversus eximii D. Joannis Eckii monomachiam* 一文中，接受了艾克的挑战，参见 *St. L*. 18, 632—710。

⑤ 在 1518 年 1 月，艾克以《剑号》为题的文章中就攻击路德跟从约翰·胡斯，是波希米亚异端。

及其他国家中忠诚信徒的共同利益。然而，我还有一事向上帝祈祷，他绝不要允许我为讨好艾克而迎合那人的说教，或者相信那人的任何梦话；我也绝对不会以自由意志的代言人的身份⑥而高举基督、上帝的儿子，使他当众出丑，或者以罗马教会代表的身份去否认基督在印度以及东方的临在和统治权。或者让我为这位出谜语的专家打一个谜语来作乐吧——就是我决不会为艾克重开君士坦丁堡的下水道，并把古代北非屠杀事件变成新的教会殉道庆典。⑦

所以，我的读者，你们千万不要受他以谜语为诱饵的毒害。我告诉你们应明白：在约翰·胡斯的许多文章中，可以发现他指出了教宗的至尊权来源于皇帝，与普拉蒂纳所著的通俗教宗史说法一致。⑧ 但是我们所从事的考据却证明：教宗权并非来自于皇帝，而是出自教宗的一些法令。拉特兰教会自身存有一篇铭文，赞颂其权力的来源及管辖范围的延伸；宣称通过教宗及帝国的一系列法令，拉特兰教会取得了"教会之母"的美名，并高居于一切教会之上等等。这类小颂歌已人尽皆知。⑨ 但是，这又能说明什么呢？教会本身也必须成为胡斯派的人，好让艾克使之"死灰复燃"成为必要的。如此，通过教宗的命令以及枢机主教们的认可，拉特兰教会以这样的方式代表全罗马以及普世的教会去歌功颂德。这样来理解艾克何以如此厌恶那堆死灰，也就不会令人感到惊奇了。按照他作祝圣者的职权，更急切地希望为罗马教会举行一场新的大屠杀，即将教宗、枢机主教们以及拉特兰教会本身统统去作一次新的燃烧灰化处理。感谢上帝，那么至少有一人到时可以幸免，这就是艾克。他具有一种天主教特有的嗜好，对一种最不同凡响的屠手的嗜好，与此同时，其他所有人也都因遭受波希米亚毒素而毁灭。但是，令人奇

---

⑥ 参见下文路德与艾克辩论的论纲第 7 条。

⑦ 路德在这里很可能指四、五世纪时在北非残酷迫害异教徒的事件。

⑧ 巴尔托洛梅奥·普拉蒂纳（Bartolomeo Platina, 1421—1481 年），人文主义者，曾任教宗西克斯图斯四世图书馆长，他将《历代教宗史》（*Liber pontificalis*）的记录延续到了 1471 年。

⑨ 路德提到了一些著名的诗句，这些诗句表达了罗马教会的首席地位。他在这里想到的是：*Dogmate Papali datur et simul Imperiali Quod sim cunctarum Mater*，*Caput Ecclesiarum*，载于 WA 2, 159, n. 2. 铭文位于罗马拉特兰教堂前。

怪的是，这种亵渎者甚至连他们自己的论纲都不理解，难道这也是对历史的无知吗？我的确从未遇到这种辩方，竟然用如此的内容、通过如此的思想作为论战的主题。不管如何，艾克对我怀有恶毒的敌意由来已久，他明知他的论纲触犯民意，而且他对许多论点丧失了获胜的信心，便指望怎样迷惑众人，起码要使众人仇视我。于是便策划一场如同在雄狮面前痛打小狗那样的戏，以"寻求真理"作为辩论会的幌子，上演一场复仇的悲剧。

但是，他们可能会费尽心机指控我，并可能竭尽所能向罗马宗座献上谄媚的祭，祝福他的宝座和座脚，甚至祝福宗座的捐献箱。当然这一切反映出他们最关心的，莫过于赎罪券问题和教宗权威。他们或许会在其所筑的巴力祭坛四周踊跳，声嘶力竭地求告他们的神明，要把他喊醒。可能他们的巴力会醒来说话，也可能他正在走路、住旅店，或者还在什么地方睡大觉呢［王上 18:25—29］。但我确信，罗马宗座不愿也不能反对基督。进一步讲，在这个问题上，我不仅不惧怕教宗或教宗之名，更不必说那些小教宗及其傀儡们。[10] "我唯一关注的事"就是掠夺我基督徒名号的举动，是否会对基督那最神圣的教义有所亏损。在这件事上，我不需要任何人期待我的耐心。我不想让艾克去寻求黑色披肩或者白色披肩之下的谦逊。[11] 愿咒诅临到那对不虔敬的忍让和颂扬，正如以色列王亚哈释放仇敌去亚兰王便哈达所显示的［王上 20］。在这个问题上，我不能顾及艾克的窘境，要狠狠地咬他，像以赛亚所说，去张口吞食［赛 9:12］，以证明我的坚定不移。我不仅能一口吞吃所有的塞尔维斯特和西维斯特、卡耶坦以及艾克之流，[12] 而且还能够吞掉那些名为同道兄弟、实为基督恩典大敌的败类。让这些人用他们拍马逢迎的手段以及谄媚的祭去吓唬别人吧。马丁本人向来鄙视从罗马宗座获取荣誉的

---

⑩ 路德用拉丁文中"教宗"（pappos）与"傀儡"（puppas）两词的谐音，进行讽刺。

⑪ 奥古斯丁修会修士佩戴黑色披肩，道明会修士则佩戴白色的披肩。此前艾克曾声称，他"期盼黑色之下能产生更多的聪明和耐心"。

⑫ 路德此处指道明会学者塞尔维斯特·普列里亚，他当时任教宗顾问、异端裁判官，路德在文中称他为"塞尔维斯特"和"西维斯特"（Civester），似乎是两个人，这是对他的嘲弄。卡耶坦是出席奥格斯堡会议的教宗特使，受命令需要极力避免与路德进行辩论。

神父们和祝圣者。至于艾克提出的其他问题，我将在辩论会期间及会后进行探讨。

安德里亚斯·卡尔施塔特博士也将出席论战，他已是一位曾挫败艾克的胜利者，并不是躲避论敌的逃兵。他会满怀信心，向曾被他打翻在地的死狮挑战。但是暂时，我们还是让这可怜人享受他空幻的胜利和虚陈的威胁吧！基于这一理由，我在自己的论纲中增添了足以激起艾克盛怒的第13条。虽然辩论会遭到艾克以仇恨和恶言污染，但愿能从上帝那里传来令人欣慰的一些快讯。

再会了，我的读者。

在莱比锡大学，为了驳斥一些新出现的以及那些原来就存在的谬论，马丁·路德将围绕下述论纲进行辩护：

1. 虽然在天上的葡萄栽培者每天都在修剪结果子的葡萄枝［参见约15：1—2］，除了那刚被称义和那不必悔改的，每个人都天天犯罪，也需按照基督的教导"悔改"［太4：17］，且天天悔改。

2. 否认人即使在行善时也犯罪，且可宽赦的罪得蒙赦免不是依其本性，而是因为上帝的慈悲；或者否认接受洗礼以后的孩子仍然有罪，这就等于推翻了保罗和基督，把他们踩在脚下了。

3. 坚持善功和补赎始于对罪的痛恨且先于对公义的热爱，又认为人行善功时不会犯罪的人，这种错误属于异端伯拉纠之列。⑬ 我们还会证明这种观点是对其祖宗亚里士多德之学说的一种蠢笨的解释。

4. 上帝常可以把人永恒的惩罚改为今世短暂的、背负十字架的惩罚。教会法规或者神父都没有叫人承受或卸去十字架的权力。虽然有些人被那些害人的谄媚者欺骗，竟误以为自己有此权力。

5. 每位神父都应当宣赦那些对惩罚和罪咎做了忏悔的人；否则，他就有罪了。同样，若一位高级神职人员在没有充分理由的情况下，留下他人的罪，不对他的坦诚认罪作宣赦，他也有了罪；即使教会，就是那些谄媚者、惯于此道的人，加以反对。

---

⑬ 参见本卷《驳经院神学论纲》注①；另参 LW 31，9，n.1。

6. 或许炼狱中的灵魂的确在为其罪过进行补赎。但若断言上帝对一个在死亡线上挣扎之人的要求，比甘愿死亡的心更多，这无疑是厚颜无耻的粗野勒索。因为人绝对没有任何方法能佐证这种论调。

7. 谁奢谈自由意志主宰行善或作恶，就说明他根本不懂什么是信心、痛悔或自由意志。他也不明白什么人在设想人不会因唯信上帝之道而称义，什么人在传讲信心不致因每次大罪而丧失。

8. 宣扬"不情愿死亡的人是爱心不足，故应在炼狱中受煎熬之苦"，这是违背真理和理性的。只有那些自诩的神学家才坚持他们的所谓真理和理性，散布上述言论。

9. 我们对那些可能是自诩的神学家的论调并不陌生，他们还断言炼狱中的灵魂一定会获救，而恩典也不会多加给他们。但我们对这些有识之士的本领也感到惊奇：他们何以在缺乏充分理由的情况下，能够使未受过教育的人们产生这种确认。

10. 诚然，基督的功德是教会宝库，而且圣徒们的功德又增加了这一宝库的财富。但谁若妄称基督的功德宝库是储备赎罪券的库房，他就只能是猥亵的谄媚者，或者是与真理背道而驰、从事虚伪实践、利用教会以营私的人。

11. 说赎罪券是对基督徒的赐福，这无异是狂言诞语。如此主张的人在真理上是善行的障碍；基督徒应该抵制赎罪券这腐败勾当。因主说："惟有我为自己的缘故涂抹你的过犯"［赛 43:25］，并非因为金钱的缘故。

12. 只有那些完全无知的诡辩之徒和邪恶的献媚者才梦呓般地宣称，教宗能够豁免对今生和来世一切罪的各种惩罚，以及赎罪券对无罪咎之人也大有裨益等等。对上述的断言，他们不仅毫无证据，而且连寻求佐证的姿势也摆不出来。

13. 人们最经常引用的是近四百年来发表的一系列教宗谕令，以此证明罗马教会的地位在其他所有教会之上；但是足以驳斥他们的，不仅有此前一千一百多年的历史，还有圣经的见证，特别是历届大公会议中最神圣的尼西亚公会议所制定的谕令。

路德就莱比锡论战致斯帕拉丁的一封信

—1519 年 7 月 20 日于维滕堡—

尊贵的萨克森选帝侯的宫廷神父、图书馆长、选帝侯陛下的教友——杰出的乔治·斯帕拉丁：

您好！我亲爱的斯帕拉丁，选帝侯尊驾与您平安返回的消息⑭令我欣慰，特表祝贺。愿基督悦领斐芬尔的灵魂，⑮ 阿们！我本应早就写信告知您我们参加莱比锡论战的情况，只是左思右想，无从下笔。莱比锡的某些人，并非出于真诚和正直之心，却为艾克的胜利喝彩；虽然是非颠倒，谣传四起，可是真理之光必会使实情大白于天下。

几乎在我们刚刚到达、还没有走下马车之时，就看见梅泽堡（Merseburg）主教发布的禁令通告，张贴在各处教堂的门口，目的是阻止辩论会召开；另外还有新出版的解释赎罪券相关问题的小册子，四处传诵。⑯ 所幸的是该市议会不顾及那种禁令，并且逮捕了不知情的通告张贴者。

我们的论敌无计可施，便另耍花招。他们单独把安德里亚斯·卡尔施塔特找去，强迫他同意只进行口头辩论，并按照艾克的意见，不设速记员记录辩论的实况。艾克以为靠着他久经磨练的口才优势——宏大的嗓门、利落的措辞给人下的深刻印象，即可轻易取胜。然而卡尔施塔特反对此种安排，坚持按事先的协议进行。⑰ 这就是必须把双方辩论的内

---

⑭ 指 1519 年 6 月 11 日至 7 月 4 日选帝侯智者腓特烈在法兰克福参加选举皇帝的会议归来。

⑮ 指德根哈德·斐芬尔（Degenhart Pfäffinger），他曾长期为选帝侯效劳，不幸于 1519 年 7 月 3 日因瘟疫逝世。

⑯ 其内容是自 1518 年 11 月 9 日以后的教宗谕令，即关于赎罪券问题罗马教会的新解释。显然，梅泽堡的主教阿道夫事前已得到了由罗马送去的这一小册子，而且他认为赎罪券问题该谕令已作了决定，无须再进行辩论了。

⑰ 参考路德致艾克的信，*WA*，Br 1，230—231。

容由速记员笔录下来。为了争取这一点，后来卡尔施塔特被迫同意：在由裁判组评审前，速记员不得公开会议的记录。

接着，围绕该问题又产生了由谁担任裁判的争议。卡尔施塔特再次被迫同意先暂缓就此点做决定，等到论战结束，再商定裁判的组成人员。不然的话，他们就存心不让论战进行。他们的这一招，迫使我们面临两难抉择：要么放弃辩论，要么就听任会后不公平的裁决。由此，您可以想见对方的粗暴、无理和奸诈狡猾，他们竟然无视会前的协议，并剥夺我们的自由。因为一些大学以及教宗不会就此发表意见，[18] 即使表态，也会对我们不利，这正是艾克之流求之不得的。

第二天，他们将我单独召去，提出同样的建议。我真怀疑唆使这种程序安排的就是教宗。我便不顾同事们前一天的劝告，拒绝接受他们提出的条件。然后他们建议，不需要教宗，只请其他大学作仲裁；我则要求，应该按事前达成的协议，自由理当受到尊重。因为他们背弃协议，迫得我对其条件表示出勉强的态度，甚至有取消论战的意念。他们就借故散布谣言，说我不敢冒险参战了。更令人不平的是，他们还指责我不愿意设定裁判。所有这些的确是对我别有用心的恶毒指控。他们甚至威胁要使我们最好的朋友因此转而攻击我们；还说我们大学的名誉受到长久损害的结局，将指日可待。事后，在一些朋友的劝告下，[19] 我才主动去找他们，并忿怒地接受了他们的条件。我之所以答应他们，但排斥罗马教廷的干预，是因为这样我的上诉权力可以得到保证，我的案件也不致事前未经审判而定罪。

最初七天，艾克与卡尔施塔特首先就自由意志的问题进行辩论。由于上帝之助，卡尔施塔特对论点的提出与解释都非常出色，他还随手利用书籍作了充分的引证。然后，当按规程轮到卡尔施塔特进行反驳时，艾克突然反对现场用书籍作证，否则就拒绝辩论。安得烈［卡尔施塔特］准确无误地使用圣经及教父的言论，当着艾克之面，指出所引言论

---

[18] 路德当时推断可能会由他们组成联合裁判。

[19] 路德在这里指后文提到的莱比锡大学医学教授、乔治公爵的宫廷医生海因里希·施特罗默（Heinrich Stromer，约 1476—1542 年）和法学教授西门·彼斯托里奥（Simen Pistorious，1497—1562 年）。

之出处，与艾克粗暴对待经文及名人语录形成鲜明对照。这标志着双方分歧的再一次高峰。不料会议就此点通过了有利于艾克的决定——即所有书籍不准带进会场。那些人竟然不明白：为了在论战中澄清真理，规定当场查出所有必要引证的书籍，是应该推荐采用的。可见，仇恨与野心从未如此厚颜无耻地呈现。

尽管如此，后来心怀鬼胎的艾克，对他曾经猛烈攻击卡尔施塔特的所有观点都表示让步和同意；但同时却吹嘘说，卡尔施塔特被引导到他艾克本人的思路上了。照此而言，他不仅反对司各脱及其门徒，而且否定卡普廖拉，以及托马斯主义者。[20] 他然后宣称，除此而外的其他经院哲学派的思想与教导方法，都与他相同。这样，分别以司各脱和卡普廖拉为代表的、著名的两大经院哲学学派在艾克面前，好像都威风扫地、彻底被驳倒了一样。

紧接着的一周是艾克与我的辩论。在涉及教宗至尊权问题上，他一开始表现得非常一本正经。但他的证据无非是下列几段经文："你是彼得……"［太 16∶18］；"你喂养我的羊……"［约 21∶17—22］以及"要坚固你的弟兄"［路 22∶32］。当然还在这些章节上添加了许多教父语录。至于我的答辩，你很快将会读到。[21] 然后，辩论最后一点，即教宗权威的来源。他的全部证据都集中于康斯坦茨公会议对胡斯的谴责，[22] 胡斯声称教宗权威来源于皇帝，而不是来源于上帝。艾克煞费苦心，忙乱地来回跺脚，似乎他就在现场一般。还三番四次地在我面前喊着"波希米亚分子"，公开指控我是异端，诬蔑我支持波希米亚的胡斯派。[23] 他不愧是名副其实的诡辩家，不仅厚颜无耻，而且野蛮粗暴。这些指控给莱比锡观众带来的娱乐，大大超过了辩论本身应有的效果。

---

[20] 司各脱派置意志于理性之上，肯定意志的自由。约翰·卡普廖拉（John Capreolus，约 1380—1444 年）是著名的后期经院哲学派神学家，他认为阿奎那的旧说与司各脱的新说是相互矛盾的两个学派。

[21] 可能指路德当时打算送给斯帕拉丁一本有关辩论进程的文章，参考 WA，Br 1，426。

[22] 1414—1418 年的康斯坦茨公会议宣判胡斯死刑，并于 1415 年将他以异端罪名烧死在火刑柱上。

[23] 这明显是艾克玩弄的诡计，因为波希米亚的胡斯派信徒曾给萨克森的乔治公爵带来巨大的麻烦；另外，在莱比锡大学创建以后，布拉格大学的德意志分部就已经撤出。

　　我在反驳时举出实例，过去有一千多年，希腊基督徒和古代教父并不在罗马教宗的权力管制之下，虽然我不否认现在教宗应有的殊荣。但在最后我也就某一次公会议的权力进行了辩驳。我公开指出〔康斯坦茨公会议〕对一些信条的判处是错误的，因为那些信条是保罗、奥古斯丁，甚至是基督本人，以平实、明晰的语言曾经教导过的内容。听到这里，艾克像蛙蛇般自负地昂起头，他极尽夸张地数落我的罪行，并几乎发狂地迎合着被挑逗起来的莱比锡听众。然后，我引用康斯坦茨公会议的原文证明：并非由公议会判罪的所有信条实际上都是异端和谬误的。结果艾克在证据上一无所获。该问题就这样了结了。

　　在第三个星期，艾克与我辩论有关救赎、炼狱、赎罪券和神父的告解权问题。因为艾克不愿与卡尔施塔特辩论，提出一定要我单独与他论战。关于赎罪券的辩论平平淡淡，由于他几乎在每方面都同意我的观点。这样，我本寄望为主要的论题争辩，他却故意回避，反映出他一度替赎罪券的辩解文章，不过是自我嘲弄的笑料。然后他又大讲自己在公众讲道中的地位，以致连普通百姓都能看出他对赎罪券问题并不关心。有人推测：如果我不提教宗权威的问题，他是准备要在所有问题上同意我的看法。事后，他亲口告诉卡尔施塔特："如果我能像同意你那样在同样多的论题上同意马丁的话，我就是他的朋友了。"像一条善用欺诈术的变色龙一样，他的确什么事都做得出来。难怪他在对卡尔施塔特表示让步时说，所有经院哲学派的教导都是互相吻合的，没有什么分歧。但与我辩论时他又否定里米尼·格列高利，[24] 断言格列高利的观点与其他经院哲学派相对立，也唯有格列高利的意见支撑我的理论。艾克就是这样，为显示自己一贯正确，可以对同一件事在不同时间和场合，一会儿肯定，一会儿又否定。莱比锡的百姓由于太愚钝，以致被他蒙在鼓里，还一无所知。艾克更为疯狂放肆的表现还有：对他在辩论中已经让步的观点，却在教堂中给百姓讲道时又翻脸坚持。该人在卡尔施塔特当面揭穿他论战策略的秘密手段时，竟然连眼都不眨一下，胡说道：

㉔ 里米尼的格列高利（Gregory of Rimini，约 1300—1358 年），著名的经院哲学派的唯名论者，与路德同属奥古斯丁修会；曾任职于巴黎索邦大学，任修会会长。由于他强调奥古斯丁神学，对路德影响尤深。

"给老百姓讲解争论性的问题是大可不必的。"

与我的辩论结束后，艾克与卡尔施塔特再次就一些新的题目展开了最后三天的论战。但是他故技重施，对所有的交锋点都表示让步。例如他表示同意：在救赎时，"尽己所能"是犯罪的；无恩典的自由意志，除了犯罪外，只能一事无成；在每次善功中都有罪；只有恩典本身才能保证人尽己所能，从而也预备好接受恩典等。而且他承认：经院哲学家对这一切都持否认态度。所以最后除了我提出的第 13 条论纲外，实际上任何问题都未按应有的辩论规定认真对待。与此同时，艾克却自鸣得意，俨然像统摄全局的总指挥一样，欢庆自己的胜利。他的这种表演也要一直到我方公布了论战的实情后，才能收场。因为这次论战收效不佳，我决定再版我的《解释〈关于赎罪券效能的辩论〉》。㉕

莱比锡的公民不仅未对我们表示欢迎和致意，更无人去拜会我们，从他们对待我们的态度来看，似乎我们是他们最可恨的仇敌。与此形成鲜明对照的是，他们却环绕全城紧随艾克，亲近他，宴请他，与他一起骑马娱乐，最后还赠送给他一件修士袍，外加一身羚羊羔皮大衣。总之，竭尽所能令艾克风光，以使我们屈服。另外，他们还劝服官方东道主凯撒·普夫卢格（Caesar Pflug）以及亲王乔治公爵巴结相关人员，使其对艾克产生好感。他们唯一为我们所做的，即荣耀我们的，就是按照惯例请我们喝了一次酒，当然这是考虑到他们自身的安全，才没有忽视此礼。至于那些特意安排与我们联系的人，被交代只能秘密地到我们的住处。然而，那位非常正直的奥尔巴赫博士以及那位普通的小彼斯托里奥教授㉖却公开邀请了我们。当然，有一次，乔治公爵也同时邀请了我们三个人。

这位极杰出的乔治亲王还单独召见了我，详论到有关我的著作，特别问到我对主祷文的解释。但他武断地表示：波希米亚人受到了我极大的激励；我对主祷文的解释在很多谨慎的人们中间已经引起了混乱；如果人们听从我的解释，他们会抱怨不可能在四天中完成一篇主

㉕ 即本卷《〈九十五条论纲〉的解释（解释〈关于赎罪券效能的辩论〉）》；另参 *LW* 31，81。
㉖ 即前文提到的朋友海因里希·施特罗默博士和法学教授西门·彼斯托里奥。

祷文的祷告。诸如同类的话还有很多。然而我尚不至蠢笨到分辨不清笛子和笛手的区别。令我悲哀的倒是，这样一位睿智而虔诚的亲王，竟会如此明显受他人之影响，以致到了鹦鹉学舌的地步！特别当我亲耳听见并体会到他按照自己的思路讲话时的情景，那才真正像一位王公在说话。

最近一次敌对情绪的表露是这样的：在圣彼得暨圣保罗节那天［6月29日］，我受东道主大学校长、波美拉尼亚公爵的召见，㉗我蒙他的恩惠去诸圣堂（Castle Church）中讲道。这一消息立即传遍全城，男男女女所到人数之多，迫使讲道不得不改在辩论大厅举行。而在那里，我们所有的教授以及怀有敌对情绪的观察员们已受到邀请而提前就座了。这一天按规定是讲解福音书［太16：13—19］，正好包括辩论会的两大主题，因此我必须对整个论战的内容进行解释。但结果并未受到莱比锡人多少感谢。

然而，这却激起了艾克对我的攻击，他在不同的教堂作了四次讲道，㉘对我上述解释断章取义，横加歪曲。那些自诩的神学家极力唆使他这样做。但是，尽管有很多人请求我，却未给我进一步讲道的机会。就是这样，我遭到非礼的歧视和指控，但却无法洗刷清白。因为他们在论战中总是给艾克以最后发言权，虽然他在辩论中代表着驳方，却不给我应有的再次论证的机会。

最后，当凯撒·普夫卢格听到我讲道的事（他未曾出席），他竟说："我但愿马丁博士把他的讲道留给维滕堡。"总之，我以前经历过仇恨，但从未有过比这更恬不知耻和无赖的了。

这就是有关论战的全部悲剧，约翰内斯·普劳尼采可能从另一方面会告诉您其余的细节。因为他一直在场，并且帮了很多忙，才阻止了论

㉗ 即波美拉尼亚公爵巴尼姆十一世（Barnim XI，Duke of Pomerania，1501—1573年），他于1534年任用约翰·布根哈根（John Bugenhagen）在其领地负责传播新教；后者也是波美拉尼亚人，是路德主要的同事。参考 *Allgemeine Deutsche Biographie*，vol. II（Leipzig，1875），79ff. 。

㉘ 路德写这封信时，艾克仅布道两次。路德后来纠正了这一错误。参考 *WA*，Br 1，428。

战不致彻底惨败。㉔ 因为艾克和莱比锡的人只求自身的荣誉，并非以寻求真理为目的，所以这次论战未能善始善终，也就毫不令人感到奇怪了。尽管我们曾力图使维滕堡与莱比锡的人能协同一致，但由于他们的敌视行为，我担心实际的不和、不相爱将由此产生。我一直认为这是人追求自己的荣耀之结果，并确实抑制着自己的急躁和鲁莽情绪，可是我仍然难以彻底消除对他们的不悦，因为我毕竟是肉体凡胎；然而他们在对待一件至为神圣的大事上，所怀有的仇恨却如此之大，手段如此寡廉鲜耻，以至到了蔑视正义、恶毒凶险的程度。

再见。并代向最英明的选侯陛下致意。

您的

马丁·路德

1519 年 7 月 20 日（星期三）

顺告：我在格里马（Grimma）见到了尊贵的代理教区长施道比茨。

（翻译：刘行仕　编辑：李广生）

㉔ 约翰内斯·普劳尼采（Johannes Plawnitzer，卒于 1535 年），他是智者腓特烈的宫廷参政员，曾参加莱比锡论战，就是他建议普夫卢格让辩论者要控制感情，避免个人攻击。

教会被掳于巴比伦 *

（1520 年）

导　　言

　　这部论著对今日路德读者的最重要的意义，在于它对圣礼富有胆识的诠释。它的重要性还在于其在路德对罗马党羽的整个地位步步攻击的过程中所占有的分量。在《致德意志基督教贵族书》中，路德拆毁了罗马的三道墙，正是借着它们的掩护，罗马才得以稳固地窃据了属灵与属世的双重权力。而在《教会被掳于巴比伦》中，路德则深入和攻占了它的中央堡垒和圣殿——圣礼制度；罗马正是借着它控制了信徒们，从蜡烛直到坟墓形影不离。只有到这时，他才能以奔放迷人的语言来阐明其《基督徒的自由》。

　　在动笔之前，路德就在酝酿这篇论文了。在其被称为"改革论著"的 1520 年的首篇作品中，我们在其结语中读到："我知道另一首关于罗马的小曲，如果他们急不可待地想听听它，我会唱给他们听，并且使用高调。亲爱的罗马，您明白我的意思吗?"在当年底问世的《教会被掳于巴比伦》中，路德兑现了自己的诺言，这个"小曲"成了名副其实的"序曲"。

　　路德期望这本书成为他全力参与论述圣礼这一主题的导言。他希望在这个"序曲"之后，罗马人能有所准备地参加战斗，以武力来攻击他。不过，他又想先于他们一步，牵着他们的鼻子走。事实上，他十分期望，如果他不放弃自己的观点，教宗会发一道针对他的谕令，以最骇人的结果来恐吓他。在本文结尾的段落里，他热嘲冷讽地说，要使这一档成为他"放弃主张"的开端或序幕。如果他真要改变立场，或重唱或

---

* *The Babylonian Captivity of the Church*，1520.

运用此处所唱的曲子，事实上他也不会"变调"，而只会"提高调门"。

所以，本书只是主要论战的短小争论，以音乐家的话来说，仅为一序曲而已，用来介绍整个组曲的主题。它是对将来的那篇有关圣礼的更为完整、更为清晰的论文的应诺，后来将其兑现。

这支序曲所提出的主题，被路德称之为《教会被掳于巴比伦》。其出处显然源于该文献的内容：正如在巴比伦帝国的暴政下，犹太人从耶路撒冷被劫走而成为囚虏那样，欧洲的基督徒也被掳去而离开了圣经，被迫臣服于教宗制度的暴政。这一暴政的实施借助了圣礼，特别是滥用主的圣餐。

在其 1520 年的首篇"改革论著"中，路德许诺将"另唱一首关于罗马的小曲，如果他们急不可待地想听听它"，之后他发现，某些耳朵的确要听新歌。有两篇文章特别使他感到有此必要。一篇出现于 1520 年夏，另一篇出版于上年秋天，数月后才到达维滕堡。第一篇出自奥古斯丁修士阿尔维尔特（Alveld），那位"显赫的罗马人士"，路德在《论罗马教宗制度》中曾经怒斥他，并说要在"阿尔维尔特再露面时"进一步揭发他。此人真的再次出山，这次写的是《论两种圣餐》（*Treatise Concerning Communion in Both Kinds/Tractatus de communione sub utraque specie*），题献的时间是 1520 年 6 月 25 日。路德于 1520 年 7 月 22 日的一封信中这样形容它："莱比锡的驴子又在对着我嘶叫了，满是亵渎。"

另一作品是意大利克雷莫纳（Cremona）的一位托钵修士的匿名小册子，最近才被识别出来是伊西多罗·伊索兰尼（Isidoro Isolani）所为。此人是来自米兰的一位道明会修士，曾经在意大利许多城市教授神学，写了不少论辩性的作品，死于 1528 年。他的小册子的名称是《在圣座前改变奥古斯丁修士马丁·路德的论调》（*The Recantation of the Augustinian Martin Luther before the Holy See/Revocatio Martini Lutheri Augustiniani ad sanctam sedem*），时间为 1519 年 11 月 20 日，发表于克雷莫纳。

这两篇作品可以被视为《教会被掳于巴比伦》的直接原因，但后者却不是对前者任何一文的直接答复。

于是，这部序曲就在他手中逐渐酝酿，并采取了对教会整个圣礼制度详细考察的形式。他讨论了罗马教会七项圣礼中的每一项，但将该书的一半篇幅集中于主的圣餐和洗礼上。他在圣餐中发现了教宗制度中最有害的暴政，这引起了他的特别关注。第一项掳掠是拒绝将圣餐杯赐予平信徒；第二项发现于变质说的教义中；第三项是弥撒献祭。弥撒并非是神父将上帝从天上请下来的一种巫术，而是他将基督赐予信徒。在对洗礼的讨论中，路德否定了修道制度，坚持认为除了洗礼誓言之外，其他任何誓言都不需要。

路德拒绝承认其他五项仪式为圣礼。他只希望保留补赎的纯粹形式，但不是作为圣礼，因为它缺少上帝所设定的可见记号；然而，他强烈反对神父施行的告解礼。他在任何地方都否认教会有权设立新的恩典管道或新的施恩应许，他无论在何处都使自己的整个圣礼观和对各项圣礼的理解基于圣经。

总之，这部序曲是一把致命的匕首，直刺圣礼主义、教权主义和修道主义的要害，是对罗马教训和实践的毁灭性攻击，标志着路德与罗马教会的最终决裂。所以，论战双方都严正地看待这本书。在萨克森公爵领地，它被严厉取缔。教宗特使亚良德极力攻击《教会被掳于巴比伦》，指控它充满了亵渎，因为它竟然对教宗权威提出质疑。查理五世的告解神父约翰·格拉皮昂（John Glapion）宣称，他见到此书犹如五雷轰顶。伊拉斯谟也看到自己恢复教会和平的努力付诸东流，"裂隙难以弥补"。巴黎大学立即对这一文件加以谴责。路德的劲敌托马斯·穆尔讷（Thomas Murner）则将其翻译为德文，且喜形于色，以为这下子就可以使路德彻底暴露在普通人面前，令人以为路德是一个激进的异端分子，是教会最危险的敌人。英王亨利八世的举动则具有特别意义。他下诏将路德的作品公开付之一炬，尚不解恨，于是又策动神学家写了一部78页的书册，题献于教宗，痛斥路德，捍卫大公教会关于圣礼的立场。此举深得教宗青睐，便获得他颁发了一份特别谕令，宣布这本书是借助于圣灵之力写成的，并赐给每位读者十年的赦罪恩典，封赠亨利及其继承人以"信仰卫士"（Defender of Faith）的称号。

另一方面，《教会被掳于巴比伦》也澄清了许多有创见的人士的误会，使路德获得了不少新朋友。最引人注目的例子就是约翰·布根哈根。起先，他误以为路德是一位鲁莽的异端分子，但后来读了他这本书，就完全投入了宗教改革事业，并且成为路德改教运动中最能干的同工之一。

在当代致力于路德神学发展的分析家中，尤利乌斯·克斯特林（Julius Köstlin）可能是最精确的一位。他曾经这样评价《教会被掳于巴比伦》："对这一主题的论证是一种认真可贵的举动。它基于圣经原则，表现了对圣经真义的深邃目光。与此同时，此文也反映了路德对其敌手立场的透彻了解，并且使用了与经院哲学家的技艺匹敌的一种辩证法。在路德的论著中，这是顶尖的一篇，而又同时清晰和温馨地呈现出发自基督徒灵魂的淳朴敬虔。它严厉地对待罗马的谬误和暴政，但对往事又持保留态度，谨慎地处理那些不能立即废除的外在惯例，避免伤害人的良心。"

* * *

序言：奉耶稣之名

奥古斯丁修士马丁·路德向朋友赫尔曼·图利赫[①]问安。

无论我是否愿意，我必得日日学有所进，因有这么多高明的先生们在催逼我，让我辛劳。约在两年前，我写了那样一本关于赎罪券的小书，[②] 致使我现在很后悔不该将它出版。当时，我对罗马的专制仍然十分迷信，也考虑到有那么多人一致同意批准发放赎罪券，所以我还主张对其不要全面废除。毫无疑问，我是在单枪匹马地承担着这项艰苦而无

---

① 赫尔曼·图利赫（Hermann Tulich）出生于威斯特伐利亚（Westphalia）的帕德博恩（Paderborn）附近的施泰因海姆；曾在莱比锡的梅尔基奥·洛特（Melchior Lotter）开办的印刷厂担任校对员，1519 年与他的大儿子一起去了维滕堡，并在大学担任诗歌教授，1525 年担任该校校长；他是路德最坚定的支持者之一；1532 年担任吕讷堡（Lüneberg）的学校校长，直到 1540 年去世。
② 可能指《〈九十五条论纲〉的解释》，参见本卷前文。

穷尽的使命。后来，由于塞尔维斯特和那些坚决维护赎罪券的修士帮忙，我才看透了赎罪券不过是罗马谄媚者的欺诈而已，他们借此劫掠世人的金钱，剥夺他们对上帝的信心。我真希望能够说服经销商和读者将我的那些论赎罪券的小书统统烧掉，代之以我的新作来表达这样的立场：赎罪券是罗马谄媚者的邪恶诡计。

接着，艾克与埃姆泽③及其同谋又就教宗至上权的问题来教训我。为了不让人说我对这些博学者忘恩负义，我承认他们的良苦用心使我受益匪浅。因为当我在否定教宗的神圣权柄之同时，仍然承认他的属人权威。④ 但是，当我领教了这些纨袴子弟⑤刻意维护其偶像的精妙高见和诡诈之后（对这些事情我还不是愚顽不化），我终于确知教宗权威是巴比伦帝国、英勇的猎户宁录的权柄［创 10:8—9］。因此，为再次有利于我的朋友们，我劝书商和读者们将我论赎罪券的书籍销毁之后，能够持守这一主张：教宗权威是罗马主教的疯狂狩猎。艾克、埃姆泽和莱比锡圣经讲师⑥的言论都证实了这一点。

现在，他们又就饼酒同领和其他重大问题开起了教训我的玩笑：在这里我定要耐心听取我这些"名师们"⑦的教诲，不要只当作耳边风。一位克雷莫纳的修士写了一篇题为《在圣座前改变奥古斯丁修士马丁·路德的论调》（Recantation of Martin Luther before the Holy See/*Revocatio Martini Luthert Augustiniani ad sanctam sedem by Isidoro Isolani*）⑧ 的文章，但如书里所言，并不是我要放弃什么观点，而是他要弃绝我。这是

---

③ 耶柔米·埃姆泽（Jerome Emser，1477—1527 年）于路德求学时任爱尔福持大学教授，后任德累斯顿（Dresden）的萨克森乔治公爵的秘书。路德认为以上两人发表攻击他的文章是莱比锡辩论的结果。

④ *Resolutio Lutheriana super propositione sua decima tertia de porestate papae*（*per autorent locupletata*）（1519），参见 *WA* 2，180 - 240。

⑤ *Trossulorum*，原为对征服特罗苏洛伦（Trossulum）城的罗马骑士的称呼，后来变为对故作有权势地位的纨袴子弟的蔑称；参见 *St. L.*，19，6 n.1。

⑥ 指方济各会修士阿尔维特。路德以此名号提及他，是他因此出名。

⑦ *Cratippos*，暗指米蒂利尼（Mytilene）的逍遥派哲学家克拉提普斯（Cratippus），曾在雅典教授西塞罗之子，经雄辩家西塞罗的努力而获得罗马公民权。除从事对雅典青年的教育外，他还写了有关预言及解梦的著作。

⑧ 参见本文导言和 *WA* 6，486—487。

现在意大利人开始写的一种拉丁文。另一位莱比锡的德意志修士，就是你知道的那位全部圣经正典的讲师［阿尔维尔特］，也就圣餐饼酒同领问题撰文攻击我，而且据我所知，他正在计议着更伟大更重要的行动。这意大利人［伊索兰尼］十分狡猾，文章上并不署名，大概担心遭到与卡耶坦和塞尔维斯特同样的命运。反之，那位莱比锡的德意志人实在勇猛大胆，他不仅在宽大的封面上署名，而且对自己的生平、圣洁、学识、职位、声誉、荣耀，甚至他的木底鞋，⑨ 都给予大吹大擂。无疑，从他那里我将学到许多，因为他写了献给圣子的信：这些圣徒和统治天国的基督是那么亲密！这里有三个叽叽喳喳的人向我鼓噪，第一位用漂亮的拉丁文，第二位用较好的希腊文，第三位用纯粹的希伯来文。我亲爱的赫尔曼，你想想，我除了洗耳恭听之外，还能怎样呢？莱比锡圣十字架的坚守派正在处理这个问题。⑩

我过去真傻，竟然设想最好由大公会议作出决议，给平信徒举行饼酒同领的圣餐。⑪ 那位博学的修士想要纠正我的观点，声言不论基督还是使徒都没有吩咐或建议，让平信徒在圣餐中饼酒同领；所以这个问题就留给了教会，由它来决断是否推行，因此人们必须服从教会。这就是他的意见。

你也许会问，那个人得了什么疯病？他著书到底在攻击谁？因为我并没有指责让平信徒只领圣饼的传统做法，只不过建议将饼酒同领问题交由教会决定。这正是他自己的主张，现在却用它来攻击我。我的回答是，这都是笔伐路德的人所惯用的手法：要么坚持他们恰恰攻击的那些观点，要么竖起一个稻草人来，便于一推就倒。这就是塞尔维斯特、艾克与埃姆泽，以及科隆人和鲁汶人的习惯，⑫ 倘若这托钵修士不与他们同流合污，他绝对不会撰文反对路德。

---

⑨ 阿尔维尔特论文扉页的标题就占了二十六行。路德的 *calopodia*（可能原来是想写 *calcipodium*）可能指阿尔维尔特的方济各会修士所穿的木底鞋。

⑩ 阿尔维尔特刻意将"耶稣"一词写为"IHSVH"，并竭力证明这包含了三种语言。关于他的长标题和这种特殊拼写，参见 *WA* 6，485。阿尔维尔特是从方济各会住院派（Conventuals）分裂出来的坚守派（Observantines）成员。

⑪ *A Treatise Concerning the Blessed Sacrament* (1519)，参见 *PE* 2，9—10。

⑫ 科隆和鲁汶的大学曾认可艾克在莱比锡"战胜"了路德。

不过，这人比其同侪的运气为佳，因为在证明饼酒同领既未有人吩咐，亦未有人建议时，他竟然举出了圣经依据，证明让平信徒只领圣饼乃出自基督的旨意。所以按这位新释经家的意见，让平信徒只领圣饼既非基督所命，却又是基督所命，两者竟都是事实！如你所知，这种新奇的论证是莱比锡辩证家特别热衷的手法。埃姆泽不就是这样行事的吗？他在早先的那本书里信誓旦旦，[13] 声言要公正地评价我，当我指出了他最愚蠢的嫉妒和无耻的谎言后，他又在准备驳斥我的那本书里承认这两方面都是事实，所以他以一种既友好又敌对的态度进行写作。你看，这就是个大好人啊！

请注意听听我们这位杰出的"分类学家"[14] 的话，在他眼中，教会的决议和基督的命令没有区别，基督吩咐与否也是一码事情。他就这样机敏地证明了因基督的旨意，也就是教会的决议，只将圣饼给予平信徒。他以字母大写的形式写了这句话：此乃无误的基础。然后他以不可思议的智慧看待《约翰福音》6 [：35，41]。在这两节经文里，基督论及天上来的粮和生命的粮，即基督自己。这位饱学先生不仅以为这些话就是指圣坛前的圣餐，而且因为基督说"我是生命的粮"[约6:51]，没有说"我是生命的杯"，就断言这节经文实际上确立了平信徒只领圣饼的圣餐。但是，他却不顾及后面的经文："我的肉真是可吃的，我的血真是可喝的"[约6:55]，以及"你们若不吃人子的肉，不喝人子的血"[约6:53]。假如这位机灵的修士恍然大悟，基督的这些话无可辩驳地支持了饼酒同领，而反对只领圣饼的做法——他便会像变戏法似的，立即设法巧妙而机警地溜出窘境，说什么基督的圣言只是意味着，凡领圣餐中的一种就在其中领受了肉与血。他就以此作为与神圣高洁的"坚守派"相称的结构上的"无误基础"。

我祈求你能明白这段经文，在《约翰福音》第6章中，基督吩咐了实施只领饼酒之一的圣餐，但他的意思是留待教会来做决定；而在同一

⑬ De disputatione Lipsicenst（1519）.
⑭ 原文为 speciosum speciatorem。此为文字游戏，第二个词乃路德杜撰、暗示圣餐中的"种类"（species）或"元素"，同时讽刺有人竭力使自己的论辩貌似有理，讨人喜欢；St.L. 19，9 n.1。

章中基督又进一步指出这是针对平信徒，而不是指神父而言。因为对后者来说，从天上来的生命的粮并不属于他们，他们或许只配有地狱来的死亡之粮！既不属于平信徒，也不属于神父的执事和副执事，[15] 又该怎么办呢？根据这位出类拔萃的作家的意见，他们既不该领饼酒中的一种，也不该饼酒同领！我亲爱的图利赫，你看这种处理圣经的方式是多么新奇，多么"坚守［真理］"。

我们还应该明白这一点：在《约翰福音》第 6 章，虽然基督亲口训导我们，说他讲的是对那成了肉身之道的信心，但这是指圣坛上的圣餐而言，因为他是这样说的："信上帝所差来的，这就是做上帝的工。"［约 6:29］而我们却必须相信这位莱比锡的圣经教授，他可以随心所欲地引证任何一段经文来证明任何事物。因为他是阿那克萨哥拉信徒，或者倒不如说他是亚里士多德派[16]神学家，他认为动词与名词互换可以代表同样以及任何意义。在整本书中，他都配以圣经见证，譬如他想证明基督临在于圣餐，就会毫不犹豫地开口说："这个训诫来自使徒约翰的《启示录》。"他所有的引证均与此类相同，这自作聪明的家伙试图大量地引证圣经来装扮自己的胡说八道。其他方面我不想理会，免得这臭气熏天的茅厕将你闷死。

在结论中，他引证了《哥林多前书》11 ［:23］，保罗在此说他从主接受了饼酒同领的圣餐，并把它传给了哥林多人。我们的分类家却借其惯用的机巧，说保罗只是允许，但并没有把饼酒同领的圣餐传给人。你们是否要问他证据何在呢？同他处理《约翰福音》第 6 章一模一样，是从他头脑里杜撰出来的。这位讲师肯定不会言之有据，因为他们这类人是以想象来求证和教导的。[17] 所以他们告诫我们，这节经文，使徒保罗并不是写给哥林多全体会众的，而仅是平信徒——这样一来，他的

⑮ 执事进入神父阶层七等级的第六等和第五等。当时的一些神学家（如卡耶坦和杜兰多斯［Durandus］）曾怀疑执事们是否实际接受了按立礼，他们的意见后来遭到天特公会议的否决，并作出了肯定的决议。参见 The Catholic Encyclopedia (15 vols.)，IV, 650。

⑯ 关于路德对亚里士多德的观点，参见其《致德意志基督教贵族书》，载于 PE 2，146—147。

⑰ 方济各会修士，可能暗指圣方济各的撒拉弗异象。

"允许"连教士都被排除在外了，彻底剥夺了他们领受圣餐的权利！此外，依照这种新语法，"我从主已经领受的"竟然意味着"为主所许可"，"我将它传给你们"却成了"我准许你们"。请你在此多多留意。假若采用这位先生的方法，那么不仅教会，甚至任何卑鄙小人都可以任意把基督和使们的所有诫命、制度与规条变成仅仅是"许可"的东西。

由此我看出这人是受撒但使者的驱使［林后 12:7］，他与同伙都是借着我在世上沽名钓誉，做个配和路德交锋的人物。但他们的希望终将成为泡影，因为我对他们不屑一顾，甚至连他们的名字都不愿提及，这一答复足以应付他们所有的书籍。假如他们配得的话，我愿求基督怜悯他们，使他们恢复健全的心智。假如他们不配，我就希望他们永无休止地写这样无聊的文字，因为真理之敌永远不配读别的书。有一则广泛流行的谚语说：

> 我确知这个道理：
> 与污浊之物争战，
> 不管失败或胜利，
> 总是要玷污自己。⑱

我看出他们有大量悠闲的时间著书立说，因此我会提供众多的论题让他们写作。因为我总是走在他们前面，当他们（自以为）战胜了我的一个异端邪说，大张旗鼓地庆祝辉煌胜利之时，我就会立即重新设计一个新的东西。我也想在战场上看到这些杰出的领袖们多多载誉而归。这样，当他们低声抱怨我赞同圣餐的饼酒同领，得意洋洋醉心于这个重要和有价值的问题时，我就能进一步揭示，凡拒绝平信徒饼酒同领的人都是恶棍。为了更易表述起见，我该另写一篇《罗马教会被掳序言》。在

---

⑱ 路德于 1530 年著有一本论《伊索寓言》的小书，其中包含了他翻译的 14 则寓言。这则格言曾被用来解释那则"驴子与狮子"的寓言。参见 *Luthers Werke*，ed. Arnold E. Berger，III（Bibliographisches Institut，1917），113；另参 *MA*³ 2，405—406。

适当的时候，当最博学的教宗党徒处理完这本书后，我还有更多的话要说。

我这样做，以免偶然读到这本书的虔诚读者因我所应付的这个污浊问题而感不快，他们有理由抱怨，在书里没有发现什么开启心智的知识和在学术上令人深思的灵粮。因为你知道，我的朋友们因我将时间浪费在这些人卑劣的幻想方面而多么不耐烦。他们说只要稍微读读这些东西，就能充分将其驳倒。他们对我的期望，正是魔鬼借这些人所阻挠的。我最终接受了朋友们的忠告，任由那群黄蜂去撕咬、争吵、怒骂。

对克雷莫纳的意大利修士［伊索兰尼］我不想说什么。他是一个不学无术的傻瓜。他想用几句花言巧语就将我召到罗马教廷，其实我自己并没有觉得脱离了教廷，也无人能够证明这一点。他那些愚蠢文章[19]的主要论点是，我的修道誓言以及德意志获得了帝国称号这样的事实,[20]都应当使我感动。这样，他看起来不是要描述我"放弃主张"，倒是要对法国人和罗马教宗大唱赞歌。就让他在这本小书里表达自己所谓的忠心吧。他不值得我苛待他，因为他似乎并不是受恶意驱使；他也不值得受到学术上的反驳，因为他的饶舌全都是出于愚昧和幼稚。

一开始我就必须否认有七个圣礼，目前我也只承认三个圣礼:[21] 洗礼、补赎和圣饼礼（the bread）。[22] 这三个圣礼都可悲地被罗马教廷掳去，教会被剥夺了一切自由。但是，如果我依圣经传统立言，那我就只拥有一种圣礼,[23] 不过它拥有三种礼仪记号罢了，这个问题留待适当的时候再详细讨论。

---

⑲ 参见前注⑧所标引的文献。

⑳ 参考 An Open Letter to the Christian Nobility，PE 2，153 n. 2, and 153—158。路德或许指的是具有一半德意志血统的查理五世在教宗煽动人们支持一位法国国王的情况下，终于 1519 年 5 月 28 日当选为神圣罗马帝国皇帝这件事，但最有可能指的是自查理大帝在公元 800 年由教宗加冕后，德意志国王被称为神圣罗马皇帝这桩事实。参见 Luther's Werke für das christliche Haus，ed. Buchwald, et al. , vol. II（Braunschweig, 1890），386 n. 1；另参 LW 35，406，n. 88。

㉑ 就路德对补赎的态度而言，"目前"并未延续多长时间，参见文末。

㉒ 路德使用的是对圣餐的公认称呼，这个名称是源于禁止平信徒领受圣酒这样的事实。

㉓ 在《提摩太前书》3:16（武加大译本）中，基督被称为 sacramentum（奥秘/圣礼）；参考 PE 2，177 n. 5；Julius Köstlin, The Theology of Luther, vol. I, trans. Charles E. Hay（Philadelphia, 1897），403；另参 LW 36，93—94。

首先是关于圣餐㉔

兹将我研究这一圣礼实施情况的进展告诉你。当我发表论圣餐一文的时候,㉕我还是墨守成规,毫不顾及教宗的对与错。而今我受到挑战和攻击,不,简直是被迫上了竞技场,所以我就只好畅所欲言,不管所有的教宗党徒在一起是哭还是笑。

首先,在这讨论中应把《约翰福音》第6章排除在外,因为它没有只言片语涉及圣餐问题。不仅因为圣餐在当时尚未设立,而且更由于这段经文本身及其字里行间,如我所指出的,清楚地表明基督所说的是对道成肉身的信心。因为他说:"我对你们所说的话就是灵,就是生命。"[约6:63]这说明他讲的是一种灵粮,凡食用者皆得生命。犹太人却认为基督是指按肉体的食用,所以就和他争论。但吃不能给人生命,除非借信而食用,因为这才真是属灵和赐生命的"吃"。如奥古斯丁所言:"你为什么要准备好牙齿和口腹呢?只要相信,你就已经吃了。"㉖礼仪之食不能给人生命,因为许多人不配领受。因此基督在这段经文里的话不能被解释为谈论圣餐。

许多人教导圣餐,确实误用了这段经文,就像在《不久以前》㉗以及其他许多教宗谕令中那样。但误用圣经是一回事,按其正确意义加以理解又是另一回事。否则,如果基督在这段经文里吩咐的是圣礼中的"吃",他说:"你们若不吃我的肉,不喝我的血,就没有生命在你们里面"[约6:53],那么他就是在定罪一切婴孩、病人和那些因故不能领圣

㉔ 路德对以后论述的其他圣礼前均加了小标题,但此处却插入了这句话,这里为统一也改为标题。

㉕ 即《论圣餐》,参见前注⑪。

㉖ *Sermo* 112,cap. 5. *MPL* 38,645.

㉗ 路德提到教宗谕令集是正确的,但引证《不久以前》(*Dudum Siquidem*)是错误的,应为《在马大的时候》(*Quum Marthae*),参见 *Decretalium Gregorii* IX Lib. iii,tit. XLI:*de celebratione missarum*,*et sacramento eucharistiae et divinis officiis*,cap. 6;参考 *CIC* II,col. 638。

餐的人了，而不论他们的信心多么强烈。所以奥古斯丁在《驳朱利安》㉘第二卷中引用英诺森㉙的话证明，婴孩虽未参与圣礼，但也吃了基督的肉、喝了他的血，就是他们靠教会的信仰而领受的。我们应当承认《约翰福音》并没有涉及这种圣餐，这是不言自明之事。因为这个缘故，我在别处㉚写道，波希米亚人㉛借这段经文，不能有效地证明他们有关饼酒同领的主张。

但却有另外两段经文极为明确地论到这事：即福音书上关于设立圣餐的记载，和保罗在《哥林多前书》第 11 章所言。《马太福音》[第 26章]、《马可福音》[第 14 章]和《路加福音》[第 22 章]都认为基督把全部圣餐给了所有门徒。保罗传饼酒同领的圣餐，这个事实如此确凿无疑，从来都没有人轻率地加以否定。《马太福音》[26:27]又对其加以补充，记载了基督并未论到饼说"你们都吃"，而是论到杯说"你们都喝这个"。《马可福音》[14:23]也未说"他们都吃"，只说"他们都喝了"。二者都没有说到饼，而只指出了杯的普遍性，仿佛圣灵预见到这种使一部分人被禁止领受圣杯的分歧似的，而基督原本让人人都能享用。你们想想，假如他们发现"都"这个词与饼，而不是与杯联系在一起，他们该会多么愤怒，多么疯狂地攻击我们。他们不会留一点空子让我们逃走，而只会大喊大叫，把我们定为异端，骂我们是教会的分裂分子。而今圣经证实了我们的立场，而与他们的主张抵牾，他们就不再顾及逻辑的约束。这些意志最自由的人，㉜即使在属上帝的事情上也是如此；他们反复无常，把一切都弄得一塌糊涂。

但你要设想我是面对我的上司——教宗党徒，并且在质问他们。在

㉘ *Contra Julianum* II, cap. 36，参见 *MPL* 44，699 - 700。

㉙ 指罗马主教英诺森一世。

㉚ *Verklärung etlicher Artikel in einem Sermon rom heiligen Sakrament*（1520），参见 *WA* 6，80。

㉛ 指约翰·胡斯的跟随者，根据与罗马的一项和解协议，他们获准实施在圣餐中饼酒同领。

㉜ 关于路德否定对手们的意志完全自由的主张，参见其《论意志的捆绑》，载于本文集第二卷；另参 *WA* 18，600—787；*St. L.* 18，1668—1968；Martin Luther，*The Bondage of the Will*，trans. J. I. Packer and O. R. Johnston（Westwood，New Jersey，1957）。

圣餐中，整个圣餐或饼酒同领要么只是给教士的，要么也同时给了平信徒。若圣餐（按他们所想）仅仅给予教士，那么或饼或酒都不当给予平信徒。基督在设立圣餐时未曾给予人的，现在也不应当草率地让人领受。不然，如果我们让基督的一个规定被改变，那么就会使基督的所有律法失效，而且谁都可以大胆地说自己不受基督律法或规定的约束。因为一个例外，尤其是关乎圣经的，就可以使全体无效。但如果圣餐也该给予平信徒，那就必然得出这样的结论：饼或酒对他们均应无所保留。若有人不按平信徒所愿给他们圣餐，那就是不敬虔的表现，有悖于基督的作为、榜样和成规。

我承认，对这个论据无可辩驳，我只能表示赞同。在我的所读所闻所见中，都没有什么反对意见，因为在这里，基督的话语与榜样都不可动摇，他不是用许可的口吻，而是以命令的方式说道："你们都喝这个。"［太 26:27］。如果人人都该去喝它，那么这话就不单是对教士而言。若有人不按平信徒所愿给予他们圣杯，那就是不敬虔的表现，即便是天使做的，也是这样［加 1:8］。他们如果说饼酒同领的圣餐是留待教会去做决定的，这也没有理由，更无权威佐证。犹如随意就能将其证明一样，所以人们对此也能随意忽视。同以基督的言行来反对我们的那个人为敌是徒劳的，必须用基督之言来反驳他，可惜我们[33]缺少的正是这个。

然而，如果将圣餐中的一部分对平信徒加以扣留，那么根据同样的权力和理由，他们在洗礼或补赎中的一部分权利也可能被同样的教会权威所剥夺。所以，正如洗礼和赦罪必须全部施行，那么圣餐也应当全部给予愿意领受的所有平信徒。令我诧异的是，他们声言神父们在弥撒中决不可只领受饼，否则就是犯了大罪；并说原因无他，（他们异口同声地说，）就是因为饼酒不能分家，二者合一才构成一个完整的圣餐。所以我质问他们，为什么在给平信徒的圣餐里，把饼酒分开却是合法的呢？为什么只有他们才无权领受完整的圣餐呢？难道他们不知道，根据自己的见证，要么就要把饼酒同领的圣餐给予平信徒，要么就是无效

---

[33] 路德在这里将自己混同于谬误的教士。

的，如果他们只接受圣饼？为什么只有饼的圣餐对教士是不完整的圣餐，对平信徒却又是完整的呢？他们为什么在我面前卖弄教会的权威和教宗的权力？这些都不能使上帝之道和真理的见证无效。

再进一步说，既然教会能够在圣餐中扣下平信徒的酒，那么他们也就可能扣下圣饼。所以教会能够完全剥夺平信徒的整个圣餐，对他们完全取消基督的成规。我要问，这是根据谁的权威呢？假如教会不能扣下圣饼而要饼酒同领，它就不能扣下圣酒，这是无可置疑的。犹如教会的权力及于饼酒两者，它的权力也应当及于其中的一种。假如它对两者无权，那么对其中的一个也无权。我非常想听听罗马的谄媚者对此有何高见。

但是，我觉得至关重要的是基督的这句话："这是我立约的血，为你们并为多人流出来的，使罪得赦。"㉞ 这里你们清楚地看到，基督的血流给谁赎罪，它就给了谁。谁敢说它没有为平信徒而流呢？你们没有听到他在赐下杯时对谁讲话吗？难道不是给所有的人吗？难道他没有说他的血是为所有人而流吗？他说了"为你们"［路 22:20］——就让这单指教士吧。但是，"为多人"［太 26:28］就不可能单指教士。而基督又说了："你们大家喝。"［太 26:27］在这里我也能够像我那亲爱的轻浮之人㉟那样耍弄一番，把基督的话变为笑柄。但对那些依据圣经来反对我们的人，必须用圣经进行驳斥。

这就是我没有谴责波希米亚人的原因，㊱ 不论他们是好是坏，但他们拥有基督的言行，而我们㊲却一无所有，有的也只是人的言之无物的空话："这为教会所定。"实际上这些事情的决策者不是教会，而是控制教会的暴君，他们的作为并未得到教会（即基督子民）的赞同。

既然人人都同意把无需标记的圣礼恩典㊳给予平信徒，那么现在我

㉞ 这是把武加大译本的《马太福音》26:28 与《路加福音》22:20 联结在一起；"为你们"和"为多人"在天主教弥撒的传统规定中是被联结在一起的。

㉟ 指阿尔维尔特，参见前注⑥。

㊱ 参见前注㉛。

㊲ 参见前注㉝。

㊳ 圣礼由两部分组成：作为外在记号的圣礼（*sacramentum*）和被表示的圣礼实物（*res sacramenti*）；后者即圣礼恩典。

要问，拒绝把饼酒这些可见的记号给予他们，这是出于什么必要、有什么宗教义务和什么实际惯例呢？既然把意义重大的恩典赐予他们，那么为何不把意义较小的记号也给他们呢？因为在每项圣礼中，记号都比它所表示的东西显得微不足道，所以我不明白，他们既然同意给予较大的，有什么要阻止他们给予较小的呢？我只能看出一个理由，那就是上帝在愤怒中允许的，他要使教会分裂，叫我们知道，我们虽已长久地失去了圣餐中的恩典，却为了不太重要的记号而反对那最重要和最关键的事情，就像有些人为了礼仪而反对爱一样。这可怕的邪恶，可能从我们为了世界的财富而开始狂暴地对抗基督之爱的时候就已出现。所以，上帝就借这可怕的记号，让我们知道自己如何崇拜这记号胜过它们所指向的真义。假如承认洗礼的信心已经赐给了等候领洗的人，却拒绝把这信心的记号（即水），赐给他，这该是何等荒谬啊！

最后，保罗在《哥林多前书》11［:23］说："我当日传给你们的，原是从主领受的。"他的立场坚定不移，令任何人都无话可说。他没有像我们的托钵修士那样自说自话："我只是许可你们。"㊴ 他将饼酒同领的圣餐传给哥林多人，也并不是因为他们中间发生了争议。首先，经文表明他们争论的不是饼酒同领问题，而是贫富间的轻视与嫉妒。经文明明指出："甚至这个饥饿，那个酒醉……叫那没有的羞愧。"［林前11:21—22］再者，保罗说这话，不是他将圣餐开始传给他们的时候，因为他不是这样说："我现在传给你们的，是从主领受的"，而是说："我领受了，而且传给了你们。"也就是说，他开始传给他们圣餐的时候，是在这争论发生很久以前。这表明他传的是饼酒同领的圣餐，"传给了"和"吩咐"意思相同，因为他在别的地方也是以这种意义使用这个字的。故此，这与那托钵修士所谓的许可毫不相干，他搜罗证据，胡乱搅和在一起，都不是根据圣经和理性。他的对手不是问他做了什么梦，而是圣经对这件事的命令。他从圣经里找不到一点一画支持他的梦呓，他的对手却能发出捍卫自己信仰的惊天霹雳。

你们这些教宗的谄媚者，统统行动起来吧！有人控告你们不敬、专

㊴ 阿尔维尔特的话，引自 WA 6, 505 n.1.

横、背叛福音、诽谤弟兄，你们就为自己辩护吧。谁若拒绝违反圣经上清楚有力的话语，不承认你们的梦想，就会被你们诋毁为异端！如果要将某些人定为异端或分裂主义者，那他们绝不是波希米亚人或希腊人，⑩ 因为他们都站在福音的立场。你们罗马人自己倒是货真价实的异端和亵渎神灵的分裂主义者，因为你们凭借自己的臆造，反对上帝清楚的圣经。你们这些人啊，洗刷自己的罪名吧！

这位托钵修士声言，使徒保罗的这些话和许可只是对特定的教会，即哥林多人说的，而非对普世教会而言。他的头脑里还有什么玩意比这更荒谬、更有价值的呢？他的证据何在？不过来自那唯一的仓库——他那不敬虔的脑袋罢了。既然普世教会在其他各点上都接受、阅读和遵从为它而写的这封信，那它为何在这一点上却不这样做呢？假如我们认为保罗的任何书信，或书信的任何部分不适用于普世教会，那么保罗岂不是威信扫地了吗？哥林多人也就会这样说，他在书信中对罗马人有关信仰的教训，也不适用于哥林多人。人们难以想象，有什么样的亵渎和疯狂会更甚于此！普世教会若不遵从和持守保罗书信里的一点一画，这天理难容！从过去的教父时期直到当今这个危险的世代，都没有人持这种观点。保罗预见了现代的情形，断言必有亵渎者和瞎眼张狂的人出来〔提后 3:1—9〕，这托钵修士就是其中之一，或许还是他们的头目呢。

然而，我们姑且假定这难以容忍的疯狂有事实依据。如果保罗将许可给了一个特别的教会，那么即使按照你们的观点，希腊人和波希米亚人也是对的，因为他们就是特别的教会。这样，保罗至少也给了他们许可，他们只要不予违背也就够了。此外，保罗也不会许可有违基督的成规之事。因此，罗马人啊，我要代表希腊人和波希米亚人，用基督的这些话语当面痛斥你们和你们的谄媚者。我料定你们不能证明自己有什么权威，对这些经文作一丝一毫的改动，更不要说指控鄙视你们傲慢之举的人为异端了。倒是你们应该被指控犯了不敬虔和专制之罪。

---

⑩ "希腊人"指希腊教会（Greek Church），是对东正教（Eastern Orthodoxy）的常用称呼，该派于 1054 年从西方拉丁教会中分离出去，其神学与礼仪著作多以希腊文写成。

关于这一点，我们可以读读西普里安的作品，他一人就足以制服所有的罗马教徒。他在其《论背道者》（*On the Lapsed*）第五卷里见证，让平信徒饼酒同领已是当时［迦太基］教会广泛流行的习俗，甚至及于儿童，而且将主的身体直接赐予他们手里。他就此举了很多例证。关于其他方面，他还这样指责某些教友："那亵渎的人因不得用肮脏的手立即领受主的身体，不得用污秽的嘴唇立即喝主的血而对神父们发怒。"[41]你看他说的就是平信徒，是想从神父手中领受主的身体和宝血的不敬虔的平信徒。可怜的诌媚者，你在这里发现有什么值得咆哮的吗？你要宣称这位教会的博士、充满使徒精神的圣洁殉道者是异端分子，并且已将这种许可给予一间特别教会吗？

西普里安在同一处还介绍了一件亲眼目睹之事，详细描述了一位执事将圣杯交给一个小女孩，[42] 当她避开时，他就把主的血倒入她的口中。[43] 我们在圣多纳徒[44]的书里也读到过同样的内容。但这可怜的诌媚者却轻描淡写地对待他的破杯，说什么"我读到过一个破杯，但未读到赐予宝血的事"。[45] 这不足为奇！凡在圣经里随己意发现的，也必在史书上随己意读到。但用这样的方式就能确立教会权威、驳倒异端分子吗？

这个论题到此为止！我写这本书不是为了答复那不值一驳的人，而

---

[41] 参见 St. Cyprian，*The Lapsed*，in *Ancient Christian Writers*，vol. 25，trans. Maurice Bévenot，S. J.（Westminster，Maryland，1957），31。

[42] 原文 *infanti* 指 7 岁以下儿童；参见 *St. L.* 19，21 n. 2。

[43] St. Cypian，*The Lapsed*，in *Ancient Christian Writers*，vol. 25，32 - 33。

[44] 阿雷佐的多纳徒（Donatus of Arezzo），阿雷佐的主教，戴克里先大迫害时期（303—305 年）他逃难至此；后在叛教者朱利安手下殉道（362 年 8 月 7 日）。雅各·德·佛拉金（Jacobus de Voragine，约 1230—1298 年）在他编纂的圣徒轶事集中写道："格列高利在《对话录》（*Dialogue*）中提及，有一天，当人们在领受弥撒圣餐时，有位执事在分发基督的宝血，却因为被异教徒推搡，倒地摔碎了圣杯。当人们对此极度伤心时，多纳徒捡起了圣杯碎片，经过祈祷，又使它恢复了原状。"参见 Jacobus de Voragine，*The Golden Legend of Jacobus de Voragine*，trans. Granger Ryan and Helmut Ripperger（New York，1941），Part Two，433—434。

[45] 阿尔维尔特引证了破圣杯的故事，意在否认它所意味的那种施圣餐的习惯。他说："我读过格列高利说的圣杯复原的故事，但没有发现领受宝酒的事"；参考 *WA* 6，506 n. 2。

是为了阐扬真理。

总之，拒绝把饼酒同领的圣餐给予平信徒，是邪恶专横之举，任何天使都无权这样做，更不要说教宗或大公会议。康斯坦茨公会议[46]也不能使我踌躇，因为假若它的权力有效，那么巴塞尔公会议的权力为什么就无效呢？在巴塞尔公会议上，虽然有人反对，但最终许可波希米亚人奉行饼酒同领的圣餐。大量的会议记录和文献表明，达成这个最后决议经过了多次争论。这无知的谄媚者竟乞灵于这个会议[47]来支持自己的梦想；他处理整个问题用的都是这种机巧。

所以，**圣餐的第一重被掳**关乎到它的本质或完整性，这完整性已被罗马教廷的专权者从我们当中夺去。并不是那些只领圣饼的人犯了悖逆基督之罪，因为基督并未吩咐人只领圣餐饼酒中的任何一种，而是留待个人决定。他说："你们每逢喝的时候，要如此行，为的是纪念我。"［林前 11∶25］因此，禁止把饼酒同领的圣餐给予选择它的人才是犯罪行为。这个错误不在于平信徒，而在神父身上。圣餐并不仅仅属于教士，而是属于所有的人。教士不是主人，而是仆人，他们的责任就是把圣餐饼酒赐予那些随时要求领受的人。如果他们剥夺平信徒的这种权利，强行拒绝他们领受，他们就是暴君；平信徒未领圣饼或圣杯，甚至两者都未领受，这也不算犯错。在此同时，他们一定要靠自己的信心和领受完整圣餐的愿望来护持自己。同样，这些仆人有责任为任何寻求施洗和宣赦的人主持这些礼仪，因为他有权领受；即使他们拒绝这样做，那寻求者依然有信心的圆满功德，不履职的神父们却要在上帝面前被控为恶仆。所以古时住在沙漠里的圣教父们许多年都不领受任何形式的圣礼。[48]

因此我不主张用暴力夺回饼酒同领的圣餐，权且当我们因严令必得

---

⑯ 阿尔维尔特引述了证实拒绝平信徒领受圣酒的康斯坦茨谕令（*Decretum Constantiense*）；参考 *WA* 6，507 n.1。

⑰ 康斯坦茨公会议的确批准拒绝平信徒领受圣杯，并将正要为之辩论的胡斯（于 1415 年 7 月 6 日）处以火刑。但正如路德所说，阿尔维尔特却错误地引证了巴塞尔公会议，因为那次大公会议最后（于 1433 年 11 月 30 日）缔结的《布拉格和约》（*Compactata of Prague*），允许胡斯信徒（"波希米亚人"）享有饼酒同领圣餐的优待权。

⑱ 参考 *A Treatise Concerning the Ban*，参见 *PE* 2，40。

受制于这种形式；但我要规劝人们的良心，既然明白圣餐的合法份额被强行剥夺，是因为自己的罪过，那么就要对罗马的专制予以忍受。我唯一的愿望就是——人们不要把罗马的专制视为合理，好像它禁止把圣杯给予平信徒是正当的。我们倒要憎恶它，不予赞同，并且忍受它，仿佛我们作了土耳其人的俘虏，被禁止领受任何圣餐似的。这就是我说的它将成为一件好事的意义所在，在我看来，一旦大公会议⑭下令废止这种掳掠，我们基督徒的自由就会从罗马暴君手里交还给我们，人人都能像领受洗礼和宣赦那样，自由地寻求和领受圣餐。可是现在，专制者年复一年地强迫我们只能领受圣饼，完全失去了基督给予我们的自由。这就是我们不敬虔、忘恩负义的报应。

圣餐的第二重被掳，对良心而言不太严重，但它的最大危险，就是威胁那要攻击它的人，更不要说定罪它的人了。在这里我会被诬为威克里夫，并被冠以六百个异端罪名。但这又何妨？鉴于罗马主教已经不成主教，而是作了暴君，我也就对他的谕令无所畏惧。因为我知道，制定新的信条既不在教宗权下，也不是大公会议的管辖范围。

多年以前，当我醉心于经院神学的时候，博学的康布雷枢机主教⑤在他对《四部语录》第四部的评论中给了我一些思考材料。他十分精辟地论证，圣坛上摆的是实在的饼和酒，而不仅仅是其偶性⑤临在，而且也较少需要不必要的神迹——假若教会过去没有另外的谕令，那该多好。当我后来得知颁布这个规条的是托马斯⑤教会——亦即亚里士多德教会时，我就更加大胆了。我本来满腹狐疑，最后才在上述观点上使良心得到平安：即主张圣坛上是实在的饼和酒，基督真正的血肉也绝对临在其中，丝毫不比有人认为基督的血肉居于饼和酒的偶性之下来得差。

---

⑭ 参见前注⑪。

⑤ 皮埃尔·戴伊（Pierre d'Ailly, 1351—1420 年），奥卡姆的学生，影响路德甚巨。他在康斯坦茨大公会议期间的 1415 年，主持对约翰·胡斯的审讯与定罪。路德在这里指他的 *Questiones quarti libri senentiarum*, quest. 6, E; folio cclxiv a。

⑤ 根据中世纪的观念，属性被认为附着于不可见的"本质"上，二者一起构成了客体。在变质说中，饼酒的"本质"变成了基督肉与血的"本质"，只有饼酒的"偶性"与"形式"（如形态、颜色和味道）依然保留。

⑤ 指托马斯·阿奎那。

我得出这个结论，是因为我看出托马斯主义者的观点，不论是经教宗还是大公会议认可，都只是一些意见，不能成为信条，即令天使下达了不同命令［加1:8］也是这样。因为脱离圣经或可靠启示的主张，可以被视为一种看法，但不必为人信仰。而托马斯的这一观点犹如空中楼阁，既无圣经也无理性的依据，在我看来，他简直连自己的哲学或逻辑都搞不清楚。对于主体和偶性的看法，亚里士多德与圣托马斯迥然不同，㊝我觉得这伟人实在可怜，他不仅试图在信仰的问题上求教于亚里士多德，而且使自己的观点以他并不理解的这个人为依据，这样，就把那不幸的理论架构建在不可靠的基础之上。

所以我容许每个人任意选择这两种观点之一。我目前挂虑的一件事，是解除人们良心上的一切不安，使大家不再担忧因相信圣坛上是真正的饼酒而被斥为异端，人人都能自由地思想、接受和相信某种观点，而不危及自己灵魂的得救。但现在我要阐明自己的观点。

首先，我不会听取、也不会看重他们的叫嚣，他们污蔑我的教导是威克里夫、胡斯和异端的观点，有悖于教会法令。他们不会是别人，而是在赎罪券、意志自由和上帝恩典、善功与罪等问题上，被我宣判犯了多重异端罪的人。如果威克里夫曾经是异端，那么他们就该有十倍的异端罪名；遭到异端分子和刚愎自用的诡辩论者责骂控告，原是一件快事。反之，若令他们高兴，那倒是最大的不敬度。此外，他们证明自己的观点和批驳不同观点，唯一的方式就是说："这就是威克里夫、胡斯和异端的看法！"这种脆弱无力的论说成了他们的口头禅，此外别无所有。如果你要他们出示圣经依据，他们便会说"这是我们的主张，也是教会（就是我们这些人）的决定"。这些在信仰上被弃绝［提后3:8］和不可信赖的人，就是如此厚颜无耻地假借教会的名义，把自己的妄想当作信条，摆在我们面前。

但我的观点有充分理由，尤其是无论人或天使都不得歪曲圣经这一点。我们应当努力保持圣经的本来意义，除非有上下文的需要，否则，就要按圣经的文法和字面意义去理解，免得对手有可乘之机，把圣经当

㊝ 亚里士多德认为，主体与其偶性不可分，二者不能独立存在。参考 MA^3 2, 406。

作笑料。古时奥利金⑭就理所当然地遭人批驳，因为他无视圣经的文法意义，把伊甸园里的树木和其他一切都看为寓意，使人因此而猜想树木并非上帝所造。即便如此，福音书作者这样明白地写道：基督拿起饼来［太 26:26；可 14:22；路 22:19］，祝谢了；《使徒行传》和使徒保罗也将其称为饼［徒 2:46；林前 10:16；11:23，26—28］，我们也要将其视为真实的饼和真实的酒，就像我们把杯看作真实的杯那样（因为甚至他们也不主张那个杯被改变了本质）。既然没有必要设想一个由上帝大能引发的变质说，那就应该视为人的臆造，因为正如我们将看到的，它既没有圣经依据，也未立足于人的理性。

因此，把饼理解为饼的"形式或偶性"，把酒理解为酒的"形式或偶性"，是闻所未闻的荒谬的文字游戏。他们为什么不把其他所有事物也称为它们的"形式或偶性"呢？即使对其他事物可以这样处置，也不应当如此削弱圣经，歪曲其真义，以致带来这样大的危害。

再者，教会在一千二百多年间一直保守其真正的信仰，那时任何圣教父都没有在任何时候或任何地方提到过变质说（这是一个荒谬的术语和荒谬的想法），直到最近三百年来，亚里士多德的伪哲学才开始侵入教会。⑮ 在此期间，许多事被人进行了错误的界定，如上帝的本质既不是受生的，本身也不生；灵魂是人体的本质形式等。诸如此类的说法，正如康布雷枢机主教承认的，都没有理性和事实依据。

他们也许会说，为避免偶像崇拜的危险，饼和酒就不应当是真的。这是何等可笑！平信徒从来都不熟悉他们的这种琐细得不切实际的有关本质与偶性的哲学，即使向他们传授，他们也不得要领。此外，就像他们对看不见的本质有崇拜的危险一样，他们对存在的、可见的偶性也有崇拜的危险。如果他们不崇拜偶性，但崇拜隐藏于偶性下面的基督，那

⑭ 亚历山大里亚的奥利金（Origen of Alexandria，约 185—约 253 年），他的寓意解经原则早从四世纪起就引起了多次长期的争议。
⑮ 路德指的是，变质说在英诺森三世主持的 1215 年第四次拉特兰公会议被确立为固定教理。欧坦的司提反（Stephen of Autun，约 1112—约 1139 年）可能最早在其著述上将其作为专业术语，但这个观念的形成此前可能经过了数个世纪；参见 *The New Schaff-Herzog Encyclopedia of Religious Knowledge*，vol. 11，ed. Samuel Macauley Jackson（Baker Book House，1949），p. 494。

么他们为什么就不会崇拜看不见的饼［的本质］呢？

基督为什么不能像把他的身体包含在偶性之中那样，也把它包含在饼的本质之中呢？犹如炽热的铁，火与铁这两种物质已经如此融混一体，密不可分。为什么基督的身体不会更有可能已经融入饼的本质各部分呢？

他们会怎么说呢？基督据信是从贞洁的母腹所生。那么也让他们这样说吧：圣母马利亚的身体也同时被消灭了，或者他们更有可能这样说，它已经变质，使基督包含在偶性之中，最后由偶性里诞生！关于基督毫无干扰地出入封闭的门［约 20:19，26］和封闭的墓穴［太 28:2；可 16:4；路 24:2；约 20:1］也必得有同样的说法。

由此就产生了一个支持可以脱离本质的恒定数量哲学的巴别塔，⑤⑥直到他们自己对偶性与本质也不再明了。因为有哪个人毫无疑义地证明了热、色、冷、亮、重与形状等仅仅是偶性呢？最后，他们不得不假称上帝在圣坛上为偶性创造了新的本质，这都是依据亚里士多德的说法："偶性的本质必然存在于某些事物之中。"此外，他们还杜撰了其他无数的奇谈怪论。他们只要承认这里依然是真实的饼，这些难题就会迎刃而解。令我十分欣慰的是，圣餐的质朴信仰至少仍存在于百姓之中。因为他们不理解，所以也不争论那偶性是否离开本质而临在，而只是相信基督的身体和血包含在饼和酒之中，把有关什么包含了这身体和血的论辩留给那些闲人。

但或许他们会说："亚里士多德教导我们，在一个肯定命题中，主体和谓语必须同一。"或者（用这怪物在自己的《形而上学》第六卷里的话来说）："一个肯定命题要求主语和谓语的一致性。"⑤⑦他们把一致性解释为同一性。因此，我如说"这是我的身体"，主体就不能指饼，

---

⑤⑥ 根据经院哲学，饼的本质已不存在，但它的数量同其他偶性依然不变。

⑤⑦ 路德不应该引用亚里士多德的《形而上学》（*Metaphysics*），而是《工具论》（*Organon*）第六章"解释篇"（*De Interpretatione*）；亚里士多德在其中指出含有相同主体和谓语的肯定性命题和否定性命题相互矛盾，主体和谓语必须明确地（单义地，univocally）等同。在第十章中，他坚持"主体和谓语在一个肯定性命题中必须指同一件事物"。参见 Aristotle, *The Basic Works of Aristotle*, ed. Richard McKeon（New York, 1941）, pp. 43, 49。

而是指基督的身体。

　　用亚里士多德和人的教义来评断这些崇高的神圣之事，我们该说什么呢？我们为何不抛弃这种好奇心，谨守基督的话，对这里发生的事不予理会，以基督的身体因他的话而临在为满足呢？[58] 难道有必要详细了解上帝的一举一动吗？

　　亚里士多德虽然承认本质是第一主体，但他也认为一切偶性的范畴[59]本身都是主体。因此在他看来，谓述事物属性的"这白的""这大的""这类"等等，也都是主体。他们对此有何看法呢？假如亚里士多德的话正确，那么我就要问：为了避免将基督的身体等同于饼，就设想了一个"变质说"，那么为了避免基督的身体被视为偶性，为什么不也杜撰一个"变偶说"（transaccidentation）呢？也同样存在着以那被假定为主体的"这种白的或这种圆的[60]为我的身体"的危险。因同样的缘故，既然接受变质说，那么也得承认变偶说，因为主体与宾语必须同一。

　　如果仅因理智的行为，你就可以废除偶性，这样，当你说"这是我的身体"时，它就不会被看作主体。假若你不想把它视为主体，为什么不同样轻易地超越饼的本质，以便使"这是我的身体"既存在于偶性，也存在于主体之中呢。这终究是上帝全能的神工，它能够像运行于偶性里那样，频繁而良好地运行于本质之中。

　　我们还是不要过多地涉猎哲学吧。基督指着酒说："*Hic est sanguis meus*"（"这是我……的血"［可 14:24］），而不是说："*Hoc est sanguis meus*"。[61] 基督岂不是令人敬佩地预见了这种好奇心吗？基督又用了一个"杯"字，使意义变得更加明确了："这杯［*Hic calix*］是用我血所立的新约。"［路 22:20；林前 11:25］这难道不是表明基督期望我们持

[58] 参考 *A Treatise Concerning the Blessed Sacrament*（1519），参见 *PE* 2，20。
[59] 范畴（categories）即为实体（substance）、数量（quantity）、性质（quality）、关系（relation）、方位（place）、时间（time）、姿势（position）、状态（state）、动作（action）、影响（affection）；参见 Aristotle, *The Basic Works of Aristotle*, p. 8。
[60] 即圣饼。
[61] *Hic* 为中性的"这"，*Hoc* 为阳性的"这"。

333

守纯粹的信仰，使我们足以相信杯里就是他的血吗？对我来说，如果我不能理解饼为何是基督的身体，我就使自己的理智服从基督［林后10:5］，只是恪守他的话，不仅坚信饼里有基督的身体，而且坚信这饼就是基督的身体。因为我有圣经的证明："他拿起饼来，祝谢了，就擘开，说：'拿着吃，这（那就是指他拿起并擘开的饼）是我的身体。'"［参见林前11:23—24］圣保罗也说："我们所擘开的饼，岂不是同领基督的身体吗？"［林前10:16］他不是说："在饼里有"，而是说："饼就是⑫同领基督的身体"。如果哲学对此不能理解，那有什么关系呢？圣灵比亚里士多德更伟大。哲学难道能够理解他们的变质说吗？他们自己不是也承认，一切哲学在这里都失败了吗？在希腊文和拉丁文里，"这"都指的是"身体"，这是事实，因为这个词在两种语言里有同样的词性。但在没有中性词的希伯来文里，"这"指的是"饼"。所以，这样说："Hic［饼］est corpus meum"（这饼是我的身体）是对的。事实上，语言⑬的惯用法和常识也都证明了主语［"这"］显然指饼，不是指身体，因为基督说："这是我的身体"，即是说："这饼［iste panis］就是我的身体。"

所以基督怎样，圣餐也怎样。为使神性有形有体地居住在基督里面［西2:9］，没有必要使人性变质，使神性包含在人性的偶性之中。这两种本性都是完整的，"这人是上帝，这上帝是人"都是真实的话。即使哲学对此无法解释，信心却可以领悟。上帝之道的权威大于我们对其理解的能力。同样，在圣餐中没有必要使饼和酒变质，让基督包含于饼和酒的偶性之中，以使基督实在的身体和实在的血临在于圣餐中。但两者都仍然同时存在，真可谓"这饼是我的身体，这酒是我的血"，反之亦然。为了尊重圣经，我愿意按目前这样来理解它，不容许用人的微不足道的论据来篡改和曲解它，把它变成无聊的东西。与此同时，我容许别人依从《坚定地》谕令⑭所规定的观点，但（如我在上所述）不要强制

---

⑫ 不是 in pane est，而是 ipse panis est。

⑬ 路德设想耶稣在那种场合讲的话当然不是希腊文，但可能是希伯来文。

⑭ Firmiter，Decretalium Gregorii IX Lib. i, tit I: de summa trimtate et fide catholica，cap. I, sec. 3，参见 CIC 2, col. 5。

我们把他们的见解当作信条。

圣餐的第三种被掳是一切弊端中最坏的痼疾，以致把弥撒当作善功和献祭的观点，成为目前教会中最流行、最坚信的观点。这种弊端还带来了其他无穷的弊端——对圣餐的信心竟至完全消失，圣餐变成了交易、市场和谋利的生意。因此分享、⑥ 兄弟会、⑥⑥ 代求、功德、周年纪念、⑥⑦ 纪念日，⑥⑧ 以及其他宗教商品都在教会里买卖交易，教士和修士们完全靠此为生。

我是在攻击一件棘手之事、一种难以根除的弊端，因为它已成为百年来人们公认的习俗，根深蒂固，以致必须查禁大部分流行的书籍，改变几乎所有教堂的外观，采用或恢复完全不同的礼仪。但我们的基督仍然活着，我们必须谨慎，重视上帝之道甚于人和天使的一切思想。我要履行自己的职责，揭露这方面的事实真相。因我白白地接受真理［太10:8］，所以我也乐意将它传扬。至于其他方面，要让大家都重视自己的得救问题；我只能忠实地尽自己的本分，以免当我们站在基督的审判台前［林后5:20］，有人因缺乏信心、无视真道而归咎于我。

首先，为了安稳快乐地获得有关圣餐的真实丰富的知识，就要特别留心废除由人的虔诚热心对淳朴的原初圣餐所添加的一切：诸如礼服、装饰、唱诵、祈祷、风琴、蜡烛和其他一切外表的虚华。⑥⑨ 我们应当全心全意地信守基督的成规，仅仅专注于基督设立圣餐、使它完美并将它赐予我们时的嘱咐。因为只有在基督的话里，才寓有弥撒的权柄、性质和全部本质；其余均为人对基督之言的添枝加叶，离开它们弥撒还是弥撒，照样可以举行。下面是基督设立圣餐时的嘱咐：

---

⑥ 即使不能参加弥撒，一个人也能在属灵上有"分享"（participation），例如借助修道院中念诵的弥撒经。

⑥⑥ 这些修士会（confraternities）和联谊会（sodalities）会出资为自己做弥撒，并会参与灵修操练以获取功德；这种组织的成员资格能使其获得其他人累积的"善功"（祷告和参与弥撒）的好处。

⑥⑦ 为死者在一年之中每日所做的，或者每年在其周年纪念（anniversary）所做的弥撒。

⑥⑧ 在某些纪念日（memorialdays）会为死者念诵弥撒经文。

⑥⑨ 参考 *A Treatise on the New Testament that is the Holy Mass*（1520），载于 *PE 1*, 296—297。

"他们吃晚饭的时候，耶稣拿起饼来，祝谢了，就擘开递给门徒说：'你们拿着吃，这是我赐给你们的身体。'他又拿起杯来，祝谢了，递给他们说：'你们都喝这个，这杯是用我血所立的新约，是为你们多人流出来，使罪得赦的。你们应当如此行，为的是纪念我。'"⑦

使徒保罗不仅在《哥林多前书》11［:23—26］传了这些话，并且进行了更充分的解释。我们若不愿像过去一样，被背弃真道的人［多1:14］用一切恶道邪说摇动［弗4:14］，就要信靠基督的话语，将自己建构在这坚固的磐石之上。因为在这些话里，关于圣餐的圆满、使用和祝福均无遗漏；我们不必了解的多余之事也概不包括。谁若在关于弥撒的事上不顾这些话而自作主张，另讲一套，就是鼓吹怪论邪说，这和那些把圣餐视为因功生效⑦和献祭的人一样。

因此，让这种立场作为我们首要的可靠主张——圣坛的弥撒或圣餐是基督所立的遗约（testament），是他临终时留下来分给他的信徒的。因为他的话"这杯是用我血所立的新约"［路22:20；林前11:25］就是这个意思。我认为，我们要把这个真理作为不可动摇的基础，是我们一切立言的依据。如你们将要看到的，我们将洁净这最宝贵圣餐中人的所有亵渎思想。基督就是真道，他确实说过，在他为我们而流的血［路22:20］里，有他所立的新约。我并非毫无理由地详细论述这句话，因为这个问题至关重要，一定要引起我们的高度重视。

因此，我们若要探询遗约是什么，就要同时了解什么是弥撒，如何正确使用和蒙福，以及何为滥用。

众所周知，遗约是临终之人的应许，他在其中指定自己的遗产及继承人。所以遗嘱首先包含立约人的死亡，其次是遗产的应许和继承人的指定。因此保罗在《罗马书》第4章，《加拉太书》第3、4章和《希伯

---

⑦ 路德翻译的圣餐经文与弥撒经的类似之处，在于它体现了数段经文的一致性，结合了《马太福音》26:26—28、《马可福音》14:22—24、《路加福音》22:19—20和《哥林多前书》11:23—25的所有特点；其区别在于它排除了明显不见于圣经记述（武加大译本）的内容；参考 *LW* 36, 319 的弥撒经；另参 *PE* 6, 74, 107—109, 126, 160。

⑦ 因功生效（*opus operatum*）指所完成的事工，被设想为只要正确地履行它就可以传递恩典，不论事工的受益者有何信仰或是否有信心。参考 *A Treatise Concerning the Blessed Sacrament*，参见 *PE* 2, 22—23，路德在其中讨论了这个词汇。

来书》第 9 章里详细论述了遗约的性质。我们在基督的话里也看到了同样明确的解释。基督的话见证了自己的死亡："这是我的身体，为你们舍的，这是我的血，为你们流的"[参考路 22:19—20；林前 11:24]。他用"使罪得赦"[太 26:28]这句话指定了遗产。用"为你们[路 22:19—20]和多人[太 26:28；可 14:24]"这句话确立了继承人，即那些承认和相信立约者应许的人。如我们将看到的，在这里，是信心将人变成了继承人。

所以你们明白，我们所谓的弥撒，就是上帝赐予的罪得赦免的应许，上帝的儿子又以其死亡加以印证。遗约与应许的唯一区别是，遗约包含了立约人的死。立遗约者是临终的应许者，而应许者（如果我可以这样称呼他）则不是临终的立遗嘱人。自从开天辟地以来，上帝的一切应许中就预示了基督的这个新约，并且古代应许的一切价值，都来源于由基督而来的这新应许。这就是"契约"（compact）、"约"（covenant）以及"主的遗命"这些词频繁出现于圣经里的原因。这些词表示上帝有一天会死，"因为凡有遗命，必须等到留遗命的人死了"（来 9[:16]）。上帝既然立了遗命，所以他必得死。但上帝是不会死的，除非他成了人。所以基督的道成肉身和死亡都极为明确地包含在"遗约"这个词里了。

上面的话可以使人立即明白，什么是弥撒的正确使用与误用，什么是弥撒必要的和无效的准备。既然如上所述，弥撒是一种应许，那么领受它只是获取，就无需行为、力量或个人的功德，仅因信心而已。因为哪里若有上帝应许之言，那里就必须有领受者的信心。可见我们得救的第一步是那坚守上帝应许的信心，他无需我们努力，便以人不配得的白白恩典，主动把他的应许赐予我们。"他发出自己的话语，于是就[sic]医治他们"[72] 而不是"他接受了我们的行为，医治了我们"。先有上帝之道，然后有人的信心，其后又有爱，爱成就一切善功，因为它不加害于人，所以爱就完全了上帝的律法[罗 13:10]。除信心外，人无法接近上帝，与他交通。也就是说，拯救的创始者不是人，并且不借人的行为，而是上帝借他的应许使人得救；所以万有都是依靠他权能的道[来

---

[72] 参见《诗篇》107:20（和合本修订版）。"Sic"一词是路德自己加入武加大译本里的。

1:3]，被道所支持、保护，他用真道生了我们，叫我们在他所创造的万物中好像初熟的果子［雅 1:18]。

上帝在亚当堕落后，为了扶持他，便在对蛇所说的话里给了他一个应许："我又要叫你和女人彼此为仇，你的后裔和女人的后裔也彼此为仇。女人的后裔要伤你的头，你要伤他的脚跟。"［创 3:15]亚当和他的后裔就因这个应许仿佛被抱在上帝的怀里，他因对应许的信心而得保护，耐心等待上帝应许的那将要伤蛇头的女人。亚当怀着那心和盼望死了，不知那女人到底是谁、何时会来，但永不怀疑她确实会来。因这应许是上帝的真道，连地狱里信它、盼望它的人也受到护卫。此后上帝又给了挪亚一个应许——一直到亚伯拉罕的时候仍然有效——那时上帝以云彩中的虹为立约的记号［创 9:12—17]，挪亚与他的子孙因相信这应许而看到了一位仁爱的上帝。这事以后，上帝又应许了亚伯拉罕，地上万国都要因他的后裔而得福［创 22:18]。亚伯拉罕就这样把他的后裔接进自己的怀里［路 16:22]。以后上帝对摩西和以色列人［申 18:18]，尤其对大卫［撒下 7:12—16]，明确应许要差遣基督，借此最终显明了赐给古人的应许究竟有何意义。

所以，最后终于有了最完全的新约之应许，它用平朴的话语，白白地应许了生命和救恩，叫凡相信这应许的人都能得着。上帝把这应许称为"新约"［路 22:20；林前 11:25]，用这特别的记号，把新约与旧约加以区分。因为上帝借摩西赐予人的旧约，并不是赦罪或永恒之事的应许，而是今世的应许，也就是迦南之地，人不能借此而使灵命更新，占有天上的遗产。所以那时就必要宰杀不能说话的牲口，作为基督的预表，以便用它的血来印证同一个约，因为这血要与约相符，牺牲要与应许相合。但基督在这里说："用我血所立的新约"［路 22:20；林前 11:25]，不是别人的血，而是他自己的血，由此而借圣灵应许了罪得赦免的恩典，使我们继承了这份遗产。

因此，就其本质而言，弥撒无非就是基督上述的话语："拿着吃"等等［太 26:26]；他仿佛是说："看哪，你这有罪和已被定罪的人啊，在你还没有渴望或配得之前，我因对你纯粹和白白的爱，又因发慈悲的父的旨意，用这些话应许饶恕你一切的罪，而且给你永生。为了使你绝对确信我这不能改变的应许，我舍了自己的身体，流了自己的血，以我的死印证这应许，并且把我的身体和血留给你，当作这应许的记号和纪念。所以每当你领圣餐的时候，你要记念我，称颂、传扬我对你的爱与恩惠，多多感恩。"

由此可见，适当地举行弥撒并不需要别的，只要对这应许的确实信心，相信基督的这些话是真实的，并且不怀疑这弥撒富有无穷的福分。有了这种信心，人的心灵便会立即产生甜蜜的触动，灵命因之而增进、丰富（即因圣灵赐予因信基督而有的爱），所以，人被这慷慨恩慈的赐约者基督所吸引，完全变成了不同的新造之人。人若坚信基督无可估量的应许属于自己，他哪能不兴奋落泪、对基督心仰神迷呢？一个人原本应受别的报应，根本不配得恩，却蒙基督白白地赐给和应许这大笔财富和永恒遗产，他怎能不爱戴如此伟大的恩主呢？

因此，唯一的不幸是我们在世界上拥有许多弥撒，但几乎没有人承认、思考或接受赐予我们的这些应许和财富。事实上在做弥撒时，我们只应以极大的热忱（确实需要满怀热情）关注、深思、默想基督应许的话语——因为它们确实就是弥撒本身——以便借这日常的记念，来运用、培育、增进和加强我们对这应许的信心。因为他是这样吩咐的："你们应当如此行，为的是记念我。"［路 22:19；林前 11:24］这事应由福音传道人承担，以便使这应许切实留在人们的心灵里，交托给他们，唤醒他们对它的信心。

但是，今天有多少人知道弥撒是基督的应许呢？我不愿提及那些传讲无稽之谈的不敬虔传道人，他们不传这至大福音，只鼓吹人的规条。即便讲说基督的这些话语，他们既不向人们指出这是应许或遗约，也不明示这是获得信心的途径。

这种被掳实令我们悲叹，因为当今他们小心翼翼，唯恐平信徒听到基督的这些话语，仿佛它们太神圣了，不适合向平信徒传达。我们这些神父⑦如此疯狂，自以为所谓献祭的话只能由我们自己秘密讲述，⑦ 但

---

⑦ 参见前注㉝。

⑦ 祝圣用语，事实上即整个弥撒经，说的时候都轻声细语；参考 *The Abomination of the Secret Mass*（1525），载于 *LW* 36，特别是 310，314。

即使这样对我们也无好处，因为我们也没有把这些应许视为巩固信心的应许或遗约。我们不相信它们，反倒用莫名其妙的迷信和邪恶的幻想尊崇它们。魔鬼不就是借着我们的这种不幸，尽力要把［真］弥撒在教会里清除净尽吗？但它同时又使［假］弥撒充斥于世上的每个角落，也就是滥用和嘲弄上帝的遗约——使世界加重崇拜偶像的滔天大罪，被重重责罚。什么偶像崇拜能比用邪恶的意见诋毁上帝的应许、无视或消除人们对它们的信心而罪加一等呢？

如我所说，除了用应许之言外，上帝不借别的方式与人交流。同样，我们也只能通过相信其应许的道与他相交。他不期望也不需要人的行为，相反，我们与人以及自己相交只能靠行为。上帝要求的是：我们应视给我们应许的上帝是信实的［来 10:23］，坚韧地持守信心，用信、望、爱来敬拜上帝。他借此得到我们的荣耀，因为不在乎我们的奔跑，而是在于发怜悯［罗 9:16］和应许的上帝，给了我们所拥有的一切美善之物。看哪，这就是我们在弥撒中必须遵从的真正崇拜和对上帝的服侍。但若应许的话没有发出，哪里会有信心的运行呢？若无信心，谁会有望与爱？没有信、望、爱，哪里会有对上帝的服侍？毫无疑问，在我们的时代，所有神父、修士连同他们的主教和一切上司都是偶像崇拜者，由于他们不明白、滥用且嘲弄上帝的弥撒、应许或遗约，所以就处于一种最危险的境地。

任何人都不难明白，应许与信心两者必须相依相从。没有应许，就无相信可言；没有信心，应许也不能生效，因为它的设立和成就均凭借信心。因此人人都容易领悟，由于弥撒不过是应许，就只能借信心而领受和举行。离开信心，靠祈祷、预备、行为、标记或跪拜姿势等带入弥撒中的一切，反倒不能培育虔诚，却只能煽动不敬。所以常有这样的事：做了上述准备的人，满以为自己有资格合法地接近圣坛，其实他们比在其他任何时候、借助任何行为都更无资格，因为伴随他们的是不信。你们每天到处可以看到有多少可怜的主持弥撒的神父，只要有小小的失误，如穿错了礼袍、忘记了洗手或祈祷时有些支吾，结果就以为自己犯了应受责罚的罪！但他们既不重视，也不相信弥撒本身，即上帝的应许，却丝毫没有给他们的良心带来不安。啊，我们这时代毫无意义的宗教，真可谓是有史以来最邪恶、最忘恩负义的宗教。

因此，唯一有效的预备和正确领受弥撒，便是信心，对弥撒（即对上帝应许）的信心。所以凡要接近圣坛、领受圣餐的人务须留意，不可空手朝见主上帝［出 23:15，34:20；申 16:16］。除非对弥撒，即对这新约有信心，否则便是空手朝见。还有什么不敬之举能比这不信更冒犯上帝的真理呢？借着他的不信，他就宣布上帝是撒谎者，只给人空头应许。所以最稳妥的做法就是用听取上帝其他应许的心灵去参加弥撒，就是说不要刻意奉献自己的行为，而要相信和接受对你的一切应许，或神父宣布的应许。如果不具备这种精神，那就要当心你的参与，否则，你就实在是要被定罪［林前 11:29］。

因此，我要正确地指出：弥撒的所有权能，就在于基督的话语，他借此声明，凡相信他的身体为其而舍、血为其而流的人，就会罪得赦免。因此，对领受弥撒的人来说，最重要的是勤奋思索这些应许，并充满信心。否则，他们所做的其他一切都会徒劳无功。上帝对每一个应许，常常附加某种记念这应许的标记，以使我们借此更勤勉地服待他，他也借此更有效地训诲我们，这是千真万确的。所以，当上帝应许挪亚不再以洪水来毁灭世界的时候，就在云彩中以虹为标记，表明他必记念他所立的约［创 9:8—17］。他应许亚伯拉罕的子孙继承遗产之后，以割礼作为他们因信称义的标记［创 17:3—11］。他给基甸以羊毛的干湿为标记，以应验他战胜米甸人的应许［士 6:36—40］。上帝又借以赛亚给了亚哈斯一个战胜叙利亚王和撒玛利亚王的征兆，为应验他对其应许的信心［赛 7:10—17］。在圣经中我们可以读到很多有关上帝应许的类似标记。

所以在弥撒这最重要的应许中，上帝将自己的身体和血加于饼酒之中，作为这伟大应许的记念标记，他说：“你们应当如此行，为的是记念我。”［路 22:19；林前 11:24—25］而在洗礼中，他在应许的话外，又加上浸水的记号。我们从此可以知道，在上帝的每一次应许中，都有两件事临在于我们，那就是话语与记号，我们要把这话语视为所立的遗约，把记号当作圣餐，所以在弥撒中，基督的话就是遗约，饼和酒就是圣礼。因为话里的权能大于标记里的权能，所以遗约里的权能也大于圣礼里的权能。因为人在记号或圣礼之外，照样拥有和使用基督的话语或所立的遗约。奥古斯丁说过："只要相信，你就吃着了。"[75] 但除了应许的话语，人还能相信什么呢？因此我可以每天，甚至每个小时都举行弥撒，因为我能够把基督的话经常置于眼前，哺育和加强我的信心。这是真正属灵的吃喝。

你在这里可以看到《四部语录》的神学家们[76]在这个问题上的伟大创作。首先，他们没有一个人对遗约和应许之言这头等大事加以探讨。于是，他们就使我们忘记了信心和弥撒的所有权能。反之，他们唯独对弥撒的第二部分，即记号或圣礼进行了讨论，但传扬的不是信心，而是弥撒的预备和因功生效、分享与效果等。他们就这样陷入深奥之处，喋喋不休地议论变质说和没完没了的玄学琐事，破坏了人们对圣礼和遗约的正确理解和使用，同时也毁坏了信心，使基督信徒忘记了自己的上帝——如先知所说，竟至忘记了无数的日子［耶 2:32］。让别人一一列举聆听弥撒的诸般好处吧，你只管同先知一起诉说、一起相信，上帝在你敌人面前为你摆设筵席［诗 23:5］，使你的信心得到喂养，变得丰满。但你的信心只能靠上帝的应许之言来哺育，因为"人活着不是单靠食物，乃是靠上帝口里所出的一切话"［申 8:3；太 4:4］。因此在弥撒里，你要特别留心应许的话，如同赴一个最丰盛的筵席——你在那碧绿的青草地和那可安歇的水边［诗 23:5］，这样你就能尊崇那应许之言胜过一切，唯独信从它，坚定地持守它，哪怕面临死亡和诸般罪孽。你只要这样做，就不仅能得到某些人迷信杜撰的"弥撒果实"的点滴碎屑，而且能得到生命的泉源，即对道的信心，从这道里流出了各种美善，正如《约翰福音》第 4 章所说："信我的人，'从他腹中要流出活水的江河来'。"[77] 他还说："人若喝我所赐的水，就永远不渴，我所赐的水，要在他里头成为泉源，直涌到永生。"［约 4:14］

有两件事始终在困扰我们，使我们未能获得弥撒之果。第一，我们

---

[75] 参见 MPL 38，645。

[76] 彼得·伦巴德《四部语录》的注释者们。

[77] 应该是《约翰福音》7:38；路德引用时想到了下一节要引用的经文（约 4:14），故作"《约翰福音》第 4 章"。

都是罪人，卑微渺小，完全不配领受这神圣之果。第二，即使我们配得，但这些果子如此高不可攀，致使我们怯懦的本性对它们不敢追求、不敢奢望。因为人们面对罪得赦免和永生，正确地估量到它们所带来的无穷福分，即有上帝为父，作他的儿女，继承他的一切美善，谁能不感到敬畏，还敢希冀得到它们呢！为对付我们的上述两种怯懦，我们应当谨守基督之言，坚定不移地注目于它，不要过于忧虑自己的弱点。因为"耶和华的作为本为大，凡喜爱的都必考察"［诗 111:2］，谁能"充充足足地成就一切，超过我们所求所想的"［弗 3:20］呢？假若它们不超越我们的配得、悟性和思虑，它们就不是属上帝的了。所以基督这样勉励我们："你们这小群，不要惧怕，因为你们的父，乐意把国赐给你们。"［路 12:32］正是上帝用他那充盈的大慈大悲，借基督而沐浴我们，使我们诚心诚意地爱戴他胜过一切，满怀信心地倚靠他，弃绝万事，准备为他忍受一切。所以这圣礼被正确地称为"爱的源泉"。

让我们从人的经验⑱来说明这一点。倘若一个大富翁把一千金币（gulden）遗赠给一个乞丐或不配得的恶仆，这人当然会大胆地认领和接受这笔遗产，而不顾及自己根本没有资格和遗产的庞大数目。若有人据此而反对他这样做，你们想想，他有何说法呢？他可能会说："这与你有何相干呢？我所接受的，并非借个人的德行，或根据拥有这笔财产的个人权利。我知道我不配，事实上，我倒应当得到相反的报应。但我是凭借遗产权和他人的慷慨来接受它的。如果连他自己都认为把这样一笔巨款遗赠给一个不配者亦无不当，那我为何要因自己的不配而拒绝接受呢？的确正是由于这个原因，我才倍加珍爱这不配得的礼物——因为我不配！"每个人都必须抱着这种态度来坚固自己的良心，以便克服疑虑和不安，这样就能以毫不动摇的信心持守基督的应许，小心翼翼地领受圣礼，而不信靠忏悔、祈祷和预备，相反，他应对这一切感到绝望，惟有坚定地相信那给了应许的基督。正如我们一再充分说明的，应许的话应在纯粹的信心中占主导地位，而且这信心是唯一充分的准备。

---

⑱ 在类似语境中又加以重申，参见 *A Treatise on the New Testament that is the Holy Mass* (1520)，载于 *PE* 1, 304—305。

由此可见上帝对我们是多么盛怒，他因此而容让邪恶的教师向我们隐藏这圣礼的应许，尽其所能消灭这种信心。不难想象，信心被消除的恶果就是对行为最邪恶的迷信。因为信心若消失，信心之道就无人传扬，那些行为和有关行为的规定就会立即挤进来。结果，我们被迫别井离乡，成为巴比伦的囚徒，被剥夺了一切珍贵的财产。这就是弥撒的遭遇，它被恶人的教训所曲解，变成了善功。恶人们自己也把弥撒称为"因功生效"，他们借此自诩与上帝一样全能。此后他们就疯狂到极点，在编造了弥撒是"因功生效"的谎言之后，更进一步杜撰另一种说法：即使弥撒对主持它的邪恶神父有害，但对别人依然有利。他们的祈求、分享、团契、周年纪念，以及其他无数赚钱生财之道，都建立在这不牢靠的基础之上。

这些欺骗的伪装如此强烈、为数众多和顽固，你们若不持续留心和牢记弥撒的意义和上述的话，就很难战胜它们。你们已经知道弥撒不是别的，而是上帝的应许或基督的遗约，并为基督的身体和血的圣礼所印证。如果这是真的，你就会明白它无论如何都不可能是人的功德，人既不可能在其中有所作为，也不可能不借信心，而用别的方式加以领受。但这信心也不是行为，而是一切行为的主宰和生命。[79] 世上有谁会这样愚蠢，竟把自己接受的应许或得到的遗约，看作是以此而报答遗赠者的一种善功呢？儿子怎么会以为接受遗嘱条款和遗产是对亡父的施恩呢？我们来接受上帝的遗约，竟以为是对他行善功，这是何等放肆的亵渎之举！对遗约的如此无知，对如此重要圣礼的掳掠——这些情景难道不令他们伤心落泪吗？我们本当因得益而感恩，但却高傲地反受为施。我们以极其刚愎自用的态度嘲弄恩主的慈悲，把接受的恩惠当作功德又还回去，以致原本为分配财产的立约者，反倒成了我们善功的接受者了。这种亵渎行为实在令人悲哀！

谁会疯狂到这种地步，竟至把洗礼视为一桩善功；预备领洗的人怎会相信他是在履行一项必须向上帝奉献和传递给别人的善功呢？既然在

---

[79] 关于信心与善功的关系，参考 *A Treatise on Good Works* (1520)，载于 *PE* 1，187，另参 62，路德在文中认为信心是首要的和最大的善功（行为）。

这圣礼和遗约里没有能够传递给别人的善功，那么在弥撒里也无善功可言，因为弥撒也不过是一项遗约或圣礼而已。因此，为了众罪、补赎、死人，以及自己和他人的需要而献上弥撒，显然是严重的过错。如果你坚定地认为，弥撒是神圣的应许，除了有益于本身怀有信心的人外，它对其他人没有益处，不能施加于别人，也不能为他人代求或传递给别人。这样，你就很容易理解这一真理。谁能代替别人领受或执行上帝的应许呢？因为这应许要求每个人自身的信心。如果别人不相信，我怎能把上帝的应许给予他呢？我能代表别人相信，或促使别人相信吗？只有我能把弥撒施加于或传递给别人，这样的事才会发生，因为弥撒中必有两件事：神圣的应许和人的信心，而信心接受应许。假如我真能这样做，那么我也能代替他人听取和相信福音、领洗、赦罪、分享圣餐——履行他们的一系列圣礼——为别人代娶夫人、接受圣职、坚振礼和临终抹油礼！

简言之，为什么亚伯拉罕不代替所有的犹太人相信呢？为什么对亚伯拉罕的应许需要每个犹太人相信呢？

所以，要让这无可辩驳的真理坚不可摧：哪里有神圣的应许，那里就要有个人的立场、个人的信心，个人应为自己辩护，担当自己的担子［加6:5］，如《马可福音》［16:16］所说："信而受洗的，必然得救，不信的，必被定罪。"正因这样，每个人就只能借自己的信心从弥撒中得福，绝对不可能代别人领受圣餐。正如神父不能将圣餐给予代领人，他只能亲自把圣餐给予每位领受者，因为在奉献和主持圣餐之时，神父是我们的仆人。我们借他们不是主动地付出或传递什么，而是借他们接受应许和标记，是在被动的意义上"被传递"。就平信徒而言，这种观点一直持续到今天，因为没有说他们是在行善，而是说他们领受圣餐。但神父们却偏离正道，陷入邪恶，上帝的圣礼和遗约，本当作为善恩给人领取，他们却将其当作自己的善功赐予别人，并献于上帝。

但你会问：这是怎么回事呢？你岂不是要把数百年来教会和修道院得以兴旺的惯例和教导统统推翻吗？因为弥撒是周年纪念、代祷、祈求和分享圣餐等活动的基础，也就是他们丰厚收入的来源。我回答说：这就是迫使我论说教会被掳的原因。正是由于这样的做法，上帝的遗约才被强行用于这种最邪恶的交易。其来源就是那些恶人的意见和规条，他们无视上帝之道，把自己的思想娓娓动听地兜售给我们，将全世界引入迷途。我对犯此错误的人，无论其数目和影响如何都毫不在乎，因为真道比他们更有力量。基督教导说弥撒是一种遗约和圣礼，如果你们能驳倒他，那我就承认他们是对的。假如你能够说，那从遗约得益的人，或为此目的而领受应许圣礼的人是在做善功，那我会欣然承认我的言论有罪。但既然你根本不能这样做，为什么还迟疑不决，不想脱离那群追腥逐臭之人呢？你为什么这样优柔寡断，不把荣耀给予上帝，彰显他的真道呢？——这真道就是：今天所有的神父都在邪恶地犯错，因为他们把弥撒当作善功，以此解除自己或其他死人、活人的危难。我所说的事骇人听闻，但如果你思虑弥撒的真义，就会明白我说的都是事实。我们错在虚假的安全感，它使我们觉察不到上帝在对我们发怒。

我愿承认，当我们聚集一起分享弥撒时，对上帝的祷告是我们相互间分享、使用、传递和奉献的善行或益处。所以《雅各书》［5：16］教导我们互相代祷，这样我们就能得到医治，保罗在《提摩太前书》2［：1—2］吩咐人："要为万人恳求、祷告、代求、祝谢；为君王和一切在位的，也该如此。"现在，这些都不是弥撒本身，而是弥撒的功德——如果从心里和嘴里发出的祷告可以被称作功德的话——因为它们出自圣餐所激励和增进的那种信心。成全弥撒或上帝的应许不能靠祷告，只能借信心。但是，我们既为信徒，就必然会祷告和行一切善功。不过有多少神父在献弥撒祭时相信献上的只是祈祷呢？他们都以为是把基督作为最圆满的祭品献给天父上帝的，是对他们有意施恩的一切人行善功，因为他们信靠弥撒所成就的功效，而不把这功效归诸于祷告。错误就这样逐渐滋长，直至他们把本来属于祈祷的归诸圣餐，将应当领受的神益献于上帝。

所以，我们必须把遗约和圣餐本身同我们所进行的祷告严格区分开来。不仅如此，还要谨记，祷告对祷告者或被代祷者一无所用，除非这遗约首先借着信心被领受，因为使祷告得以献上并蒙垂听的只能借信心，如雅各所言［雅1:6］。因此祷告和弥撒大有分别，祷告可以随意及于多人，弥撒却只能由信徒为自己领受，并且取决于信心的大小。弥撒也不能由人将其给予上帝或人，相反，唯有上帝借神父的主持将弥撒赐予那些只借信心，而不靠行为功德领受的人。任何人都不会胆敢愚蠢地说，一位衣衫褴褛的乞丐接受财主的施舍，他就做了善事。但（如我所说）弥撒是上帝应许的恩赐，由神父的手递给大家。

的确，弥撒不是一种能够转达给别人的行为，而是（如前所述）信心的对象，可以加强和培育每个人的信心。

现在，还有第二块应当搬开的绊脚石，这是最大、最危险的一种，即通常认为弥撒是给上帝的献祭。其至弥撒经⑧在论及"这些恩赐、这些礼物、这些圣祭"以及"这些奉献"时，似乎也有这样的暗示。在祷告的许多话里，有"求主像接受亚伯的祭物一样接受这祭物"等。于是，基督被称为"祭坛上的祭物"。此外还有圣教父们的语录、大量的例证，以及全世界一致奉行的广泛流传的习俗。

这一切虽然根深蒂固，但我们必须用基督的教训和榜样加以坚决抵制。我们若不按这明确的经文所示，坚持弥撒是基督的应许或遗约，我们就将丢弃福音和它的一切安慰。我们不能容忍任何东西胜过这些经文——即使天上来的使者另有所训［加 1:8］——因为它们并不含有善功或祭品之意。再者，我们拥有基督为榜样，当他在最后的晚餐上设立圣餐和遗约时，他并没有将自己献给天父上帝，也没有代别人行善功，而是坐在餐桌前，同每个人立了这遗约，并将记号给了他。所以，我们的弥撒愈与基督在最后的晚餐上施行的第一次弥撒雷同，它就愈具有基督教的真义。但基督的弥撒简单无比，没有礼服、跪拜、诵唱和其他仪式的炫耀。假如必须把弥撒当作献祭，那就是说基督设立的弥撒尚不完备。

这并不是说，普世教会因为用许多额外的礼仪来装饰和渲染弥撒，就应当遭到众口唾骂。我们为之争辩的是：任何人都不应当被迷人的仪式所蛊惑，对大量浮华的"偶性"感到迷恋，以致丢弃了弥撒本身的朴实性，奉行一种变质说，从而无视弥撒的朴素"本质"，转而依恋许多不

---

⑧ 弥撒经是弥撒中不变的部分，饼和酒的祝圣借其得以成全。路德曾将此文本从拉丁文译成德文，参见 *The Abomination of the Seeret Mass*（1525），载于 *LW 36*，314—327。

必要的外表浮华。因为凡在基督的道和榜样以外添加的一切，都是弥撒的"偶性"，我们应当把它们看作那圣体匣（monstrance）和圣餐布（corporal cloths）。因此，正如立遗嘱或接受应许与献祭迥异，那么把弥撒称为献祭也是自相矛盾的说法，因为前者是领受，后者是奉献。一种东西，不可能同时既被接受又被奉献，也不能由同一人又取又给，正如我们的祷告和祷告所得不是一回事，祷告的行动和接受祷告的行动不可混同一样。

那么，我们对弥撒的律例和教父的教训作如何评价呢？我首先这样回答：即使他们无可非议，但比较妥善之法，还是宁可将它们统统弃绝，而不可承认弥撒是一种善功或献祭，免得我们弃绝基督之道，将信心连同弥撒一齐毁掉。然而，为了保存律例和教父的真义，我们应当指出，使徒保罗在《哥林多前书》11［:21，33］这样吩咐我们，基督徒守弥撒时，惯常自带饮食。他们将这称为"捐献"，按使徒们在《使徒行传》4［:34—35］里的榜样，将他们分给一切有需要的人。圣餐里祝圣的饼和酒就是从这种储藏里取出来的。由于这储藏的饮食因上帝之道和人的祈祷而变得圣洁［提前4:5］，又按摩西所定希伯来的仪式被举起来［民18:30—23］,[31] 所以这被举起或奉献的话语和仪式就传给了我们，尽管人们所携带和捐献的饮食被奉献、举起的习俗早已废弃不用。因此，在《以赛亚书》37［:4］里，希西家令以赛亚在上帝面前扬声祈祷。在《诗篇》里我们读到这样的话："你们当向圣所举手"［诗134:2］以及"我要奉你的名举手"［诗63:4］。《提摩太前书》2［:8］说："举起圣洁的手，随处祷告。"因为这个缘故，"祭物"和"献祭"二词不应被用来指称圣餐和遗约，而应指收集物（collections）本身。以此为源，"collect"（短祈祷文）这个词流传到我们这个时代，便有了弥撒祷告之意。

同样，神父祝谢以后，立即举起了饼与杯。他并非借此表明向上帝奉献什么，因为他只字不提牺牲或奉献之类。他的举起既是保留了举起祝谢后的领受之物、把它还给上帝的这种希伯来礼仪，又是对我们的规劝，激励我们相信神父用基督的话阐明和显示出来的约，所以到今天，他仍然将遗约的记号向我们展示。这样，饼的供奉恰当地伴随着"这是

㉛ 参考 LW 33，95，n. 24。

我的身体"里的指示词"这"字，神父就用这个记号叫我们聚集在他的周围；同样，杯的供奉恰当地伴随着"这杯是我所立的新约"这句话里的指示词"这"字。神父用举起的手势所应激发的，就是我们的信心。我真希望神父当众举起这个记号或举行圣礼时，能够用人们使用的任何语言，大声清晰地把道或遗约灌输于我们耳中，以便有效地唤醒我们的信仰。所以，为什么弥撒中只用希腊文、拉丁文和希伯来文，而不用德语或其他语言呢？

因此，在这堕落、险恶的时代，献弥撒祭的神父应当首先留意，不要用大小弥撒经㉜的话来指伴有短祈祷文的圣餐，因为它们带有强烈的献祭味道。相反，他们应用它们来指那将要祝圣的饼和酒，或他们自己的祷告。因为饼和酒首先要被用来祝圣，以使它们借着道和祷告成为圣洁［提前 4:5］，但在祝圣之后，它们就不再被奉献，而应当作为上帝的恩赐来领受。在这种礼仪中，神父必须谨记福音高于人为的一切律例和祷告，并且如上所述，福音也不认可把弥撒视为献祭的观念。

进一步说，当神父举行公共弥撒的时候，他应决意不做别的，只借弥撒使自己和他人领受圣餐。但与此同时，他可以为自己和他人祈祷，却必须谨慎，不要自以为是在奉献弥撒。不过，在他举行个人弥撒㉝时，他一定要自己领受圣餐。个人弥撒与神父主持下平信徒领受的一般圣餐没有丝毫分别，也没有更大功效。所不同的，只是神父做的是特别祷告，并且是为自己祝谢饼酒，也自己领受饼和酒。就弥撒和圣餐的赐福㉞而言，不论神父或平信徒，人人都平等地领受。

如果有人请神父主持"还愿"（votive）弥撒，㉟ 他在为弥撒收费时

㉜ 在特伦托公会议之前印行的弥撒书（missal）中，小弥撒经（canon minor）是对弥撒经中奉献祷告（offertory prayers）的总称，其后便是饼和酒的祝圣。这些短祈祷文起源较晚，直到中世纪晚期才逐渐被使用；参见 Valentin Thalhofer, *Handbuch der katholischen Liturgik*，vol. II（Freiburg im Breisgau，1890），p. 159。

㉝ 个人弥撒无需公众出席，除主持弥撒的神父外，只有一个服侍者在场；期间没有音乐，只念诵弥撒经。

㉞ 指圣礼实物，参见前注㉝。

㉟ 是应会众或个人请求，为了特别目的、在特殊场合或为尊崇某些信仰奥秘（如三位一体、圣灵或天使等）而举行的弥撒。

应当谨慎，也不要自以为是在做还愿献祭；他倒要竭力视这一切关乎为死者或生者的祷告，心里想着："我只是为自己领圣餐而已，与此同时愿为这人或那人祷告。"这样，他就可以借为人祷告，而不是为弥撒收取报酬，作为衣食开支。他不要因世人的所思所为与此相左就心怀不安。你有最可靠的福音，只要信赖它，你尽可以无视别人的信仰和意见。但是，如果你蔑视我，坚持只献弥撒，而非只是祷告，那你就要记住我曾经对你作了忠告，在末日审判的时候，我无可指责，你却必须独自承担罪责。我对你说了必要说的话，这是出于兄弟情谊，为了你的灵魂得救。假如你肯听从，你就得益；如果置之不理，你就会吃亏。若有人指责我说的话，我想用保罗的话来回答："只是作恶的和迷惑人的，必越久越恶，他欺哄人，也被人欺哄。"［提后 3:13］

由上所述，人人都易明了常被引用的格列高利㊱的这些话："不能认为一个邪恶神父比一个敬虔神父举行的弥撒效果差。若圣彼得和犹大都献了弥撒祭，前者举行的并不优于后者。"许多人以这些话为借口，掩饰他们的恶行，他们还借此捏造出"因功生效"和"因人生效"（*opus operantis*）的区别，㊲ 为的是自己能够过随心所欲的邪恶生活，但还想对他人有益。格列高利讲出了真理，只是他们曲解了他的话。毫无疑问，人们接受邪恶神父所主持的遗约或圣礼，与最圣洁的神父所给予的一样完美。因为有谁会怀疑坏人也传讲福音呢？弥撒是福音的一部分；事实上，它是福音的总体和本质。因为除了赦罪的好消息外，整个福音还有什么呢？关于上帝赦罪和怜悯的最广泛、最丰富的意义所能说的，都概括在这遗约的话语里了。因此，普通的讲道只应讲解弥撒或解释这遗约里上帝的应许，而不应涉及其他事项。这有利于教导信仰，真正地教化教会。但在今天，弥撒的阐释者却借对人为仪式的寓意解释来玩弄和嘲笑众人。

所以，正如一个邪恶神父可以用应许的话和水的记号施洗一样，他也可以宣扬圣餐的应许，给人发圣餐，甚至自己参与圣餐，就像那卖主

㊱ 指教宗格列高利一世。

㊲ 前者是正确地施行弥撒——"完成的工作"（参见前注㊱）；后者是内心意向，即领受者或主持者的信心——"施行者的工作"。

的犹大参加主的晚餐一样［太 26:23—25］。圣礼和遗约始终不变，无论它在信徒心中做了自己的工，还是在不信者心里成就了"奇异的事"。⊗但一涉及献祭就截然不同了。因为献给上帝的并不是弥撒，而是祷告，因此，邪恶神父所献上的显然无用，反而如格列高利再次说的那样：如果差遣的是一位不称职的代求者，法官的心只会变得更加不快。所以弥撒和祷告、圣礼与行为、遗约与献祭，必定不可混同。因为一个来自上帝，借神父主持而赐予我们，所以需要我们的信心；另一个是由我们的信心达于上帝，通过神父而祈求上帝听取。前者是下降的，后者是上升的。因此，前者不需要称职的敬虔的神父，但后者却实在需要这样一个虔诚的神父，因为"上帝不听罪人"［约 9:31］，他会借恶人行善，但他却不接受任何恶人所做的工。正如他在该隐身上所显明的［创 4:5］，又如《箴言》15［:8］所说："恶人献祭，为主所憎恶。"还有《罗马书》14［:23］："凡不出于信心的都是罪。"

让我们对第一部分作结，虽然若有人提出反对意见，我随时准备应战。从以上所说我们可以得出这样的结论：弥撒只是给予那些良心伤痛、不安、苦恼、困惑和有过失的人，只有他们才配领圣餐。因为在这圣礼中，上帝应许给人赦罪，所以不论是谁，为罪搅扰，无论是为罪懊悔还是受到试探，都要毫不畏惧地前来领取。因为基督的遗约是除罪的灵药，只要你用毫不动摇的信心持守它，相信这遗约中的话语所应许的是白白地给你，那么无论过去、现在或将来所犯的罪，就统统被赦免。但你若不相信它，你凭任何行为或努力，在任何地方都不能获得良心的安宁。因为只有信心才能使你的良心得到平安，而不信只能导致良心的苦恼。

圣洗礼

愿颂赞归于我们主耶稣基督的父上帝，他以丰富的恩典［弗 1:3，7］在他的教会里至少保留了这个圣礼，使它未受人的规矩的危害和污

⊗ 它本来的工作是救赎。"奇异的事"便是定罪，这个表达源自《以赛亚书》28:21。

染，并将它白白地赐给万国各阶层民众，不让它受贪婪、迷信、污秽且不敬虔的鬼魔压制。因为上帝期望那没有贪心和迷信的儿童们在对圣道的淳朴信心中被教导，并借之成圣。即使到今天，洗礼也是主要为赐福他们。如果上帝只将这圣礼给予成年人和老人，那我就难以相信它还能保持其固有的效能和荣耀，来抵制贪婪与迷信的专制。这专制已经废弃人间一切属上帝的事。在这里，属肉体的智慧无疑也发明了自身的预备、配得、赦罪权保留（resevations）和各种限制，以及其他搜刮金钱的网罗，直到水的价值变得和现在的羊皮纸⑧⑨的价值一样高。

但是，撒但虽不能摧毁洗礼对儿童的效能，却能灭绝它对成人的效力，以致很少有人想起洗礼来，更没有多少人会以洗礼为荣。因为如此众多的赦罪和进天堂的其他路径被发明出来。这些谬误思潮的源头便是圣耶柔米那句危险的说法⑨⓪——这或是由于不幸的奉承，或是误解——他把补赎称为"船失事后的第二块木板"，似乎洗礼就不是补赎。这样，当人们坠入罪中，他们对这"第一块木板"，也就是船，彻底绝望，就好像它已经沉没，于是就把所有的信心和希望寄托在补赎，这"第二木板"上面。这就导致了无穷无尽的麻烦：誓言、宗教仪规、善功、补赎、朝圣、赎罪券和［修会］派别等，由此又使书籍、疑问、意见和人为的传统泛滥成灾，整个世界都难以容纳。因此，这种暴政对上帝教会造成的破坏，比任何暴君对犹太民族或天底下任何其他民族的破坏都要严重。

教宗们本当有责任涤除这一切邪恶，尽力唤起基督徒理解洗礼的真义，这样他们就能知道自己是怎样的人、基督徒应当怎样生活。相反，他们今天唯一的使命就是将人引入歧途，尽量远离洗礼，让所有的人陷入他们专制的网罗，又使基督的子民（如先知所说）有无数的日子［耶2:32］忘记了他。当今徒有其名的一切教宗都是那么顽固不化！因为他们既不知道也不履行任职条件，更不了解自己应当懂什么，以及如何尽职。他们应验了《以赛亚书》56［:10—11］的预言："他看守的人是瞎

---

⑧⑨ 指赎罪券。
⑨⓪ *Epistola* 130，par. 9，载于 *MPL* 22，1115。

眼的，都没有知识……这些牧人不能明白，各人偏行己路，各从各方求
自己的利益。"

关于洗礼，首先应当重视的就是上帝的应许，他这样说："信而受
洗的必然得救。"［可 16:16］我们应把这应许置于各种炫耀的行为、誓
言、宗教仪规和人的一切造作之上，因为我们得救全赖于这应许。我们
必须重视它，相信它，一旦受洗，就要毫不怀疑自己无论如何都已得
救。因为在洗礼中若无信心，或没有接受信心，洗礼便对我们毫无益
处；而且还会成为我们在领洗时，乃至以后终生的障碍。因为这种不信
等于指控上帝的应许是谎言，这就犯了最大的罪。假如我们有意操练这
样的信心，我们就会立即领悟到相信上帝的应许是多么困难。由于我们
的人性软弱，既意识到自己有罪，若要相信已经得救或将来得救，就极
端困难。但人若不相信这一点，就不能得救，因为他不相信上帝应许使
人得救的真理。

这信息应当始终铭刻在人们心上，这应许必须时刻萦绕在他们的耳
边。他们一定要念念不忘洗礼，使信心不断得到激励、滋长。因为正如
这神圣应许的真道一经向我们宣扬，就一直延续到我们死亡之时一样，
我们对它的信心也毕生永不终止，并且借着持续回忆那洗礼中所得到的
应许，使这信心增长、加强。所以当我们脱离罪恶或悔改的时候，我们
不过是恢复到应许的权能和跌倒时对洗礼的信心之中，重新找到我们犯
罪时所背离的应许。因为应许的真道一旦赐给我们，它就坚定不移，永
远敞开胸怀，迎接我们回归。假如我没有说错，这就是他们未曾明言
的，洗礼是首要的圣礼，而且是其他所有圣礼的基础，若没有洗礼，别
的圣礼就无从领受。

悔罪者会饶有神益，如果他首先牢记他的洗礼，自信地回忆所背弃
的神圣应许，在主面前对这应许感恩，因自己受洗仍留在拯救的堡垒里
而感欣喜，同时为自己可恶地忘恩负义、背弃对上帝的信心和真道而感
到悔恨。当他想到上帝对他的应许千真万确，仍然牢不可破、始终如
一，而且不为任何罪行所改变，这时候，他的心灵定会得到极大的安
慰，更有勇气祈求上帝的怜悯。如保罗所说（提后 2［:13］）："我们纵
然失信，他仍是可信的，因为他不能背乎自己。"我说，上帝的真道必

定会扶持他，所以即使其他一切全都失落，这真道也会因他的信心而使他不致失望。在这真道中，悔罪者有一个抵御那傲慢之敌的盾牌，一个对造成他良心不安之罪所作的回答，一服医治死亡和审判恐惧的解毒剂，一种对付各类诱惑的安慰——它就是这唯一的真道——如他所说："那应许我们的上帝是信实的［参见来 10:23；11:11］，我在洗礼中已经接受了他的记号。上帝若帮助我，谁能抵挡我呢？［罗 8:31］"

每当以色列子民悔罪的时候，他们必要首先想到出埃及的经历，并且记念上帝引领他们出了埃及，重新回到上帝的怀抱。摩西一再告诫他们把这种记忆和保护铭刻心上，其后大卫也这样做了。我们更应想起我们出了埃及，在这回忆中，回归到那借重生的洗［多 3:5］引领我们的上帝那里，就是因为这个缘故才让我们回忆。这是我们在领受饼和酒的圣餐中最适宜做的事。事实上，古时候这三种仪式——补赎、洗礼和圣餐是同时举行的，互相补充。我们还在书上读到过一位圣童女的故事，[①] 每逢受到诱惑试探，她总是把洗礼作为唯一的防御屏障，简单地说："我是基督徒"，魔鬼就立即离她而去，因为她认出了持守上帝应许真道的洗礼和她那信心的威力。

所以我们看到，一位受洗的基督徒是多么富足有余！只要他不放弃信仰，无论他犯了多少罪，即使他愿意，也不会丧失得救的恩典。因为除不信之外，任何罪过都不能使他被定罪。只要恢复和保持对洗礼中上帝应许的信心，那么借此信心或上帝的真道，一切罪过都会立即被一笔勾销，因为上帝不能背乎自己，只要你承认他，坚信他的应许。对于痛悔、认罪、补罪，[②] 以及人的其他一切精心设计，一旦你依赖它们而忽视上帝的这真理，它们就会立即使你失望，让你比以前更加可怜。因为一切所作所为，凡对上帝的真理没有信心，都是虚空的虚空和心灵上的愁烦［传 1:2，14］。

你同样可以看到，把补赎看作"船失事后的第二块木板"是多么危

---

① 这可能指的是布兰迪娜（Blandina），她是一位年轻的奴隶，在罗马皇帝马可·奥勒留（Marcus Aurelius，161—180 年在位）迫害基督徒时期殉道，她的勇敢精神受到优西比乌的赞扬，参见 *CL* 1，462。

② 补赎的三大组成部分。

险，多么错误。相信洗礼的权能因人的罪而崩溃，船也被撞碎，这种错误又是何等有害！这船仍然坚不可摧；它永远不会变成支离破碎的"木板"。这船里的人都要被运载到得救的彼岸，因为上帝的真道在圣礼中给了我们应许。当然，常常有许多人仓皇跳过甲板，坠入海中，渺无踪影，但他们都是放弃了对应许的信心，陷入罪中。但这船本身却仍然完整无损，一往无前。如果有人蒙恩重新回到船上，而不是借助于任何木板，而是在这坚固的船上他又获新生。这种人是借信心而重返上帝永恒不朽的应许之中的。因此，彼得在《彼得后书》1〔:9〕里训斥那些犯罪的人，因为他们忘记自己昔日的罪已被洁净，明确地责备他们的不信，以及对所受洗礼的忘恩负义。

如此大量地著书立说，论述洗礼，却不传扬对这应许的信心，有什么好处呢？所有圣礼的设立，都是为了培育信心。但这些恶人完全忽视信心，甚至说人对罪得赦免或圣礼的恩典，不可放胆相信。他们用这种邪恶的说教欺骗世人，不仅掳掠了洗礼，而且完全毁了这原本是包含在我们良心里至高荣耀所在的圣礼。与此同时，他们用痛悔、惶恐的认罪、情境、㉝ 补罪、善功，以及其他无数荒谬之举，狂怒地折磨人们不幸的灵魂。因此，阅读《四部语录》大师的第四卷时一定要小心翼翼，最好对其作者和注释者加以鄙视，因为他们至多只触及了圣礼的"质料"和"形式"，㉞ 也就是只针对圣礼的死字句和叫人死的字句〔林后3:6〕，而没有论及圣礼的精意、生命和用途，即忽视了神圣的应许这真理和我们的信心。

所以要谨慎小心，不要被行为和人为规条的外表浮华所迷惑，以免玷污上帝的真道和我们的信心。如果你想得救，就要对圣礼有信心，抛开任何行为。行为因信心而来，但不要轻看信心，因为这是最善美也是最难具备的行为。㉟ 你唯有借信心才能得救，即使你无法履行别的工

㉝ 悔罪者必须讲述自己犯罪时的情境（circumstances），以便让神父确定他的心态和犯罪程度，参见 MPL 2, 433, n. 1。

㉞ 这些术语源于亚里士多德哲学，13世纪的经院哲学家开始引用它们来解释圣礼。质料是记号，即洗礼中的水；形式是道，即设立圣礼的话。

㉟ 参见前注㊾。

作，也会这样。因为如保罗在《以弗所书》2［:8］的教训，信心不是人的行为，而是上帝的工作。在其他方面上帝通过我们行事，需要我们帮助；唯独在信心上，他对我们独自做工，不要我们帮助。

由此我们清楚地看出洗礼之中圣礼的主持者和创立者上帝之间的区别。因为人既是施洗的，又不是施洗的。说他施洗，是指他行使了让人浸入水中而受洗的工作；说他不是施洗的，是因为他不是凭个人权柄这样做的，而是借上帝的权柄。所以我们经人的手受洗，就如基督甚至上帝亲自为我们施洗一样。因为我们从人手里接受的不是人的洗礼，乃是上帝的洗礼，就像我们凡从人手里所接受的，均为上帝之物一般。所以，谨防在洗礼中这样区分：把外表的部分归于人，把内在的部分归于上帝。而要把两者都归于上帝，只将主持洗礼者视为上帝的代理工具，坐在天上的上帝借此用自己的手将你推入水中，应许赦免你的罪，他只是借洗礼主持者之口，在地上用人的声音对你说话。

神父施洗时所说的话表明了这一点："我奉圣父、圣子、圣灵的名给你施洗。阿们。"他不是说："我以自己的名义为你施洗。"他仿佛在说："我所做的，不是靠我自己的权柄，乃是奉上帝的名，代他行事，所以你要把它视为我主以可见的形式亲自而为。主持者和执行者不是同一个人，但两者的工作一样，甚至可以说完全是主持者上帝独自而为，不过借着我们的服侍而已。"以我之见，"奉某某之名"，指的是主持者，所以施洗时不仅要宣布和呼求主的名，且这工作也不应由一位而为，而是以另一位的名义，为其代行。就是在这种意义上基督在《马太福音》24［:5］说："有好些人冒我的名来"，又在《罗马书》1［:5］说："我们从他受了恩惠并使徒的职分，在万国之中叫人为他的名信服真道。"

我衷心赞同这种观点，因为人若知道他不是由人施洗，而是由三位一体的上帝借我们中间的人以他的名义为我们施洗，这对他的信心将大有安慰、大有裨益。这将结束有关他们所谓的洗礼"形式"的无谓争论。希腊人说："愿基督的仆人施洗"；拉丁人却说："我施洗"；⑯ 另有一些迁

---

⑯ 参见前注⑩。这争论在教宗尤金四世（Eugene IV）、西克斯图斯四世和亚历山大六世（Alexander VI）等的治下得以解决：他们承认了东正教教会法规及其遭人非议的信仰告白的合法性。

腐之人反对使用"我奉耶稣基督的名为你施洗"这些话,⑰ 尽管可以肯定,这是使徒们在洗礼中的惯用语,如我们在《使徒行传》[2:38；10:48；19:5]里所读到的。他们认为唯一有效的形式是:"我奉圣父、圣子、圣灵的名为你施洗。阿们。"但他们的论点过于自负,因为他们没有证据,只是痴人说梦。洗礼的确可以救人,只要以主的名义,而不是以人的名义,不论用什么方式举行都是有效的。我甚至相信,只要人以主的名义接受洗礼,即使邪恶的神父不是以主的名义给他施洗,他也实际上已经以主的名义受洗了。因为洗礼的功效不取决于施洗者的信心或用法,而取决于受洗者的信心或用法。我们有一个演员开玩笑受洗的故事为例。⑱ 这类令人困惑的争论和问题的提出,源于那些把一切都归诸于行为和仪式,而不归诸于信心的人们,反之,我们则把一切只归功于信心,而不归功于仪式。信心使我们心灵自由,摆脱了一切疑虑和空想。

洗礼的第二部分是记号或洗礼仪式,它得名于在水中浸洗,因为希腊文 *baptizo* 就是"我浸",*baptisma* 就是"浸洗"的意思。因为如前所述,记号与神圣的应许相伴而来,借以描述应许之言的意义,或如他们现在所说,表示圣礼"有效地指称"。让我们看看这其中到底有多少道理。

大多数人设想,在话里和水中存在着某种属灵之力,促使上帝的恩典在受洗者的心灵中运行。其他人否认这一点,认为圣礼中没有什么特别力量,只有上帝所赐恩典,按上帝的遗约而临在于他所设立的圣礼之中。⑲ 但大家一致主张圣礼是上帝恩典的"有效记号",他们达成这种共识是出于这样的论据:假如新律法的圣礼只是记号,那么它们就没有

---

⑰ 黑尔斯的亚历山大(Alexander of Hales,约 1185—1245 年)否认"奉耶稣的名"所行洗礼的合法性;彼得·伦巴德却捍卫它的合法性。

⑱ 这件事在路德的《〈九十五条论纲〉的解释》中曾被提及,参见本卷,第 154 页。路德更在《马太福音》第 18 章的布道词中进行了详细描述,参见 WA 47,302—303。某位皇帝的宫廷弄臣在嘲笑基督教的圣洗礼时,当众被淋透全身湿透。但在公众哄堂大笑时,一位天使出现,向他展示了一本写有《以弗所书》4:5—6 的书,结果使这傻瓜皈依了基督教。他承认这具有玄幻色彩的洗礼是合法的,并向基督认罪,后来殉道。

⑲ 中世纪经院哲学家中一个有争议的问题。有些人主张圣礼的恩典存在于圣礼记号之内,并借其赐予信徒,圣维克托的笏哥(Hugh of St. Victor)就持这种观点;其他人坚决认为,记号仅为象征,上帝依圣约在人履行这记号时将恩典赐予他们。波那文图拉,尤其是邓斯·司各脱就持有这种看法。

什么明显的理由优于旧律法的圣礼了。所以他们不得不把这些神奇的力量归诸于新律法的圣礼，认为它们甚至能使十恶不赦之徒得益；而且既不要信心，也无须恩典，只要路上没有绊脚石，即再无实际犯罪的动机，也就够了。

然而，人们对这些见解应小心防避，因为它们不敬虔且属于异教，违背了信心和圣礼的本质。认为在记号的效能上新约圣礼与旧约圣礼不同，这是错误的想法。因为它们在这方面具有同样的功能。如今用洗礼拯救我们的上帝，过去也因亚伯的献祭救了亚伯，用彩虹救了挪亚，用割礼救了亚伯拉罕，并用其他相应的记号救了别人。以记号而论，旧约和新约的圣礼并没有区别，假如你认为旧律法是指上帝在律法时代的族长和其他先祖中所成就之事。但给予族长和先祖的那些记号，要与摩西在其律法中订立的律法的象征物（symbols/figurae），如礼服、器皿、食物和房舍等祭司用品，明显区分开来。它们不仅同新律法的圣礼，而且与上帝偶尔给予生活于律法之下的先祖们的那些记号，如基甸的羊毛［士 6:36—40］、马挪亚的祭物［士 13:16—23］，或以赛亚在《以赛亚书》7［:10—14］里给亚哈斯的兆头有重大区别。在每一个记号里都有某种应许，它要求人对上帝怀有信心。

律法的象征物和新旧约记号的区别，就在于律法的象征物并不需要附以任何要求信心的应许之言。因此它们不是称义的记号，因为它们不是唯独使人称义的那种信心的圣礼，而只是行为的仪式。它们的全部效能和本质存在于行为里，而不在信心之中。无论什么人去履行它们，即使没有信心，也能够使其成全。但是，我们以及我们先祖的记号或圣礼，都被赋予一个要求信心的应许之言，而且不能用其他行为去完成。所以它们是使人称义之信心的圣礼，而不是行为的圣礼。它们的整个效能就在于信心本身，而不在于做任何工作。谁有信心就成全它们，即使没有行为，也能成全它们。所以有这样的说法："不是圣礼，乃是对圣礼的信心使人称义。"因此割礼不能使亚伯拉罕和他的子孙称义，但使徒保罗称其为因信称义的印证［罗 4:11］，因为对割礼带有那种应许的信心使他称义，应验了割礼所预示的。因为信心是除去心里污秽的属灵割礼［申 10:16；耶 4:4］，以肉体的字句割礼为象征。同样，亚伯的称义显然不是因他的祭物，而是因他的信心［来 11:4］，他借此将自己完全献给了上帝。外在的祭物不过是他信心的象征而已。

所以，不是洗礼，而是附于洗礼这应许之言使人称义或受益。是这信心使人称义，应验洗礼所预示的。因为信心是旧人的沉没和新人的兴起［弗 4:22—24；西 3:9—10］。新旧圣礼不能有别，因为二者都有神圣的应许和同样的信心之精意，尽管它们的确与古时的预表截然不同——它们的应许之言是区分它们的唯一有效方式。今天，礼服外在的炫耀、圣洁的地方、食物、一切无穷尽的礼仪，即使毫无疑问都象征着将在灵性上成全美好的事物，但因为它们缺少神圣的应许之言，所以绝不能与洗礼和圣餐的记号相提并论。它们既不能使人称义，也无论如何不能令人获益，因为它们的成全只在履行，甚至可以没有信心地履行。因为当它们在发生或被人履行时，也就在完成了，如使徒保罗论及它们时在《歌罗西书》2［:22］所说的话："这都是照人所吩咐，所教导的。说到这一切，正用的时候就都败坏了。"相反，圣礼在实施时并不意味着完成，只有被相信时才得以完成。

因此，认为圣礼包含着使人称义的效能，或者说它们就是恩典的"有效记号"，这都是不正确的看法。所有这些说法都有损于信心，是对神圣应许的无知。除非你所谓的"有效"是指若领受者具有明显的信心，圣礼当然会将恩典有效地赐予人。但现在却不是在这个意义上谈论它们的有效性，如事实所见证的那样，只要他们不在路上放绊脚石，它们就被说成有益于所有人，甚至恶人和不信之人——好像这不信并非是接受恩典的最顽固、最具敌意的障碍似的。他们这样是执意要把圣礼变为一种命令，把信心变为一种行为。因为如果圣礼将恩典赐予我是因我接受了圣礼，那么事实上我接受恩典就是借我的行为，而不是借我的信心了；我在圣礼中接受的也不是应许，而是上帝所设立的和所吩咐的记号。所以你可以清楚地看出，圣礼如何遭到了《四部语录》神学家们的完全误解。他们讨论圣礼，既不顾及信心，也不考虑应许。他们只是认定这记号和记号的用法，使我们脱离信心而转向行为，脱离应许而转向记号。因此如我所说，他们不仅掳掠了圣礼，而且竭力彻底地毁了它们。

所以我们要擦亮眼睛，懂得多多关注应许，少留意记号，多多关注信心，少留意行为和记号的用法。我们知道，哪里有神圣的应许，哪里就要求信心，并且这两者相辅相成，彼此难以分离。因为没有应许，就无从相信，若不相信，应许就无法成功。只有这两者相互配合，才能对圣礼发生真实的、最可靠的效力。所以离开应许和信心去追求圣礼的效能，只能是徒劳无功，而且会获罪。因此基督说："信而受洗的，必然得救。不信的，必被定罪。"［可 16:16］他这话向我们指明，信心在圣礼中是如此的必要，即使没有圣礼人也必然得救。由于这个原因，基督就不须说："凡不信就不必受洗。"

因此，洗礼预示两件事情——死亡与复活，也就是充分和完全的称义。当教士把小孩浸在水里，是表示死亡，将他从水中抱起，就意味着新生。所以保罗在《罗马书》6［:4］里解释道："所以，我们藉着洗礼归入死，和他一同埋葬；原是叫我们一举一动有新生的样式，像基督藉着父的荣耀从死里复活一样。"我们将这死与新生称为新造、重生、属灵的出生。对此不能像许多人那样，仅仅在寓意上将其理解为所谓罪的死亡和恩典的产生，而应视为真实的死亡和复活。因为洗礼不是虚假的记号，如使徒保罗在同一章［罗 6:6—7］所说，在我们今生的罪身毁灭之前，罪既不能彻底根绝，恩典也不会完全兴起。只要我们生存于肉体之中，肉体的欲望就会被激起、骚动不安。因此，我们一有信心，就开始向今世死亡，在新生中向上帝活着。所以信心实在就是死亡与复活，也就是属灵的洗礼，我们沉没于其中，又从其中兴起。

因此，说洗礼是洗去罪恶，这种说法是正确的，不过太软弱无力，不足以表达洗礼的充分意义，实际上洗礼是死亡与复活的象征。因这个缘故，我劝准备受洗的人按洗礼的字义⑩和其预示所表明的那样，将身体完全浸入水中。我并非认为这有必要，而是因为这样一件充分完美的事，⑪应该有一个充分完美的记号。这无疑也是基督设立洗礼的方式。罪人并不是非常需要洗涤，而是需要死，以便彻底更新，重新做人，与基督的死与复活相称，借着洗礼与基督一起死亡、一同复活。虽然你可

---

⑩ 参考 *PE* 1，56。
⑪ 指圣礼；参见前注㊳。

以说基督死而复活时，已经被涤除了死亡，但更有力的说法是，他已经完全更新和重生。同样，讲洗礼表明我们已经完全死亡和获得永生，比讲它仅仅表明我们已经涤除了罪恶更有说服力。

这里你再次看出，即使就其记号而论，洗礼也不是权宜之事，而是永恒之道。虽然礼仪本身转瞬即逝，但它的象征意义却持存到我们死亡，甚至延续到我们末日复活之时。因为只要我们活着，我们就持续不断地做着洗礼指称的事情，即死而复活。我们的死，不仅是在感情和灵性上弃绝这世界的罪恶与虚荣，而且实在地开始脱离肉体的生命，把握未来的生命，因此如他们所说，这是"真正的"肉体解脱尘世，迈向天父面前。

我们应当提防某些人，他们把洗礼的效力贬低到微不足道的地步。他们虽然也说恩典实在注入了洗礼，但又强调以后又因人的罪恶被倒了出来，因此人应另寻到达天堂之路，仿佛洗礼现在已经变得完全无用。人们切莫接受这种看法，要明白洗礼的意义就是你借此可以死而复活。所以，不论你进行补赎或采用其他方式，都不过是恢复洗礼的功效，重新履行洗礼的义务和指明应做之事。洗礼从不失效，除非你感到绝望，拒绝接受它的救赎。你固然可能在一段时间内远离洗礼的记号，但这记号并非也随之变得无效。这样，你虽一次受洗，但你要持续不断地接受信心的洗礼，不断死亡，不断复生。洗礼淹没了你的整个肉体，又使它显现出来；洗礼所表明的事也同样淹没你的整个生命、肉体和灵魂，但在末日审判时又让它们披戴着荣耀和永生显现出来。因此我们从来都没有失去洗礼的记号，也没有离开洗礼所表明的事。事实上我们应当〔在心灵中〕不断地更多地受洗，直到末日时彻底成全这记号。

所以你会明白，我们在现世生活里为克制肉体和激励灵魂所做的一切，都与洗礼有关。我们离开现世生活越早，成全洗礼就越快；我们越受磨难，就越与洗礼相称。所以当殉道者日日被杀，人们视其为将宰之羊〔诗 44:22；罗 8:36〕时，这恰恰是教会最辉煌的时期，因为那时的洗礼在教会里占有支配地位；但今天由于人的诸多行为和教义，我们已经看不到这种权能。我们的全部生活都应当是洗礼，以及记号或洗礼的成全，因为我们已经自由地摆脱了其他一切，将自己完全奉献给了洗礼，即死亡与复活。

我们这种光荣的自由和对洗礼的见解，在今日正遭受掳掠，除了行使专制统治的罗马教宗，我们能归罪于何人呢？作为牧首的教宗，比任何人都更有责任首先弘扬这种教义，捍卫这样的自由，如保罗在《哥林多前书》4〔:1〕所说："人应当以我们为基督的执事，为上帝奥秘事或圣礼[102]的管家。"教宗非但不这样做，反倒只是用他的教谕和规条来钳制我们，把我们当作因房诱入他的淫威之下。我问你，教宗凭什么权柄将他的规条强加在我们头上（更不要说他拒绝向我们传扬这些奥秘是何等邪恶和该被诅咒）？他有什么权柄剥夺洗礼给予我们的这种自由呢？如我所说，我们终生只奉命做一件事——就是受洗，即因信基督死而复活。唯有这种教义才值得传扬，尤其是教宗更应以此为首务。现在，信心被弃之不理，有关行为和礼仪的无穷无尽的规条，压得教会几乎窒息；洗礼的权威和正确理解被抛在一边，对基督的信心被拒之门外。

所以我认为，教宗、主教和其他任何人，若未经基督徒同意，都无权将规条的只言片语强加在他们身上；他若一意孤行，就是以专制之灵行事。因此，教宗在教谕中有关祈祷、禁食、捐赠及其他一切所下达的无数邪恶的命令和要求，都是擅权行为；只要他有这样的念头，就是犯了反对教会自由的罪。于是就出现了这种论调：今日的教士是"教会自由"的积极捍卫者——实际上他们捍卫的不过是木头、石头、土地和捐税而已（"教会的"这个词竟然和"属灵的"已经混为一谈）。他们用这种语言的捏造不仅辖制了教会的真正自由，而且将其彻底摧垮，直接抗拒了使徒保罗的话："不要作人的奴仆。"〔林前7:23〕他们实在比土耳其人还坏。因为顺服他们的律令和专制的规条，实际上就是成了人的奴仆。

这种邪恶狂暴的专制，是由教宗党徒一手造成的，他们肆意歪曲和滥用基督的这句话："听从你们的，就是听从我。"〔路10:16〕他们将这句话大吹大擂，借以支持他们自己的传统。虽然基督的这句话是对去传福音的使徒们说的，只适用于福音，但他们却回避福音，将其用于支持他们的无稽之谈。因为基督在《约翰福音》10〔:27，5〕里说过："我

[102] 路德自己加上了"或圣礼"作为解释，参见下文路德在解释"婚姻礼"时对"圣礼"的解释。

的羊听我的声音，不听生人的声音。"他将福音留给我们，以使教宗能够传达基督的声音。但他们只发出自己的声音，而且想要人听从。再者，使徒保罗说过，他受差遣不是为人施洗，而是传福音［林前 1:17］。因此任何人都不要受制于教宗的传统或听从他们的指挥，除非他传扬福音和基督。教宗应向人教导不受辖制的信心。然而，既然基督说过"听从你们的，就是听从我"［路 10:16］，并且基督的"听从你的"这句话也并非仅仅对彼得说的，那么教宗为什么不听从别人呢？总之，哪里有真信心，哪里就必有信心之道。一个无信心的教宗为什么不常常听取他怀有信心之道的敬虔仆人的话呢？教宗的确都是盲目愚蠢之辈。

还有些人更无耻，他们根据《马太福音》16［:19］的"凡你……所捆绑的"等，傲慢地把制定法规的权力给了教宗，虽然基督在这节经文里论说的是罪的捆绑与释放的问题，而没有讲用这些法规掳掠和压迫教会。这种专制势力用谎言来处理一切，肆意曲解和滥用圣经。我承认，根据基督说的"有人打你的右脸，连左脸也转过来由他打"［太 5:39］这句话，基督徒应当忍受这种令人诅咒的专制统治，就像忍受现世其他任何强暴一样。但我要抗议这些邪恶的教宗，他们竟自诩有权如此行事，伪称借他们的这种巴比伦来为教会谋福利，并把这种虚构强加给全人类。因为如果他们做这样的事，我们遭受他们的暴力统治，而双方都意识到这是邪恶专制之举，那么我们就可以比较容易地看出其中那些有助于磨练现世生活的事情，怀着美好的良心以受害为荣。但现在他们却试图剥夺我们的这种对自由意识，迫使我们相信他们行为的正当性，不把它们视为不义之举而加以责难。他们明明是豺狼，却要伪装成牧人；本来是敌基督，却想被尊为基督。

为了自由和良心，我要提高嗓门，勇敢地大声疾呼：不论是人还是天使的规条，未经基督徒同意，都无权强加给他们，因为我们不受一切规条的约束。如果有什么规条加到我们身上，我们要在保持对自由的意识的限度内忍受他们，尽管以忍受这不义为荣，但要确实认清干犯这自由的是不义之举——这样就不会为这专制者辩护，甚至不会小声议论这专制行为。像使徒们说的那样："你们若热心行善，有谁害你们呢？"［彼前 3:13］"万事都互相效力，叫爱上帝的人得益处"［罗 8:28］。

然而，既然只有少数人知道洗礼的荣耀和基督徒自由的蒙福，而大多数人因教宗的专制而不知道，所以为了洁净我的衣襟和保持良心的自由，我要对教宗及其所有党徒进行控诉：他们若不废除自己的规条和传统，恢复基督众教会的自由，并在教会中传扬这种自由，那么他们就是对在这种残酷掳掠下灭亡的所有灵魂犯罪，教宗职权就的确是巴比伦和敌基督的国。除了用自己的教义和规条在教会里助长灵魂的罪恶和沉沦，俨然上帝似的在教会里发号施令［帖后 2:4］的人外，谁还能是这种"大罪人"和"沉沦之子"［帖后 2:3］呢？所有这一切都是几个世纪以来教宗的专制所造成的，而且有过之而无不及。它毁灭信心，压制福音，使圣礼黯然失色；但他们自己的规条，非但不敬虔、亵渎神灵，甚至野蛮愚蠢，却一个接一个地发布，泛滥成灾。

试看我们被掳的凄凉："先前满有人民的城，现在何竟独坐！先前在列国中为大的，现在竟如寡妇；先前在诸省中为王后的，现在成为进贡的。没有一个安慰她的……她的朋友都以诡诈待她。"［哀 1:1—2］基督徒被这许多的法规、礼仪、派系、⑬ 誓言和费力事工缠身，以致看不见自己的洗礼。他们因这些蝗虫、蝻子和蚂蚱［珥 1:4］而忘记了自己曾经受洗，更忘记了洗礼给他们带来的福分。我们倒要像新近领洗之后的小孩那样凡事自由，无须烦费苦心，不是靠努力和行为，而是只靠洗礼的荣耀获得安全和拯救。事实上我们真是孩童，因为我们不断在奉基督的名重新受洗。

有些人可能会以婴儿洗礼为证，反驳以上所说，因为婴儿未领悟上帝的应许，因而不会对洗礼产生信心。这样，要么信心是不必要的，要么婴儿的洗礼无效。这里我要按大家的主张说：婴儿得益于别人的信心，即那些带领他来受洗的人。⑭ 因为上帝之道威力无穷，只要被传扬，甚至可以改变比婴儿还要愚钝孤弱的不敬虔心灵。所以，借着引荐婴儿的那位敬虔之人，万事都能因祷告而成为可能［可 9:23］，那婴儿也因注入的信心而改变、洁净和更新。正如我们在福音书里读到的那位

---

⑬ 路德意指各种修会与神学派系之间的分歧、倾轧和嫉妒，参见后注⑭。
⑭ 这是托马斯·阿奎那的观点，可以追溯到奥古斯丁。在 1311—1312 年的维埃纳公会议上得到克莱门特五世（Clement V）的认可，参见 PE 2, 236, n.1。

瘫子被别人的信心治好了一样 [可 2:3—12]，因而我毫不怀疑，若有人
为他祷告、引荐，连邪恶的大人也会被任何圣礼所改变，正如我们福音
书上读到那瘫子得医治，是因他人的信心一样。在这个意义上我承认新
律法的圣礼对任何人都一视同仁，不论你是否顽固地抗拒它，你都能从
其中获得有效的恩典。什么样的绊脚石不能被教会的信心和信心的祈祷
所搬开呢？难道我们怀疑司提反终以信心的力量令使徒保罗皈依的事吗
[徒 7:58—8:1]？但在这时，圣礼所为并非依靠自身的力量，而是借信
心的力量，没有它，如我所说，圣礼将一无所为。

是否能为还未被生出只伸出一手或一脚的胎儿受洗，这尚属疑问。
我承认对此无知，难以草率决定。有人认为，整个灵魂寓于身体百肢的
任何部分——我不知他们的理由是否充分，因为外在接受水洗的，不是
灵魂，而是肉体。有人坚持未出生者亦不能重生，虽然这论据颇为有
力，但我不接受这种观点。我将这些问题留待圣灵的教导，同时让大家
各持己见 [罗 14:5]。

我还要补充一件事——并希望大家都能做到，就是要废除和禁绝一
切誓愿，无论有关敬虔修会、朝圣还是善功的誓愿，以便保持最合敬虔
和最富善功的洗礼的自由。誓愿最流行的诱惑是何等贬低洗礼、遮掩关
于基督徒自由的知识，真是一言难尽，更不用说现在因发誓的狂热和轻
率鲁莽，对灵魂所带来的与日俱增的难以言表的无限威胁了。邪恶的教
宗和怙恶不悛的神父啊，你们高枕无忧，放纵邪欲，对这可怕危险的
"约瑟的苦难" [摩 6:4—6] 毫无同情！

不单应废除誓愿，也应当发布全面的谕令，禁止许愿，特别是关乎
终身的许愿，反要使大家多多回忆洗礼的誓愿。否则，就要谆谆告诫大
家不要轻易许愿。也不要鼓励人这样做；事实上，在不得已时才准许人
许愿。因为我们在洗礼中已有圆满的誓愿，永远难以成全；只要我们委
身于恪守这一誓愿，也就足够我们履行一生。但现在我们却走遍洋海陆
地，勾引许多人入教 [太 23:15]；我们让神父、修士、修女充斥于世
界，因终身誓愿使他们陷入牢笼。你会发现有人为其辩护，甚至发布谕
令说，还愿的行为比不还愿的行为高尚，在天上能得到比他人更多的，
无可估量的赏赐。瞎眼邪恶的法利赛人啊，他们竟用行为的大小、多少

和其他性质来衡量公义和神圣！但上帝仅用信心来衡量它们，在他看来，行为均无分别，唯以是否因信心而做来区分。

这些恶人大言不惭，任意杜撰，吹嘘人的意见、行为，引诱缺乏思考能力的群众。这些民众几乎总是被行为的浮华引入迷途，使自己的信心之舟复翻，忘记信心，葬送自己基督徒的自由。因为誓愿是律法或要求，一旦誓愿增多，律法和行为势必加添。这些事情若泛滥开来，信心也就随之消失，洗礼的自由即被掳掠。还有一些人不以这种邪恶的诱惑为满足，进一步鼓吹参加修会是一种新的洗礼，此后这洗礼就像过修道生活的决心那样频频更新。这些许过愿的人就这样把公义、得救和荣耀统统窃为己有，使那些仅仅受过洗礼的人没有什么可与他们相比。作为一切迷信的源头，罗马教宗甚至以冠冕堂皇的谕令和特许来肯定、批准和美化这种生活方式，对于洗礼却没有人认为值得一提。如我所说，他们用这炫耀的浮华使温驯的基督徒陷入虚假的安全感，所以他们对洗礼忘恩负义，自以为借行为所取得的成就比别人借信心取得的成就大。

所以，上帝又以弯曲待那乖僻的人［诗 18:26］，为了责罚许愿者的忘恩和傲慢，使他们要么违反誓约，要么使他们为还愿极度辛劳，沉湎其中，永远不知信心和洗礼的恩典；上帝还使他们虚伪到底，因为他们的心灵不为上帝嘉许；他们最终成为全世界的笑柄，因为他们常常追求公义，但总是得不到，于是就应验了先知以赛亚的话："他们的地满了偶像。"［赛 2:8］

我的确无意禁止或劝阻私下或甘心许愿的人；因为我并不完全蔑视和谴责许愿。但是，我坚决反对把许愿树立和批准为公共生活方式，至多是让每个人有权冒险许愿。如果把发誓确立为一种公共生活方式——我将认为这是对教会和纯朴之人的最大伤害。首先，因为这直接违背了基督徒的生活，因为誓愿是一种礼仪律，是人的法规和臆断，教会借洗礼已经不再受制于它们；基督徒除上帝的律法外，不顺服任何别的律法。其次，圣经中没有许愿的例证，特别是就终生守贞、顺服和贫穷而言。[105]凡无圣经依据的都是最危险的，绝不应将其强加于人，更不能确立为一

---

⑩⑤ 即修会的三重誓言（threefold vows）。

般的公共生活方式。对有意冒险的人来说，当然可以允许他们这样做。因为少数人可以借圣灵成就某些事工，但这不可为众人之范，或当作公共生活方式。

再者，我很担忧修会那种还愿的生活方式，就是使徒保罗早就预言的事情："这是因为说谎之人的假冒……他们禁止嫁娶，又叫人戒荤，就是上帝所造、叫那信而明白真道的人感谢着领受的"［提前4:2—3，参见和合本括号内文字］。谁也不可以创立修会的圣伯尔纳、圣方济各和圣道明为例来争辩，上帝对人的子孙的旨意既骇人又奇妙。既然他可以让但以理、哈拿尼雅、亚撒利雅和米沙利在巴比伦宫廷里（既身处邪恶之中）保持圣洁［但1:6—21］，为什么就不能使那些陷于危险生活方式的人成圣，借圣灵的特别运作引导他们，却又不愿以他们为众人之典范呢？此外，他们之中当然没有人因誓愿或"敬虔"⑩ 生活而得救；和所有的人一样，他们唯独因信得救，而对许愿的明显依赖与这信仰完全背道而驰。

但每个人对此都可以保留自己的意见，我却要坚持自己的观点。现在，我要为教会的自由和洗礼的荣耀执言，强烈的责任感促使我公开宣布我在圣灵引导下所得到的忠告。因此，我奉劝教会的权贵首先废除一切誓言和修道团体，或者至少不要赞同和吹捧它们。他们若不愿这样做，我就要以得救作为担保，告诫所有的人弃绝一切誓愿，尤其是关乎终生的重大誓愿。我要特别这样忠告正在长大的男孩和青少年。我这样做的原因，如我以前所说，首先是由于这样的生活方式没有圣经的见证和根据，只是身为人的教宗之谕令（它们的确是"泡沫"）⑪ 吹嘘出来的。其次，这种生活方式因其外表的虚华和异常性质，大大趋向伪善，导致自负和对一般基督徒生活的蔑视。假如没有别的理由可以废除誓愿，那么只这一条就已足够：即它们轻视信心和洗礼，抬高行为，这样就不可能避免恶果。因为在千万个修士中，很难有一人视信心高于行为，并且鉴于这种狂妄，他们还划分出"更严格"或"更松散"的界

---

⑩ 原文为 *religio*，在中世纪拉丁文中，这个词是对修会特定之虔诚的特殊指称。
⑪ 拉丁文 *bulla* 既可以指"教宗谕令"，又可以指"泡沫"。

限,⑩ 声称自己优于别人。

因此，我劝人不要加入修会或成为神父，并且劝大家都来抵制它——除非他预先知道和领悟了这个道理：不论修士和神父的行为多么圣洁，但在上帝眼中，它们与田间庄稼人的劳动和妇女的家务事并没有什么不同，因为上帝只以信心衡量一切行为，如《耶利米书》5［:3，武加大译本］所说："主啊！你岂不是注目于信心吗？"《便西拉智训》32［:23］说："你要在心里以信心去看你一切所做的，因为这就是遵守诚命。"事实上，男女仆人的家务劳动比神父和修士的禁食和别的行为更蒙上帝悦纳，因为后者没有信心。因此，由于现在的誓愿只是一味地荣耀了行为，导致傲慢，所以恐怕没有什么比在神父、修士和主教更缺乏信心和不像教会的了。这些人实际上是异教徒和伪君子，但他们自以为是教会，而且是教会的核心和"属灵"阶层与教会领袖，尽管他们根本不是。他们真是"被掳的人"，在他们中间，上帝在洗礼中白白赐予我们的一切都在遭受掳掠，而剩下为数不多的"国中极贫穷的人民"，⑩如婚娶之人，⑩ 都被他们视为可憎。

从上所述，我们认识到罗马教宗的两大明显谬误。

第一，他允许人解除誓愿，仿佛在所有的基督徒中只有他掌握这种权柄；恶人的轻率无耻竟达到了这样的地步。既然可以解除誓愿，那么每一位弟兄都可以为邻人，甚至为他自己解除誓愿。⑩ 如果邻人不能为别人解除誓愿，那么教宗也无权这样做。因为他是从何处得到这种权力的呢？难道他是得自钥匙职吗？但钥匙职属于大家，并且只适用于赦罪（太 18［:15—18］）。⑪ 既然他们自己也声称誓愿属于"神权"范围，教宗为什么还要在这不能给予特许的事上一意孤行，迷惑和毁灭人的可

---

⑩ 对"教规"的争议导致分裂是修会内部常见之事，如前面提到的方济各会，参见前注⑩。

⑩ 寓意有些晦涩，指犹大人的巴比伦之掳。"被掳之民"（People of the Captivity）一词源于武加大译本《诗篇》64:1。尼布甲尼撒带到巴比伦的俘虏仅为犹大人中的上等阶层。"国中极贫穷的人民"即普通百姓，便被留了下来（王下 24:14—16），成为撒玛利亚人这一混血种族的核心。

⑩ 发过贞洁誓愿的人认为结婚的人在圣洁上比自己低等。

⑪ 参考 An Open Letter to the Christian Nobility（1520），载于 PE 2，123。

⑫ Ibid.，75.

怜灵魂呢？在"论誓愿与解愿"⑬一节中，教宗竟然胡说自己有权解愿，就像按律法规定，凡头生的驴要用羊羔代赎［出 13:13, 34:20］一样，仿佛这头生的驴和他随时随地令人许的愿完全是一回事；或者好像上帝既然在其律法中命令将头生的驴换成羊羔，那么一个不过是人的教宗也可以直接僭取这种不在他的法规范围内，而只属于上帝的权力一般！不是教宗，而是代替教宗的驴子制定了这教谕；这是何等愚蠢、何等亵渎。

教宗的第二大谬误是：他的谕令规定，尚未完婚的男女，若一方未经另一方同意而进入修道院，婚约也就随之解除。我现在问你：哪个魔鬼将这荒唐的念头塞进了教宗的头脑里？上帝叫人守信，相互之间不要食言，并且以己所有，与人为善。正如上帝借以赛亚的口所说的，上帝恨恶"抢夺和罪孽"［赛 61:8］。配偶的一方必须因婚约而向对方守信，因为他并不属于自己。他无论如何都不应失信，若无对方应允，他所做的一切都是抢夺。为什么负债累累的人不照此行事，获准作修士，以便逃脱债务，随意毁约呢？盲目瞎眼的人哪！上帝所要的信心与人所规定和选择的誓愿，二者何轻何重？教宗啊，你不是在牧养灵魂吗？你鼓吹这些事情，你还是神圣神学的博士吗？那你为什么还要宣扬这些呢？原来你美化誓言，将其置于婚姻之上。你不褒扬那提升一切的信心，反倒抬高行为。其实在上帝眼中，行为算不得什么，就功德而言，它们并无两样。

所以我确信，不论人还是天使都不能解愿，如果它们是正当的誓愿的话。但我自己也不大明白，当今人们许愿要做的事能不能算誓愿。例如，父母在儿女未出生前或在婴儿期，就将他们奉献给了"敬虔生活"或永久的童身；这实在是愚蠢荒唐，绝不能被称为许愿。人对力所不能及的事发誓，就如同和上帝开玩笑。至于修会的三重誓愿，我越想越糊涂，真不知要求这种誓愿的习俗到底从何而来。我更不知道在什么年龄上许愿才算合法有效。我很高兴发现了这样的共识：凡青

⑬ *Magnae devotionis*, *Decretalium Gregorii IX* Lib. iii, tit. XXXIV: *de voto voti redemptione*, cap. 7; CIC II, col. 593.

春期前的誓愿一律无效。然而，他们却欺骗了许多连自己的年龄和为何许愿都不知道的儿童。他们无视青春期年龄就将这些儿童收纳，致使他们在许愿之后，就被不安的良心所掳掠和毁灭，仿佛他们后来对这誓愿已经同意似的。好像随着年龄的增长，无效的誓愿最终能变得有效一般！

人不能为自己预定合法誓愿的有效日期，却能够为别人这样做，我想这实在荒唐。我也不明白为什么十八岁的誓愿就有效，十岁或十二岁的誓愿就无效的道理。若说因为十八岁的人感觉到了性欲也不妥当。假如某人在二十岁或三十岁根本没有这样的感觉，或者在三十岁比在二十岁更为强烈，那又怎么样呢？为什么不对安贫和顺服的修道誓愿也进行年龄规定呢？你如何确定人产生贪婪和傲慢之心的年龄呢？即使最属灵的人也很难觉察到这些情感。所以，只有在成为属灵之人以后，所发的誓愿才有约束力和有效，不过那时誓愿已无必要。可见这些都是不确定的和最危险的事情，所以应当忠告人们保持一种脱离誓愿的高尚生活方式，像过去一样将誓愿只留给圣灵，永远不把它们变成一种束缚人终身的生活方式。

关于洗礼及其自由的论述到此为止也就够了。在适当的时候我或许将对誓愿进行更详细的讨论，[114] 事实上很有必要这样做。

补赎礼

第三项我们要讨论的是补赎。关于这个题目我已经发表了论文和辩论文章，[115] 充分表达了自己的观点，因此也得罪了许多人。我在这里必

---

[114] 路德在 1521 年 11 月，于旅居瓦特堡期间进一步论述了这个问题，参见 *De votis monasticis Martini Lutheri iudicium*，载于 *WA* 8，573—669。

[115] 其中有《九十五条论纲》（参见本卷）、《关于赎罪券与恩典的讲道》（*A Sermon on Indulgence and Grace* [1517]，载于 *WA* 1，239—246）、《关于忏悔的讲道》（*Sermo de poenitentia* [1518]，载于 *WA* 1，319—324）、《关于教宗赦免与恩典的讲道之自由》（*Eine Freiheit des Sermons papstlichen Ablass und Gnade belangend* [1518]，载于 *WA* 1，383—393）、《〈九十五条论纲〉的解释》（参见本卷）、《论忏悔》（*A Discussion of Confessin* [1520]，载于 *PE* 1，81—101；另参 *WA* 6，157—169）。

须简单重述一下自己的意见，以便撕掉专制制度的假面具，因为它在这方面的猖獗，并不亚于在圣餐中。由于这两种圣礼都提供了敛取利益的机会，所以牧人在其中榨取基督的羊群，真是贪欲横流，令人难以想象。虽然如我们在讨论誓愿时所看到的，洗礼也可悲地在成年人中日见衰落，成为贪婪者的工具，但还没有像圣餐和补赎那样严重。

他们对补赎的首要滥用是彻底废除了它，使其了无痕迹。因为补赎同其他两种圣礼一样由神圣的应许和我们的信心组成，所以他们就暗暗破坏这两大要素。他们用基督在《马太福音》16 [:19] 和 18 [:18] 里的应许"凡你们在地上所捆绑的"等，以及《约翰福音》20 [:23] 的"你们赦免谁的罪，谁的罪就赦免了"等，为自己的专制制度辩护。这些话唤起了基督徒对赦罪的信心。但在专制者所有的著作、教训和讲道中，他们不传扬基督在这些经文里的应许、人们应当相信什么，以及他们在其中能够得到怎样的安慰，而只是一味地凭借暴力武断地扩张和加深这种专制统治。最后，他们竟然开始对天上的使者⑩发号施令，并且变得令人难以置信地疯狂邪恶，自夸他们在基督的这些话里获得了主宰天上和地上的权柄，且有权在天上捆绑。他们就这样撇下对子民得救的信心避而不谈，只是滔滔不绝地唠叨教宗的专制权力，事实上基督在此说的只是信心，根本未提什么权力。

除职事以外，基督在教会里并未设立权威、权力和权贵阶级，从使徒保罗的这句话可以得知："人应当以我们为基督的执事，为上帝奥秘事的管家。"[林前 4:1] 正如基督所说："信而受洗的必然得救"[可16:16]，那样，他是在唤起领洗人的信心，借此应许，人就在因信而受

---

⑩ 在 1500 年这一大赦年，有成千上万名朝圣者在伦巴第（Lombardia）到罗马的道路上死于黑死病，随即一份伪造的 1350 年克莱门特六世的谕令广泛流传开来；其中写道："由于他们［死于途中的朝圣者］的灵魂已经从炼狱中被彻底释放，所以我命令天使将其直接接入天堂"；参见 WA 30^{II}，282；另参 Luther's Werke für das christliche Haus，vol. II, ed. Buchwald，p. 457，n. 1。路德在《为所有信条辩护》（Defense and Explanation of All the Articles，1521）中指出："这就是约翰·胡斯时代所发生的事。那时，教宗命令天使将死于赴罗马朝圣途中的灵魂引向天国。约翰·胡斯反对这种亵渎行为和魔鬼般的专横跋扈；他的抗议使其付上了生命的代价，但他至少使教宗改变了腔调，并碍于这种亵渎行为，对以前的声明有所收敛。"（参见本卷；另参 LW 32，74—75。）

洗之后确知自己必然得救了。他在这里并未授予任何权力，只是确立了施洗者的职分。同样，他说的"凡你在天上所捆绑的"[太 16:19，18:18]等，也只是为了唤起补赎者的信心，借这应许使他确知自己既然因信蒙赦，在天上也必然得赦。这里也绝口未提权力，只是赦免的职分而已。说来真是咄咄怪事，这些盲目傲慢的人竟没有从洗礼的应许中为自己僭取专横权力；既然如此，那么他们为什么又胆敢借补赎的应许这样做呢？因为两者都是拥有同样的职分、同样的应许和同样的圣礼。既然洗礼并不单单属于彼得个人，那么声称唯有教宗握有钥匙职便是邪恶的篡权行为，这是不可否认的。

再者，当基督说"拿着吃，这是我的身体，为你们舍的。拿着喝，这是我的血"[参见林前 11:24—25]等等，是在唤起领受者的信心，当其良心为这些话所鼓舞时，就能因信而确知领受饼和酒之后，已经罪得赦免。这里也没有提及什么权力，只是论到职分。

因此，洗礼的应许至少为婴儿保留了一部分；但圣餐的应许却被破坏了，为贪婪所利用，信心变成了行为，遗约成了献祭。补赎的应许更是变成了暴虐无度的专制，用来建立超越世俗政权的统治。

我们的巴比伦仍然贪得无厌，它彻底毁灭了信心，还公然蛮横地否认信心在补赎中的必要性。这敌基督实在邪恶，任何人若主张信心的必要性，就会被它诬为异端。这专制还有什么未曾做过呢？真的，"我们曾在巴比伦的河边坐下，一追想锡安就哭了。我们把琴挂在那里的柳树上"[诗 137:1—2]。愿主诅咒河边那无种子的柳树！阿们。

既然他们把应许和信心彻底消灭和废除，那我们就看看他们取而代之的又是什么。**他们把补赎分为三部分——痛悔、认罪和补罪。**但他们取消了其中任何有益的成分，代之以自己的乖谬和专制。首先，他们鼓吹痛悔发生在前，所以它就远远高于对应许的信心，好像痛悔不是出于信心，而是一件功德似的；事实上他们根本不提信心。他们如此沉迷于行为，以及圣经论及许多人因心灵的痛悔和谦卑而获救恩的事例；却闭口不提引起心灵痛悔和哀伤的信心，如《约拿书》3[:5]论到尼尼微人所说的："尼尼微人信服上帝，便宣告禁食。"他们还捏造了所谓"不彻底的忏悔",⑰ 它借钥匙职变为痛悔，其实他们对钥匙职一无所知。他们准许那些邪恶与无信之辈进行不彻底的忏悔，如此完全取消了痛悔。啊，上帝的烈怒多么令人难以忍受，竟让人在基督的教会中传扬这等事情！由于信心及其功效都被摧毁，所以我们就盲目信任人的教导和意见，或者倒不如说在其中毁灭。痛悔之心委实宝贵，但它只能在对上帝应许的活泼信心和对上帝的畏惧中寻觅。这种信心专注于上帝永恒不变的真道，使良心恐惧、伤悲，而在其后的痛悔中又使良心振作起来，获得安慰，坚信不疑。所以上帝真道的威吓乃是痛悔的起因，但只要被人相信，就能带来安慰。人借这种信心而建立了罪得赦免的功德。因此万事之先，应当传扬和呼唤信心。一旦有了信心，痛悔和安慰必然接踵而来。

他们说痛悔源于人对自己罪恶的（他们所谓的）列举与默想，这虽不无道理，但他们的教导依然有害和邪恶，如果他们不首先说明痛悔的起始和原因——那唤起信心的上帝的威吓与应许的永恒真理——以便让人撇开无尽的罪恶，更加关注使自己跌倒又升起的上帝的真理。若离开上帝的真道去看罪恶，那么就会重新激起罪恶和犯罪欲望，而不能引起痛悔。我现在不愿谈及他们强加给我们的那桩不可能完成的任务，也就是为每种罪恶规划出一种痛悔。这是不可能的事，因为我们只能了解自己罪恶的微小部分，就连我们的善功也被视为罪，如《诗篇》第 142 篇 [143:2，武加大译本] 所言："求你不要审问仆人，因为在你面前凡活着的人，没有一个能被称义。"只要对当前困扰我们良心的罪恶，以及能够回忆的罪过进行悔悟也就够了。凡有这种心愿的人无疑会因所有的罪恶而感到悲伤和惶恐，在将来一想起它们，也会这样哀痛和忧惧。

你要切记不要信靠自己的痛悔，也不要将罪得赦免归功于伤痛。你蒙上帝悦纳，不是由于这个原因，而是因你的信心，它使你相信上帝的威吓与应许，并且感到伤痛。所以我们在补赎中得到的任何益处，不是

---

⑰ 痛悔指对罪的恨恶，出于对上帝的爱和因冒犯上帝而产生的悔恨之心。忏悔指对罪的嫌恶，其动机弱于痛悔，如对天堂的困惑、对地狱的恐惧或对罪行的悔恨。不彻底的忏悔（attrition）虽不圆满，但可以被视为圆满，因为它使罪人借补赎而获得将忏悔转变为痛悔的那种恩典；参考本卷《九十五条论纲》；另参 *LW* 31，21。

由于我们对罪恶的认真回忆，而应归功于上帝的真道和我们的信心。其他一切都是它们自身产生的行为和结果。它们不能使人变得善良，而是那行此事的，因对上帝真道的信心已经成为良善。正像《诗篇》所言："那时，因他发怒，山的根基也震动摇撼，冒烟上腾。"［参见诗18∶7—8］首先降临的是焚烧恶人的威吓恐怖，接着是接受这恐怖的信心所发出的痛悔的烟云。

痛悔虽然容易招致专制和贪婪，但比不上完全屈服于邪恶与有害的教导。而认罪和补罪成了贪婪和权力的主要温床。

让我们首先讨论认罪。

毫无疑问，认罪是必要的，而且为上帝所命，如《马太福音》3［∶6］："承认他们的罪，在约旦河里受他［约翰］的洗。"《约翰壹书》1［∶9—10］说："我们若认自己的罪，上帝是信实的，是公义的，必要赦免我们的罪，洗净我们一切的不义。我们若说自己没有犯过罪，便是以上帝为说谎的，他的道也不在我们心里了。"既然连圣徒们都不能否认自己的罪，那些犯了诸多大罪和公开之罪的人就更应该认罪了！判定认罪的最有效的见证是《马太福音》18［∶15—17］里基督所说的，应对犯罪弟兄指出他的过错，在会众面前受责，如果他不听从，就把他逐出教会。如果他接受责备，承认罪过，便是"听从"了。

关于目前的私下认罪（private confession），虽无圣经依据，但我也由衷地赞同。它是有益的，也是必要的，因此我不主张将它废除。它存在于基督的教会，的确令我高兴，因为它医治那不安的良心，无与伦比。因为当我们对弟兄敞开心扉，私下里向他明示潜藏于内心的罪恶，我们就能从他口里听到上帝自己安慰的话语。如果我们在信心里接受它，就能在上帝借弟兄之口所发出的怜悯里得到平安。唯一使我恨恶的一点，就是这种认罪效忠于教宗的专制和勒索榨取。他们甚至把隐秘的罪（hidden sins）保留[113]给自己，吩咐人将这秘密吐露给他们指定的忏悔神父，这只能烦扰人的良心。他们只是愚弄教宗，因为他们完全无视

---

[113] 在"保留案件"（reserved cases，即 *casus episcopales* 或 *casus papales*）这种情况中，只有主教、教宗或经他们指定的人才能给予赦免，参考 *An Open Letter to the Christian Nobility*（1520），载于 PE 2，105—106。

教宗真正的职责，既不传福音，也不看顾可怜的人。这些亵渎的专制者实际上将大罪留给了普通神父，把后果不严重的小罪，诸如教宗谕令《在主餐桌旁》所列举的滑稽虚构之事，[19] 保留给自己。他们为了更加罪恶昭彰，不仅不保留罪，而且实际上宣扬和纵容那些反对服侍上帝、反对信心和反对主要诫命的事——如鼓动人朝圣、不当地崇拜圣徒、捏造圣徒传说、千方百计地信靠和践行各种行为与仪式等。但如我们当今所看到的，在这一切所作所为之中，对上帝的信心已逝而不见，偶像崇拜却肆意泛滥。于是，我们今天所拥有的，就像古时耶罗波安在但和伯特利所设立的那种祭司和拜金牛犊的执事［王上 12:26—32]，他们对上帝的律法、信心和喂养基督羊群的事一窍不通，只是将自己捏造的玩意，借恐吓与暴力向人民反复灌输。

虽然我告诫人们，要像基督吩咐我们忍受人间的一切暴政、顺服这些敲诈者那样，耐心忍受这种保留案件的恶行，但我并不承认他们有权保留案件，也不相信他们能够拿出丝毫的证据来证明这种权力。我倒要证实他们无权这样做。首先，基督在《马太福音》18［:15—17] 论及公开的罪时说，若我们指出弟兄的过犯，他听取了我们的意见，这样我们就挽救了弟兄的灵魂。只有在他拒绝听取的时候，我们才将他带到教会面前，在弟兄之中责罚他的罪过。如果一位弟兄坦率地向另一位弟兄承认自己隐秘的罪，他的罪岂不是更应该得到赦免吗？因此不必向教会忏悔，按这些空谈家的解释，神父和高级教士就是教会。我们在这件事上有基督的权威为证，因为他在同一节经文里说过："凡你们在地上所捆绑的，在天上也要捆绑；凡你们在地上所释放的，在天上也要释放。"［太 18:18] 因为这话是对每一位基督徒说的。在同一章他又说："我又告诉你们，若是你们中间有两个人在地上，同心合意求什么事，我在天上的父必为他们成全。"［太 18:19] 一个弟兄既然把隐秘的罪向弟兄坦白，请求饶恕，他就当然在这真道（基督）里与地上的弟兄同心合意了。为了证实前面所说的话，基督对此还有更明确的论述："我实在告诉你们，因为无论在哪里，有两三个人奉我的名聚会，那里就有我在他

---

⑲ 参见 WA 8，691；参考 PE 2，105—106。

们中间。"［太 18:20］

因此我毫不怀疑，无论何人，凡自愿或经劝导私下在弟兄面前认罪，要求宽恕，努力改过自新，那么他的隐秘之罪就被赦免了，不管教宗们对此何其盛怒。因为基督甚至连赦免公开之罪的权力都给了他的每位信徒。我愿对此稍有补充：假若隐秘之罪的保留有效，那么未被赦免的人就不能得救；这样一来，妨碍人们得救的，首先就是今日教宗们鼓吹的上述善功和偶像崇拜了。如果这些滔天大罪并不妨碍人得救，那么保留这些小罪又是多么愚蠢啊！牧者们在教会里杜撰这些古怪之事，实在是愚蠢和瞎眼。所以我要劝告这些巴比伦的君王和伯·亚文的主教，⑫⁰ 停止保留任何案件，并且允许所有的弟兄姐妹随意听取隐秘之罪的忏悔，这样罪人就能在他希望得到宽恕和安慰的人面前认罪，在邻舍的口里听取基督之言。因为他们的僭妄，他们只是不必要地迷惑软弱之人的良心，建立他们邪恶的专制统治，利用弟兄们的罪恶与毁灭而自肥。于是，他们的双手沾满了人的血；儿子被父母吞噬。如以赛亚［赛 9:20—21］说的那样，以法莲吞吃犹大，叙利亚也张开大口吞吃以色列。

在这些罪恶之外，他们又加上了所谓"情境"，⑫¹ 还把母亲、女儿、姐妹、嫂子等罪恶的枝叶与果子也扯了进去。因为这些精明懒散的人，只要你愿意，她们甚至会在罪恶中形成一种家谱和姻亲关系——邪恶借无知会成倍地增长。不论其作者是哪个无赖，这种观念还是同其他许多法规一样，成了公共的律法。牧者们就这样严密地监视着教会：一旦那些最蠢的好事者梦见了什么新花样或迷信，这些牧者就随即大肆渲染，用赎罪券加以装扮，以谕令进行护持。他们根本不制止这些恶行，绝不为上帝的子民保存真的信仰和自由。因为我们的自由与巴比伦的专制有什么相干呢？

我劝告人们蔑视任何"情境"。因为基督徒只有一个情境——那就是弟兄犯了罪。什么人都不能与基督徒弟兄相比。遵守地方、时间、节

---

⑫⁰ 参见《何西阿书》4:15，10:5。先知何西阿称伯特利（上帝之家）为伯·亚文（虚华之家或罪恶之家），因为从前那里树立了许多偶像；另参 LW 36，221。

⑫¹ 参见前注㊳。

期、人物和其他一切迷信的规定,[122]只能是夸大虚空之事,危害最重要的事情;仿佛什么事都比基督徒兄弟情谊的荣耀和更有价值、更为重要似的!他们就这样把我们捆绑在地方、节期和人物里面,"弟兄"的名分便失去了价值,我们在捆绑中服侍,不得自由——对我们来说,所有节期、地方、人物与一切外在之事都是一样。

他们对补偿的处理何等卑劣,我在有关赎罪券的辩论中[123]已经作了充分的说明。他们完全滥用补罪,毁坏基督徒的肉体和灵魂。他们先将补罪这样教训人,以致人们根本不知补罪,即人的新生,到底有何意义。然后才喋喋不休地强调它的必要性,彻底抹杀对基督的信心。他们引起的这些疑惧极度地折磨着可怜的良心;有人走罗马,有人去沙特勒斯,[124]还有人到其他地方;有人以木棍痛打自己,另一人用禁食和彻夜祈祷克制肉体;大家都异口同声地狂叫着:"看哪,基督在这里!看哪,基督在那里!"他们以为那本在我们心中的天国,其来临是眼所能见的。[125]

这些咄咄怪事都要归功于你罗马教宗,归功于你杀人的法规和仪式,你用这些腐蚀了全人类,致使他们认为能以行为为罪补偿上帝,实际上主只满足于发自痛悔者心中的信心!你不仅咆哮着让信心沉寂,而且压制它,只为使那贪得无厌的吸血鬼可以对人说:"给呀,给呀!"[箴30:15],用罪恶来做生意。

有些人更加过分,制造了让人心灵绝望的工具——各种谕令,命令忏悔者必须重述以前忘记补偿的一切罪过。既然这些人天生的唯一目的就是使一切的人遭受十重的掳掠,那么他们还有什么事不敢做呢?再者,我不明白究竟有多少人认为他们已经得救,并且正在对自己的罪过进行补偿,即使他们仅仅含混地逐字念诵神父要求的祷词,与此同时却

---

⑫ 罪的轻重与犯罪是在圣地或普通的地方、是在圣日或平时有关,谋杀神父也比谋杀普通人罪加一等,参见 *Luther's Werke für das christliche Haus*, vol. II, ed. Buchwald, 465。

⑬ 参见前注⑪。

⑭ 沙特勒斯(Chartreuse)是禁欲苦行的加尔都西修会(Carthusian order)总部。

⑮ 参见《路加福音》17:20—21;这里的拉丁文原文 observantia 又有"观察"又有"遵守"的意思,路德以此嘲讽坚守派,参见前注⑩。

从不考虑更新自己的生活方式！他们相信一经痛悔和认罪，自己的生活就即刻改变，剩下的只是对过去的罪进行补偿。他们没有受过别的训导，又怎能更明事理呢？他们没有考虑过治死肉体，也不重视基督的这种榜样——他赦免了那行淫时被拿的妇人，说："去吧，从此不要再犯罪了"［约 8:11］，借此交给她十字架，要她治死肉体。我们在罪人未完成补偿前就宣赦他的罪，这等于公然怂恿邪恶的罪过。因为这样一来，他们就更加关注摆在眼前的补偿，而疏于痛悔，他们以为在认罪之前这痛悔就已成全。像在早期教会里那样，赦罪应在补偿完成以后进行；这样做的结果，可以使悔罪者更加勤勉地致力于信心和新生活。

就赎罪券问题我以前已经进行了充分说明，现在的追述到此为止。一般说来，对目前关于三大圣礼的论述也已经足够，它们在许多有关神学和法规的有害书籍中虽说已经论及，但也可以说没有论及。其他圣礼也有待讨论，以免人们以为我毫无理由地拒绝它们。

坚振礼

我实在困惑，不知这些人怎么灵机一动，就将按手的姿势变成了一种坚振的圣礼。我们在圣经里看到基督曾给小孩按手为他们祝福［可 10:16］，使徒们也这样将圣灵分赐给人［徒 8:17，19:6］，按立长老［徒 6:6］，医治病人［可 16:18］，如使徒保罗给提摩太的信里所说的："给人行按手的礼，不可急促。"［提前 5:22］他们为什么不把圣饼礼作为坚振礼呢？因为《使徒行传》9［:19］里写道："他吃过饼就健壮了。"⑯《诗篇》104［:15］也写着："得饼能振人心。"这样坚振礼就包括了三个圣礼——即圣饼礼、按立礼和坚振礼本身。假如使徒们所做的每一件事都是圣礼，那他们为什么又不把传道也作为一种圣礼呢？

我这样说并不是因我否定七项圣礼，而是因我不认它们有圣经的依据。我巴不得今日教会和使徒时代的教会一样也有按手礼，不论我们称其为坚振礼或医治礼！但此圣礼根本没有流传到现在，只有我们为了粉

---

⑯ 路德正确地引述了 *confortatus*（健壮了），但认为是 *confirmatus*（得到竖立）。

饰主教的职分而造作的东西，免得他们在教会里无所事事。因为当他们将那些不值得关注的（凡上帝所立的定遭人蔑视）艰难的圣礼连同圣道一起都交托给自己的下级以后，我们当然就要找一件容易而不太费力的事让这些精明的大英雄们来做，决不能把它作为平常事托付给下级教士，因为凡人的智慧所规定的，必然在人中间受到尊崇！所以凡作神父的就要履行神父的职责和义务。主教既不传福音也不救治灵魂——他就徒有主教之名和外表，除了作世上的偶像外［林前 8:4］，他还算得什么呢？

但我们寻求的不是这个，而是上帝所设立的圣礼，我们发现没有理由把坚振礼也包括在它们之内。因为建立一项圣礼首先必须有神圣的应许，借此操练信心。但是圣经里并没有基督关于坚振礼的应许，虽然他曾给许多人按手，并将按手包括在《马可福音》［16:18］的神迹之内：“手按病人，病人就好了。”但没有人把它用作圣礼，因为不可能这样做。

由于这个原因，至多只能把坚振礼同其他礼仪，如水的祝圣等礼仪一样，视为教会的礼仪，或类似圣礼的仪式。既然其他受造物因圣道和祈祷而得成为圣洁［提前 4:4—5］，人为什么就不能借同样的方式而成为圣洁呢？另外，这些事情也不能被称为信心的圣礼，因为它们和神圣的应许没有关联，也不能救人；但圣礼却可以使相信上帝应许的人得救。

婚姻礼

把婚姻看作圣礼，不仅没有圣经依据，而且吹捧它为圣礼的传统，也将它变成一场闹剧。让我解释一下。

我说过，每一种圣礼都有上帝的应许，被领受这记号的人相信，可是这记号本身并不是圣礼。我们在圣经里任何地方都没有看到，男子娶妻便领受了上帝的恩典。婚姻中也没有上帝所立的记号，也没有任何经文证实，婚姻被上帝立为某种事的记号。的确，以可见方式发生的事物，可以视为无形事物的预表，但预表或寓意并不是我们所谓的圣礼。

再者，既然婚姻是自世界起初就存在着，并且仍在非信徒中间流行，所以没有理由把它称为新约的圣礼或教会独有的圣礼。古人的婚姻并不见得没有我们的婚姻神圣，非信徒的婚姻也不一定没有我们的婚姻真实，但它们并不被当作圣礼看待。即使在信徒中，已婚者也有比异教徒更坏、更邪恶之流。为什么他们的婚姻就应该被称为圣礼，而在异教徒中就不能这样做？我们是否还要就洗礼和教会再讲类似的废话，说什么婚姻只有在教会里才算圣礼，就像某些人让疯狂的人声称世俗政权只有在教会里才能存在一样吗？这是幼稚愚蠢的说法，只能使我们的无知和高傲遭到异教徒的耻笑。

但他们会说："使徒保罗在《以弗所书》5［:31—32］里说：'二人成为一体，这是一大圣礼。'⑫ 你肯定不会反对使徒保罗如此明白的话吧！"我答复说：这正暴露了他们阅读圣经，只是囫囵吞枣、漫不经心而已。在整部圣经里，*sacramentum*（圣礼）一词都没有我们今日所使用的这种意义；它的原义完全不同。它在圣经中的出现，不是指神圣事物的记号，而是指神圣隐秘之事本身。所以保罗在《哥林多前书》4［:1］说："人应当以我们为基督的执事，为上帝奥秘事的管家。"这"奥秘事"就是圣礼。因为我们［在武加大译本中］看到的 *sacramentum*（圣礼）一词，希腊原文为 *mysterion*（奥秘），译者有时将其译为"圣礼"，有时保留其希腊文形式。所以我们的希腊文版本这样写道："二人成为一体，这是一大奥秘。"这说明了他们是如何发现新律法的这个"圣礼"的，假若他们读过希腊文本的"奥秘"一词，就绝对不会这样。⑬

因此，基督本人也在《提摩太前书》3［:16］被称为"圣礼"："大哉，敬虔的圣礼［奥秘］，无人不以为然！就是上帝在肉身显现，被圣灵称义，被天使看见，被传于外邦，被世人信服，被接在荣耀里。"他

---

⑫ 译文出自武加大译本，路德说明了它与原希腊文本的差异，圣经中文译本也从字面上将其译为"奥秘"。

⑬ 伊拉斯谟于 1516 年 3 月第一次编辑出版了希腊文新约，它一面世就为路德所用，可能在其 1515—1516 年关于《罗马书》的讲课中会看出这一点。1519 年 2 月 14 日，弗罗本（Froben）致路德的一封有趣的信中，告知了他伊拉斯谟新约再版的消息，路德在 1521—1522 年从事翻译期间使用了这个版本；参见 *PE* 2，258，n. 2。

们既然有保罗的话为据，为什么不从这节经文里推演出新律法的第八个圣礼呢？他们在这里有绝好的机会创造新圣礼，但他们抑制自己不这样做，那么为什么对待别的经文里又那样放肆？显然是由于他们对文字及其所指事物的无知。他们拘泥于文字的发音，实际上是迷恋自己的幻想。因为他们一旦以 sacramentum 这个词为记号，那么在圣经的任何地方，只要一看到这个词就会立即不假思索或毫无顾忌地把它视为记号。他们把这些词语的新义、人的习俗和其他东西都牵强附会于圣经，按照自己的梦篡改圣经，任意曲解经文。他们不断地胡乱解说下述术语：善功、恶行、罪恶、恩典、公义、德行等等，几乎包含了所有的基本术语和事物。他们依照自己从人的著作中学来的武断使用这些字，严重损害了上帝的真道和我们的得救。

所以圣礼或奥秘，在保罗看来是圣灵的智慧隐藏在奥秘中，如他在《哥林多前书》2［:7—8］所说，那智慧就是基督，世上掌权的人因这个缘故不知道他，因此把他钉死在十字架上。今日在他们眼中，基督依然是愚拙［林前 1:23］、冒犯、绊脚石［罗 9:32—33］和毁谤的话柄［路 2:34］。保罗把传道人称为奥秘事的管家［林前 4:1］，因为他们传的是基督，是上帝的权能和智慧［林前 1:24］，但你若不信，你就不能领悟。因此，圣礼是一个奥秘，或隐秘之事，它借字词传出来，却凭信心而领受。我们眼前的经文论到这奥秘时说："二人成为一体，这是极大的奥秘"［弗 5:31—32］，他们却将这理解为论婚姻的事，保罗自己的这些话实际是指基督和教会说的，他还这样明确地解释道："但我是指着基督和教会说的。"［弗 5:32］看看保罗和他们的意见多么一致！保罗显明的是基督与教会的一大奥秘，他们却将其宣扬为男女情事！如果任人这样随便地解释圣经，那么人们可以在圣经里随意找到任何东西，甚至一百个圣礼也不足为奇。

所以基督和教会的关系是一个奥秘，也是一大隐秘之事，用婚姻关系作为外在的寓意加以象征，是可以和适当的。但婚姻并不能因此而被称为一项圣礼。诸天是使徒们的预表，如《诗篇》19［:1］所说；太阳是基督的预表；水是人民的预表。但这并不能使诸天、太阳和水都成为圣礼，因为它们都缺少构成圣礼的两大要素：上帝的设立和应许。所以在《以弗所书》5［:29—32］里，保罗按照自己的意思将这些在《创世记》2［:24］论婚姻的话运用于基督，或者按照一般看法，^⑫ 他指出这里也包含着基督属灵的婚姻："正像基督爱教会那样，因为我们是他身上的肢体，就是他的骨、他的肉。为这个缘故，人要离开父母与妻子连合，二人成为一体。这是极大的奥秘，但我是指着基督和教会说的。"你看，保罗在整段经文里都是论说基督，谆谆告诫读者这圣礼存在于基督和教会里，而不在婚姻里。^⑬

就算婚姻是基督和教会的预表，但它也不是上帝设立的圣礼，而是教会中那些对文字与事实都茫然无知的人所捏造的礼仪。这种无知若不与信心和教会冲突，我们就应当以爱宽容，就像教会容忍因人的软弱和无知所形成的其他许多习俗一样，只要它们与信心和圣经不冲突。但我们现在论证的是信心与圣经的真确性和纯粹性。如果我们声言某事存在于圣经和我们的信条之中，结果遭到批驳，并被证明并非事实，这样我们的信仰就会成为笑柄；既然被发现我们对自己的事情都不了解，那么我们就成了敌人和软弱者的绊脚石。但我们要特别当心，决不能削弱圣经的权威。因为上帝在圣经里传给我们的事情，必须和人在教会里的杜撰严格区分，不论他们是多么出众地圣洁和博学。

关于婚姻本身的论述就此结束。

由于人所制定的邪恶法规，致使婚姻——这种神圣命定的生活方式

---

⑫ 具体意义不详。

⑬ 下述属于别处的这段文字显然纳入了正文，故将其作为脚注转录于下：

我当然承认补赎也存在于旧律法中，甚至认为从创世以来就是这样。但补赎的应许和钥匙职的赐予却是新律法所特有的。正如我们现在以洗礼代替割礼一样，我们用钥匙职代替了补赎的献祭和其他记号。上面已经说过，同一位上帝在不同时间为赦罪和救人而给予了不同的应许和记号，但大家领受的是同样的恩典。因此《哥林多后书》4［:13］说："但我们既有信心，正如经上记着说：'我因信，所以如此说话。'"《哥林多前书》10［:1—4，原文如此］说："我们的祖先从前都吃了一样的灵食，喝了一样的灵水。所喝的是出于随着他们的灵磐石；那磐石就是基督。"《希伯来书》11［:13, 40］也说："这些人都是存着信心死的，并没有得着所应许的……因为上帝给我们预备了更美的事，叫他们若不与我们同得，就不能完全。"因为基督自己昨日今日，一直到永远是一样的［来13:8］，即从创世到世界的末日，都是教会的元首。所以就有了不同的记号，但所有人的信心却只有一个。的确，没有信心就不可能得上帝欢喜，但亚伯因着信就蒙上帝悦纳［来11:4］。

陷入圈套，任人摆布。我们对此有何感想呢？天哪！罗马暴君胆大妄为，任意废除和包办婚姻，真是令人惧怕。试问人类难道就这样被交给那些反复无常的人了吗？为了几个臭钱，他们嘲弄和凌辱人类，任意塑造他们。

有一本流行很广、享有盛誉的书，其内容是由人的陋俗中的残渣污秽胡乱搅和在一起的。这书名为《天使大全》，[130] 其实倒应称为《魔鬼大全》。他们搜罗的诸多怪异之事，本为指导悔罪者，但实际上恶作剧似地使他们更加迷惑不解。在这些怪事中还列举了十八种对婚姻的障碍。[132] 如果你用公正的不带偏见的信仰态度来考察它们，就会发现它们属于使徒保罗早就预言的那些事："圣灵明说，在后来的时候，必有人离弃真道，听从那引诱人的邪灵和鬼魔的道理。这是因为说谎之人的假冒……他们禁止嫁娶。"[提前 4:1—3] 所谓禁止嫁娶，岂不就是设置重重障碍和那些陷阱，借以阻挠人们结婚，或取消已有的婚约吗？谁给了人这样的权力？就算他们是圣洁之人，并且迫于这圣洁的热情而这样做，为什么他人的圣洁要干扰我的自由呢？为什么他人的热心要使我被掳掠呢？愿做圣徒和奋锐党人的就去做吧，但他们获得心灵的满足，切不要危害别人，更不要剥夺我的自由！

令我高兴的是，这些可耻的法规最终获得了至高的荣耀，那就是使今天的罗马教徒借此成了商人。他们出售什么呢？就是男女的羞耻——这的确是他们最合适的商品，这些商品因着贪婪和亵渎变得十足的龌龊和淫秽。只要有玛门说情，没有什么障碍不能变为合法的。人的这些法规的问世，似乎只是为了服务于那些贪婪之人和掠夺成性的宁录之流［创 10:8—9］，充当他们搜刮金钱的圈套和捕捉灵魂的网罗，以使那

---

⑬⓪《天使大全》（*Summa Angelica*）即基瓦索的安杰洛·卡莱蒂（Angelo Carletti di Chivasso，1411—1495 年）出版于 1486 年的《卡西布斯良心大全》（*Summa de Casibus Conscientiae*），是一本令人喜爱的决疑手册，以字母顺序列举了一切与良心有关的案例，作为神父听取忏悔的指南；它以"婚姻"为题列举了十八种对婚姻的障碍；此书在 1476—1520 年间再版了 31 次，路德于 1520 年 12 月 10 日把它与教宗的书和谕令统统烧毁；参见路德当日致斯帕拉丁的信，载于 WA，Br 2，234 and 235 n. 2。

⑬②关于婚姻障碍更为详细的论述，参见路德的 *Vom ehelichen leben*（1522），载于 WA 10^II，280—287。

"可憎的"能够站在"圣地"［太 24:15］，即上帝的教会，并出卖男女的私处，或如圣经所说出卖"羞耻和露下体"［利 18:6—18］，他们借自己的法规，早就将其攫为己有。啊，这就是我们的教宗所做的相称的生意，于是，他们不再传扬福音，因为他们的贪婪和高傲鄙弃福音。上帝任凭他们存邪僻的心［罗 1:28］，行这羞耻丑恶之事。

但我当怎样说、怎样行呢？如果详细论证，那就不仅是长篇大论。因为一切都那样混乱不堪，使人无从下手，不知哪些应当继续，哪些可以结束。但我知道以法治国，没有成功的先例。贤明的执政者以自然正义感治理，比以法律治理成效显著。他若不贤明，借立法只能助长邪恶，因为他不知道怎样使用法律，怎样依法处理眼前的案件。所以在民事方面，应当强调选用贤能之人任职，而甚于注重立法；因为这样的人本身就是最好的法律，他们会以真实的公义来审理各种案件。如果既能通晓神圣的律法，又具备天生的睿智，二者兼而有之，那么成文法律便是多余、有害的了。最重要的是，爱不需要任何法律。

然而，我要畅所欲言，尽力而为。我劝告和要求一切神父和修士，[133] 当他们遇到教宗可以免除的、但没有圣经规定的婚姻障碍时，他们一定要批准[134]所有可能违反教会或教宗法规的婚姻。但他们应以上帝的律法为武器。律法说："上帝配合的，人不可分开。"［太 19:6］因为男女结合源于上帝的律法，不论它与人的法规如何冲突，[135] 它都具有约束力；人的律法要绝对让位于上帝的律法。既然人要离开父母，与妻子连合［太 19:5］，那么为了与妻子连合，他岂不更应该把人的愚蠢和邪恶的法规踩在脚下吗？如果教宗、主教和教廷官吏[136]将违反人的法规的婚姻宣布为无效，他们就是敌基督，就是破坏自然，犯了抗拒上帝的大罪，有经文为证："上帝配合的，人不可分开。"［太 19:6］

除此以外，任何人都无权制定这样的法律，并且基督给了基督徒超

---

[133] 切记下面的话皆为对忏悔者在处理有关良心的困难事例上的忠告，与论圣餐的结论部分平行。

[134] 即主持婚礼。

[135] 即订婚。

[136] 主教法庭的裁决。

乎人的一切法律之上的自由，尤其当人的法律与上帝的律法相冲突的时候更是这样。所以他在《马可福音》2［:28］说："人子也是安息日的主"；"安息日是为人设立的，人不是为安息日设立的"［可2:27］。再者，当保罗预言将有人禁止嫁娶的时候［提前4:3］，他就痛斥过这样的法律。所以由姻亲、属灵或法律关系、③ 血统等而引起的硬性规定的障碍，如果圣经允许，那么这些障碍就应被取消。在圣经里只有二等血亲的婚姻是被禁止的。《利未记》18［:6—18］里规定一个男子不能娶十二种女人为妻，即他的母亲、继母、同胞姐妹、异父或异母姐妹、孙女、姑母、姨母、儿媳、兄弟的妻、妻的姐妹、妻子前夫的女儿、叔母。这里只有一等姻亲和二等血亲禁婚；但并非没有例外，若经过更详细的考察就会发现，兄弟或姐妹的女儿——侄女或甥女——虽属二等亲属，也不在禁婚之列。因此，婚约的缔结若在上帝约束的禁婚等级之外，就不应因人的法律而被取消。既然婚姻本身是神圣的制度，那它就无比优越于任何法律，因此婚姻不应因法律而被废去，法律反应因婚姻而失效。

同样，同教父者、同教母者、结义兄弟、结义姐妹和属灵子女之间不能缔结婚约的谬说也应完全作废。这些难道不都是人的迷信所捏造的属灵关系吗？假若施洗者都不能与经他施洗或保证的女子结婚，那么基督徒男子还有什么权利与其他基督徒女子结婚呢？出自外在仪式或圣礼记号的关系，难道比源自圣礼③本身福分的关系还更亲密吗？难道基督徒男子不是基督徒女子的兄弟，她不是他的姐妹吗？难道受洗的男子不是受洗女子的属灵兄弟吗？我们是多么愚蠢啊！如果丈夫引导妻子信了福音和基督，他不真的变成了她在基督里的父亲了吗？她难道就不再是他的合法妻子了吗？保罗自夸成了哥林多人在基督里的父亲［林前4:15］，难道他无权娶他们之中的女子为妻吗？试看基督徒的自由就这样地受到人为迷信的盲目压制。

法律上的关系更不重要，但他们却将它置于神授的婚姻权利之上。

---

③ 因洗礼或在合法收养而出现的关系，参考 *An Open Letter to the Christian Nobility* (1520)，载于 *PE* 2, 128—129。

⑬ 圣礼实物，参见前注㊲。

我也不赞同他们所谓的"宗教差异"的障碍，即禁止与未受洗的人结婚，连归信的人也排除在外。是谁捏造了这条禁令呢？是上帝，还是人呢？是谁给了人禁止这种婚姻的权力？正如保罗所说［提前4:2］，这的确是因为说谎之人的假冒。他们正如经上所说的："恶人所告诉我的是谎言，不是你的律法。"［诗119:85，译自武加大译本118:85］异教徒帕特里西乌（Patricius）娶了基督徒莫妮卡（Monica），就是圣奥古斯丁的母亲；为什么今天就不允许这样的事了呢？还有一种同样愚蠢的或者倒不如说是邪恶的严惩，叫作"罪恶障碍"，即有的男子娶了从前与他通奸的女子，或者一个男子为了娶某位已婚女子，而设计害死了她的丈夫。我要问你们，既然连上帝都不要求这样的事，那么人对人的这种残忍是从何而来的呢？难道他们对拔示巴的事故作不知吗？大卫是最圣洁的人，在犯了通奸和谋杀这双重大罪之后，娶了乌利亚的妻子拔示巴［撒下11:1—27］。既然连上帝的律法都允许这样的事，那么这些暴君们却怎样对待那同作仆人的呢？

他们还认可所谓的"关系障碍"：即订了婚的男子与另一位女子发生了关系。他们断言，他若与另一位女子交合，他先前的婚约便无效和作废。我对此实在不明。我倒认为，他既与那位女子订了婚约，他就不再属于自己。由于这样的事实，按照上帝律法的禁戒，他虽与第二个女子发生了关系，但他还是属于自己的未婚妻。因为他已经无权将已经属于别人的自己再给予另一女子。事实上他已经欺骗了她，而且犯了通奸罪。但他们对此却有另外的看法，因为他们看重肉体的连合，却轻视诫命。根据上帝的诫命，那男子若与第一个女子订婚，他就应当永远恪守婚约。无论谁若想将某物给予他人，那物必须属于他自己。上帝不许人在任何事上越分欺负他的弟兄［帖前4:6］。人应当遵守这一条胜过人的一切法规。因此我认为这男子若与第二个女子成婚，他的良心一定会感到不安，所以这种"关系障碍"应被完全撤销。既然修道誓愿使人不再属于自己，为什么表达相互信实⑬的婚约不也具有这样的约束力呢？因

---

⑬ 原文为 *fides data et accepta*（信实的赐予和接受）。路德在这里把《加拉太书》5:22 的 *fides* 一词视为"信实"，后来翻译新约时将其译为"信心"。

为信实毕竟是圣灵的一条诫命和所结的果子，修道誓愿不过是人的捏造而已。既然妻子有权要求发过修道誓愿的丈夫返回家园，为什么未婚妻无权要求未婚夫重新履行婚约呢，即使后者有通奸行为？我已经说过，订了婚的男子不当许修道誓愿，而有义务娶那女子，因为他有责任恪守对她的忠诚，他不应因人的规条而毁约，因为守信是上帝的吩咐。所以那男子更应当信守与第一个女子的婚约，因为他不能再同第二个女子订婚，除非他存心骗人；这样就有悖于上帝的诫命，没有真正地与那女子订婚，而是欺骗了她，即自己的邻舍。所以这里倒可以使用"误会障碍"的说法，⑭ 使他与第二个女子的婚姻作废。

"圣职障碍"也是人的捏造之一，尤其是他们胡说连已缔结婚约的婚姻也会因此而作废。他们总是这样将自己的法规凌驾于上帝的诫命之上。我不想对现在的教士制度加以评论，但我看到保罗吩咐主教只作一位妇人的丈夫［提前 3:2］。因此，任何执事、神父、主教和其他接受圣职的阶层成员的婚姻都不能被废除，尽管保罗那时对我们今日拥有的五花八门的教士与其他受圣职阶层的情形还一无所知。这些令人诅咒的人为法规钻进了教会，只是增加危险、罪孽与邪恶，应当统统被毁灭！教士与其妻子之间所存在的是一种亲密无间的婚姻关系，为上帝的诫命所恩准。恶人们专横地禁止或取消它，人们该怎么办呢？事实就是这样！就让人视其为错吧；但在上帝眼中它却是对的，人的吩咐若与上帝的诫命相抵牾，人当然要首先顺服上帝的诫命［徒 5:29］。

所谓的"公共体面障碍"，也是一种能够将婚约解除的虚假捏造。这种无耻的邪恶硬是要把基督将男女连合为一体的婚姻拆散，人们从中极易看清敌基督的勾当，因为它抗拒基督的一切言行。我对此深感愤怒。世上有什么理由认为，已故丈夫的亲属，即使是四等亲，也不能娶他的遗孀呢？这不是出于公共体面的裁决，而是对公共体面的无知。⑭为什么接受了最好的律法——上帝律法上的以色列人中，却看不到这种

---

⑭ 路德此处运用了形象的讽刺手法使这些障碍相互抵牾。"误会"一般指的是对从前婚姻状况的错误判断或得到了虚假资讯，参考 *WA* 10^{II}，285。

⑭ 这是一个无法译出的双关语：*non iustitia sed inscitia*（不是正义，而是无名）。

公共体面的裁决呢？相反，上帝的律法甚至强迫以色列人娶其近亲的寡妇为妻［申 25:5］。难道享有基督徒自由的人们，还要比受律法约束的人们承受更为严厉的律法吗？

以上所说根本不是什么障碍，而是无稽之谈，无须赘述。我想说的是，在我看来，似乎没有什么障碍能够解除已有的婚约，除非有下列情形：性功能障碍、对以前婚约的无知或已有守童身的誓愿。对这最后一条，即何等年龄的誓愿方为有效，我迄今仍无定见。在先前论及洗礼时我已经谈了这看法。你们由这婚姻问题可知，教会的所有行动如何遭到人的这些有害、无知与邪恶法规的扰乱和阻碍，处于危险之中。这实在令人感到痛心和绝望。我们若不断然废除人的一切法规，恢复我们奉为圭臬的裁断和处理万事的自由之福音，那我们就真的无望改良了。阿们。

所以，我必须论到性功能障碍问题，以便有效地劝说那些挣扎于危险中的灵魂。但我首先声明，我上面所说的几种障碍，是希望用于订婚之后。我的意思是说，任何婚姻都不应因这些障碍而被解除。至于尚未订立的婚姻，我则明确地重申以上所说。若因青春情欲的压力或其他需要，教宗可以给予特许，那么任何基督徒弟兄都能将这种特许给予他人或自己，按照这种思路，努力从专制法规的压迫下夺回自己的妻子。别人的迷信与无知有什么权力剥夺我的自由呢？既然教宗为了金钱而颁布特许，我为何不能为拯救自己的灵魂而将特许给予自己或弟兄呢？教宗是立法者吗？让教宗为自己制定法律吧，不要插手我的自由，否则我将窃取自由！

现在我们来谈谈性功能障碍问题。

先看这样的例子：一位与有性功能障碍的男子结了婚的女子，在法庭上难以证明丈夫的这种缺陷，或者不愿说出法律所要求的大量证据和丑事；但她又渴望生育孩子，或是难以克制自己的情欲。假如我相信她与丈夫的良心和经验已经充分证明了丈夫的性功能障碍，于是就劝告这女人同丈夫离婚，以便再婚；但是丈夫却拒绝离婚。那么我就继续劝她，在这个男子的同意下（其实他并非她真正的丈夫，但却是住在同一屋檐下的人），让她与人同居，譬如这人是她丈夫的兄弟，但不公开这种关系，并将所生的孩子归于名义上的父亲。我们要问：这女人是否能得救或已经得救呢？我的回答是肯定的，因为这是一种误会，[142] 那女子事先并不知道这男人的毛病是婚姻的障碍；并且专制的法规又禁止离婚。这女人借上帝的律法有自由，不能强迫她禁欲。所以，这男子也应承认她的权利，放弃这仅仅为名义上的妻子，让她与别人结婚。

再者，假若这男子不同意离婚——那么与其让这妇人欲火攻心〔林前 7:9〕或淫乱——还不如按我的劝告，让她与别人结婚，或者私奔到无人知晓的远方。对那常处于情欲煎熬危险中的人，还能给她什么别的劝告呢？我现在知道，某些人颇为私密婚姻生的子女不能作为所认定的父亲的合法继承人而苦恼。但是，假若丈夫事先知道这件事，那么这些孩子就可以作合法继承人。假若丈夫被蒙在鼓里，或者不同意，那么就让基督徒公正的理性，或最好由基督徒的爱心来决定吧，看到底哪一种事情使对方更受伤害。妻子转让了继承权，但丈夫也欺骗了妻子，完全骗取了她的身子和青春。男子耽误了妻子的身子和青春，这罪恶难道不比妻子仅仅转移了丈夫世俗家产所犯的罪更大吗？所以，丈夫应当同意离婚，否则就得甘愿让一个陌生人作为自己的继承人。因为是他自己的过错，是他欺骗了一位无辜的女孩，耽误了她的青春和身体，更何况他给了妻子一个几乎不可避免的导致淫乱的理由。这两人应以相同的天平来衡量。骗人者自食其果，害人者应当赔偿，这是天经地义之事。这样的丈夫与一个霸占了他人妻子连同她丈夫的男子有什么区别呢？这样的恶霸难道不该养活这妻子、孩子和她丈夫，要么就让人家自由吗？为什么这里不遵守恶有恶报的成规呢？因此我主张，这男子应当被迫提出离婚，否则就要把其他男人的孩子作为继承人加以养育。这无疑是出于爱心的裁决。在这样的情况下，这有性功能障碍的男子就不是真正的丈夫，就应当抚养妻子的继承儿女，如同他在妻子病了或遭其他不幸时不得不大大破费来服侍她。因为妻子遭受这样的不幸，并非因自己的缘故，而是由于他的过错。我尽所能提出的这个意见，是为了鼓励那些忧

---

[142] 参见前注[140]。

虑的良心，尽力给予受此掳掠的弟兄们些许的安慰。⑬

至于是否应当离婚的问题，人们仍在争论。在我看来，我是如此憎恶离婚，甚至倒主张重婚；⑭ 这是否可行，我不想断言。我们的牧人之首基督本人在《马太福音》5［:32］说："凡休妻的，若不是为淫乱的缘故，就是叫她作淫妇了。人若娶这被休的妇人，也是犯奸淫了。"所以基督是同意离婚的，但只限于淫乱的范围。因此，教宗因其他理由批准人离婚，一定是个错误。谁都不应该因教宗的这种轻率的许可（而不是凭权柄）而心安理得。但令我大为不解的是，他们为什么强迫已经离婚的男子保持独身，而不允许他们再婚。既然基督因淫乱之故同意离婚，并不强制人独身；既然保罗劝我们，与其欲火攻心，倒不如嫁娶为妙［林前7:9］，那么他当然许可一个人再和另一个女人结婚，以代替离异的前妻。但愿这个问题已经讨论得十分透彻，并且已有定论，以便能够给予那些处于无限危机中的人一个正确意见。他们虽无过错，却被迫保持独身；他们的丈夫或妻子离家出走，撇下他们，可能十年，或许永远都不再归来！这个问题使我忧虑伤心，因为每天都有这样的事发生，不知是因撒但特别恶意为之，还是由于我们自己无视上帝之道的缘故。

我这个不随波逐流的人的确难以对此事定个规矩，但我迫切希望至少按《哥林多前书》7［:15］的经文行事："倘若那不信的人要离去，

---

⑬ 在评价上述两段话时要考虑以下几个因素：1. 这篇用拉丁文和学术语言所写的论文，不是针对普通读者，而是为犹疑困惑的神父提供指南，他们在忏悔室向忧虑的来访者提供有效的忠告和精神安慰；2. 即使根据罗马教会法规，性无能障碍也足以构成宣布婚姻无效的理由；3. 但导致婚姻解除的法律手续要求有提供证据的复杂程序，往往使双方均感不悦。4. 因此同现在一样，离婚在任何情况下都遭到罗马教会法规的绝对禁止。5. 作为一种不可能的法律解决的比较方案，路德有关秘密婚姻的建议并非没有先例：例如，威斯特伐利亚（Westphalia）和下萨克森（Lower Saxony）的习惯法规定，男子如果不能履行丈夫的职责应通过邻舍向妻子赎罪（参见 Jacob Grimm, *Weisthümer*, vol. III［Goettingen, 1842］, 42, 48, 70, 311）；6. 路德的态度并非像那些恶意的诠释者肆意推断的那样，容让灰心的妻子在婚外情中纵欲，这一点已经在其1522年的《关于婚姻生活的讲道》（*Sermon com ehelichen Leben*）中得到强调，他在那里甚至比现在更为严厉地批评了伤害妻子的丈夫，参见 *WA* 10^{II}, 278—279; *Luther's Werke für das christliche Haus*, vol. II, ed. Buchwald, 482 n. 4。

⑭ 如其后来在亨利八世（Henry VIII）和黑塞的菲利普（Philip of Hesse）的婚姻事件上所做的那样，就其并非没有旧约中上帝诫命的先例而论，将其视为较小的罪恶。

就由他离去吧；无论是弟兄，是姐妹，遇着这样的事，都不必拘束。"
此处使徒保罗允许休弃那离去的不信之人，让相信的配偶一方有权重新
自由婚娶。那么，一位信徒——一位只是名义上的信徒，实际上和保罗
说的那个不信之人没有两样——离弃他的妻子，而且永远都不思返乡，
他的妻子为什么就不能重新嫁人呢？我实在看不出这两件事有什么区
别。但我相信在使徒时代，假如一位离家出走的不信之人又返回家园，
并且成了信徒，或保证同其相信的妻子重新生活在一起，他不会被许可
这样做，但他仍有权再婚。然而，在这些事情上（如上所说）我并无定
见，尽管除此以外，目前没有别的事使我与其他许多人同样大为困惑，
因而使我希望看到对其作出定论。但我不愿任何事情仅借教宗和主教的
权威加以决定，不过，若有两个博学和敬虔之人同心合意奉基督的名
［太 18:19—20］，以基督的心发表自己的见解，那我宁可赞同他们的判
断，而不在乎大公会议，因为它们的召开，而今只是以数字和权威闻
名，而不是以学问和圣洁见称。我故此把琴挂起，⑯ 直到有更优秀的人
来与我商讨这件事。

按立礼

基督的教会根本不知道这一圣礼，它只是被教宗的教会捏造出来
的。因为整部新约不仅任何地方都没有给予它恩典的应许，而且没有只
言词组提及它。把不能被证实为上帝所设立的事宣布为圣礼，这实在荒
谬。我并不主张对这已经实施数世纪的礼仪加以非难，但我反对在属上
帝的事物中掺入人的臆造，并且也不应当把本来不是上帝所命之事，硬
宣布为上帝所立，免得我们成为敌人的笑柄。我们必须明白，我们引以
为荣的每个信条，都是确定和纯粹的，且依据清楚的经文。但对现在讨
论的这个圣礼，我们却根本做不到这一点。

教会无权捏造上帝的新应许，像有些人瞎说的那样，他们认为教会
的规定，并不亚于上帝的规定所具有的权威，因为教会是在圣灵的指导

⑯ 暗指他正在写的是一篇"序言"，参考《诗篇》137:2。

下行事的。但教会是借信心因应许而生的，并且同样借此应许而兴盛和获得保护。也就是说，是上帝的应许造就了教会，而不是教会造就了上帝的应许。因为上帝之道无比高于教会，所以在这道里，作为受造物的教会，就没有什么可以命令、规定和造作的，而只能被命令、规定和造作。有谁能生他自己的父母呢？有谁能首先产生自己的创造者呢？

教会确能做的一件事，就是分辨上帝之道与人的吩咐；正如奥古斯丁所承认的，他之所以相信福音，是因为他被这传福音⑭的教会的权威所感动。但教会并不能因此就高于福音；否则，教会也同样高于我们因教会的宣扬所相信的那位上帝了。但正如奥古斯丁在别处说过的，⑭ 真理本身把握着心灵，使它能够最准确地裁判万事；可是心灵不能裁判真理，只能正确无误地说出这就是真理。例如，我们的理智可以有把握地正确宣布三加七等于十，它虽无法否认这个事实，但却不能解释这事实的正确性。它显然受着真理的主宰，不仅不能裁判真理，而且它本身要由真理来裁决。教会里也有这样的思想，即教会在圣灵的启迪下可以判断和赞同教义，但不能证明教义，却能坚信自己握有它们。正如任何哲学家都不能裁断一般的概念，而受概念的裁断一样，所以如保罗所说，我们中间属灵的人，能看透万事，却没有一人能看透他［林前2:15］。对此另时再论。

教会不能发出恩典的应许，这完全是上帝的作为。这一点确定无疑，所以教会也不能设立圣礼。即使它能够这样做，那也没有必要认为按立礼是一项圣礼。因为谁知道哪一个是存有圣灵的教会呢？另外，每当作出这样的决议时，那里不过仅仅有少数主教和学者在场，很可能这些人并非是真教会。人皆有错，正如大公会议一再犯错一样，特别是康斯坦茨公会议就犯了最邪恶的错误。只有那为普世教会所批准的，而不

---

⑭ "Against the Epistle of Manichaeus Called Fundamental," in *The Nicene and Post-Nicene Fathers of the Christian Church*, Series I, IV, ed. Philip Schaff (Buffalo, 1887), 131；另参 *MPL* 42, 176. 路德在《对〈为人的教义辩护〉中所引之文本的答复》(*A Reply to the Texts Quoted in* Defense of the Doctrines of Men, 1522) 中，详细讨论了奥古斯丁的说法，参见 *PE* 2, 451—453.

⑭ Augustine, *De trinitate*, 9.6.10；另参 *MPL* 42, 966.

仅仅是由罗马教会所首肯的，才具有牢靠的基础。所以我承认按立礼是教会的一种仪式，与教父们所荐举的其他仪式一样，如祝圣器皿、房屋、礼服、水、盐、[148] 蜡烛、[149] 草、[150] 酒[151]等物。没有人把它们称为圣礼，它们之中也没有任何应许。同样，给人手上涂油或给他剃发等，也都不是施行圣礼，因为其中没有什么应许；像器皿或工具一样，它们只是为人从事某种事工所做的准备。

但你们会问："你怎么看待亚略巴古的狄奥尼修斯[152]的意见呢？他在其《教会圣品阶级》中列举了包括按立礼在内的六种圣礼。"我的答复是：我很清楚这位古代作家常被引证来证明七种圣礼，尽管他忽略了婚礼，所以他只提到六种圣礼。[153] 但我们在其他教父的著作里却根本没有看到对这些"圣礼"的论述，即使有所提及，但却从来没有把它们当作圣礼来看待。因为发明圣礼是近来的事。[154] 事实上不客气地说，这样看重狄奥尼修斯实在令我不快，不管他是怎样的人，反正他没有显示出多少扎实的学问。试问在其《天上圣品阶级》一书里，他凭什么权威和论据来证明他有关天使的那些大杂烩？许多好奇和迷信的人对这本书真

---

[148] 其用途与洗礼有关。

[149] 用于 2 月 2 日的圣烛节（Candlemas/Feast of the Purification of Mary）。

[150] 用于 8 月 15 日的圣母升天节（Feast of the Assumption of Mary）。

[151] 不是圣餐的酒，而是 12 月 27 日圣约翰节（Feast Day of St. John）祝圣的酒，在婚丧离别之日为纪念约翰而饮；参见 *Luther's Werke für das christliche Haus*，vol. II，ed. Buchwald，489 n. 2。

[152] 亚略巴古的狄奥尼修斯（Dionysius the Areopagite），这里指伪狄奥尼修斯（Pseudo-Dionysius），他其实是 5 世纪末至 6 世纪初的一位希腊作家、基督教神学家和新柏拉图主义哲学家，他在其著作中伪称自己为"亚略巴古的狄奥尼修斯"，即《使徒行传》17:34 中提到的信从使徒保罗的雅典人（和合本译作"丢尼修"）；著有《神秘神学》（*Mystical Theology*）、《天上圣品阶级》（*Celestial Hierarchy*）和《教会圣品阶级》（*Ecclesiastical Hierarchy*）。教会传统也如此误解了他的真实身份，并将一些声誉和作品归之于他，路德是最早提出异议的人。

[153] 狄奥尼修斯没有提及婚礼、坚振礼和补赎，而是提及了洗礼、圣餐、临终抹油礼、神父按立礼、修士按立礼和丧礼，参见 *The New Schaff-Herzog Encyclopedia of Religious Knowledge*，ed. Samuel Macauley Jackson，X，142。

[154] 七个圣礼是因彼得·伦巴德的权威而开始被普遍接受的，佛罗伦萨公会议（Council of Florence）在 1439 年将其确立为正式教义，参见 *Luther's Werke für das christliche Haus*，vol. II，ed. Buchwald，490 n. 2。

是绞尽了脑汁。如果人们去读读这本书，并且不带偏见地加以判断，那么就会看出，它里面的每桩事难道不都是他自己的幻想，实在如梦呓一般吗？他的那本被人正确地称为《神秘神学》一书，虽然受到某些无知透顶的神学家的大肆吹捧，但实际上却是极端危险的，因为与其说其作者是基督徒，还不如说他是柏拉图主义者。所以以我之见，没有哪位虔诚的信徒会给予这本书丝毫关注。的确，你根本难以通过这两本书认识基督，反而会将已有的知识丢弃。我是根据事实而言的。我们倒要听从保罗的话，借以认识基督和他在十字架上受难之事［林前 2:2］。基督就是道路、生命和真理；他是我们到达天父那里的梯子［创 28:12］，如他亲口所说："若不借着我，没有人能到父那里去。"［约 14:6］

同样，在那本《教会圣品阶级》里，他除了描述某些教会仪式，用未加证明的寓意聊以自慰外，难道还写了什么别的内容吗？他之所为，正如今天《神职的依据》的作者一样。[155] 这种寓意的研究者，纯属那些无所事事之流。你认为我不会玩弄有关创造之物的寓意吗？波那文图拉不是将艺学（liberal art）纳入到神学吗？[156] 格尔森甚至把小小的多纳徒改造成了一位神秘主义神学家。[157] 我不难写一部论述圣品阶级的书，而且会比狄奥尼修斯写得更好；因为他不知有教宗、枢机主教和大主教，因此他把主教排在首位。他的思想是那么贫乏，怎会连寓意都不会使用呢？我不愿让神学家热衷于寓意，除非他用尽了圣经的正统与简明的释义；否则会如奥利金所发现的那样，使他的神学陷入危险之中。

所以一件事并不仅仅由于狄奥尼修斯论述过就必然成为圣礼。不

---

[155] 即威廉·杜兰德（William Durandus，约 1230—1296 年），曾任芒德（Mende）主教；他的《神职的依据》（*Rationale divinorum officiorum*）是 13 世纪罗马天主教教会礼仪的依据；参见 *The Catholic Encyclopedia*，V，207。

[156] 波那文图拉在《论将艺学化约为神学》（*De reductione artium ad theologiam*）一书中，认为艺学也与神学和圣经有关联，参见 *Luther's Werke für das christliche Haus*，vol. II，ed. Buchwald，491 n. 4。

[157] 这里指埃利乌斯·多纳徒（Aelius Donatus），他生活在四世纪中叶，是著名的拉丁文法学家，他的《小艺术》（*Ars minor*）是中世纪最受欢迎的教科书。巴黎大学校长格尔森出版了《多纳徒通过寓言传讲道德》（*Donatus moralisatus seu per allegoriam traductus*）这本神秘主义式的语法书，其中将名词比作人，代词比作人的罪恶状态，动词比作神圣的爱的命令，副词比作上帝律法的实现，等等。

然，为什么不把［丧葬］列队游行也变成圣礼呢？这种风俗不是在他的书里也被论及过，并且一直延续到今天吗？如果这样，圣礼就会像教会里泛滥成灾的礼仪那样多了。立足于这种不稳定的基础上，他们还杜撰了"不可磨灭的印记"，⑬归诸于他们的这一圣礼，而且将其永久地印在受职者身上。我不知道这些观念从何而来，它们得以成立的权威与理由何在？我们并不反对他们有任意捏造和信口胡说之权；但我们也坚持自己的自由，不能让他们冒充有权将自己的观点变成信条，像他们一直擅自妄为的那样。为了和平的缘故，我们忍受他们的仪式已达于极点；但我们拒绝接受它们的捆绑，好像它们是灵魂得救所必需的，实际上并非这样。假若他们放弃自己的专制要求，我们就会自愿顺服他们的意见，以便相互之间和平共处。基督徒本应是自由的，若被迫服从并非来自天上和神圣的律法，那就是遭受可耻和邪恶的掳掠了。

我们现在看看他们那个最有力的论据，即基督在最后的晚餐上说的话："你们也应当如此行，为的是记念我。"［路22:19；林前11:24—25］他们说："看哪，基督在这里任命了使徒们作神父。"他们还依据这节经文断言，基督把圣餐的饼和酒只给了神父。事实上他们随心所欲地肢解了这段经文，他们就是那些冒称可以随意用基督的任何话语来证明任何事情的人。但那是阐明上帝的话语吗？我问你们，到底是不是？基督在这里并未给我们任何应许，只是吩咐人们这样做，为的是记念他。当基督说"你们往普天下去，传福音给万民听，奉我的名施洗"［参见可16:15；太28:19］，把传道和施洗的职命交给使徒们时，他们为什么不也借此得出结论，说基督将他们按立为神父了呢？因为传道和施洗是神父的特有使命。或者说，既然今日（按他们所说）神父首要的和义不

⑬ 所谓"不可磨灭的印记"（*character indelibilis*），是按立礼的特别赠赐，意味着"一朝为神父，则终身为神父"。这种"不可磨灭的印记"在1439年的《以上主为乐》（*Exultate Deo*）谕令里得到权威的解说。尤金四世在总结佛罗伦萨公会议所发布的谕令时说："在这些圣礼中，洗礼、坚振礼和按立礼三种给灵魂留下了一种不可磨灭的印记，这是一种属灵记号，它将此人与其他人区分开来。"特伦托公会议进一步阐述了罗马教会的教义："圣公会议正确地谴责了某些人的看法：他们声称新约的祭司仅拥有世俗权力，而且认为那些合理接受圣职者若不传上帝的道，也可以重新变成平信徒"，参见*PE* 2, 68 n.5。

容辞的职责是守祈祷时刻，[159] 那么他们为什么没有在基督身处许多地方——特别是在客西马尼园里，吩咐门徒们祷告，免得入了迷惑［太26:41］——的这些经文里，发现按立礼呢？或许他们为了回避这一质问而说，基督并没有吩咐他们祷告，只要守祈祷时刻就够了。这样一来神父的职分就在圣经的任何地方都找不到证明了，那么他们专司祈祷的神父职位也就不是出自上帝；事实正是这样。

但古代的哪位教父认为这段经文是给神父授职呢？这种新奇的解释有何依据呢？我愿告诉你们。他们想用这种方法制造难以平息的不和，使教士和平信徒彼此分离，甚于天壤之别，极大地伤害洗礼的恩典，扰乱我们在福音中的兄弟情谊。这就是教士对平信徒那种可恶的专制统治的根源。他们信靠使他们的双手成为圣洁的外在的抹油礼、剃发和洗衣，不仅把自己高抬于只有圣灵膏抹的平信徒之上，而且把他们几乎视为犬类，在教会中不配与自己为伍。他们就这样肆无忌惮地对人要求、勒索、威胁、怂恿和压迫。总之，按立礼一向是他们最得意的伎俩，教会里过去已经成就的或尚未成就的一切可怕勾当，都是借此设计出来的。在这里，基督徒兄弟情谊已经泯灭，牧人变了豺狼，仆人成了暴君，教士比市侩之徒还坏。

假如他们被迫承认我们受洗之人皆为祭司，事实上我们本是如此，而且连牧职也是经我们的同意交托给他们的，那么他们就会明白，除非我们心甘情愿，否则他们根本无权主宰我们。因此《彼得前书》2［:9］写道："惟有你们是被拣选的族类，是有君尊的祭司，是圣洁的国度。"因此我们凡作基督徒的都是祭司，[160] 但我们称他为祭司的，是从我们中

---

[159] 神职人员的每日祈祷由教会法规规定；七个小时分别是：申正经（matins，包括夜祷［nocturns］和晨经［lauds］）、早课（prime）、辰时经（terce）、午时经（sext）、申初经（nones）、晚祷（vespers）和晚课（compline）。

[160] 参考 *An Open Letter to the Christian Nobility*，参见 *PE* 2，69；路德有关"信徒的属灵祭司职分"（spiritual priesthood of believers）的教义，在其反驳埃姆泽的文章中，特别是在《答莱比锡山羊埃姆泽超级基督徒、超级属灵和超级博学的书》（*Answer to the Superchristian, Superspiritual, and Superlearned Book of Goat Emser of Leipzig*，1521）中得到了充分的发展，参见 *PE* 3，310—401；*The Misuse of the Mass*（1521），参见 *LW* 36，127—230。

间选出来的牧者。他们所做的一切都是奉我们的名义；祭司的职分无非就是侍奉。这是《哥林多前书》4〔:1〕教导我们的："人应当以我们为基督的执事，为上帝奥秘事的管家。"

由此可以得出这样的结论：不传道者便不是祭司，纵然他被教会委任以这样的职务，并且按立礼也不过是教会为选择传道人所举行的一种仪式罢了。所以《玛拉基书》2〔:7〕给祭司下了这样的定义："祭司的嘴里，当存知识，人也当由他的口里寻求律法，因为他是万军之主的使者。"你因此可以确知，凡不是万军之主的使者，或凡蒙召却不履行使者职责的人——如果我可以这样说的话——就根本不是祭司。如《何西阿书》4〔:6〕所说："你弃掉知识，我也必弃掉你，使你不再给我作祭司。"他们又被称为牧者，因为他们要牧养和教导。因此，那些仅仅被任命为守祈祷时刻和举行弥撒的人，事实上只是教宗的祭司，而不是基督徒的祭司，因为他们非但不讲道，而且也未蒙召这样做。甚至这种祭司职分也与传道的职分绝然不同。所以他们只是守祈祷时刻和主持弥撒的祭司——一种空有祭司之名的活偶像——他们真是耶罗波安在伯·亚文[⑩]从不属利未人的凡民所立的祭司〔王上 12:31〕。

试看教会的荣耀消失得多么久远！今天，整个世界都充斥着神父、主教、枢机主教与其他教士，但却没有一人因职传道，除非在按立礼以外，他们接受了别的呼召。他们都以为只要劳碌地重复念诵规定的祈祷文和举行弥撒，就是完全尽职尽责。此外，他虽一再守祈祷时刻，但却从未真正祈祷过；即使他祈祷，也只是为他自己。他还把弥撒当作献祭来举行，这实为极端的邪恶，因为弥撒正在于领受圣餐。显而易见，按立礼作为将这种人造就成教士的一种仪式，实际上是一种纯粹的虚构，是由那些根本不懂教会、祭司职分、传道或圣礼为何物的人发明出来的。因此，这种所谓的"圣礼"如何，它造就的神父也如何。可是，在这种谬误和蒙昧之外，还有一种更坏的掳掠：即为了与被他们视为凡俗的基督徒更加隔离，他们像西布莉的祭司高卢人那样自阉，[⑫] 甘愿承担

---

⑩ 参见前注⑫。

⑫ "伟大的母亲"（Magna Mater）古代弗吕家自然女神西布莉（Cybele）的受阉祭司，以加利人（Galli）著称；他们奔跑时伴以可怕的叫声，一边击钹，一边用刀割自己的肉。

这荒谬绝伦的独身重负。

为了满足这种虚伪和错误做法的需要，他们禁绝重婚，也就是同时拥有两位妻室的重婚，如律法规定的那样予以禁止；但这还不够，他们还把先后娶了两位处女，或与寡妇结婚，也称为重婚。这最圣洁的礼仪的确无比圣洁，它使任何娶了处女并且这妻子依然健在的人都不得为神父。而且——我们在此达到了圣洁的顶点——若有人事先不知，或因不幸的遭遇而娶了已非处女的人，他也不得进入神父阶层。可是，一个人若嫖了六百个妓女，玷污了无数个妇人和姑娘，甚至蓄养了许多"伽倪墨得斯"（Ganymede），却不妨碍他作主教、枢机主教或教宗。再者，使徒保罗说的"作一个妇人的丈夫"［提前 3:2］，现在却必须被解释为"作一个堂会的教士"，由此便产生了"不可兼任的教士职位"。⑯ 与此同时，教宗这位慷慨的施主却会让人拥有三个、二十个或一百个妻子（即堂会），如果教宗受到那人金钱和权力的贿赂，就变为"受了神圣爱心的感动和挂心众教会之意的驱使"［林后 11:28］。

你们这些配得这尊敬的按立礼的教宗啊！你们这些并非大公教会而是撒但黑窟中的魔君啊［启 2:9］！我要和以赛亚一起呐喊："你们这些亵慢的人，就是辖管住在耶路撒冷这百姓的。"［赛 28:14］我还要和阿摩司一同疾呼："国为列国之首，人最著名，且为以色列家所归向，在锡安和撒玛利亚安逸无虑的，有祸了。"［摩 6:1］这些怪异的祭司使上帝的教会蒙受了多大的耻辱啊！哪里还有明白福音的神父和主教呢？更不用说让他们传福音了。他们为何还自诩为神父呢？他们为什么希冀被人视为比平信徒更圣洁、更优秀和更伟大呢？哪一个无学问之徒，或（如使徒保罗所说的）会说方言的人［林前 14:23］，不能守祈祷时刻呢？但是按时祈祷本为修士、隐士和过私人生活的人所当做的，纵然他们都是平信徒。神父的职责是传道，假如他不传道，他就不能算是神父，就像画上的人不能算为真正的人一样。难道任命这些空谈的神父，或为教堂和钟铃祝圣，为儿童行坚振礼，就能使人成为主教吗？当然不行。

---

⑯ 1215 年第四次拉特兰公会议中指出，任何人都不能同时身兼两种圣职。对教宗为合法规避这一教规所玩弄的机敏而赚钱的方式，路德进行了揭露，参见 *An Open Letter to the Christian Nobility*（1520），载于 *PE 2*，91—96。

任何执事或平信徒都能胜任这些事。传道乃是作神父和主教的唯一条件。

所以我的忠告乃是：只追求生活安逸的人，通通走开吧！年轻人更要逃之夭夭，不要挤入这圣洁阶层，除非你决意传扬福音，并且相信自己并未因这按立礼而丝毫优于平信徒。因为守祈祷时刻算不得什么，主持弥撒就是领受圣餐而已。你拥有的哪一样是平信徒所没有的呢？难道是剃发和礼服吗？由剃发和礼服构成的神父实在可悲！或是膏在你手指上的油？但每一位基督徒的身体和灵魂都已为圣灵所膏抹成圣了。古时候每位基督徒都像现在的神父那样经常亲手接触圣餐。但今天我们的迷信却将平信徒接触圣杯或圣饼视为大逆不道；甚至身为贞女的修女也不准洗涤圣餐杯罩（pall）和圣坛上的圣布。上帝啊！授职圣礼的圣洁已经变得多么神圣不可侵犯！我料想有朝一日平信徒将无权触摸圣坛，但若出钱就另当别论。想起这些厚颜无耻之徒的邪恶专制，我简直怒不可遏，因为他们用荒唐幼稚的幻想，正在嘲弄和推翻基督教的自由和荣耀。

所以凡知道自己是基督徒的，都应当确信我们都是平等的祭司，也就是说，对圣道和圣礼拥有同样的权力。但是，非经教会同意或应上级的呼召，任何人都不能使用这种权力（因为任何人都无权将公共财产据为己有，除非他应召这样做）。所以按立礼，若说有什么意义，也不过是一种仪式而已，借此呼召人服侍教会。再者，祭司的职务也不过是传道罢了——我说的是传道，即传福音，而不是传律法。执事的职责也不像现在这样，只是读读福音书或书信，而是将教会的救济分给穷人，以便让神父摆脱俗务的拖累，有更多的时间从事祈祷和传扬福音。正如我们在《使徒行传》6［:1—6］读到的，设立执事就是为了这个目的。因此，凡不知福音或传福音的人，他就非但不是神父或主教，而且是教会的祸害，徒有神父或主教的头衔，披着羊皮，实际上在教会里歪曲福音，凶如豺狼［太7:15］。

所以，今日充斥于教会的这些神父和主教，若不用别的方式做成他们得救的工夫［腓2:12］，认识到他们不是神父或主教，并且为他们空有其名却不知道或履行职能而哀恸，进而为自己卑鄙伪善的生活哀哭落泪，伤心祈祷——如果他们不这样做，就真的是永远沉沦之人，《以赛亚书》5［:13—14］的话就会应验在他们身上："所以，我的百姓因无知就被掳去；他们的尊贵人甚是饥饿，群众极其干渴。故此，阴间扩张其欲，开了无限量的口；他们荣耀、群众、繁华，并快乐的人都落在其中。"我们时代的基督徒已经陷入深渊，这些话对我们这个时代实在可怕！

我们遵从圣经的教训，把教士的职责称为服侍。但我百思不得其解，为什么人一旦当了教士，就再也不能作平信徒；因为他与平信徒的区别也不过是职分而已。将教士革职并非是不可能的事情，因为今天对犯罪的教士施加处罚，也是司空见惯之事。他们或被临时停职，或被永久解职。所以"不可磨灭的印记"⑯这种杜撰早就成了笑柄。我承认这种"印记"是教宗给的，但基督对其一无所知；接受这职务的教士，就终生成了教宗的仆人和俘虏，而与基督无涉，今日的情形就是这样。再者，假如我没有大错而特错，那么我断言，这种圣礼和杜撰一旦破产，拥有这种"不可磨灭的印记"的教宗权力也就很难存在。那么我们就能恢复自己愉快的自由，体认到一切平等的真理。摆脱专制的枷锁之后，我们就知道凡基督徒皆拥有基督，凡拥有基督的就有了基督的一切，而且凡事都能做［腓4:13］。如果将来发现以上所说令我的朋友罗马教宗党徒们不快，我会再次动笔进行更详细更有力地论证。⑯

临终抹油礼

当代神学家对为病人所实施的抹油礼加上了与其身份相配的两样东西：一是称此仪式为圣礼，二是将其当作最后一项圣礼。因此，它现在就成了仅施于行将就木之人的临终抹油礼。由于他们是如此精明的辩证家，所以他们这样做，可能是为了将它同洗礼的首次膏油⑯及紧随其后

---

⑯ 参见前注⑬。

⑯ 约在六周后出版的《基督徒的自由》中得到更为详细的论述，参见本卷；另参 *LW* 31，329—377。

⑯ 在圣礼的程序中，宣读《使徒信经》之后是为儿童在胸部和肩部抹油，参见 *Luther's Werke für das christliche Haus*，vol. II，ed. Buchwald，501 n. 1。

的坚振礼和按立礼的两次膏油联系起来。在这个圣礼上他们有可能非难我，因为依据圣雅各的权威，的确存在着我一贯主张的构成圣礼的那种应许和记号。如使徒雅各所说："你们中间有病了的呢，他就该请教会的长老来；他们可以奉主的名用油抹他，为他祷告。出于信心的祈祷要救那病人，主必叫他起来，他若犯了罪，也必蒙赦免。"［雅 5:14—15］因此他们会说，看，这里岂不是有了赦罪的应许和抹油的记号了。

但我的答复是：若说有人说了傻话，这就是一例：许多人指出这封信很可能不是使徒雅各写的，⑯ 也不符合使徒精神，虽然不论其作者是谁，它都已经被视为权威。我对这个事实不想加以评论。但即使它的确出于使徒雅各的手笔，我也认为任何使徒都无权借自己的权威来设立圣礼，即发出神圣的应许，并带有某种记号。因为这种权力只属于基督。因此保罗说他是从主领受了圣餐［林前 11:23］，他被差遣原不是为施洗，而是为传福音［林前 1:17］。所以我们在福音书的任何地方，都未读到有关临终抹油礼的经文。我们对此也不加理论。让我们考查一下使徒的言论，那么就会立即发现，不论这书信的作者是谁，反正增加圣礼的人对这些话都不在意。

首先，如果他们相信使徒雅各的话是真实有约束力的，那他们有什么权力篡改和反对它们呢？使徒本来希望抹油成为一般的仪式，他们为什么非要从中设立一个特别的临终抹油礼呢？因为使徒既没有想让它成为临终抹油礼，也没有使它仅仅限于临终之人。他明确地指出"若有人病了"，而没有说"若有人将要死了"。我不管狄奥尼修斯在其《教会圣品阶级》一书里对此有什么精辟的论证，因为狄奥尼修斯和他们所依据的使徒的这段话已经足够明白，但他们并没有遵从这经文。显而易见，他们误解了使徒的话，而且专横无端地从中制造出一个圣礼和临终抹油礼。这伤害了其他一切病人，因为它剥夺了使徒应许给他们的抹油礼的恩惠。

使徒下述明白的应许是一个更有力的证据："出于信心的祈祷要救

---

⑯ 凯撒利亚的优西比乌（Eusebius of Caesarea，约 265—339 年）把《雅各书》归入有争议的著作；耶柔米将之视为拉丁教会某位匿名作家的著作；路德同时代的伊拉斯谟和卡耶坦也都怀疑它的真实性。

那病人，主必叫他起来，他若犯了罪，也必蒙赦免。"［雅5:15］看，使徒在这段经文里吩咐我们为病人抹油祈祷，为的是让他得到医治和能起来，也就是说他不会死去，以便使这抹油不会成为临终抹油礼。延续到今日仍在使用的抹油祷告也证明了这一点，因为它就是为病人祈求康复。他们反倒说抹油礼只能施与临终之人，⑱也就是宣布这些人无望痊愈和起来。若不是因这件事很严重，谁能对使徒这番恰当的良言美语不予发笑呢？诡辩家的愚蠢在此不是原形毕露吗？因为他们在此处和在其他许多地方一样，凡圣经所否定的，他们就肯定；凡圣经所肯定的，他们就否定。我们为什么不当感谢这些当代杰出的大师们呢？所以我就说，他们在这个问题上讲了愚蠢透顶的话，我说的确是实情。

再者，如果抹油是一种圣礼，它就必然（按他们所说）是它所象征和应许之事的一种"有效记号"，在这里它对病人应许的是健康与复原，如经文明说的："出于信心的祈祷，要救那病人，主必叫他起来。"［雅5:15］但谁不知道这应许即使应验也是很罕见的呢？在一千个人中，难得有一人恢复健康，即使有人康复，人们也不相信是由于这圣礼的缘故，而认为是因体质或药物起了作用。事实上，他们只把相反的效果归咎于它。我们对此该说什么呢？要么是使徒的应许是谎话，要么抹油礼根本不是圣礼。因为圣礼的应许之言是可靠的，而他们所谓的应许大多都不灵验。的确——我们再次领略了这些神学家的老谋深算——他们因此而使它成为临终抹油礼，以至应许不能生效；换句话说，使这圣礼不能成为圣礼。因为它既是临终抹油礼，就不必使人康复，而让位于疾病；如果它使人恢复了健康，那它就不成其为临终抹油礼了。于是按照这些大师的解释，雅各就显得自相矛盾了，他设立一个圣礼的目的，就在于不设立这圣礼；因为他们为了让使徒的希望落空，就一定要立一个临终抹油礼。假若这不是疯狂，那么什么才是呢？

使徒保罗在《提摩太前书》1［:7］的话就刻画了这些人的嘴脸："想要作教法师，却不明白自己所讲说的、所论定的。"所以他们囫囵吞

⑱ 所有的版本都用"离去"（discessuris）这个词，只有 WA 6，568 n.35 用了"临终"（decessuris）一词。

枣，凡事盲从。他们同样粗心大意，在使徒的"你们要彼此认罪"[雅5:16]这句话里竟然发现了听认罪礼，但他们却不听从使徒的吩咐，请教会的长老来，为病人祈祷[雅5:14]。今天连一个卑微的神父也难得被差遣出去，尽管使徒倒希望有许多人在场，不是为了抹油，而是为了祈祷。所以他说了"出于信心的祈祷要救那病人"[雅5:15]等。但我不明白，当他说到"长老"时，是否要我们将其理解为"神父"。长老不一定是神父或教士。我觉得使徒是希望教会里有身份的长者探访病人，行慈爱的事工，怀着信心为他祈祷，使他康复。古代教会无疑曾经由老人管理过，他们为此目的而被选出来，并未经过这些按立礼和祝圣，仅仅由于他们的年龄和丰富经验而已。

所以我认为，这种抹油就是使徒们使用过的那种仪式，《马可福音》6[:13]曾论到它们说："用油抹了许多病人，治好他们。"这是早期教会的一种礼仪，使徒们借此在病人身上施行神迹，后来早就废弃不用了。同样，基督也在《马可福音》[16:18]把权柄给了有信心的人，叫他们手能拿蛇；他们将手按在病人头上，那人也就好了。他们都没有将这些话也当作圣礼，这的确是件稀奇事，因为这与雅各的话有同样的权柄和应许。因此这临终的——应被称为虚构的——抹油礼并不是一种圣礼，而是雅各的建议，任人采用，并且如我所说，本于《马可福音》6[:13]。但我不相信这是对所有病人的建议，因为教会的疾病是她的荣耀，死也有益处[腓1:21]；而只是给那些不能忍受疾病、信心较小的病人，上帝让他们留在教会内，以使神迹和信心的权能在他们身上显现出来。

雅各在这件事情上谨慎小心地做了预防：他把医病赦罪的应许不归诸于抹油，而归诸于有信心地祈祷。因为他说："出于信心的祈祷要救那病人，主必叫他起来，他若犯了罪，也必蒙赦免。"[雅5:15]圣礼并不要求施行者的祈祷和信心，因为连恶人也可以不借祈祷施洗和祝圣；它只依靠上帝的应许和命定，要求领受者的信心。但在我们今日施行的临终抹油礼中，哪里有出自信心的祈祷呢？有谁为病人祷告，而对他的痊愈又坚信不疑呢？关于这种出自信心的祈祷，雅各在他那封信的开端说："只要凭着信心求，一点不疑惑。"[雅1:6]基督对此也说："凡你

们祷告祈求的，无论是什么，只要信是得着的，就必得着。"[可 11:24]

毫无疑问，假若今日有我们所希望的德高望重的众多长者为病人施行这样的祈祷，那病人也照样能按我们所希望的被治好。哪里有信心成就不了的事呢？但我们却无视这种信心，这是使徒的权能超乎一切的要求。再者，"长老"原是以年龄和信心见长的人——我们却以为他们是一群普通神父，而且把平日和随时都可施行的抹油变成了临终抹油礼。最后，我们不仅没有得着使徒应许的果子——病人的痊愈，反倒用相反的做法使这应许无效。但是，我们还自诩这圣礼——倒不如说是无稽之谈——是据使徒雅各的这句话所设立和证明的，其实他的话正好与此相反。[169] 这是一群什么样的神学家啊！

我并不申斥我们这临终抹油的"圣礼"，但我坚决否认它是使徒雅各所定；因为他的抹油无论在形式、用途、权能方面，还是在目的上都与我们的不同。不过我们可以把它列于我们所设立的诸如祝福、撒盐[170]和洒圣水等礼仪之中。因为我们不能否认，如使徒保罗所教导的［提前 4:4—5］，凡被造物皆能借上帝之道和人的祈求成为圣洁。因此，我们难以否认借此临终抹油礼可以使人罪得赦免与心灵平安，但并非因为它是上帝设立的圣礼，乃是因为领受者相信这福分是赐给他的。因为无论施行者多么有错，这领受者的信心却不会错。尽管施行者将洗礼和宣赦视同儿戏，[171] 即是就他而论，他没有宣赦，但只要领洗者或被宣赦者有信心，他就真的被施洗和宣赦了。同样，一个施行临终抹油礼的人能借此给予多少平安啊，姑且不论就他而言并没有真正赐人平安，因为那根本不是圣礼！被抹油者甚至可以得到施行者不能或不愿给予的福分，只要他听从和相信圣道就够了。凡领受者相信能得着的，便会得着，不论施行者能否给予，也不论他在伪装或做儿戏。基督的话是信实的："在信的人，凡事都能"[可 9:23]，又说："照你的信心，给你成全了。"[太 8:13] 可

---

⑯⑨ 原文是 *bis diapason*。伊拉斯谟在《箴言录》(*Adagia*) 说明了原希腊文短语所蕴含的分裂与冲突的紧张程度，描述了永远对立和截然不同的两件事物之间的关系，参见 *CL* 1，509 n.1。

⑰⓪ 参见前注⑭。

⑰① 参见前注⑱。

是在论及圣礼时，我们的诡辩家闭口不谈这信，只是拼命唠叨圣礼自身的好处，他们真的是"常常学习，终久不能明白真道"［提后3:7］。

这种抹油被当成临终的或"最后的"抹油礼仍为一件幸事，因为这使它在所有圣礼中，最少受到专制和贪婪的滥用和蹂躏。这最后的慈爱实在是留给了垂死的人——使他们甚至无须忏悔或领圣餐，就可不用花费而能白白地接受抹油礼。假若它如古时一样仍是日常的一种仪式，特别是即使它不能赦罪，却能治好病人，那么你们想想，今日教宗将要用多少力气来主宰这地盘啊？因为正是借着补赎和钥匙职，还有那授职礼，他们才成了这样一群权势赫赫的君王。但而今有幸他们蔑视出自信心的祈祷，这样就治不好任何病人，而且用一项古代的仪式，替自己捏造了一个崭新的圣礼。

我们对这四项圣礼已经进行了充分的评述。我料到这会使有些人感到不悦，因为他们相信圣礼的数目和用法不是从圣经学来的，而是从罗马教廷得来的。好像那些所谓的圣礼产生于罗马教廷本身，而不是得自大学的讲堂，实际上教廷拥有的一切都源于这里。它若不从大学里攫取这么多东西，教宗的专制便不会拥有目前的地位。因为在有名的主教区当中，几乎没有一个像罗马一样拥有这么多不学无术的主教；它只有凭暴力、阴谋和迷信才使它胜过了其他教区。因为一千年前，拥有罗马主教宗座的人与现今当权的人有天壤之别，他们就不得不拒绝对前者和后者使用罗马教宗的称呼。

仍有少数可能被视为圣礼的事情：譬如赋有上帝应许的祈祷、圣道和十字架。因为基督在许多地方应许过，凡祷告者必蒙允准；尤其是在《路加福音》11［:5—13］，他用了许多比喻吸引我们祈祷。他论及圣道时说："听上帝之道而遵守的人有福。"［路11:28］基督应许给予受苦和被抛弃之人的救助和荣耀，谁能数得完呢？的确，上帝的一切应许，谁能详述？是的，整部圣经都在激励我们的信心；它时而用诫命和恐惧驱使我们，时而以应许和安慰吸引我们。事实上，圣经里的每件事都是一种诫命或应许。诫命以其要求使骄傲者谦卑，应许借赦免令卑微者升高。

然而，最好是把圣礼的名称只限用于那些有记号的应许上。那些没有记号的，就仅仅是应许而已。所以严格说来，上帝的教会里只有两种圣礼——洗礼与圣餐。因为只有在它们里面，我们才能看到上帝设立的记号和赦罪的应许。至于我已将其加在上述两大圣礼中的补赎，因为它缺少上帝设立的可见记号，所以如我所说，只能算是归回洗礼的方式而已。经院哲学家也不能说他们有关圣礼的定义符合补赎，因为他们也主张圣礼必有一个明显的记号，使那生效于无形的方式能深印在感官上。但补赎和宣赦没有这种记号。因此，他们自己的定义迫使他们要么承认补赎并非圣礼，所以要减少其圣礼的数目；要么就得给圣礼重新下一个定义。

然而，我们可在终生应用的洗礼，实在足以代替我们终生可能需要的一切圣礼。圣餐的确是临终者的圣礼，因为我们借此记念基督离开尘世，以便效法他的榜样。这样，我们就可以把这两种圣礼分配如下：洗礼用于人生的开端，并伴随人的终生；而圣餐属于人生的终结和死亡。基督徒只要仍存于这个凡俗的躯壳，就要施行这两种圣礼，直到完全受洗和获得力量，然后离开人世，进入新的永生，在父的国里与基督一同吃喝，正如他在最后的晚餐上所应许的："但我告诉你们，从今以后，我不再喝这葡萄汁，直到我在我父的国里同你们喝新的那日子。"［太26:29；可14:25；路22:18］因此他设立这圣餐，似乎明明是让我们进入来世。因为当两大圣礼的恩典应验之时，[12] 洗礼和圣餐也要终止。

本文到此结束，我愿自由愉快地将它献给那些渴望了解圣经真义以及圣礼正当用途的敬虔之人。因为正如《哥林多前书》2［:12］所说的，知道给予我们的恩赐，并且懂得如何使用它们，这是一件非同小可的礼物。我们若领受这属灵的判断力，就不会信靠那些错误的事物。我们的神学家从来都没有把这两件事告诉我们，甚至还故意向我们遮掩它们。即使我没有教导它们，但我也尽力不使它们被隐藏起来，而且给了别人机会，使他们想出更好的来。我至少竭力提出了这两件事。然而，"人无法做所有的事"。[13] 相反，对那些亵渎者和不传上帝的道却将自己的教导强加给我们的顽固专横之辈，我将满怀信心，坚决用此文加以反

---

[12] 即 *res sacramenti*，参见前注⊗。
[13] Vergil, *Eclogues*, VIII, 63.

对。而对他们愚蠢的狂怒，我却毫不理会，甚至希望他们有正确的理解。我并不藐视他们的努力，只是将他们与虔诚高尚的基督徒区分开来。

我听到有谣言说，教宗正在策划针对我的新谕令和诅咒，敦促我放弃自己的主张，否则便宣布我为异端。假若这是事实，我希望这本小书就算是我放弃主张的一部分，以便让那些高傲的暴君不致抱怨自己徒劳一场。我其余的著作不久也会出版；让基督喜悦，使罗马教廷见所未见、闻所未闻。我将充分证明我的顺服。[14] 奉我们的主耶稣基督的圣名。阿们。

> 不虔的希律，你为何畏惧？
> 因他得知基督要降临为王。
> 基督不取尘世的领土，
> 所赐国度万世无疆。[15]

（翻译：雷雨田　编辑：丘恩处）

---

[14] 路德"宣布放弃的主张"余下的另一部分是《基督徒的自由》（参见本卷）；该文还附有一封《致教宗利奥十世的公开信》（*An Open Letter to Pope Leo X*），充分表明了路德的顺服；另参 *LW* 31，327—377。

[15] 这是拉丁离合诗《从太阳升起之地》（*A solis ortus cardine*）的第 8 节，本诗为五世纪科埃利斯·赛杜里乌斯（Coelius Sedulius）所作，叙述和赞美基督的一生；本诗的第 8、9、11、13 节被用作主显节（Epiphany）的赞美诗，路德在 1541 年 12 月 12 日将之译为德文诗《不虔的希律，你为何畏惧？》（*Was fürchtst du，Feind Herodes，sehr*）。

基督徒的自由 *

（1520 年）

导　言

　　莱比锡论战后，路德返回维滕堡。在此期间，肩负重任的路德把大量时间花在研究与写作方面。仅从出版目录来看，就表现了路德非凡的天才和改教的激情。他的论著涉及面极广，举凡政论、灵修、教育、布道、论辩等，莫不囊括。1520 年是他多产的一年，迎来了宗教改革运动的高潮。被称为"改教运动三论著"的《致德意志基督教贵族书》《教会被掳于巴比伦》和《基督徒的自由》，以及《论善功》（*A Treatise on Good Works*）与《论罗马教宗制度》（*On Papacy in Rome*）等著作，阐明了路德有关宗教改革运动的纲领，同时反映出他新福音神学的基本架构。

　　在《致德意志基督教贵族书》中，路德抨击了凌驾于世俗政权之上的罗马教宗权柄，否认教宗是圣经的最高解释权威，揭露了罗马教廷的堕落腐败，阐发了他的"信徒皆祭司"的观点，大声疾呼对教会进行猛烈的改革。在《教会被掳于巴比伦》中，路德痛斥教会的圣礼制度变成了教会统治集团奴役广大基督徒的手段。《基督徒的自由》一文的风格稍有不同，以协商的口吻行文，但字里行间，仍然显示了路德刚劲的风骨，表达了作为基督徒生活准则的积极而鲜明的福音神学观。该文源于米尔蒂茨为避免教会分裂所进行的调解。米尔蒂茨与路德的第一次会晤，意在终止有关赎罪券的辩论，后却以失败而告终。莱比锡论战更加深了双方的敌意，1519 年 10 月 9 日，米尔蒂茨又于利本韦达（Liebenwerda）第二次会见路德，后者答应将他的案件提交给特里尔大主教处

---

* *The Freedom of a Christian*，1520.

理，又遭失败。米尔蒂茨毫不灰心，甚至在罗马于 1520 年 6 月 15 日发布了教宗逐路德出教谕后，仍想抵制艾克的策略。8 月 28 日，他在艾斯莱本奥古斯丁修会的一所礼拜堂中会见了退休的代理主教约翰·冯·施道比茨及其继任者文策斯劳斯·林克（Wenceslaus Link）。米尔蒂茨请求他们拜访路德，劝其致书教宗利奥十世，表明自己从未有意攻击他本人。路德后来于 10 月 12 日在同米尔蒂茨的会谈中接受了这一建议，遂致函罗马，以温和的语调与教宗对话，并附一题献给利奥的论著，即《基督徒的自由》。他甚至将该函的日期改为 9 月 6 日，以表明此举并非起因于在德意志出版的教宗驱逐路德的谕令。

路德致教宗信函及所附论文，均以拉丁文写成，至今仍不知两者是否都达于教宗之手。可以肯定的是，倘若经他过目，一定会大发雷霆。因为路德完全以平等的口吻向他提出忠告，犹如是他的告解神父一样，且路德毫不妥协地表达了福音神学的要旨。作为基督徒社会生活与灵性生活的典范。他提出了两条著名的原则："基督徒是全然自由的众人之主，不受任何人辖管；基督徒又是全然顺服的众人之仆，受任何人辖管。"

基督徒借信上帝而免除了一切罪咎，但又因爱的缘故而甘愿服侍他人。这种辩证的原则，把荣神益人、利己利他两个方面有机地结合在一起，既是对罗马教会"因善行称义"的批判，也是对未来曾经大肆泛滥的利己主义风习的超前预警。真可以说是举世规范、万代金律，至今仍闪耀着路德无比睿智的光芒。

*　　　*　　　*

致市长米尔福特书

奥古斯丁修会修士马丁·路德，谨向我的特别好友和恩主——茨维考（Zwickau）市长、博学与英明的希罗尼穆斯·米尔福特[①]阁下致敬、

[①] 米尔福特（Mühlphordt）的教名为赫尔曼（Hermann），并非路德所称的希罗尼穆斯（Hieronymus）。

请安。

我的学识渊博、聪敏的先生和宽仁的朋友，您德高望重的师傅和令人敬重的传道人约翰·艾格兰（John Egran），向我盛赞阁下对圣经的热爱与喜悦。您也在众人面前始终都认信和赞美圣经。正是出于这个原因，他希望我认识您。我欣然被其说服，因为听到有人爱慕上帝的真道，实在令人分外喜悦。遗憾的是，有不少人，特别是那些以其地位而自傲的人们，拼命用自己的权势和奸诈来对抗真道。大家公认，基督既然被立为绊脚石和毁谤的话柄，一定会成为许多人跌倒和兴起的罪源和起因［林前 1:23；路 2:34］。

为使我们的相识与友谊有个良好的开端，谨以德文向阁下呈此论文或论说，其拉丁文本已经付于教宗，希望我有关教宗职分的教导与论著不致令人反感。愿能蒙您与上帝的恩典所悦纳。阿们。②

1520 年，于维滕堡

致教宗利奥十世的公开信

呈罗马教宗利奥十世。马丁·路德祝愿阁下得蒙我们主耶稣基督的救恩。阿们。

我与这个时代的群魔争战已届第三个年头了。有时候，我不得不仰望您，想念您，我最蒙福的父，利奥。的确，我之所以不由得想起您，是因为您被视为我论战的唯一原因。诚然，您那些亵渎上帝的阿谀奉承之辈对我无端发火，迫使我从求助于您的宗座而转向未来的大公会议，尽管您的前任庇护和尤利乌斯曾多次愚蠢专横地发出法令对这类诉求加以阻挠。然而，我并未如此远离您的圣恩，乃至不愿向您及您的宗座祝愿，因我曾为此而向上帝尽力热诚地祷告。我的确相当斗胆，竟然蔑视和轻看那些试图以阁下的名义和权威来恐吓我的人。但有一事令我不能忽视，那也是我再次秉笔直书呈给阁下的因由。我注意到有人极端轻率

---

② 本文的翻译以路德题献给教宗的拉丁文本的英译本为基础。

地指责我犯下了大错，还说我甚至连您本人也一并得罪了。

我敢发誓，在我的记忆中，每当提起您，我都是恭敬地说好话。不然，我自己绝不会文过饰非，而是完全接受别人对我的评判，而且欣然改正自己的粗疏不敬之举。我曾称您为巴比伦的但以理，而凡读过本人论著的人都知道，在批驳您的那位诽谤我的塞尔维斯特时，③ 我是多么诚意维护您的清白。您的生活确实无可指责，您的声誉、威望普天同赞，许多要人著书称颂，真可谓如雷贯耳，无比高尚，以致不管什么样的大人物都难以挑剔。我不会这样无知，竟然攻击众望所归的人物。事实上，甚至对那些被公众败坏了名声的人，我也始终、并将一如既往地尽量不予以非难。因我意识到自己眼中的梁木，不会因他人的过错而幸灾乐祸。的确，我不会先拿石头打那行淫的女人［约 8:1—11］。

诚然，一般说来，我激烈地抨击不虔的邪说，严斥我的对手，但不是因为他们低下的道德，而是由于他们不虔不义。我效法基督的榜样，义无反顾，定意保持火热的激情，鄙视人的论断，正如基督忿怒地称其仇敌为"毒蛇之种""无知瞎眼的人""假冒为善者""魔鬼的儿子"［太 23:13、17、33；约 8:44］一样。保罗指责那位假先知［行法术的以吕马］是"充满各样诡诈奸恶的魔鬼的儿子"［徒 13:10］，称其他的人为"犬类""行事诡诈者"和"淫乱之人"［腓 3:2；林后 11:13，2:17（武加大译本）］。如果让敏锐的人作出决断，他们一定会认为没有谁在谴责方面比保罗更无保留、更为尖锐。谁能比先知们出言尖刻？今天，那群狂傲的阿谀奉承之流的确逗得我们耳朵发痒，以致我们一遭到非议就动辄发怒、大声抱怨。当我们无法用其他理由来避开真理之时，只得代之以指控人脾气暴烈、急躁、鲁莽来逃避真理。盐若不咸，有何用处？剑不砍杀，刀有何用？"懒惰为耶和华行事的，必受咒诅。"［耶 48:10］

所以，利奥陛下，我以此信为自己辩护，请您倾听我的申诉，并相信我说的对您个人永无恶意。我这个人会持久地祝愿您万事亨通。因我同任何人争辩，决不会计较他们的德行，而只是为了捍卫真道。至于其

---

③ 塞尔维斯特·马佐利尼（Sylvester Mazzolini，1456—1523 年）常被称为普列利亚（Prierias），得名于他的出生地普列利奥（Prierio）；他曾经出版过三本攻击路德、夸大教宗权威的书。

他一切事务，我会向任何人妥协；但我却没有权柄、无意否认上帝之道。假若有人对我持有异议，那就是没有正确地思想和理解我事实上说的。

我的确瞧不起您的宗座，即罗马教廷。因为无论您还是任何人都否认不了，它现在比昔日的巴比伦或所多玛都更加腐败。就我所知，彻底的堕落、绝望和臭名昭彰地不虔不义，正是它今日的写照。我被下述的事实完全激怒：善良的基督徒在您的名义和罗马教会的外衣下遭到嘲弄。只要信心的灵在我身上一息尚存，我就要一如既往地抗拒您的教廷。我并非竭力为了徒劳一场，或者希望仅凭我个人的力量，在如此众多对我怒气冲冲的拍马屁之流和混乱不堪的巴比伦中，奢望有所作为。但我自知亏欠了基督徒弟兄，就义不容辞地告诫他们，以便使他们较少有人遭受罗马瘟疫的毁灭，起码使其少受残害。

您十分明白，多年以来，犹如一道覆盖世界的大洪水从罗马流出，它不是别的，就是那万恶之首，它肆意踩蹦人的身体、灵魂及财产。这一切已经昭然若揭，从前无比神圣的罗马教会，现在却变成了无法无天的贼窝［太 21:13］、最无耻的妓院，以及罪恶、死亡与地狱之国。它的景况如此糟糕，就是敌基督来了，也难望给它加添什么邪恶。

此际，您利奥犹如居于狼群中的羊［太 10:16］和狮穴中的但以理［但 6:16］，您像以西结一样住在蝎子中间［结 2:6］。您孤身一人如何抵挡这些鬼魅？即使您召来三四位十分博学、完全可信赖的枢机主教，但在群魔之中他们又算得了什么？当您还未来得及发布革故鼎新的谕令之前，您就会被毒死。④ 罗马教廷已经无望，因为上帝的烈怒正在无情地降临在它的头上。教廷憎恶大公会议，惧怕改革，难以消除自己的腐败。对其母巴比伦的断语也同样适合于它，"我们想医治巴比伦，她却没有治好，离开她吧"［耶 51:9］。

您与枢机主教们有责任医治这些恶行。但是，这些恶行所引起的痛风却把医治的手当作笑柄，不论战车还是战马都对缰绳无反应。⑤ 利奥

---

④ 曾有人企图毒杀利奥十世，这发生于 1517 年夏。

⑤ Virgil, *Georgics*, I, 514.

陛下，对您的爱慕一直使我感到遗憾，你本应在更好的年月出任此职，却在这样的时代被选为教宗。罗马教廷不配有您或像您这样的人担任教宗，只有撒但才适合于它。因实际上管治这个巴比伦的是撒但多过是您。

要是您能放弃您那些极端放荡的仇敌给您的荣耀，而依靠自己微薄的牧职收入或家庭遗产过活，那该多好！除了那些加略人、地狱之子外，没有人配得那荣耀。我的利奥啊，您在罗马教廷究竟有何作为？人愈罪孽深重、愈可恶，就更会乐于利用您的名义以毁坏人的财产、灵魂，扩大罪恶，压迫信心、真道和上帝的整个教会。最不开心的利奥啊，您确实正坐在一个极其危险的宝座上。我之所以告知您这个真相，也是为您好。

如果伯尔纳可以对尤金⑥表示遗憾，尽管当时的罗马教廷也十分腐败，但仍有改良之望。那么，我们为何不应抱怨那些三百年来加剧了这些腐败和罪恶的人呢？普天之下，再也没有比罗马教廷更堕落、更有害和更令人作呕了。这难道不是事实吗？它已经超过了在不虔不义方面无与伦比的土耳其人。所以，过去曾是天堂之门的罗马，而今却成了地狱的血盆大口，并且由于上帝的烈怒，它再也无法关闭。如我所说，我们只能希望做一件事，那就是从罗马的裂着大口的陷窟中唤回几个人，加以拯救。

我父利奥啊，现在您可以看出我是如何、以及为何激烈地抨击这个瘟疫般的教廷。即使我痛击那座监狱——您的那座名副其实的地狱，但迄今为止，我都避免对您胡言乱语，甚至期望得到您的支持，对您加以营救。为了您以及您与身边其他许多人的得救，反对这个邪恶、混乱的教廷的能人们会事事尽力。他们服侍您的宗座以打击教廷，他们荣耀那位处处咒诅教廷的基督。总而言之，他们是基督徒，而不是罗马党羽。

扩而论之，我过去从未想过攻击罗马教廷，或挑起有关它的任何争端。但当我看到挽救它的一切努力皆付诸东流，便开始蔑视它，给了它

---

⑥ 克莱尔沃的伯尔纳曾写过一本灵修著作《论沉思》（*On Consideration*），题献给教宗尤金三世，其中讨论了教宗的职权及其所伴随的危险，参见 *MPL* 182，727—808。

一纸休书［申 24:1］，并对她说，"不义的，叫他仍旧不义；污秽的，叫他仍旧污秽"［启 22:11］。然后，转而安心平静地研习圣经，以便有助于我周围的弟兄。当我学有所进之时，撒但却睁开了双眼，把追求荣耀的贪得无厌的欲望注入给他的仆人——基督的大敌约翰·艾克，鼓动他将我不知不觉地拉进了一场争论，死死抓住我质疑罗马教会至尊地位溜口而出的只言片语不放。于是，那位狂傲的吹牛家⑦泡沫四溅、咬牙切齿地声言，愿为上帝的荣耀和教廷的尊荣甘冒一切风险。他试图滥用您的权威，故而趾高气扬，信心十足地期待着击败我。他关切的是在当今神学家中竭力显示其领导地位，多过树立彼得的至尊地位。在他看来，为达到这个目的，战胜路德益处不小。当这场争论以不利于这位诡辩家的结局而告终，一种令人难以置信的疯狂控制了他，使其以为是他个人的失误，导致了我对罗马诸种丑闻恶行的揭发。

我恳请利奥陛下，给我一次机会为自己的案情辩护，并控告您真正的仇敌。我相信，您了解您的使节、圣西斯笃（St. Sisto）的枢机主教，⑧ 那位可怜、不明智，甚至可以说不值得信任的人，是怎样对待我的。当我出于对您威名的敬重，把我自己和案情交托于他的手中时，他竟然不愿尝试加以和解。他本来可以只费片语之劳，就达到这个目标。因为当时我已经承诺保证缄口不语，以了此争端，条件是对手们也受命这样做。然而，这个刻意追求荣誉的人，并不满意这个协定，竟然着手保护我的对手，赐其一切自由，却令我放弃自己的主张，即使这并未包含在他的指示之内。事情本来进行得极为顺利，但由于他的粗暴专横，使其变得非常糟糕。所以，以后的事情不当由路德负责，责任全在卡耶坦身上，因为他不许我保持沉默，而我当时曾经迫切地向他提出这样的请求。我还能做什么呢？

紧随而来的是卡尔·米尔蒂茨，⑨ 也是陛下的使节。他挖空心思，来来往往，念念不忘的是有助于恢复被卡耶坦在急躁狂妄中搞乱了的局

---

⑦ 原文为"斯拉索"（Thraso），是特伦西（Terence，约前 190—约前 159 年）的喜剧《宦官》（Eanuch）中一位爱吹牛的士兵。

⑧ 即枢机主教卡耶坦。

⑨ 米尔蒂茨曾诱使路德对有关赎罪券的争论保持沉默，条件是对方采取同样行动。

势。最终，在最著名的选帝侯腓特烈的襄助下，他安排了几次私下会谈来见我。⑩ 出于尊重您的名声之故，我又表示屈服，准备缄口不语，甚至接受了特里尔大主教或瑙姆堡（Naumburg）的主教作为仲裁人。事情安排已定，不料就在成功在望之际，看哪，您的另一位更大的仇敌艾克却闯了进来，挑起了莱比锡论战，意在对付卡尔施塔特博士。当人们重提"教宗至尊权"这个问题时，他却突然掉转矛头指向了我，完全打乱了原先维持和解的安排。此际卡尔·米尔蒂茨仍在等待，辩论还在进行，并选出了裁判员，但没有做出决议。这并不奇怪，因为艾克的谎言和阴谋诡计，打破了往昔的宁静，把一切弄得更加恶化、混乱不堪。事实上不管可能达成的决议怎样，都会引起一场更凶猛的大火，因为他追逐的是荣耀，而非真道。我本来有可能成就之事，就这样再次搁浅。

我承认，在这种情况下不少罗马的腐败已被曝光。但凡所做的一切错事，艾克均难辞其咎，此人的能力不足以当此重任。他因疯狂地力求个人荣耀，使他将罗马的丑行暴露在全世界面前。亲爱的利奥，此人乃您的仇敌，甚至可以说是罗马教廷的仇敌。单单以他为例，我们就可从中看出，没有什么仇敌比阿谀奉承之流更加危险。除了连国王也难以酿成的罪恶以外，他的谄媚还能获得什么呢？今天的罗马教廷在全世界已经臭名昭著，教宗的权威黯然无光，罗马曾引以为荣的单纯早已声名狼藉。假若艾克没有推翻卡尔［米尔蒂茨］而与我达成的和解协议，我们对所有这一切定会茫然无知。现在，艾克本人也觉察出了这一点，可惜为时已晚，也于事无补。看到我的书竟然得以出版，他更暴跳如雷，像一匹哀鸣的马。当其疯狂地利用您并不惜对您造成极大危害，以追逐和攫取个人名利之时，他应当意识到这一点。这位虚荣的人认为，由于敬畏您的名声，我会停止下来，保持沉默，因为我不相信他对自己的聪明和才学满怀信心。既然他看到我勇气倍增，并没有默不作声，于是便对自己的鲁莽草率感到懊悔，不过为时过晚。但他也觉察到——假若他终于明白——天上那一位反对自高，且让骄傲自大的降为卑［彼前 5:5；《犹滴传》6:15］。

---

⑩ 1519 年 1 月 5 或 6 日于阿尔滕堡（Altenburg）。

因为这场论战只能给罗马的事业带来更大的混乱，所以，米尔蒂茨第三次试图调解，便来到聚集于座堂理事会（chapter）的奥古斯丁修会神父们中间，听取他们的相关建议，希望解决这次已经变得十分危险和妨碍和平的争论。托上帝之福，他们无意用暴力方式起诉我，所以差遣几位最知名的人士来到我的居处。他们劝我至少向阁下个人表示敬意，并在一封谦恭的信中为您和我的清白道歉。他们还说，如果秉性善良的利奥十世插手其中，事情并不会达到无望解决的地步。由于我始终提倡与期求和平，以便可能致力于更为安静和有益的学习。我之所以如此勃然大怒，只是为了在话语的分量与强度上压倒我的力量悬殊之敌，就像我在理智上压倒他们一样。我不仅乐意停止论争，而且欣然感激，把这一建议视为雪中送炭——如果我们的希望能够实现的话。

所以，最蒙福的父，我匍匐于您的尊前，祈求您在可能的情况下加以干预，制止那些谄媚之徒。他们假意维护和平，实则为和平之敌。但愿不要有人幻想我会放弃自己的主张，除非他要把整个问题弄得更加混乱。此外，我知道对上帝之道的释解是没有什么成规的，因为上帝的道，凡事训导自由，不被捆绑［提后 2:9］。如果上述两点得到确认，就没有什么事我不能、不愿欣然为之，甚或加以忍受的。我不愿争论，也不想向人挑战。另一方面，我也不愿他人向我挑战。如果他们硬要这样做，我以基督为师，决不会缄默无言。一旦这项争议提交于您的面前并得到解决，阁下只需寥寥数语，就能很快地制止两方，令其保持和平。这是我一直盼望听到的佳音。

所以，我父利奥，切莫听信塞壬们的话，他们妄称您不单是一个人，而是半人半神，这样您就可以随心命令，任意要求。决不可如此行事，并且您也没有这种非凡的权柄。您是众仆之仆，[11] 您的处境比任何人都更为值得同情和危险。切莫被那些人迷惑，因为他们骗您，称您是世人之主；他们不许任何人被称为基督徒，除非他承认您的权威；他们还胡说您拥有管辖天堂、地狱及炼狱之权。这些人是毁坏您的灵魂之敌，正如以赛亚所说："我的百姓啊，他们称你们为有福，也会同样地

---

⑪ "众仆之仆"（The servant of servants/*Servus servorum*）为教宗常用头衔。

欺骗你们。"[赛 3:12，武加大译本]他们错误地将您升高，凌驾于大公会议和全教会之上。他们还错误地将圣经的解释权仅仅归于您的名下。他们托庇于您的名义，为其在教会中一切恶行寻求口实。唉！撒但借着他们在您前任治下已经有了大进展。总之，高抬您的，莫要相信；使您谦卑的，方可信从。这是上帝的决断："他叫有权柄的失位，叫卑贱的升高。"[路 1:52]看看基督和他的继承人是多么不同，尽管他们都想作他的代理。我怕他们多数人充当这个角色都过于形式化。因为只有上级缺席时才有代理之举。如果教宗实施治理，而基督却不在场，也未驻于他的心灵，除了基督的代理之外，他会是什么呢？这位教宗管辖下的教会，如果不是一伙没有基督的群氓，又能是什么呢？这样的教宗不是一位敌基督和一尊偶像，又是什么呢？使徒称自己是临在之基督的仆人，而不是缺席之基督的代理人，这话讲得多么合理啊？

我试图教导这样一位我们都应效法、裁判员们均须听命的如此高贵之人，正如您那些讨厌的家伙常常自夸一样，似乎是冒昧之举。不过我这样做，是仿效圣伯尔纳在其《论沉思》一书中对教宗尤金说话的样式；每位教宗都应记得这本书。我这样做并非急于想教训您，而是出于纯洁和忠诚的关怀，促使我们关注邻舍的一切事务，即使他们已经受到别人的护卫，不许我们考虑其尊严的有无，因为这仅仅涉及他们面临的危险或可能获得的利益。我知道阁下您在罗马受到逼迫和打击，就好像在遥远迷茫的大海上，危机四伏，备受恐吓。在这痛苦之境，的确处事维艰。所以，哪怕极少数弟兄的微小襄助，也是您所需要的。因此，假若我现在忘记了您高贵的职分，按兄弟之爱的要求行事，我也不以为荒谬。在这种紧迫而危险的事情上我并不想对您阿谀奉承。如果人们在这件事上看不出我是您的朋友和最谦卑的仆人，那么有一位却知道，并判定是非[约 8:50]。

最后，蒙福的父，我不愿空手去见您，谨将此论著⑫呈送阁下，以示和好与善良的愿望。您可据此书判断，我在哪些研究上用心更有益，只要您那些不敬虔的谄媚者让我这样做，一如过往。从规格上看这不过

---

⑫ 即《基督徒的自由》。

是本小书。然而，如果我没有错，那么只要人们把握其真义，就知道它以其简明的形式囊括了基督徒的整个生活。我是穷人，没有什么礼物敬献于您；再说，除属灵礼物以外，您也不需要别的礼物以使您更富裕。愿主耶稣保守您，直到永远。阿们。

维滕堡，1520 年 9 月 6 日

基督徒的自由

许多人将基督徒的信心视为浅易的东西，还有不少人把它列为德行之一。他们这样做，是因为他们没有经历过信心，也从未尝试过在信心中的大能。人若没有在某个时候于试炼的压迫下，体验过信心所给予的勇气，便不能好好论述信心，也无法领会有关它的论著。但是，即或只是浅尝过信心的人，也对它写之不尽、说之不尽、默想不尽或聆听不尽。正如基督在《约翰福音》4 [:14] 所称的那样，信心是一道活水"泉源，直涌到永生"。

至于我，虽然我信心匮乏，毫无富足可夸；虽然我遭遇过各种巨大试探的攻击，但我仍希望我已获得小小的信心，并且能够谈论它。与那些甚至对自己所写的文字都不理解、却又咬文嚼字，伶牙俐齿的辩士比较起来，纵或未必更优美，但肯定更中肯。

为了使没有学问的人——我只服侍他们——易于理解，我愿提出有关心灵自由与捆绑的两个命题：

基督徒是全然自由的众人之主，不受任何人辖管；
基督徒是全然顺服的众人之仆，受所有人辖管。

这两大论题虽看似矛盾，但若领会了二者的协调一致，就对我们讨论的目的极为有益。它们都是保罗的话，他在《哥林多前书》9 [:19]说："我虽是自由的，无人辖管，然而我甘心作了众人的仆人"；又在《罗马书》13 [:8]说："凡事都不可亏欠人，惟有彼此相爱要常以为亏欠。"爱的本质就是甘愿服侍人，受其管辖。所以，基督虽贵为万有之主，却仍"为女子所生，且生在律法以下"［加 4:4］。他一面是自由之人，又是奴仆；既有上帝的形像，又有奴仆的样式［腓 2:6—7］。

但我们还是从一个离题较远、却更为明了的事情上谈起。人具有双重本性，一为属灵的本性，一为肉体的本性。就人们称作灵魂的属灵本性来说，他被叫作属灵的人、里面的人或新人。根据人称之为身体的肉体的本性，他被叫作属血气的人、外体的人或旧人。关于这一点，使徒在《哥林多后书》4［:16］说："外体虽然毁坏，内心却一天新似一天。"由于本性的差异，在圣经里就有断言同一个人矛盾的事物，这是因为两者在同一个人里面，彼此对立。如《加拉太书》5［:17］所言："肉体的情欲和灵性相争，圣灵和肉体相争。"

我们先看看里面的人，以便了解一个公义、自由和敬虔的基督徒，即一个属灵的、里面的新人是怎样来的。显而易见，外在之事对造就基督徒的公义与自由或不义与奴役，是没有丝毫影响的。一个简单的论据就可以证明这一点。如身体健康、自由自在、富有活力，并且又吃又喝、任意而为，这对灵魂有何益处呢？因为在这些事情上，连最不敬虔和不道德的奴仆也能顺遂亨通。另一方面，健康欠佳、被监禁、挨饿受渴，或遭受其他外部的不幸，这对灵魂又有何伤害呢？因为连最虔诚或因良心清洁而无拘无束的人，也会经历这样的磨难。这些事情既不影响灵魂的自由，也与灵魂被奴役无涉。就算身体饰以神父的圣袍，或居于圣地，或担任圣职，亦或祷告、禁食、禁绝某些食物，或做能凭肉体和在肉体里完成的善行，均无助于灵魂。因为上述事情任何邪恶之人都能做到，所以灵魂得以称义和自由的要求绝然不同。这类行为只是造就伪君子。反之，身穿俗衣，居于凡俗之地，吃喝如常，不放声祷告，不做上述连伪善者亦能胜任之事，也决不会伤害灵魂。

再者，即使抛弃所有善行，甚至抛弃苦思冥想，以及心灵所能行的一切，也没有益处。对于基督徒的生活、公义与自由，有一样东西，并且只有这一样才是必需的，那就是最神圣的上帝之道、基督的福音。如基督在《约翰福音》11［:25］所言："复活在我，生命也在我。信我的人虽然死了，也必复活"；在《约翰福音》8［:36］说："天父的儿子若叫你们自由，那么就真自由了"；在《马太福音》4［:4］说："人活着，不是单靠食物，乃是靠上帝口里所出的一切话"。那么，我们就要坚信其确凿无疑：灵魂可以脱离一切，就是不能没有上帝之道；哪里缺少上帝之道，那里的灵魂就绝对无助。一旦拥有上帝之道，灵魂就变得富足无缺。因为这道就是生命、真理、光明、平安、公义、救赎、喜乐、自由、智慧、权能、恩典、荣耀，也是所有难以估量的福分之道。就是由于这个缘故，先知在整篇《诗篇》［第119篇］里和其他许多地方思慕、渴望上帝之道，并且用了那么多名词来称呼它。

反之，如《阿摩司书》［8:11］所言，上帝的盛怒折磨人，最可怕的灾难莫过于使其不得聆听上帝之道。同样，他最大的恩典莫过于发出他的道，如《诗篇》107［:20］所说："他发命医治他们，救他们脱离死亡。"基督奉差遣来到世上，他的使命不是别的，只为传道。再说，整个属灵阶级——所有的使徒、主教和神父蒙召、被设立，也只是为传道。

有人会问："上帝有那么多话语，那么他的道究竟是什么呢，又如何行其道呢?"我答道：使徒在《罗马书》第1章里已经对此做了说明，这道就是上帝的福音，关乎他儿子道成肉身、受难、死而复活，并凭着使人成圣的圣灵而得荣耀。传基督就是喂养灵魂，使其成为公义、被释和得救，只要其相信所传之福音。惟有信心才使上帝之道才能生效、使人获救，如《罗马书》10［:9］所言："你若口里认耶稣为主，心里信上帝叫他从死里复活，就必得救"；又说："律法的总结就是基督，使凡相信他的都得着义"［罗10:4］；在《罗马书》1［:17］又说："义人必因信得生。"领受和爱慕上帝之道，不靠任何善行，惟借信心。既然灵魂的生命和称义只需上帝之道，所以显而易见，灵魂的称义惟因信心，而无需任何善行。假若称义可依赖别的方式，那么就无需上帝之道，也自然无需信心。

信心与行为不能并存，就是说你不能同时声称因行为称义，不管行为的性质如何——那就是"心持两意"［王上18:21］，崇拜巴力神，以口亲手［伯31:27—28］；按约伯所说，这是一种极大的罪过。你一旦有了信心，就会明白，凡你内里的都应被责备、定罪和咒诅。如使徒在

《罗马书》3［:23］所说，"因为世人都犯了罪，亏缺了上帝的荣耀"，"没有义人，连一个也没有……都偏离正路，一同变为无用"［罗 3:10—12］。只要你明白了这个道理，就知道你需要的是基督，他为你受难、复活。若你相信他，就能借这信心成为新人。因为你的罪已被赦免，并且惟因另一位（即基督）的功德而得以称义。

因此，信心只能主宰里面的人，如《罗马书》10［:10］所言，"人心里相信就可以称义"；既然惟信心称义，所以，里面的人显然根本不能借任何外在的行为和善行称义、被释和得救。不管这些行为的性质怎样，里面的人都与其无关。反之，只有心灵的不虔不信，而非外在的行为，才使人犯罪，为罪所役，该受诅咒。所以，每位基督徒的当务之急是抛弃对行为的依赖，只持续加强信心，并借信心，不求增加对行为的知识，只求增加对为他受难和复活的耶稣基督的知识，如彼得在其《彼得前书》最后一章所教导的那样［彼前 5:10］。没有任何善行能使人成为基督徒。所以，《约翰福音》6［:28］记载，当犹太人问基督，他们当行什么才算做"上帝的工"时，他就把自己所看到的他们的无数善行统统摒弃，只告诉他们做一件事，说："信上帝所差来的，这就是做上帝的工"［约 6:29］，"因为人子是父上帝所印证的"［约 6:27］。

因此，对基督的真信心是无可比拟的宝藏，它带来完全的救赎，救人脱离一切罪恶，正如基督在《马可福音》最后一章［16:16］所言："信而受洗的必然得救，不信的必被定罪。"《以赛亚书》第 10 章曾期盼着这份宝藏，并预言说："上帝要在地上成就他虽微小却有大能的话语，必有公义施行，如水涨溢。"［参见赛 10:22］他仿佛说："信心是律法微小却圆满的成全，它使信徒充满如此众多的公义，以致他们无需别的即可成为义人。"所以保罗在《罗马书》10［:10］说："人心里相信就可以称义。"

如果你们问道，既然圣经上规定了那么多善行、仪式和律法，我们怎能无需善行，而唯独因信心称义，并且得着那么巨大的福祉宝藏呢？我就这样回答：首先要铭记经上说过的话，即无需善行，唯独信心使人称义、使人得自由、使人得救。我们以后会对此讲得更加明了。现在我们应当指出的是，上帝的整本圣经分为两大部分：诫命与应许。诚然，诚命教导人们的是善事，但它们在教导之时不能一下子就被成全，因为诫命只向人们指出应为之事，却并未给人成全之力。它们旨在教人认识自己，人借律法便可认清自己无能为善，对自己的能力产生绝望。这就是它们被称为旧约，并构成旧约的原因。例如："不可贪恋"［出 20:17］这条诫命，就证明了我们都是罪人，因为无论人怎样抵制，总难免贪恋。所以，为了不贪恋，成全诫命，人就要被迫对自己绝望，在别处、在另一位身上寻求自身难觅之助。如《何西阿书》［13:9，武加大译本］所言："以色列啊，你自取败坏，你的帮助全在乎我。"我们对这条诫命是这样，对其他所有的诫命也会是这样，因为我们无法履行其中的任何一条。

既然人借诫命认识到自己的无能，对成全律法忧心忡忡——因为律法必须要被成全，一点一画也不可疏漏，不然人就会无望地被定罪——那么，他就会变得真正谦卑，在自己眼中不值一文，在自身找不到借以称义得救的途径。这样，就有了救助我们的圣经的第二部分：上帝的应许。它们宣布上帝的荣耀说："你若愿意成全律法，并照诫命不贪恋，那就来信基督吧，在他身上应许给你恩典、公义、平安、自由以及一切。如果你信，就万事俱备；不信，则一无所有。"你尽力凭借成全律法的所有善行——虽多而无用——无法实现的，你借着信心却能轻而易举地迅速完成。我们的父上帝使一切都依信心而定，所以凡有信心者便有一切，无信心者一无所有。正如《罗马书》11［:32］所说："因为上帝将众人都圈在不顺服之中，特意要怜恤众人。"因此上帝的应许乃是满足其诫命的要求，成全律法所命，以便万事，即诫命及诫命的成全皆归于上帝。惟有他发令，也惟有他成全。所以上帝的应许属于新约，它们确实就是新约。

既然上帝的应许是圣洁、真实、公义、自由、平安的应许，并且充满美善，那么本着坚定的信心依附于它们的灵魂，就与其如此密切连合，并且完全沉浸于它们里面，以至于灵魂不仅分享应许的一切权能，并且为这些权能所渗透和充满。如果说基督的触摸具有治疗功效，那么这种最温柔的灵性之抚慰，即对道的吸收，岂不会把属于道的一切，统统传递给灵魂吗？这就是如何单靠信心，而无需善行了。上帝之道使灵魂称义、圣洁、信实、平安、自由、百般蒙福，叫我们成为上帝的真正儿女。如《约翰福音》1〔:12〕所言："凡接待他的，就是信他名的人，他就赐他们权柄作上帝的儿女。"

从以上所说，就很容易明白信心从何处获得如此大能，为何一件善行或所有善行都不能与其比拟。任何善行都不能依赖上帝之道或住于灵魂之中，因为只有信心和上帝之道主宰灵魂。如同要加热的铁一样，只有火与铁结合，它才能变得火热。灵魂也是这样分享道的诸性质。显而易见，基督徒的信心包含了人所需要的一切，所以称义无需善行。既然无需善行，自然也不需要律法；既然无需律法，人就肯定不受律法捆绑。的确，"律法不是为义人设立的"〔提前1:9〕。这就是基督徒的自由，即我们的信心，这信心不使人耽于闲散或邪恶的生活，而是让人无需律法和事工而称义得救。

这是信心的第一种大能。让我们再来看看第二种大能。此为信心的进一步功效，即它以极度的崇敬和虔诚荣耀所信靠的对象，因为它视上帝为真实可信的。任何荣耀都难与信实和公义的评价相比，我们正是以此来尊崇我们所信靠的人。我们将信实、公义和至善归于某人，难道还有比这更高贵的赞誉吗？另一方面，假若我们蔑视某人，莫过于称其为虚假、邪恶、可疑，正如我们不信任他时所做的那样。因此，当心灵坚信上帝的应许，人便视上帝为信实的和公义的。没有比这更崇高的称颂可以归于上帝。对上帝的最高尊崇莫过于将信实、公义和我们信从的人应得的一切都归于他。此事一旦成全，心灵就会甘愿顺从上帝的旨意，尊他的名为圣，任由他处理。因为既然信心倾心于上帝的应许，就不怀疑他的信实、公义和智慧，而他必将妥善地办理、安置和准备好一切。

这样的灵魂岂不就是因着信心凡事都最顺服上帝吗？还有什么样的诚命，不曾由这样的顺服而彻底成全？有什么成全比凡事顺服更为圆满？但是，这种顺服并不出自善行，唯独由信心而来。另一方面，又有什么比不信靠上帝的应许，更为背叛上帝、更为邪恶、更为藐视上帝的？这不就等于把上帝看作骗子、怀疑他的信实——换言之，把信实归于自己，却认为上帝欺骗和虚假吗？人若这样行，岂不是否认上帝，而将自己树立为心中的偶像吗？这种邪恶中的善行，即使是出于天使和使徒所为，又有何益？所以上帝做得很妥当，他不将众人圈在忿怒与情欲之中，而圈在不信之中，为的使那些以为自己正按律法要求的贞洁与怜悯（公民与人类的美德）来成全律法的人不能以此而得救。他们被圈在不信的罪中，必须寻求恩典，否则便会被公正地定罪。

但当上帝看到我们认他为信实的，并借我们心灵之信心向他报以应得的巨大荣耀，他也赐予我们这种崇高的尊荣：因我们的信心而认我们为信实和公义的。信心把上帝应得的归于上帝，以此造就了信实与公义。因此，上帝也转而荣耀我们的义。上帝的确并且应当是信实的、公义的，凡这样看待他、承认他的人就也是信实和公义的。所以他在《撒母耳记上》2［:30］说："尊重我的，我必重看他；藐视我的，他必被轻视。"保罗在《罗马书》4［:3］也说，亚伯拉罕"信上帝，这就算为他的义"，因为他借信心将最全备的荣耀归于上帝。同样，如果我们相信，我们的信心也会算为我们的义。

信心的第三个无可比拟的好处是，它将灵魂与基督联合，如同新娘与新郎连合。如使徒所教导的，因这个奥秘，基督与灵魂成为一体［弗5:31—32］。他们既然连为一体，期间就有了真正的婚姻关系——而且是所有婚姻中最美满的，因为世俗婚姻只是这种真实婚姻的贫乏个例——随之而来的便是各人的一切，无论善恶，皆为共有。因此，凡相信的人便能以基督的所有而自夸，并以此为荣，就如同属于自己一般。而凡属灵魂所有的一切，基督也自称为己所有。我们若将这两种所有加以比较，就会看到无可估量的神益。基督满有恩典、生命和救恩，灵魂却满有罪恶、死亡和咒诅。如果让信心参与其中，那么罪恶、死亡和咒诅便归了基督，恩典、生命与救恩便为灵魂所有。因为既然基督成了新郎，他就要把新娘所有的取归己有，而将自己的所有之物赠予新妇。他既然将自己的身体与整个自我都交给了新娘，他怎么会不把自己所有的一切也交给她呢？他既接受新娘的身子，哪能不接受她所有的一切呢？

在这里，我们有了一幅十分愉快的景象，不仅是灵性的相通，而且是蒙福的战斗、胜利、拯救与得赎。基督在同一个位格中既是上帝，又是人。他既没有犯罪，也未死亡，未被定罪。他也不会犯罪、死亡、被定罪。他的公义、生命和救恩是不可战胜的、永恒的、无所不能的。因信心的结婚指环，基督便分担了新娘的罪恶、死亡和地狱之苦。事实上，他将这些归于自己，并且这样行动，如同它们就是自己的，并且本身也犯了罪；他受难、死亡，下了地狱，为的是要战胜这一切。行这一切的既然是这样的一位，连死亡和地狱也不能将他吞灭，那么它们就必然在一场大决斗中被他吞灭。因为他的公义胜过所有人的罪恶，他的生命强于死亡，他的救恩敌过地狱。有信心的人便借信心的誓言在其新郎基督里得自由，脱离一切罪恶，无惧于死亡和地狱，并领受了新郎基督的永恒公义、生命和救恩。他也为自己迎娶了一位荣耀的新娘，用水借着道，即生命、公义和救恩之道，把她洗净，毫无玷污、皱纹等类的病[参考弗 5:26—27]。如《何西阿书》2 [:19—20] 所说，他就这样以信心、挚爱、怜悯、公义和公正聘她为妻。

然而谁能充分估量这种庄严婚姻的意义呢？谁能领悟这种恩典之荣耀的富足呢？基督，这位富足而敬虔的新郎，娶了一位贫乏邪恶的娼妓为妻，将她从她的一切罪恶中救赎出来，而用自己的一切美善装扮她。这样，她的罪再也不能除灭她，因为它们都担在基督身上了，被他吞灭。她有了自己丈夫基督的义，能够自夸为己所有，并且可以面对死亡和地狱，满有信心地用这公义抵挡她的罪恶，说："虽然我犯了罪，但我相信的基督却没有过犯。他的一切属我，我的一切也属他。"正如新娘在《雅歌》[2:16] 所唱："良人属我，我也属他。"这也是保罗在《哥林多前书》15 [:57] 说的意思，"感谢上帝，使我们藉着我们的主耶稣基督得胜"，就是战胜罪与死亡，像他所说的："死的毒钩就是罪，罪的权势就是律法。"[林前 15:56]

从此你再次看到信心何其浩大，以致单有它就能成全律法，使人不因行为而称义。你看第一条诫命："你当敬拜独一上帝"，就是唯独因信心而成全的。即使你从头顶到脚尖满是善行，没有别的，你仍然不是义人，不能敬拜上帝或成全律法。因为若不把上帝应得的信实和一切美善的荣耀都归于他，你就不是真正敬拜上帝。这只能借心灵之信心，而不靠善行来成全。我们不靠善行，而是单靠信心来荣耀上帝和承认他的信实。所以，惟有信心才是基督徒的公义和对所有律法的成全，因为凡成全第一诫命者，便不难成全其余各条。

然而，了无知觉的善行不能荣耀上帝；只当有信心的临在，善行才能荣耀上帝。但在这里我们不问什么善行和善行的性质，只问谁荣耀上帝和谁行善。这当然就是心中之信心，而它也是我们公义的源泉和本体。因此，必以行为成全诫命的教导便是盲目而有害的。诫命必须成全于行为之前，行为跟在诫命成全之后［罗 13:10］，我们以后将要听到这一点。

为了更加深刻地认识我们里面的人在基督里所有的恩典，我们必须知道，在旧约里，上帝让头生的儿子分别为圣归给自己。长子的名分极受重视，因为它拥有祭司和君王的双重尊荣，是祭司和主宰其余弟兄之长，又是基督的预表。这基督是父上帝和童女马利亚真正的独一长子，不按属血气的和尘世的样式而成的真君王和祭司，因为他的国不属这个世界［约 18:36］。他掌管属天和属灵的事物——就如公义、真理、智慧、平安、救赎等。这并不是说人间和地狱之事不归他掌管——不然，他怎能保护和拯救我们脱离它们呢？——只是说他的国不在它们之中，也不由它们构成。他的祭司职分也不像古代亚伦和今日我们教会人类祭司的职分那样，在乎外表装束和姿态的显赫，而是由属灵之事组成，他借此行无形的服侍，在天上的上帝面前为我们代求，将自己献为祭品，尽祭司的职能，就像保罗在《希伯来书》［第 6—7 章］中以麦基洗德的样式论说自己那样。但他并不仅仅为我们祷告代求，而是用圣灵鲜活的教训开导我们的心灵，从而履行祭司真正的双重职能，其中人类祭司的祈祷和传道乃是有形的服侍。

既然基督因长子继承权而获得了这两种特权，根据上述婚姻法，妻子拥有丈夫所有的一切，那么基督也把这些特权赐给所有信他的人，与他们一同分享。这样，我们凡信基督的人，都在基督里是祭司和君王。如《彼得前书》2［:9，路德自译］所说："惟有你们是被拣选的族类，是上帝自己的子民，是有君尊的祭司，是祭司的国度，要叫你们宣扬那召你们出黑暗入奇妙光明者的美德。"

这种祭司与君王的本质如下：首先，就君王职分来说，每位基督徒皆因信心而被提升高于一切，借属灵的权能毫无例外地成了万有之主，什么都不能伤害他。事实上，万有皆臣服于他，不得不为了获救而向他效劳。因此保罗在《罗马书》8［:28］说:"万事都互相效力,叫爱上帝的人得益处",在《哥林多前书》3［:21—23］说:"万有全是你们的……或生或死,或现今的事,或将来的事,全是你们的;并且你们是属基督的……"每一位基督徒被置于万有之上,享有和主宰万物,这并不是就其属世的权柄而言——某些教士就患了这样的癫狂病——这样的权力只属于君主、王公和其他世人。普通生活经验向我们说明,我们倒要受万事所累,遭诸般磨难,甚至死亡。事实上,越是基督徒,就越要忍受邪恶、苦难和死亡,就像我们在头生的王基督自己身上,及其所有的弟兄——圣徒们——身上所看到的那样。我们所说的权柄,乃是属灵的,它在仇敌中施行管治权,在逼迫中显出大能。这就是说,这种权能不是别的,就是"在人的软弱上显得完全的能力"［参考林后12:9］,叫万事都有益于我的得救［罗8:28］。所以,连十字架和死亡都不得不服侍我,一齐为我的救赎效力。这是一个难以获得的显耀特权、一种真正万能的权柄、一种属灵的统治,在这里,只要我相信,无论何其善恶,都必为我的利益相互效力。的确,因为唯独信心就足以使人得救,所以,我不需要别的,只需要信心,它行使其自由的权能和统治。这就是基督徒无可估量的权柄和自由。

我们不仅是最自由的君王,也永远是祭司,拥有优于王的职分。因为作祭司,我们就配在上帝面前为人祷告,将神圣之事彼此教导。这些就是祭司的职能,不会授予任何非信徒。只要我们信从基督,他就不仅使我们作他的弟兄,同为继承人,一起作王,并且共为祭司。这样,我们就能凭着信心坦然来到上帝面前［来10:19、22］,大声呼叫"阿爸父!",相互祷告,行那我们看到的祭司在其外在和可见事工中行过和预表的诸般之事。

然而,不信之人却得不到任何服侍。相反,凡事皆于他无益,他自己反而被其所役,为其所害。因为他怀着恶念,将其用于个人私利,而不为荣耀上帝。所以,他不是祭司,而是恶人,他的祷告也成了罪恶,永远达不到上帝的面前。因为上帝不听罪人［约9:31］的祷告。那么,谁能领受基督徒高贵的身份呢?他借其王权管辖万事、死亡、生命、罪恶,又借其祭司的尊荣因上帝同在而成为全能,因为他的一切作为,均是上帝所命所愿，如经上所写："敬畏他的，他必成就他们的心愿，也必听他们的呼求，拯救他们。"［诗145:19，参考腓4:13］人所获得的这种荣耀，决不是靠行为，而是唯独依赖信心。

人人可以由此清楚地看到，基督徒如何不受制于万事，反而管辖万事，所以他的称义得救无需善行，因为仅凭信心，就万事俱备。但他若是愚蠢地要借善行而称义、自由、得救，成为基督徒，就会立即丧失信心及信心的一切益处。有一则寓言形像地描述了这种愚蠢。说的是有一只狗，嘴里叼着一块肉，顺着溪水跑，被肉在水中的影子所诱，便张嘴想吞掉它，结果连肉和影子统统失去。⑬

你会问："如果在教会里的都是祭司，那么我们现在称为神父的与平信徒还有什么区别呢？"我回答说："神父""教士""属灵的""属圣职的"这些名称已经遭到玷辱，因为它们已经与全体基督徒脱离，转而错误地单用于我们今日称为"教士"的少数人身上。圣经并没有把这两种人区分开来，它只是用"执事""仆人""管家"来称呼当今妄自尊大地号称教宗、主教和大人（lords）的那些人。实际上他们应以传道服侍人，向人们教导对基督的信心和信徒的自由。虽然我们都是平等的祭司，但我们不能都当众行使这职分和教训人。即使能够，也不当这样做。所以保罗在《哥林多前书》4［:1］说："人应当以我们为基督的执事，为上帝奥秘事的管家。"

但是，这种管家职分，现在已经变成了权力的肆意炫耀和可怖的专制，以致异教的帝国或其他世俗权力都难以与之相比，就好像平信徒并非同为基督徒一样。由于这种堕落，结果使得对于基督徒的恩典、信心、自由，以及关于基督本身的知识，统统消失。取代它的是难以忍受的人的作为和法律的捆绑，致使我们如《耶利米哀歌》［第1章］所说的，成了世上卑鄙小人的奴仆，他们只是为其个人的地位和无耻的欲望而滥用我们的不幸。

说得中肯些，我认为现在已经很清楚，把基督的言行生平作为史实加以宣扬，犹如这些知识足以指导人的生活，是不够的，也不符合基督

---

⑬ 路德喜爱《伊索寓言》，这是其中的一则。

教的原则，但它却是而今被视为最优秀的传道人之所为。他们根本不传基督，只讲人的律法和教宗们的谕令，就更加不足以称为基督教的道理。现在有不少人在传讲基督，只为了打动人心，使其认同基督或恼怒犹太人，以及诸如此类幼稚和娘娘腔的荒唐事。但我们传讲基督却应以树立对基督的信心为目的，使他不仅是基督，而且是你我大家的基督，并且使有关他的论述和以他的名所显明的，在我们心里产生效能。这信心的产生和其得以存于我们里面，是借着传基督降世的目的、他给我们带来什么恩赐，以及我们接受他有什么益处。正如我说过的，若要成就这些事，必须使基督赐予信徒的自由得到正确宣扬，使我们知晓我们基督徒皆为君王与祭司是什么意思，以致成为万有之主，坚信我们的一切所为在上帝眼中皆蒙悦纳。

有谁听到了这些事不会心里感到快乐至极呢？有谁得了这种过去借律法和义行所得不到的安慰，而不变得温柔、爱慕基督呢？谁有权能伤害和恐吓这颗心灵？即使良心会有对罪的感知和死亡的惧怕，但它早已寄望于主。人听到噩讯不惧怕，看见仇敌亦不受扰。只因为他相信基督的义为他所有，他的罪也不再是他的，而由基督担待，并且所有的罪孽都已为基督的义所吞灭。如上面所说，这是因信基督所产生的必然结果。所以心灵知道嘲笑死与罪，对使徒这样说："死啊！你得胜的权势在哪里？死啊，你的毒钩在哪里？死的毒钩就是罪，罪的权势就是律法。感谢上帝，使我们藉着我们的主耶稣基督得胜。"［林前 15：55—57］死不仅被基督的胜利、而且也为我们的胜利吞灭，因为他的胜利借信心成为我们的胜利，我们借着信心成为得胜者。

关于里面的人，他的自由与自由的根源，即因信心而来的义——里面的人既不需律法，也不要善行；相反，他若相信因善行称义，这些反倒于他有害——就讲到这里为止。

现在我们转到第二部分，即外面的人。我们在这里要回答那些对"信心"这个词和上述一切感到不快的人，他们问："如果信心成全一切，唯独信心称义，为何还要善行呢？那么我们就坐享安逸，无所事事，以信心为满足吧。"我答复他们说：绝非如此，你们这些邪恶之人，绝非如此。假若我们都彻底地成了里面的人、完全属灵之人，这话的确有理。但这要等到死人复活的末日时刻才能出现。只要我们生活于肉身之中，我们在未来生活的完美方面就只能有一个开端，少有进展。使徒因此在《罗马书》8［:23］称我们在尘世所获得的一切为"灵性上初熟的果子"，因为我们确实将获得更大的果子，甚至未来灵性的圆满。这里适用于以上所说的，基督徒是众人之仆，受一切人辖管。因为他是自由的，所以他无需成全善行；但他又是众人之仆，所以他应当履行各种善行。这如何可能呢，我将予以说明。

如我所说，虽然人在内在心灵里丰富满足地因信称义，他就有了所需要的一切，但这信心和富足都应一天天孕育滋长而成，直到将来；所以他仍然在尘世过着世俗生活。既生于此世，他就应当约束自己的肉体，处世交际。在这里，人就要做工，不能坐享安逸。并且应该留心借禁食、守夜、劳作及其他合理的戒律来磨炼肉体，使它屈服于圣灵，以便使它顺服和适应里面的人，而不致使身体像未受约束时那样任意而为，背叛信仰，妨害里面的人。借信心按上帝的形像而造就的里面的人，因基督而得着如此众多的好处，倍感欢欣快乐，所以他的唯一职责就是快乐地服侍上帝，心甘情愿，不图所报。

看哪，他这样做，就与自己意志相反的血肉之欲发生了冲突，这欲望力图借服侍世人，谋个人私利。这是信心的心灵所不能容忍的，于是就愉快热情地抑制和约束肉体，如保罗在《罗马书》7［:22—23，和合本修订版］所说："因为，按着我里面的人，我喜欢上帝的律；但我看出肢体中另有个律和我心中的律交战，把我掳去，叫我附从那肢体中犯罪的律"；在别处说："我是攻克己身，叫身服我，恐怕我传福音给别人，自己反被弃绝了"［林前9:27］；在《加拉太书》［5:24］说："凡属基督的人，是已经把肉体连同肉体的邪情私欲同钉在十字架上了。"

然而，我们做这些善行，绝不应当认为人可以在上帝面前因善行称义。因为只有信心在上帝面前被视为义，它不能容忍这种谬见。我们应当明白，这些善行是迫使肉体顺服，涤除其邪情私欲，我们的目的全在于清除这些私欲。由于灵魂因信心而变得洁净，爱慕上帝，所以人就期望凡事洁净，特别是自己的肢体，以便使万事与肢体连合，一起爱慕上帝，赞美上帝。这样，人就不能偷闲安逸，因为自己肢体的需要在敦促、迫使自己做诸般善功，以使自己顺服。但这些善行本身不能使人在上帝面前称义，人行善只是出于服从上帝的由衷之爱，并且无所顾虑，只图蒙上帝悦纳，所以人凡事都最严格地依从上帝。

这样，大家都能很容易地明白对其所谓的肉体惩罚的限度和自由，因为他们若要足以抑制身体的邪情私欲，就应禁食、守夜和劳苦。但是，自以为因善行称义的人却不在乎克服他们的情欲，只着眼于行为本身，而且以为尽量多做伟大的善行，就可以被称许，可以成为义人。他们有时为了善行不惜使头脑糊涂，破坏或至少浪费自己的本能。没有信心而妄图因善行称义得救，这是头等的傻瓜，对基督徒生活与信心的完全无知。

为使以上所说的更易理解，我们用一些类比加以说明。对由于上帝纯粹和自由的恩典而因信称义得救的基督徒的善行，我们应当思想，假如亚当和夏娃没有犯罪，他们和他们的儿女在乐园里会做的善行。我们在《创世记》2［:15］读到，"耶和华上帝将那人安置在伊甸园，使他修理、看守"。既然亚当已被上帝造成公义、正直和无罪之人，他就无须借耕种和看守那园子使自己称义，成为正直之人。但是，因为不使他闲懒，所以耶和华便给了他一个任务，就是耕种和看管那园子。这个任务的确是最自由的善行，非为称义，只是取悦上帝，因为此前亚当已经完完全全拥有了义，我们本来也会生而有之。

信徒的善行也与此相仿。他借信心而复归于伊甸园，已被造就为新人，所以他称义无需善行。但为不使他闲懒无事，并为供养自己的身体，他就应为取悦上帝而心甘情愿地做这些善行。因为我们并未完全被再造，我们的信心与爱亦未臻于圆满，所以应使它们继续增长，但这些绝不能靠外表的善行，而只能有赖于信心和爱本身。

再举个例子：主教之所以成为主教，并不是因他祝圣一个礼拜堂、为儿童施坚振礼或履行属于他的其他职责等等善行。事实上，如果他未先被任命为主教，他所做的任何事工便属无效，反倒是愚蠢、幼稚和可笑的了。因此，因信称义的基督徒也行善，但这些善行并不能使他变得更为圣洁、更是基督徒，因为这仅是信心所为。假若人不首先是信徒和基督徒，他的所有善行都微不足道，反倒成了真正邪恶与可诅咒的罪。

所以，下面的话千真万确："善行并不造就义人，义人却行善；恶行不能造就恶人，恶人却行恶。"因此总是先有好的本质或好人，然后才有善行；善行出于善人，如基督所言："好树不能结坏果子，坏树不能结好果子。"［太 7:18］果子显然不会结出树，树不赖果子而生。反之也是一样，是树结果子，果子赖树而生。所以，正如必然先有树，然后才有果子，果子却不能使树好或树坏，而是有什么样的树，就结什么样的果子。同样，一定是先有好人或坏人，然后才有善行或恶行。善行不能使人好或坏，而是人本身造成自己行为的好坏。

同样的道理可以在各行各业中找出例证来。譬如，好房子和坏房子并不造就好工匠或坏工匠；但工匠的优劣决定房子的好坏。一般说来，手艺永远不能使工匠跟自己相像，但有什么样的工匠，就有什么样的手艺。人的行为也是这样。人怎么样，不论是信徒或非信徒，他的行为也怎么样——如果是因信心而为，这行为就是善的；如果非因信心而为，那么就是不善的。但如果反过来说，善行使人成为信徒或非信徒，那就不正确。因为善行不能使人成为信徒，所以也不能使他成为义人。但因为信心使人成为信徒和义人，所以信心也行善。那么，既然善行不能使人称义，人在行善之前必须先要成为义人，那么显而易见，唯独信心借上帝纯粹的恩典通过基督及其道，而使人配受完全的称义和得救。基督徒的得救无需任何善行和律法，因为信心使他不受制于一切律法，他的所作所为完全自由，无拘无束。他既不谋利，也不求得救，因为他因信心而凡事富足，并蒙上帝的恩典而得救，现在只求讨上帝的喜悦。

再者，善行无助于不信者的称义得救。反之，恶行也不使人成为邪恶或被定罪；但使人和树变坏的不信，才行该诅咒的恶事。所以人的善恶与否，并非行为所致，而是由于信与不信。正如哲人所说："人离开上帝，就是罪的开端。"［参考《便西拉智训》10:12—13］人一旦不信，就是离开上帝。所以保罗在《希伯来书》11［:6］说："到上帝面前来的人必须信……"基督也这样说："你们或以为树好，果子也好；树坏，果子也坏。"［太 12:33］他仿佛是说："凡想得好果子的，先要栽种好树。"所以凡愿行善的，不要先行，而要先信，信心能使人善。因为除了信心，没有什么使人善；除了不信，没有什么使人恶。

　　确实，在人的眼里，行为使人善或使人恶，但这样造就的善或恶，只是被指认为好人或恶人而已。如基督在《马太福音》7［:20］所说："凭着他们的果子，就可以认出他们来。"但这一切都是全凭外表，许多人因此而受骗，擅自撰述和传讲善行使人称义，甚至根本不提及信心。他们一意孤行，永远自欺欺人［提后 3:13］，每况愈下，成为瞎子的盲目领路人，百事缠身，疲于奔命，但终久得不到真正的义［太 15:14］。保罗在《提摩太后书》3［:5，7］论到这样的人时说："有敬虔的外貌，却背了敬虔的实意……常常学习，终究不能明白真道。"

　　所以，不愿跟着这批瞎子走入迷途的人，必须把眼光放得更远，超越于善行、律法以及有关善行的教义之外。他应当从善行方面转移视线，注目于人，看人是如何称义的。人称义非因善行或律法，而因上帝之道，即因上帝恩典的应许，并且因信心，使荣誉只归于上帝，是他救了我们，不是因我们所行的义［多 3:5］，而是因我们的信心，凭他的恩典之道和怜悯［林前 1:21］。

　　从这里就很容易明白，人在什么事上应当弃绝或容纳善功，又该用什么标准来衡量人们有关善行的一切教导。假若把善行作为称义的手段，并为这个邪恶的利维坦⑭所累，在因善行称义的错误观念的支配下而为之，那么行为就变成了必要之事，自由与新信心就遭到了破坏。这些附加之物就使行为失去了善的意义，反倒成了实在可诅咒的行为。它们没有了自由，并且亵渎了上帝的恩典，因为因信心而称义得救纯然属于上帝的恩典。因我们的愚昧，并借亵渎上帝的僭越，执意而为善行无权所为之事，这就粗暴地侵犯了恩典的职分和荣耀。所以，我们并不弃绝善行，我们反而刻意爱慕和宣扬它们。我们并不非难善行本身，而是谴责附加于它们的亵渎上帝之举和因善行称义的邪念，因为这使它们表面看起来是善，其实并不是善。它们骗人，并且引人相互欺骗，就像那披着羊皮的残暴的狼一样［太 7:15］。

　　但这个利维坦，或关于善行的邪念，没有真诚的信心便无法战胜。

---

⑭ 可能是对《以赛亚书》27:1 的海兽（和合本修订版音译为"力威亚探"，大陆普遍译为"利维坦"，也即"快行的蛇"）的联想。

假若信心——这个怪物的克星没有进入和主宰那些鼓吹善行的圣徒的心灵，他们便不能摆脱它。人的本性不能驱除它，甚至难以辨识它，反倒视其为至高神圣旨意的标志。若再加上传统习惯的影响，如不良教师所导致的那样，让本性的邪恶得以坚立，它就会变成不治之恶，将人引入歧途，毁掉无数人，无望挽回。因此，对悔改、认罪和补赎进行宣讲和著述立说，这是合宜的，但如果仅止于此，而不继续传信心，这就是骗人和邪恶的。

基督步其先驱施洗约翰的后尘，不仅传扬"你们应当悔改"〔太 3：2，4:17〕，并且加上有关信心的话语，说："天国近了。"我们不能只传上帝话语的一个方面，而要两者兼顾；我们拿出自己的新旧宝藏，不仅有律法的声音，也当有恩典之道〔太 13:52〕。我们应当推进律法之声，以使人有所畏惧，知道自己的罪恶，转向悔改，获得新生。但不应仅此而已，因为那样只是伤害，而未包扎；只是击打，而未医治；只是杀害，而未复生；只是打入地狱，而未被拯救出来；只是被降为卑，而未被升高。因此我们还要传讲恩典之道和赦罪的应许，信心就是借此而向人教导和被唤起的。离开恩典之道，律法、悔罪、忏悔及其他一切善行，其所做所训，均为徒劳。

时至今日，我们虽然仍有宣扬悔改和恩典的传道人，但他们并不说明律法和应许，乃是人已知悔改与恩典之源。因为悔改出自上帝的律法，信心或恩典却源于上帝的应许，如《罗马书》10 〔:17〕 所说："信道是从听道来的，听道是从基督的话来的。"因此，当人受上帝律法的威胁和恐怖而降为卑，并认识了自己之后，就因信上帝的应许而得安慰和上升。所以我们在《诗篇》30 〔:5〕读到"一宿虽然有哭泣，早晨便必欢呼"。

关于普通的善行，以及基督徒为自己所做的善行，就说到这里为止。最后，我们还要谈谈他对邻舍的善行。人并非单为自己而活于血肉之躯，也不是仅为自身而做工，他也是为世上所有的人而活，并且可以说仅为他人、非为自己而活。因此他抑制自己的身体，以便更真诚地和白白地服侍他人，如保罗在《罗马书》14 〔:7—8〕所说："我们没有一个人为自己活，也没有一个人为自己死。我们若活着，就是为主而活；

若死了，是为主而死。"所以基督徒不可在今生偷闲安逸，不为邻人做事，因为他必然与人说话、交际和言谈，如同基督也拥有人的样式〔腓2:7〕，被视为人，与人交谈，如《巴录书》3〔:38〕所说。

但这些事情没有一件是人的称义得救所必需的。所以支配他一切行为的只有一个念头和打算，就是凡事所为，都是为服侍和有益于他人，除邻人的需要和利益，别无他求。因此使徒要我们亲手做工，以便可以周济穷乏之人，他原可以说，我们应做工自养，但他只说："亲手做正经事，就可有余分给那缺少的人。"〔弗4:28〕这就是为何爱护身体也是基督徒的行为，就是借其健康、舒适，可以工作、收获、积蓄金钱，以此周济贫乏的人，这样强壮的肢体就能服侍软弱的肢体，我们就能作上帝的儿女，互相照顾，互相帮助，分担彼此的重担，如此成全基督的律法〔加6:2〕。这就是真正的基督徒的生活，在这里信心借爱发挥了实在的效能〔加5:6〕，就是满怀喜乐和爱，从事最慷慨的服侍，人就这样甘心服侍他人，不求回报，满意于自己信心的富足。

所以保罗教训腓立比人因信心基督是何等的富足，因为他们借此而拥有了一切；而后又告诫他们说："所以在基督里若有什么劝勉，爱心有什么安慰，圣灵有什么交通，心中有什么慈悲怜悯，你们就要意念相同，爱心相同，有一样的心思，有一样的意念，使我的喜乐可以满足。凡事不可结党，不可贪图虚浮的荣耀；只要存心谦卑，各人看别人比自己强。各人不要单顾自己的事，也要顾别人的事。"〔腓2:1—4〕在这里，我们清楚地看到使徒为基督徒生活所定的规矩：就是将一切善行奉献给他人的益处，因为每个人既在信心里如此富足，他终生一切所为都是一种盈余，他尽可以凭自觉的仁慈服侍邻人，为他们谋利。

使徒以基督为这种生活的榜样，说道："你们当以基督耶稣的心为心。他本有上帝的形像，不以自己与上帝同等为强夺的；反倒虚己，取了奴仆的形像，成为人的样式；既有人的样子，就自己卑微，存心顺服，以至于死。"〔腓2:5—8〕使徒这些有益的话，"上帝的形像""奴仆的形像""人的样式"和"人的样子"，被一些人弄模糊了，使我们看不清楚。因为他们根本不懂这些话，并且将其归于神性和人性。实际上保罗的意思是：虽然基督有着十足的上帝的形像，富有一切美善，所以他无需善行、受难，来使自己称义得救（因他早就永久地拥有了这一切）。但他并不以此自吹自擂，盛气凌人，在我们头上作威作福，即使他尽可以这样做。相反，他尽可能地同别人一样生活、辛苦、劳作、受难、死亡，行为风范无异于常人，犹如他必须成全这全部善行，根本不具有上帝的形像似的。但他的一切作为都是为了我们，他要服侍我们，并且他以这种奴仆的形像所成就的一切，也都归于我们。

所以基督徒像他的元首一样，因信心而充盈富足，应当满足于他因信心所取得的上帝形像；如我所说，他应该让信心不断增长，直到全备。因为这信心就是他的生命、他的公义、他的救恩：信心使他得救，使他蒙悦纳，并将基督所有的一切赐予他，已如上述。保罗在《加拉太书》2 [:20] 也说："我如今在肉身活着，是因信上帝的儿子而活。"虽然基督徒因此而脱离了一切善行，但他仍要在这种自由上虚己，使自己取奴仆的形像，成为人的样式，既有人的样子，就要服侍、帮助邻舍，在凡事上如同他所看到的上帝借基督过去和现在待他那样与邻舍相处。他应白白地这样做，不图别的，只求蒙上帝悦纳。

他应该想："我虽然是一个无用的罪人，但上帝在基督里给了我称义得救的一切富足，这并非因我的功德，而是完全出于上帝白白的怜悯。因而从此以后，我不需要别的，只需要视此信心为真。既然天父使我充满如此无比的富足，我为什么不应该白白地、欢欢喜喜地做那据我所知蒙他悦纳的一切善行呢？所以我要像基督将他献于我那样，将自己献于邻舍；我此生将别无所为，只做那我认为对邻舍有必要、有益、有利之事，因为借信心我就有了基督里的一切富足的美善。"

看哪，这样就从信心流出了主里的爱与喜乐，从爱又流出了快乐、自愿与慷慨之意，去心甘情愿地服侍邻舍，不计较报答或忘恩负义、毁与誉，以及个人得失。因为基督徒服侍人，并不使其负有任何报答的义务。他不分敌友，也不期望答谢与否，只是极其心甘情愿、白白地尽其所能所有，不论这是否会浪费在忘恩负义者身上，或者获得报偿。我们要像天父那样，富足白白地将所有的一切分给众人，"叫日头照好人，也照歹人" [太 5:45]，所以他的儿女也拥有白白施恩的喜乐，行作万事，忍耐万事，因为我们借基督在这至大恩典的赐予者上帝那里，看到了这种榜样。

因此，假如我们像保罗［罗 5:5］所说的那样，认明了我们所得到的巨大的宝物，圣灵就会将爱浇灌在我们心中。这爱使我们成为自由快乐的万能工人、一切苦难的战胜者、邻舍之仆，又是万有之主。但是，对那些没有认明借基督所赐之恩惠者，基督就是徒然降生了。他们一意孤行，永远体验和感觉不到这些甘美。正如邻舍缺欠的正是我们富足的一样，我们在上帝眼里是贫穷的，缺欠他的怜悯。因此，如天父借基督白白地救助我们那样，我们也要借自己的身子及其事工，白白地帮助邻舍，每个人在别人面前都仿佛是基督，这样，我们就可彼此成为基督，以使基督同样存于大家之中，这样我们就是真正的基督徒了。

那么，谁能领悟基督徒生活的富足和荣耀呢？它能做一切，拥有一切，一无所缺。它是管辖罪恶、死亡和地狱之主，同时又服侍众人，顺服众人，为众人谋利。但可惜得很，在今天的整个世上，这种生活已经不为人知了；既无人宣讲，也无人追求；我们全然不知自己的名分，不知道我们为什么是基督徒，或为什么拥有基督徒的名号。我们确实是从基督得名的，并非由于他置身于我们之外，而是因为他就住在我们里面，也就是因为我们信他，彼此互为基督，像基督待我们那样待自己的邻舍。但在今天，人的教义不训导我们别的，只是要我们追求善功、报偿和属于我们的东西。我们只是把基督弄成了一位比那摩西更为严厉的监工罢了。

关于这信心，我们在蒙福的童女身上有一个极好的榜样。据《路加福音》2［:22］所记，她虽然不受摩西律法的束缚，也不必行洁净礼，但她还是遵从所有女人的规范，按照摩西律法行了洁净之礼。她像其他妇女一样遵守律法，是出于自愿而甘心爱人，以免得罪和轻看了她们。她不是因此而称义，而是称义之后甘愿自由地行做此事。所以我们行事，并非因为借此可以称义，而是由于因信称义之后，我们就能为他人的缘故而自由、愉快地成就一切事工。

圣保罗仍为他的门徒提摩太行了割礼，并非因割礼是称义所需，而是不愿得罪和轻看了那些信心脆弱、尚未领悟信心之自由的犹太人。但另一方面，当他们藐视信心的自由，坚持割礼为称义的必要条件时，他就抗拒他们，不许提多受割礼［加 2:3］。正如他不愿触犯和轻看任何人的软弱信心，暂时屈从于他们的意志，所以他也不愿信心之自由受到顽固鼓吹因行为称义之徒的伤害和藐视。他选择一条中庸之道，暂时宽容那软弱的，抵制顽固的，以期使所有的人都转而归向信心的自由。我们做事，也要同样怀着宽仁之心对待信心软弱之人，如《罗马书》14［:1］所说；但是，我们却要坚决抵制那些顽固鼓吹因行为称义的教师们。关于这一点，以后还要详论。

根据《马太福音》17［:24—27］记载，当有人向基督的门徒收丁税时，基督也曾问过彼得：君王的儿子是否可以免税，彼得给予了肯定的回答。但是，基督叫彼得到海边，对他说："你且往海边去钓鱼，把先钓上来的鱼拿起来，开了它的口，必得一块钱，可以拿去给他们，作你我的税银。"这件事与我们的主题极其相符，因为基督把自己与门徒都称作君王之子，一无所缺；但他又甘心地纳税。正如这件事对基督的公义和救赎必要而有益，那么他与门徒所行的其他善行对公义同样有益。因为它们均出自公义，自由行事，只是服侍他人，给他们树立善行的榜样。

保罗在《罗马书》13［:1—7］的训言揭示了同样的道理。就是说，叫基督徒顺服掌权者，预备行各样的善事。并不是借此称义，因为他们已经因信称义，而是因圣灵所赐自由而以此服侍他人和掌权者，甘愿怀着爱心服从他们的意志。所有教团、⑮ 修道院和神父们的事工，都应恪守这样的宗旨。大家都要从事各自的职业，尽其本分，并不是以此而求称义，而是借此约束自己的身体，作他人也需约束身体的榜样，最终借此以爱的自由使自己服从他人的意志。但要始终特别留意，不要痴心妄想借此称义、获得功德或得救，因为这只是信心的善行，我已反复说过了。

明白这个道理的人，就在教宗、主教、修道院、教会、君王和官府的无数命令与训言之中轻易无险地找到出路。一些愚昧的神父却坚守它们，称其为"教会训诫"，犹如它们在称义得救上必不可少，实际上并非如此。因为作为自由人的基督徒会这样说："我愿禁食、祷告、按人

---

⑮ 这里的"教团"（college）一词指被某个基金会所支持、进行一些宗教服侍的教士团体。

的吩咐做这做那，但这并不是我称义得救所必需的，而是对教宗、主教、公众、官府或邻舍表示应有的尊重，为他们作榜样。我愿像基督那样成就和忍受万事。虽然他自己根本一无所需，但为了我所做的和所忍受的更多；虽然他自己并不在律法之下，而为我的缘故却接受律法的管辖。"尽管暴君们借暴力和不义发号施令，但这也无妨，只要他们的号令不悖逆上帝。

从以上所说，每个人都可以对善行、律法作出稳妥的判断，对其进行可靠的分辨，明白谁是瞎眼无知、谁是优秀真诚的牧者。任何行为，若非纯粹为了约束身体、服侍邻舍，而邻舍所求并不违背上帝，那就不是良善或基督徒之举。因这个缘故，我十分担心，我们时代的教团、修道院、圣坛和教会机构，很少或根本没有合乎基督教的——甚至在某些圣徒节日所举行的特定禁食和祈祷活动也是这样。我说，我担心我们在所有这些事上，都是只求自己的利益，认为借此可以涤除罪恶，找到救恩。如此一来，基督徒的自由就消失净尽了。这就是对基督徒信心和自由的无知所导致的结果。

这种对自由的无知和压制，得到许多瞎眼牧者的大力支持。他们赞美这些行为，吹嘘他们的赎罪券，却从不传讲信心。他们以此而扰乱人心，鼓动信徒参与这些事情。但是，假如你想祷告、禁食或建立教会基金，我劝你小心谨慎，不要为了今生或永生的利益来做这些事，因为你若这样，就会伤害信心。但唯独信心为你提供一切。有一件事你要留意，就是不论受善行还是受苦难的磨练，都能使信心增长。你要白白地施舍，不要顾虑，以使别人因此而受益，因你和你的良善而生活幸福。这样，你就是真正良善的基督徒。你用并不需要的善行约束自己的身体对你有什么好处呢？你的信心已经富足有余，上帝会因此而赐你一切。

注意，根据这一原则，凡从上帝得来的美好之物，应当由一人流向另一人，与大家共用，所以大家都要"披戴"邻舍，这样就能设身处地为邻舍着想。美好的事物从基督而来，流向我们。他"披戴"我们，所以就能设身处地为我们效劳。美好的事物从我们流向那些需要它们的人，所以我们要向上帝展示自己的信心与公义，以使它们为邻舍的罪恶遮掩和代求，这罪恶便由我承担，我为此而劳苦、服侍，如同我自己犯了罪一般。这就是基督替我们所为。这是真爱、基督徒生活的真义。哪里有真诚无伪的信心，哪里才有真诚无伪的爱。所以，使徒在《哥林多前书》13［:5］论到爱时说："［爱］不求自己的益处。"

因此，我们得出这样的结论：基督徒不是为自己而活，乃是为基督和邻舍而活，否则他就不是基督徒。他借信心活在基督里，借爱活在邻舍里。借信心他被提升于自己以上，归于上帝；借爱他降到自己以下，归于邻舍。但他永远住在上帝和他的爱里，如基督在《约翰福音》1［:51］所说："我实实在在地告诉你们，你们将要看见天开了，上帝的使者上去下来在人子身上。"

关于自由，就说到这里为止。可见，这是一种属灵和真实的自由。它使我们的心灵脱离一切罪恶、律法和诫命，如保罗在《提摩太前书》1［:9］所言："律法不是为义人设立的。"像天超越地那样，基督徒的自由超越其他一切外在的自由。愿上帝将这自由赐予我们，让我们领悟，让我们持守。阿们。

最后，我还要对那些理解能力差的人加以补充，以免他们因误解而破坏这种自由。至于他们是否明白我要说的，也还是个疑问。许多人一听到这信心的自由，就立刻把它当作放纵情欲的机会，认为自己可以为所欲为。他们只想借蔑视和非难仪式、传统和人的律法，来表明他们是自由人和基督徒；好像他们之所以为基督徒，是因他们在规定的节日不像其他人那样禁食或吃肉，或由于他们不用惯用的祷文，并对人的训言嗤之以鼻，但却忽视基督教敬虔的其他方面。同他们相反，还有一些人为得救而仅仅拘泥于虔诚地履行仪式，好像他们在某些日子禁食、戒肉，或念诵某些祷文，就可以得救。这些造成对教会和教父训言的夸耀，但对我们信心中本质性的因素却毫不介意。显然，这两种人都是错误的，因为他们忽视了得救所需的更为重要的东西，却为着不必要的琐碎之事争吵不休。

保罗吩咐我们走中庸之道，责备这两个极端，他的训导多么正确啊。他说："吃的人不可轻看不吃的人；不吃的人不可论断吃的人。"［罗 14:3］你在这里可以看出，那些并非出于敬虔，而是出于轻视而忽略和贬低仪式的人受到了责备，因为使徒教导我们不要轻视那些谨守仪式的人。爱轻视之人恃知识而张狂。另一方面，使徒又教导坚持仪式的人不要论断他人，因为双方都没有按照启迪人心的爱来待对方。因此，我们要听从圣经，因为圣经教训我们不偏左右［申 28:14］，跟从主正直的、能快活人心的训词［诗 19:8］。正如人不能因恪守和坚持善行和仪式而称义一样，他也不会仅因忽略和藐视它们而被视为义人。

对基督的信心并不使我们弃绝善行，而是摆脱了关于善行的谬见，即摆脱了因行为称义的愚蠢想法。信心救赎、纠正和保守我们的良心，叫我们懂得虽然善行是不能也不可缺少的，但公义并不取决于善行；正如我们不能缺少这血肉之躯所需的饮食及所有的善行一样，但我们的公义却不在于它们，而是在于信心；然而，也不应因这个缘故而忽略和藐视身体的那些善行。我们在今世受制于肉体生命的需求，但我们并非因它们而称义。基督说："我的国不属这世界。"［约 18:36］但他并没有说："我的国不在这里，即不在这世界。"所以保罗说："我们虽然在血气中行事，却不凭着血气争战"［林后 10:3］；在《加拉太书》2［:20］说："我如今在肉身活着，是因信上帝的儿子而活。"所以，我们行事、生活，以及在善行和礼仪中的作为，都是因为今生的需要，并有意约束自己的身体。但我们称义却不依赖这些，而是借信上帝的儿子。

因此，基督徒应当采取中庸之道应付这两种人。他们会首先遇到顽梗固执的仪式派，这些人好像塞耳的聋虺一样不愿聆听自由之道［诗 58:4］，没有信心却夸耀、鼓吹仪式，规定、坚持以其作为称义的手段。他们形同古代的犹太人，不愿学习行善之道。基督徒必须抵制这些人，反其道而行之，大胆地不怕冒犯他们，免得他们用亵渎之见使许多人同他们一起堕入歧途。在这些人面前，最好应当吃肉、偏不禁食，并为了信心的自由做他们视之为罪大恶极之事。论到他们，我们必须说："任凭他们吧，他们是瞎眼领路的。"根据这个原则，当犹太人强要提多受割礼时，保罗就是不给他行此仪式［加 2:3］，基督也曾为在安息日掐麦穗的使徒们辩护［太 12:1—8］。同样的例证还有很多。基督徒会遇到的另一类人是头脑简单、信心软弱的无知者，使徒保罗说他们即使有意领悟信心的自由之道，也终究难以了其真义［罗 14:1］。基督徒应留心不要得罪这样的人。他必须迁就他们的软弱，直到他们完全受教为止。因为他们所行所思，并非要执意为恶，而仅仅因为信心软弱，所以对禁食，以及其他他们视为必要之事，都应遵行，以免触犯他们。这是爱的要求，这要求对任何人都有益无害。信心软弱并不是他们之过，错在牧者，是这些人把信徒囚于传统的网罗之中，可恶地利用传统为杖击打他们。他们原本可以借信心与自由的教导脱离这些牧者。所以保罗在《罗马书》第 14 章说："食物若叫我弟兄跌倒，我就永远不吃肉，免得叫我弟兄跌倒了"（参考罗 14:21；林前 8:13）；还说："我凭着主耶稣确知深信，凡物本来没有不洁净的，惟独人以为不洁净的，在他就不洁净了。"［罗 14:14］

由于这个原因，虽然我们应当大胆抵制那些维护传统的教师，严厉谴责教宗借以劫掠上帝子民的律法，但我们应当宽恕那些被不敬虔的专制者用这些律法所俘虏的怯懦群众，直到他们获得自由。所以，我们必须奋勇攻击豺狼，保护羊群，而非与它们对立。你若这样做，就要一面痛斥律法及其制定者，一面同软弱者一起遵行律法，免得触犯他们，直到他们也认清专制，明白自己的自由为止。你要行使自己的自由，就要秘密而为，如保罗在《罗马书》14［:22］所说："你有信心，就当在上帝面前守着。"但你要谨慎，不要在软弱人面前行使你的自由。另一方面，在暴君和顽梗人面前，你倒要运用你的自由，始终如一，坚定不移，不理会他们，以使他们也明白自己是不敬虔的，他们的律法对称义毫无用处，他们也无权制定这些律法。

既然为人处世不能离开仪式和善行，愚顽的青年也需这些义务加以约束，避免伤害，既然每个人都应该用这些善行来抑制肉体，那么基督的执事就要有远见和忠诚。他在所有这些事上都应如此管教基督徒，使他们的良知和信心不受伤害，不生猜忌和毒根，以免许多人因此而玷污，如保罗警告希伯来人那样［来 12:15］；也就是不使他们丧失信心，被有关善行价值的错误估计所污染，误以为自己必须因行为称义。除非同时大力倡导信心，否则这样的事就极易发生，玷污众多的心灵，就像今日教宗致命的、不敬虔和伤害灵魂的传统，以及神学家们的意见所导致的情形那样。这些陷阱已把无数人拖进了地狱，所以在此你可以看到敌基督的所作所为。

简言之，正如财富是对贫穷的考验、生意是对信实的考验、荣誉是对谦卑的考验、宴会是对节制的考验、享乐是对贞洁的考验一样，仪式也是对信心之义的考验。所罗门问道："人若怀里揣火，衣服岂能不烧呢?"[箴 6:27] 可是，正如人不能不生活于财富、生意、荣誉、宴饮和快乐之中，他也必须生活于仪式之中，也就是不能不遭遇各种危险。确实，天真的儿童首先需要女子的胸怀与双手呵护，以免夭折。但成人之后，如果仍与女子一起，就会危及他的灵魂得救。所以，不谙世故的刚愎青年必须受仪式铁栅的约束和磨练，免得恣情任性，胡作非为。但另一方面，假若他们以为仪式可使他们称义，始终受制于它们，这就成了死亡的陷阱。应当教导他们，他们之所以受仪式的制约，并非因此就能称义或获得极大功德，而是这样可以使他们避免作恶，更易受教于信心之义的道理。青春期的冲动若不受约束，青年人是很难坚守这种训诲的。

所以，仪式在基督徒生活中的地位，就如同模型和蓝图对建筑师和工匠一样。它们被设计出来，并不是作为一种持久的建构，而是因为离开它们，什么也建造不出来。当建筑物竣工后，模型和蓝图便被搁置一旁。你看，仪式并未遭到轻看，而是经过了精心设计。我们所藐视的是对它们的错误看法，因为没有人会以为它们是真正持久的建筑物。

如果有人荒谬绝伦，终生一无所思，惟独专注于蓝图与模型的最昂贵、精心和持久的设计上，从不考虑建筑物本身，并且以出品这种蓝图和工程的辅助物为满足和自鸣得意，难道众人不可怜他的愚蠢透顶，而他所浪费的资财本足以建成其他大业吗? 因此，我们并不轻看仪式和善行，倒是极其重视它们；而是蔑视对善行的错误估价，为的是不让人以为它们就是真正的义，像那些伪君子一样，竭其毕生精力，追求善行，结果因其目标而终归碌碌无为。如使徒所说，这些人"常常学习，终久不能明白真道"[提后 3:7]。他们似乎只有建筑的意愿，也做了准备，但就是不动工。他们就这样徒有敬虔的外貌，但从未得着敬虔的实意[提后 3:5]。然而他们却因自己的善行而沾沾自喜，甚至敢于论断不和他们一样以善行而张扬的人。可是，如果他们心中满是信心，他们原本可能借其徒劳滥用和耗费的上帝恩赐，为自己和他人的得救卓有建树。

由于人性和所谓的自然理性原本是迷信的，因此一旦定了律法和善行，就极易相信义必然来源于律法和善行。同时，他们又受了尘世所有立法者在此观念上的潜移默化，所以他们本身就更不可能摆脱律法的奴役，领悟信心之自由的知识。因此就必要求主使我们成为蒙上帝教训之人（theodidacti）[约 6:45]，求他按应许将他的律法写在我们心上；不然我们就没有希望。因为他若不把隐藏于奥秘中的智慧[林前 2:7]教导我们的心，人性就只会非难它，视其为异端，因为人性被它冒犯，视它为愚拙。正如我们看到这事曾经临在使徒和先知身上，今日不虔和瞎眼的教宗及其阿谀奉承之辈，也这样对待我与我的同侪。愿上帝至终怜悯他们，也怜悯我们，让他的脸光照我们，好叫我们得知他在地上的道路[诗 67:1—2]，万国得知他的救恩。颂赞归于上帝，直到永远[林后11:31]。阿们。

（翻译：雷雨田　编辑：李广生）

焚教宗及其党徒书宣言[*]

（1520 年）

导　　言

1520 年 6 月 15 日，罗马教宗颁布《主啊，求你起来》谕令，采用摘录路德著作，宣布定罪的形式，威胁路德要在六十天内收回他的言论，否则就逐出教会，同时命令销毁他的全部书籍。

但是，德意志及荷兰等地同情路德的群众运动正在兴起，加上受当时发放消息的渠道所限，社会上普遍对该谕令的真实性表示怀疑。所以教宗禁令只在罗马地区奏效，那儿最先开始了焚烧路德的著作。按规定，谕令在各地生效日期，从官方正式发表的时间算起。

9 月底到 10 月中旬，杰罗姆·亚良德和约翰·艾克作为教廷钦使，衔命从罗马北上，负责公布与执行这道谕令。亚良德在荷兰以官方身份发布了教谕，焚书的火焰随即在鲁汶、科隆和美因茨等城市出现。艾克则在因戈尔斯塔特（Ingolstadt）、莱比锡及梅泽堡等地去执行教谕，煽起了焚烧路德书籍的罪恶之火。当然，各地、各阶层普遍对此事加以对抗和抵制。荷兰的人文主义者伊拉斯谟表示："这道教谕残酷无情，与教宗利奥的温和性格不相称。"拜恩州（Bayern）公爵以及许多地方的主教怕引起社会骚乱，故意将教谕隐而不宣。亚良德更曾被人掷石，他承认有一次若非某大修道院院长解围，他不会活着离开。10 月 8 日，在鲁汶公开焚烧路德著作时，学生们乘机把中世纪经院哲学著作及传道手册等投入火中。在爱尔福特和托尔高，艾克发现有人把刊印的教谕抛入河中或撕扯涂污。后来在莱比锡，他因躲藏于某修道院，才能幸保性命。在勃兰登堡和梅泽堡等地，若不是行贿或游说地方官和主教们，教

---

[*] *Why the Books of the Pope and His Disciples Were Burned*，1520.

谕也不能轻易取得成功。在美因茨，当执法官询问围观者，是否路德的著作已被合法定罪时，众口一词的呼喊是："没有！"维滕堡大学抗议把教谕交给艾克发表，他们说："不应让山羊作园丁，也不应让狼作牧人，更不应让艾克作教宗的使者。"萨克森选帝侯智者腓特烈更对艾克将禁令扩大化表示不满。

10月10日，路德正式收到谕令，第二天他即表示："虽然我认为这谕令是真的，但我当它是假的。"12月初，谕令即将生效，维滕堡大学的师生决定对罗马的野蛮暴行以牙还牙，还以颜色。由路德的同事梅兰希顿起草、一份号召游行集会的告示张贴了出来。

1520年12月10日早上9时，维滕堡的学生及所有热爱福音真理的信众聚集在圣十字教堂，然后列队游行，浩浩荡荡地向艾尔斯特城门（Elster gate）外前进，大型集会迅速展开。熊熊篝火在会场中央燃起，人们把成捆的罗马教廷档案、教宗谕令集和经院哲学书籍当众焚毁。马丁·路德倍感激动，坚毅地从人群中走出，手举那份开除他教籍的教宗谕令，然后亲自将它扔进烈火之中。这是一个极其庄严的时刻，它在一定程度上标志着改革派与罗马教会无可挽回的正式决裂。

路德出自内心意识到他这一举动的深刻意义。第二天，他在课堂上讲解《诗篇》前，专门以焚书为题发表演讲。其后他又花了两周时间，从一系列教宗谕令、罗马教会律令中列举出三十条谬误，还对其中一些作了重点分析和批驳。为了向德意志同胞直接表达自己的思想，他以德文（而不是过去学术辩论采用的拉丁文）写成了《焚教宗及其党徒书宣言》。在出版商约翰·格鲁嫩贝格的协助下，这一著作得以及时面世。

*　　　*　　　*

任何人如若有此愿望，亦可著文表明他们烧毁路德博士著作的原因。

耶稣
所有热爱基督真理之人将蒙受上帝所赐予的恩典与和平。

作为圣经博士和维滕堡奥古斯丁修会成员，我马丁·路德愿通告所有人士：在 1520 年圣尼古拉日后的星期一，① 由于我的意志、忠告和协助，已经把罗马教宗以及他一些党徒的书籍当众烧毁了。我预料有人对此举仍然疑惑不解，或要向我讨一说法，究竟我是基于什么背景或得到何种指令要这样做？下面就是我对他们的答复：

首先，烧毁毒害人的邪书，这是古代传统之做法，我们在《使徒行传》第 19 章中可以读到这种记载。按照圣保罗的测算，那时他们就烧毁了价值五千金币［五万块银子］的坏书［徒 19:19，新译本］。

第二，我本人尽管不配，但既为受洗的基督徒、宣誓过的圣经博士，以及作为一名每周定期讲道的教师，我有义务以这种名称、地位、誓言和职责粉碎各种邪恶，起码应该堵塞那些假冒的、腐败的、非基督教的教义。虽然有更多的人具备同样的责任，也应该这样做，但可能缺乏悟性或者意志薄弱，并不愿或喜欢这样做。然而，我有充分教养和良知、有得到上帝恩典启迪的灵魂和足够的胆量，我绝对不会仿效他人的榜样，进行自我辩解，从而停止自己的行动。

第三，尽管如此，如果不是我经历和观察到，不仅教宗及其党徒们的教唆荒唐至极，他们还通过诱骗和误导使人们偏离正道，我仍然不会试图采取这种形式。的确，我的许多讲道均告徒劳无获，他们依然固执己见，一再重犯非基督徒的严重错误，他们的灵魂已腐败到善恶不辨、冥顽不灵的程度。为使他们认可和持守的那套敌基督的魔鬼教义畅行无阻，他们闭目塞耳，居然敢冒天下之大不韪，诅咒福音教导，甚至火烧福音书籍。

第四，就现任教宗利奥十世个人而论，我的确不相信他们会得到他的命令，除非我对该教宗的认识有误。尽管我所烧毁的是利奥十世前任们的书籍，但我希望，我烧掉的这些书不会令他高兴。至于如果这些书讨他喜欢，那对我来说也无关紧要。我还知道，并有可靠的信息为据，科隆与鲁汶那批把我那些小书焚烧之人，吹嘘他们得到了皇帝陛下的允许和命令。但他们不愿说出真相，他们为了打开焚书计划的

---

① 1520 年的圣尼古拉节在 12 月 6 日（星期四），此节日后的星期一，即 12 月 10 日。

通路，不惜重金收买许多行政官和执法人员，其贿赂的数额，价值高达数千金币。

第五，他们这种焚书行径给真理带来巨大损害，制造假象，叫普通百姓误解，使无数的灵魂濒临毁灭之灾。所以我在圣灵的敦促之下（我希望也是如此），同样为坚固和保全他们的灵魂，我依次将仇敌的书籍付之一炬，因为要对它们进行任何修缮改进确实是不可能的。

只有这样，那些高贵的头衔、名号和教宗财产以及教会法规声望，才不会再迷惑大众；那些长期以来沿用的书籍，随着它们被烧毁，才不会再使人们受到影响。不如先听听、看看教宗在他的书里教导了什么。在那些所谓神圣的教会法规中有什么毒害人的、令人生畏的教义，但是直到现今，我们有人仍然不顾真理，崇拜那些可憎的内容；此后人们也可以自由地进行评判：我烧掉这些书籍是正义的还是不义的。

教会法规及教宗著作中的一些条款与错误
足以表明焚烧与查禁它们是正义的

第1条

教宗以及他的僚臣们不一定要服从和遵守上帝的命令。

在教宗律例中明确地载有这一险恶的训导条款。教宗在解释圣彼得言论时称：虽然圣彼得讲过"要顺服人的一切制度"［彼前 2:13］，但是圣彼得讲此话时并不指他本人及其继承人，而是他的臣民。[2]

---

② *Solitae*，*Decretalium Gregorii IX* i. tit. XXXIII；*De maioritate et obedientia*，cap. 6. 参见 *CIC* II，cols. 196—198。

第 2 条

虽然圣彼得教导一切基督徒都应该做君王们的臣属 [彼前 2:13]，但这不是命令，而是一种建议。③

第 3 条

太阳象征着教宗，月亮则象征基督教王国的世俗权柄。④

第 4 条

教宗及其宗座，不一定要服从基督教公会议及其命令。⑤

第 5 条

教宗在他心中具有高于一切法律的充分权柄。⑥

第 6 条

据此可以推出：教宗有权柄解散、更改所有公会议及其决定，有权柄召集新的公会议和制定新的法令。由于他随时具有如此大权，所以公会议及基督教修会团体并不具有任何权柄和用处。

---

③ Ibid.

④ Ibid.

⑤ *Significasti*，*Decretalium Gregorii IX* i. tit. Ⅵ：*De electione et electi potestate*，cap. 4，参见 *CIC* Ⅱ，cols. 45—50。

⑥ 路德所论参见第 6 条。参考 *Decretalium Gregorii IX* i. tit. Ⅱ：*De Constitutionibus*。参见 *CIC* Ⅱ，cols. 7—16。

第 7 条

主教们要获得披带,⑦ 教宗就有权柄命令他们进行宣誓、表示忠顺。

耶稣的话:"你们白白地得来,也要白白地舍去。"[太 10:8] 但此条有悖于这一教导。

第 8 条

即使教宗坏到能把无数人大批大批地引向魔窟,也不能允许任何人因此而惩罚他。⑧

仅仅这一条就足以导致教宗的所有书籍被烧毁。如果他们无耻地教导这种令人毛骨悚然的东西,难道干不出魔鬼般的、非基督教的恶事吗?基督徒们,睁眼看一看,这就是教会法规教导你们的内容。

第 9 条

除上帝而外,基督教王国的拯救依靠教宗。⑨

这一条有悖于下述论断:"我信独一、神圣的教会,等等。"如果教宗经常是邪恶的,那么所有基督徒都同样经常地濒临灭亡。

---

⑦ 披带(pallium)是一条白羊毛披肩带子,上面有吊坠,由大主教披在十字褡(chasuble,弥撒时主礼人的外衣)上。路德再次请读者参考 *Significasti* 一章,参考前注⑤。
⑧ *Decreti Prima Pars*,dist. XL,cap. 6:*Si Papa Suae*,参见 *CIC* I,col. 146。
⑨ Ibid.

第 10 条

地上任何人都不能审判教宗。同样，任何人也不能审判他的决定。与此相反，教宗被认为有权审判地上的所有人。⑩

这是最主要的一条。为了使这一条能深入人心，许多教宗谕令和法规反复地引用它，几乎贯穿于罗马教会法规的始终。结果的确表现为：似乎制定教会法规的目的，就在于使教宗能按照他的意志、不受任何约束地自由行动，允许他去犯罪，允许他充当行善的障碍。如果这一条成立，那么基督以及基督之道就要被击倒；但是如果这一条不能成立，那么全部的教会法规，包括教宗及其宗座就要一起被打倒了。

然而，这一条不能成立，因为圣彼得在《彼得前书》第 6 章［5:5］的诫命是："你们众人也都要以谦卑束腰，彼此顺服。"圣保罗在《罗马书》12［:10］中写道："恭敬人；要彼此推让。"我主基督也经常讲："你们中间谁愿为大就必作你们的用人，谁愿为首，就必作你们的仆人。"［太 20:26—27，23:11］《加拉太书》2［:11—21］中有这样的记载：因为圣彼得没有按照福音做事，圣保罗就按照基督的教导责备圣彼得。另外，在《使徒行传》8［:14］中也有记载：其他使徒把圣彼得连同圣约翰一起，以下属的身份打发了出去。因此，如果要说教宗不受任何人制约、不受任何人审判，这并不是真的，也不可能是真的。相反，如果他希望成为至尊者，就更将受到所有人的制约和审判。由于这一条涉及到教会法规的基础和全部精髓。所以该法规的所有部分都与福音对立。

世俗权柄不受其下属的制约，这的确是事实。但是基督颠倒和改变了这种秩序，他说："你们不可学世俗君主的样子"［参考路 22:25—26］。基督希望他百姓的首领作每个人的奴仆，并被他们审判。正如

---

⑩ *Decreti Secunda Pars*，causa IX，ques. III，cap. 17：*Cunta per mundum nouit ecclesia*，参见 *CIC* I，col. 611。

《路加福音》22［:25—26］所言："外邦人有君王为主治理他们，那掌权管他们的称为恩主。但你们不可这样；你们里头为大的，倒要像年幼的，为首领的，倒要像服侍人的。"如果他不愿让大家审判他，他何以甘心俯首于每个人呢？

如果有人想牵强附会，曲解基督之道（像一些人那样），那么他必然在内心称自己为最低下者，但不在外表显示；由此别人推断，他必然在内心称自己为最优越者，却不在外表有所表露。由此，一个人必须在属灵上持守两者于内心，也在外表上显示，以便使基督之道能够成立。

教会法规的这一条款，是世界上一切不幸所产生之渊薮。因此像铲除毒草那样，抵制与禁止教会法规是合情合理的。因为事实上它已产生了毒害，这是人人都可作证的；如果再这样任其流行，那么人就不可以止恶趋善。而我们的目的是让福音和信仰在我们的眼前顺利通行。

第 11 条

罗马宗座确实把权威和权柄赋予一切律法，然而它自己却不受任何一条律法的管束。[11]

这就等于说，凡教宗所想要的一切都是合法的，但是他注定不会遵守任何一条。甚至像基督在《马太福音》23［:4］中提到犹太法利赛人说："他们把难担的重担捆起来，搁在人的肩上，但自己一个指头也不肯动。"针对这一点，圣保罗在《加拉太书》第 6 章［5:1］中指出："基督……叫我们得以自由。所以要站立得稳，不要再被奴仆的轭挟制。"

第 12 条

尽管惟有基督是教会的磐石［林前 10:4］，但是基督建造教会的磐

---

[11] *Decreti Secunda Pars*，causa XXV，ques. I. cap. 1；*Confidimus*，参见 *CIC* I，col. 1007。另参 ques. I. cap. 16；*Ideo permittente*；*CIC* I，col. 1010。

石［太16：18］，现在被称为罗马教宗宗座。⑫

第 13 条

尽管《马太福音》18［:18］中说基督把天国的钥匙交给了全体会众，但钥匙职最后还是只赐给了圣彼得。

第 14 条

基督的祭司职权已经由他转给了圣彼得。⑬

这一条与圣经多处的记载相悖。大卫在《诗篇》第 109 篇［110：4］、圣彼得在《希伯来书》中都说：基督永为大祭司，且独一无二；他的祭司职永不可转让［来5:6，6:20，7:21—28］。

第 15 条

教宗有权柄为基督教会制定律法。⑭

与这一条对抗的是圣保罗在《加拉太书》5［:13］的话："你们蒙召是要得自由。"

---

⑫ 路德指的是 dist. XIX，*Ita Dominus*。参考 *Decreti Prima Pars*，dist. XIX. cap. 7，参见 CIC I，col. 62；另参 dist. XXI，cap. 2：*In novo testamento*，参见 CIC I，col. 69f.；dist. XXI，cap. 3：*Quamvis universae*，参见 CIC I，col. 70；dist. XXII，cap. 2：*Sacrosancta Romano*，参见 CIC I，col. 73f.。

⑬ *Translato*，*Decretalium Gregorii IX* i. tit. II：*De Constitutionibus*，cap. 3，参见 CIC II，col. 8。

⑭ *Decreti Secunda Pars* causa XXV，ques. I，cap. 16：*Ideo permittente*，参见 CIC I，col. 1010。

第 16 条

"凡你在地上所捆绑的，在天上也要捆绑。"[太 16:19] 教宗在解释这段经文时，认为其意思是他有权柄使基督教王国承受由他为所欲为而制定的律法。但是，实际上基督除了要使罪人接受惩罚和忏悔外，他并无其他意图；正像基督的原话明确所讲的，对所有无辜的人们，他根本不使他们承受律法的重担。

第 17 条

在革除教籍和承担罪责等威胁之下，教宗还命令人们在某些日子里，不能吃肉、蛋、奶油，以及其他各种食物。

其实除了应该友善地劝诫人们聆听他的忠告之外，他并无让人做这、不做那的权威。应该使大家完全自由地、没有任何压力地去行动。

第 18 条

教宗禁止所有的祭司结婚。

由此，他就无缘无故地增加了邪恶和丑闻，这与上帝的命令和基督徒的自由相悖。

第 19 条

教宗尼古拉三世或四世在他敌基督的谕令中提出了许多有害的条款。他在其谕令中说：基督给了圣彼得及其继承人统治天上、地上王国的特权，并且还赐予了钥匙职。

大家都熟知，基督本人逃离地上王国的经历［约 6:15］；而且全体祭司均享有钥匙职，尽管他们不全都是天上的和地上王国的统治者。

第 20 条

教宗把非基督教的谎言当成真传，并予以鼓励。所谓皇帝君士坦丁把罗马、土地、帝国赐给了教宗，并给了他地上的权柄。⑮

基督在《马太福音》6［:19］中就讲："不要为自己积攒财宝在地上"；同样的教导还有："你们不能又侍奉上帝，又侍奉玛门。"［太 6:24］

第 21 条

教宗吹嘘他是罗马帝国的继承者，⑯ 虽然人人都非常明白，属灵的王国与俗世的王国彼此不会和平相处。

圣保罗命令：主教应该服侍上帝之道［参考《提多书》1:9］。

第 22 条

教宗教导：为了保卫自己，基督徒以暴力对付暴力是合理的。

这一条违背且僭越了基督在《马太福音》5［:40］中所说："有人想要告你，要拿你的里衣，连外衣也由他拿去。"

---

⑮ 路德在此并未讲明参考教会法规的哪一条，但可参考 *Decreti Prima Pars*，dist. XCVI，cap. 13：*Constantinus imperator*，and cap. 14：*Constantinus imperator quarta*，参见 *CIC* I，col. 342。

⑯ *Pastoralis*，*Clementinarum* ii tit. XI：*De sententia et re iudicata*，cap. 2，参见 *CIC* II，cols. 1151—1153。

第 23 条

教宗经常讲："臣民可以不服从他们的领主（overlord）"，并且他还多次废黜国王。教宗多处所写，及其常用的这种做法，就是反对和僭越上帝。

第 24 条

他宣称他有权解除一切誓言、盟约，以及上级与下级之间相互应尽的各种义务。

这一条反对且僭越上帝。因为上帝命令各人都当忠诚对待彼此〔撒 8：16〕。

第 25 条

教宗有权解除和更改与上帝所立之誓约。⑰

这一条也反对和僭越上帝。

第 26 条

任何人凡是按照教宗的命令延缓完成誓约，并没有犯下违背誓言之罪。⑱

这一条等于说："教宗高于上帝。"

---

⑰ *De peregrinationis* quoque *votis*，*Decretalium Gregorii* IX iii. tit. XXXIV；*De voto et voti redemptione*，cap. 1，参见 CIC II，col. 589。

⑱ Ibid.，cap. 5：*Non est voti*，参见 CIC II，col. 590。

第 27 条

尽管亚伯拉罕和许多圣徒无疑都结了婚，且毫无疑问，是上帝亲自建立了婚姻制度；但是结婚之人不能侍奉上帝。

由此，敌基督又将自己置于上帝之上。

第 28 条

教宗将他的无用律法与福音和圣经等量齐观，这在他的谕令中反复出现。

第 29 条

教宗有权柄按照他的意志解释和教导圣经；但不允许任何人违背他的意愿解释圣经。

这样，他置己身于上帝之道之上，从而使上帝之道遭受肢解与毁灭。然而，圣保罗在《哥林多前书》14［:30］中是这样讲的：高位者当屈服于低位者的启示。

第 30 条

教宗稳固的地位、势力和尊严不是来自于圣经，相反圣经的权威和尊严却来自于教宗。这是一项主要条款。

这样，作为真正的敌基督，将会自得报应。这报应来自天国本身，基督将把这敌基督及其政权一起予以摧毁。正像保罗所预见的［帖后1:7—10］。

这些连篇累牍的、性质类同的条款，目的都在于抬高教宗的地位，使他位居上帝与人之上。以至于让上帝和天使都臣服于他，但他却不受任何制约。这样其党徒们就可以吹捧他是一个极不平凡的造物，既不属于上帝、也不属于人。（他自己可能属于魔鬼！）现在，我们还是读一读圣保罗极完备的预言吧："那时这不法的人必显露出来"，"必有离道反教的事，并有那大罪人，就是沉沦之子，显露出来。他是抵挡主，高抬自己超过一切称为神和一切受人敬拜的……这不法的人来，是照撒但的运动"等等［参见帖后 2:3—12］。保罗称那个"不法的人"和"沉沦之子"，并不仅仅指那个人本身，因为只他一个人造成的损失较小；保罗主要指他的政权，其中惟有罪和自我沉沦；他的统治只会引导全世界走向罪恶和地狱。从上述教会法规所列举的条款中，人们可以明白无误地观察到：除了教宗只会给世界带来的罪恶以及沉沦以外，还因着教宗的存在，每天仍持续产生更多的罪恶与沉沦。

那些考察教会法规的人，虽然处于偏僻之地，但他们已承认那气味无非是贪婪与权势。的确是如此。任何不愿说谎的人，都会承认这一点。假如你想简单地了解教会法规所包含的东西，那么请听。一言以蔽之，其内容是：

教宗是凌驾于全世界的神，无论天上的还是地上的、属灵的还是俗世的，所有的一切都归他所有。但不允许任何人向他发问："你到底在干什么？"

在《马太福音》24［:15］中，基督对他所厌恶的、发臭味的东西是这般讲的："你们看见先知但以理所说的'那行毁坏可憎的'站在圣地（读这经的人需要会意）［参考但 9:27，12:11］"吗？并且保罗说："他是抵挡主，高抬自己，超过一切称为上帝的和一切受人敬拜的，甚至坐在上帝的殿里（即基督教王国），自称是上帝。"［参考帖后 2:4］

现在的事实是：几乎不允许任何人，或者谁也不许向教宗提说他令人厌恶的事。但这并不惊奇。因为有公告明示：他要将一切反对他的人处以火刑，而且要所有的国王及公侯们赞成他的决定。当然，如果敌基督的诱骗过分粗俗，那么每个人都能觉察；如果事情较不重要，国王及公侯显贵们也不愿身处其中。那么先知与使徒就禁不住会失声长叹：为什么他们这么多诚恳的呼喊和所书所写竟会落得徒劳无功。

当基督在世时，许多人听他讲道并且看到他所行的神迹。所以，那些不想让他称救主的人便受到许多人的反对："基督来的时候，他所行的神迹岂能比这人所行的更多吗？"［约 7:31］当然，今天众人中间也有类似的传言，不过内容令人费解："即使敌基督来了，他所行的，能比教宗统治和他每天的表现更邪恶吗？"因为如果教廷的政策来自上帝，教宗岂能容忍如此严重的腐败和罪恶从中产生？岂能让恶灵权威身居其中、肆行无忌？这简直是令人难以置信的现实。但是，由于我们都辨识能力极为迟钝，识别不了谁是敌基督，才无视和不相信这种情况。

同样，自从创世开始，最大的邪恶往往出于最优等的被造物。尽管上帝显示了最大的权能，但在最高级的天使唱诗班中仍然出现了撒但路西法（Lucifer），它所犯的罪造成极大的损害。在天堂里，最大的罪恶及祸害就发生在第一等最优越的人物身上。按照《创世记》6［:4］的叙述，伟人和暴君不出自别处，而出自上帝圣洁的儿女。而且，上帝之子基督耶稣不是在别处、恰恰是在圣城耶路撒冷的十字架上罹难；虽然他在那里行了许多神迹，且最被人尊荣。当然也不是别的人，正是那里的公侯、大祭司和最圣洁、最有教养的人把他送上十字架。连与当局妥协、做罪恶交易的人物犹大，他也并非生命旅途中的低贱之辈，而是位列使徒的名人。

现在，上帝也福泽罗马，赐予该城极大的恩典和众多的圣贤，使该城的贡献超过其他任何城市。那么，为了感激上帝，罗马也应该与耶路撒冷一样，施行最大的祸害，给世界创造出真正最具破坏力的敌基督，而且要使他做出比基督过去所行之善更多的邪恶。这就是它发生的途径。不过这一切应伪称基督和上帝之名，在基督和上帝的旗号之下，才使谁也不会识破其内幕。直到基督亲身显现，他复临的光芒照亮这种黑暗为止，正如圣保罗所说［帖后 2:8；林前 4:5］。

上面列举的这些条款在目前已足够了。如果有哪位教宗的盟友，渴望捍卫这类东西、要为之辩解的话，那么我确实就要再将这些条款浓墨重彩，而且还要举出更多同类的东西。上述条款仅仅是严肃对待涉及教宗问题的一个开头，因为直到现在我仍然还像小孩玩玩具似的取乐而已。但是我是以上帝之名开始的。我希望没有我，上帝的这一事业仍能大踏步前进，看来这一天已经来临。因此，我愿所有符合基督的、真理性的文章能得到悦纳，但现在来自罗马敌基督的特使却在上一封谕令中对它们进行了诅咒和焚烧。另一方面，我也愿把我遭受谴责的文章一样数量的教宗的文章，按敌基督和非基督教的标准进行衡量，并提出应有的起诉。⑲ 如果许可他们焚毁我的著作（但我真诚地、毫不夸口地讲，并可提出证据，那里面含有关于福音及真正的圣经要义超过一切教宗的书籍），我就完全有理由讲，烧掉他们非基督教的、毫无益处的律法书籍，是最正义的行为。即使他们那些书中有某些良言，但（就我对教宗谕令的了解）为了制造祸端以及巩固教宗敌基督的统治，一切都被歪曲得面目全非。况且在这些东西中，任何部分都未经过认真的审查，所以就孕育着邪恶与祸患。

我的愿望是让每个人都有自己的意见。令我十分感动的是：教宗还从未有一次使用圣经进行反驳，也未与任何反对他的言论、著作和行为进行过辩论。但是他却一直采用镇压、放逐和火刑等手段，用武力与禁令，通过各国国王或利用其党徒们进行遏制，或者以虚伪的言辞和骗局进行欺诈。这一切我会用历史使他信服。他从来不愿诉诸公堂或者举行公审，只是一直空喊他地位至尊，高于圣经、高于一切审判和权威。

既然真理与公义历来不逃避审判，那么乐于接受检查和审判就是光明磊落的表现。在《使徒行传》4 [:19] 中，基督的使徒们甚至把评判的权利交给了他们的敌人，并且说道："听从你们，不听从上帝，这在上帝面前合理不合理，你们自己酌量吧！"可见，真理是多么明显。但是，现在教宗却想蒙蔽众人的眼睛，他不让人们审判他，却唯独要审判每个人。这就说明在他的事业及有关教廷的事务上，他是多么犹豫不决和忐忑不安！这种只在暗中操作、毫不光明正大的做法，只能产生如此

---

⑲ 1520 年 6 月 15 日，教廷签署了《主啊，求你起来》谕令。9 月底，亚良德特使衔命由罗马北上德意志，宣布并负责执行。

后果：即使教宗是纯洁的天使，但来自他那里的一切都难以令人置信。憎恶黑暗、热爱光明是每个人的正当权利。阿们！

谨以上述文字

呈献于众人面前，以便得到明察公断。

如参孙在《士师记》15［:11］中所说：

"他们向我怎样行，我也要向他们怎样行。"

（翻译：刘行仕　编辑：郭鸿标）

论罗马教宗制度
——答莱比锡的罗马著名人士 *
（1520 年）

导　言

路德 1517 年 7 月在莱比锡与约翰·艾克的辩论，主要强调的是关于教宗权威和罗马教会许可权的第 13 项论题。艾克宣称教宗权威乃基督所立，源于上帝；路德则力主教宗权威出于人的制度，取决于历史变迁。艾克以教宗谕令和大公会议的决议为立论依据；路德的立论则以历史研究为据，最终得出这样的命题：早于公元 1100 年左右，教会都没有教宗施行治理。尽管路德没有得到巴黎、鲁汶、科隆和爱尔福特等大学的支持，但许多学者都赞同他的观点。事实上，这场辩论似乎到 1520 年春天还未结束。

1520 年 5 月初，方济各会的修士奥古斯蒂努斯·阿尔维尔特（Augustinus Alveld）用拉丁文写了一篇反驳路德的论文，题目是《论使徒宗座》（Concerning the Apostolic See/Super apostolica sede）。阿尔维尔特受命于梅泽堡主教阿道夫·冯·安哈尔特（Adolf von Anhalt），并得到教宗宫廷事务官查理斯·冯·米尔蒂茨（Charles von Miltitz）的鼓动，他在文章的副题中宣告，其目的"是以神圣的圣经法规为据，证明教宗的管辖权是上帝设立的"，"对此，所有学者都必须予以承认"。他将此文题献给阿道夫·冯·安哈尔特主教。他甚至要求暂时解除自己在大斋节期间的一切圣礼义务，以便专心致力于驳斥路德这一使命。

路德认为阿尔维尔特文不对题，不值一驳。"奥古斯丁派阿尔维尔特兄弟终于废话连篇地跳出来了"，路德 1520 年 5 月 5 日在给乔治·斯

---

* On the Papacy in Rome，Against the Most Celebrated Romanist in Leipzig，1520.

帕拉丁的信中说，"他实在愚蠢，竟然想让我白费时间来答复他……别人是会还击他的，我会让助手来做这个练习，练练写诗演讲，去对付这呆头呆脑的笨牛"。

稍稍浏览一下阿尔维尔特的文章，就肯定了路德的判断：他把路德称作"羊群中的狼""异端分子"和"疯子"，要用"七言将路德刺得体无完肤"。所谓的第一言是"正确推理"（*recta ratio*）：认为教会必须有一个行政首脑，因为任何一个人类共同体都有这样的头。第二言是"圣经正典"（*canonica scriptura*），引用《马太福音》5:17—18 和《哥林多前书》10:6 证明自己的设想：在旧约中教宗管辖权就被预言为上帝所设立的，在新约里通过基督对彼得的委任而得以实现。第三言被称为"真正的知识"（*vera scientia*）：即教会教师和神学家的教导，他们证明了教宗管辖权的磐石根基。他们的见证被第四言"神圣的虔诚"（*pietas sacra*）进一步所证明，他们奉上帝的名来驳斥谬误和亵渎行为。第五言是"常识"（*sanus intellectus*），借此驳斥对教宗神圣虔诚的指控，如谴责教宗不道德的人等。第六言是"单纯且审慎的知识"（*simplex et pudica scientia*）：证明了教宗的道德败坏并非源于自身，而是世俗环境影响之故。最后一言是体现于阿尔维尔特自身的"纯洁且健全的知识"（*pura et integra scientia*），它所得出的结论肯定是：罗马必须成为基督教王国的中心。

路德只是草草为其助手约翰·洛尼塞尔（John Lonicer）记下了几条驳论，后者于 1520 年 5 月 12 日发表了他的答复文章，题目是《驳罗马的托钵修士、莱比锡的方济各会修士、圣经正典的公共讲师和曲解者奥古斯丁·阿尔维尔特》（*Against the Romanist Friar Augustine Alveld, Franciscan from Leipzig, Public Lecturer of the Canon of the Bible and Torturer of the Same*）。这是一篇对阿尔维尔特的作品进行讽刺的评论文章，直刺其文体与逻辑的欠缺。洛尼塞尔的结论是：路德有更重要的事情要做，根本无须驳斥这头驴子。于是，阿尔维尔特在维滕堡便以"莱比锡的驴子"而出了名。

阿尔维尔特在莱比锡的上司对他的学识所引起的后果感到不快，于是就敦促他从接下来的论战中退却。但他仍想继续扮演教宗宗座捍卫者的角色，准备用德文写一篇同样主题的文章，请求查理斯·冯·米尔蒂茨为其发表获取罗马的批准权。到 1520 年 5 月中旬，此文发表，题目是《一本关于教宗宗座和圣彼得的非常富有成效而有用的小书，同时论及那些蒙基督引领至彼得的护佑和管辖之下而成为基督徒的真正羊群，作者为莱比锡方济各会托钵修士奥古斯丁·阿尔维尔特》（*A Very Fruitful and Useful Booklet About the Papal See and About St. Peter；Also About Those who Are the True Sheep of Christ whom Christ Our Lord Has Commanded to Be Under Peter's Protection and Rule，Made by Friar Augustine Alveld，of the Franciscan Order in Leipzig*）。这是为平信徒写的，使用了他在那篇拉丁文著作里几乎同样的论点，语言温和、平易近人，表达了这样一个议题：对罗马的权威及其关于整个教会的管辖权进行争辩是愚蠢之举。

这篇文章激怒了路德，在不到两周的时间内（5 月 8 日至 20 日），他就撰作了一篇还击的文章：《论罗马教宗制度——答莱比锡的罗马著名人士》，由梅尔希奥·劳德（Melchior Lotther）于 1520 年 6 月 26 日在莱比锡印行。他在书中甚至不屑提及阿尔维尔特的名字，只是利用这次论争的机会，向平信徒阐释教会论。由于这是路德首篇关于教会性质的重要论文，所以在其新神学形成的过程中树立了一块最重要的里程碑。

＊　　　＊　　　＊

这些年来风调雨顺，万象更新，人间的新鲜事也层出不穷。先时许多人用恶毒的诽谤和弥天大谎来攻击我，结果徒劳一场。最近又有勇敢的英雄们在莱比锡闹市上标新立异，他们不仅想出人头地，而且要与众人作对。他们的武装如此奇特，我平生未曾目睹。他们把头盔戴在脚上，把刀佩在头上，把盾牌和胸铠安在背上，这种新式的骑士装束，使这全副盔甲与他们十分相称。① 他们不学无术，却想证明自己在那些

---

① 参考 Augustine, *Confessions*，3.7；参见 *MPL* 32，689；*PNF* 1，64。

（如我所申斥的）梦呓般的书上没有白白浪费时光；事实上他们在沽名
钓誉，让人视其为在圣经里孕育、出生、看护、哺乳、抚育、教化和长
大的人物。好像必须有人要惧怕他们，这样才公平似的，那么他们的辛
劳和黄粱美梦才不致落空。假如莱比锡造就了这样的巨人，这一定是块
良田沃土。

　　为了让你们了解我的意思，那么看看过去的塞尔维斯特、卡耶坦、
艾克、埃姆泽诸人，以及现在科隆和鲁汶的神学家们吧，② 他们真的以
骑士般的勇猛向我进攻，并且获得了应得的尊荣。他们为维护教宗及其
赎罪券事业而反对我，还嫌不足，最后有人谋划，用法利赛人攻击耶稣
［太 22:35］的办法来对付我，方为上策。他们先推出一位斗士，暗想：
"如果他得胜了，那我们大家都有份；万一他输了，就仅仅是他个人的
失败。"而这位超博学的谨慎傻瓜③也以为我不会注意。那么好吧，我
就假装对他们的游戏一无所知，让他们打自己的如意算盘。我也要求他
们不要介意，我本要抽打骡子，却伤及了驮物。假如他们拒绝我的这个
请求，那么我就要约定，举凡我鞭笞罗马的新异端分子和圣经的毁谤
者，我的矛头不仅指向莱比锡赤足修士④修院中那可怜幼稚的文士，也
是指向那些高尚的摇旗呐喊者，他们虽想以别人的名义分肥，可惜不能
出头露面。

　　我请求每一位敬虔的基督徒理解我的忠言，它们或许有些讽刺和尖
刻，但却发自一颗试图摆脱巨大伤痛而化严肃为诙谐的心灵，因为看到
这位亵渎者在莱比锡公开地演说撰文，而这里又实实在在地有着愿为挽
救圣经和上帝之道而捐躯献身的敬虔之人。这亵渎者如此恶劣地对待上
帝的圣言，就好像它们是狂欢节上某个愚人或小丑编造的谎言一般。由
于我主基督及其圣言正是他以自己的血作为赎价遭人愚弄，被视为无稽
之谈，所以我也必须抛弃严肃之心，看看自己是否学会扮演白痴，挖苦

---

② 科隆与鲁汶大学的神学家曾于 1518 年 8 月 30 日和 11 月 7 日谴责过路德的某些观点，
　其谴责与路德的反驳，参见 WA 6，174—195。
③ Neydhard，或现代德语里的 Neidhammel，意为"嫉妒的公羊"。路德用这个词意在指
　明埃姆泽只想以自己反对路德的论据狠狠打击路德，而不是进行理智的学术辩论。
④ 形容方济各会修士。

别人。我主耶稣基督，你定能体谅我对这些大亵渎者的心情——我是以其人之道还以其人之身。愿公义因你的名成全，阿们。事实上，他们必要尊你为主，阿们。

我知道这些可怜的人牺牲我，只是为了沽名钓誉。他们纠缠我，如泥粘轮。他们宁肯丢人现眼，吵吵闹闹，也不愿安分守己。邪灵利用这秋人的计谋，只是阻挠我从事更重要的事业。而我也乐意借此良机，向平信徒说明基督教世界⑤的真相，并与这些迷惑人的辩论。因此我更愿意致力于这论题本身，不想指名道姓，答复他们的空泛之语。这样，他们就不能遂其所求，自夸有资格与我谈论圣经。

辩论的议题

我们现在所要讨论的问题，实际上本身并无讨论的必要，因为任何不探求它的人仍旧是基督徒。但这些糟蹋基督教信仰基本信条的游手好闲者，却一定要插手这个问题，骚扰别人，为的是不在这世上白活一场。这样就要面对这问题：他们所谓的主宰整个基督教王国的罗马教宗制度，正如他们所说是到底出于上帝，还是出于人的制度？⑥ 若是把全世界其他地方所有的基督徒都称为异端分子和叛教者，这有可能吗？尽管他们持守与我们同样的洗礼、圣餐、福音和一切信条，只是他们的神父和主教没有得到罗马的认可，也没有像现在流行的那样用金钱来贿买，让自己像德意志人那样遭人羞辱和愚弄。莫斯科人、⑦ 俄罗斯人、希腊人、波希米亚人和世界上许多伟大民族——他们和我们一样相信、受洗、传道、生活、尊重教宗，只是没有用金钱来换取教宗对他们的神父和主教的认可罢了。再者，他们也不像酗酒和愚蠢的德意志人那样使

---

⑤ 在整篇文章中，路德把"基督教世界"（*Christenheit*）、"教会"（*Kirche*）、"团体"或"信众"（*Gemeyne*）、"集会"（*Vorsamlung*）等区分开来。

⑥ 这是路德与艾克在莱比锡辩论的主要议题。Order（*ordnung*）不仅意为"法令"或"法规"，也有"起源"等义。

⑦ 指俄罗斯东正教会。莫斯科牧首反对罗马教会于 1439 年提出的与罗马统一的建议，而仅次于莫斯科牧首的基辅牧首赞成统一，参见 *NCE* 12，749—755。

自己遭受赎罪券、教宗谕令、印信、羊皮纸公文和其他罗马商品的损害和羞辱。他们有意从教宗或其使节那里听取福音，但至今仍未见有人被差遣。这样问题就来了，他们所有的人（我所言所论仅仅是他们，而不包括其他人）是否应被我们这些基督徒诽谤为异端分子，或者我们仅仅为了金钱的缘故就污蔑这些基督徒为异端分子和叛教者，那么我们是否倒是真正的异端分子和叛教者呢？由于教宗既不把福音、也不把福音的信使送达给渴盼领受和拥有福音的人；那么显而易见，他认可主教和神父只是为了攫取无用的权力和钱财。他们对此不予服从，于是就被打成了异端分子和叛教者。

我过去主张，现在仍然认为他们不是异端分子和叛教者，也许他们还是比我们优秀的基督徒——尽管他们中间良莠不齐，就像我们并不全是好基督徒一样。莱比锡杰出的赤足修士的小书步其先驱者的后尘，也来向这一主张挑战；它穿着木屐，而且还踩着高跷而行，自以为只有它才不会陷入泥沼。如果有人给它买一杆笛子，它准会高兴地跳起舞来。我也要试试看。

首先我要说，没有人会这样愚蠢，竟然相信教宗及其罗马信徒和谄媚者当真认为他的大权出自上帝的命令。因为事实足以证明，在罗马，凡上帝所命一点都未被执行。的确，假若有人想到这一点，也会被讥笑为愚蠢。这是一清二楚之事。再者，他们任由福音和基督教信仰在世界各地崩溃，也不愿为捍卫它而掉一根头发。此外，一切属灵、属世的恶行榜样都是先从罗马——这个罪恶的汪洋大海——泛滥到全世界的。在罗马，福音成了笑柄，任何人若为其遭际而忧虑，他便被视为是"好基督徒"，⑧ 其实就是"傻瓜"的意思。如果他们要认真关注上帝的命令，那就有成千上万件事情，特别是那些遭到他们讥刺和嘲笑的事情必定要做。因为圣雅各说过："凡遵守全律法⑨的，只在一条上跌倒，他就是犯了众条。"［雅2:10］谁会如此愚蠢，竟然相信他们在嘲笑上帝其他所

---

⑧ *Bon Christian*，教宗廷臣用来形容没有教养的普通人，特别是德意志人。路德接触这个词可能是在 1510 年在罗马逗留期间。参见 Heinrich Böhmer，*Luthers Romfahrt*（Leipzig，1914），p. 143。

⑨ *Ordnung*，即法规。

有诫命的同时，会去追求一条诫命呢？人不可能只顺从上帝的一条诫命，而不受其他所有诫命的影响。现在有许多人认真接受教宗的权柄，但他们看到那更重大更必要的诫命，在罗马遭到亵渎地嘲笑和蔑视，却没有一个人敢说一个"不"字。

再者，如果全体德意志人都跪下来请求教宗和罗马人依然保持这权柄，但免费认可我们的神父和主教，正如福音书所说："你们白白地得来，也要白白地舍去"[太 10:8]，并给我们所有的教会差派良好的传道人，因为他们如此富足有余，倒是应该施舍而不是索取；如果有人严正指出，根据上帝的命令这是他们的职责时，那么我们可以肯定地说，他们所有的人会比在任何事情上都更加百般狡辩，说什么费了这大的力气而分文不取，这决不是上帝的命令。他们会马上曲解经文，借以摆脱困境，就像他们现在这样为达目的而不择手段。任何劝告对他们都不起作用，金钱乃存亡攸关，凡他们认为是上帝所命的，人们就一定要这样听从。

在人们的记忆中，美因茨主教区从罗马购买了八条白羊毛披肩，[10]每条价值 30000 金币，且不说其他无数个主教区、教长区和教士区所花的金钱。我们德意志蠢汉就这样受人愚弄，他们还说没有罗马的批准便不能拥有主教，这是上帝的命令。德意志一半或一半以上的地方都被罗马教会占有，[11] 我真奇怪既然罗马有如此众多难以形容、难以忍受的窃贼、无赖和强盗，我们德意志竟还能剩下一个芬尼（pfennig）。

据说敌基督将找到世界的财富，我想他们已经得到，因此我们的生活才这样受其煎熬。假若德意志王公贵族不迅速大胆加以干涉，德意志真的就要变成废墟，被迫毁灭了。这是罗马信徒高兴看到的事，他们只把我们视作畜生，在罗马有一句俗话论到我们说："人们可以用各种可能的方式诱骗德意志蠢汉的黄金。"对这种侮慢的无赖行径，教宗并不

---

⑩ 指一种由教宗授予大主教的白羊毛披肩。由于从前美因茨一直没有大主教，作为教宗的一笔收入，授予披肩包含了相当数量的金钱交易。美因茨的枢机主教阿尔布雷希特就同时拥有两个大主教区和一个主教区，参见 LW 31, 21。
⑪ Geystlich，即教会的产业；其中"宗教费用"是教会向教士和平信徒征收的什一税、年金和披肩费等。除此以外还有"世俗费用"，包括土地捐献等收入。

加以阻止，他们也都视而不见，事实上他们对这些大逆不道的恶棍比对上帝的神圣福音还更尊崇。他们声称教宗染指于每件肮脏的阴谋——仿佛我们至死都是傻瓜似的——都是上帝的命令，而且他对任何人都可以为所欲为，犹如他是世间的神，尽管他应当白白地服侍众人（如果他愿意或已经是最伟大之人）。但他们在服侍众人之前，倒宁肯撤销这种权力，不再以它为上帝的命令。

如果你要问："他们在这件事上为什么如此激烈地攻击你呢？"我回答说，因为我在更为重大的事情上抨击了他们，其中关乎到信心和上帝之道。他们对此难以取胜，并且看到罗马对这些善美之事漠不关心，于是他们也弃之不论，就在赎罪券和教宗权问题上非难我，并且希冀获得奖赏，因为他们十分明白，在与金钱有关的事上，罗马的恶棍头子势必支持他们，不会缄默无语。但路德博士却有点自傲，对罗马信徒的鼓噪和尖叫不大理会，这几乎使他们感到心碎。我主基督对此不予理会，所以路德也是这样。我们主张，福音一定、并且应当流传。那么，就让平信徒质问罗马信徒，要他们答复这样一个问题：他们为什么要破坏和嘲笑上帝的一切诫命，并且为何因难以说明这［教宗］权柄有何用途、好处和必要性而大发雷霆？自它问世以来，除了败坏基督教王国以外，教宗权柄别无建树，谁都说不出它做过什么有益的好事。如果这罗马信徒再出头露面，我将对此更详细地加以说明，并奉上帝的旨意，按它应得的揭露罗马教廷。

我说这些话，并非因我借此已对驳斥罗马教宗权柄提供了充分的论据，而是只揭发了一些人的谬见，他们将蠓虫过滤出来，却将骆驼倒吞了下去，他们只看见弟兄眼中有刺，却看不见自己眼中有梁木［太7:3；23:24］。他们这样做，无非是尽力在不必要的小事上把别人干掉，如果办不到，也要将他们贴上异端分子的标签或尽其所能随意污蔑。莱比锡这位乖巧敬虔的罗马信徒便是他们中的一个。让我们看看斯人的行径。

在这位莱比锡罗马信徒所写的那本出色的内容丰富的小书中，[12] 我发现了三点攻击我的有力论据。

---

[12] 暗指阿尔维尔特德论文的题目"内容丰富的实用小书"。

第一个，也是迄今最强有力的一个论据，便是污蔑我是异端分子、没有知觉的、瞎眼的蠢材、疯子、毒蛇、毒虫，等等恶名，不一而足——他不止一次地这样做，而且几乎整本书的每一页上都在谩骂我。[13] 别的书里若出现这样的指责、侮辱和诋毁，原本微不足道，但若一本书由一位奉行崇高和神圣的圣方济各会严守派会规[14]的罗马信徒在莱比锡所写、从赤足修士修院里发行，那么它就不仅是温和、节制的范例，而且是捍卫教宗权柄、赎罪券、圣经、信仰和教会的有力论据了。而且这些论据都不需要圣经或理性的证明，只要由一位罗马信徒和神圣的方济各会人士记载在书里也就够了。由于这位罗马信徒在书里还这样写道，犹太人用这些论据在十字架上战胜了基督本身，[15] 那么我也得缴械投降，并且要承认，就如此众多的诽谤、漫骂、凌辱和咒诅来说，这罗马信徒的确打败了路德博士。在这一点上我实在应拱手相让，叫他得胜。[16]

他的第二个论据，简单地说关乎自然理性，内容有两点：

1. 为了避免分裂，世上每一个共同体（community/Gemeinde）都在真正元首基督之下有一个有形的领袖。

2. 既然基督教王国的所有成员都是世上的一个统一共同体，它就必须有一个领袖，这便是教宗。[17]

---

[13] 阿尔维尔特的拉丁文论里有许多这样的话。

[14] 严守派是 1368 年在意大利从方济各会分化出来的严守会规者，遵从 1223 年经教宗洪诺留三世（Honorius III，1148—1227 年）批准的圣方济各的严格规条。

[15] "难道你们没有看见阴间的权柄，即这些最残忍的犹太人，魔鬼的仆从和同伙胜过了基督吗？因为他们抓住了他，把他捆起来，推来操去，揍他，向他吐唾沫，搜他的腰包，讥笑他，鞭笞他，甚至给他加冕，当然不是用黄色的金冠——否则他那苍白的脸就会像国王一样闪闪发光——而是用荆棘编的花冠，所以上帝的脸就因那宝血的浸润而被染红，咒骂他，然后将他钉死在十字架上"，引自阿尔维尔特的拉丁文论文，参见 WA 6，290 n.3。

[16] 约翰·洛尼塞尔驳斥阿尔维尔特："当有人劝路德答复这个怪物时，他说：'我该怎么办呢？看！你回答说，某一位阿尔维尔特当然会战胜我，只要他将野蛮、无知、胆怯、亵渎、怪异、放肆胡乱搅和在一块就行了，这样我就确信自己不会被这种显贵拉下马来'"，参见 WA 6，290 n.4。

[17] 参见本文导言；另参 LW 39，52。

为了简明起见，我用 1 和 2 两个数字来表明这个论据，是要指出这位罗马信徒在 1、2、3 上充其量也不过只学到 2 而已。

我要回应这个论据：既然这个论据是，教宗权威的存在是否出于上帝的命令，那么从世俗事物的经验中扯出理性来，并与上帝的律法相提并论，特别是这位自以为是的可怜人许诺用上帝的律法⑱来反击我，这岂不是有点可笑吗？因为人的制度和理性揭示的任何经验都远在上帝的律法之下。圣经明明禁止人依从理性。圣经说："你们各人不可行自己眼中看为正的事。"［参考申 12:8］理性始终抗拒上帝的律法，据圣经所言："人心终日所思考的，尽是罪恶。"［参考创 6:5］因此，若想以人的理性来维护和支持上帝的秩序，而不首先用信心来巩固和彰显这种理性，那就等于要用无光的灯去照亮太阳，将磐石置于芦苇之上。因为《以赛亚书》7［:9］就使理性从属于信心，说："你若不相信，既不会有知识，也不会有理性。"⑲ 他没有说："你若没有理性，也就不会有信心。"所以这文士应当把他歪曲的理性留在家里，先以经文为据，以免仅仅用这种可笑荒唐的推理方式，来论证信心和上帝的律法。因为假若这种推理得出了这样的结论：世俗共同体必有一位有形之君主，否则便会四分五裂。那么它进一步还可以得出这样的结论：正如世俗共同体离开妇人便不能繁衍生息，所以为了避免毁灭，基督教王国也当得到一位有形的公妻（Common wife）。事实上，这位公妻就必须是名副其实的妓女。再进一步说，世俗社会没有一个有形的公共城市、机构和国土就难以存在，因此基督教王国也应当有一个公共城市、机构和国土。这到哪里去找呢？当然，在罗马嘛。他们始终都在期盼拥有一座城，因为他们几乎已经将整个世界据为己有了。再者，有形的社会应当有可见的公产——仆、婢、牲口和食物等——没有这些，它就不能继续存在。这种推理演绎像高跷，行起来多么漂亮，多么趾高气扬。

作为一位神学教授先要掂量这些笨拙举措，然后用圣经，而不是世俗的类比和人的推理方式来证明上帝的工作和诫命。因为经上这样记

---

⑱ 阿尔维尔特在其拉丁文论文扉页的背面表达了这种意向。
⑲ 路德对圣经武加大译本的意译。

着，上帝的律法本身是真实公义的［诗 19:9］，并不靠外在的帮助。智慧人论到上帝的智慧时还说过："智慧用她的权柄克服了骄傲人。"［箴 11:2］[20] 想用我们的理性捍卫上帝之道是极不光彩的，因为如圣保罗所教导的［弗 6:17］，我们本当应用上帝之道进行自卫，抵抗一切仇敌。在战斗中竟用赤手光头来保护胸甲和佩剑，这样的人难道不是十足的傻瓜吗？试图用人的理性来捍卫我们的盔甲——上帝的律法——同样地愚不可及。

由此我希望人人明了，这个喋喋不休者的浅薄论据已被击溃，而且人们已经看出这论据及立足于其上的一切谬说统统没有根据。不过为了让他充分认识到自己可笑的表演，我们应当明白，虽然我可以承认，离开圣经，推理仍能有效，但他的那些论据，不论是论据 1 还是 2，都是无效的。

首先，论据 1 提出，世上每一个共在基督之下都必有一个首领，这并不符合事实。因为人们发现，有多少个公国、堡垒、城市和家族，就是由两兄弟或两个有同等权力的首领主理的。甚至罗马帝国和世界上许多别的帝国长期以来都不是由一人统治，它们不也治理得很好吗？当今的瑞士人是如何治理的呢？即使我们都是同为人类，都是同一位祖先亚当的子孙，但在世俗政府中我们并没有一个独一的大君王。法国有自己的君主；匈牙利、波兰和丹麦每个国家都有自己的君王。虽然它们没有一个共同的首领，但在基督教王国他们仍然是一个拥有世俗地位的种族，也并没有导致这些王国的分崩离析。即使任何一个政府都不能没有一个自己的治理者，那又有什么理由阻止一个共同体为自己选举数位拥有平等权力的领袖呢？因此，用这种世俗多变的类比为据来衡量上帝命定之事，是不可靠的方式，因为它在世俗领域都不妥当。假定我再次承认这个梦想家的美梦是真的，任何共同体若没有一个有形的独一首领便难以存在，那么为什么非要说基督教王国也必须这样做呢？我非常清楚，这可怜的梦想家根据自己的意会以为基督教共同体与其他任何世俗团体都相同，这样他就暴露了自己根本不懂什么是"基督的教会"或

---

[20] 路德对圣经武加大译本的意译。

"基督教共同体"。我永远不会相信有人会如此无知，竟然犯这样粗俗、愚蠢和固执的错误，更不会相信这事竟发生在一位莱比锡圣徒身上。所以我必须开导这个粗俗的头脑和受他迷惑的人，对他们讲说教会和教会元首的意义。但我必须直截了当，并且使用他们自己肤浅的推理中大胆扭曲同样的词句。

圣经论到基督的教会异常简单，仅有一个意义。但在一般使用上却有了两个意义。

根据圣经，"基督的教会"原意是世上一切基督徒的集会，正如我们按《使徒信经》所祷告的："我信圣灵、圣徒相通。"这种共同体或集会包括了所有生活于信、望、爱里的人。因此教会的精髓、生命和本质不是有形的集会，而是一个在同一信仰里的属灵集会。如圣保罗在《以弗所书》4〔:5〕所说："一洗，一信，一主。"因此，只要每个人都像别人一样传道、相信、盼望、相爱和生活，哪怕形体上相隔千里之遥，他们仍然被称为同一个属灵集会。所以我们歌颂圣灵："你以各种不同的方言，在信仰的合一中，集合了各民各族。"㉑ 这就是指属灵的合一而言，因这合一便有圣徒相通。而且单有这合一就足以造成基督的教会，没有这种合一，那么——无论城市、时间、人群、事工，以及其他的种种合一——都不能形成这基督的教会。

在这一点上，我们必须听从基督的话。当彼拉多就他的国度询问他的时候，他回答说："我的国不属这世界。"〔约18:36〕这句话明确地将教会和一切世俗共同体区分开来，指出它并非物质世界。可是，这瞎眼的罗马信徒却把它变成了与其他世俗共同体一样的有形团契。在《路加福音》17〔:20—21〕，基督说得更为清楚："上帝的国来到不是眼所能见的。人也不能说：'看哪，在这里！看哪，在那里！'因为上帝的国就在你们心里。"

我真奇怪，这些罗马教徒竟把基督那样坚定、清楚的话只当儿戏。可是每个人从这句话都可以知道，上帝的国（这是基督称它为他的教

㉑ 路德翻译的赞美诗《圣灵来临歌》（*Veni Sancte Spiritus*）源于11世纪，是一首用于圣灵降临周（Whitsuntide）的轮唱短诗（antiphon），参见 *LW* 53，265—267。

会）不在罗马，不属于罗马，不在这里，也不在那里，乃是在信徒心里，无论他们在罗马，或在任何别的地方。因此，硬说教会是在罗马，或者属于罗马，甚或说按照上帝的命令，它的头和权柄也在罗马，这是一种令人作呕的谎言，[22] 而且有悖于基督，把他置于撒谎的境地。

再者，基督在《马太福音》24 [:24—26] 还预言了以罗马教会的名义实行统治的欺骗。他说："假基督、假先知将要起来，显大神迹、大奇事，倘若能行，连选民也就迷惑了。看哪，我预先告诉你们了。若有人对你们说：'看哪，基督在旷野里'，你们不要出去！或说：'看哪，基督在内屋中'，你们不要信！"基督亲口把教会与其他一切俗世的和外在的地方与场所分开，使它成为一个属灵领域。但这些富于梦想的传道人却把基督徒共同体的合一看作物质社会，有一定的地点和位置，这不是大错特错吗？把属灵的合一和世俗的合一视为同一，这怎么可能呢？谁的理智能对此加以理解呢？许多基督徒生活于世俗的集会和合一之中，但由于他们的罪恶，却把自己排除于内心属灵的合一之外。

所以，凡主张外在的共同体与合一造就了基督教王国，便是武断地固执己见。凡企图用圣经证明这种观点，便是把上帝的真道置于自己的谎言之列，将上帝变成了假见证。这个可怜的罗马信徒就是采用这样的手法，把有关基督教王国的记载都变成了对罗马权威的外部浮夸。但他无法否认，这群暴徒中的大多数人，尤其是罗马信徒，因其不信和邪恶的生活，[23] 都不在属灵的合一之内，也就是不在真正的基督教王国中。因为如果罗马的外部合一造就了真正的基督徒，那么他们中间便没有罪人。这样，他们成为基督徒也就既不需要信心，也无需上帝的恩典了。这外表的合一已经足够。

从这里我们得出了一个必然结论：正如在罗马的合一之下不能成为基督徒那样，在这种合一之外也不能使人变成异端分子或非基督徒。我倒希望听到有人推翻这种逻辑！因为凡作基督徒所必需的，定能造就一个基督徒；假如它不能造就基督徒，那它就不是必需的，正如我成为真

---

[22] 德意志谚语。
[23] 阿尔维尔特的论据，参见本文导言；另参 *LW* 39, 52。

基督徒并非因为住在维滕堡或莱比锡一样。既然显而易见，罗马会众的外部合一没有使人成为基督徒，那么处于这种合一之外的人也一定不会成为异端分子或分裂分子。所以，说屈居于罗马教会治下是上帝的命令，乃是错误的主张。因为人若遵守上帝的一条诫命，就要遵守众条；如果不遵守众条，就一条也没有遵守［雅2:10］。因此，若认为罗马权威的外部合一就是成全上帝的一条诫命，这是公开亵渎圣灵的谎言。因为在罗马有许多人，他们既不尊重、也不成全上帝的任何诫命。所以不论在这里或别的什么地方，都不能使人成为异端分子，没有真正的信心才会造就这样的人。那么生活于罗马教会之中，显然并不意味着有了信心，置身于其外也不见得就是不信。否则，罗马信徒便都是有信心者、必然得救了，因为不信守众条，就一条也没有信守。

所以把基督徒合一或共同体视为一种物质的和外在的事物，与其他共同体一样，就实际上是犹太人。因为犹太人也在等待他们的弥赛亚，在特定的地方，即耶路撒冷建立一个有形的王国。于是他们就丢弃了信心，惟有这信心才能使基督的王国成为属灵的心灵之国。

再者，如果每一个世俗共同体都以其首领命名，我们称这城是选帝侯的，那城是公爵的，这是法兰克人的"，那么按理说整个基督教王国就应当被称为"罗马的""彼得的"或"教宗的"了。那么为什么它被称为"基督教王国"，我们被称为基督徒呢？就是因为我们元首的缘故——即使我们仍然在世也是这样。这表明整个基督教王国，即使在地上，也只有基督这一个头，因为除了源于基督的这个名称外，它再没有别的名字。这就是为什么圣路加在《使徒行传》［11:26］写道，使徒们起先被称为"安提阿人"，但不久即改称为基督徒。[24]

我们还可以进一步得出这样的结论：人虽然具有肉体和灵魂这两种不同本性的事物，但他成为教会的一个成员，不是按其肉体而言，而是按其灵魂，事实上倒是按其信心而言。否则，就可以说男子是比女子更高贵的基督徒，因为男子的身体比女子的身体健壮。或者说作为基督徒，成年男子高于儿童，健康之人强于病人，贵族、贵妇、富人或大人

---

[24] 路德对"门徒称为'基督徒'是从安提阿起首"这句话的翻译。

物优于仆婢、穷人或奴隶。圣保罗在《加拉太书》3［:28］、5［:6］批驳这种看法说："［在基督里］并不分犹太人、希腊人，自主的、为奴的，或男或女。"相反，就肉体而论，大家都是平等的基督徒。但是，谁若有更大的信、望、爱，便是更好的基督徒。所以，基督教王国显然是一个属灵共同体，不能把它视为世俗共同体，就如同不能将灵与肉体、信心与世俗之物相提并论一样。

正如肉体是灵魂的形态㉕或表象一样，当然也可以说世俗共同体是基督属灵共同体的表象，世俗共同体有一个有形的首领，那么属灵共同体也应有一个属灵元首。但谁会这样愚蠢，竟主张灵魂也必须有一个可见的首领呢？这就好像我说过的，每个活生生的动物身上都必须有一个画着的头。如果这个拘泥于字面㉖（我应当称他为"作家"）了解基督教的意义，他无疑会因设计这样一本书而感到羞耻。漆黑混乱的头脑里面只有黑暗，发不出亮光，这有什么奇怪的呢？圣保罗在《歌罗西书》3［:3］说过，我们的生命不是属于世界，乃是同基督一起藏在上帝里面。因为假使基督教王国是一个有形的集会，那么看看身样你就能辨认出谁是基督徒，谁是土耳其人或是犹太人，就如同审视体形，你就能认出是男、是女、是小孩、是白人或黑人一样。再说说世俗共同体，我可以指出某个人是否曾与别人一起在莱比锡、维滕堡或其他地方集会，但我却根本不知道他是否有信心。因此，凡不愿走入歧途的人应当牢记，教会是在同一信仰之人的属灵集会，借肉体不能被视为基督徒。那自然、真实、纯正和实在的教会，不论其名称如何，它只存在于圣灵之中，而不属于外在之物。因为任何非基督徒都可以拥有非属灵之物，但他却不能因此而成为基督徒。惟有真信心造就基督徒，所以我们被称为"基督的信徒"，在五旬节唱道：

　　圣灵啊，我们求你，

㉕ 德语 *Figur*，源于拉丁文的 *Figura* 一词。
㉖ *Buchstabe* 的双关语，意为"字母"。

让我们有份于真实的信心吧！⑳

这就是圣经对圣教会和基督教王国的说法，其他说法都不能表达。

除此以外，对基督教王国还有另一种说法。按照这种说法，基督教王国是指在一所房屋、一所教区、主教区、大主教区或教宗辖区的集会。附属这种集会的有各样外部形式，诸如歌诗、诵读和弥撒礼服等。在这里，最重要的是主教、神父和修会成员被赐予"属灵身份"——并不是由于信心，因为他们可能不具备，而只是因为他们受过外在的膏油礼，戴冠冕，穿特别的服饰，做特别的祷告，行特别的事工，主持弥撒，坐在唱诗的位上，似乎参与一切表面的敬拜。他们把"属灵"和"教会"用于这些外在的活动方面，实在有损其真义，因为这些字眼仅与信心相关，它在灵魂中运作，造就真正的属灵人和基督徒，但这种说法已经传遍各地——使许多人的心灵大受迷惑，以为这些外表的浮华才是基督教王国或教会真正的属灵财富。

圣经里没有只言片语，表明这样一个纯粹外在的教会是上帝所立。所以纵然所有的大学都与他们沆瀣一气，我在此也要挑战那本亵渎上帝、令人诅咒的异端书籍的作者或试图维护它的追随者们。如果他们能在圣经里找到一个字来证实它，我就收回我的一切言论。我知道他们办不到。教会和人的法规的确都把这些外在之物称为"教会"或"基督教王国"，但这不是现在的话题。因此，为了简洁和易于理解，我们将用不同的名称来称呼这两种教会。我们把第一种本质上的和真实的教会叫作"内在的属灵基督教王国"，把第二种人为的和外在的教会称作"外在的有形基督教"。我们并不是要把二者分开，而是如我在称呼某个人时，按照心灵我称他为"属灵之人"，按照肉体称他为"属形体之人"，或者像使徒保罗习惯说的"里面的人"和"外面的人"［罗 7:22—23，新译本］。所以就心灵而论，基督徒会众是在一个信仰里合一的团契；虽然按照肉体，每个群体可以聚集在本地的每个场所，但所有的教友不

⑳ 路德翻译的一首广为流传的德语赞美诗《向圣灵祷告》（*Nun bitten wir den Heiligen Geist*），参见 *LW* 53，263—264。

477

能聚于一处。

这种外在的基督教王国受制于教会法规和高级教士。一切教宗、枢机主教、主教、教长、神父、修士和修女，以及按其外表而被称为基督徒的都属于这个教会，不管这些人是否为真基督徒。因为纵然这种团契造就不了真正的基督徒——上述各个阶层没有信心照样继续存在——但它实际上也包含了些许真基督徒，就像肉体虽不能给灵魂赋予生命，但灵魂驻于肉体，也能脱离肉体而活。第二种团体的成员若没有真信心，他们就置身于第一种团体以外，在上帝眼中已经死了。他们是伪君子，徒有真基督徒的外表。以色列人就是在信心中聚集的上帝子民的预表。

"教会/教堂"（church）这个词的第三种用法并不是指基督教王国，而是用来做礼拜的建筑物。"属灵"这个简单的字眼便被进一步用于世俗财产——并不是借信心而成的真正属灵之物，而是属于第二种有形基督教王国的东西。它们被称为这个教会的"属灵"或"教会"财产。㉘反之，属于第一种属灵基督教王国的平信徒，虽然是比他们优秀得多的真正属灵之人，其财产却被称为"俗物"。今日基督教王国的一切事工和治理几乎都是这样进行的。"属灵财产"这个术语甚至被扩及到世俗财产方面，以致现在的人不知道它还有何别的意义，不论属灵教会或有形教会都不再受人尊重。他们像异教徒那样为世俗财产争吵不休，还说这是为了教会和属灵财产的缘故。词语和事物遭到如此曲解滥用，完全是教会法规和人为法规所致，它带给基督教王国的破坏实在难以言表。

现在让我们讨论基督教王国的元首问题。

上述一切都说明，只有第一种基督教王国才是真正的教会，它不会也不能拥有一个地上的头领。地上任何人，不论教宗还是主教都没有资格对它施行统治，这里只有天上的基督是它的元首，受其统治。

这一点首先可以这样证明：人怎么对自己既不理解又不认识的领域进行治理呢？谁能知道别人是否有真信心呢？事实上假若教宗权扩大到这个地步，他就会像基督一样随心所欲，剥夺基督信徒的信心，对它加以指导、增强和变更。

㉘ 参见前注⑤。

其次，可以用头的本性来证明。每个头的功能都是连结全身，将生命、感受与活力注入肢体。世俗的头领也可以证明这一点。一国之君将自己所愿所想诏令其臣民，以使他们接受同样的思想和意志，按其谕令行事。这实际上就是所谓君主灌输他们所行的事工，因为没有他，臣民便不会成就这些事情。然而除基督外，却没有任何人能将基督的真信心、思想、意志和事工灌输给别人或自己的心灵中。不论教宗还是主教，都不能使基督徒必备的信心和别的一切出现于人的心灵中。正如使徒保罗在《哥林多前书》第3章［2:16］所言，基督徒必须和天上的基督有同样的心灵、感情和意志。再者，基督徒肢体还可能产生教宗或主教所没有的信心，那教宗或主教怎么可以作这种基督徒的头呢？他尚且不能把属灵教会的生命灌输到自己心里，又怎能将它传送给别人呢？事实上，有谁见过活的生物却长着一个无生命的头呢？头必须能输入生命。可见除基督外，世上属灵的基督教王国没有别的元首。即使有人作基督教王国的头，而一旦教宗死去，它就一定随之崩溃。因为头既然死亡，身子哪里还能存活呢？

进一步说，基督不会在这个教会里设立代表。所以不论教宗还是主教，都永远不可能、也不会获准充当基督在教会里的代表或摄政王。这一点可以由此证明：如果一位摄政王服从他的君主，那么作为代理人，他就要按君主之意操劳、行事，并把所诏令的同一样事工传达给臣民。我们在世俗国度就可以看到这样的情形，在那里，君主、摄政和臣民们同心同意。可是，教宗绝不可能使我主基督的事工（即信、望、爱、一切恩典与美德）灌输和滋生于哪怕一个基督徒的心灵里。即使他比圣彼得更神圣，也不能办到。

如果这些依据圣经的例证仍嫌不足，那么还有圣保罗在《以弗所书》4［:15—16］里那有力、确凿的话为证，他认为教会只有一个元首："惟用爱心说诚实话（即不作外表的，而作真正的基督徒），凡事长进，连于元首基督；全身都靠他联络得合式，百节各按各职，照着各体的功用彼此相助，便叫身体渐渐增长，在爱中建立自己。"使徒保罗在这里明确指出，教会是基督的肢体，它的增进和发展全赖于它的元首基督。世上哪里还会发现具有这种属性的另一个头呢，何况世上的头本身一般都是既无爱心亦无信心？再者，保罗这话是针对自己、圣彼得和大家而言的。假若还需要另一个头，他竟然对此缄默不语，那就是不诚实的表现。

我当然知道有些人对诸如此类的经文敢于另有看法，认为保罗之所以没有论及这一点，那就是并不否认圣彼得也是教会的头，而是代表基督哺乳婴孩［林前 3:1—2］。请注意这一点！他们试图把彼得为头作为救赎的必要条件，而且如此高傲，竟胆敢无端指责圣保罗对这些救赎必要之事加以隐瞒。因此这些蠢驴为固执自己的错误，不惜毁谤保罗和上帝之道。他们将传扬基督称为给婴儿喂的奶，把宣扬圣彼得说成是肉，仿佛彼得比基督还要高尚伟大，且更难理解。这就叫作阐释圣经、战胜路德博士。这样做犹如避雨，结果反而跌入水沟。假如我们同波希米亚人㉙或异端分子论战，这些空谈家会有什么样的结果呢？事实上这样一来，我们只能成为众人的笑柄，使他们有理由把我们视为发狂的白痴。而且由于我们的愚蠢，他们只能会更加固守自己的信仰。

你们如果要问："既然高级教士们不是这种属灵教会的头，也不是它的代理人，那他们到底是什么呢？"请你们倾听一下平信徒的心声："圣彼得是'十二使徒'中的一位信使，㉚ 其他使徒也都是信使。既然彼得不过是一个使者，那么为什么教宗以作使者为耻呢？"你们这些平信徒要小心，因为你们要把教宗当作信使和信差，所以要小心那些超博学的罗马信徒会将你们判为异端分子，处以火刑。不过，你们这样做却有充分的理由，因为希腊文中的"使徒"就是德文中的"信使"，而且整部福音书都是这样称呼他们的。

既然他们都是一位主基督的使者，谁会如此愚蠢地认为这位伟大的主，要在全世界成就这样重要的事业会只差遣一位信使，而这位使者又会任命自己的信使呢？如果是这样的话，圣彼得就不当被称为"十二使徒之一"，而应被称为"唯一的信使"，其他人也就不是"十二使徒之一"了。这样，他们就应当被称为圣彼得的"十一使徒之一"。贵族宫

㉙ 指胡斯的信徒，胡斯在 1415 年的康斯坦茨公会议期间殉难，他的信徒从教会中分离出去。

㉚ *Zwolfbote*，古德语对使徒的称呼，意为"十二使徒之一"。

廷里的惯例又是怎样的呢？一位君主拥有许多使臣，这难道不是事实吗？为了向一个地方传达一项谕令而派遣许多使者，这难道不是常有的事吗？譬如今天的神父、主教、大主教和教宗就是共同统治一个城市，还不算夹在他们中间的那些专制者。基督赋予所有的使徒同样充分的权威，宣扬他的道与使命，把他们差往世界各地。正如圣保罗所说："我们作基督的使者"［林后 5:20］，在《哥林多前书》3［:5，新译本］说："彼得算什么？保罗算什么？我们不过是上帝的仆人，你们藉着我们信了主。"这使命就是喂养羊群、管理、作主教等。但教宗却要上帝的所有信使都臣服于他，这就等于某君主的一位信使不让别的所有信使履行君命，自己却任意支使他们，而本人却不衔命出发。那君主发觉后难道会乐意吗？

假如你们这样说："不错，某位信使确实可能居于别人之上"。我回答说："某人或许比别人更为杰出或更有本事，正如与彼得相比，圣保罗要高出一筹一样。但就职分而论，由于他们传达的是同一使命，所以他们之间就没有高低之分。"那为什么按照他们的说法，圣彼得就比别人特殊，既不属于十二使徒之一，又是其他使徒的主宰呢？既然他们共衔一位主的同一份信息和委托，一个人怎能高踞于他人之上呢？

所以，根据上帝的命定而言，所有的主教都是平等地拥有使徒的地位，那么我就可以坦言，就人的制度而论，在有形的教会之中，一个人可以居于他人之上。因为教宗在这里灌输的是他个人的意志，比如教会法规和人为的发明，所以基督教王国就被外部的虚饰所统治。而如上所述，这不能使人成为基督徒。㉛ 此外，那些不受制于这些法规、礼仪和人为制度所统辖的人们，也不算是异端分子。因为各国有各国的风俗。这一切都为下述信条所确认："我信圣灵、独一圣洁的基督教教会、圣徒相通。"没有人说："我信圣灵、独一圣洁的罗马教会、罗马人相通。"显然，圣教会并不从属于罗马，相反，它遍及全地，是同一信仰者的集会，且是属灵而非属血气的集会。因为人所信的既不是物质的，也不是可见的。正由于我们大家都能看见这外在的罗马教会，所以它就不可能

㉛ 参见 *LW* 39，70。

是真教会。这种教会是共有一信的圣徒所相信的合一共同体或集会，而人们难以看见谁是圣徒、何人有信。

认识这教会在世界上存在的外部标记，不是罗马或这个、那个什么地方，而是洗礼、圣礼㉜和福音。哪里有洗礼和福音，那里就无疑有圣徒存在——即使他们还是摇篮中的婴儿。罗马或教宗权威却不是教会存在的标记，因为这种权力不能像洗礼和福音那样造就基督徒，因此它并不属于真正的教会，只是人为的制度。

所以，我劝这位罗马信徒先到学校再读一年书，弄清教会和教会元首的真正意义，然后再用如此高深、广泛的长篇大论，把可怜的异端分子驱逐出教。让这些连养猪都不配的疯狂圣徒如此高傲、放肆和无耻地撕毁与亵渎圣经，斗胆涉足有关圣经问题，这真令我心碎。直到现在我始终认为，一旦需要圣经证明某件事，那么引用的圣经就应当是针对这个争议问题的。但现在我却发现，只要把许多经文杂乱无章地堆在一起就行了，不管它们是否适用。按照这样的方法行事，我足以用圣经证明锄头酒㉝比马姆齐美酒㉞香醇。

他用拉丁文和德语写的东西，都是这样胡拉乱扯地说基督是土耳其人、异教徒、基督徒、异端分子、强盗、娼妓和无赖的元首。㉟ 假如因这可怜虫骇人听闻的亵渎，修道院里所有的顽石和木头瞪眼将他叫骂至死，这也不足为奇。我该说什么呢？这样一来基督岂不成了娼妓的鸨

㉜ 指圣餐。

㉝ *Rastrum*，拉丁文，意为"挖掘器具"，如锄头和耙子之类。莱比锡大学生认为这种啤酒质量极为低劣。宗教改革时代有一篇古文论及各种饮料，其中有这样的话："莱比锡大学生把这种啤酒称为锄头酒，这个比喻源于农人，因为他们在翻松坚硬的田地时用的是锄头、鹤嘴锄和耙子等，莱比锡啤酒的酸味也是这样地像锄头一样伤害、攻击和折磨人的肠子"，参见 *WA* 6，301 n. 1。

㉞ *Malmesier*，源于希腊城市莫奈姆瓦夏（Monemvasia），后来此地产一种香甜的美酒，被称为马姆齐甜葡萄酒（malmsey）。

㉟ 阿尔维尔特在其德语论著中写道："有基督为牧人或头是不够的，否则，所有的异教徒、犹太人、所有犯错的人和异端分子都成了真基督徒。基督是全世界的主、监护人、牧人和头，不论人是否喜欢他"，参见 *WA* 6，301 n. 3。在拉丁文论著中他写道："除非在一个头，即在以基督耶稣为首的带领下，任何世俗团契或集会都难以管理好。"他用许多例证来证明这一点，并说："离开主政者、王、或主或头，任何妓院、贼群、匪帮或者兵团都难以管理或聚拢一起，长期存在"，参见 *WA* 6，278。

母，一切杀人犯、异端分子和恶棍的头子了吗？你这可怜虫有祸了，因为你使你的主当众受辱！这可怜的家伙妄想著书论述基督教王国的元首，竟愚蠢不堪，认为头与主是一回事。基督当然主宰万物，无论善恶，也无论天使与魔鬼、贞女与婊子。但他只是在圣灵里合一的圣洁和敬虔基督徒的元首。因为如我根据圣保罗在《以弗所书》4［:15—16］㊱里的话所证明的，头必须与身子连合，身子要从头那里接受活力与生命。因此基督不可能是某个邪恶团体的头，尽管这个团体因他是主的缘故受其主宰。这就仿佛他的国，即基督教王国一样，虽然这不是物质社会或国度，但里面的一切，无论属灵属肉、地狱或天堂，统统归他管辖。

这样看来，在第一个论据中这个文士辱骂和诽谤了我。而在第二个论据中，他对基督的诋毁比对我更加变本加厉。纵然他高度重视自己虔诚的祷告和禁食，看不起我这可怜的罪人，但他还没有像糟践基督那样，把我也变成娼主和大恶霸。

说到他的第三个论据，它使上帝的崇高威严蒙污，使圣灵成了骗子和异端分子；惟有这样，罗马信徒的臆断才能保有真实性。

正如第二个论据得自理性，第一个论据得自愚蠢一样，这第三个论据源于圣经。这样，凡事就各就其位。第三个论据是这样说的："旧约是新约的预表。㊲因为前者有一个有形的大祭司，那么新约也得有一个有形的大祭司。否则这预表怎能应验呢？因为基督自己亲口说过：'律法的一点一画也不能废去，都要成全。'［太 5∶18］"这就是他的论点。㊳

我从来没有看见过一本书如此愚蠢、无聊和轻率。有人已经发表过同样的言论攻击我，㊴ 其粗鄙、愚蠢之至，必然遭到我的蔑视。但是，他们尚未磨砺其睿智，所以我要用粗俗的语言来对付这些笨脑壳。我当

㊱ 参见 *LW* 39，72。

㊲ 德语 *Figur*，阿尔维尔特和路德是在对真正实在的"预言"或"预兆"之意上使用该词的。这种观点把旧约视为"预表"，把"新约"视为"应验"。

㊳ 参见本文导言；*LW* 39，52。

㊴ 耶柔米·埃姆泽的《关于莱比锡论战》和《关于路德追逐山羊的宣言》（*A Venatione Luteriana Aegocerotis Assertio*）中的观点，参见 *WA* 6，302 n.3；*LW* 39，107—110。

然知道不能对牛弹琴，所以只给它蓟刺。

首先，预表及其成全显然要对应相称，即预表是物质的和外在的，预表的应验是属灵和内心的，预表向肉身的眼睛揭示的内容，其应验只会向信心的眼睛揭示，否则它就没有真实应验。我必须用这个例子来证明：如《出埃及记》［13:18ff.］所载，以色列人靠许多神迹使自己的身体逃离埃及这有形之地。这个预表并不是说我们的身体也要从埃及出来，而是要我们的灵魂借真信心脱离罪恶和魔鬼的属灵权势。这样，以色列人的有形集会就意味着基督子民借信心实现属灵的、内在的集会。同样，犹如他们从有形的磐石上取水止渴［林前 10:3—4］，吃那天上掉下来的有形吗哪。假如我们信他，我们也能用心灵之口，从属灵的磐石（主基督）得到吃喝。再者，摩西把一条蛇挂在杆子上，凡看见这蛇的就必得活［民 21:6—9］；这预表指的是十字架上的基督，使凡信他的人必定得救。所以在整部旧约中，所提及的一切有形的可见之物，在新约中都是属灵的、肉眼看不见的，只能靠信心而领受。圣奥古斯丁就是这样理解预表的；他论《约翰福音》3［:14］时这样说过："预表和应验的区别，就在于预表赐给现世的好处和生命，它的应验给人属灵的永恒生命。"[40] 现在，罗马教宗权的外部浮华既不能提供俗世的生命，也不能给予永恒的生命，因此它就不仅不是预表的应验，而且也不是亚伦的预表，因为预表是上帝所命。假如教宗权威能给人现世的或永恒的生命，那么所有的教宗就会得救，获得永生。但是，那些虽然只在信仰里拥有基督和属灵教会的人，却真的得救了，获得了预表的应验。既然教宗的外部浮华与他教会的一体性为肉眼所见，因此我们都能看清，他就不可能是预表的应验。因为预表的应验只能为人所信，而不得被人看见。

看看他们是多么精明的行家吧！他们说旧约的大祭司就是教宗——尽管后者比前者享受着更为现世的荣华富贵。所以这现世的预表必得某种现世之物来应验。这表明预表及其应验不过是一回事而已。假若这预

---

[40] Augustine, *In Ioannis Evangelium*, 12.32.2，参见 *MPL* 35，1490；*PNF* 7，81。这里是路德对原文的意译。

表能够成立，这新的大祭司就必定是属灵的，他的装饰与穿戴也应属
灵。先知在《诗篇》132［:9，路德自译］论及我们时也预见到了这一
点:"你的祭司必披上信心和公义，你的圣民必以欢喜为装饰。"他们仿
佛说:"我们的祭司是预表，外面披着丝绸和紫袍，但你们的祭司内里
将充满恩典。"所以这可怜的罗马信徒和他的预表便一败涂地，他对圣
经的肆意混淆也是徒劳一场。教宗是外在的祭司，他们把他跟外在的权
柄与奢华联系起来。因此，亚伦不可能也绝不是他的预表，而必须是另
一位。

其次——他们或许意识到他们离开真道已经有多远——即使他们十
分聪明，批准了预表的属灵应验，但是，他们若不能用清楚的经文将预
表和属灵的应验联系在一起，它就仍然站不住脚。不然，大家都可以以
此牵强附会、为所欲为。譬如《约翰福音》3［:14］就告诫我们，摩西
挂在杆上的蛇就象征基督。如果这不是事实，那么我的理智以此预表为
据就会推演出十分奇怪和轻率的结论。再者，我不能自作聪明，还要求
教于圣保罗在《罗马书》5［:14—15］的教导，他指出亚当就是基督的
预表。此外，又是保罗，而不是我的理性在《哥林多前书》10［:4］里
说，旷野里的磐石象征基督。因此，除确定预表及预表应验的圣灵外，
谁也不能解释预表，以便使应许与成全、预表及其应验，以及对两者的
解说，都属于上帝的许可权，而不属于人。这样，我们的信仰就不是在
人的（而是在上帝的）事工和应许上立了根基。以色列人堕入歧途，难
道不是因为他们脱离圣经，凭人的理性来解释诸种预表而导致的结果
吗? 除了不用圣经解释预表外，还有什么能够诱导出许多异端分子来
呢? 即使教宗是属灵的，我们把亚伦当作他的预表也无效，除非有清楚
的经文这样宣告:"看哪，亚伦就是教宗的预表!"否则，谁能禁绝我持
有诸如此类的观点:那亚伦也是布拉格主教的预表呢? 圣奥古斯丁曾经
说过，争论中引用预表是无效的，除非有圣经证明。[41]

因此，这可怜的饶舌妇缺少两样东西:他既无内心属灵的大祭司，
也没有圣经的任何经文作证。他从自己的梦中盲目地攫取了一根稻草，

[41] Augustine, *De unitate ecclesiae*, 5.8, 参见 *MPL* 43, 396—397。

便视其为有关亚伦是圣彼得预表的前提，而要确立和证明这一点，定要花费九牛二虎之力。他却喋喋不休，说律法必须成全，一点不可遗漏。

我亲爱的罗马信徒，旧约的律法及其成全当在新约里应验，谁对此产生过怀疑呢？这用不着你的学问证明。你在这里可以卖弄你的大智大谋，证明它应验在彼得或教宗身上。但是，在本当需要说话的时候你却呆头呆脑，哑口无言；在无需饶舌时你却滔滔不绝。难道你学的逻辑就这样拙劣吗？你对没有争议的大前提尽力论证，对人们怀疑的小前提却认为不证自明，然后随心所欲地得出结论。

你们听着，我要给你们上一节更好的逻辑课。我赞同你们的这句话："旧约里大祭司所预表的，必定在新约里应验。"这是圣保罗在《哥林多前书》10［:6］里说过的话，我们彼此无别。但你现在却进一步说："圣彼得或教宗是亚伦所预表的。"我在这里就得说不。你究竟要干什么？假若你能变得虚心好学，让所有的罗马信徒鼎力相助，从圣经里找出一点一画来充实你的说法，我就会把你称作大英雄。你的依据何在？原来是基于你的梦！而你却自吹自擂，说你用圣经跟我论争。你不必这样特别显出自己是愚人，因为我总是以这样的愚人作为击倒的对手。

你再听我说：我认为亚伦不是教宗的预表，而是基督的预表。我并不像你那样以自己的发明说话。反之，我将从两方面切实地加以证明，务使你们与全体世人，以及所有的鬼魔都难以驳倒。首先，基督是一个内在属灵的祭司。他作为祭司坐在天上，为我们代求，在内心深处教化我们，在上帝与我们之间尽祭司的本分，圣保罗在《罗马书》3［:25］和全篇《希伯来书》中都这样说过。所以亚伦的预表是有形的和外表的，但应验却是属灵的和内心的，二者协调一致。其次，为表明我没有展示自己的想法，我引证《诗篇》110［:4］的经文："耶和华起了誓，决不后悔，说：'你是照着麦基洗德的等次永远为祭司'"。你为何不引证论及圣彼得或教宗的这节经文？我自认你们无法否认这段关于基督的经文。因为圣保罗在《希伯来书》5［:6］和其他章节，以及主基督为证明自己，在《马太福音》22［:44］里都引证过它。

因此我们看得出来，罗马信徒多么巧妙地引用圣经，他们各取所需，就好像它是一个用蜡做的鼻子，任由人们拉来拉去。我们在新约里已经证明基督是大祭司；此外，在《希伯来书》9 [:6—12] 更明确地将亚伦和基督加以对比，说道："众祭司就常进头一层帐幕，行拜上帝的礼。至于第二层帐幕，惟有大祭司一年一次独自进去，没有不带着血为自己和百姓的过错献上。圣灵用此指明，头一层帐幕仍存的时候，进入至圣所的路还未显明。那头一层帐幕作现今的一个表样，但现在基督已经来到，作了将来美事的大祭司，经过那更大更全备的帐幕，不是人手所造，也不是属乎这世界的；并且不用山羊和牛犊的血，乃用自己的血，只一次进入圣所，成了永远赎罪的事。"你这超博学的罗马信徒对此有何说法？保罗说大祭司象征基督，而你们却说象征彼得。保罗说基督不进世俗之所，你们却说他就在罗马的世俗之所。保罗说基督只一次就进了至圣所，成就了永恒的救赎，他把预表的应验完全视为属灵的、属天的，你们却把它说成是俗世的、有形的。你们现在要做什么呢？请听听我的忠告：举起拳头，打他的嘴巴，骂他是撒谎者、异端分子和投毒者，如你们对待我那样。如此你们就变得像你们的祖宗，那位打米该亚脸的西底家了 [王上 22:24]。可怜的诽谤者，你看出了吗？你的狂想和顾问将你带到了何方？那些压制我就有关平信徒在圣餐中饼酒同领讲道的大人物们又在哪里？[42] 他们该受这样的报应，因为他们既不愿听取、也不愿容忍福音。现在，他们只得听那邪灵的谎言和亵渎，正如基督在《约翰福音》5 [:43] 所说："我奉我父的名来，你们不接待我，若有别人奉自己的名来，你们倒要接待他。"

然而，如果你要说亚伦的预表不光是基督，也是圣彼得，我就答复你：你若固执己见，你还可以说亚伦的预表还有土耳其人。你若以无用的空谈为快，谁又能阻止你呢？但你曾经信誓旦旦地说要用圣经来进行

---

[42] 路德在《关于基督真圣体的圣礼，及与兄弟团契》（*The Blessed Sacrament of the Holy and True Body of Christ, and the Brotherhoods*）中，为饼酒同领的圣餐辩护，参见 *LW* 35，45—73；萨克森乔治公爵斥其为"波西米亚人"（胡斯派）的作品，迈森（Meissen）主教于 1520 年 1 月 20 日将其列为禁书，另参 *WA* 6，76—83。包括阿尔维尔特在内的莱比锡神学家强烈反对路德的这一观点；"大人物"（big-wigs）自然指的是乔治公爵和迈森主教而言。

辩论，那么就行动吧，把你的梦撇在家里！再者，假如为信仰而争论，那就不能借不可靠的经文，而要用切题的经文进行确凿、实在和明晰地论证。否则，邪灵将把我们抛来掷去，以致最终我们都不知道自己究竟在哪里——正如许多人就《马太福音》16［:18］里"彼得"和"磐石"这区区几个词所做的争论那样。㊸ 你若说亚伦是基督的预表，而且也是彼得的预表，那还不过是较小的谎言。但是你却拼命大喊大叫，说亚伦只是彼得的预表，而不是基督的预表。那么，你就是用狂言乱语抽打圣保罗的脸。为了使你的愚蠢能自圆其说，你又说摩西是基督的预表。你对它的论证不仅脱离了圣经、理性和证据——好像你比上帝还要高明，出口的一言一词都应被视为福音似的——而且完全违背了圣经，因为如圣保罗在《哥林多后书》3［:7—11］所说，圣经把摩西作为律法的预表。对此已经毋庸赘言。你可能会再次放肆无礼地打保罗的脸。你吸的这种毒液来自于埃姆泽以及他那本异端和亵渎的小书。㊹ 当骑士艾克带着他的与众不同的牛粪㊺到来之时，我将奉上帝的意志对这小书进行应有的回击。亲爱的罗马信徒，你们这样做决不会得逞！即使我不能强行制止你们，但至少使你们不能靠曲解圣经来寻求支持。赞美上帝，我还未预备好去尝尘土的滋味。

我想罗马信徒的第三个论据分明是异端和亵渎，因为他断然抗拒圣灵上帝，使他成为撒谎者，而且全力地败坏圣保罗。既然亚伦是基督的预表，那他就不可能再象征圣彼得。圣经里归于基督的，断不能归于其他任何人，这样，它才能始终保持一种确凿、直接和明晰的意义，我们以此所建立的信心才会坚定不移。我承认，圣彼得是亚伦胸牌上的十二宝石之一［出 28:17—21］。这可能象征在基督里被拣选和在永恒中就被认识的十二使徒是基督教王国最伟大的宝石。但我决不承认彼得可以变成亚伦。再者，我承认彼得矗立于所罗门宝座旁边的十二狮子之一［王

㊸ 参见 *LW* 39，86—89。

㊹ 参见前注㊴。

㊺ 可能源于 *Jauche*（粪水）一词。指艾克的《论彼得的至尊权》（*De primatu Petri*），在其出版前，艾克就吹嘘此为大作，参见 Schwiebert, *Luther and His Times*, pp. 422—423。

上 10:19—20]，但在我看来，惟有基督是所罗门王。我同意十二使徒是
以琳旷野中的十二股水泉［出 15:27]，不过那光明的云彩和火柱应该是
基督自己。正如十二使徒中的任何一位都无权主宰其他使徒，圣彼得也
无权对别的使徒发号施令，根据上帝的命令，教宗也无权统辖其他主教
和神父。

　　亲爱的罗马信徒，我再说一件事就够了。我希望你［对下述问题]
有一个通情达理的正确答复：如果亚伦是教宗外在的权力、法衣和地位
方面的预表，那他为什么不可以作其他外在事物上的预表呢？既然它适
用于一件事，为什么不适用于其他事呢？

　　经上写着，大祭司应当娶处女，不当与寡妇或被休的妇人成婚［利
21:14]。为什么不让教宗也娶个处女，以便使这预表应验呢？事实上，
教宗为何要禁止所有教士结婚呢？这不仅违背了预表，也与上帝、律
法、理性和人性相抵触，他既没有权威和权柄，也没有权利这样做。此
外，教会从来没有下达过这样的命令，也不应发出这种命令。所以，教
宗只是由于独断专行，而并没有任何必要和理由使基督教王国充斥着娼
妓、罪人和内疚的良心——如圣保罗在《提摩太前书》4［:1—3]论到
他："圣灵明说，在后来的时候，必有人离弃真道，听从那引诱人的邪
灵和鬼魔的道理。这是因为说谎之人的假冒；这等人的良心如同被热铁
烙惯了一般。他们禁止嫁娶，又禁戒食物，就是上帝所造、叫那信而明
白真道的人感谢着领受的。"保罗这话岂不是抨击了罗马教会的法规吗？
它们规定不许教士结婚、所有的基督徒在某些日子不得食用黄油、蛋、
奶或肉类，尽管上帝完全任由所有的基督徒按照自己的意愿吃喝婚嫁。
墨守成规的罗马信徒，闹闹嚷嚷地说预表的一点一画都不能遗漏，一切
都要应验，而今你在哪里？同保罗和其他使徒一起都娶了妻子的圣彼
得，[46] 他的继承人教宗又在哪里？

　　再者，旧约大祭司都不允许留光头［利 21:5]。为什么教宗自己和
其他教士都要剃度呢？为什么不让预表在这里彻底应验呢？另外，旧约

---

[46] 路德此处可能有误，因为保罗似乎没有结过婚，或者路德接受了保罗结过婚，但信主
后妻子离她而去的传说，参见林前 9:5。

的大祭司不许私有以色列的任何土地，反倒只是靠以色列人的奉献过活。为什么现在的罗马教廷却如此狂热地妄图占有全世界？为什么它过去盗窃、劫掠乡村、城市，实际上还有诸邦各国，现在又胆敢任意扶植、废立和取代所有的君王，与敌基督如出一辙呢？这里的预表应验在何处？

再者，旧约里的大祭司是君王治下的臣民，为什么教宗却要人吻他的脚，并且还想作万王之王呢？这是连基督都未行之事。这里预表又要在哪里应验？

再者，以往的大祭司都行了割礼。所以最后，假如预表的应验就是新约里的事情一定要在表面上跟旧约里一样，我们为什么不重新变成犹太人，顺从摩西的所有律法呢？如果我们遵行了其中一条，为何不全都履行呢？如果不是全部，为什么唯独奉行那一条呢？事实上，如果认为在外表的浮华方面，新约一定要超越旧约，那么假定新约应当有一个以上的大祭司，以便使其比只有一个大祭司的旧约更荣耀和更辉煌，这不是更合理吗？假若让理性自行判断这件事情，那会得出怎样的结论呢？

此外，在旧约大祭司时代，有许多圣人并不在大祭司以下，约伯及其家人就是例证，而且不止他一个。还有巴比伦王、示巴的女王、撒勒法的孀妇、叙利亚的元帅乃缦，以及东方的许多人和他们的家人，都在旧约里受到称颂。为什么预表的一点一画不在这里完全生效？为什么教宗不许人作基督徒，除非那人效忠于他，并且按照罗马教徒所定价格购买有关印信和文书？难道罗马信徒拥有这样的权柄，可以完全不以圣经为据，而随意在任何时间、用任何方法来解释预表吗？亲爱的罗马信徒，你难道还未觉察到嫉妒和仇恨已经完全蒙蔽了你和你的同党吗？假若你们过去老实地待在修道院里，履行守夜诵祷，在应召或迫不得已的时候再插手这种问题，岂不是更好些吗？你并不明白"预表"的意义或其象征，但却自诩为"公认的圣经专家"。[47] 你确实算得上行家——可惜只是在败坏圣经、亵渎上帝和诽谤一切真理方面。后会有期，亲爱的

---

[47] 阿尔维尔特在他拉丁文著作的标题中如此自诩；他曾为了获得必要的空闲时间来写作，获得了修道院所有教堂服侍的豁免权；参见本文导言；另参 LW 39，51。

罗马信徒，那时我将用百合花来打扮你，把你作为新年的礼物⑱送给你的差遣者。

我也要告知你不载于圣经的一件事。在上帝所立的各阶层中，总有一些人是得救的。任何阶层中在地上都有活着的圣徒，如基督在《路加福音》17［:34］所说："两个人在一个床上，要取去一个，撇下一个。"假如教宗制出自上帝，那么教宗就不可能被定罪；因为从来就只有一位教宗在那个阶层中，无论何人作了教宗，他都确信自己必然得救——这与整部圣经相悖。

我们现在看看在这个问题上这些虔诚的人如何应付基督的圣言。

基督在《马太福音》16［:18—19］对圣彼得说："你是彼得，我要把我的教会建造在这磐石上……我要把天国的钥匙给你，凡你在地上所捆绑的，在天上也要捆绑；凡你在地上所释放的，在天上也要释放。"他们依据这些话，把钥匙唯独归于圣彼得。可是在《马太福音》18［:18］，同一位马太反对这种错误解释，因为基督对所有的使徒都这样说："我实在告诉你们，凡你们在地上所捆绑的，在天上也要捆绑；凡你们在地上所释放的，在天上也要释放。"显然，基督在这里是解释自己的话，用这第18章［18节］解释第16章［18节］，也就是圣彼得是代表整个教会接受这钥匙的，所以这钥匙并不属于他个人。因此约翰也在《约翰福音》最后一章［20:22—23］说："主耶稣就向他们吹一口气，说：'你们受圣灵！你们赦免谁的罪，谁的罪就赦免了；你们留下谁的罪，谁的罪就留下了。'"许多人竭力要将圣彼得的独一权威同这两节经文协调一致，因为只靠一节经文［太16:18—19］不能自圆其说。但福音书本身是极其清楚的。直到现在他们都被迫承认，在第一节经文里，圣彼得作为个人并没有取得什么特权，古代许多教父对此都是这样理解的。基督自己的话也已经证明了这一点。在他把钥匙交给圣彼得之前，他不是只问彼得一人，而是问所有的门徒："你们说我是谁？"彼得代表大家回答说："你是基督，是永生上帝的儿子。"因此对《马太福

---

⑱ 莎士比亚在《温莎的风流妇人》（*The Merry Wives of Windsor*）3.5 中也用了同样的讽刺手法，参见 *PE* 1，373 n. 1 and n. 4。

音》第 16 章的经文，要根据《马太福音》第 18 章和《约翰福音》最后一章的经文加以理解，因为一节经文不能用来反对另外两节更有说服力的经文；相反，其中的一节必须借另外两节来进行解释。两节经文当然比一节更有力，那一节应当依从或让位于两节，而不是相反，惟有这样才合情合理。

所以在一切权威方面，所有的使徒显然与彼得平等。除上述经文的明证外，他们的行事也可以佐证。因为圣彼得从来没有拣选、任命、确立、差遣或支配过任何一位使徒——如果按上帝命定彼得是其他使徒的上司，那就必然会发生这样的事情。不然，他们就都成了异端。此外，所有使徒联合一起也不能使圣马太和圣保罗成为使徒；相反，他们获得使徒身份必须秉承天上来的任命，这已记在了《使徒行传》1 [:23—26] 和 13 [:2]。那么为什么唯独圣彼得一人成了其他所有人的主宰了呢？这个小小的难题从来没人加以解决，我相信他们虽不愿意，但也会宽容我将这个难题暂时搁置一边。正如这个罗马信徒所自吹自擂的那样，尽管遭受不断的抨击谴责，[49] 罗马教廷依然维持了自己的权力。我也可以这样自夸，罗马信徒虽然曾经多次觊觎和疯狂地追逐这种权力，现在依然如故，但始终没有到手，而且按上帝的意志，永远不能得逞。把并不拥有的东西，硬说成始终拥有，这完全是一场闹剧。这可爱的罗马信徒在莱比锡连一栋房子都没有，他怎么不自诩地说，从来没有人夺走过他的莱比锡城呢？这当然同样是吹牛。这些胡说八道就这样地持续下去；说到嘴边的话就脱口而出。这就是我为什么认为，尽管罗马暴君们一直反对福音，竭力把所有的权力统统攫取到自己手中，但基督的话依然铿锵有力："阴间的权柄不能胜过他。" [太 16:18] 如果这权柄是上帝的制度，上帝就不会弃绝它，反而将在某个时刻予以成全。因为他说过，一点一画也不能废去，都要成全 [太 5:18]。可是在整个基督教王

---

[49] 阿尔维尔特在其拉丁文著作中写道："事实上，犹太人的疯狂、暴君的盛怒、叛教者的愚蠢，及异端令人沮丧的傲慢和粗暴的专横，常常拼命地摧残和破坏罗马教廷。但始终徒劳无功。"德文本上有这样的话："圣彼得建立、基督确认的这个教会已经有 1486 多年的历史，尽管有人试了 23 次以上，也无人能够摧垮这个教会的羊群"，参见 WA 6，310 n.1。

国，罗马权柄的一点一画都没有应验。再者，如果说其所以没有成全，不是罗马人，而是异端的过错，这样说也无济于事。这里是异端！那里也是异端！但阴间的门（更不要说异端了）既不能禁止、也不能阻挠上帝的命令和应许。上帝有如此大能，哪怕没有异端帮忙，也能照样使他的命令显为真实。不管罗马人怎样虔诚、热心、努力、劳苦、奸诈和诡计多端，但上帝始终没有这样做，来成全他们的权力。所以我坚信事实已经确证，无论主宰其他主教和神父的权力有多大，它也是人所伪造，而不是上帝所命。正如《诗篇》2［:8］和19［:4］所记，基督的国始终存在于全地，但从来不曾有一个小时完全受教宗主宰，尽管一些人另有说法。

虽然所有这些都确定无疑，但我们还是要继续下去，粉碎他们的无稽之谈；并说：即使《马太福音》18［:18］和《约翰福音》20［:22］这两段经文（它们使钥匙职成为众使徒拥有的共同权力）不能解释《马太福音》16［:18］那段似乎将钥匙职只给了彼得一人的经文，这也没有提出什么疑问。因为到底是按照另外两段经文来解释这一段经文呢，还是应当用这一段来解释另外两段，这还是个问题。此外，我极力用这两段经文来反对他们，就像他们用这一段经文激烈地反对我一样。但这种疑问倒使我们有了把握，那就是我们是否想让教宗作头，当由我们自己决定。因为当某事尚有疑问之时，不论人们持有这种或那种观点，都不会成为异端，这也是他们亲口承认的。这样，他们的论据再次不攻自破，除了带着这些捉摸不定的疑问以外，再也拿不出什么东西。因此，他们要么将这三段经文统统丢弃，因为它们对证明他们的观点毫无用处，并且令人生疑；要么引证其他经文，它们要能够向我们明确指出，这两段经文应当由另一段经文来解释。他们必须同意我的意见，但我挑战他们来尝试。

不过，我倒要引一些经文，证明这一段经文应当以另外两段经文来解释。因为律法说，并且基督也引证过，要凭两三个人的口作见证，那官司才能有定准［太18:16］。不能凭一个人的口作见证将人治死。既然我有两个见证对一个见证，我的案子便更有胜诉的把握。所以那一段经文应当依从这两段经文。就是说，彼得不是作为个人，而是代表使徒们接受钥匙职。《马太福音》18［:18］和《约翰福音》20［:22—23］明确指出了这一点；《马太福音》16［:18—19］似乎也说了不是指彼得一人［拥有钥匙职］。

再者，我对他们的狂妄自大感到十分惊奇，他们竟然妄图把钥匙职变成统治权。这就好比把夏天与冬天混为一谈，因为统治权要远远超过钥匙职。钥匙职只及于补赎，将罪捆绑或释放，如《马太福音》18［:18］和《约翰福音》20［:22—23］明确记录的。统治权也及于那些敬虔之人，他们没有什么罪需要捆绑或释放；它涉及传道、劝告、安慰，以及举行弥撒和圣礼等活动。因此这三段经文都不能证明教宗对整个基督教王国的统治权，除非有人请他作告解神父、宗教裁判官和诅咒者（anathematizer），这样他就只对这些恶人和罪人施行统治；当然这非他们所愿。

如果这些话证明了教宗有权对所有的基督徒施行统治，那么我很想知道，假若教宗犯了罪，谁又能赦免他呢？如果像他们说的，这些话使人人都必须臣服于教宗，那么他自己必定是留在罪中了。他也不会将权力移交给别人来使自己得赦免；因为这违背上帝的命令，会使他成为异端。

当然，有人杜撰了这样的谎言：在教宗身上，身份与职务是两样不同的事情，⑤譬如身份可以隶属于别人，职务就不能这样。这话只暂时闪烁了一下，但其后就会变得像平素那种闪闪发光的商品一样。因为他们在自己的法规中大肆喧嚷和浮夸，禁止任何低级别的主教封立教宗，虽然这与职务的确立无关，只是将人带入职务中。如果身份在这件事上不臣属于任何人，那么在宣赦上也是一样。但是，他们在一切行为、评注和解释中常常采取一种欺骗性的态度，时而说这，时而说那。为了曲解上帝的圣言，他们丢弃经文的真义，以至不知所措，完全走入歧途，但他们还是妄图统治整个世界。

因此，每个基督徒都应持守这样的观点：在这些经文里，基督既没有把统治权或高人一等的权力交给圣彼得，也没有将其赋予其他使徒。

---

⑤ 阿尔维尔特在其拉丁文著作中写道："职务与履行职务的人是有区别的"；在德语文本中为："职务与履职之人有别。即使人死了，职务却不会消失"，参见 *WA* 6，312 n.1。

那么这些经文是什么意思呢？我会告诉你的。

基督这些话不过是对整个教会的恩典承诺，如上所述，[51] 以使那可怜有罪的良心被人"释放"或赦免后获得安慰。所以这些话只适用于那些有罪的、顽固的和不安的良心，只要他们相信，借此就可以得着坚固。如果基督为使整个教会里所有可怜人得益处所说的这些安慰之语，被用来加强或证明教宗权柄，那么我就要告诉你这使我想起了什么。它使我想起了这样一位富有和仁慈的君主，他打开宝库，让所有的穷人进去，自由地各取所需。这时，在这些穷人之中有一个流氓，将这种特许权仅仅据为己有，不承认别人对财宝的权利，除非完全服从他并且他把君主的话歪曲为，这特许权只给了他一个人——你能想象，这仁慈的君主对这混蛋有何看法吗？假如你难以想象，那么就听听圣马太论及那自以为是的仆人的话："倘若那恶仆心里说：'我的主人必来得迟'，就动手打他的同伴，又和酒醉的人一同吃喝；在想不到的日子，不知道的时辰，那仆人的主人要来，重重地处治他，定他和假冒的人同罪；在那里必要哀哭切齿了。"[太 24:48—51]

看哪，罗马信徒这位仆人解释其主人意图的方式来解释上帝之道，这是对他们的解释的最高评价。因为在他们真正疯狂之时，他们的行为就好像那位恶仆一样，不仅为谋一己之利而盗用主人的恩慈，并且倒换他的家产，用糠秕禾秸换谷米、黄铜换黄金、铅换白银、毒药换酒。因此，他们把钥匙职交给了教宗，使我们至少还能用金钱和其他所有财产来购买它们，这姑且还算一种恩惠。但是，当他们宣讲自己的法规、权威、禁令、赎罪券等等以取代圣经，那就是彻底的灾难了。这就是主基督所谓的恶仆打同伴，这恶仆本当喂养他们。

我现在要用一个纯朴的例证，以使大家能够正确区分对上帝之道的正解与歪曲：旧约的大祭司根据上帝的命令，穿着特殊的长袍履行职命[出 28:2—43]。希律王为使自己高踞于以色列人之上，也穿上同样的长袍，尽管他并不需要，这样他就僭取了它的使用权，人民便被迫向他购

---

51 参见 LW 39, 86。

买本为上帝赐予的权利。这恰如今日的情形。如上所述,[52] 这钥匙职本来是给予全教会的,但罗马信徒出现以后,虽然他们自己从不使用钥匙职,也不行使他们的职务,但他们却把钥匙职的权利据为己有;于是我们就得用金钱来购买那基督所赐的本属于我们自己的权利。他们贪得无厌,又把基督论钥匙职的话,不用于钥匙职及其使用上,而用于他们对钥匙所盗取的权柄上。结果,基督白白给予我们的钥匙职,便被罗马信徒的权力所左右,并且钥匙职的权柄和针对钥匙职的权柄都被解释为出自基督的同一句话。这就好像希律所言,摩西说的大祭司的长袍,乃是指他的权威而言。

正好像一个暴君取得了别人的遗嘱,上面的遗言指明财产应由那人的后嗣继承,但暴君却将其歪曲为这遗嘱将支配权给了他,他有权决定是否让这后嗣无偿地或以购买方式获得遗产。这恰如本为两码事的钥匙职和教宗权柄,现在却被解释为意义相同。实际上它们不仅有别,而且教宗权柄要比钥匙职更大,但他们却硬把二者混为一谈。

我曾多次批驳[53]他们的下述主张:教宗的有形权威出自基督的这句话,"我要把我的教会建造在这磐石上"[太 16:18],其中的"磐石"一词被解释为象征圣彼得和他的权威。现在我只想说:首先,他们必须证明磐石意味着权威。他们没有这样做,也无法办到,于是就信口雌黄,假定自己的蠢话就是上帝的命令。其次,磐石既不是指圣彼得,也非意为他的权威,因为基督紧接着还说:"阴间的权柄不能胜过他。"显而易见,处于罗马教宗外在权威之下,没有人能在教会里获得教化,或胜过阴间的权柄。因为他们多数人深信教宗权威,强烈地依赖它,因而为阴间的权柄所辖制,满是罪恶。此外,有些教宗还使自己堕落为异端,制定了许多异端法规,可是仍然大权在握。因此,这磐石绝不是指某种连阴间的权柄都抵挡不住的权威;而只能指任何权柄都不能胜过的基督及对他的信心。

罗马教宗权虽遭人反对,它却依然存在。但是,这并不意味着它胜

---

[52] 参见 *LW* 39,86—89。

[53] 参见 *WA* 2,185—240。

过了阴间的权柄。因为东正教教会同世界各地其他所有的基督徒和莫斯科人、波希米亚人的教会一样，也在继续运作。事实上，虽遭多方攻击，波斯王国已经存在了两千年以上，土耳其人的国家也几近千年之久。我再告诉你们一些事情——当然会使像你这样的超博学的罗马信徒感到惊异——这充满罪恶的世界，虽有上帝及其所有的圣天使和先知不断地宣讲、写作和行动，对其加以谴责，它却自始至终，直到末日还是永远存在下去。那么亲爱的罗马信徒，假如你愿意，你就反抗上帝和所有的天使吧，因为这世界一直在反对他们的一切言行！

你这可怜瞎眼的罗马教徒，在动笔之前，难道不该先领会"胜过阴间的权柄"这句话的意思吗？如果每一次"胜过"都是指胜过阴间的权柄，那么岂不是魔鬼的国已大大战胜了上帝的国，并赢得了更多的追随者吗？"胜过阴间的权柄"并不是如你们关于罗马教会及其合一所胡诌的那样，在有形的团契、权力、权威或集会方面的外在的持续存在。相反，它意味着将坚强、真实的信心，建造在基督这块磐石之上，这样，不论魔鬼有多少追随者，用多少辩论、诡计和权势来对付它，都战胜不了这块磐石。现在，大部分罗马信徒，甚至一些教宗，已经自愿和轻易地放弃了信仰，生活于撒但的权势之下，这是明显的事实。再者，教宗制度经常受制于阴间的权柄。坦率地说，就是这个罗马权威——从它斗胆凌驾于整个基督教王国以来——非但不务正业，而且几乎带来了基督教王国现存的一切纷争、异端、倾轧、结党、背教和苦难，它自己也从来没有摆脱阴间权柄的控制。

即使没有别的经文证明罗马的权威只是人为之物，并非出自上帝的命令，那么仅有这段经文也就够了，因为基督已经说过阴间的权柄不能胜过他在磐石上所建之物［太 16:18］。阴间的权柄却常常吞噬教宗权柄；教宗并不圣洁，这位职位被一个没有信心、恩典和善行的人占据。因此，假如基督所谓的磐石就是指教宗制度，上帝决不会容忍这样的事情发生。因为这样一来，上帝就失信了，没有让自己的应许实现。所以，这磐石以及基督在上面所建之物绝非教宗制度及其外在的教会。

我还要进一步说，罗马主教常常被其他主教废黜或封立。要是他的权柄来自上帝的旨意和应许，那么上帝决不容许发生这样的事，因为这样就违背了他的命令和应许。假如上帝在一个旨意中自相矛盾，那么信仰、真道、圣经连同上帝自己，也都会一齐消亡。既然上帝的话前后一致，那么他们就一定要向我证明，教宗因此也未曾被魔鬼或什么人左右。在这里，我倒想听听亲爱的罗马信徒，身处矛盾之中，将会有何议论。我希望他们像歌利亚那样［撒上 17:51］，被自己的刀所杀死。因为我可以证实，教宗权不仅曾经屈从于魔鬼，还有主教，而且事实上还臣服过数位皇帝这样的世俗权力。这磐石哪里胜过了阴间的权柄？我要留待他们自由选择：要么这些话是指教宗失败了，要么上帝便是骗子。我们看看他们会选择哪一样。

此外，你还这样辩解，即使教宗制度不时地受制于魔鬼，但它的统治下总有一些虔诚的基督徒继续存在。这种说法也不能使你摆脱困境。我还要指出，在土耳其人的统治下，以及在全世界，都有基督徒继续存在，就像在尼禄和其他暴君在位时仍有基督徒一样。这些事实对你们又有何用呢？如果基督所说胜过阴间权柄的磐石是指教宗制度和教宗本身而言，那么它们在任何时候都不会屈从于撒但。看，罗马信徒们就是这样疯狂愚蠢地引证圣经。对他们来说，不论信心有何意义，它一定指的是权威；属灵的教导也成了外在的表演。他们不想作异端，却要把别人都变成异端。罗马信徒都是这样的人。

他们还引述另一段经文来证明自己的观点，这就是基督曾经三次对彼得说"喂养我的羊"［约 21:15—17］。在这里，他们真算得上神学家，说什么由于基督"喂养我的羊"是特别对彼得说的，所以彼得的权威自然高于别人。

我们可以看到，为了维护这个结论他们将面临多少麻烦，耗费多大精力。我们先要明白"喂养"的意思。在罗马信徒的字典里，"喂养"就意味着让基督教王国承受许多人为的有害法规，高价出售主教职位，榨取教士的首年捐，[54] 吞并所有的宗教团体，利用重誓奴役所有主教，发售赎罪券，以文书、谕令和印信及其封蜡等搜刮全世界的财富，禁止

---

[54] 首年捐（annates）原先是主教得自本教区内空缺职位的收入，1317 年后并于教宗与教廷收入系统。德意志许多地区的议会对此抱怨不已。路德在其 1520 年的《致德意志基督教贵族书》中也予以抨击，参见 LW 44，143—146。

宣讲福音，把一群坏蛋从罗马派往各地驻防，让自己成为一切争讼的仲裁人，增加纷争——总而言之，是不让任何人自由地觅取真道，获得平安。

如果他们认为"喂养"是指本身的权威而言，而不是指权力的滥用，这也不对。我可以用事实来证明。每当有人为尊重权威起见，只对这种滥用发出温和的抗议，结果那些人就会咆哮如雷，厉声威胁；大骂这是异端之举，大逆不道，是要撕毁基督的无缝外衣。他们要烧死异端、造反者、背教者和全世界所有的人。可见他们的所谓"喂养"，不过是劫掠和敲诈勒索而已。与此同时，我们倒认为喂养的本意绝不是掠夺他人，那就让我们看看它到底是什么意思。

他们说，人与职务不是一回事，即使人是坏蛋，职务仍然存在，完好无损。他们自以为这种说法冠冕堂皇，精妙绝伦。并且因此断言，基督"喂养我的羊"这短短的一句话，就是指的任何恶人都可以拥有的那种职务或外部权力。职务不能使人变圣洁。好，我们接受这种说法，不过要向罗马信徒提一个问题。

谁若遵从和成全基督的话，谁就是真诚的、圣洁的，因为他的话是灵、是生命［约 6:63］。如果喂养意指坐在首位，拥有某种职命，即使他是恶棍也无妨，㊋ 那么就会得出这样的结论：无论谁坐在首位，并且当教宗，他都是在尽牧养之职。谁若喂养，就是效忠基督；谁若一事效忠，就凡事效忠。所以，只要谁当教宗，并坐于首位，不论他是无赖或恶棍，也不论心怀何意，他就一定服从基督，并且心灵圣洁。感谢你们，亲爱的罗马教徒！我现在才真正开始明白了教宗为什么被称为"至圣"了。你们解释基督圣言的方式，就是把恶棍和无赖变为基督圣洁的忠仆，同时把基督变成大坏蛋、妓院的鸨母。㊌

再者，假如喂养的意思是坐于首位，那么反过来说，接受喂养就表示顺服。同样，正如喂养意指外在的统治，那么被喂养就是被统治，并且如他们所说，隶属于罗马教会。这样，下面的说法也必定符合事实：

㊋ 参见 *LW* 39，89—90。
㊌ 参见 *LW* 39，76。

凡属于罗马教会的信徒，无论善恶，一定都是真正的圣徒，因为他们服从基督，接受喂养。因为如圣雅各所言［雅2:10］，没有人仅在一事上服从基督，而不在凡事上服从基督的。在罗马权威统治下的教会里没有罪人，只有圣徒，这岂不是一个完美的教会吗？既然在罗马教会里人们不再需要赎罪券，那可怜的东西还有什么用呢？向神父忏悔还有何用呢？补赎一旦消失，那还要向世人征什么税呢？的确，如果人们不再需要钥匙职，它们将变成什么东西呢？但是，既然他们中间还有罪人，那就说明他们没有得到喂养，没有服从基督。亲爱的罗马教徒，你们还想说什么呢？我们愿听听你们唱的短诗。难道你们不知道"喂养"之意并非是拥有权威，"被喂养"也不意味着对罗马权威的表面服从吗？难道你们没有看出来，把基督"喂养我的羊"这句话应用于罗马权威，证明其外在的合一，这是多么愚蠢吗？

基督还说过："人若爱我，就必遵守我的道……不爱我的人，就不遵守我的道。"［约14:23—24］亲爱的罗马信徒，竖起你们的耳朵听听吧！你们当然会自夸地说，基督的"喂养我的羊"这句话是一条诫命，也是应许。我要问你们，遵行这诫命的人在哪里？你们说，甚至流氓恶棍也在信守它。而基督说的是，没有人遵守，除非他爱，且是义人。稍微领会基督之意，我们就可以知道，你们和基督，谁应因撒谎而受责。因此，教宗既没有爱也不圣洁，他就没有喂养或信守基督的诫命。这样，他就不成其为教宗。"喂养"一词，无论如何也不包含他所拥有的那种权力或任何东西。因为基督在这里坚定不移地说："不爱我的人，就不遵守我的道。"同样，他也没有喂养谁，也就是说，他也不是他们所谓的那种教宗。这样一来，他们所引证的那些经文，本为证明教宗权威，结果恰恰与其抵牾。这是他们应得的报应。因为他们疯狂地随意处置上帝之道，仿佛这是痴人说梦，可以随意从中断章取义。

然而，如果你们说："即使世俗权威不圣洁，它的臣民也要顺服他，为什么人就不应顺服教宗权威呢？因此'喂养'和'被喂养'不必含有顺服之意。"我回答说，圣经并未把世俗权威称为"喂养"。另外在新约中，虽然任何权威都出自他［上帝］隐秘的命定，但上帝并没公开任命人拥有世俗权威。这就是为什么圣彼得把这些权威称作人的制度［彼前

2:13]，因为他们并非靠上帝话语，而是凭上帝的管治进行统治，所以他们不一定需要是公义的。但是，由于有上帝的诫命在此，即"喂养我的羊"，所以牧者和羊群若不顺服上帝和有公义的生活，他们就不能成全上帝的诫命。因此，我让主教、教宗和神父任意而为；如果他们不爱基督，也不公义，他们就与"喂养"的诫命无关。此外，他们与这诫命中论及的牧人与"喂养者"也完全不一样。这样，把基督的话用于本身无所谓顺服或悖逆的外在权威，就是不适当的。喂养的意义只能指顺服基督。

基督也是这样要求的。当他三次对彼得说"你要喂养我的羊"时，此前已经三次问彼得是否真的爱他。彼得也三次回答说爱主。可见哪里有爱，那里就有喂养。因此，教宗权威必须要有爱，否则它就没有喂养［羊］。如果罗马教廷是以基督的"喂养我的羊"这句话确立的，那么在这里，凡爱基督并喂养羊群的那么多教宗便都是真教宗了。这是真的，因为先前的时代，所有的主教都被称为"教宗"，而现在［这个头衔］只用于罗马主教。

然而，我们看看罗马教徒的所作所为吧：他们不能推翻基督的话，那么虽然不愿意，也必须承认，谁若不爱基督，就不能牧养他的羊群——正如这记载于经上的基督的话所明示的。他们多么想指控他撒谎，或者对他的话加以否定啊！让我们听听他们说的话吧，与此同时他们狠命地用头撞墙，结果碰得头晕目眩。他们说，基督对教宗职务当然要求爱，但不是他们所称的"配得永生的"大爱，普通的爱就够了，就像仆人爱主人那样。[57]

看看吧！他们关于爱的无稽之谈，完全出自个人臆断，没有圣经依据；但他们还是继续卖弄，假装要凭圣经和我辩论。告诉我，亲爱的罗马信徒，即令你们抱成一团，能在圣经里找到一个字符合你们幻想的那种爱吗？如果莱比锡的锄头酒可以说话，它可以轻易地战胜这些晕头转向的脑袋，更动听地讲论爱。

---

[57] 阿尔维尔特在其德语著作中写道："主并没有问彼得，他是否真诚地爱他直到永远，因为彼得并不知道这一点。而是问他是否会像牧人爱主人那样，替他看顾羊群"，参见 WA 6，319 n. 1。

让我们进一步加以探讨。如果教宗制度中必须始终存有些许之爱，那么既然教宗根本不爱基督，只是以权谋私，捞取尊荣，这里有什么爱呢？——事实上自教宗制度建立以来，几乎所有的教宗都是这样做的。你们别想从我面前躲开！倒要承认，教宗制度并非一直存在着，它因缺乏爱而多次跌倒过。假如它是按基督这些话、以上帝的权柄而立，那它就不会跌倒。你们可以随机应变——但基督的这些话绝对不能造就教宗制度。既然教宗失去了爱，难道教宗制度还不应在基督教王国寿终正寝吗？既然你们说过，人可能是邪恶的，但职位却能够存在。那么你们再次承认，也必须承认，人一旦变坏，他的职位便一钱不值。否则，你们就不能把"喂养羊群"与教宗制度看作一回事。这是真理，看你们怎样反对！

人人都要谨防捏造了这种爱的恶毒语言和魔鬼的曲解。基督所说的爱是一种最崇高、最坚定和最完美的爱，也是世人所能做到的。他不想让人虚假地、半心半意地爱他。因此人们应当竭诚和全心全意地爱他，否则倒不如没有爱。基督是借着对圣彼得的训示，将应有的使命赋予所有的传道人。他仿佛说："彼得啊，你要留心，如果你要传我的道，牧养我的羊群，那世上的人会对你群起而攻之，因此你要准备牺牲你的肉体、生命、财产、荣誉、朋友和一切。假如你不爱我，不愿坚定地跟从我，你就不要受这诫命。现在，既然你已经开始传道，那么在羊群被喂养的时候，若有狼群向你扑来，而你像个伙计只想逃命，不再牧养羊群，反把它们撇给豺狼。这样，你倒不如不要开始传道、喂养羊群。"因为本当领头的传道人一旦跌倒，那么大家都要倒霉，上帝之道就要完全蒙羞，羊群所受之害比有牧人更甚。基督极端关注羊群的牧养。但在他看来，教宗戴多少冠冕，如何自我炫耀，凌驾于世界万王之上，统统无关紧要。

让有能耐的人说说，教宗制度是否有这样的爱，基督这些话是否就确立了教宗制度这种不必要的权威。毫无疑问，无论谁若怀着这样的爱心传道，他都可以作教宗。可是哪里有这样的教宗呢？我知道，这是我传的经文中最困扰我的一条，"我感到爱不多，但我传的道已足够"。他们指责我乱咬人、好报复。我倒觉得对他们太手软！我本当更多地撕下这些疯狂豺狼所披的羊皮，因为他们不停地撕毁、玷污和歪曲圣经，大大伤害了基督可怜穷乏的羊群。假如过去我对他们爱得真切，我一定不会像现在这样宽容地对待教宗和罗马教徒，他们用自己的法规、空谈、赎罪券和其他很多蠢行，破坏我们的上帝之道和信心。他们随心所欲地将法规强加于我们，以便把我们变为他们的囚徒，而后又让我们用金钱购买这些法规。他们的伶牙俐齿编织了骗取金钱的网罗，反而以"牧人"和"喂养者"自居。但如我主所说，他们实际上是豺狼、盗贼和刽子手。

我非常清楚，"爱"这个词使教宗和罗马信徒感到压抑、厌烦和焦虑。如果有人真的坚持它，他们就对其更加不悦，因为爱摧垮了教宗制度。它在莱比锡㊳也使艾克博士感到头痛。假如基督径直吩咐彼得，如果没有爱就根本不要去喂养羊群，谁还会这样感到不安呢？基督要求爱，否则这喂养就毫无意义。我当然愿意再等片刻，瞧瞧他们到底如何回避这根刺。假如他们用"喂养"来刺我，那我会用"爱"更狠命地刺他。让我们看看谁刺得更深！鉴此，有些教宗支持者在他们的教会法规中就乖巧地不提一个"爱"字，却对"喂养"这个词大肆渲染，以为他们这样向德意志醉鬼们讲道，德意志人就不会发现这热粥会烫伤他们的嘴巴。也正因为这个缘故，教宗和罗马信徒不许人对教宗权威的依据提出质疑，谁如果考察它的根据，不满于他们不充分的解释，就一定会被诬为诽谤、僭越和异端之举。然而，假若有人怀疑上帝是否是上帝，无比亵渎地察验他所行的一切神迹，那会令他们欣喜异常，一点不会介意。这种悖谬的游戏从何而来？正如基督所说："凡作恶的便恨光。"〔约3:20〕盗贼、强盗哪里会愿意让人来彻底清查自己？所以任何恶人都怕光明，只有真理喜欢光明，恨恶黑暗，如基督所说："行真理的心来就光。"〔约3:21〕

现在我们知道，他们借以确立教宗制度的、基督对彼得所说的两段话，却比其他任何经文都更加明确地否定了教宗制度。再者，罗马信徒无论做什么，都免不了使自己成为笑柄。我对这个问题的论证到此为

㊳ 发生于1519年的莱比锡辩论上。

止，对那可怜的罗马信徒在他的书里所吐露的其他一切，也不再理会，因为我和其他几位同道早就用拉丁文多次将他沉重地击倒在地。[59] 我在他的书里别无所见，只看到他像一个痛哭流涕的小孩那样，无谓地对圣经发脾气。他信口开河，从来都不知自己在说什么。

关于罗马教宗制度，我的结论如下：既然我们看到教宗完全主宰了其他所有主教，而且没有上帝的护理他就难以得逞——尽管我认为这并非上帝的恩赐，而是上帝的愤怒所致：他让有些人高抬自己，去压制别人，以此惩罚世人——所以我不愿任何人反对教宗。而望人人畏惧上帝的护理，尊重这个权威，全力忍受它，犹如我们遭受土耳其人的统治那样，这样一来，它就不能为害。我只反对两件事：第一、我不容忍有人制定新的信条，却仅仅因为全世界其他基督徒不在教宗统治之下，就把他们统统污蔑、诽谤和定罪为异端、背教者和异教徒。我们让教宗安于其位，这已经是仁至义尽，决不能再为了他的缘故而诋毁上帝和地上的圣徒；第二、对教宗的所定所为，只要我认为它们首先以圣经为据，我均予以接受。以我之意，他应当顺服基督，让他自己受圣经察验。但罗马的无赖们却使教宗凌驾于基督之上，反倒要他来裁断圣经，并且还说他不会犯错。他们妄图把教宗在罗马梦寐以求和所想象的一切，统统都定作我们的信条。他们对此似乎仍不满足，还要杜撰新的信仰方式：虽然如圣保罗所说，我们信心的对象在本质上应是肉眼未见之物，但他们却要我们相信那些可见的东西。事实上这是因为罗马权威和教会本身就是为人所见的缘故。如果教宗真要那样做——但愿上帝禁止他——那我就要坦率地把他视为整本圣经所论及的敌基督。如果我的上述两个条件得到满足，我愿意让教宗存在，而且会协助把他抬高到他们所希冀的地位上。否则在我看来，他就既不是教宗，也不是基督徒。凡一定要那样做的人可以把教宗变成自己的偶像，但我绝不会崇拜他。

再者，我当然愿意让王公贵族将从罗马来的恶棍逐出他们的城市，使主教的披肩[60]和职俸不再招摇于他们的国土上。罗马的贪欲是怎样从

---

[59] 约翰·洛尼塞尔与约翰·伯恩哈迪（John Bernhardi）在路德撰文后不久就出版了对阿尔维尔特的答复，参见本文导言；LW 39，52—53。

[60] 参见前注[10]。

我们祖先手里吞并了所有宗教团体和主教职俸的呢？谁听说过或读到过这样疯狂的掠夺？我们中间难道没有需求财富的人吗？而我们却被迫用自己的贫穷作为代价，养肥了这群罗马的骡夫马倌，甚至娼妓恶汉——最令人难以容忍的是，他们还把我们看作十足的傻瓜，污蔑我们，简直达到了无以复加的程度。众所周知，俄罗斯人本来有意加入罗马教会，⑩但罗马圣牧却用这样的方式来牧养这些羊群：首先要他们要答应永久地供奉一笔永久的税金，我不知道要多少达克特，然后才能获准加入。他们［俄罗斯人］不愿这样"吃草"，没有上当，认为与其用金钱来购买基督，还不如将其节约下来，亲自到天堂里去认主。这就是你们罗马信徒的行为方式，你们就是巴比伦穿紫衣的淫妇，这是圣约翰对你们的称呼［启 17:4］。你们在天下人面前侮辱我们的信仰，但又标榜自己要让人人都成为基督徒。可悲的是，君王们如此冷落基督，不为他的尊荣所动，却任由基督教王国遭受这奇耻大辱。他们眼睁睁地看着罗马人愈来愈丧心病狂，增加不幸，以致除了靠世俗当局之外，这世上就没有多少指望。如果这位罗马教徒再来纠缠，我对此还有更多的话可说。上帝终久会打开我们的眼睛。阿们。

尽管我的人格遭到攻击，他们又人多势众，我对亲爱的罗马信徒的流言蜚语还是置之不理。他们奈何不了我。凡诋毁我的人格、生活、事业和性情的人，我都无意报复。我有自知之明，不配受人吹捧，但为了维护圣经，我会严厉无比，满怀激情，让有的人难以忍受——没有人能否认这一点，而我也不想沉默。任何人都可以随意对我的人格和生命进行中伤、咒骂和论断——我已经宽恕了他们。但若有人想把我所传扬的圣灵和主基督诬为撒谎者，那他就别指望得到我的仁慈与耐心。我对个人荣辱视如粪土，但为了捍卫基督真道，我将心甘情愿、勇气倍增，敢与任何人争论。上帝也因此而给了我一个乐观和无畏的灵，而我相信他们永远都不会将之玷污。

当我提及莱比锡的时候，但愿任何人都不要误以为我要冒犯这个令人尊敬的城市和它的大学。我是因这位罗马信徒的自负、傲慢和虚构的

---

⑩ 参见前注⑦。

头衔而被迫为之，他自诩为"莱比锡的全本圣经之教师"⑫ ——这样的头衔，在基督教王国中都从未用过——我这样做还有另一个原因，是他题献给莱比锡及其议会的那本书。⑬ 如果他没有将这本书用德文发行，来毒害可怜的平信徒，它就根本不值得我与他计较。这野蛮的蠢驴尚未学会驴叫，便单枪匹马地插手这桩教廷本身以及所有主教和学者们一千年来都未证明的难题。再者，我原以为莱比锡会受到他的过分尊重，他不至于用口水和鼻涕来玷污这个受人爱戴的著名城市。但他却自以为不是平凡人物。我十分明白，假若我容忍这些粗鄙的脑袋们自以为是，那么甚至浴室女佣也会动笔来攻击我。我只要求那些愿与我交锋的人都以圣经武装自己。但可怜的青蛙要吹胀自己，那有什么办法呢？即使吹破肚皮，它也不会是一头牛。⑭ 我很想摆脱这个难题，他们却偏偏染指其中。我倒愿上帝都应允我们双方的祈祷：帮我解脱出来，让他们缠在里面。阿们。

一切荣耀归于上帝，赞美他直到永远。阿们。

（翻译：雷雨田　编辑：郭鸿标、伍渭文）

---

⑫ 写于阿尔维尔特拉丁文著作的标题内，参见本文导言；*LW* 39，51。
⑬ 见其德语著作。
⑭ 指伊索寓言中的"青蛙和牛"（The Frog and the Cow）；另参 *LW* 39，163。

为所有信条辩护 *

（1521 年）

导　言

  本文是路德对教宗利奥十世 1520 年 6 月 15 日谕令《主啊，求你起来》的回应。谕令没有宣布对路德实行绝罚，但从其著作中搜罗了 41 条加以谴责，斥其为"异端、诽谤和谬误，干犯敬虔者的耳朵，危害淳朴的头脑，颠覆大公教会的真理"，并命令路德在 60 天内收回这些错误观点，否则将开除其教籍。这份谕令的出版发行由路德在莱比锡的对手亚良德和艾克等人负责。为了煽动公众对路德著作的声讨，他们发起了一次焚烧路德书籍的盛大仪式。路德也以牙还牙，于 1520 年 12 月 10 日在维滕堡城门口当众将教宗谕令付诸一炬，表示与罗马教廷的彻底决裂。为了捍卫自己被罗马定罪的那些主张，批驳教廷的指控，路德先后用拉丁文和德语写了四本著作批驳教宗谕令，本书就是其中之一，是路德自认为最流畅、平实的一本。事实上也是这样，其立论有据，观点鲜明，表现了路德捍卫真道、毫不妥协的坚定立场。

  在路德看来，教宗及其谕令并不是为真正的教会宣言，相反，这份谕令明显暴露了罗马"暴君"的嘴脸，因为它绝罚的恰恰是基督的真道。此时，路德根本已经无意妥协，而且故意表示他与教宗统治集团的分歧愈来愈大。

  譬如，在赎罪券的问题上，路德曾经认为"道貌岸然的赎罪券是对基督徒的欺诈；它们免除了善功，虽得到许可，但并不必要"。现在他声明原先的观点过于温和，所以将其修正为"赎罪券不是道貌岸然的欺

---

* *Defense and Explanation of All the Articles*，1521.

诈，而是来自地狱的、恶魔似的敌基督的欺诈、偷窃和抢掠。宁录和罪恶教唆犯借此将罪的地狱兜售给全世界，榨取和诱骗大家的金钱，来买下作为这种无以言表的祸害"。他还进一步说："假若这份宣布修正观点的声明还不够的话，我将在别的时候加以补充。"

路德以同样的态度对待其第 13 项信条。谕令曾经谴责路德的下述观点："在康斯坦茨公会议上被定罪的胡斯的某些信条，是最符合基督教的、最正确的信条，完全符合福音真义，整个基督教王国都难以将它们定罪。"现在他的态度更为鲜明："事实上我在这个问题上犯了大错，不过我已经宣告取消我的信条，并对其进行了谴责……现在我声明，不仅某些信条，而且所有信条都符合基督教教义，并承认在这个问题上，教宗及其仆从扮演了活生生的敌基督的角色。"

本文还反映出路德在与罗马的斗争中信心百倍，勇气十足。在他眼中，教宗党徒对他的猛烈攻击，反倒证明了他事业的正义性。他回顾了以色列人的历史后说："上帝从未在大祭司或其他地位显赫的人中造就先知，他倒是常常让卑贱者和被藐视的小人物升高，最后甚至拣选了那位牧人阿摩司。大卫王是一个例外，但他当初也出身低微。令人敬爱的圣徒们不得不教训和责备尊贵之士，痛斥君王、祭司和文士，他们甘冒生命危险，甚至不惜殉道。"路德认为，在那些年代，正如《耶利米书》18:18 所记，达官贵人们对圣先知的回应只是这样："我们是掌权的，你们只许服从我们，不能听信那遭人轻看的低贱先知。"所以，路德愤慨地指出："今天的行事与那时如出一辙。"

路德信心的来源十分明显，他自己坦言："我确信我有上帝之道，他们没有；因为我信赖圣经，他们却只墨守成规。我因此而有信心，所以他们愈是轻看我、迫害我，我就愈不惧怕他们。……惟有圣经是世上一切论著的真正主宰和师傅。"正是福音、圣经、上帝之道的力量，使路德毕生满怀信心地同教宗制度进行不屈不挠的斗争。

* * *

马丁·路德为其遭到罗马
谕令无端指责的所有信条辩护

奉耶稣之名。愿上帝的恩惠与平安赐予所有亲自阅读或聆听本书内容的善良基督徒。阿们。

愿称颂与赞美归于上帝——我主耶稣基督之父。近日，他光照了如此众多的心灵，且给予平信徒以基督徒的心智。于是，全世界的人都在着手把虚假、伪善的教会，或者说教会领导集团，与真正的、良善的教会分开来。在神圣的法衣、外在的各种行为，以及类似的外部矫饰和人为法规的掩饰下，这个真正的教会隐藏了这么长时间；我们之前一直被教导，以为我们可以不借信心，而靠奉献金钱就能得救。现在，上帝的神圣仁慈再也不能、也不愿让这些可憎之事和谬误肆虐于教会。我们已经看到了这一点，并为了这个结果，也值得我们怀着盼望之心祈祷。阿们。阿们。

上帝神圣仁慈的标记并非微不足道，因为他最近让基督教王国的一些暴君变成了瞎子，乖谬的灵奉差遣进入他们之中［赛 19:14］，叫他们如此蒙羞，无可救药地跌倒，以致发表了一道谕令，其中甚至忘记了他们一直借以欺骗和愚弄世人的那件东西，即貌似正派和公正的外表。的确，他们谴责如此昭然的真理，连石头和树木也会对其哭叫。之前从来没有一份谕令遭到如此的讥笑、蔑视和嘲弄。

愿动了善工的上帝出于怜悯而成全它［腓 1:6］，让我们受恩知恩，因此而感激他，为神圣之果效祷告，以便使可怜的灵魂再也不会惨然地受这些欺骗和诡计的迷惑。阿们。阿们。

因此，我这位名叫马丁·路德的博士，怀着喜乐的心，为进一步向诸位讨教，承诺用圣经为所有［遭教宗谕令谴责的］信条辩护，并揭露这个虚假教会的伪装，以便使大家都能自卫，不再遭受这些骗子惯常制造的那些假象的危害。或许有一天，他们也会猛然醒悟，愿为真理而弃伪善、为忠诚而弃欺骗、为证据而弃虚诞。然而，我必须先为自己辩护，应付他们对我的某些指控。

首先，我不愿理会那种说我刻薄和急躁的指控，也不想为此而为自己开脱，因为我没有将这种表现流露于论述基督教教义的书籍上，仅仅反映在关于教宗制度、赎罪券和类似的愚蠢争论中。我是被迫参战的，再说它们也不值得进行这样的讨论，更不用说温柔和平的言辞。

他们指责我声称惟有自己才是大家的教师。我的答复是，我并没有这样说过，因为我一直习惯于蜷缩于角落，不愿抛头露面。是我的敌人用阴谋诡计强行将我拉到了大庭广众面前，以我作为牺牲品而捞取荣誉和声望。既然这场游戏现在违背了他们的初衷，他们便把自负的罪名加在我的头上。即使我确实自高自大，他们也没有理由这样做。谁知道不是上帝有意呼召我，将我升高〔去作众人的教师〕呢？他们应当惧怕，免得轻看我心中的上帝。

难道我们没有在旧约里读到，上帝通常在某一时期只兴起一位先知吗？出埃及的时候只有摩西一人，亚哈王的时候是以利亚一人，他之后的以利沙也是一人；以赛亚在耶路撒冷是一人，何西阿在以色列是一人，耶利米在犹大是一人，以西结在巴比伦也是一人，如此等等。即使他们曾经使众多的门徒被称为"先知之子"，上帝从来不许多过一人独自宣讲和责备众人。

再者，上帝从未在大祭司或其他地位显赫的人中造就先知，他倒是常常让卑微者和被藐视的人升高，最后甚至拣选了那位牧人阿摩司〔摩1:1〕。大卫王是一个例外，但他当初也出身低微〔撒上16:6—13〕。令人敬爱的圣徒们不得不教训和责备尊贵之士，痛斥君王、祭司和文士，他们甘冒生命危险，甚至不惜殉道。在那些年代，正如《耶利米书》18〔:18〕所记，达官贵人们对圣先知的回应只是这样："我们是掌权的，你们只许服从我们，不能听信那遭人轻看的低贱先知。"他们今天的行事与那时如出一辙。凡不取悦于教宗、主教和博士们的事，均被视为谬误。我们必须对他们唯命是从。

即使在新约时代，真正的主教和教师不也是微乎其微吗？圣安波罗修在他的时代只有一个；在他之后有圣耶柔米和圣奥古斯丁。再说，上帝并不为此事而拣选许多杰出和有名望的主教。圣奥古斯丁只是一个不重要的小城镇的主教，难道他的成就，不是功盖所有的罗马教宗及主教吗，他们的确望尘莫及。此外，历次出现的异端派别，主教和博士们都起过推波助澜的作用。既然他们在其较为优秀、博学和勤勉之时都不值得信任，那么今天他们已经变成了世俗官长，不再为教会效劳，我们为什么还要信从他们呢？难道我们执意要作瞎子吗？

我并不自诩为先知，但我要说的是，他们愈藐视我，愈妄自尊大，他们就更有理由要害怕我会成为先知。上帝在自己的事工和裁断上奇妙无比。他不在乎阶级、数目、伟大、知识与权能，如《诗篇》138［:6］所说："他却从远处看出骄傲的人。"即使我不是先知，但我确信我与上帝之道同在，他们却没有；因为我有圣经的支持，他们却只靠自己的教义支撑。我因此而有勇气，所以他们愈是轻看我、迫害我，我就愈不惧怕他们。在巴兰的时代，世上有好多驴子，但上帝只借巴兰的驴子说话［民 22:28］。上帝在《诗篇》14［:6，路德自译］对这同一群大人物说："你们攻击可怜教师的正确教义，因他信靠上帝。"他好像是说，因为那人不尊不大，也没有权能，所以他的教义在你们看来一定是虚假的。

他们还说，我所提出的是新教义，而大家不应该认为，所有人都如此长久地陷于迷误之中。古代先知也听到了同样的话。如果时间的长久足以证明正确无误，那么犹太人据此就最有理由抗拒基督，因为他的教义同他们一千年来听到的都迥然有别。外邦人蔑视众使徒也是正当的，因为他们的先祖奉行一种不同的信仰，已有三千余年。创世以来就有了杀人犯、通奸者和盗贼，直到末日。这难道能使他们的行为变得正当吗？我并没有标新立异，只不过说了基督教的一切真义在本来应当护卫它们的人中，就是那些主教和博士们，已经消失殆尽。但我并不怀疑，直到今天，仍有人坚信真理。在旧约时代，即使对律法的属灵认识已经被本来应该捍卫它们的大祭司和文士们弃绝，但它仍然留存于部分平民的心中。所以耶利米说［耶 5:4—5］，他在常人和平民中发现的悟性和公义，比在尊长们中看到的还多。同样，今天贫穷的农民和儿童对基督的认识，胜过教宗、主教和博士们。一切都颠倒错乱。

即使他们如此一意孤行，那也无妨。就让他们把我说成是异教徒吧。但是，假如一位土耳其人要我们证明自己的信仰，他们将如何应答、而我们又怎样陈述自己的理由呢？他不会在意我们信仰时间的长短、信徒的多寡与身份的高低。我们在这些事情上只有保持沉默，只把他们引向我们信仰的根基——圣经。如果我们这样对他们说："瞧，如此众多的神父、主教、君王、国家和民族都信它，且长久如此"，这岂不是滑天下之大稽吗？

让他们也这样地对待我吧。我们且看看自己的理由和根据。让我们察验我们所信的，只为坚固和启迪我们自己。我们有这样的信仰依据岂可不知道呢？既然这是基督的旨意，应该人尽皆知，我们为什么要使其秘而不宣呢？他在《马太福音》5[:15]说："人点灯，不放在斗底下，是放在灯台上，就照亮一家的人。"基督让门徒摸他的手、脚和肋，为的是叫他们相信他就是主[约20:27]。那么，我们为何不该接触和证明圣经——它实际上就是基督属灵的身体——以便探察我们究竟是否相信圣经呢？因为其他的著作都是充满危险的，可能就是空中的邪灵[弗2:2]，无骨无肉；但基督是有血有肉的[路24:30]。

这就是我对那些指责我背弃所有教会教师的人的答复。我并未背弃他们。人人皆知，他们像常人一样，时常犯错。所以，只要他们能够依据那永无谬误的圣经，证明自己的观点，我就乐意相信他们。圣保罗在《帖撒罗尼迦前书》5[:21]吩咐我这样做。他说："但要凡事察验；善美的要持守。"圣奥古斯丁在给圣耶柔米的信中表达了同样的意思，"我只懂得崇敬那些被称为圣经的书，坚信它们的作者正确无误。我所读的其他书籍中并不拥有其作者所说的真理，除非他们依据圣经或明显的理性向我证明。"[①]

圣经肯定比别的书更加清楚、容易诠释、可信。特别是所有教师都借圣经的更为清楚和可信的篇章来检验自己的观点，期望自己的著作能为圣经所证实和解释。但是，一段含糊的话不能被另一段更含糊的话加以证实，所以必要性迫使我们带着所有教父的著作去求教于圣经，借此获得对它们的裁决和评判。惟有圣经是世上一切论著和教义的真正主宰和师傅，如果不承认这一点，圣经还有什么用呢？我们越多弃绝它，就越会满足于人的书籍和教师。

---

① Letter 82（to St. Jerome），参见 *MPL* 33，286—287。

许多贵人因此而恨恶我、逼迫我，这根本吓不倒。这却使我感到欣慰，力量增加，因为圣经清楚地显明，恨恶人的、逼迫人的往往有误，受逼迫的反倒往往是对的。人们对谎言多数趋之若鹜，追求真理的却如凤毛麟角。我的确明白，如果只有极少数小人物攻击我，那么我的言论和著作就并非出自上帝。正如我们在《使徒行传》[17:5，18；18:12；19:23—41] 里所读到的，圣保罗的教义就招致了各种搅扰，但这并不说明其训言有错。真理常受搅扰，假师傅总是叫"平安！平安！"，如以赛亚 [以西结] 和耶利米告诉我们的 [结13:10，16；耶6:14；8:11]。

所以，我并不理会教宗和他的大批仆从，却欣然挽救和维护被谕令非难的信条，因为上帝赐我怜悯。我深信借上帝的怜悯维护我的信条，就能使其不再遭受谬误之举的伤害。势力面前的，不过是一个可怜之躯，我愿把我这可怜之躯交托给上帝及其受教宗诅咒的圣洁真理。

第 1 条

认为圣礼将恩典赐予所有不施加障碍的人，这是异端。[2]

为了理解这一条信条，有必要指出，我的对手曾经教训人说，圣礼施恩于任何人，即使他们没有悔罪并且无意行善。他们声称："只要不施加障碍"，这就够了，就是说没有肆意犯罪的意图。正是鉴于这种说法我才发表了这一信条，并坚持认为他们的教义是非基督教的，有误导性，且是异端。除了消除障碍（邪恶的意图）以外，接受圣礼不仅要求真正的悔罪，有效的圣礼还需要内心坚定的信心。

基督在《马太福音》9 [:2，武加大译本] 证明了这一点。当他医治瘫子时，一开始就对他说："小子，相信吧，[3] 你的罪赦了。"如果信心对赦罪并不必要，基督为何要求它呢？我们在经上还看到，若未发现那人能够或愿意有信心，基督对他施展异能，也是徒然。因此圣约翰写

---

② 参见本卷《〈九十五条论纲〉的解释》第 7 条；另参 *LW* 31，106—107。
③ 武加大译本圣经里的 *confide* 可译为"相信"。

道："耶稣在本地，因为他们不信，就不多施异能了。"④

此外，在《马可福音》11[：24]，耶稣教门徒祷告说："所以我告诉你们，凡你们祷告祈求的，无论是什么，只要信是得着的，就必得着。"若不为了祈求圣恩，那么接受圣礼还有什么意义呢？除了真心实意祷告，祈求圣恩还能意味着什么呢？那么教导人接受圣礼和主的恩典，无需这样的意愿，无需信心甚至无需悔罪，无需行善之念，这不是非基督教的货色又是什么呢？在教会听到这样的说教难道不令人伤心吗？由于本条是主要信条，其他各条均源于它，所以我要进一步对其加以证实和解释，这样或许有所裨益。

圣雅各说："你们中间若有缺少智慧的，应当求那厚赐与众人、也不斥责人的上帝，主就必赐给他。只要凭着信心求，一点不疑惑；因为那疑惑的人，就像海中的波浪，被风吹动翻腾。这样的人不要想从主那里得什么。心怀二意的人，在他一切所行的路上都没有定见。"[雅1：5—8]求告的人若不坚信上帝有求必应，就得不着什么。这段经文难道说得还不够清楚吗？那人若不祷告，也没有信心，不悔改，且无意为善，只是像他们教导的那样"除去恶念的障碍"，那他岂不是得的更少吗？愿上帝保佑他的所有信徒，不使他们沾染这份骗人的谕令和此类师傅们所鼓吹的非基督教的谬误。创造天地以来这样的事情都闻所未闻。

再者，圣保罗在《罗马书》14[：23]说过："凡不出于信心的都是罪。"那么，只要没有信心，人的一切行为举止就都是罪。所以，圣礼怎么会将恩典赐予不信者呢？当然，按圣保罗此处所说，既然他们没有信，这就使他们的一切作为尽都是罪，这样他们又怎能去除障碍呢？然而，他们却教训人说，信心并不是领受圣礼和恩典所必需的。因此，他们指责我，就是指责这些明确无误的经文。

由于同样的原因，圣保罗在《罗马书》1[：17]和《希伯来书》10[：38]中引用先知哈巴谷的话，作为整个基督教教义的一个主要信条，他说："义人必因信得生。"[哈2：4]他不说义人必因圣礼得生，而说因信。因为不是圣礼，而是圣礼中的信，使人得着生命和义。许多人领受

---

④ 路德指的可能是《马太福音》13:58，也可能是《约翰福音》4:44。

圣礼，但从中既未得生，亦无敬虔，惟有信者敬虔且得生。

基督在《马可福音》16［:16］也是这个意思，他说："信而受洗的必然得救。"他把信心放在洗礼前面，因为没有信心，洗礼便不能为善。所以，他紧接着又说："不信的必被定罪。"即使这样，他自己还是受了洗，因为不是洗礼，而是洗礼中的信使人得救。由于这个原因，我们在《使徒行传》8［:36—37］读到，圣腓利在问了太监到底有没有信，证实以后才给他施洗。所以，今天在全世界都是这样，哪里举行洗礼，那里就要向婴儿或其监护人问他是否相信，惟有在这信心和宣信的基础上，圣洗礼才得举行。

那么，为什么这份异端的、亵渎上帝的谕令竟敢悖逆整部圣经，违抗全体基督徒的信仰与实践，教导人们不必要有信心或悔改，也无需有为善之意？这是严重的叛教行为。如果没有这份谕令，人们绝不会相信有人竟然持有这样荒谬的论调。我希望他们确实以此谕令为耻，他们也不会想让平信徒读到它的德语文本。⑤

此外，圣保罗还说过："人心里相信就可以称义。"［罗 10:10］他不说人定要领受圣礼，因为人因信称义，不靠身体上领受圣礼（只要人不轻看它们）。但是，缺少信心，圣礼便一无所用，它实在就完全是死的和有害的。因此，圣保罗在《罗马书》4［:3］写道：亚伯拉罕信上帝，这就算为他的义或良善。摩西早就将这写在了《创世记》15［:6］，把这定下来为的是让我们知道，除非有信心，没有什么使我们为善和称义。没有信心，谁也不能与上帝相通，更得不到他的恩典。

人类的理性和常识也完全证明了这一点。世人立言许诺，他们之间也要有信。如果没有人相信他人的话或签名，那生意或社团就维持不了多久。我们清楚地看到，上帝只借他的圣言和圣礼待我们，这些犹如他话语的印记或印鉴。所以，当务之急是相信这些话语和印记。因为既然上帝说出和给了这些记号，人就应当全心全意坚信他说的话和意向是真实的，所以我们就不会以为他是说谎者和骗子，而相信他是真的和信实

---

⑤ 谕令的德文译本出版于 1520 年底，译者到底是路德的对手（*MA*³ 2，419），还是路德的朋友（*WA* 7，371），迄无定论。

的。这信心比什么都令上帝喜悦，使他得最大的荣耀，因为信心相信他是真的和公义的上帝。因此上帝也看这信是公义的、良善的，足以得救。

因为每项圣礼都包含有上帝的话语和应许，这应许里有他保证赐予我们的恩典，所以，仅仅像他们说的"除去障碍"，那样的确是不够的，还必须心里坚信和不动摇，只有这信心才能领受上帝的应许和印记，毫不怀疑这应许和记号的确是真的。然后，就有印记或圣礼所应许或表明的恩典理所当然地被赐予这信心。倘若这信心不存在，"除去障碍"便是徒劳一场，而且连上帝也深受亵渎和侮辱，就好像他是说谎者和愚蠢的骗子似的。在这种情况下，圣礼不仅未将恩典授予"除去障碍"的人，反倒给人带来耻辱、忿怒和不幸。所以若没有信心，还不如远离上帝的应许和印记，即他的圣礼。

基督在《马可福音》16［:16］说："信而受洗的，必然得救。"洗礼就是借他的应许和圣言而恩赐的上帝标记和印信。因此，受洗者对这些话语当信以为真，相信自己既然受洗，按照这些话语所说和标记所示，就必然得救。如果他不信，上帝的这些话语和记号就白费了，上帝也因此被轻看，被视为傻瓜和骗子。所以，有悖于基督教的可怕的弥天大罪，就是对圣礼的怀疑或不信。这份亵渎上帝的、令人诅咒的谕令将把我们推入这种罪恶之中。它把信心变成了异端，把亵渎视为基督教的真理。愿上帝保佑我们远离这行毁坏的站在圣地的渎圣之罪！［太24:15；参考但9:27，11:31，12:11］

上帝的印记或补赎⑥是基于基督的话语与应许："凡你在地上所捆绑的，在天上也要捆绑；凡你在地上所释放的，在天上也要释放。"［太16:19］因此，凡认罪去做补赎的人，必要首先切实坚持这应许是真的，确信只要在地上被释放，那么在天上、在上帝面前也一定被释放。假如他对此怀疑和不信，那么在他看来上帝就一定是骗子；因这不信或怀疑，他就弃绝了上帝。"除去障碍"，丢弃恶念，却又保留最大的绊脚石，罪大恶极之念，就是对上帝的不信、怀疑和弃绝，这有什么好处呢？

---

⑥ 译者用的是路德手稿的副本，而不是印刷商的版本，后者词序有误。比较 *WA* 7，325 和 *WA* 7，324。

　　圣餐也是这样；它基于基督在《马太福音》26［:26］的圣言："你们拿着吃，这是我的身体"，所以领圣餐者就要坚信基督的话的确是真的，基督的身体为他而赐，宝血为他而流。假如他对此不信，或认为基督的身体不是为他而舍，而是为了别人，那么基督就又被弄成了骗子，他的话语和记号就成了一纸空文。这不信和圣礼的滥用今日带来的可恶之罪何其多啊，就是因为哪里都不传讲信心！而今这信心更被谕令定罪！我们听到的所有教导都是"除去障碍"，去悔改，去认罪。假若他们传讲信心之道，他们说的就只是基督已经临在，眼前的不是饼，而是他的外形。但基督成全什么，他为何临在？我们却根本听不到，也无人正确地传讲。

　　这一切都使我认为，圣礼必须有信心，这是显而易见的。这信心对其领受的圣言所宣告的、圣礼所表明的，皆深信不疑。他们有关"除去障碍"的废话的确无益，声称只要"除去障碍"而无需有信，圣礼就将恩典赐予人，这是异端。"并非圣礼，而是圣礼中的信心使人成为公义得救。"⑦ 圣奥古斯丁的这一教导实在有效。他引证圣约翰对洗礼作了下述解释："元素被加入圣道，就产生了圣礼"；又说："水洗了身体，就使心灵洁净，这并非因行为或倾倒水的动作，而因信心。"⑧

　　我的对手抗拒这些对此基督教信条的有力辩证，却拿不出一段圣经或丝毫理由证明自己的观点和"除去障碍"的理据。他们的整个观点空泛无据，全是人的捏造和梦呓。我希望听到他们的批驳。在只应传扬上帝之道的教会，他们竟敢鼓吹自己杜撰的谬见，这即使不是异端，不也是一种耻辱吗？

　　他们唯一支持其观点的论据如下：如果新约圣礼不把恩典赐予那些即使还没有信、但却"除去障碍"的人，那么新旧约圣礼便没有什么区别。旧约圣礼同样能够把恩典给予有信之人，那么新约圣礼必定更有大能，又优于旧约圣礼。因此，它们就应当把恩典赐予那些旧约圣礼不予施恩的无信之人。这是个大题目，颇费唇舌。简言之，他们的整个论证

⑦ 参考 Augustine, *On the Gospel of John*［John 15:3］（*In Ioannis Evangelium*），参见 *MPL* 35, 1840；另参 *LW* 31, 193 n. 69。

⑧ Ibid.

都基于虚假和谬误的观念。实际上，旧约与新约的圣礼并没有区别，任何一方都没有上帝的恩典赐予人。已如上述，是对上帝之道和应许的信心过去和现在给人恩典。所以，古人像我们一样因信蒙恩。因而圣彼得在《使徒行传》15［:11］里说："我们得救乃是因主耶稣的恩，和他们一样，这是我们所信的"；圣保罗在《哥林多后书》4［:13，和合本修订版］里说："我们……有从同一位灵而来的信心"；在《哥林多前书》10［:3，路德意译］说："我们的祖宗和我们一样吃着一样的灵食，喝着一样的灵水。"这说明他们和我们一样怀有信心。

的确，旧约的预表没有赐予恩典，但也不是他们声称的圣礼。因为在这些预表中，不像每项圣礼，一定存在上帝的道或应许。它们仅仅是我们今天所拥有的那种预表或记号。肉体的装扮和华服都只是没有上帝之道或应许的预表和记号，而拥有上帝之道或应许之人就有了这种或那种恩赐。他们没有我们在洗礼中所得到的这种应许，也就是说，信而受洗者必然得救。在旧约里的人相信的任何上帝的应许，同我们的圣礼完全一致，其区别在于旧约的应许多种多样，而我们有的却少，不过这却是全世界全人类的共同财富。

另一方面，我们今日拥有的预表和记号，与旧约的预表一样，既不是圣礼，也没有上帝之道相伴随。例如，作为一种预表，主教的袍服就与亚伦的衣装一样，不能赐予任何恩典。所以，他们不当混淆圣礼与预表，张冠李戴。那么，他们也不会误将新旧约的圣礼加以区分，因为他们无法将新旧约的信心分割开来。

既然对此信条已经通悟理会，其余的便很易明白，那么这整个谕令就将在公众面前蒙羞。本条论及信心，因而就成了最重要的信条。

第 2 条

谁不相信洗礼之后罪仍然存在于每位孩童身上，就是蔑视基督与圣保罗。⑨

---

⑨ 参考本卷《莱比锡论战》第 2 论题；另参 *LW* 31，317。

　　圣保罗在《罗马书》7［:7］里说道："非律法说:'不可起贪心',我就不知何为罪。"此时,使徒保罗不仅受了洗,而且已经成了圣徒,但他还是写了这条自己和所有圣徒论到贪心的经文。而在受洗之后这贪心又从何而来呢? 这没有别的解释,只能说受洗之后,贪心依然存在。

　　在《加拉太书》5［:17］,使徒又对受洗之人和圣徒这样说:"因为情欲和圣灵相争,圣灵与情欲相争,这两个是彼此相敌,使你们不能做所愿意做的。"人们将如何解答这段简明的经文呢? 它清楚地指出,人里头有着灵与肉这两种对立的情欲或私欲,二者如此根深蒂固,即使人们有意弃绝情欲,也难以实现。受洗之人和圣徒身上的恶欲从何而来? 无疑来自于肉体上的出生,即伴随它们而来的恶欲的内住之罪,直到死亡,在我们活着的时候始终与我们的灵相争相敌。

　　同样,我们在《罗马书》7［:18—19］读到:"我也知道,在我里头,就是我肉体之中,没有良善;因为立志为善由得我,只是行出来由不得我。故此,我所愿意的善,我反不做;我所不愿意的恶,我倒去做。"人因圣灵而愿为善,即有意弃绝恶欲邪念,但肉体是这样的邪恶,充满私欲,不按灵之所愿而行,所以就难以抛却这些情欲。除了这样的解释,难道圣保罗还有别的意思吗? 这一切都意味着,人虽然一直抗拒私欲,以免它们将人打垮,在行为上流露出来,但邪情私欲却始终存在。圣保罗在《罗马书》6［:12,武加大译本］教导人这样做:"所以,不要容罪在你们必死的身上作王,使你们顺从身子的私欲";他似乎在说:"罪与邪情私欲存在于你们身子里,但你们定要对其加以克制,切莫首肯,更不要屈从它们。"

　　上帝让灵与肉因其对立的欲望而相争,使之成为所有受洗和蒙召者的任务。他在《创世记》3［:15］对蛇说:"我要叫你和女人、你的后裔和女人的后裔彼此为仇,女人要伤你的头,你要伤她的脚跟。"这就是说灵与肉执意相争,虽要艰难苦斗,但灵最终得胜,降服叛逆的肉体。如圣保罗在《加拉太书》5［:24］所说:"凡属基督耶稣的人,是已经把肉体连同肉体的邪情私欲同钉在十字架上了";圣彼得也说:"亲爱的弟兄啊⋯⋯我劝你们要禁戒肉体的私欲;这私欲是与灵魂争战的。"［彼前2:11］

这一切都说明，只要受洗者和圣徒是血肉之躯，活在世上，罪就住在他们里面，所以，谕令向这一信条兴师问罪，完全是最为非基督教的。我们还有进一步的证据。圣保罗在《罗马书》7 [:22] 说："因为按着我里面的意思，我是喜欢上帝的律；但我觉得肢体中另有个律和我心中的律交战，把我掳去，叫我附从那肢体中犯罪的律。"圣保罗在这里坦言，他在自己的灵里看到一个善律和上帝的律法，在肢体中又有一个罪恶的律和意志。因此，怎么能够否认一个受洗的圣人内里仍然有罪呢？如果不是罪与良善的灵和上帝的律法争战，我倒希望有人告诉我罪为何物。如果我们不是以亚当子孙的肉体而出生，那又是什么使我们里面的善恶相争呢？这甚而持续到圣灵借洗礼和悔改内住之后，直到被上帝的恩典和灵的抗拒与成长所克服，最终被死亡所扼杀、逐出。

此外，圣保罗在 [《罗马书》7:25] 同一经文里更加明确地补充说："我以内心顺服上帝的律；我肉体却顺服罪的律了。"同一个人在自己里面发现了两个对立之物，这难道还不够清楚吗？因着灵，人有意为善，顺服上帝的律，变得公义；甚至以此顺服而欣喜快乐；但因着桀骜不驯的肉体，人就有了恶念，以顺服罪的律而喜乐。因为肉与灵构成了同一个人，两种本性、行为、爱心和欲望都归在他身上，尽管双方彼此对抗。因着灵，人就公义；因着肉体，人就是罪人。如圣保罗在《罗马书》第 6 章 [8:10] 所说："基督若在你们心里，身体就因罪而死，心灵却因义而活。"因为人的灵——这最高贵、善美和重要的部分，因信而公义、正直，上帝就不定人的罪了，就是不叫人因次要部分即是肉体而受责罚。

所以，我与其他任何人，的确有理由感到困惑：这样的信条竟然不被视为最可靠、明白无误和广为人知的真理，更不要说竟然有人对其兴师问罪了。我们读到的所有圣徒的生平究竟是怎样的情形？他们信自己的一切作为、祷告、禁食、劳苦和各种操练是要表明和证明什么呢？他们借此同肉体交战，惩罚它，使其听命于灵，岂不是为了抑制其邪情私欲？这就是圣保罗写给歌罗西人所说的话："所以，要治死你们在地上的肢体；就如淫乱、污秽、邪情、恶欲和贪婪"[西 3:5]；在《罗马书》8 [:13] 又说："你们若顺从肉体活着，必要死；若靠着圣灵治死身体的恶行，必要活着"；对腓立比人说："我是攻克己身，叫身服我，恐怕我传福音给别人，自己反被弃绝了"［林前9:27］；所以我可以继续论证。难道有哪位圣徒不曾为自己的肢体与恶念而悲叹、呻吟、抱怨、哀哭的吗？

圣耶柔米不是经常悲叹，那恶欲不仅于洗礼之后，甚至在他禁食、守夜、劳累不堪和变得十分圣洁以后，仍肆虐于他的肉体里吗？在一次关于致死瘟疫的讲道中，圣西普里安回顾自己的罪过时深感欣慰，他说："我们应当永不停息地抵制贪婪、不贞、恼怒、野心，怀着懊悔之心，坚决、奋力地同尘世的物欲和诱惑争斗。人心被鬼魔围攻、纠缠，很难完全迎击或抵御它们。战胜贪婪，又出现不贞；克服欲望，野心又取而代之；野心受鄙视，又引起愤恼，继而趾高气扬，醉意开始进攻；仇恨使团结破裂，妒忌中断了友谊。你不由得咒骂人，虽然遭上帝禁绝；你被迫发誓，尽管并不合宜。人的灵应受诸多逼迫，人的心要冒不少风险。人不是仍然想驻留于这个遭受魔鬼刀剑砍斫的世界吗？难道我们不该祈告死亡即时相助，将我们快快领向基督吗？"[10]

那么，由于这些与其他所有圣徒的生平与认罪证实了圣保罗的在《罗马书》7［:22］所说的："按着我里面的意思，我是喜欢上帝的律；但我觉得肢体中另有个律。"所以没有人可以否认罪依然存在于世上受洗的人和圣贤里面，他们应当与其争战。这份可悲的谕令竟对这整个信条大兴问罪之师，到底是什么意思呢？难道圣经和所有圣徒都要被视为骗子吗？谁都可以试试、想想！就让他自己禁食、守夜、劳苦至死，尽可能地变得圣洁。然后，让他说说是否感觉自己里面仍有导致不贞、忿怒、仇恨、自高等诸如此类恶行的邪情私欲。受肉体服侍的不仅是淫荡，而且还有一切的邪情私欲，它们都属于圣保罗在《加拉太书》5［:19］所说的那些"情欲的事"。

我的确认为，这谕令将此信条定罪，就把上帝当成了骗子，从而亵渎了他。因为圣约翰在《约翰壹书》1［:8—10］说过："我们若说自己无罪，便是自欺，真理不在我们心里了。我们若认自己的罪，上帝是信

---

⑩ 路德似乎根据记忆引用西普里安的论著《论道德》(On Mortality)，参见 MPL 4，607。

实的，是公义的，必要赦免我们的罪，洗净我们一切的不义，我们若说自己没有犯过罪，便是以上帝为说谎的，他的道也不在我们心里了。"我们仍然有待被洗净，我们仍是罪人。这段经文不是再清楚不过了吗？圣保罗用同样的口吻对希伯来人说："我们……就当放下各样的重担，脱去容易缠累我们的罪，存心忍耐，奔那摆在我们前头的路程。"[来12:1] 使徒在这里也将自己包括在内，承认自己里面不仅有罪，而且有"容易缠累我们的罪"，就是那任性的恶欲，它不仅终生伴随我们，而且一直击打我们，同我们的灵争战，施加压力和重担。使徒命令我们将二者统统脱去。

基督在《约翰福音》15 [:3] 又对他的门徒说："现在你们因我讲给你们的道，已经干净了"，但他接着又在《约翰福音》15 [:1—5，路德意译] 说："我是葡萄树，你们是枝子，我父是栽培的人。凡结果子的，他就修理干净，使枝子结果子更多。"我们在这里看到，那结果的枝子，即公义和圣洁的，仍然是不洁的，需要进一步修剪。同样，大卫虽然已经公义和洁净，但他在《诗篇》51 [:10] 里仍然说："上帝啊，求你为我造清洁的心，使我里面重新有正直的灵"；在《诗篇》19 [:12] 说："谁能知道自己的错失呢？愿你赦免我隐而未现的过错。"

我们一定要正确领会这些经文！人若没有已经成为公义，就不会为罪和为对付罪而祈祷，也不会有脱离罪的意念。只有新的灵和刚开始施加的恩典，合力抗拒还存留的罪。他愿全然敬虔，但因肉体的抗拒却难以实现。那些还未成为公义的人，却不会为抵挡自己的肉体和罪过而努力、悲叹和祷告。他们感觉不到内心的矛盾，而是继续附从肉体。圣保罗在《以弗所书》4 [:19] 这样描述他们说，那些人竟到了这样的地步，以致变得"放纵私欲，贪行种种的污秽"。

在这一点上，福音书里的比喻为这个问题提供亮光。第一个是关于撒玛利亚人的比喻 [路 10:29—37]，他把那半死的人扶上自己的牲口，用油和酒倒在他的伤处，出钱要马夫⑪照顾他，他没有立即被治好。同样，洗礼或悔改并不完全治好我们，在我们身上只是一个开端，初始恩

---

⑪ 比喻里讲的是旅店老板，路德在此写作马夫（groom/*Stalknecht*）。

典的绑带包扎着我们的伤口，使治疗一天天地进行着，直到痊愈。因此，圣雅各在《雅各书》1［:18］里说："他按自己的旨意，用真道生了我们，叫我们在他所造的万物中好像初熟的果子"；这等于说："只要我们活在这个世上，相信主的真道，我们就是上帝已经开始了的作为，只是尚未臻于圆满，但在死后方能完全，成为无罪无过的神圣之果。"

第二个比喻写在《马太福音》13［:33］里。说的是有位妇人将面酵藏在三斗面里。只等全团都发起来。这新面酵就是信心和圣灵的恩典。它不使整个面团立刻都发酵，而是缓缓地、渐渐地发酵。我们就像这新面酵，逐渐地最终成为上帝的面饼。所以，今生非公义，只是在公义上成长；不是健康，而是在得医治；不是存在，而是变化；不是停息，而是操练。我们并非未来之人，只是在旅途上。旅程尚未完结，而是在积极地行进之中。这虽非终极目标，却是道路。目前的万物尚未发出荣耀，但却时时得到净化［林后 3:18］。

若将这问题作最后结论，主祷文就足以说明我们大家仍是罪人，因为连所有的圣徒都要这样祈祷："愿人都尊你的名为圣，愿你的国降临，愿你的旨意行在地上，如同行在天上。"［太 6:9］他们在这里实际承认，现在尚未完全尊上帝的名为圣。但是，假若圣灵没有开始尊此名为圣，他们便不会这样祈祷。所以，他们坦言自己尚未成全上帝的旨意，但如果没有开始成全它，就不会有这样的祈求。没有开始的人，便对上帝的名与旨意漠然置之，不会祈祷，也不在乎。且也不能说，在圣徒们的祈祷中，他们仅仅为过去的罪祈祷，而不顾及当前的和尚存的罪。实际上在主祷文中，对往日之罪有一个特别的祈求："免我们的债，如同我们免了人的债。"其他的祈求显然与目前存在的其他罪过有关。由于这个原因，他们请求，将来也要尊上帝的名为圣，顺从上帝的旨意，愿上帝的国降临。这样祈祷的人，仍未完全脱离魔鬼的国，仍有叛逆之意，间或犯着不尊上帝之名为圣的罪过。

我当然知道，对手们对这一切想怎样回应。他们声称洗礼之后存在的这种恶，不是罪；而且为其杜撰了一个名称，呼其为惩罚，而不是罪咎，认为这只是一种缺点或软弱，不是罪恶。我反驳他们说，这一切说法都是任意捏造，没有圣经的依据或理由。事实上，它们的话有违圣经，因为圣保罗不说"我觉得自己有缺欠"，而是明确地表示"我肉体却顺服罪的律"［罗 7:25］，还说"住在我心里的罪"［罗 7:20］作恶。圣约翰不说"我们若说自己有缺欠"，而说"我们若说自己没有犯过罪，便是以上帝为说谎的"［约壹 1:10］。

谁若如此亵渎上帝之道，把上帝称为罪的说成缺欠，就是大逆不道，绝对不可饶恕。把任何出现"罪"的地方都解释为缺欠，那么整部圣经就将一文不值，任何行为都不再是罪，而只是"缺欠"或"软弱"。这样一来，谁还会禁绝人们把奸淫、杀戮和抢劫仅仅当作"缺欠"或"软弱"，而不视其为罪呢？固然，这些行为都是"缺欠"和"软弱"，但却是有罪的缺欠和软弱，必须借恩典加以治愈。[12] 忿怒、恶欲和各种罪恶倾向都是缺欠，但不同时也是罪吗？难道它们没有违背上帝的诫命吗？因为他说过："你们不可有恶念"，"你们不可动怒"。如果他们把悖逆上帝的诫命都不称为罪，那么还有什么被他们视为罪的呢？的确，在论及受洗之人还有罪的那段经文中，圣保罗引证了上帝的诫命，他说："只是非因律法，我就不知何为罪。非律法说：'不可起贪心'，我就不知何为贪心"［罗 7:7］；他好像在说："住在我以及所有受洗之人心里的欲念并不仅仅是缺欠，而且是违背上帝诫命的罪恶，是它所禁绝的。"

对这些被用来曲解圣经的诡计和遁词，圣保罗在《以弗所书》4［:14］里是用 *kybeia*（诡计）和 *panourgia*（欺骗的法术）这两个希腊文词来描述的，意为"戏法""赌徒的伎俩"和"杂耍演员的把戏"。这些人如赌徒掷骰子一样把上帝之道抛来扔去，因为他们像戴上一个假鼻子，使整个人变了形的演员那样。他们把圣经中单一、单纯和稳定的意思挪走，要蒙蔽我们的眼睛，使我们摇摆不定，无法获得可信的解释。我们受迷惑，遭欺骗，而他们却像赌徒掷骰子那样戏弄我们。

他们就是这样来对待这段清楚的经文和"罪"这个简单的词。他们硬说"罪"的意思不是"罪"，而是"缺欠"或"软弱"，而且捉弄我们，直到我们不辨眼前的清晰之物。正如他［圣保罗］在《加拉太书》里写道："无知的加拉太人哪，耶稣基督钉十字架，已经活画在你们眼

---

⑫ 路德手稿中为"上帝的恩典"，参见 *WA* 7, 338。

前，谁又迷惑了你们呢?"［加 3:1］

如果任其这样歪曲上帝的真道，他们最终就颠倒黑白，把树说成石头，把马叫作牛。说来真令人伤心，这些人过去这样做，现在依然如故地任意解释"信""爱""望""公义""善行""罪""律法""上帝的恩典"等等。我已经发誓将这些词牢记在心，并且意欲证实，近四百年来诠释那本《四部语录》的人从未理解这些词的真义，[13]而是在无知中玩弄和歪曲它们，致使圣经真义遭到弃绝。取而代之的，反倒是教导我们的那些寓言和编造的故事。我们千万不要被这些人的亵渎之语和杜撰迷惑。凡上帝明确称其为罪的，我们一定要接受和相信那就是罪。上帝非人，必不致说谎［民 23:19］。他决不会像人那样，卖弄词句，搞文字游戏，他的训词确凿信实［诗 119:86，111:7］。

既然他们对有关禁绝恶欲的次要诫命要花招，那么，假若使徒引用这些狂徒不完全理解的摩西第一块法版上反对偶像崇拜的一条重要诫命，他们又会如何玩弄圣经呢? 众所周知，邪情私欲有悖于上帝的诫命，但他们却不愿以罪为罪。圣保罗引用这条次要诫命，毫无疑问地是为了堵众人之口，借我们的经验说服我们，这样便不会有人悖逆他。但这无助于事。无论怎样，人还是想方设法抗拒这朴素的真理和自己的经验。

但是，我们不妨听听他们的理由，看看他们为何拒绝承认洗礼之后罪仍存留于人里面。他们认为，说罪仍存留就是对洗礼的冒犯和侮辱。因为人都相信在洗礼中，所有的罪统统赦免，人就获得再生，成为洁净的新人。既然所有罪都得到赦免，那么余下的便不再是罪。

这就是人类理智运作的方式：缺少了上帝的光照，它就要干预，且按自己的能力企图计算和衡量上帝之道及其作为。除了重复圣奥古斯丁对那些竭力用其稻草之矛攻击他的伯拉纠派的反驳以外，我还能说什么呢? 他说:"某些罪，诸如本罪，作为行为已经过去，但作为罪咎却依然存在。如杀人，一下子发生，很快地结束，但罪咎要存到杀人犯悔改为止。另一方面，那种与生俱来的原罪，虽在洗礼中作为罪咎而消失，但作为行为却依然存在;尽管已蒙赦免，但它依旧活着，扭捏作势，狂

---

[13] 那些神学教科书主要是对彼得·伦巴得的名著《四部语录》的注释。

言乱语，击打我们，直到我们的肉体死亡。只有在这时，原罪才会被除灭。"⑭

如果没有圣保罗的证实，我是不会相信圣奥古斯丁的。保罗在《罗马书》8［:1］里说："如今，那些在基督耶稣里的就不定罪了。"他不说"他们里面没有罪了"，而说"就不定罪了"，因他从前说过，在与灵争战的肢体与肉体中有罪。但由于灵与罪相争，不顺服罪，无以为害。而上帝审判人，也不是按那在肉体里击打人的罪，而是根据与罪相争的灵，并且这灵喜爱上帝的旨意，恨恶和抵制罪。所以，说罪得赦免是一回事，说没有罪存在又是另一回事。洗礼和悔改之后，所有的罪均蒙赦免了，但罪一直存在人里头到他死亡为止。不过，因为上帝的赦免，这罪并不妨害我们得救，只要我们与罪争斗，永不妥协。所以，我们的对手不当否认罪依然存在于洗礼之后，仿佛我们再也无需恩典来祛除罪。他们倒要拒绝接受罪并未被全部赦免的主张。这样，他们和我在所否认的事上，就一致无异。

因为这是新约丰盛的恩典和天父无比的怜悯，使我们借洗礼和悔改，就开始变得公义和纯洁。不论我们还有什么罪仍有待驱除，上帝都不会揪住它不放，因为我们在公义中开始，且持续地与罪相斗和除去罪。他选择不以此罪指控我们，尽管在我们完全洁净之前，他有理由这样做。因为这个原因，天父赐给我们一位主教，即基督，就是那位无罪的。他做我们的代表，直到我们同他一样完全圣洁为止。但目前，基督的公义必定覆庇我们，他那完美的公义必须作我们的盾牌和守卫。为了他的缘故，凡信他的人就不会因残留之罪而受指控，正如圣保罗在《罗马书》3［:24—26］里做的精妙阐述一样。

现在，让我们用圣奥古斯丁的美言，对这几乎是最好与最重要的信条加以总结："罪因洗礼而蒙赦，但并非不再出现，而是不再归算。"⑮我们在这里清楚地看到，罪依然存在，只是不再归算。上面提到两个理

---

⑭ 参考 Augustine, *On Marriage and Concupiscene*，参见 *MPL* 44，430；Augustine, *Against Julianum*，参见 *MPL* 44，852，858。

⑮ Augustine, *On Marriage and Concupiscene*，参见 *MPL* 44，430。

由。首先，由于我们信基督，他便借此成了我们的代表，以其清白遮掩了我们的罪；其次，因为我们不停地与其争战，为要消灭它。没有这两个理由，罪就要被归算，不得赦免，我们也要受永恒的定罪。这就是新约的喜乐、安慰和福分：我们懂得了基督赐予自己的恩惠，知道我们为何需要基督。从这根里生出了爱与喜乐，以及对基督和全然怜悯的天父的赞美和感恩。这造就了自由、欢乐、勇敢的基督徒。他们的爱使其与罪争战，甘心悔改。反之，那些企图掩饰我们的罪，仅仅将其理解为一种软弱的人，却是欺哄我们产生一种虚假的安全感，使我们变得懒惰、行动迟缓，他们把基督挪去，任我们继续无所顾忌、肆无忌惮根除罪恶之事。若在这种可怕的假想中麻木不仁，我们就会不以基督或上帝为荣。愿上帝保佑我们脱离这假想，救出陷此深渊的人。阿们。

第 3 条

即使没有本罪，那原罪的火种也是灵魂进入天国的障碍。⑯

我们在上一信条里所说的洗礼后存留的罪，其所以被称为"火种"，是因为正如火种易于引火一样，它极易激起和引发对邪情私欲和诸般恶行的狂热。此乃经验之谈，人所共知。但在此以前，我还只是将这一信条视为一种观点和理论，而不是作为一种可以向人传授的确定可靠的真理。所以，没有必要去定罪它。但我的对手们除了"未经许可"这句话外，提不出任何更好的理由反对它。因为我对他们的好恶不感兴趣，与此同时又对这个问题思虑再三，所以现在我准备宣布，这信条就是一条确定无误的教义。我愿意承认和捍卫它，想他们也无法用圣经或理性将

---

⑯ 参见本卷《〈九十五条论纲〉的解释》第 24 条；另参 LW 31, 153。被译为"火种"的拉丁文一词为 fomes。罗马教会主张："受洗之人里面仍存在着情欲与犯罪的倾向（concupiscentiam vel fomitem）……使徒保罗有时称此情欲为罪，但教会公会议曾经宣布，罗马教会将情欲理解为罪，不是从重生之人里面的确存在着罪而言，而是从它具有罪的性质和倾向而言"，参见 Canons and Decrees of the Council of Trent, trans. H. J. Schroeder（St. Louis, Mo., and London, 1941）, Fifth Session, p. 23。

其驳倒。我的证据如下。

圣彼得在《彼得后书》3［:13］说过，上帝在最后的日子将创造一个新天新地，这新天新地不像这个尘世那样有罪居于其中，而是只有公义。如在上一信条中所示，这"火种"就是罪。没有脱离这罪的人，就不能进入天堂，这是理所当然的。当然，他们不能把罪一起带到那里。不过，尽管这一真理如此明显，根本无需证明——因为没有人竟愚蠢到认为人会带着罪进天堂——但这份谕令竟如此猖狂，而他们也如此无知和厚颜无耻，乃至公开这样声称。所以我要引证另一段经文。

圣保罗在《以弗所书》5［:26—27］说，基督要用水的洗礼和福音把他的教会洗净，把新娘、这荣耀的教会领回家来，"毫无玷污、皱纹等类的病"。我认为，圣保罗在这里明示我们，任何罪都不能与我们一起共进天堂，因为那里容不得任何玷污、皱纹或瑕疵。

即使我们议论的这个"火种"，如他们误以为的那样不是罪，只是一种病或软弱，但我认为，如大家都意识到的那样，这种软弱也有碍于进天堂。因为按圣保罗所言，我们若要进天堂，就要先把一切疾病和软弱、一切玷污、皱纹等类的不足之处，统统除去。那么，《出埃及记》13［:18］里的预表就要成全，我们在这里看到，以色列的子民不仅强壮地、顺利地、而且"装备"好了才出埃及。大卫在《诗篇》105［:37］这样颂赞出埃及之事："他们中间没有一个是软弱的。"显而易见，当我们走出今世的真埃及而进入真正的、天上的应许之地，就必须将所有软弱一一摆脱。

然而，教宗可能在这份谕令里同他的跟随者开玩笑。或许他所说的"天堂"，乃路西法及其天使们在地狱深渊为它和它的支持者们所预备的去处，因为它们竟都亵渎和逼迫上帝的真道。进教宗所说的"天堂"的，不仅有火种，而且还有一切罪恶与悲哀之火。我无法想象他们还能有什么样的"天堂"，连罪与病均无碍于人的进入。但我们的天堂，有上帝居于其中。人若有丝毫的罪与软弱，都会受阻，难以进入。如经上所言，凡进去的人都要发出光来，像太阳一样［太13:43］。或许教宗及其党徒想为他们自己另建一个天堂，就像耍把戏的人在狂欢节为自己用麻布搭建的那种"天堂"一般。⑰ 我们被迫阅读教宗谕令里那些无知幼稚的玩意，这怎么会不令人作呕呢？更有甚者，他们竟然命令我们把这些东西当作庄严的基督教信条加以接受！

第4条

临终者对上帝之爱心若不完全，必然会深感惶恐。这种惧怕本身就可能是一种炼狱，阻碍人进入天堂。⑱

上面已经说过并且得到证实，凡有缺陷者皆不能进入天堂。万物定要按自己的所是，达到无罪、完美无缺。即使圣徒们在天堂也不会一模一样，但每个人自己却都要完全圣洁、完美。因为不完全的爱是一种缺欠，并且同这种缺欠相称而有罪，所以我将证明，爱心有缺，阻碍人进入天堂。

我要把爱心有缺，必然伴随恐惧这个主张，归诸于圣约翰名下。他在《约翰壹书》4［:18］说："爱里没有惧怕；爱既完全，就把惧怕除去。"至于那些不相信这话的人，我也不要他们相信我。但是，由于这份谕令谴责这些教导，若它对我依据圣约翰的话而提出的这一信条不加定罪，我就必然感到愧惜。

对这种巨大恐惧是否为炼狱惩罚，我尚无定准，不知如何证明或反驳。我们可以从个人经验有所学习。此外，有关这个问题的知识缺欠，也一样无所谓。不过，我认为圣经业已指出，地狱之痛苦（完全等同于炼狱）就是惧怕、恐怖、颤栗、逃亡之念和绝望。这在《诗篇》2［:5］已经指出："那时，他要在怒中责备他们，在烈怒中惊吓他们"；在《诗篇》6［:2—3］也说："我的骨头发战，我心也大大地惊慌"；在《箴言》28［:1］又说："恶人虽无人追赶也逃跑。"在《申命记》28［:65，路德意译］也可以读到："上帝必使你心中惶恐、绝望。"

---

⑰ 要把戏的人玩魔术的舞台上方的天棚被称为"天堂"，参考 WA 14，428，758。
⑱ 参见本卷《九十五条论纲》第14条；另参 LW 31，26。

我们日常看到，这些可怕的恐怖景象是多么巨大的刑罚。所以，有人猝死，有人发疯，有人突然变得判若两人。我们当承认，没有什么刑罚可与这种确实可怕的恐怖相仿。因此，我们在《诗篇》112［:7］读到，那义人"必不怕凶恶的信息"。这种惧怕和恐怖，不因别的、只因那颗缺少信心和爱的坏良心。由于这个原因，我认为这个信条完全可以被人接受，尽管有人不愿相信，他尽可以对这个问题持开放态度，但这份谕令及其炮制者却对其一无所闻。

第 5 条

补赎由悔罪、认罪、补罪三部分组成的教义，并没有圣经及古代圣教父的依据。⑲

这里必须指出，我从不否认上帝有时刑罚罪，正如我们读到的有关摩西、亚伦、大卫和其他人的事迹一样。但我说过，教宗利用赎罪券自称所宽赦的那种补罪毫无意义。因为它并非本于圣经，而是源于人的律法。对此我将在下面加以证明。

首先，用他们自己的话就可以证明。因为他们正确地指出，悔罪可能如此深切，以致补罪变得毫无必要。如果补罪以圣经为据，那它就永远必要，无论悔罪何等深切或认罪何等真纯，因为凡圣经所命，无论如何都不可免除，因为基督说过："律法的一点一画都不能废去，都要成全。"［太5:18］所以按他们自己的话，他们显然是在以己之矛，攻己之盾，定罪了自己的教导。

其次，基督赦免了那位没有补罪的淫妇［约8:11］，也赦免了没有补罪的瘫子［太9:2］。如果补罪本于圣经，基督便不会这样做，因为他说："莫想我来要废掉律法和先知。我来不是要废掉，而是要成全。"［太5:17］任何教义若与基督的榜样抵触，它无疑既不正确，亦非基于

---

⑲ 出自 *Sermon on Indulgence and Grace*（1518），参见 *WA* 1, 243。

圣经。引用那位含泪为基督洗脚的抹大拉的马利亚之事例⑳作为支持补罪的反例证，也无助于他们的观点。不难证明这并非补罪。因为已经或可以做的许多事工，并不是"补罪"，而免除补罪却没有别的意思，只能是免除补罪。所以，假若补罪得到宽赦，就表明它不是圣经所命。另一方面，单独一个作为并不能证明补罪为圣经所命。

再者，当上帝刑罚罪，无论其是否为补罪，任何人都不能宽赦这刑罚，如《诗篇》89［:32］所说，借着人的手，"我就要用杖责罚他们的过犯，用鞭责罚他们的罪孽"。这些话的一笔一画都要成全，教宗不能免去对罪的刑罚，因为他无权废除圣经和上帝之道。的确，人可以在上帝之前行动，预先自罚，或让别人责罚，这样上帝或许会收回刑杖，如圣保罗在《哥林多前书》11［:31，路德意译］所说："我们若是先刑罚自己，就不至于被刑罚。"所以深切的悔罪也许致令上帝因而不再刑罚人。

古代圣教父们便根据这样的原则制定了悔改认罪法规。㉑它们被称为"补罪"，因为他们预期上帝的刑罚发生，而进行自我惩罚。因为罪必须被刑罚，由我们或别人代上帝执行。所以我过去说过，㉒现在仍然要说，教宗的赎罪券不是别的，只是谎言和欺骗而已。既然上帝要刑罚罪（这是真理，是圣经的教训），那么教宗就不能将其宽赦，因而推翻圣经。他自称有此权柄，就是欺骗民众。但是，假若没有刑罚（如在悔罪极深刻，或已经自罚的情况下），那么教宗也就没有赦免什么，他同样是欺骗民众。

正是由于这样的原因我才说过，补赎由三部分组成并没有圣经的依据。我并不拒绝悔罪、认罪和刑罚，但我宣布赎罪券无效，是因为它们给人错觉，误以为补赎的第三部分，就是补罪被宽赦了，但这完全是虚假的。我已经明确指出，补罪无论被赎罪券，或据称将被赎罪券宽赦，都没有任何圣经根据。我这样讲，并非否认刑罚或补罪这种事情，只是

⑳ 路德指的是《路加福音》7［:36—50］，不过其中并未涉及抹大拉的马利亚。
㉑ 教会法规或谕令，具有法律效力，路德在这里指的是悔罪法规，参考 LW 31，26 n.5；32—33。
㉒ 参见本卷《教会被掳于巴比伦》；另参 WA 6，497；PE 2，171。

强调它们不能被宽赦。凡所谓被宽赦的，均为人的杜撰，没有任何圣经依据。所以我不喜欢"补罪"这个词，希望人永远不再使用它。圣经将其称为对罪的"刑罚"或"责打"。人不能为他的一个日常小罪而向上帝补罪，但他会因所有的罪而受刑罚，或受今生恩慈的刑罚，或永恒的烈怒。

所以，这一信条必然成立。补赎并没有由教宗及其仆从们所唠叨和瞎说的那三部分构成，也没有像他们声称的，第三部分由教宗管辖，他可以利用赎罪券将其宽赦。根据上帝的圣经，补赎有三部分，其中第三部分有时因深沉的悔罪或自罚而被省去。但是，从来没有不受刑罚之罪，如圣奥古斯丁所言："所有恶都必受刑罚"；[23] 常言道："人若不罚，上帝必罚。"因此，对于罚罪，教宗丝毫无权宽赦，就像对悔罪或认罪那样。补赎是一种圣礼，[24] 并非教宗的私产，他无权更改任何部分。

第 6 条

因发现、默想、恨恶罪而产生的悔罪——就如满心苦涩的罪人检视自己的生命，思量自己罪大恶极，污秽不堪，失去永远的生命，反得永恒的刑罚一样——这种悔罪只能使人成为伪君子，罪上加罪。[25]

"凡不出于信心的都是罪"，圣保罗在《罗马书》14［:23］这样说。我的所有对手也都说，真正的悔罪应当是爱所结的果子，否则就不是真悔罪。我在本信条里讲的就是这个教义。然而，他们指责自己的教义，只因为我也这样主张。人若没有信心和爱心，即使他深思自己的罪及其一切恶果，在上帝面前也依然无助。因为撒但和所有被打入地狱的人都这样悔罪过，就是我们德意志人称其为"犹大的悔罪"或"绞架下的悔罪"。

原因是这样的。人若不借恩典，也没有上帝之灵，就不可能爱慕公

㉓ Augustine, *Sermons* (19)，参见 *MPL* 38，133，139。
㉔ 路德后来改变了这种观点，参考本卷《教会被掳于巴比伦》；另参 *PE* 2，291—292。
㉕ 出自 *Sermon on Repentance* (1518)，参见 *WA* 1，319。

义。即使他们受教会的命令和死亡的苦楚，而恐惧、痛苦地思虑自己的罪，但事实上他们的心态是：若没有地狱，他们就可以无羞无惧地这样做，他们必不理会悔罪、认罪和补罪。若没有上帝的恩典，人不可能凭自己的本性改变自己的心灵，因为人本身无力为善，只能作恶，我将在第26条里证明这一点。即使有行善的姿态，这些行为也只能是谎言、欺骗和伪善。

为这缘故，我曾经告诫人首先查验自己的心灵，看看是否彻底地心甘情愿地恨恶罪。假若发现情况不是这样，他就要轻看自己的悔罪，立刻跪下先求主为自己代祷，好叫这悔罪变得真诚、信实。教会祈祷时就是这样说的："求你赐我们忏悔之心。"㉖ 然后，让他默想自己的罪。悔罪之心委实少见，但却是巨大的恩典，并不靠赖于默认罪孽和地狱而生，却只靠领受圣灵的丰满灌注而得。反之，至多就是犹大的悔罪，因为他极度伤心地思虑自己的罪。如经验所示，那种被迫和假装的悔罪极为常见，因为许多认罪是在大斋节期间进行的，对改善人的生命帮助甚微。

圣保罗在《提摩太前书》4［:1—2］预言了这些鼓吹伪善虚假悔改的假教师的到来："在后来的时候，必有人离弃真道，听从那引诱人的邪灵和鬼魔的道理。这是因为说谎之人的假冒；这等人的良心如同被热铁烙惯了一般。"教导人把表面看来是善，却没有信、爱、望和甘心（它们只能源于上帝的恩典）的悔罪视为真善，这难道不是"传布谎言"吗？他们"在自己的良心上留下烙印"。这烙痕不是天生的，也不是后天逐渐长成的，而是从外烙在他们身上的。即使这样，他们良心的疑虑也不是出于恩典的果子，而是虚假杜撰的观念所强加和带给他们的。所以他们佯装悔罪，却并非出自真心。

这种骗人的良心和悔罪不仅使人变成伪君子，而且使他罪上加罪。这正如圣耶柔米所说的："伪装的公义是双倍的恶。"㉗ 其所以说"双倍"，首先是因为没有存在真正实在的公义，而只是一颗既不渴求、也

㉖ 出自一首圣诗，参见 H. A. Daniel, *Thesaurus Hymnologicus*（1841），I，235，CCXIV。

㉗ 指 Jerome, *Commentary on Isaiah*；但路德的引文不太精确，参见 *MPL* 24，240。

不爱慕公义的心。其次，这种真实的恶却被强加的观念和伪装的悔罪所掩蔽，它伪装成真悔罪和公义，刻意向上帝撒谎，欺骗他。正是为了反对教宗及其撒谎者在他们所有的书籍里都把这种虚假的悔罪说成是真悔罪。我才提出了这一信条，并坚决维护它。

也有这样的情况：这些虚假的忏悔者默想自己的罪，再次（尽管可能是在内心深处）感到重蹈旧罪或对昔日仇恨与嫉妒的邪念和欲火，热烈升腾。这样，在悔罪之中他们竟产生了犯罪的真正冲动。假若不思索那些罪，或许他们已经对其忘得一干二净。因为凡事若非出于上帝的恩慈作为，便毫无益处。所以圣保罗说，不借上帝的恩典，认罪思过只能使罪有增无减［罗 5:12—13；加 3:21；林前 15:56］。但这些良心被烙惯了的瞎眼领路人，仍在尽力欺骗我们。他们的所作所为，就是叫我们跌倒，叫我们貌似真悔罪，但实际却使我们罪加一等，并且竭力要我们接受这种观念。

诚然，由于强加的惩罚和被迫的悔改，麻木的罪人在人眼中暂时停止了恶行，但在上帝面前却并不能造就公义的心灵。他们抑制自己脱离罪恶的方式，只是被迫畏惧和听命于人。但我的告诫旨在减少这样的伪君子和"被烙惯之良心"的问心有愧——教宗及其追随者天天都在利用魔鬼的教义使其加增——好叫真诚悔罪的事更普遍，且满有恩典。只有在这种情况下，我们才能不再因我们虚假的教义和悔罪比我们的罪行，更加触怒全能的上帝。他将用《马太福音》21［:31］的话来教训这些人："我实在告诉你们，税吏和娼妓倒要比你们先进上帝的国。"因为伪装的和骗人的忏悔者和被迫的公义，比公开的罪和罪人，更加触怒上帝。

让我更清楚地说明这一点。在第一个信条里我曾确证，㉘甚至连生活于上帝恩典中的圣徒们，他们为了爱慕公义和抵御肉体的私欲和罪，也要奋力地劳苦做工。如果连这些人都不能完全恨恶自己的罪，那么没有生活于恩典里，并且也未同罪争战的人又该做什么呢？当圣灵临在，属肉体之人尚且竭力犯罪，与上帝争斗，如今没有圣灵和恩典的帮助，

㉘ 实际上是第 2 条，参见前文；另参 *LW* 32，19—29。

他又如何对付罪呢？若说没有上帝恩典，且在领受这恩典以先，人的本性必须主动地悔改、憎恨和逃避罪，还有比这更愚蠢的说法吗？我们看到，甚至在恩典已经抓住人的本性以后，本性还是喜欢、寻觅和渴望罪，抗拒和怒视恩典。这是所有圣徒均感伤心的事情。若说人性会主动地做那连上帝恩典也不能使他做之事，就等于说我用尽全力不能扳倒一棵大树，但如果我愿意放手，这大树就会将自己扳倒一样。这也好像是说，我用堤或堰都堵不住的一条水流，在我放任它的时候，却会自动断流一样。因此教宗及其党徒教训我们，恩典不足以压服罪，但不靠恩典，人却能压服罪和查验自身！你们这些假传道，算了吧！[29]

所以，鼓吹悔改之产生，仅仅有赖于对罪及其后果的默想，这显然是撒谎，是可鄙、诱人的伪善之举。首先，我们可以仔细观察基督的伤口，看清里面所包含的他对我们的爱和我们对他的忘恩负义，这样，就会怀着对基督真诚的爱和对自己的厌弃默想自己的罪。这才是真正的悔罪和富有成果的悔改。悔罪应在默想罪之前。这种默想应当出于悔罪，是悔罪的结果，反之则否。悔罪必须出现在任何默想出现之前，就如同望与爱必须出现在任何可能的善功或对其默想之前一样。悔罪是树，默想是它的果子。在我们国家，果子长在树上，是树上结的；对罪的默想来源于悔罪。但在教宗及其党徒的圣地里，树可能是果子结的；悔罪来源于罪；人用耳朵走路，所以一切都是颠倒的。

第 7 条

"不再犯罪是悔改的最高形式"，"新生是最好的悔改"；也就是说，"迷途知返是最好不过的事。"这句格言是正确的，胜过他们迄今为止教导的关于悔罪的一切教义。[30]

正如大家正确指出的，如果不再犯罪并非悔改的最高形式，那么最

㉙ 原文为脏话："在狗的集会中，和这种传道人在一起。"（To the dog days with such preachers.）

㉚ 出自 *Sermon on Repentance*（1518），参见 *WA* 1, 321。

高形式又是什么呢？请说明白点，神圣的父亲、教宗大人，我们在洗耳恭听！你这基督教王国的狼啊，请问你，不再犯罪不仅是真正的悔罪，而且包括整个生命的改变，这有什么不对呢？为什么这不是悔改的最高和最好的形式？借上帝的恩典，哪里开始了真正的悔罪，人就在那里同时脱胎换骨，有了新心、新情、新意和新生。我称此为"不再犯罪"和"新生"。

现在既然教宗拒绝承认"不再犯罪是悔改的最高形式"，那么让我们看看他的观点里有什么货色。当然，他不会说继续犯罪是最好的悔改，尽管他与其追随者就是这样悔改的。他们接受不了"永不"这一个词，就索性把"永不犯罪"篡改为"永远犯罪"。他无疑在说"犹大的悔罪"或"绞架下的悔罪"是最好的悔改。因为这是不借上帝的恩典，而完全出于人的本性，所以是完全虚假的，不能创造新生，甚至不会因任何强烈和由衷的意愿而产生终止罪的结果。上面已经指出没有恩典，人里面就不存在任何良善，甚至那些生活于恩典中的人也应与内心的罪恶争斗。

不过，亲爱的教宗也在思考着基督的那句话，"凡你在地上所释放的，在天上也要释放"［太 16:19］。他可能这样思忖，既然不再犯罪是悔改的最高形式，那么人在家里就能变得虔敬，再也无须跑到罗马或写信到那里。这样一来，就将完全废除罗马的古玩商店。在那里，他们售卖钥匙职、信件、印信、罪、恩典、上帝、地狱等等，一应俱全。所以，教宗应把这种悔改的最好形式紧紧地拴在罗马的钱包和银库里。

然而，我还是要用圣经来证明这一信条的正确性。圣保罗在《加拉太书》6［:15］说过，对基督徒来说受不受割礼都无关紧要，要紧的就是作新造的人。亲爱的教宗，你为何不给这位使徒定罪，他不是明明说过在基督教王国，除了"作新生的人"外，什么都不重要吗？既然不借恩典的"犹大的悔改"实在不是"新创造"，而是虚伪，那当然算不得什么。因此，它怎么可能是悔改的最好形式呢？

诚然，这种"新创造"和恩典的进入，往往始于良心受到沉重的击打和惊吓，或遭受其他重大的苦难和不幸。《启示录》3［:20］称其为"上帝的叩门"或"临到"，它使人如此痛苦，竟然想寻死，认为自己应当灭亡。但同时间上帝又把恩典和力量注入于他，使他不致绝望。在此，一个"新创造"和为善之意就油然而生。同圣保罗的回转一样，这是真正的好悔改。当时，他被天上的大光包围，心惊胆战，接受恩典，问道："主啊，我该如何行呢？"［徒 9:3—9］正是在这重重苦难之中，上帝才将恩典倾注于我们，如他在《以赛亚书》41［:3，路德意译］里说的："上帝追赶他们，在平安中转向他们。"先知那鸿在第 1 章里说："［上帝］乘旋风和暴风而来，云彩为他脚下的尘土。"［鸿 1:3］这仿佛是说："上帝要把恩典赐予人以先，必用各种不幸里里外外地击打他，直到那人因感到巨大的风暴和击打而认为自己快要消亡。"

不接受上帝这些作为和做法的人便弃绝了上帝的恩典。他看到上帝的恩惠也不会领受，也不明白或回应上帝的问安。这种问安一开始令人惊慌，但最终使人感到欣慰。天使加百利的问安曾使马利亚惊慌，但最后[31]却使她心甘意甜［路 1:26—37］。所以，为平安思想所占据的悔改便是伪善。要脱下旧人，就必须表现出极度焦虑和剧痛。同样，当闪电击中一棵树或一个人，它同时做着两件事——撕裂那棵树，且立即劈死那人。但它同时又使死人和裂树面朝天堂。因此，上帝的恩典惊吓、追赶人，但又驱使他归向上帝。关于悔改和恩典之事，我亲爱的教宗的见识还不如地上的一块木头，但他却妄想决定和裁断这些事情。

古时候有名为多纳徒派的异端，他们鼓吹任何人都不能领受有效的洗礼或圣餐，除非主持圣礼的神父或主教自身圣洁。圣奥古斯丁战胜了他们，指出圣礼并不属于人，而仅仅属于上帝，是他借良仆和恶仆施行圣礼。既然这种异端思想已被歼灭，教宗的异端思潮就取而代之。他这样教训人，就是说纵然主持圣礼者未必敬虔，但必须位高权大。那些异端分子诉诸于人的圣洁，教宗却诉诸人的势大位显。即使上帝可能把福音的信心、圣灵和诸般圣洁赐给另外的人，教宗还是要把圣礼的施行权仅仅握在自己或代理人手中。过去与圣洁无涉的那些圣礼，现在却受制于权力，同［枢机主教的］红帽子、［教宗的］金冠和主教冠粘在了一

---

[31] "最后"一词仅见于路德手稿，参见 WA 7, 364。

起，就像那去圣雅各墓朝圣之人衣帽上的贝壳一样。㉜

教宗对此仍贪得无厌，还进一步把这种权力归诸于他的钥匙职，声称若出现既无信心又没有悔罪，甚至连他们所谓"不彻底的忏悔"㉝的那种肤浅的悔改都没有的人，教宗也能利用其钥匙职，把这种肤浅的悔改变成真正美好和有益的悔改，只要那人不施加障碍。我们在第 1 条信条里已经对此进行了讨论。这样，教宗而今就能在我们里面制造出恩典和悔改，哪怕我们是根本没有悔罪的非信徒、异教徒或犹太人。现在，圣礼不仅按多纳徒派所说有赖于神父的圣洁，更且取决于人的权力和地位，而信心就这样被破坏和忘却了。实际上，为了不使教宗失却这种异端的、人为杜撰的权力，使其能够随意制造最好的悔改形式，他就一定要否认"不再犯罪是最好的悔改形式"。

谨防教宗——这位敌基督！确信圣礼不取决于圣洁、地位、权力、财富、帽子、手套、教宗、主教、神父或修士，而只取决于你的信心，以致不论给你宣赦的人是否圣洁、地位高低、穷富，是教宗或是神父，你都坚信是上帝借他赦免你，你就得了赦免。设若圣礼不取决于圣洁，那么它们岂非更不取决于人的地位、权力、伟大、名望和财富而定？因为圣洁是普天之下最伟大的东西。这是基督的意思，他说："凡你在地上所释放的，在天上也要释放。"［太 16:19］

基督的这些话并没有授权，他只是引导基督徒的心转向信心，这样，当人被神父赦免的时候，就能确信自己已蒙上帝赦罪。钥匙职成全的不比你相信的更多，更不像教宗及其追随者所奢望的那样。当然我们必须忍受他们疯狂篡夺的那种渎圣的权力和权威。不过应当记着，要持守真正的信心，坚信无论谁都不能给予你超过或少于你信心所允许的东西，凡声称借钥匙职，教宗及其追随者的权力能够在你里面创造出不需要信心的悔罪来的，都是弥天大谎。

㉜ 到西班牙孔波斯泰拉圣雅各墓朝圣之人衣帽上缝有贝壳，作为航海的标志。

㉝ "不彻底的忏悔"以惧怕为动机，与基于爱而生的"悔罪"不同。罗马天主教会的官方立场，参见 *Canons and Decrees of the Council of Trent*，trans. H. J. Schroeder, Fourteenth Session（On Penance），chap. 4。

第 8 条

当认罪的时候，不要试图认一切可宽赦的罪或致死的罪，因为人不可能知道自己所犯的一切致死的罪；古时人们只为自知的、公开的、致死的罪进行认罪。㉞

他们自己也认为没有必要对可宽赦的罪进行认罪，可是现在因我也这样主张，所以这就成了异端思想。因此我认为，假若我说过有一位上帝，并承认所有信条，那么，仅仅因为这些话出于我的口，这一切就会立即变成异端思想。这就是教宗及其追随者向我表现出的所谓善意和真诚。

但是，人并非都可以承认或知道所有自己犯了的致死的罪，这是圣经的清楚教训。在《诗篇》19［:12］我们读到："谁能知道自己的错失呢？愿你赦免我隐而未现的过错。"先知在这里教导我们，我们无法承认自己隐而未现的罪，因为只有上帝知道它们，而我们将借祷告获得赦免。此外，《诗篇》143［:2］也证明了这些罪是致死的罪："求你不要审问仆人，因为在你面前，凡活着的人没有一个是义的。"既然就是令人敬爱的圣徒们，就是（我们视其为无罪的）上帝的仆人也有如此众罪，竟然在上帝的眼中也不得称义，你这可悲的教宗怎么胆敢在上帝面前让那些既无信心又没有真正悔罪，只是将其可诅咒的"绞架下的悔罪"带入补赎的人们称义？肯定圣徒们在上帝眼中不得称义的罪，是致死的罪。任何妨碍称义的行为都是致死的罪，反之一样。

因此我曾告诫人们，并且大家应将此传谕他人——人应当敬畏上帝，在勤勉地认罪之后，就可用大卫的话向上帝诉说："看哪，敬爱的主，我已经认了这罪那罪，但你的审判却秘而不露，令人惊惧；如果你要审判我，不论我做什么都会永远难以站立。因为谁能知道自己的所有过犯呢？因此，我逃离你的审判，奔向你的恩典，并求你除去我

㉞ 出自 *Sermon on Repentance*（1518），参见 *WA* 1，322。

一切未知的罪。"这样，人们就不会像敌基督及其门徒所教导的那样，在自己的悔罪、认罪和补罪之中得安慰，反而是在上帝的恩典里获得安慰。

至于有关古代只有为公开的罪进行认罪的说法，我留待史书和圣保罗的书信加以证明。我过去只是论说了那种人自己知道的致死的罪。我认为除此以外，还有惟上帝所知之罪。所以，我们要让人平安，不要强迫他们搜寻自己的所有过犯，因为这无论如何都不可能做到。我们倒要让人承认那些出现在他们面前和他们意识到的罪过。这样，他们就能专注在相信上帝的恩典方面，多过在自己认罪的彻底性上。⑤

第9条

假如我们着手对自己的一切罪过进行全面彻底地认罪，那无非表明我们不愿把赦免诉诸于上帝的怜悯。⑥

本信条已为上面的和第 2 条所证明，因为如大卫在《诗篇》19 [：12] 所说，既然无人知道自己的所有过犯，我们就有必要把自己的未知之罪交托给上帝的怜悯。如圣经在此所言，我们不当信靠自己的认罪或悔罪，而是要仰赖他的恩典，怀着谦卑、敬畏之心祈祷，请求他洁净我们的罪过。

再者，既然我已在第 1、2 条的讨论中证明，所有的圣徒都为自己肉体里难以摆脱的罪而叹息，那么我们就应承认，存留的罪一定要交托给上帝的恩典。假如他严正地审判这些罪过——就像他对待那些轻看他恩典的人那样——它们将统统被发现是致死的罪。教宗将这一条定罪毫不奇怪，因为他们［教宗党徒］叫我们永远依赖自己的行为和教宗权威，不要信靠上帝的恩典。这样，基督徒的心里就失却了对上帝的敬畏和盼望。可是，圣奥古斯丁在其《忏悔录》第 9 卷里感叹地说："悲哉

---

⑤ 参考 *Confitendi ratio* (1520)，参见 *WA* 6，157—169；*PE* 1，81—101。
⑥ 出自 *Sermon on Repentance* (1518)，参见 *WA* 1，323。

人生，无论其何等良善，都难以经受没有怜悯的审判！"㊲ 既然圣奥古斯丁希望，甚至良善的生命也知道难以面对上帝的审判，应将自己交托给上帝的怜悯，难道我们不愿把隐秘的罪也交托给上帝的恩典吗？唉，教宗及其党徒将这样明显的真理定罪，实在可恶至极！他们都是敌基督的一丘之貉！

第 10 条

人若在神父宣赦时不信自己已获赦免，那他的罪就不得赦免。的确，他若不信其蒙赦，罪就依然存在。单有罪的赦免或恩典的注入是不够的，但人应相信罪已被赦免。㊳

从本信条被定罪这件事中，可以得出一系列的结论。首先，它意味着所有基督徒承认的"我信圣灵，我信独一、圣洁的基督教教会，我信罪得赦免"的那条信经，是假的、属异端的；因为我的信条跟这段信经所说的一样，告诫人们应当相信罪得赦免。教宗啊，我们感激你，因为你给了世人前所未闻的教导，即信经上有关赦罪的一段是异端。既然这一条是异端，那么整个信经也必然都是这样。那么，教宗在这里就断然地定罪了整个信经，所以我恐怕没有人会相信谕令里竟然包含了这样的命题。但事实的确如此，所以那些人耻于见到这份谕令正在被译成德语，㊴ 他们反基督教的和异端的胡言乱语正在暴露无遗。

其次，它意味着罪人可以对赦罪神父这样说："你撒谎；我的罪并未如你所说的蒙赦，因为教宗最近发布了一道谕令，其中谴责所有相信罪得赦免和赦罪为真的人。"去认罪的人倒要这样想，"我要认罪，但我要把所有的宣赦都视为仅仅是谎言、异端和谬误而已，并称所有宣赦的神父为骗子、异端和引诱者。这是教宗在他的谕令里叫我这样做的。"

㊲ 路德不太严格地引用了 Augustine, *Confessions*，9.13，参见 *MPL* 32，778。
㊳ 参见本卷《〈九十五条论纲〉的解释》第 7 条；另参 *WA* 1，543；*LW*，31，104—105。
㊴ 参见前注⑤。

再次，这意味着在《马太福音》16 [:19] 对彼得说了"凡你在地上所释放的，在天上也要释放"这句话的基督本人，也是骗子和异端。因为这份脆弱的谕令用绝罚与火刑禁止任何人相信，凡神父释放的在天上也要释放；也就是说，无人相信自己的罪会被赦免，如我的信条所说的那样。如果有人怀疑这种混账话是写在这份谕令里的，那就让他读一读，看它定罪的是什么。我自己也会相信，在教宗公布这些话之前，诸天也会塌下来。因为我想，教宗已到了山穷水尽的地步。⑩ 然而，这信条如此千真万确，以致所有听到教宗对其定罪的基督徒都会感到恐惧惊骇。因为各地的基督徒常常用它来相互激励，去相信和仰赖上帝的怜悯，而他会赦免罪过；这在教会已是司空见惯之事。诚然，那邪灵也常在死亡的紧迫时刻暗示人们教宗谕令所示的内容，即不要信自己的罪已被赦免。他这样做并非为了助人，而是因为他是恩典、信心和真理的仇敌。不过，教宗甚至比所有的魔鬼还坏，因为他把这种谬论作为正统的善良教义来教导人们。他坐在上帝的殿里 [帖后 2:4] 定罪信经。这是连魔鬼都没有做过的事情。你这沉沦之子、敌基督，你的末日已经来临！教宗啊，你走得太远了，要赶快悬崖勒马！

让我们证明这信条的正确性。在《马太福音》9 [:2，武加大译本] 里，当基督治疗那瘫子的时候，先对他说："小子，放心相信吧，你的罪获赦了。"你们在这里清楚地看到，只有相信自己罪得赦免，他才能蒙赦。基督也因抹大拉的马利亚的信心而赦免了她，对她说："你的信救了你；平平安安地回去吧。"[路 7:50] 你们看，先是有信心，这信心涂抹了她的罪。基督本人不把马利亚的罪得赦免归诸于自己的赦免和钥匙职，也不归诸于自己的权柄，而归诸于她的信心。但教宗却自称赦罪不因信心，而是基于他的权威。何种邪灵叫他说了这样的话，已经昭然若揭。

众所周知，神父的宣赦是一种判决——但不是他的，而是上帝的——所要求的是信心，因基督说过："凡你在地上所释放的，在天上

---

⑩ 路德手稿为："我想，所有鬼魔一下子都钻进了教宗里"，参见 WA 7，372；但在付印时路德却采用了较温和的语言。

也要释放。"［太 16:19］神父说："我宽恕你"，即"我释放你"，或"你的罪赦免了"。假若罪人不相信这上帝的判决，这还有什么意义呢？去吧，教宗，烧掉和定罪那些书吧！不然上帝会将你推翻，让你疯狂，你抗拒上帝的真道必将罪有应得。让那些同病相怜的人怀疑吧，那位将这一切谬误传遍天下，反而获得了万国财富的教宗，就是真正的、最大的和最后的敌基督。感谢上帝，让我认清了他的真面目。

第 11 条

你们不应认为自己蒙赦是因个人的悔罪，倒要相信是因基督对彼得说的那句话："凡你在地上所释放的，在天上也要释放。"［太 16:19］我主张，当你们从神父那里接受宣赦时，一定要坚信你已蒙赦，不管悔罪的程度如何。④

上面的讨论已经充分证实了本条的真理。人若不信自己的罪能够蒙赦，还有谁会认罪或悔改呢？假若我来到神父面前，却对他说："先生，我犯了这样那样的罪过，实感痛心，可我不相信你能赦免我"，那么神父会说什么呢？他一定以为我是疯子。但这正是教宗谕令叫我们这么做的，而我的信条告诫人们应持有的那种信心，又恰恰被这谕令定罪。

假若确是这样，如谕令所示，我们的悔罪使自己罪得赦免，而不是像我的信条所说，仅仅出于上帝之道。如果这样，人就可以在上帝面前自夸，他因自己的悔罪与德行而得了恩典和赦免，而非仅凭上帝的怜悯。这是对恩典可恶的、骇人听闻的彻底否定。因为上帝的怜悯和恩典是白白地赐给那些不配的人，正如圣保罗在《罗马书》第 5 章［3:24］所说的："如今却蒙上帝的恩典，因基督耶稣的救赎，就白白地称义。"《诗篇》说："耶和华啊，求你因你的名赦免我的罪"，而并没有说"因我的缘故"，或"因我的名""因我的德行"。

再者，既然上面已经证明，令人敬爱的圣徒仍然有罪，并且罪与恩

---

④ 出自 *Sermon on Repentance*（1518），参见 WA 1，323。

典相争，恩典与罪相斗。那么显而易见，恩典不仅赐予不配领受者，甚至给予应有恶报的人和恩典的仇敌。那么，我们的悔罪又有何功德，足以使上帝因我们的悔罪而赦罪呢？他借先知以赛亚之口这样说："我为我的名暂且忍怒，为了我的荣耀向你容忍……我岂能被亵渎？我必不将我的荣耀归给别神。"［赛48:9，11，和合本修订版］假若我们的罪得赦免是因自己悔罪，那么这荣耀就属于我们自己，而不归于上帝。他甚至还会遭亵渎，仿佛罪得赦免是别的原因，倒不是仅因他的名。

玛拿西王祈求上帝赦免他的罪过，是因上帝爱的仁慈和应许，不管他的功德和悔罪如何。㊷为什么对此要长篇大论呢？如果像这份可恶的谕令以欺骗、亵渎的口吻声称的，任何人罪得赦免都是因自己的悔罪。那么就让他放弃我们大家常作的下述祈祷好了："主啊，开恩怜悯我这可怜、不配的罪人吧"，倒要让他这样说："主啊，我这个配受恩典、充分圣洁的人，求你赦免我的罪过，并且谴责福音书里的那位百夫长，因他曾说：'主啊，你到我的舍下，我不敢当。'"［太8:8］假若教宗和他的圣徒如此配受恩典，以致上帝必须因其悔罪而赦免他们的罪过，那么我要建议教宗戴上自己的三重皇冠，备上那驮着黄金珠宝的坐骑，带着一切华丽排场，纵马进到上帝面前，以自己的尊贵和权势藐视上帝。如果上帝不给他赦罪，那就让教宗对上帝施行绝罚，将他逐出天堂。魔鬼的骄纵啊，你还能再多放肆吗？你要全世界的人都称你为"至圣"，其心路人皆知！如果死不回头，你对上帝的亵渎和暴怒就即将结束。

因此，我依然坚持告诫诸位将荣耀归于上帝，不要相信自己罪得赦免是因悔罪。在上帝眼中，任何悔罪都有所不足，赦免仅仅是上帝怜悯之果。上帝愿我们荣耀他、赞美他，因他仁慈地对待我们这些不配受恩的小人物而爱戴他。当心这份谕令，以及那些鼓吹这种谬说的人们。

第12条

假如有这样的事：任何人认罪而不悔罪，或者神父轻率地或开玩笑

㊷ 这里参照了次经《玛那西祷言》第14节。虽然路德将其收录在旧约次经的末尾，但连罗马天主教徒也不视其为"正典"；另参代下33:18—19。

地赦免了任何人，然而这人却相信自己已被赦免，那么他也一定蒙赦。[43]

在整本福音书里，基督使万事本于信心，所以他说："你若能信，在信的人，凡事都能"[可 9:23]；还说："照你的信心，给你成全了。"[太 8:13]的确，尽管神父可能是开玩笑，但如果我凭信心迫切地接受宣赦，那么结果就不取决于他的所作所为，而只取决于信心。我这样讲是为了说明信心在悔改中的重要性和必要性。凡事皆本于信心。尽管我在指出信心与恩典的注入会伴随良心的极大不安时曾经说过，信心不可能没有悔罪，但是，如果信心可能没有悔罪，那么唯独信心就够了。因为上帝赐予恩典不使其依赖于悔罪或其他任何行为，只本于信，所以他说："那相信的必然得救。"[可 16:16]

为什么说轻率的赦免无效呢？因为圣保罗在《以弗所书》[腓 1:15—18] 里不是说过吗，上帝之道大有功效，能帮助那些相信的人，即使传道者是他的仇敌或逼迫者？再者，他们不都承认过，哪怕主持者是邪恶的或没有信心的神父，事实上，甚至这神父恨恶忏悔者，圣礼也同样有功效吗？罪和不信当然比开玩笑和轻率更坏，不过他们应当承认，诚恳渴求圣礼的人就能得其好处，即使神父专断地加以拒绝。凡事皆有赖于忏悔者的信心。[44] 只要他信，就可受恩典。不管神父是否给他施圣礼，也不论神父轻率或认真。我们无论以何种方式接受圣礼，这圣礼都是我们借信心而得以从上帝领受的。但上帝在罗马的朋友教宗[45]却妄图除去这信心，诱使我们信从他的权柄，而放弃上帝的圣礼；自称即使我们没有信心，他也能赦免我们的罪孽。愿上帝保护所有的基督徒，使他们的心灵远离这位敌基督和撒但的使徒。

第 13 条

在补赎和赦罪中，教宗和主教所做的并未超过最谦卑的神父。事实

---

[43] 出自 *Sermon on Repentance*（1518），参见 *WA* 1，323。

[44] 这里指"渴求圣礼"（desire for the sacrament/*votum sacramenti*）。

[45] 路德手稿中为"在罗马的渎圣者"，参见 *WA* 7，378。

上，假如没有神父的话，任何基督徒，甚至妇女或儿童，所做的也和他一样。⑯

看哪，本信条的确击中了要害，所以它就必然遭到逼迫和定罪！倘若让这信条生效，那么它就会把罗马偶像袖子里的钥匙职都敲出来。但定罪是行不通的，因为教宗不可能合法地驳倒它，我现在就要对其加以证明。

上面已经清楚地说明，不是神父的行为，而是忏悔者的信心使罪得赦免。如果罪人没有信心，即使教宗和所有神父都来给他宣赦，也是徒劳，对他无益。上帝的道坚立，"不信的，必被定罪"［可16:16］，对抗它也无用。的确，没有信心，教宗和神父的宣赦怎么会产生效能呢？即使基督和上帝亲自宣赦，若没有信心也不起作用。上帝在人间日日讲道，广行神迹，但除了人相信他，他行的神迹对其他人毫无帮助。这难道不是事实吗？那么，若赦罪完全本于信心，而不赖于神父的职分和权柄；又若教宗在赐予信心方面能做的和最谦卑的神父所做的一样少，而神父所做的也不比一个妇女或儿童多，所以我希望教宗对我解释一下，他在这件事情上究竟比普通神父多做了什么？让我拥有你智慧的结晶吧，令人尊敬的教宗！我倒希望告知你，你在那些方面所做的超过了普通神父。你摆弄画有钥匙的旗子，贩卖谕令，敲响钟铃，⑰你敲诈了万国万民的金钱、财货、身体和灵魂，把他们诱进了地狱的深渊。这些就是你比其他神父和基督徒所做的更多建树。

上面已经说过，被圣奥古斯丁战胜的那些多纳徒派，竭力使所有的圣礼都依赖于神父的圣洁而不立于忏悔者的信心上。但是，他们比那些要使圣礼受地位和权柄约束的教宗及其主教好得多，且较令人可以容忍。既然圣洁的神父在圣礼上所做的不比有罪的神父多，名高位显的神父又怎能比人微位低的神父有更大作为呢？因为圣洁比权柄重要得多。因此，教宗独占的钥匙职，显然同路西法曾经在天上窃据上帝的宝座不

---

⑯ 出自 *Sermon on the Sacrament of Penance*（1519），参见 *WA* 2，716。

⑰ 这里指的是售卖赎罪券的程序。

相伯仲。因为钥匙职仅仅是为了补赎的缘故而赐下的，是所有基督徒的共同财富。除了信心的程度不同，在分享上却人人均等。

至圣的父教宗，我还想请教你另一个问题：你是否还拥有一个与所有神父和基督徒都不同的洗礼？是否因你显赫的地位就使你的施洗比神父、平信徒、妇女或儿童的施洗更灵验？你大声说说！难道你变成了哑巴？假若你还有另一个洗礼，那么圣保罗就在《以弗所书》4［:5］里给你判了罪，因为他说："一主，一信，一洗。"若在所有基督徒中都是同一个洗礼，所以在非常时刻任何一位平信徒、妇女或儿童都可以施行——这事天天都在发生——那么钥匙职，即补赎或宣赦，为什么不应成为公共财产呢？难道它不也是如洗礼一样的圣礼吗？难道你举行的弥撒和所有其他神父的不一样吗？你能比我们的神父给予更多的基督圣体吗？那么，你为何把神圣的钥匙职作为例外，声称你在这一圣礼中比基督教王国的其他一切人更有能耐？而今，你仍在试图将自己渎圣的权力凌驾于教会之上，并且从所有基督徒平等共有的财富——钥匙职——里建构自己不平等的特权和专制。既然一切圣礼在任何一位施行者手里都有同等的效能，那么你就不能独揽这钥匙职，把它变成自己私有的圣物，与全教会大家共有的圣礼相异。

因此，所有的基督徒都要对教宗的这剂敌基督的毒药提高警惕。既然所有的洗礼和弥撒无论在哪里，也不论何人施行都一样有效；那么宣赦也应当一样，无论在哪里，也不论何人宣告都同样有效。凡事取决于受礼人的信心，而不在乎主礼人的圣洁、学识、地位和权柄。我们不可能将洗礼分割开来，把不同于全体基督徒所拥有的部分交给教宗和主教。我们也无法分割弥撒和钥匙职，以便使教宗拥有的与全体基督徒拥有的不同。假若他拥有的圣礼与众不同或更加优越，那么他就会被圣保罗排除在教会以外，因为他在《以弗所书》4［:5］里说过"一主，一信，一洗"的话。

当然，教宗与主教为自己保留了某些案件和罪的处置权，但这是风俗习惯和人间法律的做法，是靠暴力而推行的。即使这样，论到赦罪方面他们对这些案件所能做的，并不比其他人多，只是在免除刑罚或惩罚上有所差别而已。但严格来说，只有赦罪才属于钥匙职和补赎，赦罪要的是信心。赦免刑罚却无需信心，而只是一个经验问题，没有信心也可能发生，因此严格说来它不属于钥匙职的一部分。我的信条讲的是赦罪，它像洗礼和弥撒一样是全信徒的共同财富，不当如教宗及其党徒虚假自称的那样，为任何权大位尊之人所攫夺。

第 14 条

任何人都不应对神父说自己是真正悔罪的，神父也不应要求他这样做。⑱

圣父教宗啊，这一条在你眼里也是谬误。但现在你一定要视其为真，因为我在下面能够对其加以证明。我们的悔罪是真是假，自己无权决定，这个问题应当留待上帝判断。所以，除非假设，任何人都不能自称已经真正悔罪。圣保罗在《哥林多前书》第 10 章［林后 10:18］里说："因为蒙悦纳的，不是自己称许的，乃是上帝称许的。"他在《哥林多前书》4［:4］里说："我虽不觉得自己有错，却也不能因此得以称义；但判断我的乃是主。"大卫也在《诗篇》19［:12，路德自译］里说："主啊，谁能知道自己所有的错失呢？"

如果人被要求表明自己已经真正悔罪，那就是逼他自以为是，了解自己心里的一切罪恶，这是他难以完成的任务。既然所有圣徒身上依然有罪恶，那么任何人都不可能做到在上帝的审判中所要求的充分悔罪，而只能像大卫那样悲叹："求你不要审问仆人，因为在你面前，凡活着的人没有一个是义的。"［诗 143:2］既然没有一个人是义的，悔罪又只是称义的开端，那么谁会被视为是悔罪的呢？如果这样的话，教宗啊，你为何教基督徒傲慢放肆，致使他们直奔上帝的审判？

应当告诫基督徒，每一位忏悔者都要知道，在上帝面前任何悔罪都是不配的、不充分的。所以他应当这样求告："敬爱的主啊，在你的审判之前我知道自己不会被视为真悔罪，我里面仍有许多邪情恶念使我无

---

⑱ 出自 *Sermon on Repentance*（1518），参见 *WA* 1，322。

法真悔罪，但因你应许了恩典，我就逃脱避免了你的审问；又因我的悔罪在你眼中微不足道，所以我就将信靠、盼望寄托于你在圣礼上的应许。"假若神父开始询问他的悔罪，他就当这样回答："主啊，在我眼里自己是悔罪的，但在上帝面前却显得可怜，因此在他面前难以站立；但我相信他的恩典，就是你现在按他所命应许我。"如是，人就时时刻刻被敦促去相信，因为在死亡时悔罪将十分巨大，而信心却极端渺小。上帝在圣礼中的应许是信实的，人的悔罪却永不真确。由于这个原因，上帝就不把我们建在自己不确定的悔罪之上，而立在他可靠的应许之上，以使我们在一切困境之中都能坚信不疑。

第 15 条

在领受圣餐时以为自己已经认罪，或不觉自己犯有任何大罪，并且已经作了祷告，因而就可以高枕无忧。这是大错而特错。这些人只是吃喝自己的罪而已。如果他们相信并盼望在圣餐里蒙恩，唯独这信心就可以使他们变得圣洁和相配。⑲

我传这一条是为了那些良心胆怯的人。他们在准备参加圣礼时忧心忡忡，苦恼不安，不知如何依从上帝。因为人若不信靠上帝，只依赖自己的行为、努力和祈祷，心灵就不可能获得平安。圣保罗在《罗马书》5〔:1〕说："我们既因信称义，就藉着我们的主耶稣基督得与上帝相和。"既然平安仅仅藉信心，就不可能因行为、祈祷和其他任何东西获取。经验还教导人们，即使人劳累终生，但直到愿意把自己交托给上帝恩典，冒险相信它的时候，心灵才能感到平安。

圣保罗同样在《使徒行传》15〔:9〕里训导人们说，上帝只藉着信洁净人心。所以信心确实必须先于圣礼，如本条所示，没有信心祈祷就不能使人洁净。除此以外，上面已充分地证明，凡没有信心的行为都是

⑲ 来自 *Sermon on the Worthy Preparation of the Heart to Receive the Sacrament of the Eucharist* (1518)，参见 *WA* 1, 329—334。

死的，并且是罪，如圣保罗在《罗马书》14［:23］所言："凡不出于信心的都是罪。"若悔罪、祷告和其他预备不出于信心，这怎能没有罪呢？唯独信心才是最适当的洁净和相配的预备。

当然，我并不责备这样的祈祷和预备。不过任何人都不应当倚靠这些。他倒要有比这些预备更为重要的行为，那就是信心。既然上帝在圣礼中应许赐予他的恩典（如第 1 条所示），那么光有祈祷和行为是不够的，还要相信这神圣的应许，否则我们的不信就把上帝变成了骗子。假若你做了许多准备去参加圣礼，但却没有信心，那么除了对他说："你在这圣礼中的应许撒谎，你不会给我恩典"，还能做什么呢？哎呀，你这邪恶的谕令！当心你的说教！当心被你定罪的！

这些预备迫使我们离开了这种信心和圣保罗教我们领受圣餐的方式："人应当自己省察，然后吃这饼、喝这杯。"［林前11:28］他们把这句话解释成我们应当为罪省察自己的良心，尽管实际的意思是，我们应当省察自己看有信心和确信没有，因为任何人都难以发觉他所有不可饶恕的大罪，正如我们从《诗篇》19［:12，路德自译］已经证明一样："主啊，谁能知道自己所有的错失呢？"此外，意识不到致死的罪还不够，因为圣保罗在《哥林多前书》4［:4］说过："我虽不觉得自己有错，却也不能因此得以称义。"因此，他们为何迫使我们履行这些不可能成全的无益无效的行为呢？他们为何掩盖了人最应考究或省察的信心呢？正如上面的信条指出的，他们总是强迫我们脱离信心，趋向行为；我倒希望人被逐离行为而进入信心，因为行为必随信心而来，但信心却不随行为而生。

第 16 条

教会若在教会公会议上判定，平信徒在圣餐中当饼酒同领；而执行饼酒同领的波希米亚人既不是异端，也不是教会分裂者，就是明智之举。⑩

---

⑩ 出自 *Treatise on the Blessed Sacrament*（1519），参见 WA 2，742。

圣保罗在本条上轻易战胜了教宗，但他因自己的圣洁不会被处以绝罚，而他对此谕令也并不在乎。事实上圣保罗倒是将教宗及其所有的谕令和党徒置于绝罚之下。因为他在《加拉太书》1［:8］里说："但无论是我们，是天上来的使者，若传福音给你们，与我们所传给你们的不同，他就应当被咒诅。"听着，教宗，这里说的就是你！根据马太、马可和路加的福音书，基督在最后的晚餐上设立了饼和酒两种元素，让所有的门徒都同领受，并对他们说："你们每逢这样做的时候，都要如此行，为的是纪念我。"［林前 11:23—24；另参太 26:26—27，可 14:22—23，路 22:17—18］但教宗不是这样传的，分发的只有饼，即半个圣礼。因此他肯定遭到圣保罗的诅咒和绝罚。教宗啊，假若你借助于所有朋党能够解决这个小小的难题，证明你在上帝面前没有被禁绝和定罪，我愿放弃有生以来所写过的一切，并且声明你是名副其实的教宗。否则，当我称你为敌基督时你就不要反对。因为圣保罗禁绝和咒诅这样的敌基督篡改了主的训令，抗拒和歪曲了福音。你心里明白，无话可说，也捏造不出代表你的任何玩意。那么，你为何以任性的意志苦苦抗拒如此清楚的福音经文？你为什么不索性叫我们也拒绝主祷文呢？

他们声称基督只让使徒和神父饼酒同领，吩咐他们让平信徒只领一种或饼酒同领。[51] 我要问："这条诫命写在哪里？"我想，他们是在做白日梦时得到的诫命吧。[52] 这是放肆的谎言，凭空捏造的东西。基督给了杯后明明加了"都"这个字，并且说："你们都喝这个。"［太 26:27］他在擘饼时并未这么说，是为了防止罗马的渎圣和异端行为，预料到他们有一天会非法剥夺基督徒的圣杯。如果他们扣留圣饼，这倒更符合圣经，因为基督并没有说"你们都吃这个"，而是说"你们都喝这个"。如果"都"字不是在赐酒时，而是在擘饼时说的，那他们会多么疯狂地大喊大叫和胡言乱语啊。没有人能遏制他们。但是，当这段清楚的经文显然使他们陷入窘境的时候，他们却否认自己受经文的限制或约束。

---

[51] 参考 *On the Babylonian Captivity of the Church*（1520），参见 *PE* 2，178—187；*WA* 6，502—507。

[52] 德文为 *Im finster rauchloch*。

另外，在《来自上头的话语》㊧ 这首赞美诗中，教会歌颂了基督如何以饼酒同领的方式将圣体和宝血赐给了他的门徒，为的是喂养具有双重本性的全人。既然教会这样赞美是适当的，那么他们当然就应该让所有的基督徒饼酒同领。不仅神父，而且平信徒都是人，都具有双重本性，圣诗里赞美这食物是给全人的整全食物。

我们还可以提出更有力的证据。圣保罗在《哥林多前书》10 ［:17，路德自译］里说："我们虽多，仍是一个饼，一个身体，因为我们都是分受这一个饼和一杯酒。"我要问，平信徒难道不也是基督徒和基督身上的肢体，就如圣保罗所说的"我们都是一个身体"吗？我希望大家都接受这一点。那么为什么教宗要减除他们，只让神父作基督徒？因为他不许大家都同领那一饼一酒，尽管圣保罗在这里说过，同属这身体的人都能领受那一饼一酒，只要他们能够这样做，并且没有其他阻挠，下面我们对此会有更多讨论。

后来，在《哥林多前书》11 ［:23—26］圣保罗又说了，但不是对神父，而是对城里所有的基督徒："我当日传给你们的，原是从主领受的。"（他没有说："我当日传给你们神父的。"）"就是主耶稣被卖的那一夜拿起饼来，祝谢了，就擘开，说：'这是我的身体，为你们舍的，你们应当如此行，为的是记念我。'饭后，也照样拿起杯来，说：'这杯是用我的血立的新约，你们每逢喝的时候，要如此行，为的是记念我。'"你们在这里明明看到，使徒保罗从主那里领受了什么，就把什么给了哥林多人，具体地说，就是饼和酒两种元素。他说得如此清楚明白，以致使我感到惊奇——这些搞分裂的罗马基督徒和"主张领一半圣餐者"看到这样的话竟然可以不脸红！

保罗又说："你们每逢吃这饼，喝这杯，是表明主的死，直等到他来。"［林前 11:26］他没有说："只有你们神父们每逢吃这饼，喝这杯"，而是提到了他们所有的人。他也没有说这样做，要一直等到教宗来发布另外的命令，而是等到末日主自己来到之时。

㊧《来自上头的话语》（*Celestial Word/Verbum supernum Prodiens*）是托马斯·阿奎那的一首赞美诗。

他又说："所以无论何人，不按理吃主的饼，喝主的杯，就是干犯主的身、主的血了。"［林前 11:27］保罗没有说："无论什么样的神父"，而是普遍地指"你们中间无论何人"。保罗也没有说这样的人仅仅干犯了身体，而是说也干犯了基督的血。保罗始终都把吃喝、饼酒二者相提并论。

他又说："人应当自己省察，然后吃这饼、喝这杯。"［林前 11:28］保罗没有说："只有神父应当省察自己"，而是说哥林多的每位基督徒都应当省察自己。当然，因为他这封信并非给异教徒写的。他也没有像教宗那样说"让人只吃饼，不喝酒"，来剥夺我们的圣餐。

他后来还说："因为人吃喝，若不分辨是主的身体，就是吃喝自己的罪了。"［林前 11:29］这也是对大家说的，喝与吃连在一起，但教宗却硬把喝与吃分割开来，令其无足轻重。

使徒最后说："因为你们没有按理吃喝，在你们中间有好些软弱的与患病的，死的也不少。"［林前 11:30，路德自译］我很难想象这种刑罚和惩戒只加于神父之身，因为他说："你们中间有好些患病的。"否则他大可以这样说："你们神父中间有好些患病的。"那位罗马教唆犯还能用什么来对抗圣保罗的这些强有力的说辞呢？

再者，全世界整个基督教群体长期以来确立的做法都驳斥他。这种做法依然流行于希腊人中，(54) 甚至连罗马也不敢因此而把他们称为异端或背教者。那么，我们为什么要让波希米亚人或其他人被谩骂为异端呢？难道就因为他们遵照基督和圣保罗的教训，沿袭除教宗外的所有人的做法，实行饼酒同领吗？此外，巴塞尔公会议的决议也承认波希米亚人做得对，那这份谕令难道不是在定罪自己的教会公会议吗？(55)

这就是我过去、现在坚持宣布放弃本信条的原因，(56) 我对其表达得实在太文雅、太温和了。而今我断言，在这方面波希米亚人和希腊人既不是异端，也不是分裂主义者，而是世上最虔诚的基督徒和福音最忠诚的追随者。我希望借我们主基督和用这些著作，恳求使他们坚持己见，

(54) "做法"指饼酒同领，"希腊人"指东正教。

(55) 指巴塞尔公会议允许波希米亚人饼酒同领。

(56) 参见本卷《教会被掳于巴比伦》；另参 *WA* 6，498；*PE* 2，172。

不要被罗马暴君和敌基督的邪恶渎圣的法规迷惑。他蛮横放肆，把基督徒应有的酒和半个圣餐夺去，就是基督自己和所有使徒都给了众信徒，全世界的教会长期以来都在领受的。

教宗令神父饼酒同领，他的道理是只领一种不合适，因为圣餐是不能分割的，饼酒同领才构成一个完整的圣餐。但另一方面，他却只让平信徒领受两种元素里的一种，其理由是仅此一种也是完整的圣餐。这样，他就像骗子一样使上帝的圣言和圣礼令人捉摸不定。圣餐的完全与否，可以按他的喜好随时随地任意乱定。不管是否自相矛盾，他按情况需要而随便撒谎和骗人。于是，神父就有了与平信徒不同的圣餐，正如他声称自己拥有不同的钥匙职和不同于整个教会所实行的补赎圣礼那样。

其次，我认为教宗及一切故意纵容他的人在这件事上都是异端和分裂主义者，应被禁绝和诅咒，因为他们所传的有悖于福音，并按自己的意见对抗全教会的共同的做法和传统。异端和分裂主义者就是那些违背教父们的教导，脱离全教会的共同用法和做法，而且无端地肆无忌惮地违背神圣福音，另立新的用法和做法的人。这就是罗马的敌基督在有关圣餐和其他许多问题上的所作所为。但他却把那张无耻的渎圣之口撅到了天上，诽谤希腊教会，声称它是异端和分裂主义者。实际上他自己才是分裂、瓦解教会的惟一罪魁祸首。此事显而易见，全部历史记录都证实了这一点。

然而，我认为那群可怜的大众是无辜的，不应受责，所以我要为他们辩护。他们只领受圣餐里一种圣体，这并非他们的过错。而教宗及其一切追随者应当承担罪责，我谴责的只是这些人。这种情形就同洗礼一样。如果有人想受洗，教宗却亵渎地加以拒绝，剥夺他领洗的权利。但他对洗礼的信心与渴望会蒙上帝悦纳，仿佛他实际上受洗了一样，因这阻碍不是他自己造成的。而拒绝为他施洗的教宗一定是异端，不是基督徒。我们甚至应当容忍，尽管教宗及其党徒有较高的传道义务，他们却没有这样做。但是，我们在这件事上决不应当同流合污，而要忍受他们对我们的虐待。

虽然教宗有责任给予我们饼和酒，但如果他不这样做，因此剥夺了我们的权利，我们也可以忍受他这种侵犯和不义之举，并且在上帝眼中我们仍然是良善的基督徒，借自己的信心与渴望分享整个圣礼之果。假若教宗和土耳其人夺去了我们的饼与酒，我们当怎么办呢？因犯、病人和儿童现在应当做什么？他们连什么都领受不到，但他们却能分享圣礼之果。正如古代某些教父虽多年居住于荒野，从不参加圣礼，却仍能沐浴这种福分一样。

但我说的是那些想同领饼酒的人，他们理当领受两种元素，不应遭到拒绝。教宗不是圣餐的主宰，而是仆人，有义务分发给一切渴望领受的人，在洗礼、补赎和其他圣礼上也是一样。基督从不逼迫人领受圣礼，他没有说："你们当这样做"，而是说："每逢这样做的时候，要记念我。"他没有命令我们这样行，而是要我们这样行时记念他。他愿我们自己决定什么时候做这事；教宗窃取了这种自由，将其垄断在手。他强迫我们一年一度地去领圣餐，⑤ 基督却没有这样的要求。但他的一切言行、谕令和禁令，均与基督相左，称得上是十足的敌基督。

我这样说并非煽动人不法地反抗教宗的专制统治（因为我们当忍受教宗的暴政与过犯，这对我们无害），而只是让人们明白这个问题，得到正确的指导，观察基督和教宗对比下来如何，以及在教会怎样有所为而有所不为。这样能够有助于人避免像教宗周围的走狗们一样为虎作伥，颠倒黑白，吹捧他的错误，从而与他沉瀣一气，参与其罪恶、谬误和破坏。假若肉体受害，我们可以坚持忍受，向上帝认罪。但我们并非一定要说他行得正确，或赞美他，好像他做对了似的。同样，即使教宗从我们身边夺走了福音和圣礼，我们也当对此加以忍受，并向上帝认罪，因为他允许教宗作为对我们的罪的惩罚。我们活该受这个敌基督统治，但我们不当赞美他，维护他，好像他的行为无过，甚至妥协，把他称为"至圣"。相反，我们要对教宗魔鬼似的异端暴行公开作证，加以痛斥，就像基督谴责犹太人的恶行那样，尽管他愿意在他们手下遭虐待。

⑤ 指教宗英诺森三世在 1215 年的谕令，参考 Carl Mirbt, *Quellen zur Geschichte des Papsttums und des römischen Katholizismus*, 4th ed. （Tübingen, 1924），No. 331, p. 181.

为结束对这个问题的讨论，我准备修正这一信条，因此在这里声明：假若不单是教会公会议，就连所有的主教都在自己的教区内再次宣布把饼和酒，就是完整的圣餐，施发给平信徒，这样就是遵循了福音，且不感谢教宗，那就太好了。因为主教的责任就是防备豺狼，保卫基督交给他看护的羊群。主教的使命就是捍卫福音不受损伤，因为他代表基督。

如果办不到这一点，我劝每位平信徒都要记住，他的主基督在圣餐里设立了饼和酒。因此，让他诚心地渴求饼和酒，并且相信。那么，他就是一半用身、一半用灵领受整全的圣餐，因为敌基督的危险时代只允许如此。让他也向上帝哭诉，我们因自己的罪恶而被剥夺了圣餐，是基督赐下的，却被敌基督从我们这里夺去。任何人若轻看这饼和酒两种元素，甚至没有渴望的心，他就不是基督徒。不要理会他们有关领了饼就是领了整全圣餐的废话。基督对此一清二楚：我们在领受任何一种元素的时候，就领了一切，实际上仅仅因着信心，而非借着圣礼，他同时设立饼和酒并非没有道理。

第 17 条

教宗据以发放赎罪券的教会宝藏，并非基督和圣徒的功德。[58]

教宗及其伪君子为了吹嘘赎罪券，使它们在穷人眼中看起来有效，借以搜刮世人的财宝，才杜撰了这一教义，甚至让基督大受羞辱，鼓吹基督的功德产生了赎罪券的宝藏。但如果问其观点在圣经里的依据，他们就会趾高气扬地自夸其权威，回答说："因为出于我们之口，这难道还不够吗？"针对这种态度我提出了这一信条，并且有圣经的证据。

基督在《约翰福音》6［:51］亲口说，他是从天上降下来生命的粮，人若吃这粮，就必永远活着；在《以赛亚书》53［:4］说，他担当我们的罪。没有哪位基督徒这样天真，竟然不知基督的功德和受苦已将

---

[58] 参见本卷《九十五条论纲》第 56 条和第 58 条；另参 *WA* 1，236；*LW* 31，30。

我们的罪除去，使我们得救。大家都相信他为我们的罪而死。显而易见，基督的受苦和功德是一个活的宝藏，赐给分享者以永生。甚至我的对手也应当承认，赎罪券不能给人生命，并且是死的，人不能借其而更新，更不要说获得生命。它们不能除去罪，只能赦免对罪的惩罚。现在只有教宗及其谄媚者如此愚蠢地认为，放弃或免去惩罚会使人变得更好。而根据理性、经验、圣经和真理所知，事实上施加惩罚或能使人有所改善。

这就是为什么赎罪券若与基督的功德相合，那就像生命与死亡、白天与黑夜、基督与彼列［林后6:15］、教宗与基督徒水火相容一样。他们给赎罪券起的名字确实很漂亮。因为"赎罪券"一词的意思是"放松"或"免除"，⑤ 而现在，凡好事都终止了，各种灾难却被接受。⑥ 教宗有罪不罚，反倒解除了上帝施加和要求的对罪的刑罚。他放任罪恶横行，不加制止。事实上，他保护和煽动罪恶，因为他将赦免刑罚代之以索取和接受金钱。这就是为什么圣保罗在致书帖撒罗尼迦人时［帖后2:3］把教宗称作"大罪人"和"沉沦之子"，就因为他容忍和唆使人犯罪，并借此用他那撒谎骗人的赎罪券把所有的世人引向魔鬼。

他们受这真理的击打而无言以对，就捏造说可以用两种方式来使用基督的功德。一种就是我们刚刚讲过的，它们给予生命；另一种方式是它们为我们的罪补赎。我回答说，是的；但使用基督的功德可以有许多方式。他们用它来赚钱，获取高位和荣耀，追求奢侈享受，把世界抛入战火、流血和一切苦难之中。在罗马和整个罗马教会，还有什么东西比基督之名及其功德更无耻地被利用呢？如果不出卖和利用基督作为他一切蓄意犯罪的幌子，那么教宗及其所有的谄媚者早就变成了乞丐。基督的名义现在一定掩盖了敌基督的统治给全世界所带来的一切破坏。基督在《马太福音》24［:5］早就亲口预言："将来有好些人冒我的名来……并且要迷惑许多人。"因此，冒基督及其功德之名的赎罪券和贩子们迷惑了全世界，连上帝的选民也难免不受其害。

---

⑤ 德文为 *Ablass*。
⑥ 德文为 *zulassen*。

第 18 条

基督徒中流行的赎罪券属道貌岸然的欺诈；它们免除了善功，属于被容许，却不合适之事。⑪

有人看出了赎罪券的无效，但又不敢抵制罗马的罪恶教唆犯。他们对赎罪券有一个说法是"道貌岸然的欺诈"，就是说它们实际上毫无用处，是在骗人，不过是奉献金钱的一个口实，而奉献金钱也被视为善功。这样，它们虽带有欺骗性，但却是为了一个不错的敬虔目的。我在提出这个信条时赞同这些人的观点，讲得跟他们一样，因为我不知道还有什么更好的说法。

如今教宗大人命令我放弃这一信条，并且将其定罪，我只有顺服，宣布"承认自己的过错，本条不当"。理由如下：赎罪券不是道貌岸然的欺诈，而是地狱般的、恶魔似的敌基督的欺诈、偷窃和抢掠。罗马的宁录〔创 10:9〕和罪恶教唆犯借此将罪孽的地狱兜售给全世界，榨取和诱骗大家的金钱，作为这种无以言表的祸害的代价。假若这份宣布放弃的声明还不够的话，我将在别的时候加以补充。

但我的证明如下，上帝在《诗篇》89〔:32〕说："我就要用杖责罚他们的过犯，用鞭责罚他们的罪孽"；圣保罗在《哥林多前书》11〔:31—32〕说："我们若是先分辨自己，就不至于受审。我们受审的时候，乃是被主惩治，免得我们和世人一同定罪。"

我们在这里可以看到，罪一定要受惩治，或被上帝、他人、或被自己，否则便与世人一同被定罪。但教宗却不想让我们懂得这样明白的话，而利用他的赎罪券让所有的罪逃脱刑罚，这样我们就得像圣保罗说的那样和世人一同定罪。他用基督的功德来遮掩这种讨厌的东西，然后出售它们，当他面对上帝这样明白的话而飞来飞去的时候，基督的功德肯定要被他利用。教宗啊，教宗，你实在太过分了！

---

⑪ 出自 *Disputation of Johann Eck and Martin Luther*（1519），参见 *WA* 2，356—357。

第 19 条

赎罪券不能赦免神圣公义要求的对本罪的刑罚和惩罚。⑫

第 20 条

谁若相信赎罪券能够救助和有益于灵魂，谁就受了欺骗。⑬

第 21 条

赎罪券只对犯了公开的致死的罪的人有必要，它实际上只给予懒人和弱者。⑭

第 22 条

赎罪券对下述六种人既无必要也无用处：死人、病人、有充分理由不能领受者、没有犯致死的罪的人、犯非公开的致死的罪的人和行为较好之人。⑮

为了对最博学的神圣谕令表示敬意，我放弃过去有关赎罪券的一切言论，并对其中的每一句美好言辞感到由衷地遗憾。如果教宗在这里伪称，赎罪券能够救助和有益于人的灵魂，善良的基督徒切莫受其干扰。这是迄今为止不为人知的教义，甚至教宗自己过去也从未听说过。这是地狱深处那古龙［魔鬼］在谕令中的说教［启 12:9；20:2］。你们要持守这真道，即赎罪券并不如教宗吹嘘的那样，因为如上所说，任何罪都

---

⑫ Ibid.，参见 *WA* 2，357。
⑬ 参见本卷《〈九十五条论纲〉的解释》；另参 *WA* 1，587。
⑭ 同上；另参 *WA* 1，612，609。
⑮ 参见本卷《〈九十五条论纲〉的解释》第 13 条；另参 *WA* 1，552；*LW* 31，119—123。

不能摆脱刑罚。假若天上来的使者所传的与我们不同，我们也不要相信他们［加1:8］。如果我的书应该烧掉，那就一定因为在赎罪券问题上我做了对他们有益的事。我对教宗及其党徒真是做了太多的让步。⑥⑥ 所以我自己宣布将这条教义付诸一炬。

第 23 条

革除教籍只是一种外在的惩罚，不应置人于教会公祷之外。⑥⑦

让我们看看教宗如何尽力冒充上帝吧。前面的信条提到，他利用赎罪券窃取了拯救灵魂的权柄；在这一信条里，他用逐出教会的方式攫夺了将灵魂罚入地狱的权力。然而，这些职能并不属于任何被造物，它们只是至高上帝独有的权柄。圣保罗早就预言了教宗的出现："他是抵挡主，高抬自己，超过一切称为上帝的和一切受人敬拜的，甚至坐在上帝的殿里，自称是上帝。"［帖后2:4］

我在《论逐出教会》⑥⑧ 一文中已对本条作了辩护。我在这里只是简单地作些补充：不论教宗还是魔鬼，都不能赐予或剥夺以信为本的基督徒生命。只要有信心，就什么也伤害不了我们——不论死亡，也不论地狱，甚至我们所犯的一切罪过——如圣保罗在《罗马书》8［:28，路德自译］所说："我们晓得万事都互相效力，叫信徒（或说基督徒）得益处。"因此，逐出教会不过是外在的惩罚而已，就是脱离教会团契和圣礼。教宗在自己的法规中⑥⑨（尽管他似乎忽略了，那是他曾说过的正确的话）也这样讲，逐出教会是一剂良药，不是要毁灭人，所以不能带来内在的伤害，只是为帮助和改善我们。

---

⑥⑥ 在手稿中路德写的是"魔鬼与敌基督"，参见 *WA* 7，404。

⑥⑦ 出自 *Sermon on Excommunication*（1518），参见 *WA* 1，639。

⑥⑧ *Treatise Concerning the Ban*（1520），参见 *WA* 6，63—75；*PE* 2，37—54。

⑥⑨ 教会法规，例如 *Sexti Decret* Lib. v. tit. XI cap. I，*Aegidii Perrint Opera*（Lyons，1556），p. 643。

第 24 条

应当教导基督徒喜爱逐出教会，而不要畏惧它。[70]

本条之所以被定罪，是因为教宗想继续充当上帝，让大家对他比对真正的至尊上帝更加惧怕。但以上所述证明了它的正确性。既然逐出教会是对罪的惩罚，医治灵魂之药，那么应受逐出教会的人就应耐心高兴地接受它，不要气馁，尽管他固然要惧怕那些会使他被逐出教会的罪。正如儿童要避免做错事，然而一旦做了，就当高兴地接受惩处，甘心受罚。既然上帝的旨意是要我们欣然经历死亡和喜悦一切苦难，难道我们不更应当爱悦和甘心忍受这母亲的温柔棍棒吗？教宗及其教会是一个例外，因为他们的盲目，所以他们倒要惧怕，如经上所记："非基督徒的罪人虽无人追赶也害怕。"［箴28:1，路德自译］

第 25 条

圣彼得的继承者罗马主教，并非由基督委任，作他的代理和治理全世界教会的主教。[71]

这涉及有关钥匙职的另一谕令，它废除了神圣福音，却在教会中用偶像代替了基督。为了反对它我提出这一信条。我坚守它，并在下面予以证明。

首先，由于教会所作所为皆在圣经清楚明确的经文中宣告出来，但令人奇怪的是，整部圣经却对教宗制度只字未提。特别令人不可思议的是，我的对手们却把教宗制度视为教会最重要、最必须和最具特色的事

---

[70]　出自 *Sermon on Excommunication* (1518)，参见 *WA* 6，70；*PE* 2，47。

[71]　出自 *Defense Against the Malignant Judgment of John Eck* (1519)，参见 *WA* 2，628。

物。许多不太重要的问题有大量可靠、清楚的圣经经文作为依据，而对这个教义却没有谁能够举出一点明确的理由。这的确可疑，给人留下了很坏的印象。福音书清楚地指出圣彼得是打鱼的，也是使徒，同教宗制度比较起来，在他们眼中这当然是一个小问题；但福音书却只字未提圣彼得高过全世界所有的教会。

在这一点上我希望人们理解，我提出这一信条并不是为了拒绝教宗的权柄，他想要多大的权力就让他攫取吧，这对我无所谓，他可以随意而行。但有两件事使我不能容忍，更不会保持沉默。首先，教宗及其同党歪曲、违背和亵渎神圣的上帝之道，以便树立自己的权柄；其次，他们谩骂、诋毁和诅咒希腊人以及一切不服从教宗的人，就像这些人不是基督徒似的。他们的行为就好像是说，作基督徒就意味着必须受制于教宗和罗马，但圣彼得和基督只使其依从信心与上帝之道，而对此，大家的见识始终都不少于教宗及其党徒。然而，即使教宗没有信心和上帝之道，他却不仅要作基督徒，而且要当所有基督徒崇拜的神明，诅咒一切不敬拜他的人，不论他们的信心和福音如何纯正。

进一步说，假若教宗是明智的，他就会宁愿少一点麻烦，也不会把整个世界的事务都揽在自己身上。事实上，要把世界拴在一个地方，在这里处理它所有的事务，是不可能的。

但是，让我们看看他们如何歪曲和玷辱神圣的上帝之道，建立他们自己骗人权柄的吧。基督在《马太福音》16［:18］对圣彼得说："你是彼得［磐石］，我要把我的教会建造在这磐石之上……我要把天国的钥匙给你，凡你在地上所捆绑的，在天上也要捆绑；凡你在地上所释放的，在天上也要释放。"

他们在这里却把磐石解释为圣彼得，自称是基督将其教会的权力建造在教宗权柄之上，因此所有教会都应臣服于教宗的权柄。按照这些专家们的说法，教会被建造在磐石上的意思，就是教会臣服于教宗；多年来基督一直忍受着对其圣言的这种解释。

而今为了将他们的谎言和诡计昭示于众，让他们蒙羞，让我们查验基督之言。既然按他们的说法，将教会建造在磐石上只意味着教会臣服于教宗，这样一来，教会的建立与存在，就无需信心、福音和圣礼了

（因为建造的就建造了，无须进一步建设）。教宗的权柄和权威是一回事，信心、圣礼和福音是另一回事。所以，既然教会建立在教宗权柄之上，那么显而易见，教宗权柄和权威就足以建成教会，信心与其他的一切均无必要。特别是因为教宗及其党徒的生活，一般说来都缺乏信心、福音和圣礼，事实上他们像异教徒那样轻看它们，但如他们所说，教宗的权柄，依然是磐石、建筑和教会。这难道不是对基督圣言的绝妙解释吗！假若教宗党徒有权随意解释基督圣言，谁会阻挠别人这样说，教会的磐石和建筑就是一头驴子和母牛，或他随便想到的东西呢？

在同一节经文里，基督论及磐石和他的教会时说："阴间的门不能胜过它。"〔太 16:18，路德自译〕基督在这里明确指出，就是那些魔鬼们也不能胜过他的磐石、建筑和教会。那么，既然磐石就是教宗权柄，建筑代表对这种权威的臣服，那么为什么会发生这种建筑和权威事实上已经崩溃、阴间的门已经胜过了它的事呢？因为整个基督教王国都已背离教宗，例如，希腊人、波希米亚人，甚至非洲和全东方！或者确切地说，他们从未被建造在这磐石之上。既然决不说谎的基督应许那地狱的门不得胜过他的建筑，而没有人否认东方人已经脱离这一事实，那么结论必然是，基督说的是真话，教宗就是在撒谎，建筑就不是臣服于他的权柄，而是别的意思，即阴间的门无法摧毁。

所以不能说，那些不服从教宗、也没有以他为根基的人就不再是基督徒，因为教宗本人及其一切仆从虽然在圣经的一点一画上都不听从基督，而且在生活的很多方面没有信心，却希望被视为基督徒。迄今为止，他们成功地主张谁若在这个问题上不赞同他们便被宣布为异端，而他们自己却是善良的基督徒，尽管他们没有一点与上帝和基督的立场一致。他们把全世界变成了猴子和傻瓜，按自己的喜恶来解释"基督徒"和"异端"这些术语。

让我们抛弃他们错误的解释，采纳这些词的正确意义吧。说阴间的门不能胜过这个建筑，意思是魔鬼无权统治它；这只能发生于这建筑物基于坚定的信心，立足于无罪之时。哪里缺少信心，或者出现罪，魔鬼就在那里主宰，胜过这建筑。所以圣彼得在《彼得前书》5〔:9〕教训我们要用坚固的信心抵挡魔鬼，因为魔鬼专门攻击信心。从这里可以得出结论：磐石就是基督自己，因为圣保罗在《哥林多前书》10〔:4〕就是这样称呼他的。那建筑就是有信心的教会，里面没有罪，建造就是成为信徒，在圣洁上成长，正如圣彼得在《彼得前书》2〔:5〕教导的那样，我们要被建造成在基督磐石上的灵宫。

现在，既然教宗及其权威和听从他的人都游荡于罪恶与骇人听闻的堕落之中，他们是魔鬼的仆从，这是尽人皆见的事实，那么基督置于超越阴间之门的磐石和建筑意味着教宗权柄和统治的说法，就是虚假的杜撰。魔鬼使这种权柄隶属于自己。如果教宗权柄是基督所说的"磐石"，它就不会作恶，因为基督是不撒谎的。但在我们面前，教宗权柄已经变成了魔鬼的权柄，过去和现在一直都在作恶。

你们来吧，教宗党徒，解开这个难题！这段经文再也救不了你们。城堡已被攻破，教宗已经跌倒，再无立足之地。因为基督的这一教导是多年来教宗制度所依赖和提出各种主张的唯一依据。而今它的谎言和谬误已经昭然若揭。如果说我们在这场辩论中从教宗那里一无所得，那就是起码解放了这段经文。事实上它打胜了这一仗，砍了教宗制度的头，因为这段经文强烈地谴责教宗，远甚于为他辩护。他若说一句谎言就绝不是出于上帝，所说的一切都值得怀疑。因为教宗对于这个根本的教义以及他依据的这段经文撒了谎，歪曲了上帝之道，并且以其错误的统治骗了世人，那么圣保罗对他的预言就是千真万确的，即敌基督的到来是照邪灵的权势，撒谎骗人，曲解圣经〔帖后2:9〕。

亲爱的教宗，你已经匍匐在地！如果你能根据这一预言老实交代你的作为，并把你的谎言变成真理，那么我就会承认你是上帝所立的教宗。但这并非我路德的能耐，这个荣誉应归功于约翰·胡斯。正如经上写的："这样义人虽死，却要审判那些仍活着不敬虔之人。"〔《所罗门智训》4:16〕

引述教父以证明圣彼得曾被称为教会的磐石和根基也没有用。首先，因为基督的圣言比所有圣徒的话更加重要。圣徒们经常犯错，基督却永无谬误。其次，由于没有哪位圣徒说过教宗就是这个磐石。他们称彼得为磐石，并非因其权柄，而是因他的信心。如果教宗在信心上效法彼得，我们也愿称他为磐石，只要这磐石继续作为"信心"，而不变成

"权柄"。既然他没有信心，就不能被称为磐石。

然而，他们又制造了另外的证言。它出于《约翰福音》最后一章[21:15—19]，基督三次问彼得："你爱我比这些更深吗？"彼得三次都这样回答："主啊，是的，你知道我爱你。"接着，基督又说了三遍："你喂养我的羊！"他们试图用这段经文将教宗置于所有的基督徒之上，但没有清楚的经文可以用来证明如此重要的断言，而这段经文又非常模糊。无论谁都不可假设，基督建立了这样重大的制度，如他们声称的教宗制度之类，而竟然没有一条清楚的经文佐证。此外，这段经文却清楚地显示它削弱了教宗制度的基础。基督在把自己的羊群交托给圣彼得牧养之前，三次查验他的爱心。这明明是说喂养羊群的职分不属于没有爱心的人。因为教宗与教宗制度缺乏爱心，所以"喂养羊群"便与教宗制度无关。因此，把"喂养"这个词用于没有爱的统治和教宗制度的权威，便是谎言和虚假的解释。假如我们任由基督的圣言被如此践踏和歪曲，那我也可以说土耳其人的统治就是喂养羊群好了。如果让其保持真义，那么就应当有爱，否则我们便不可谈论牧人。谁能对此避而不谈呢？

那邪灵教他们把"喂养"说成管辖。他们如何自圆其说呢？难道我们必须接受他们的解释，相信他们的自夸、吹嘘说："这是我们的读法，闭嘴，不要对抗我们"这种言辞吗？但我要更进一步说，"喂养"具有丰富的属灵意义，即使教宗如圣彼得一样圣洁，并且勤勉地恪守其教会律例，他也仍然算不得是牧人。"喂养"是供应赐生命于灵魂的教训，即信心与福音的教训。如果教宗愿意专注于这个使命，他就要在生活里常常期盼死亡，为羊群奉献生命。圣奥古斯丁也如此正确地解释这段经文，[72] 就是说喂养意即为羊群和福音奉献生命。基督后来立即向圣彼得解释了这些话的意思，那就是他必须受殉道之苦以"喂养"羊群。离了爱是难以做到这一点的。

基督这一高尚、属灵、非凡和宝贵的圣言竟遭到如此无耻的歪曲，被用来维护那无用、自大、浮华奢侈的教宗权柄，这实在可恶。他们提出的最正确的解释是把这些话应用于教宗的法规上，但即使这些法规，

---

[72] Augustine，*On the Gospel of John*，参见 *MPL* 35，1967。

与其说是喂养羊群，还不如说毒害羊群。

假若"喂养"意味着当教宗，那么每逢教宗既无爱心又不能传道，教会就必须脱离这样的教宗。这是十分真实的，因为哪里不传福音，那里就没有教会，那么教宗制度对教会来说，就如同车的第五个轮子，实为画蛇添足，而且事实上完全有害无益。对此，我以后还要更详尽地加以论证。再者，假若"爱心"和"喂养"意味着教宗制度，那么就会出现无数教宗，因为爱护与喂养羊群的人很多。只能如此，岂有他哉！这是不能否认的，因为无论谁爱护和喂养羊群，谁就是教宗。所以教宗应用在自己身上的那段上帝的话语，始终与教宗抵触。它也无助于任何狡辩，说教宗并非亲自喂养羊群，而是透过别人来这样做的。那么他为何不让别人替他当教宗呢？既然喂养的意思是作教宗，那么如同他透过别人喂养一样，他尽可以让别人替他当教宗。如果后者不可能，那么前者也行不通。所以，他应当亲自喂养，否则自己就不是教宗。对"喂养"一词绝不能按旧有的方式进行压榨和强迫。

现在我要举例说明圣彼得顺服其他使徒，而不是做他们的主子。在《使徒行传》8［:14］，我们读到这样的情节：使徒们和长老差派圣彼得和圣约翰到撒玛利亚，去坚定那里基督徒的信心。既然圣彼得作为使者顺服别人，那么他的继承人，或者干脆说他的逼迫者教宗，却为何自称不顺服任何人呢？如果圣彼得因握有神圣权柄而高人一等，那么他就应当坐在高位上，像现在的教宗那样发号施令，差派别人，而不受他人差使。他应当宁愿遭受十次死亡，也不违背上帝的旨意容许自己如此受辱。教宗们正是这样行事的。他们宁可让全世界淹没于血泊中，也不愿放弃自己的至尊地位。

教宗们解决不了自己的难题，这对他们的打击如此之重，致使他们混乱地团团打转，无言以对，却又不甘沉默。他们空谈阿里乌派，胡说什么圣灵并不低于圣父，即使圣灵受父差遣。他们没有看出这种观点对于这种讨论来说，就如同教宗制同教会相协调一样。圣灵并非像圣彼得那样以自己的位格而受差遣的，而是与圣父和圣子一起差遣自己的。这意味着圣灵在鸽子、云彩和相信之心中彰显自己，如智者［《所罗门智训》19:7］和奥古斯丁所说。因此，教宗党徒应当闭嘴，若以教宗管治出于上帝而非出于魔鬼，就当承认教宗不是至高无上，而是与其他人同等或低于他们。教宗现在将自己渎圣的权柄凌驾于一切之上，若我们仍要高抬教宗，这是悖逆上帝和他的圣道，他本来也只是容许而已，我们本该尊崇他。

圣经清楚证明，圣彼得从未任命或差遣过使徒，也未对他们下过命令。甚至借助于其他使徒，他也不能指定圣马提亚为使徒〔徒1:15—26〕。他们从天上领受旨意拣选了他。基督在这里无可争辩地说明，所有的使徒，都是他创造的且互为平等。这也应当使所有的主教平等，但不是归于一个权威和无上主权之下，而是在信心、洗礼、爱心和灵里合而为一，以使他们成为一群子民，如圣保罗在《以弗所书》4〔:4—16〕所说的那样。他们如果像我们发现到圣彼得被差遣一样，发现他差遣过一个使徒，那他们该会如何兴风作浪啊！但是，他们却说我们的主张不成立，他们的无稽之谈倒是正确的看法。但我认为，我的证据已经充分说明，教宗制度不仅是空中楼阁，没有圣经依据，而且是抵挡、攻击圣经。

第 26 条

基督对彼得说："凡你在地上所释放的，在天上也要释放"，应被理解为仅仅涉及彼得自己所捆绑的一切。[73]

教宗多么想当上帝啊，以便能把基督的圣言变成这样的谕令："凡我在天上所捆绑与释放的，你在地上要释放与捆绑。"这样，他就能捆绑上帝所释放的，释放上帝所捆绑的。那么我们的上帝就被他流放了，无所事事，只能按教宗的意志而行。这就是约翰·胡斯时代所发生的事情。那时，教宗令天使将死于赴罗马朝圣途中的灵魂引向天国。[74] 约

---

[73] 参见本卷《〈九十五条论纲〉的解释》第5条；另参 WA 1，536；LW 31，93。
[74] 1500年，成千上万赴罗马的朝圣者因黑死病而死于途中；当时谣传教宗克莱门特六世曾命令天使将朝圣途中死者的灵魂立即带入天堂，而此谣言出自一份多半是伪造的谕令，参考 WA 30[II]，282 n.2；PE 2，244 n.1。

翰·胡斯反对这种亵渎行为和恶魔似的专横跋扈。他的抗议使其付出了生命的代价，但他至少使教宗终于改变了论调，并碍于这种渎圣行为，对以前的声明有所收敛。不过这无赖的脸皮仍时时显现。因为教宗的手伸得太长，虽无力控制天堂与地狱，但仍要掌握炼狱。虽然他必须承认不能把任何人投入炼狱或将其捆绑在那里，但他还是想释放捆绑在那里的灵魂，把他们弄出炼狱。如果问他的这种能耐有何依据，他就说："因为我是教宗。"

太过分了！基督的圣言明确宣布，他的权威是在地上，不在其上也不在其下。捆绑与释放也适用于同样的范畴。基督说的是"凡你在地上所捆绑的"，"凡你在地上所释放的"。捆绑与释放同样有效，后者并不比前者走得更远。因此，我们坚持基督的诫命，鄙弃教宗的渎圣之举。

再者，所有的神父在赦免时都引用了基督的这段圣言，若非基于基督的这同一圣言和应许，就没有赦罪之事。既然是同样的圣言，为什么教宗要比最谦卑的神父想做更多呢？既然它们的含义相同、效力一样，并且容许教宗染指炼狱，那么它们就应当把这样的权柄给予所有神父。看看教宗是怎样愚弄和欺骗全体世人吧。即使圣言同样适用于大家，但教宗随意选用，自称自己从别人连水都舀不到的水桶里喝到了上等的美酒。上帝这段拥有同等效能、简单明了的话，在教宗看来竟如同黄金，但他却不许别人将其说成铜。停止吧，教宗，这场游戏该收场了！

把这段经文解释成赦免刑罚的钥匙职，同样是危险的。基督的圣言不是为圣彼得可以拥有任意行事的权柄而赐下的，却是为我们的信心而赐下，使我们信靠他的话以致罪得赦免。在这件事上圣彼得只是一位仆人。他可以为我们高举这些话，但他能借其所成全的却有赖于我们的信心。他可以成千上万次赦免惩罚与罪咎，但如果我不信，他将一事无成。信心使钥匙职有效亦有力，不信却使它们变得无效、软弱。离开信心，这些话里就不含有教宗为自己僭取的那种欺人骗己的权力。既然上帝自己都不能把天国给予那些没有信心之人，教宗又怎能把天国带给他们呢？赦免刑罚本来就不属于钥匙职，因为那是公共事务，与信心无涉，信心相信的只是不可见之物，即在上帝眼中罪得赦免。

还有一些人用这段经文把罗马主教变成了教宗，因为基督说过：

"凡你所捆绑的都要捆绑"。但由于所有的神父都用这同一段经文来赦免，所以这圣言就不是圣彼得和教宗的私产，应当属于公共所有。假若它们所指的是教宗制度，要么所有以此经文进行宣赦的神父就都是教宗，要么除教宗外别人都不得从事宣赦。教宗既不能把教宗制度变为公共财产，他也不能将宣赦变为公共财产。因为如他们自己所说，它们依据了同一圣言，而且"捆绑"与"教宗制度"是同一码事。人们在这里可以看到他们是如何歪曲上帝的圣言的。明明是公共财产却被说成是属于教宗的，而给予我们信心的东西却被用来肯定他的权柄和暴政。

第 27 条

制定信条和有关道德与善功的诫命，肯定不属于教宗与教会的权柄。⑦

假若我能得知教宗与教会可以制定的信条和有关道德与善功的诫命究竟是什么货色，这将比任何事情都令我倍感欣慰。那么我们就可以打发圣灵和基督去上学，让他们接受良好的训练。因为他们一直以来是如此健忘与疏忽，没有将基督教信仰和善功正确充分地教训我们。教宗最博学的门徒们，张开你们的智慧之口吧，告诉我这些信条和诫命是什么。说吧！如果你们不讲，就让我来告知你们。

基督早在《马太福音》24［:15，24］预言了他们："你们看见先知但以理所说的'那行毁坏可憎的'站在圣地（读这经的人须要会意）……因为假基督、假先知，将要起来，显大神迹、大奇事，倘若能行，连选民也就迷惑了。"圣保罗在《提摩太前书》4［:1］也论及他们说："圣灵明说，在后来的时候，必有人离弃真道，听从那引诱人的邪灵和鬼魔的道理。这是因为说谎之人的假冒；这等人的良心如同被热铁烙惯了一般。他们禁止嫁娶，又禁戒食物，就是上帝所造、叫那信而明白真道的人感谢着领受的。"

---

⑦ 出自 *Explanation of the Articles Debated at Leipzig*（1519），参见 WA 2，427。

看！当预言他的经文如此昭然，甚至连引诱他的邪灵也被指明了，难道教宗没有制定教义和信条的权柄吗？

此外，圣保罗在《歌罗西书》2［:8］也说："你们要谨慎，恐怕有人用他理学和虚空的妄言，不照着基督，乃照人间的遗传和世上的小学，就把你们掳去。"我们在这里看到，我们只应听从基督，离弃人的吩咐。这些吩咐也可能表面看来会使我们变得敬虔，但实际上只是妄言且会毁坏信心。基督自己在《马太福音》23［:10］说："也不要受师尊的称呼，因为只有一位是你们的师尊，就是基督。"圣雅各训示我们："我的弟兄们，不要多人作师傅。"［雅3:1］甚至圣彼得也不沉默，在《彼得后书》2［:1］说："将来在你们中间也必有假师傅，私自引进陷害人的异端。"这同样意思的经文实在难以数清。

罗马的能人最近公布了一份谕令，⑦⑥确定我们的灵魂是不朽的，就好像我们在共有的信经中没有"我信永生"这句话似的。他们借助于亚里士多德（伟大的本性之光），又进一步宣布灵魂基本上是"人类肉体的本质形式"，以及其他许多类似的信条。它们的确最能迎合教宗的教会，因为它们使那些人得以坚守人的白日梦和鬼魔的道理，另一方面却践踏和毁坏基督的教义和信仰。⑦⑦

让我们看看他们制定信条和法规的权柄到底源于何处。他们声称："并非所有必要的东西都写在圣经上；所以基督将这个权柄交托给教会，正如圣约翰在其福音书的最后一章［约21:25］说的：'耶稣所行的事还有许多，若是一一地都写出来，我想，所写的书就是全世界也容不下了。'"看看教宗党徒的高超智慧吧。约翰并未谈及基督的一切神迹，只是说了他没有记录的部分。再者，他说"没有都记在这书上的"，指的是他自己的福音书。他并不否认，事实上承认它们可能已经记在了其他书上。但我们的先生们却把他的话用于整部圣经，现在《约翰福音》竟意味着整部圣经。

然而，这还不算最糟。当约翰说基督的神迹没有全部记下来，这些

---

⑦⑥ 于第五次拉特兰公会议（1512—1517年）上，参考 *The Church Teaches*, ed. and trans. John F. Clarkson (St. Louis, Mo., 1955), p. 149。

⑦⑦ 路德反对用灵魂不死的哲学观念代替复活与永生的圣经教义。

贵人们却把它解释为，我们当做什么，以及他们的法规等事，都没有完全记录下来。你们对此有什么看法？难道这不说明教宗党徒是如何解释圣经吗？听听这些罗马的基督教大师们的话吧！基督所行的许多事没有记在《约翰福音》里，却意味着圣经并未充分地告诉我们何事当知当行。圣灵一定对教宗说了，所以他能够给予和训导我们更多的法规和教义。现在你们当明白，为什么要赐下圣灵给教宗和基督徒了。

圣保罗和整部圣经都这样教导人，赐下圣灵是为了成全律法，减少它的重负，释放我们，使我们得自由。正如圣保罗在《哥林多后书》第4章［3:6，和合本修订版］说："文字使人死，圣灵能使人活。"在《罗马书》8［:2］说："因为赐生命圣灵的律，在耶稣基督里释放了我，使我脱离罪和死的律了。"但在罗马那位所有基督徒的师尊却有另一个圣灵，他大大增添了律法，并把他们强加在人的头上，用这人造的律法奴役他们。上帝啊，请原谅我，因我在这里提到了圣灵之名！对这罗马敌基督无以名状的、令人发指的邪恶，我真不知道如何思考、如何论说以抵抗他。他不仅愚蠢地对待你的真道，而且嘲弄它，犹如它是狂欢节上的玩笑。⑦ 上帝啊，那些认真地向你祷告，且避开你难以想象之烈怒的人在哪里呢？

第 28 条

如果教宗与教会的大多数声言持有某种观点，即使没有错误，那么，特别是在与救恩无关的事上若有人同其意见相左，这既不是犯错，也不是异端，直到有教会公会议通过一种观点而谴责另一种意见之时为止。⑦

既然本条只谈了与得救没有必然联系的事情，他们为什么不让我坚持这一信条呢？关于圣母成胎说，他们承认，既然这一信条并非得救所

---

⑦ 德语为 *fasznacht*，*Schimpff*。
⑦ 参见本卷《〈九十五条论纲〉的解释》第 26 条；另参 WA 1，584；LW 31，174。

需，所以若有人持圣母有罪成胎说，这既不是异端，也不是过错，尽管在这个问题上宗教公会议、教宗和大多数人都坚持圣母无罪成胎说。[80] 为什么我们这些可怜的基督徒被迫相信教宗及其党徒的任何思想，即使它与得救没有必然联系呢？教宗权威是否有权柄将不必要的事情变成必要的信条？它是否能够在与救恩无必然联系的事上把人定为异端？

因此我自己要收回这个信条，并责罚它，将其付诸一炬。我在这信条里说过这样无知的话：我们在不必要的事情上无须相信教宗。我应当说，假若聚集于公会议上[81]的教宗及其党徒在那些无关紧要的事情上竟然轻浮无聊，不负责任地浪费时间和金钱，而公会议的主旨只是处理重大和必要的教会事务，那么我们不仅当拒绝顺从他们，而且要把他们视为疯子或罪犯。如果人们把注意力从受苦教会严肃而要紧的事务转向幼稚无益的琐事，他们就是嘲弄这悲惨可怜的基督教王国。不幸的是，他们就是在做这些愚蠢无聊之事——在最近的几次公会议上处理赎罪券和教宗制度、主教职分和许可权等事，却从不涉及任何一个真正迫在眉睫的问题。

这谕令把无聊问题的决议提交给教宗党徒和他们的会议，这是对的。因为上帝的忿怒会把悖逆的脑袋赏赐给这些愚弄教会的人，只因他们心里不思要事，反倒应付琐碎的问题。他们不配有更好的命运。

第 29 条

我们现在有权削弱公会议的权柄，抵制其决议，评断其法规，并且

---

80 圣母无罪成胎说（The immaculate conception of the Virgin）是道明会和方济各会之间存在严重争议的问题。道明会以托马斯·阿奎那的权威为依据，否认了这一点；方济各会及其著名的神学家邓斯·司各脱肯定了这一点。1483 年，西克斯图斯四世禁止任何一方指控另一方为异端，否则将被开除教籍，因为"罗马教会或使徒宗座还没有对此作出决议"，参见 Mirbt, *Quellen zur Geschichte des Papsttums und des römischen Katholizismus*，p. 243。教宗庇护九世（Pope Pius IX）在 1854 年将圣母无罪成胎说定为罗马教会的教理。
81 于第五次拉特公会议上；另参 WA 5，345 n.1。

大胆宣认自己视为正确的事，不论其被任何教会公会议定罪或认同。㉜

教宗党徒一腔仇恨、满口毒液地攻击这一信条，就好像我想鼓动任何人都可以随意无端地反对公会议似的——实际上我从来没有这样的想法，也没有这样写过。我只是说公会议公布的任何决议若违背圣经，我们就当相信圣经，而不服从公会议。圣经是我们的上诉法庭和依靠，我们借它甚至可以抵制天上来的使者——如圣保罗在《加拉太书》1［:8］所说——何况教宗和公会议！

他们为何因此信条而将我定罪？他们为什么不责罚首次提出这一信条的人，以及被我引证的权威？如圣保罗，他就在《加拉太书》1［:8］说过："无论是我们，是天上来的使者，若传福音给你们，与我们所传给你们的不同，他就应当被咒诅。"你们听着，教宗党徒们！天使若传的与圣经不同，都要受到圣保罗的诅咒，难道我无权藐视这样行的人吗？那么为何不谴责我所引证的帕诺米塔努斯㉝的那一章（*Significasti*，*De electione*）呢？㉞他在其中指出，我们应当相信一位有清楚的圣经和理性之依据的平信徒，甚于相信教宗或公会议。所有的法学家，特别是他们中间的佼佼者和最博学的人，几乎都有这种看法。

除了人的教义高于上帝之道、教宗高于上帝外，从这条谕令里还能得出别的什么结论吗？这些观点还能带来任何别的令人厌恶的东西吗？的确，路西法在天上如此严重地渎圣也不算怎样有罪，因为他只不过想与上帝平起平坐而已。上帝啊，救救我们吧！难道在教会竟达到这样的

㉜ 出自 *Explanation of the Articles Debated at Leipzig*（1519），参见 WA 2，404，406。

㉝ 参见本卷《〈九十五条论纲〉的解释》，注释㉘。

㉞ 在路德的《奥格斯堡会晤纪要》（参见本卷；WA 2，10；LW 31，265 n. 13）中，他引用了 *Decretum Magistri Gratiani*，Prima Pars，dist. XIX，1，2（CIC 1，60）。这里他想到的是帕诺米塔努斯借着解释法令 *Significasti*，*de electione et potestate*，cap. 4.（CIC II，cols. 45—50）所说的话，载于他的《法令讲义（第一卷）》（*Lectures on the Decretals* I ［Basel，1518］）："因此，在所有有关信仰的问题上，公会议的地位高于教宗，所以教宗不能做出与公会议的决议相悖的事。由于这个原因，在出现异端时，公议会可以定罪教宗。在信仰问题上，公民私人的意见只要有比教宗更好的旧约和新约依据，就一定优于教宗的意见。"参考 MA³ 1，450。

地步，我们要听取这样的谬说：上帝及其真道一定要屈从于教宗及其法规吗？若然，就是死亡千百次的受苦时刻已经来临！

<h1 style="text-align:center">第 30 条</h1>

在康斯坦茨公会议上被定罪的约翰·胡斯的某些信条，是最合乎基督教的、最正确的信条，完全符合福音真义，整个基督教王国都难以将它们定罪。㉟

事实上我在这个问题上犯了大错，不过我已经声明取消和谴责这信条，㊱因为我说过"胡斯的某些信条"云云。现在我声明，不仅某些信条，而是约翰·胡斯的所有信条，纵然被康斯坦茨公会议所定罪，却都合乎基督教，并承认在这个问题上，教宗及其仆从扮演了十足的敌基督角色。他将神圣福音连同胡斯一起定罪，用地狱古蛇的教义取而代之。我准备捍卫这一声明，若有必要，我将借助于上帝澄清和坚持它。

事实上圣约翰㊲还做得不够，他不过刚刚展现了福音而已。我的作为五倍于他，但我恐怕仍然做得太少。约翰·胡斯并不否认教宗在全世界至高无上的地位，他只是认为邪恶的教宗并非基督教王国的一个肢体，尽管人们应当忍受这个暴君，因为整个教会的肢体应是圣洁的或正在迈向圣洁。但我主张，即使今日圣彼得在罗马主政，我也不承认他是教宗，他也不能属上帝的权柄来辖管其他所有主教。上帝对教宗制度一无所知，这完全是人的发明。所有教会都是平等的，它们的合一不在于这一个人的无上主权，而是如圣保罗在《以弗所书》4 [:5] 所说，他们的合一全靠一信、一洗、一主耶稣基督，这是世间所有教区平等分享的共有财富。

㉟ 参见本卷《莱比锡论战》；参见 *WA* 2，279。

㊱ 例如 *An Open Letter to the Christian Nobility* (1520)，参见 *WA* 6，454—457；*PE* 2，140—146。

㊲ 指约翰·胡斯。

至于谕令，我并没有说它们是伪造的，即如约翰·威克里夫所说，是不足取信之物，⑧而是说它们不符合基督教真义，是敌基督的，因邪灵的默示而写。所以我才欣然将其付诸一炬。⑧

第 31 条

义人在其所有的善功中犯罪。⑨

本条触怒了看重行为的著名圣徒们，他们不信上帝的怜悯，而信自己的义——这种不牢靠的根基。《马太福音》7 [:26] 说的建在沙土上的房子怎样倒塌，他们也要面临这样的结局。一个敬虔的基督徒应当学习和明白，他的所有善功在上帝眼中都是不圆满、不充足的。同所有可敬的圣徒一样，他们应对自己的善功感到绝望，仅仅信赖上帝的怜悯，一心一意信靠他。因此，我们要十分坚定地确立这一信条，看看那些可敬的圣徒们是如何评论它的。

《以赛亚书》64 [:6] 说："我们都像不洁净的人；所有的义都像污秽的衣服。"人们要注意先知的话并无例外，他说"我们都像不洁净的人"，而他自己是圣徒。如果我们的义在上帝面前都是不洁净的、污秽的，那么我们的不义又是什么呢？此外，他还说了"所有的义"，不容许有例外。这样一来，假若竟有一种无罪的善功，那先知岂不是在说谎吗，这是上帝禁绝的！《以赛亚书》的这段经文难道还不够清楚吗？他们为什么要谴责我的信条呢？这信条只不过表达了以赛亚所要说的罢了。不过，我倒很乐意与这位圣先知一起受责罚。

所罗门也在《传道书》7 [:20] 说："时常行善而不犯罪的义人，

⑧ 这里指威克里夫在康斯坦茨公会议上被定罪的信条，参见 Mirbt, *Quellen zur Geschichte des Papsttums und des römischen Katholizismus*, pp. 229—230。

⑧ 1520 年 12 月 10 日，路德与其同事、学生烧毁了教宗谕令集，其中包括了将他开除教籍的谕令，参见本卷《焚教宗及其党徒书宣言》；*WA* 7, 161—182；*LW* 31, 383—395；另参 E. G. Schwiebert, *Luther and His Times*: *The Reformation from a New Perspective* (St. Louis: Concordia Publishing House, 1950), p. 490。

⑨ 出自 *Explanation of the Articles Debated at Leipzig* (1519), 参见 *WA* 2, 416。

世上实在没有。"我相信这段经文已经说得十分清楚，它同我的信条几乎字字相符。由于所罗门在这里受责，那么他的父亲大卫也必然受责。大卫在《诗篇》143[:2]说："求你不要审问仆人，因为在你面前，凡活着的人没有一个是义的。"除了行善功的人外，谁是上帝的仆人呢？这个人为何不能面对上帝的审问呢？当然，上帝的审问绝非不义。假若一种行为实际上全善而无罪，它就不会逃避上帝公义的审判。因此问题出在行为上，就是它并不纯洁。由于这个原因，没有活人可以在上帝面前称义，全都需要上帝的怜悯，即使在善功中也不例外。教宗党徒可以借编弄谕令、回应经文来卖弄学问的机会到了。

再回过头来看看开头的两个信条，我在其中已经证明了所有的圣徒都与自己的有罪的肉体相斗。只要他们住在与灵相争的肉身里，他们就始终是罪人。同时，他们因顺从灵而服侍上帝，却因顺从肉体而犯罪。既然这样，敬虔之人因灵而称义，同时因肉体而有罪，那么当然行为如其人，好像果与树一样。若圣灵指导行为，则行为必然是善的；但若肉体指导行为，它就是恶的。因为基督说过："凡好树都结好果子，惟独坏树结坏果子。"[太7:17]上帝始终就人衡量行为，正如在《创世记》4[:4]写的："耶和华看中了亚伯和他的供物，只是看不中该隐和他的供物。"他首先查验亚伯和该隐，其后才看他们的供物。这再次说明，人若不完全洁净，他的行为也就不能完全洁净。若行事的人并非全然良善，他所行的也必不全然良善。事如其人，理性与经验都是这样教导的。

但他们若老调重弹，说什么"是的，但这种不洁却不是罪，而是不完美，或者说是软弱或缺点"。我的回答是，它的确是缺点或软弱，但这若不是罪，那么我就要说杀人和通奸也不是罪，而只是缺点和软弱了。谁授权教宗党徒这样曲解上帝之道，把善功的不洁硬说成是软弱而不是罪呢？圣经上哪里有片言只语证实你们的谬见？难道你们可以拒绝接受我们所列举的清楚的圣经经文，而我们却必须相信你们没有圣经依据的邪恶梦幻吗？除了罪以外没有什么东西将我们与上帝隔绝，这难道不是普通的常识吗？如以赛亚所说："你们的罪孽使你们与上帝隔绝。"[赛59:2]如果大卫所说，甚至上帝的仆人也难面对上帝的审问，而且没有人活着在上帝眼中被视为义的，那么，这种软弱当然就是罪了。而且任在上帝面前未获称义的活人，肯定包括那些行善功的人。当然，除非他们既不是"人"，也不再"活着"。

奥古斯丁在其《忏悔录》第9卷说："每个人生而有祸了！即使最值得称道的人生，也不免受无怜悯的审判。"⑨ 看，这个大逆不道的圣奥古斯丁多么猖狂和亵渎地抨击这神圣的谕令。他不仅把善良的生活视为罪，甚至将这种充满善行的绝好生活定罪，就好像在无情的审判面前，这是不可饶恕的致死的罪一般。圣奥古斯丁啊，你难道不怕那神圣的父教宗吗？

圣格列高利论及圣人约伯时，引证《约伯记》9 [:3] 说："那圣人约伯看到，上帝若审问人，我们所有的善行都不过是罪而已。因此他说：'若愿意与他争辩，千中之一也不能回答。'"⑫ 格列高利啊，你怎能说这样话呢？你怎敢断言我们所有的善功都是罪呢？而今你已经被教宗逐出教会，是比路德更坏的异端。因为他只不过说凡善功里面均包含着罪，你却干脆使它们都变成了罪。我可以清楚地看到，你不愿被至圣的父教宗立为圣徒，因为你抵制他，使他因其谕令而被定为异端和敌基督。

同一位圣格列高利后来在提到这段经文时说："我们多次说过，若圣经严厉审判，人的一切义都被视为不义。正因为这样约伯才说 [伯9：15]：'我虽有义，也不回答他，只要向那审判我的恳求。'"⑬ 上帝的审判并非虚假或不义，而是真实公义的，假若它在我们的义里看到不义，并且这不义是不能虚构的，而且必定出现其中。它并非仅是缺点或软弱，而且是妨碍得救的、应被诅咒的罪，除非有怜悯降临，惟借恩典而接受和报偿我们的行为。

如果这些经文无助于证明我的信条，那么就要求上帝帮助了！我宁可与以赛亚、大卫、所罗门、保罗、奥古斯丁和格列高利一起被定罪，也无意同教宗、所有的主教和教宗党徒一起受吹捧，哪怕整个世

---

⑨ 参见 Augustine, *Confessions*, 9.8.34。

⑫ Gregory the Great, *Morolia in Job*, IX, chap. 2, 3, 参见 *MPL* 75, 859。

⑬ Ibid., chap. 18, 参见 *MPL* 75, 875。

界都是教宗、主教和教宗党徒的天下。因这缘故而殉难的人有福了！阿们。

第 32 条

一种善行，即使做得最好，也是小罪。[94]

上面所说的可以明确地导出这一信条。大卫没有说"在你面前，凡活着的人没有一个是配得奖赏的"，而是说"在你面前，凡活着的人没有一个被称为义的"。所以，被称"不义"只能意味着"被诅咒"。奥古斯丁不说"某些有良善生活的人有祸了！"，而是说"若没有恩典而要受审判，就是最值得称道的人生也有祸了！""有祸了"这个词的意思在这里只能是"受诅咒"。圣格列高利没有说"人的一切义都被视为不完美"，而是说"若经严厉审判，人的一切义都被视为不义"。他也没有说"一切善功均受罪的影响"，而是说"凡善功皆为罪"。因此我必须收回这一信条，现在声明如下：

一种善行，即使做得最好，但若按上帝慈悲的审判，也是小罪；而若受上帝严厉的审判，就是不可饶恕的致死的罪。看，至圣的父是怎样借这一谕令逼迫我奇怪地收回这一信条的。在这里，他喂养基督的羊群却不是借他们认罪、看清自己的本性和上帝的审判，也不是去渴慕上帝的怜悯，而是高举他们高傲的号角以抵牾上帝，从而堕入地狱深处。可怜啊，你这敌基督！

第 33 条

将异端烧死有悖于圣灵的旨意。[95]

---

[94] 参见本卷《〈九十五条论纲〉的解释》第 58 条；另参 *WA* 1，608；*LW* 31，216。
[95] 参见本卷《〈九十五条论纲〉的解释》第 80 条；另参 *WA* 1，624；*LW* 31，245。

对此，我可以首先引证历史加以证明。从古至今，尽管古时存在过各种各样的异端，但教会从来没有也无意烧死一名异端。其次，我可以用他们自己的话来证明本条的正确性。因为假若某位教宗或主教是异端，他们也不过按照他们的法规将其免职而已，绝不会烧死他。事实上，他们声称这做法来源于圣灵。⑯ 第三，圣经上没有一个字证明他们烧死异端是出于圣灵之意。如果他们举例说在康斯坦茨就烧死了胡斯与布拉格的耶柔米，⑰ 我回答说，我指的是异端。胡斯和布拉格的耶柔米是优秀的基督徒，他们反倒被异端、离道反教者和敌基督（即教宗党徒）烧死，因为他们捍卫了神圣福音，如我在前面所说的。⑱ 教宗及其党徒步此后尘，在其他地方又烧死了其他良善的基督徒，应验了敌基督要把基督徒投入熔炉的预言。教宗亚历山大六世（Alexander VI）因此而下令烧死了敬虔的佛罗伦萨人、道明会修士萨伏那洛拉⑲和他的弟兄们。教宗党徒的圣教会就是这样服侍上帝的，做得更好就会被他们视为耻辱。

《以赛亚书》2 [:4] 和 11 [:9] 描述基督教教会脱离了流血杀戮，写道："他们要将刀打成犁头，把枪打成镰刀……在我圣山的遍处，这一切都不伤人，不害物。"（就是说在基督教王国。）在《路加福音》9 [:54—56] 里，当使徒们请求基督吩咐火从天上降下来，烧灭那不肯接待基督的城，基督责备他们说："你们的心如何，你们并不知道。人子来不是要灭人的性命，是要救人的性命。"教宗党徒本当为自己答辩这些经文，相反，他们却自夸其权威，即使违背圣经，他们也强迫我们承

---

⑯ 路德引证的是古代教会的一些法规，其中规定主教或长老若被发现犯罪，应该被免职，但不会被处以火刑，参考 *Canones Apostolorum* XXV, *Ecclesiae Occidentalis Monumenta Juris Antiquissima*, ed. Cuthbert Hamilton Turner（Oxford, 1899），vol. 1, p. 18；另参 Paul Hinschius, *Das Kirchenrecht der Katholiken und Protestanten in Deutschland*, vol. 4（Berlin, 1888），p. 739, n. 1。

⑰ 布拉格的耶柔米（Jerome of Prague，1379—1416 年），约翰·胡斯的主要跟随者，被康斯坦茨公会议定为异端，并在 1416 年 5 月 30 日被处以火刑。

⑱ 参见 *LW* 32，82—83。

⑲ 耶柔米·萨伏那洛拉（Jerome Savonarola，1452—1498 年），又名吉洛拉莫·萨伏那洛拉（Girolamo Savonarola），道明会修士，佛罗伦萨的教会改革者，抨击腐败和道德败坏，后被开除教籍，并被处以火刑。

认其目的与行为的合法性，听之任之。

再者，根据教会法规，神职人员是严格禁止使用武器的。[10] 但而今没有谁比至圣的父（教宗）杀人更多。他用刀枪与火来牧养基督的羊群，实比土耳其人还坏。他使王公贵族、乡村城市都卷入了战争，结果却并没有使自己被判为异端或土耳其人、杀人犯或暴君，他反倒成了基督的代理，批准赎罪券，派遣使臣和枢机主教去策动反土耳其人的战争。教宗党徒为这假神制造口实说，并非教宗要去打仗或烧死人，他一直坐在罗马圣座上祈祷——可能是他的睡前晚祷吧——仅仅吩咐世俗权柄去打去烧。那正是犹太人的作为。他们把基督移交给彼拉多，使外邦人把他钉死在十字架上，而他们自己却装成大圣人，甚至不进彼拉多的宫殿。但在《使徒行传》第8章［7:52］里，圣司提反把他们叫作谋杀基督的人，他也因此而殉道。而今我称那灭人身体、又毁人灵魂的教宗，是开天辟地以来最大的杀人犯，所以我在教宗眼里就成了异端。赞美归于上帝，我在他教宗和教宗党徒眼里成了异端！

当今的巴比伦与第一个巴比伦如出一辙，甚至青出于蓝而胜于蓝。《创世记》11［:1—9］指出，第一座巴别城仅仅用火来捍卫自己的信仰而烧死了基督的先祖；这个巴比伦却烧死基督的儿女。那邪灵完全明白，如果教宗用各卷书［圣经］为自己辩护，他一刻也难支撑，他那一切异端的渣滓和敌基督的嘴脸会昭然若揭。为了戒备别人所写的东西，他现在乞灵于烈火，推行令人难以容忍的暴政，这个巴比伦已经同另一个一样圣洁。

他们嘲笑我，问我为何这样胆小如鼠，不敢到罗马去。难道基督是主动地跑到亚那、该亚法、彼拉多和希律那里去，要他们将自己处死的吗？我认为站稳立场，不脱逃，在原处等待他们像抓基督那样将我带走，这就够了。然后他们就可以任意把我解往任何地方。可是他们却说我该追赶他们，逼他们杀我。他们真是凡事都用尽了心机。他们为什么没有勇气反驳我的著作或到我这里，用他们高超的智慧降服我呢？好

---

[10] *Decretalium D. Gregorii Papae IX* Lib. iii. tit. I, cap 2，参见 *CIC* II, col. 449；另参 *LW* 31, 244 n. 126。

啊，就让瞎子领瞎子吧！

第 34 条

反抗土耳其人就是拼命对抗上帝，因他借土耳其人来惩罚我们的罪孽。⑩

教宗一直利用他的反土耳其人战争牵着我们的鼻子走，⑩ 这真是丑事一桩。他以此而搜刮我们的钱财，伤害了诸多基督徒的性命，带来许多苦难与不幸。我们何时才能认清教宗是魔鬼最危险的工具呢？不正是他煽动匈牙利和波兰杰出的拉迪斯拉斯王⑩和无数基督徒，向土耳其人发动战争的吗？难道不是拉迪斯拉斯王顺从和听命于教宗，撕毁了从前与土耳其人订立的条约，结果惨败于瓦尔纳吗？在有关假誓的问题上散布教宗有权破誓的论调，这难道不是异端邪说吗？有权任意而为的人怎能成为异端呢？始于罗马赎罪券，这场反土战争给匈牙利最近带来了多么深重的灾难啊。但迄今我们仍未认清教宗的真正嘴脸！

我这信条的意思，并非像那位神圣的异端制造商教宗所指责的那样，是阻挠人们抵抗土耳其人。相反，它是说要先修好我们的道，求上帝赐恩于我们。我们切不要因信从教宗的赎罪券而投入战争，他过去以此来欺骗基督徒，现在依然如故。旧约的史书，特别是《约书亚记》7[:1—26]、《士师记》18[20:12—48]和许多其他经文清楚地表明，抗拒忿怒的上帝和抗拒我们该面对的仇敌意味着什么。教宗以其杀气腾腾的赎罪券和天堂的应许所成就的，就是诱使基督徒葬送自己的生命，使

⑩ 参见本卷《〈九十五条论纲〉的解释》第 4 条；另参 WA 1，535；LW 31，88。
⑩ PE 2，85.
⑩ 拉迪斯拉斯王（King Ladislas），即波兰国王瓦迪斯瓦夫三世（Wladyslaw III of Poland，1424—1444 年），1443 年他迫使土耳其人求和，条件是土耳其归还塞尔维亚，撤出匈牙利边界。翌年教宗特使朱萨里安·切萨里尼（Giuliano Cesarini）煽动说，由于 1443 年的条约未经教宗批准，因此匈牙利无需遵守。于是拉迪斯拉斯王重开战事，却于 1444 年 11 月 10 日于瓦尔纳惨败，他与切萨里尼双双阵亡，参见 Mandell Creighton，A History of the Papacy，vol. II（Boston，1882），pp. 248—249。

灵魂堕入地狱。这当然是敌基督正常的作为。上帝不要十字军、赎罪券和战争，他要我们过良善的生活。但教宗及其仆从对良善比对任何事情都更会逃避，而他又要消灭土耳其人。这就是我们反土耳其人的战争如此成功的原因——他过去有一亩地，现在却达到百倍之多。可是我们仍执迷不悟，完全受着罗马瞎眼领路人的欺骗。

第 35 条

由于最隐秘的骄傲恶习所致，无人能保证自己不再继续犯致死的罪。[104]

本条是第 31、32 条的逻辑产物，因为大卫说过："求你不要审问仆人，因为在你面前，凡活着的人没有一个是义的。"［诗 143:2］圣格列高利在其《〈约伯记〉中的道德》的末尾感叹道："我们如何得救呢，因为我们的恶行是绝对的恶，而我们的善行却不是绝对的善？"[105] 再者，《约伯记》9［:21］说："我本完全，不顾自己；我厌恶我的性命"；又接着说："我因愁苦而惧怕，知道你必不以我为无辜。"［伯 9:28］圣格列高利对此作了这样的评论："我公开的作为，自己明白；但秘密受苦，却连自己也不知。"[106] 这意味着没有人完全知道自己暗中的骄傲，正如这位大师多次强调的那样。因此，所有行为都变得不洁，难以经受上帝正义审判的光照。这就是大卫在《诗篇》19［:12］所说的："谁能知道自己的错失呢？愿你赦免我隐而未现的过错。"

所以我应当收回这一信条，并声明：应当没有人怀疑，若按上帝严厉的审判，我们的一切善功都是不可饶恕的致死的罪，出于恩典也不会说它们足够好。圣保罗在《罗马书》3［:19—20；11:32］的训言是信实的："圣经把大家都归入罪里，故普世的人在上帝面前都是有罪，让人知道没有人能因善行称义，但上帝怜悯所有的人，惟独借恩典称他们

---

[104] 参见本卷《〈九十五条论纲〉的释解》第 13 条；另参 *WA* 1，553；*LW* 31，121。
[105] St. Gregory, *Moralia in Job*, XXXV, chap. 20，参见 *MPL* 76，780。
[106] St. Gregory, *Moralia in Job*, IX, chap. 34，参见 *MPL* 75，889。

为义。"这是真正的基督教教义，它教人敬畏和信靠上帝，从而可以爱
戴他，赞美他，因为人对自己已经绝望，在任何善事上靠赖上帝恩典。
但教宗及其党徒却试图把全世界对上帝的爱戴、赞美、敬畏和这信仰统
统摧毁。事实上他已经开始并继续这种勾当，正如《弥迦书》2［:9］
所言："［你们］将我的荣耀从她们的小孩子尽行夺去。"

第 36 条

自从亚当堕落，或有了本罪之后，自由意志就名存实亡。当它按其
所能行事，它就犯罪。⑩

　　根据以上所说，本信条应当已经十分明确，因为圣保罗在《罗马
书》14［:23］说："凡不出于信心的都是罪。"既然出于自由，意志只
能犯罪，那么哪里还有什么自由呢？圣奥古斯丁在其《精意与字句》第
4 章里⑱也说："自由意志若不借上帝恩典，就只能犯罪。"教宗啊，如
今你还有什么话好说呢？难道这自由不是无力为善、只能作恶的吗？你
当然可以说瘸子直行，虽然他只能一瘸一拐，永难直行。这就像我称教
宗为"至圣"一样，尽管圣保罗已经称其为"大罪人和沉沦之子"［帖
后 2:3］，而基督也称他是"那行毁坏可憎的"［太 24:15］，即万罪与破
坏之首。教宗党徒如此歪曲词义，混淆一切，竟然杜撰了一种新的语
言，就像建造巴别塔的人一样。他们颠倒黑白，指鹿为马，给基督教王
国带来了无法形容的损失。
　　保罗在《提摩太后书》2［:25—26］说："用温暖劝戒那抵挡的人；
或者上帝给他们悔改的心，可以明白真道。叫他们这已经被魔鬼任意掳
去的，可以醒悟，脱离他的网罗。"这里哪有自由意志？它是魔鬼的不

---

⑩　参见本卷《海德堡辩论》第 13 条；另参 *WA* 1，354；*LW* 31，40。
⑱　Augustine, *De spiritu et littera*，1.3.5，参见 *MPL* 44，203；参考 *LW* 31，49 n.8。

能自为的俘虏，却只能按魔鬼的意志行事。这种自由难道不是魔鬼意志的囚虏吗？它毫无用处，除非上帝给它悔改的心，让它自新。这就是在《约翰福音》8［:33—36］里，犹太人自夸其自由时基督对他们的回答。他说："我实实在在地告诉你们，所有犯罪的就是罪的奴仆……所以天父的儿子若叫你们自由，你们就真自由了。"因此，圣奥古斯丁在其《驳朱利安》第 2 卷里改了"自由意志"这个术语，称其为"受捆绑的意志"。⑩

此外，在《创世记》6［:5］和 8［:21］里摩西也说："人终日所思想的尽都是恶。"听着，亲爱的教宗党徒们，摩西的见证对你们不利，你们还有什么辩解之词？假若人每时每刻都有善念好意，那我们就要把摩西叫作骗子，因为他说人终日所思所想的尽都是恶。只想作恶的自由是什么样的自由呢？

为对这个问题作出结论，在前面的章节⑩中我曾一再指出，生活于上帝巨大恩典之中的敬虔圣洁之人，无比痛苦和危险地与自己的肉体相争，而肉体也拼命与恩典相斗。对人鼓吹意志本质上是自由的，能不借恩典就归向圣灵，并渴慕与寻求恩典，这是盲目、重大的过错。实际上，当恩典临到时，意志却怒目相对，竭力回避。假若认为，虽然灵与肉是一对不共戴天之敌，肉体却会渴慕与期待自己的仇敌——圣灵。谁的理智对此不感到震惊呢？的确，每个人都从自己的经验中得知，为了排斥和灭除恩典，他们都竭尽全力地抗拒它。我对手们的立场表明，当人不能控制一头拴着铁链的凶猛而任性的野兽时，就索性把它放开，它反倒自缚起来，主动地被囚。

杜撰这些论调就是为了凌辱和贬低上帝的恩典，它们增加了罪，扩大了魔鬼的国度。《创世记》6［:3］说，人纯属乎血气；《加拉太书》5［:17］说情欲直接与圣灵相争。但这些论调却混淆了一切，说什么纯属血气的自由意志追求圣灵。教宗在别的问题上浅薄和无知是可以容忍的，但对这个重要信条，他的说教却表现得如此愚蠢，实在令人遗憾。

---

⑩ Augustine, *Against Julian*, 2.8，参见 *MPL* 44，689。
⑩ 参见 *LW* 32，19—29。

它们在此完全破坏了上帝借基督所赐予我们的一切。圣彼得在《彼得后书》2［:1］里准确地预言："将来在你们中间也必有假师傅，私自引进陷害人的异端，连买他们的主他们也不承认。"除基督外谁人是主？是谁用他的宝血买赎了我们？谁能比那些过分强调自由意志、而很少归功于上帝恩典的人更加否定基督呢？它们不让人把罪恶真的视为罪恶，也不把驱除罪的恩典真的看作恩典。这就像讳疾忌医的病人不承认自己病了，就拒绝承认药物是治病之药。

即使他们是正确的，但假如他们把一切善均归诸于恩典，承认人的一切行为都是罪恶，那就更安全了。如果我在上帝面前坦言善功亦是罪，然后觅求我无法过分追求的恩典，这也没有什么危险。但若把本为不善的念头说成是善，那就将给自己带来极大的危险。由于我的对手如此顽固地寻觅、追随和捍卫那条险途，却弃绝这条安全之路，并且实际上迫害行走此道的人们，那么人们就要特别当心，注意他们的教义并非出自上帝，而是完全可疑的。

因此，我倒希望过去没有造出"自由意志"这个词。它未见于圣经，被称为毫无意义的"自我意志"倒更妥当。如果有人要保留这个词，可以将其使用于那个新造之人，以便借其理解那无罪之人。他是真正自由的，像亚当在伊甸园里一样。当圣经提及我们的自由时，就是指他而言。但住在罪里的人是不自由的，他们是魔鬼的俘虏。既然他们可以借恩典变得自由，所以你可以称他们为具有自由意志的人，正像你可以称一位乞丐为富有之人一样，因为他有可能致富。然而，绝不可在这样重大的问题上搞文字游戏。单纯之人容易被这样的欺骗所迷惑，人们把这类教师称为"诡辩家"。《便西拉智训》34［:11—13］说："我从许多词汇里懂得了不少道理，并且发现许多词的用法令人生疑和迷惑不解。有时我的心灵因此而处于死亡的危险之中，但上帝的恩典又拯救了我。"所以我们要回避诡辩家，像圣经那样出言清晰朴实，特别在论述上帝的深奥之事时更要这样。有关"自由意志"的谬误是敌基督的一条特别教导。它竟能传遍天下，自然不足为奇，因为圣经明言这位敌基督将诱使全世界犯罪。只有极少数基督徒能够得救［帖后 2:10］。他有祸了！

第 37 条

炼狱的存在并未有确凿可信的经文[11]佐证。[12]

我从未否认过炼狱的存在。过去在文字和口头上我多次承认过，[13]现在我依然坚持这一点，尽管我已经觉察到，根本无法用圣经或理性对其进行无可辩驳的证明。我在圣经里看到，基督、亚伯拉罕、雅各、摩西、约伯、大卫、希西家等都在尘世尝过地狱之苦。我想这就是炼狱了，一些死人也这样受难，这似乎是可信的。陶勒对其论述极多，[14]我自己简而言之，承认炼狱的存在，但不愿强迫任何人附和这个结论。

我所批评的只有一点，就是我的对手们援引经文证明炼狱的方法是这样地不合宜，简直是一种耻辱。例如，他们引证《诗篇》66 [:12]的"我们经过水火"一句，尽管全诗吟的都是圣民们所经受的苦难，根本没有人被抛入什么炼狱。他们还引用了圣保罗在《哥林多前书》3 [:13—15]说的话：在最后的日子，有火试验各人的工程怎样，有些人因守信心而借此得救，尽管他们的工程要受损。他们也把这种火解释成炼狱，这是其随心所欲、曲解圣经的惯用伎俩。

同样，他们还武断地从《马太福音》12 [:32]里抽出基督的话："惟独说话干犯圣灵的，今世来世总不得赦免。"基督这里的意思是那人永不得赦免，如《马可福音》3 [:29]所解释的："凡亵渎圣灵的，却永不得赦免，乃要担当永远的罪。"诚然，甚至圣格列高利也把《马太福音》第 12 章的这节经文解释为：某些罪将在来世得到赦免。[15]但圣马

---

[11] 拉丁文原文为 *sacra scriptura*，*quae sit in Canone*（正典中的圣经），参见 *WA* 7，149。

[12] 出自 *Disputation of Johann Eck and Martin Luther*（1519），参见 *WA* 2，324。

[13] 参考 *Unterricht auf etlich Artikel*，载于 *WA* 2，70。

[14] 约翰·陶勒（Johannes Tauler，约 1300—1361 年）是德意志的一位神秘主义者、罗马天主教神父和神学家。他是埃克哈特大师（Meister Eckhart）的弟子，也是道明会修士。陶勒被称为莱茵地区最重要的神秘主义者之一，他在那个时代的道明会的灵性追求中引入了某些新柏拉图主义元素。

[15] St. Gregory，*Dialogorum Libri*，IV，chap. 89，参见 *MPL* 77，396。

可不许这样解释，他应该比所有博士都更有权威。

我对此加以详细论证，意在说明人只应相信有圣经依据的东西，不信炼狱的人不能被定为异端，只要他们像希腊教会那样完整地接受圣经。福音迫使我相信圣彼得和圣雅各都是圣徒，但却并不必要同时相信圣彼得葬在了罗马，圣雅各葬于孔波斯泰拉，并且他们的遗骨仍存在那里。因为这些事并未载于圣经。再者，不承认教宗封立的圣徒也不为过，圣徒也不会觉得被冒犯，因为事实上，天上有许多圣徒我们都一无所知，但他们没有被冒犯更不会视我们为异端。教宗及其党徒玩这种把戏，只是为了编造许多粗俗的信条，以便压制和隐瞒圣经的真信条。

但他们引用了《马加比二书》12［：43—44］的经文，讲的是犹大·马加比派人送钱到耶路撒冷，要求为在战场上阵亡的人祷告。这说明不了什么。因为那本书没有收入圣经，如圣耶柔米所说，它不见于希伯来文圣经，而旧约全书都是用这种语言写成的。⑯ 这本书在其他方面也没有多少权威性，因为它对安条克王（King Antiochus）的描述与《马加比一书》产生了矛盾，而且它还包含了许多无稽之谈，损害了它的可信性。即使它具有一定的权威性，但因涉及这样重要的信条，也需要有至少一段出自圣经主要经卷的文字支持，以便一字一句都建立在两三位见证人之口。如果没有在整部圣经中找到一条以上经文证明这条教义，那就会引起争议，另外是这段经文出于一部不大重要、甚至最受人轻视的经卷。特别是由于许多东西都依赖于这条教义，事实上，教宗制度和整个神父职位都以此为据，这是他们一切财富和荣耀的来源。的确，假若炼狱不存在，大部分的神父都将饿死。不过，他们不该为我们的信仰提供这样含糊脆弱的依据。

第 38 条

炼狱中的灵魂并不确知自己是否得救，至少不是他们全部；圣经和

---

⑯ Jerome, *Preface to the Books of Samuel and Malachi*，参见 MPL 28，600ff. 。

理性也未有证明他们不能获得功德，以及不能在对上帝的爱上成长。⑰

第 39 条

炼狱中的灵魂继续犯罪，因为他们渴望安息、逃避刑罚。⑱

第 40 条

借活人代祷而被释放出炼狱的灵魂，比他们自己满足上帝的公义要求所得奖赏更少。⑲

我将这三条仅仅以学术方法加以讨论。我多次承认它们只是我的看法，拿不出具体证据进行证实。在我的《〈九十五条论纲〉的解释》可以读到有关意见。⑳ 教宗党徒及其谕令起草者因此将我定罪，但除了他们自己既无圣经、亦无理性依据的臆断外，他们无法提供别的理由。他们也没有回应我源于圣经的证据和理由，但我并不因此而担忧，就像他们藐视我的论据和理由那样，我也对其纯粹的定罪不屑一顾。事实上教宗及其谕令起草者对这些问题的理解，还不如地上的一根木头。

我的意见是不要让教宗制定新信条，他们应和圣奥古斯丁一样，㉑ 对灵魂在炼狱中的作为与状况有意保持无知。对我们来说，知道他们正在经历巨大的、难以忍受的煎熬，时刻期盼人们救助，这就够了。如果你想讨论这个问题，那么就得像我一样，允许有推测和不同意见。莫要像罗马那位可憎之徒那样，将自己的看法变成信条，因为这样你的信仰就不会变成一场梦幻。当坚守圣经和上帝之道，有真理的地方就有平安——那里有完全、纯洁、富足与持久的信靠与信心。

---

⑰ 出自 *Disputation of Johann Eck and Martin Luther*，参见 WA 2，342。
⑱ 参见本卷《〈九十五条论纲〉的解释》第 18 条；另参 WA 1，562；LW 31，136。
⑲ 出自 *Disputation of Johann Eck and Martin Luther*，参见 WA 2，340f.。
⑳ 参见本卷《〈九十五条论纲〉的解释》；另参 WA 1，530—628；LW 31，83—252。
㉑ Augustine, *Enchiridion ad Laurentium*，109，参见 MPL 40，283。

第 41 条

如果教会的大主教们和世俗君主将所有的托钵修会统统消灭，并不为过。[12]

在此信条中，事实上在这整个谕令里，约翰·艾克都是教宗的圣灵，和他不太愿开口讲话一样，这个人在开始撒谎时还有些勉强。但事实上，这个圣灵与他默示的教宗一模一样，均为一丘之貉。除了因为提到不愿再有托钵修会外，我尚未谈及大主教们和君主。我仍坚持这个意见，许多敬虔的人也同样附和我。阿们。[13]

在教宗及其谕令起草者开始拟订谕令之前，谁愿意先送他们去上学、教他们学习拉丁文呢？这些托钵僧是否可以像字母或图画一样，被"抹掉"，[14] 如同教宗在此结结巴巴的样子？即使他的统治延续下去，如果他忽视一切知识及廉耻的话，我想教宗也学不会说自己的语言。我从未说过教会和世俗君主应当"消灭"或"涂抹"托钵僧，但我说过自己希望不再有托钵修会的存在，实际上我也知道，教宗、主教和神父们心里也认同我。可是他们却定罪我的话，尽管他们比我对此更加确信不疑。我发现艾克在这里充当了教宗的圣灵，如同开口讲话一样，这个人在开始撒谎时还不大自然。事实上，整个谕令不用说都是艾克的手笔，不用说，他也直认不讳尽管没有必要。这老子与儿子如此相像，简直难分彼此。我似乎应当让骗子和恶棍来当我的对手。因为在上帝眼中，我本无资格同一位敬虔尊贵之人用基督徒的方式讨论这些问题。这是我最大的抱怨。

可是我仍然认为，教会里流行乞讨是一种羞耻和罪。更可恶的是，本应以传道和施行圣礼为业的神父们也操此业。另外，教宗竟然建立了

---

⑫ 出自 *Larger Treatise on Usury*（1520），参见 WA 6，42。

⑬ 正式出版的文本到此结束。下面的部分在路德手稿中被删除了，不属于正式的文本。

⑭ 路德反对把谕令中的 *delere* 译为德语的 *abtun*。在路德当时的德语中，这个词的意思是"弃绝""废去"，其德文版圣经的《哥林多前书》13:11 和《列王纪下》18:22 就是这样翻译的。

乞讨修会，作为基督徒的一个阶层。旧约里的犹太人是不许行乞的，而我们这些本该对邻舍充满爱心的基督徒，却把行乞视为极大的荣耀。基督徒在我们中间公开乞讨，应使我们在上帝和人的眼中感到羞愧。我们要预先急人之所急，接济穷人，使他们没有必要行乞。但这也是敌基督的一种伎俩。他建立托钵修会，不然，他会感到使徒人数不足，无力对付主教和神父，也就不能把他的宝座抬高到天地之上。

（翻译：雷雨田　编辑：李广生）

路德在沃尔姆斯国会上[*]

（1521 年）

导　言

　　不论从哪一方面看，路德出席沃尔姆斯会议都是他一生中最令人瞩目的重大事件。它的政治意义和宗教意义即时展示在时人面前，无论宗教改革运动的朋友抑或敌人都给予了大量报道。

　　为了尽可能提供一幅有关这次会议的完整图画，兹将宗教改革运动的支持者所准备的完整文件和教宗使者亚良德的报告加以整理翻译。亚良德是路德在这次会议上反对派的后盾和精神主帅，在妄图阻挠改教家路德出席这次国会的过程中，起了十分恶劣的作用。

　　第一份报告的作者是谁至今未详。它是呈给路德本人、斯帕拉丁、布塞尔和其他一些人的。所以有学者认为，这份报告很可能是路德的朋友与战友尤斯图斯·约拿（Justus Jonas）在路德、舒尔夫（Schurf）与阿姆斯多夫（Amsdorf）的协助下撰成的。

　　亚良德的报告主要依据的是特里尔大主教的秘书约翰·艾克（此人与路德的那位劲敌约翰·艾克同名）的会议记录，由于他的记录反映了坚决支持赎罪券买卖的态度，所以他被选任为路德的审讯官。在他之前，所委任的对路德进行公开审理的人本是查理五世的告解神父格拉皮昂（Glapion），但因他是法国方济各会修士，所以选任他履行此职明显不利于对宗教改革事业。不过，从教廷方面考虑，艾克同样值得信赖，因为他是一位法学家和德意志人。

　　这意味着这些报告来自论战的双方，但经过比较，却发现它们有令人惊异的广泛的一致性。这说明，这些报告相当精确、忠实地记录了当

---

　　[*] *Luther at the Diet of Warms*，1521.

时事件的过程。

＊　　＊　　＊

奥古斯丁修会修士马丁·路德博士
在沃尔姆斯国会上的行动与记录
奉耶稣的名，1521 年

上主怜悯主日（Misericordias Domini Sunday）后第三日［4 月 16 日］，马丁·路德博士以奥古斯丁修会修士身份，奉皇帝查理五世之传召来到沃尔姆斯，时为主后 1521 年。皇帝即位第一年的第一次帝国会议在该市举行；查理五世不仅是德意志皇帝，他还兼西班牙国王、奥地利大公爵（archduke）等显要职位。马丁博士曾建议在萨克森的维滕堡召开辩论会。他提出了谴责罗马主教专制独裁的一些论点，一度遭到攻击，虽然无人依照圣经或者以理性驳倒他的论据，然而他的许多著作却被焚毁。因为形势发展趋于动荡，人民支持福音，反对教士的胡作非为；罗马的使节极力挑唆，皇帝感到通过其传令官传召路德是可行的。为此目的，皇帝及众亲王特赐予安全通行证。他收到诏令，来到沃尔姆斯，下榻于罗德岛骑士团（knights of Rhodes）的宅所，受到热情的接待与欢迎。当晚，教俗两界有许多伯爵、领主及著名的骑士登门拜访。

第二天，即［上主怜悯主日后］第四日［4 月 17 日］皇帝派朝廷骑卫队长、贵族乌尔里希·冯·帕彭海姆（Ulrich von Pappenheim）于午餐会之前来见马丁博士，亲手将查理的谕旨交给他看，命他午后四时面见皇帝陛下、众选帝侯、公爵们及诸位王室成员，这也是他来此的目的。马丁博士欣然从命。

下午四时刚过，帕彭海姆与卡斯帕·施图尔姆（Caspar Sturm）一起到来，后者是皇帝派到德意志的传令官，曾下达宣召并陪同路德由维滕堡到达沃尔姆斯。此二人邀请路德出发，领着他经过罗德骑士团宅所的花园，进入王权伯爵（Count Palatine）府区；避开去皇宫惯常的道路，以防可能聚集在街道上众多群众的干扰。他们偷偷摸摸地沿着小巷小道到达会见厅。尽管如此，路德仍未能避开许多人的注意，当他进入

大厅时，官方几乎要以武力才能挡住围观的群众；还有不少人站在屋顶，并投下急切热情的目光。

现在，马丁博士终于站到皇帝陛下的面前，在场有众亲王、选帝侯、公爵，即所有皇室成员，乌尔里希·帕彭海姆警告他：在未被问话前，不许首先开口。

然后，担任皇帝陛下发言人的特里尔大主教的秘书长约翰·艾克发言了。他先用拉丁文，后用德语讲了同一内容的话："马丁·路德，皇帝陛下传召你到此有两个原因。首先，你必须在此公开承认，至今以你的名字出版的书籍是否都是你的著作；其次，你是否希望这些著作仍被看成为你所有，或者希望要放弃其中某些部分"。

此刻，和路德站在一起的瑞士圣迦伦（St. Gallen）人耶柔米·舒尔夫（Jerome Schurff）博士①大声说道："把这些书名念一下，让大家听听！"接着，特里尔秘书逐一诵读了出版于巴塞尔的马丁博士的那些书目，其中有《〈诗篇〉注释》（*Commentaries on the Psalms*）、小册子《论善功》、《主祷文注释》（*Commentary on the Lord's Prayer*），以及其他没有引起争议的基督教书籍。

此后，马丁博士也先后以德语和拉丁文作了同样的陈述，并对有关问题作了回答：

"皇帝陛下询问我两个问题：第一，我是否愿意人们将这些署有我名字的书都被视为是我的著作；第二，迄今我是否仍然赞成这些书的内容，或者事实上，我有意要摒弃自己所出版的书中的某些内容。对这两个问题，我简要、中肯地［尽我最大的能力］②答复如下：首先，刚才列举的由我所著的书籍，我确信为我所有，我决不否认其中的任何一部分。

"至于第二个问题，我是否仍肯定其全部内容，或要撤回那些被认为脱离了圣经见证的部分？因为这是一个信仰问题，关系到灵魂的救恩，并且涉及我们都必须崇敬的上帝之道、在天上或地上没有比这更为

---

① 维滕堡大学教会法规教授，此次听审过程中担任路德的辩护律师。
② 维滕堡、耶拿和埃尔朗根出版的路德著作中对 *ut potero* 的翻译。

重要的东西，所以对我来说，没有经过适当的考虑而表态，那将是鲁莽草率的，同时也是危险的。事前不经头脑仔细研磨，我恐怕应说的少说，或多过真理的要求了，无论哪种情况，都使我陷在基督审判之下，他曾说：'凡在人面前不认我的，我在我天父面前也必不认他。'［太 10:33］所以，为避免违背上帝之道，及对我自己灵魂造成危险，而且为满意地回答这个问题，我恳切地请求皇帝陛下，允许给予我一段时间考虑。"

讲完这些后，与会的王侯们开始商议，特里尔秘书作了如下的汇报：

"皇帝的谕旨中已写明传召你来此的原因，故此你本不需更长的考虑时间，但是陛下出自他仁慈的禀赋，仍然给你一天的时间来考虑，以便你能够在明天此时，仍在此种环境之下，作出公开的答复。不要你写书面意见，而要你作口头的陈述。"

然后，传令官将马丁博士带回他的下榻处。在这一事件中，从其奉皇帝之命而离开，到现身于众王侯的集会上，在此期间所发生的事是不应忽略的。各种声音都劝告路德勇敢果断地行事，不要惧怕那些可以杀死他肉体，却不能毁灭其灵魂的人，倒要敬畏那能把身体和灵魂都灭在地狱里的［太 10:28］。再者，基督又说："人带你们到会堂，并官府和有权柄的人面前，不要思虑怎么分诉，说什么话；因为正在那时候，圣灵要指教你们当说的话。"［路 12:11—12］还有有位旁观者大声说："怀你胎的和乳养你的有福了。"［路 11:27］

这一天就这样度过了。

紧接的一天，即［上主怜悯主日后］第五日［4 月 18 日］下午四时过后，传令官来到，并引导马丁博士去皇宫大厅。因为众亲王事先要在那里处理其他事务，他不得不一直挤在一群人中间等待着，直到六时，会议才开始；由于人群比肩接踵，他已经疲惫不堪。当大家都入座以后，路德站起来。秘书长大声喊道：

"马丁·路德，皇帝陛下恩赐给你一次机会，指示这个时候回答问题。你已承认我们昨天诵名的书为你所写，关于你是否希望收回其中的某些内容，或者依然坚持以你出版的书的全部内容，你请求的考虑时间现在已经结束——虽然你本无权获得更长的考虑时间，因为你早已知这次被传召的目的。再者，众所周知，每个人信仰的义务是对所有的人来说都是确定无疑的，就是无论何时被提问，他都应该能够给出肯定、不变的理由；尤其是你，一个如此伟大而博学的神学教授，起码不该否认这一点。现在你已体验到了仁慈的皇恩，获得了一段考虑时间，那么就来回答陛下的问题：你打算为你所承认的全部书籍进行辩护呢，还是要抛弃其中的一些呢？"秘书在讲这些话时虽然用了拉丁文和德语，但讲拉丁文时的口气更为有力。

马丁博士自己也以拉丁文和德语作答，他的口气虽然谦恭、镇静、温和，但又不失基督徒的勇敢和坚定，然而他的对手们宁愿他的语言、精神更加卑贱、可怜。他们从他请求时间考虑一事，臆想着会产生某种可能，因此急切地期待他能全部收回前言。

上主怜悯主日后第五日 [4 月 18 日]
路德在沃尔姆斯面对查理
皇帝及众亲王的陈词
奉耶稣的名

"最尊贵的皇帝，最卓著显赫的诸亲王，最仁爱宽厚的诸领主：

按照昨晚的决定，我遵命来到你们面前；蒙上帝的慈悲，请求最尊贵的陛下及声名卓越的诸位爵爷殿下，能够屈尊聆听并赐予恩惠。我所进行的事业——像我希望的那样——是谋求真理的正义事业。倘若由于我的无知，未提到诸位之中一些人的确切尊称，或者违犯了朝廷的禁忌和礼仪习俗，务请诸君宽大为怀；因为我仅熟悉修士小屋，而不了解宫廷的规章。迄今为止，除了自己的讲道以及怀着朴实的心进行著述以外，我不能提出其他别的见证，因为我只注目于上帝的荣耀和基督忠实跟随者的健全教导。

"最尊贵的皇帝、最声名卓越的诸位亲王，关于昨天以慈祥的陛下之名义向我提出的问题，即是否承认用我的名字所出版的那些书就是我的，以及我是否愿意继续捍卫还是撤回其中的内容，我已对第一个问题进行了完整全面的答复。现在和将来我都永远坚持，这些书是我的著作，它们是由我所写并以我的名字所出版的；但在发行过程中，由于模仿我的人的诡计或者智力问题，造成了某些改动、删节，这种情况应该除外。说得平实直率一些，除了惟我所著属于我的作品以外，我不能承认、并且要排斥任何人对我的作品进行的解释。

"关于第二个问题的答复，我请求最尊贵的陛下及诸位爵爷俯准并留神聆听，我的这些著作根本不属于同一种类。

"其中一些是讨论宗教信仰和道德方面的，是简明的、福音性的，甚至连我的仇敌也不能否认它们是有用、无害的，且明显值得基督徒阅读。甚至尽管教宗的谕令③是那样严厉和酷烈，也承认我的某些书不具攻击性，未触犯任何人；可是如今又允许通过审判，再加以谴责咒诅，这就显得怪异和极其可笑了。对于这一类著作，倘若我现在开始矢口弃绝，试问我在做什么事情呀？我岂不是在咒诅友人与仇敌都赞同的真理、成了破坏和谐信条的独夫了吗？

"我的第二类书籍是抨击教宗制度的，揭露了教宗党徒以其教义和邪恶的榜样造成基督教世界的荒凉，其罪行危害了人们的灵魂和肉身。任何人都难否认或难遮掩这种现实，普世的经历和抱怨都可证明这一点。教宗的法令及人为的教义使忠实信徒的良心经历了最难忍受的混乱，并让他们遭受酷刑般的、撕心裂肺的痛苦。还有，人民所拥有的财产，特别是属于杰出的德意志民族的财富，被令人难以置信的暴虐所吞食，而且时至今日仍被无休止地以廉价的手段榨取着。[然而教宗们]即使在其谕令中也有警示（像在第9及25部，第1及2问），④凡是与福音或教父教导相矛盾的教宗法律及教义，可以看作是错误的、并应受到申斥和指责。那么倘若我收回这些著作，就无疑会增强[教宗的]专制，不仅会给现今严重对上帝的不敬行为敞开窗户、而且开放了大门，会使其嚣张的势头得到前所未有的助长。是的，如果让我撤销前言，并

---

③ 路德指 1520 年 6 月 15 日，罗马发布的谕令《主啊，求你起来》。
④ 这里似乎指 *Decretum Magistri Gratiani*, dist. IX, c. 8；参见 *MPL* 187，50。

一旦被证实，特别如果报道我是在最尊贵的陛下和整个罗马帝国的权威支持下收回前述著作的，那么他们无法无天的、无所约束的邪恶王国，对于备受煎熬的人民来说，从此将变得更加难以容忍，他们的统治地位也会更加得确立和加强。上帝啊！到那时我岂不是成了邪恶与残暴的幌子吗！

"我写的第三类书籍攻击了某些个人和（他们所谓的）名人——就是那些竭力维护罗马的专制暴虐、并要摧毁我所宣讲的敬虔道理，我承认在这些书中，我所做的比自己宗教和职守所要求的更为苛刻猛烈。但我并没有把自己当成圣人，也未为了我本人的性命而争辩，争论的只关乎基督的教导。要让我收回这些著作也不合适，因为若然如此，由于我的包庇，暴虐与不敬虔的思想会再度滋生，而且这思想将在上帝的子民中比以往更为猖獗和剧烈。

"尽管如此，因为我是人而非上帝，我不可能守护自己的书籍，超过我主基督耶稣给予他的教导的保护。当站在亚那面前被质问、并遭到一个差役的巴掌击打时，主耶稣讲：'我若说的不是，你可以指证那不是。'［约18:19—23］我主当然知道他不会错，但尚不拒绝倾听低级差役对他的教导进行指正；难道如我这般最低等的卑贱者，而且最易犯错，不该更热切地期望有人能对我的宣讲提出指正吗？因此我愿借上帝的慈悲，请求最尊贵的皇帝陛下、最显赫的诸位殿下或任何级别的贵族，能够用先知书和福音书的证据来揭示和推翻我的错误。一旦我领受到教训，我会立即宣布抛弃每一点谬误，并会首先将自己的著作亲手投进火中。

"从上述陈词中，我想诸位该会明白，我经过了充分的考虑，掂量了难处与危险，并且关注到了我的讲道在世界上所引起的兴奋和纷争；这也就是昨天特别严肃而强烈地警示给我的情况。但是，看到上帝之道引起了兴奋和纷争，对我来说，又清楚地发现了在所有这一切之中，这是最令我感到兴奋的。因为这就是道路、是机遇、是上帝之道产生的结果；恰如他［基督］所言：'我来并不是叫地上太平，乃是叫地上动刀兵。因为我来是叫人与父亲生疏……'［太10:34—35］所以我们应该想到我主的劝告是多么精彩，又是多么令人恐惧。倘若我们试图用咒诅上帝之道来达到平息动乱的目的，可须提防万一发展成了令人难以容忍的邪恶洪流。我们还要小心关怀这位最高贵的青年君主查理的帝位（除上帝之外，我们把巨大的希望寄托在他身上）。免得使他感到不愉快或危害他的统治。我能从圣经中举大量实例——如法老、巴比伦王和以色列诸王等为证，当他们听取其最聪明的顾问的意见，力图平息不安，加强王国统治时，结果往往连自己也同归于尽。这是因为上帝使'有智慧的中了自己的诡计'［伯5:13］；在他们不知不觉之中连大山也被上帝推翻了［伯9:5］。故此，我们应对上帝存畏惧之心而行。我以这些为例，并非要你们这些领袖必须听从我的讲道或警告，而是因为我不能推卸对德意志同胞的同情和忠诚。我讲这些话，是想将自己托付于尊贵的陛下及诸位爵爷之手中，并谦恭地请求你们：不要因敌人的挑唆，令我无缘无故被你们恨恶。⑤ 我的话说完了"。

当我的话结束后，⑥ 皇帝的发言人以申斥的口气指责我答非所问，说我不应该质疑议会中已谴责与确定的事。他要求从我口中获取的是简明的回答，而不是冗长的、带角的⑦回答，即叫我干脆说出是否愿意收回己见。

就此，我的回答是：

"鉴于尊贵的皇帝陛下以及诸位殿下要我作出简明扼要的答复，那么我将以不带角也不带牙的方式说：除非用圣经的见证或清楚的理由说服我，（我不能惟独信任教宗和议会的权威，因为众所周知，他们经常犯错并且自相矛盾）。因我被自己所援引的圣经所束缚，我的良心被上帝之道俘虏，我不能够也不愿意撤回任何东西，由于违背良心之事既不安全，也不恰当。

"这是我的立场，我别无选择，愿上帝帮助我，阿们！"⑧

众亲王对马丁博士的这一陈词进行思考和审议；然后，特里尔秘书

---

⑤ 写着 patiantur，比较 EA Var. arg. 6，13。
⑥ 从这里开始，行文采用第一人称，而不是前面以第三人称转引路德陈词。下文艾克-亚良德的记录报告对会议过程的记述也更为详细。参见下文；LW 32，126—131。
⑦ Cornutum，"带角的"三段论，一种诡辩式的、模棱两可的回答。
⑧ 在英译本所依据的拉丁文本中，这些话是用德语写的。然而，有充分的证据表明，路德实际上只说了："愿上帝帮助我！"参考 Deutsche Reichstagsakten，vol. II；Deutsche Reichstagsakten unter Kaiser Karl V（Gotha，1896），p. 587。

以下的发言开始攻击："马丁，你的回答竟然放肆到不顾自己身份的程度，尚且躲避要害，不着边际。你把你的著作进行多种区分，这种做法，对这次调查毫无助益。如果你放弃了那些包含有大量错误信息的作品，那么皇帝陛下出于他天性仁慈，就不容许逼迫你所写的其余好书，这是肯定无疑的。然而现在你却欲使包括全部德意志民族在内的、康斯坦茨公会议所谴责的〔错误〕再次复活，希望用诉诸圣经的方式对你进行批驳。你持这样的观点就简直是发疯。因为经过很多世纪，由教会及公议会定罪的问题，你却提出新的争辩，这有什么用呢？除非对任何人、任何事都必须给出理由。但假设某人的见解与公议会决定，以及与教会的共同理解有龃龉时，都必须用圣经的经文战胜他的话，那我们基督教中就没有什么能确定了。有基于此，现在皇帝希望你做出简单明了的回答：'不'或者'是'。你认为你的著作全部都具有大公性质吗？或者你希望撤回自己的某些作品？"

但是马丁博士还是请求皇帝陛下，当他的良心被圣经约束，且那些反对者尚无明白的辩驳时，不要让他违背良心去收回自己的意见？如果他们一定要一个他毫不含糊、简明而真实的答复，他只能选择前述陈词：除非他的对手们能通过充分的论据，将他的良心从（他们所谓的）那些错误中解救出来，否则他难于逃离正受到的各种罗网的纠缠。公会议无论通过什么决议，都不会自动成为真理；再者，公会议也曾经犯错，并且常常自相矛盾。此外，矛盾者的辩词没有说服力。他能够指出公会议过去的错误所在，因此他不能够撤回圣经所热情宣告的。所以，在此处他要加以呼喊："但愿上帝助佑我！"

对于路德的这些话，那位秘书除了讲几句否认公会议有错误的话，再无言以对。但马丁继续说他确确实实能指出公会议的错误，而且愿意去那样做。

但是，由于夜幕降临，整个会议大厅愈来愈昏暗，人们各自离散回家。当路德离开皇帝陛下和听审地点时，在这个属上帝的人路德的身后，却挤来一大群西班牙人，他们大声地喊叫着，还做出各种冷嘲热讽的怪相，十分吵闹。

上主怜悯主日后的第六日〔4月19日〕，当亲王、选帝侯、公爵及各等级的贵族举行一般性聚会时，皇帝向帝国议会送来了他的亲笔信⑨：

"我们的先祖也是基督教君主，但他们都忠于马丁博士现在所攻击的罗马教会。鉴于他决心不从其错误立场上有丝毫退移，我们也就不能再妥协让步，对他以礼相待了，而要以朕的祖辈为榜样，维护这一远古的信仰，以有助于罗马教廷。为此，我们将驱逐他本人及其支持者；还要采取其他可能的措施，以达到清除他们之目的。"

尽管如此，又由于皇帝不希望违背他亲自同意签发的宣诏，所以他还得要尽力使路德安全地返回其出发地。

在上主怜悯主日后的第六日下午与相连接的礼拜六，众选帝侯、公爵和帝国议会的议员们花了整整一天半的时间，商讨及辩论如何执行查理在这一封信中所作的审断。然而在此期间，马丁博士对皇帝的消息却一无所知。

---

⑨ 皇帝1521年4月19日的宣言最初是用法语写成的。它的拉丁文翻译印刷了无数次。以下是法文原始文件的完整翻译，首次发表于 *Deutsche Reichstagsakten*，vol. II, 595ff. [*WA* 7, 841 n. 2]："你知道朕是高贵的德意志民族最热心信奉基督教的皇帝之后裔，是信奉天主教的西班牙国王、奥地利大公和勃艮第公爵的后裔。他们为了上帝的荣耀、信仰的坚固和灵魂的拯救，一直都是教会至死不渝的忠实儿子，是天主教信仰、神圣仪式、法令、条例和神圣习俗的捍卫者。他们死后，根据自然权利和遗产，给我们留下了这些神圣的天主教仪式，我们按照这些［仪式］生活，像他们一样死亡，作为这些前辈的真正追随者，一直生活到现在。因此，朕决心支持这些前人和朕自己至今所保留的一切，特别是朕的这些前人和其他人在康斯坦茨公会议所确立的一切。因为可以肯定的是，一个修士在他反对整个基督教王国的意见上犯了错误，根据这种意见，整个基督教在过去的一千年里，甚至在现在，都将永远是错误的。因此，朕决心把朕的王国和封地、朕的朋友、朕的身体和血液、朕的生命和灵魂都赌在这个事业上。因为，如果在我们这个时代，由于我们的疏忽，不仅有异端邪说，而且有来自异端邪说的怀疑，甚至基督教的衰落，继而这种失职不断在人们的心中、在我们的继任者的心中羞辱我们，那将真是对朕和你们的极大耻辱；你们是高贵而著名的德意志民族，你们因特权和卓越的地位而特别被呼召成为天主教信仰的捍卫者和保护者。昨天，4月18日，大家都听到了路德在我们的面前给出的固执回答，朕向你们宣布，朕很后悔这么长时间没有反对路德和他的错误教义，朕不再愿意听他说更多的话，但朕要明确的是，根据当初的命令，他可以凭借安全通行证回去，但不能用他的邪恶教义来传道或训诫人民，并确保不会造成骚乱。正如朕之前说过的，朕决心把他当作一名臭名昭著的异教徒来起诉他，盼望你们在这件事上像你们向朕承诺的那样、像你们被要求去做的那样，表现得像好基督徒一样。由朕于1521年4月19日亲手颁布。

查理签名"

与此同时，他仍受到教俗两界的许多亲王、伯爵、领主、骑士、贵族和教士的接见与探访，当然还有普通的群众。他的住所一直被人群包围，大家热情洋溢，但想目睹他的那种盼望却始终得不到满足。

沃尔姆斯城内还出现了两种告示，一种是谴责和反对马丁的，另一种（看起来似乎）是支持他的。但许多消息灵通的人士推断，后一种乃属居心叵测的仇敌所为，其目的是企图打破官方对他的安全保护，罗马教廷的使节就想达到该目的。为了争取这种机会，他们的积极性最高。⑩

复活节后第三个星期日（欢呼主日，Jubilate）过后第二天［4月22日］早饭前，马丁博士接到特里尔大主教的通知，告诉他务于欢呼主日后第四天（午饭前）早晨六时露面，地点尚待决定。

圣乔治节［4月23日］午饭过后，［一位信使］送来特里尔大主教的命令，告知路德务必在上次预定时间到其老爷的府第出席会议。

圣乔治节后的星期三［4月24日］，马丁·路德遵命，在特里尔大主教的一位特遣神父和皇帝的传令官陪同下出发，同去的还有伴随他从萨克森和图林根（Thuringia）一道来的一些人，以及其他的一些朋友，他们一并步入特里尔大主教的府第。这时，在他面前的除特里尔本人以外，还有一大群皇亲贵胄及著名人物，包括勃兰登堡侯爵约阿希姆（Joachim）、萨克森公爵乔治、奥格斯堡主教［克里斯托弗·冯·施塔迪翁，Christopher von Stadion］、勃兰登堡主教［耶柔米·斯卡蒂都，Jerome Scultetus］、条顿骑士团（Teutonic Order）团长［迪特里希·冯·格林，Dietrich von Cleen］、沃特海姆（Wertheim）伯爵乔治、斯特拉斯堡博克博士（Dr. Bock）和波伊廷格博士，⑪ 还有巴登的司法官（chancellor）维休斯博士（Dr. Vehus），他首先发言：传唤他［路德］到此，并不是让他辩解或参加辩论，仅仅是国会众亲王出于基督教之慈爱与宽厚精神，并征得皇帝陛下恩准，对他进行善意的兄弟般的劝勉。

---

⑩ 这里的告示指的是所谓的《贵族们的誓言》（Pledge of the Nobles），上面印有农民起义的标志"绑带皮鞋"（*Bundschuh*）。参考 Schwiebert, *Luther and His Times*, p. 506; Roland Bainton, *Here I Stand* (New York and Nashville, 1950)，p. 187。

⑪ 康拉德·波伊廷格（Konrad Peutinger, 1465—1547 年）是一名人文主义者，奥格斯堡市秘书。他在宗教改革的争论中，持调和折中立场。

其次，虽然公会议也有不同的观点，但它们之间并无矛盾；即使公会议有重大过错，但还不至于达到毁坏自己权威的程度，以至于任何人能依靠各自的解释去反对公会议。然后，他列举了许多事实，涉及百夫长［太 8:5—13］和撒该［路 19:2—10］，并联系到人类的制度、礼仪和政令等，他肯定这些都是各时代因应政局气候，用来制约邪恶势力的措施。他说若无世俗的和制度，教会就不能存在下去。果树以其果实而著名［太 12:33］。此外，据说因为法律的存在才出现了许多好的社会现象。过去有很多古贤名圣，如圣马丁、圣尼古拉等都曾参加过公会议。他进一步引申说：［路德的］著作将要激起社会的巨大动荡和难以置信的混乱，普通老百姓用他的书——《基督徒的自由》——⑫要去冲破约束，他们更加拒绝服从上司。现在因为我们距离"信的人都是一心一意"［徒 4:32］的时代还相当远，所以法律是十分必要的。虽然，我们可以认为路德也写了不少好书，而且无疑含有优秀的思想，例如《三重公义》（*Of Threefold Justice*）等等，但是，魔鬼也通过秘密的网罗，正在利用它们而活动。这样就有可能使他的全部著作都受到永恒的诅咒和谴责。正像一棵树不是因其花朵、而是因其果实有名一样，他也许将因自己最后的著述而受到审判。他［维休斯］在讲到这里时还增枝添叶地援引了有关"午间灭人的毒病""黑夜潜行的瘟疫"和"白日飞的箭"等经文内容和诗句［诗 91:5—6］。他的整个讲演充满着劝勉的辞藻，另一方面以浮夸、陈腐的观点论证法律的有用及有益性，一方面提示要防止对公共及个人的良心和安全带来危害。在讲演的始终，他一再宣称：这个劝勉体现了亲王们最大的善意和唯一的怜悯。在结束讲演时他又威胁说，如果［路德］仍然坚持其立场，那么皇帝就要以制裁措施将他逐出帝国、查禁他的所有著作；并且再次提醒他，对上述的话要认真地进行思索和掂量。

马丁博士回答道：

"最慈祥杰出的诸亲王及诸大人，由于你们最宽宏善良的愿望，才有这一席语重心长的告诫，我以我所能的最大卑躬，感激你们。因为我

⑫ 参见本卷《基督徒的自由》；另参 *LW* 31，327—377。

知道自己太低微，不配受到如此伟大的亲王们的警示。我并不苛责所有的公会议，仅仅反对康斯坦茨公会议，其中最大的理由就是该议会竟然咒诅上帝之道。在那次议会上谴责了约翰·胡斯所提出的'基督的教会是选民的共同体'；恰恰由于这一信条遭到攻击，从而也非难了'我信圣而公之教会'这一条款。"

如果他［路德］被迫不得不收回显明的上帝之道，那么他甘愿付出自己的生命和鲜血。因为要捍卫信仰，"顺从上帝，不顺从人，是应当的"［徒5:29］。进一步说，冒犯有两种：一种涉及的是爱心，另一种涉及的是信仰。冒犯爱心者，依赖的是道德和生命；然而涉及信仰或教理，则依赖于上帝之道，而且是不能回避的。因为这不属［路德的］能力范围，基督也不该成为"绊脚石"［赛8:14—15；罗9:32—33；彼前2:8］。倘若真实地宣讲信仰，而且官吏们是良善的，那么具有福音精神的一种法律就足够了，[13] 人类世俗的立法就失去作用。当然，路德知道必须服从行政长官及其他的当权者，甚至还要服从那些生活邪恶且非正义的当政者。他同时也知道个人的意见应该让步，这一点他在自己的著述中已经讲到。只要他仅仅能不被强迫去否定上帝之道，在其他事情上，他将表现出最好的顺服。

马丁博士退席以后，亲王们便共同商讨，应该如何按照命令处置他。当他再次被传回会议室时，巴登的［维休斯］博士走到他跟前，又重复前述的论点，并督促他必须把他的著作置于皇帝与帝国的审断之下。

马丁博士谦卑而温和地回答说，他不允许、也将永远不允许被说成是逃避帝国的皇帝、亲王与贵族们的审断。因为他绝没有轻视他们的审断，那么，只要能以圣经的权威和神圣的上帝之道为依据，他允许自己的作品被仔细而严厉地审查。因为上帝之道对他而言是如此之清晰，所以除非他们能以上帝之道作出更好的教导，他是不能屈服的。圣奥古斯丁写道，只有那些被称为正典的经卷才享有值得信靠的绝对真理之殊荣；他认为其他知识渊博的教父，不管具有何等圣名，也只有当他们写

---

[13] "...legem Evangelicam unam...", WA 7, 847.

的是真理时，其著作才配有这种殊荣。⑭

圣保罗写信告知帖撒罗尼迦人："要凡事察验，善美的要持守"［帖前 5:21］；告知加拉太人："天上来的使者，若传福音给你们，与你们所领受的不同，他就应当被咒诅"［加 1:8］，不应当相信他。据此，他［路德］最恳切地请求他们，千万别强迫他否定他所明白的上帝之道，而使他违背了自己的良心；因为圣经和神圣之道的锁链已紧紧捆绑了他。为了在他们和皇帝陛下面前显明他愿讨他们的欢心，他答应在其他方面将非常顺从地去做一切事情。

他刚讲完，勃兰登堡选帝侯爵就追问他，是否他已声明：除非被圣经所战胜，就不会屈服。马丁博士回答说："是的，最慈祥的侯爵大人，还有，除非由最清楚、明白的理性所战胜。"

当会议这样中断以后，其他亲王都纷纷向帝国议会所在地走去。这时，特里尔大主教由其秘书约翰·艾克和科克勒乌斯⑮陪同，又传唤马丁博士步入餐室。与马丁在一起的有耶柔米·舒尔夫和阿姆斯多夫。⑯特里尔的秘书俨然以诡辩家的方式，又抛出了他的谬论，他说传异端者往往都产生于圣经。他举出阿里乌的例子，就曾口口声声说"父是比我大的"［约 14:28］，并且来自福音书中所摘录的"［约瑟］只是没有和她同房，等她生了儿子"［太 1:25］。他的言论走得如此之远，甚至企图推翻"大公教会是圣徒的团契"这一命题。他还胆敢胡说小麦出自稗子、人的四肢来自体内排出的粪便。当他的此类荒唐可笑的、毫无裨益的辩解宣告结束以后，马丁与耶柔米·舒尔夫博士严肃地谴责了他，指出他的辩词对于眼下亟须解决的问题，很难说有什么贡献。与此同时，约翰·科克勒乌斯间或还以更加刺耳的声音打断争论，他企图劝服路德博士放弃开始的观点、并完全收回他写的所有一切作品和言论。最后，他

---

⑭ 路德在此指奥古斯丁致耶柔米的一封信（*Letter* 82，parts 1，3），MPL 33，276 and 286。

⑮ 约翰·科克勒乌斯（Johann Cochlaeus，1479—1552 年），他一直站在路德和改教家的敌对立场，他曾写过许多书和小册子，不断地攻击路德等人，参考 *Catholic Encyclopedia*，IV，79。

⑯ 尼古拉·冯·阿姆斯多夫（Nicholas von Amsdorf，1483—1565 年）曾陪同路德参加1519 年在莱比锡与艾克的辩论会，这次又与路德一起参加沃尔姆斯议会。

们离开了。特里尔大主教希望他们饭后返回来，然而他的秘书和科克勒乌斯未表同意。

晚饭后，科克勒乌斯又贸然搭讪马丁博士，在他的住所里掀起了可说是最具进攻性的争论。只是由于舒尔夫、约拿、⑰ 蒂勒曼〔·康拉迪〕（Tilemann〔Conradi〕）等人的调解，才不得不有所节制。但他又毫不犹豫地提出要求，是否路德敢于放弃安全保护与他公开辩论，并告诫他收回前言为妙。马丁博士本乎他的豁达大度与超凡的慈善温良，给了那人坦诚的警告，他既然马上将离开，就用不着那么动气；鉴于那人将写反对他〔路德〕的文章，就要提供圣经的神圣权威。不然的话，必将一事无成。

当天晚上，特里尔大主教通过特使阿姆斯多夫秘密通知马丁博士，皇帝将他的安全保护令延长了两天，在此期间他〔大主教〕希望能与他再交谈一次。为此，第二天波伊廷格博士和巴登〔的维休斯〕博士将会预先到路德住所，并且他确实想亲自与路德会晤。

圣马可节（Feust of St. Mark）〔4月25日〕星期四上午，波伊廷格和巴登〔的维休斯〕二人来到，他们试图劝服路德能将他的著作简单而绝对无条件地置于皇帝与帝国的审判之下。他回答，惟有当他们援引圣经的权威时，他愿意接受、并准备经受任何苦难，因为他不信靠任何更低的权威。而且上帝也曾通过先知讲过："你们不要依靠君王，不要倚靠世人；他一点不能帮助"〔诗146:3〕；"倚靠人血肉的膀臂，心中离弃耶和华的，那人有祸了"〔耶17:5〕。他俩又向他施加压力，他回答说：与信靠上帝之道相比，相信世人的审断算得了什么！当他们准备离开时，又请求他能够想出一个更好的答复、并声言他们午饭后还会再来。

午饭过后的谈话，跟上午一样，他们的企图照旧落空。他俩恳求他至少能够承诺，由将来召开的某次公会议审判他的案子。他答应了，但条件是他们必须让他看到，从他的书中摘录出交由公会议审断的章节，并要以圣经和上帝之道作为审断的见证。他们刚一离开马丁博士，就去

---

⑰ 尤斯图斯·约拿（Justus Jonas，1493—1555年）他当时是威腾堡大学的法学教授；后来，从1523年开始，全身心致力于神学及著述，并在德意志很多地方担任过牧师。

通告特里尔大主教，说他已同意将他的作品部分章节提交给公会议，而且他将会对此表示沉默。然而对于此种安排，马丁博士从未考虑过；因为截至当时他一直拒绝否认或抛弃关乎上帝之道的事物。

为此，通过上帝之工作，特里尔［大主教］决定亲自召见并聆听马丁博士的意见。当他发现事态并非像那两位博士所言时，他声明若非自己亲耳听到马丁博士的话，偏差就不可能得以纠正；他也可能就立即去见了皇帝，并告知那两个博士的汇报。

当所有证人离开后，特里尔［大主教］与马丁博士非常友好地进行了讨论。他首先提出服从皇帝与帝国的审断，然后提出服从某次公会议的审断。对此，马丁博士毫不隐讳，向特里尔［大主教］表明自己的态度。他以过去教宗的审断与谕令为证据，表示他不放心、也不信任将如此重大的问题交付给那些认同教宗的人去审断，他们居然用新的命令来攻击和定罪一个由安全通行证保护的被传召之人。

在路德的一个朋友被允许进入，[18] 特里尔［大主教］便向马丁博士问及应付局势的举措。路德回答，最好采用迦玛列在《使徒行传》第 5 章那段圣路加的见证："他们所谋的、所行的，若是出于人，必要败坏；若是出于上帝，你们就不能败坏他们。"［徒 5:38—39］按照圣马可的见证，皇帝与帝国议会可以向罗马教宗进行书面汇报，因为他［路德］，如果他的事工不是出于上帝，那么在三年内，甚至两年之内，它必会自行灭亡的。

当特里尔［大主教］问及，如果选择一些文章，用以提交给公会议审断，他又将如何做？路德答道，如果不选像康斯坦茨公会议曾经定罪的那种文章，他将接受审查。特里尔［大主教］说，恐怕正是那种。然后路德说："关于这些文章，我不能够、更不愿保持沉默。因为我肯定，由于通过这种裁决，受到定罪的恰恰是上帝之道；那么，我宁肯丢掉自己的头和生命，也不抛弃清楚的上帝之道。"

特里尔［大主教］一发觉马丁博士绝对不让上帝之道遭受世人审判，就立刻以和善的口气打发他离开。当［路德］请示能否获得皇帝陛

---

[18] 这是指斯帕拉丁，参考 *WA* 7，854 n. 1。

下恩准离开此地，特里尔大主教回答他将妥善处理这件事，回头等候通知。

时隔不久，特里尔［大主教］的秘书在路德的住所，当着奥地利司法官⑲和帝国秘书马克西米安⑳之面，正式向马丁博士宣读皇帝的谕旨：

"虽经皇帝、选帝侯、亲王和议会各等级议员多次反复警告劝诫，他仍不愿回心转意，更不顾大公信仰之统一；由于劝勉无效，作为大公信仰的捍卫者，㉑ 皇帝只能采取行动。为此，钦令即日起二十一天之内，他应返回其家；可凭安全通行证作为自由之保证，但沿途不许讲道或著述，以免煽惑百姓，滋生是非。"

这位最虔诚的基督教神父，作了非常温和的回复，其开始是这样说的：

"其所以发生，是因为它蒙上帝悦纳。耶和华的名是应当称颂的［伯 1:21］。首先，我向最尊贵的皇帝陛下和诸选帝侯、亲王和其他国会各级议员表示最谦恭的谢意。十分感谢给予我亲切而仁慈的接见，感谢保持至今并继续保持的安全防护。我除了热切希望按照圣经进行一场改革外，自己并无他求。不然的话，为了皇帝陛下与帝国事业，我甘愿忍受一切痛苦：生死名利，一概置之度外。自己仅仅企求保留认信和见证上帝之道的权利。谨以此作为顺服陛下与整个帝国的至诚表白。"

因此，第二天，即欢呼主日后第六日［4 月 26 日］路德向经常拜访他的支持者和友人一一告别致意。用过早餐后，大约在早晨十时启程，离开了沃尔姆斯，陪同他的有同来者和维滕堡的律师耶柔米·舒尔夫博士。皇帝的传令官卡斯帕·施图尔姆奉陛下口谕护卫、尾随了几小时后，在奥本海姆（Oppenheim）与他相遇，接着又结伴前行。

愿上帝长久地为教会和他的圣言保守这位最敬虔的人；他为了维护与教导福音而生。阿们！

---

⑲ 约翰·施奈佩克（John Schnaidpeck）。

⑳ 马克西米良·冯·泽温伯根（Maximilian von Zevenberghen）。

㉑ 虽然"信仰捍卫者"（Defender of the Faith）这一名号，是教宗利奥十世在 1521 年 10 月，第一次正式赐给英格兰国王亨利八世的；但在这种情况下，它的使用具有官方含义。

在沃尔姆斯会议上路德受审的记录[22]
特里尔［大主教的］秘书、
文学与法律博士约翰·艾克
（呈交公证人审验）

指定的公证人，接受他神圣的皇帝陛下的命令，以清晰可辨的声音，首先用拉丁文、然后用德语，大致陈述了以下这些话：

马丁·路德，神圣的、无往不胜的皇帝陛下，应神圣罗马帝国议会各等级之建议召令你到御座前，以便让你撤回由你所编辑和出版的拉丁文与德语书籍，以及著作的内容。你还可以借此机会，按照早前陛下对你恰如其分的命令，放弃你书中暴烈的语言和主要的观点。为此，我以皇帝陛下及帝国诸亲王的名义向你提问：首先，这些署名书籍（出示一大堆拉丁文及德语著作给他看），现在逐一念给你听，作者都是你的名字，你是否承认这些都是你的著作？其次，你是希望撤回和放弃这些书，以及其中的内容，还是要保留它们并坚持其观点呢？

对路德说来，由于问题分为两部分，他先回答了第一部分。他说，自己看到了并听到了书目，那些拉丁文和德语著作都是他的，是在他大学任职期间出版的，现在及今后都决不否认它们是他的作品（他还说，尚有其他一些未列举的著作也是他的。不过答复的声音很低，但能听到）。对于问题的第二部分，即是否愿意撤回，并宣布改变论调，[23] 他则编造遁词、试图逃避回答。他说，倘若有人能以圣经来教导他，他就准备屈服和顺从；虽然他的著作出版频繁，但直到当时，仍未碰到这样的指教。由于这是一个非常难于解答的问题，并且涉及最重要的（有关信仰的）问题，在事先没有充分准备的情况之下，他不能即席回答。因此他毕恭毕敬地请求容他一段时间进行考虑。

事态既已发展至此，圣明的皇帝陛下经过与教俗两界的所有选帝

㉒ 以下是教宗特使亚良德呈递给查理五世朝廷的报告。
㉓ 按原文 *palinodiam canere* 直译是"唱一首翻案诗（palinode）"。

侯、亲王和大批国会各等级议员磋商，终于同意让杰出的约翰·艾克博士向他作出慈善而宽大的警示。先告知他必须以神圣的、使徒的大公教会的团结统一为怀，牢记基督徒共同体的普遍和平与安宁，不图谋背离应该遵守的和崇尚的事情。他不该总是相信他自己的见解，使圣经里难于理解的经文被扭曲以迎合自己的理解；不能在他人和自己所发现的、不可靠的教义中间游走，从而颠覆整个基督教、使世界震惊，把最低等级的人和最高等级的人混淆，把众多虔诚的心智和灵魂引入歧途。他应该反思，为什么现在自己深深陷入不可解脱的错误之中，并到了非常难以纠正的地步。还有，由于他过分自信，结果把很多人可悲地引诱到了危险、失落、甚至地狱之境。因此，他亟须恢复理智，全心全意地回到信仰上来，承认并收回自己的过错。如果他能做到这一点，皇帝陛下就会原谅他并有希望赐予恩惠，陛下愿从神圣的〔父亲教宗〕那里为他获取恩宠，这是很容易办到的。否则，若他仍任性地固执错误，对切实可行的劝勉置若罔闻，那么，陛下将会以信仰的名义、代表他所身系的神圣的母亲教会及基督圣教，把此事公开来，并将依法捍卫皇帝和神圣的使徒宗座尊严。这样，他应想到，多么严重的罪恶及后果将等待着他。

至于他对问题的第二部分试图寻求一个考虑的时机，按理他根本不该提出这种要求，当然也不应赐他这个机会。因为困扰他自己的问题、其性质和现状已经引起了他的关注，而且此前也颁布了谴责他的谕令，责令他必须撤回前言，那是针对其著作、特别是由他署名的书中的内容提出的建议和声明。这么久的时间，他完全知道传召他的原因并该知道如何做；在如此危险的问题上，他不应该背离传统，拖延时日；他本该在来到此地以前，就对这一严肃的问题做过仔细考虑。但是，无论如何也不能过分轻率，为了使他不乘机进行抱怨，皇帝陛下出自宽宏大量，仍愿恩赐他所请求的宽限时间，又为了明确知道他考虑的结果，陛下进一步指定第二天下午五时，即当天的同一时刻，他必须回应所要求的答复。

会议当日暂停。他们又处理了其他一些有关的事务，然后宣布休庭。

当他按照指定的日期再次到场时（让公证人继续），显贵的秘书奉神圣的皇帝陛下之令，宣布会议继续，仍然以拉丁文和德语向他讲话：

"马丁，昨天傍晚你说问题太重要，马上即席作答你觉得有些吃力和为难，当时谈到，对于念到的以拉丁文和德语所写、由你编辑和出版的书籍，你承认是自己的作品，你是否愿意收回和放弃这些书籍及其内容？本来，对于信仰问题，以及事关灵魂获救的危险性问题，不容耽误，特别对受过神圣书卷的训练和学习过它们的人更应如此（你宣称只有你才能解释它们）。而且你本应有所准备，以满足那些要求你解释你自己的信仰和盼望缘由的人。尽管如此，我们神圣的、无往不胜的陛下，出自他与生俱来的温和和仁慈，还是赐予你考虑的时间，并决定今日此时让你陈述自己的答词，皇帝陛下以及帝国所有等级的议员都期待着并将仔细聆听你的回复。"

对于上述提问，马丁回答说，首先，为了正义与真理的事业，敬请诸位能善意地听他讲话；然后又说，如果他对某位的尊号称呼得不够恰当，请求予以原谅。倘若他的话里出现了某种触犯宫廷习俗的错误，愿他们加以忽略，因为他不过是一个修士，仅熟悉修道院的单人小间和私室，而不懂皇家宫廷的禁忌。后来，他避开以皇帝陛下名义所提的问题，作了一段颇长的离题答复（这一答复，较费时间；鉴于他以书面形式写了出来，我也抄录了副本，现拿来插入这份文件。）[详见前文。]

路德终于结束了他的发言，然后，应神圣的皇帝陛下示意，尊贵的秘书开始说：

"路德，依照许可权，你应当知趣地领略到自己受到的荣宠，因为你面对如此和善的帝王讲完了你的话，而且皇帝陛下以比你讲话更加温和的态度坚持听了这么长的时间。相较起来，你却以超越自己宗教信仰或职守的语言攻击至尊的教宗，态度表现相当暴戾和苦毒。看看你自己，是多么欠缺应该具备的节制和谦卑呀！再者，对于你是否愿意撤回和抛弃那些已被你承认的书籍及其内容，你到底该如何回答？你是怎样慎重考虑的？你说因那些著作并非全部属于同一类型。如果强迫你立即放弃一切，就是对你的歧视，你抱怨这样对你太不公正。你把自己著作分为三类。其中第一类你认为是简明、诚挚和福音性的，关系道德与信仰许多方面，是无害的，连你的敌手也这么看；甚至教宗谕令虽在其他方面严厉，但确实提到你的一些书不触犯任何人。㉔ 倘若叫你收回这些书，就是咒诅朋友与论敌的共同意见。第二类书攻击教宗与教廷事务，如你所言，其矛头揭露了他们的虚伪道德、腐败恶行与专制暴虐的本质。因此不能收回这类著作，以免无形中助长暴虐。你认为第三类书，攻击了那些企图维护罗马专制的人和诋毁你虔诚教义的人。这些著作是你立论的基础，一旦宣布撤销他们，无疑使罗马的统治似乎由于你的包庇，而变得比过去更加凶残。

"马丁，通过这种划分，你并未将你的教理与书籍充分区别开来。因为从至尊的教宗谕令发表以后，你出版的书籍明显比过去的著作更令人厌恶，影响也更坏，只配得定罪；因为你还把还很久以前就遭到抵制的约翰·胡斯的异端邪说，宣称为大公教会的真理，同时削弱公会议的整体权威与尊荣。更为严重的是，你没有圆满地回答我的问题。要使你的部分书中没有危害人的理论（我们尚不这样认为），也只有当其他致病的有毒教理、不敬虔、异端与对异端的认同、破坏大公信仰的内容全都排除以后，健全的事物才不会生出伤害。如果你的思想改变了，神圣的皇帝陛下就会以最仁慈的方式善待你的著作。他将与至尊的教宗协商，使你那些健全的书不致被烧毁，而仅仅查禁那些不健全的东西。否则如果你仍像开始那样依然坚持你声名狼藉的谬论和异端，毫无疑问，关于你的一切记忆都会被抹去，所有你的著作也将和你一起被定罪。这种情况在历史上并非前所未闻，因此毫不稀奇。像阿里乌派、孟他努派、㉕ 佛提乌斯派、㉖

㉔ 即《主啊，求你起来》。

㉕ 孟他努派（Montanists）得名于孟他努（Montanus，活跃于157—172年），他将预言作为其基督教信息的核心，鼓吹方言和属灵狂热，并根据《约翰福音》14:26声称，保惠师（Counselor/Paraklete）正在向他和他的追随者传授更全面的启示。孟他努主义（Montanism）虽然被教父德尔图良（Tertullian，于约220年逝世）接受，但由于教会和国家的坚决反对，作为一种运动逐渐被消灭了。

㉖ 佛提努斯（Photinus，卒于376年）是士每拿（Smyrna）主教，他认为基督的位格本质上是人；那些赞同他的观点和思维方式的人被称为佛提努斯派（Photinians）。

聂斯脱利派㉗和欧迪奇派㉘等等，他们的著作虽然也含有很多虔诚的大公教会思想，但最后全都因异端邪说而被焚毁。这是因为在诸多真理中掺杂少量错误教导的理论这是最具欺骗性的。

"马丁，你终于也逃到了所有异端惯于隐匿躲藏的地方。虽然你说自己已经有了准备，因为你毕竟是凡人，也会滑倒跌跤；但是，你也应能接受圣经教导，以及任何或高或低等级之人对你的忠告。然而至今，除了所有异端惯常的言行外，没有看到谁像你这样。（我想公正地讲，）一切异端所为如出一辙，你难道也希望人们按照你的判断和思路去理解圣经吗？现在你不仅已成了最新大异端的代言人。你所引证的还来自于异端，诸如贝格哈德派、㉙瓦勒度派、里昂穷人派㉚、威克里夫和胡斯等其他早就受到教会会议抵制的学说。难道对那些已由天主教会依法审慎解决了的问题重新提出质疑、并把它们扯入辩论，是合适的吗？须知那些问题关乎违背我们的父辈以绝对信心和持守的、约定俗成的惯例、礼仪和规章；无论如何不能放弃先辈们忍受了各种惩罚与痛苦、甚至千百万人的牺牲为代价才最后确立的原则。难道你想让我们偏离父辈们一直在其上忠诚前进的道路吗？

"如果其他人，像犹太人、土耳其人、萨拉森人等反对我们信仰的

㉗ 聂斯脱利（Nestorius，约 400—约 451 年）是君士坦丁堡大主教（patriarch）、安提阿（Antioch）神学学派的代表，最初因反对将"上帝之母"（Mother of God/*Theotokos*）的名号用于马利亚而受到非议。他和他的追随者聂斯脱利派（Nestorians）的观点被以弗所公会议（Council of Ephesus，431 年）定罪。聂斯脱利派强调基督位格中的两个本性（人性和神性），以至于他们认为基督中存在两个位格，而聂斯脱利本人是否认同这种观点尚具有争议。

㉘ 欧迪奇（Eutyches，约 375—454 年）是君士坦丁堡的长老和大修道院院长（archimandrite）、亚历山大里亚学派中的极端。他强烈反对聂斯脱里的教义，认为在道成肉身后，基督的人性被神化并被吸收进单一的本质（神性）里，因此，基督的人性与其他人的人性是不同的，这使他自己被罢免和开除教籍。

㉙ 贝格哈德派（Beghards）是一个宗教团体的名称，其主要灵感来自贝格的兰伯特（Lambert of Beghe，约 1177 年去世）。虽然被维埃纳公会议（Council of Vienne，1311 年）因为其狂热的宗教实践狂喜而定为异端，但该社团一直存在到 15 世纪。

㉚ 瓦勒度派（Waldenses）因其领导人彼得·瓦勒度（Peter Waldo）而得名，他们强调使徒安贫乐道的生活。1179 年，因其对基督教导的无知，他们没有被教会授予讲道的权柄；1184 年，因发现该派成员坚持讲道和传道活动，他们最终被教宗命令所禁止。里昂穷人派（Poor Men of Lyons）是瓦勒度派在 12 世纪初的名字。

种族，他们听到这些会怎么说呢？直到今天这个时代，我们基督徒仍在争辩自己的信仰是否正确，他们倘若听到，会怎样哄堂大笑、嘲笑讥讽？马丁，我恳求你别宣称惟你自己最清楚圣经的知识，不要以为惟有你才懂得圣经的真谛。其实，许多最神圣的博士们为了阐明圣经，已经经历了夜以继日的劳苦，付出过极为艰辛的努力。你不要把自己的判断置于诸多著名人士之上，不能以为自己比所有其他人都聪明；别怀疑最神圣、最正统的信仰，因为该信仰是由全能的法律颁赐者基督所制定，且由众使徒传遍了全世界；是通过无数的神迹而清楚确立、并用殉道士们殷红的鲜血印证了的。后来，神圣的博士们又探讨了诸位先知艰涩难解的经典，揭示了新旧约中最大的奥秘，同时经过善意的争辩、批驳了各种异端的错误，才使之圆满地确定下来；而多次神圣的公会议的成果，使这一信仰更为坚固。对于由圣博士们讨论所定的教义和教会所确立的判断标准，我们的祖辈就奉作信仰而至死不渝、现又作为遗产转给了我们。鉴于许多人要理论和争辩不休，教宗与皇帝才制定法律，严禁我们讨论这一信仰；为反对那些拒绝服从教会决议的人，教俗当局一定要把轻率鲁莽的滋事者付诸审判，有关的处罚措施业已制定并正式公布。

"为了节约时间，马丁啊，我有意省略了你那些多余的话，因为那对眼下的问题不太相干。

"所以，按照你的信仰，你必然肯定为确定和清楚的事情，期望对之进行辩论徒劳无益。现在我想，最迫切需要提出和重申的仍是这同一个问题，你必须诚恳、坦白、毫不含糊、不要辩证地、[31] 直截了当地回答：你是否愿意撤回和抛弃你的著作以及其中包含的、由你传播的谬误？"[32]

当路德的答词结束以后，由于人群拥挤空气闷热，大家都颇为疲惫，纷纷准备离会，加之时间极为有限，尊贵的秘书提高嗓音，讲了最后几句话：

---

[31] *Non cornuted*（not dialectically），参见前注⑦。
[32] 亚良德在此处引用的马丁·路德的回复与前文一致，只是没有包含 *Ich kann nicht anderst*，*hie stehe ich*（这是我的立场，我别无选择）。

"马丁啊，还是将你的良心撇到一边去吧！因为你的良心正处在错谬之中；撤回前言对你来说才是安全的、合适的选择。虽然你说公会议犯有错误，但你永远无法证实这一点，至少在信仰问题上，你证明不了公会议的过错；我甚至在想，对于有关道德的问题，想要证明这一点也是非常困难的"。

听到这里，马丁大声回答，他能对此作出证明。

然后休会。

马丁路德的著作

<u>德语著作</u>：

《论善功》

《基督徒的自由》

《致德意志基督教贵族书》

《论新约和弥撒》（*On the New Testament and Mass*）

《为所有信条辩护》

《致施托尔彭的秘书》（*To the Secnetary at Stolpen*）

《向公会议呼吁》（*Appeal to a Council*）

一本署名 J. G.［约翰·格鲁嫩贝格，John Grünenberg］的小册子

《马丁著作的读者应如何自我辩护》（*What Those Who Are Accused of Reading Martin's Books Should Answer*）

关于手持牧羊杖之人的某篇讲道

四开本第二卷《致山羊》（*To the Goat*）

某本反教宗的书，共八册四开本

<u>拉丁文著作</u>：

在巴塞尔印刷出版的一大卷，对开本

《教会被掳于巴比伦》

《为所有信条辩护》

《论善功》

《主祷文注释》

《向公会议呼吁》

《焚教宗及其党徒书宣言》

《预备死亡证道词》（*Sermon on Preparation for Death*）

《诗篇前十三篇注释》（*A Commentary on the First Thirteen Psalms*）

《斥敌基督可诅咒的谕令》

（翻译：刘行仕　编辑：郭鸿标、伍渭文）

图书在版编目（CIP）数据

路德文集. 第 1 卷/路德文集中文版编辑委员会编.
—上海：上海三联书店，2005. 3（2025. 5 重印）
ISBN 7 - 5426 - 1794 - X

Ⅰ．①路…　Ⅱ．路…　Ⅲ．①马丁·路德（1483～1546）—
文集　Ⅳ．①B97. 53

中国版本图书馆 CIP 数据核字（2003）第 045132 号

路德文集（第一卷）

编　　　者／路德文集中文版编辑委员会
总 主 编／雷雨田　伍渭文
本卷主编／伍渭文
本卷译者／雷雨田　刘行仕

责任编辑／陈泠珅
装帧设计／范峤青　徐　徐
监　　制／姚　军
责任校对／王凌霄

出版发行／上海三联书店
　　　　　（200041）中国上海市静安区威海路 755 号 30 楼
邮　　箱／sdxsanlian@sina. com
联系电话／编辑部：021 - 22895517
　　　　　发行部：021 - 22895559
印　　刷／上海盛通时代印刷有限公司

版　　次／2005 年 3 月第 1 版
印　　次／2025 年 5 月第 2 次印刷
开　　本／655 mm×960 mm　1/16
字　　数／570 千字
印　　张／40. 25
书　　号／ISBN 7 - 5426 - 1794 - X/B·141
定　　价／139. 00 元

敬启读者，如发现本书有印装质量问题，请与印刷厂联系 021 - 37910000